贺：

《中国—东盟商务年鉴》创刊

贺《中国—东盟商务年鉴》创刊

I am fully confident that the Yearbook will consolidate and deepen cooperation between China and ASEAN member countries.

May I avail myself of this opportunity to wish great success for the publishing of China- ASEAN Business Yearbook 2008.

Beijing, 17 September 2008

凯・西索达
柬埔寨王国驻中华人民共和国大使馆

在《中国—东盟商务年鉴》创刊号的出版之际，我以老挝驻华大使馆以及我个人的名义表示衷心的祝贺。我相信该年鉴将为关注中国—东盟关系的人们提供具有实用性的参考信息，从而为推动中国与东盟以及中国与老挝的经济贸易合作做出重要的贡献。祝愿“中国—东盟商务年鉴”有一个好开端并且越办越好。

维吉・欣达翁
老挝人民民主共和国驻中华人民共和国大使馆

值此《中国—东盟商务年鉴》创刊号出版之际，谨代表新加坡表示热烈的祝贺！相信《中国—东盟商务年鉴》将为我们提供有关中国—东盟区域经贸合作的全方位信息，进一步促进相互了解。

陈燮荣
新加坡共和国驻中华人民共和国大使馆大使

This mostly—awaited practical reference book will provide any information related to business and trade activities on ASEAN—China. I believe that this book will help boost economic and trade lies between ASEAN and China. In addition, this book will undoubtedly serve as a comprehensive guidance for all stakeholders in business and trade areas of ASEAN and China.

Imbang Listivadi
印度尼西亚共和国驻中华人民共和国大使馆经济商务参赞处

互利双赢
加强合作

8.08.25.

顾毓昌
中华人民共和国驻文莱达鲁萨兰国大使馆经济商务参赞处

《中国—东盟商务年鉴》
搭建中国—东盟商务信息之平台，
传承中国—东盟友谊之桥梁；
开拓中国—东盟合作之先河。

孙维仁
中华人民共和国驻柬埔寨王国大使馆经济商务参赞处

贺《中国—东盟商务年鉴》出版：

中国东盟的窗口，
南博平台的硕果！

陈汉皋
二〇〇八年八月二十二日

陈汉皋
中华人民共和国驻老挝人民民主共和国大使馆
经济商务参赞处

正值中国—东盟自贸区建设稳健发展、捷报频传之际，欣闻《中国—东盟商务年鉴》出版，倍感高兴。这是一项顺天时、就需求、得众意、促合作之益举，可喜可贺。《年鉴》编纂集腋成裘，内容包罗万象，集中国—东盟商务成果、经验、信息之大成，必能鉴往知来，为增进相互了解，深化合作，在和平发展、互利共赢原则下建和谐经贸关系发挥巨大推动作用。

高文宽

高文宽
中华人民共和国驻马来西亚大使馆经济商务参赞处

东盟各国友谊的纽带，
经贸合作的桥梁。

唐海
2008.8.8.

唐海
中华人民共和国驻缅甸联邦大使馆经济商务参赞处

祝愿《中国—东盟商务年鉴》在推动
中国与东盟经贸合作方面发挥重要作用。

吴政平 10/9

吴政平
中华人民共和国驻菲律宾共和国大使馆经济商务参赞

祝贺《中国—东盟商务年鉴》创刊！

希望《年鉴》为进一步推动中国与东盟经贸往来和全面合作发挥越来越大的作用。

中国驻新加坡大使馆
经商处
李铭林
二〇〇八年十月

李铭林
中华人民共和国驻新加坡共和国大使馆经济商务参赞处

祝《中国—东盟商务年鉴》成
为中国—东盟经贸合作的桥梁，
发挥更好更大的作用！

驻泰使馆经济商务参赞处 宣国兴

宣国兴
中华人民共和国驻泰王国大使馆经济商务参赞处

第四届中国—东盟博览会

2007年10月28日至10月31日，万众瞩目的第四届中国—东盟博览会在南宁国际会展中心隆重开幕。中国国务院副总理曾培炎和文莱王储穆赫塔迪比拉、柬埔寨首相洪森、老挝总理波松、越南总理阮晋勇和东盟秘书长王景荣出席开幕式。8点59分，中国和东盟国家领导人步入会场。东盟秘书长王景荣主持第四届中国—东盟博览会开幕式。各领导人相继致词。别出心裁的背景、主席台设计和座位布局，引人入胜的短片，精心设计的细节特效，特别是匠心独具的剪彩仪式，在继承前三届开幕式创意元素的基础上，突出了第四届博览会的主题——同舟共进，扬帆远航，象征中国与东盟的合作巨轮在新的时期扬帆远航。整个开幕式隆重热烈、恢宏大气、新意迭出、主题突出、富于文化内涵，受到中外嘉宾的高度评价和赞许。

从2004年11月以来，中国—东盟博览会已成功举办了三届，为中国与东盟双方企业互有需求、成交量大的商品提供了展示、交易的平台，为双方相互投资提供了桥梁，促进了双方在旅游、科技等领域的合作。博览会已经成为中国与东盟企业开展互利合作、获得中国—东盟自由贸易区商机的重要平台。

①第四届中国—东盟博览会会展中心全景。②第四届中国—东盟博览会开幕式。③中国国务院副总理曾培炎在第四届中国—东盟博览会开幕式上致辞。④东盟秘书长王景荣主持第四届中国—东盟博览会开幕式。⑤～⑭各国领导人在开幕式上：依次为文莱王储穆赫塔迪·比拉、柬埔寨首相洪森、印尼交通部部长贾马尔、老挝总理波松、马来西亚贸工部副部长吴立洋、缅甸商务部部长丁乃登、菲律宾农业部副部长巴娜德特、新加坡交通部政务部长陈惠华、泰国商务部部长格勒格雷吉拉佩、越南总理阮晋勇。⑮世行副行长乔伊·普曼菲在第四届中国东盟博览会开幕式上致辞。⑯～㉘第四届中国—东盟博览会魅力城市：依次为中国天津、文莱斯里巴加湾、柬埔寨西哈努克市、印尼巨港、老挝沙湾拿吉、马来西亚巴生、缅甸仰光、菲律宾苏比克湾、新加坡新加坡城、泰国春武里府和越南下龙。

①

③  ④  ②

⑮  ⑯  ⑰  ⑱  ⑲  ⑳

⑤

⑥

⑦

⑧

⑨ ⑭

⑩ ⑪

⑫

⑬

㉑

㉒

㉓

㉔

㉕ ㉖

第四届中国—东盟商务与投资峰会

由中国商务部、中国国际贸易促进委员会、广西壮族自治区人民政府共同主办的第四届中国—东盟商务与投资峰会2007年10月28日上午在广西人民会堂隆重开幕。本届中国东盟商务与投资峰会主题为："创新合作加快提升区域增长力。"围绕这一主题，峰会举办"服务贸易：新领域、新商机"和"深化金融合作，便利贸易投资"两场专题论坛。中国国务院副总理曾培炎和东盟国家领导人文莱王储比拉、老挝总理波松、越南总理阮晋勇等出席峰会开幕式并发表演讲。开幕式由中国国际贸易促进委员会副会长于平主持。中国与东盟各国的部长、使节、工商协会负责人、世界银行等国际组织的代表以及企业家、专家学者共1400余人出席了峰会开幕式。出席开幕式的广西壮族自治区领导还有马庆生、郭声琨、马铁山、陈际瓦、彭祖意、李金早、沈北海、车荣福、温卡华、马飚、黄道伟等。200多位中外记者到会进行现场采访。

①第四届中国东盟商务与投资峰会开幕式
②开幕式全景
③国务院副总理曾培炎在第四届中国—东盟商务与投资峰会上致辞
④东盟秘书长王景荣
⑤文莱王储阿尔穆塔迪比拉
⑥老挝总理波松
⑦越南总理阮晋勇
⑧中国国务院副秘书长张平
⑨中国商务部副部长高虎城
⑩中国贸促会副会长于平
⑪广西壮族自治区党委书记刘奇葆在第四届中国东盟商务与投资峰会上致辞
⑫广西壮族自治区主席陆兵

⑤

⑥

⑦

⑧

①
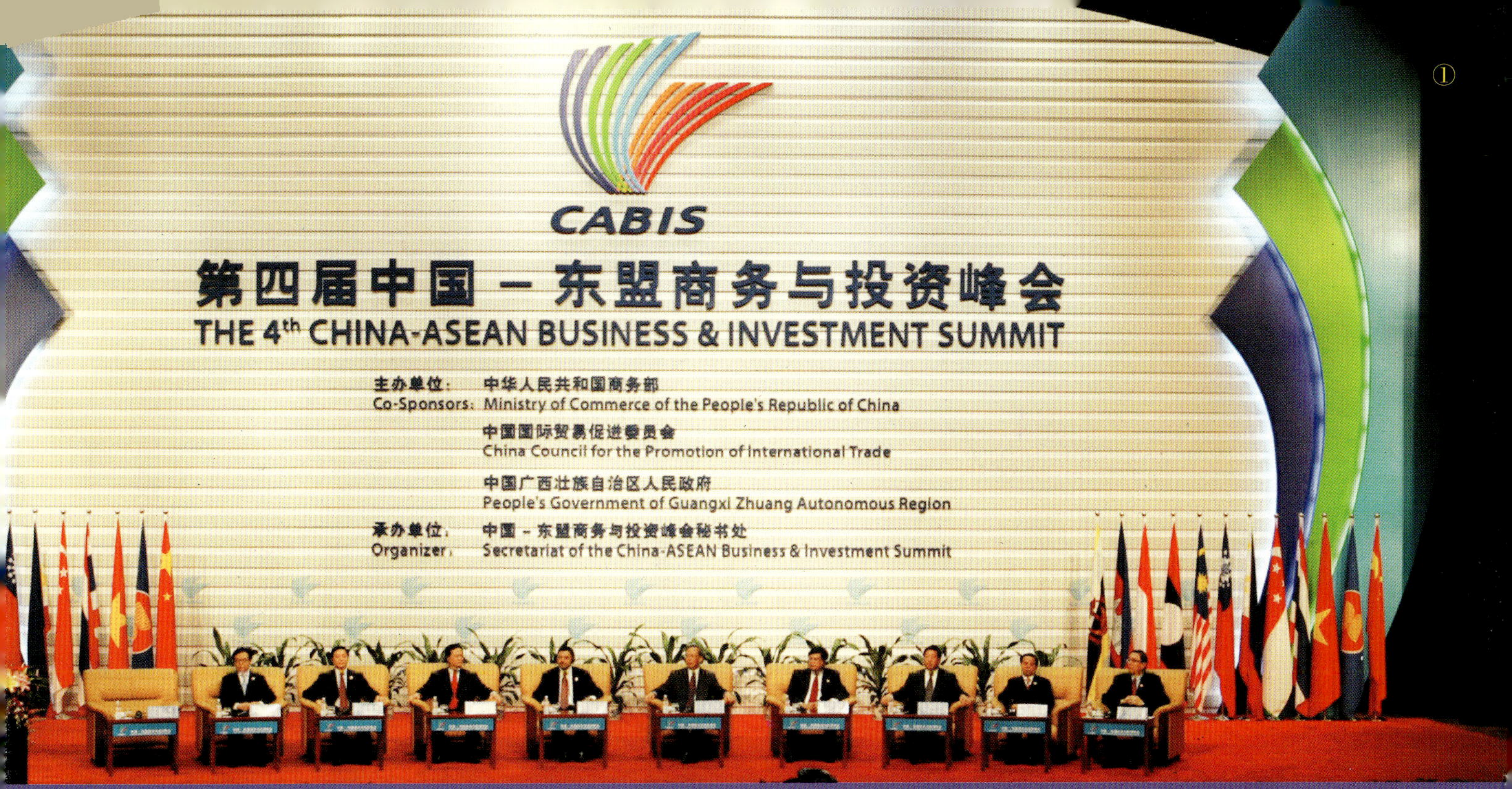
CABIS
第四届中国－东盟商务与投资峰会
THE 4th CHINA-ASEAN BUSINESS & INVESTMENT SUMMIT
主办单位：中华人民共和国商务部
Co-Sponsors: Ministry of Commerce of the People's Republic of China
中国国际贸易促进委员会
China Council for the Promotion of International Trade
中国广西壮族自治区人民政府
People's Government of Guangxi Zhuang Autonomous Region
承办单位：中国－东盟商务与投资峰会秘书处
Organizer: Secretariat of the China-ASEAN Business & Investment Summit

②

③

④

⑨
高虎城
GAO HUCHENG

⑩
于平
YU PING

⑪

⑫
陆兵
LU BING

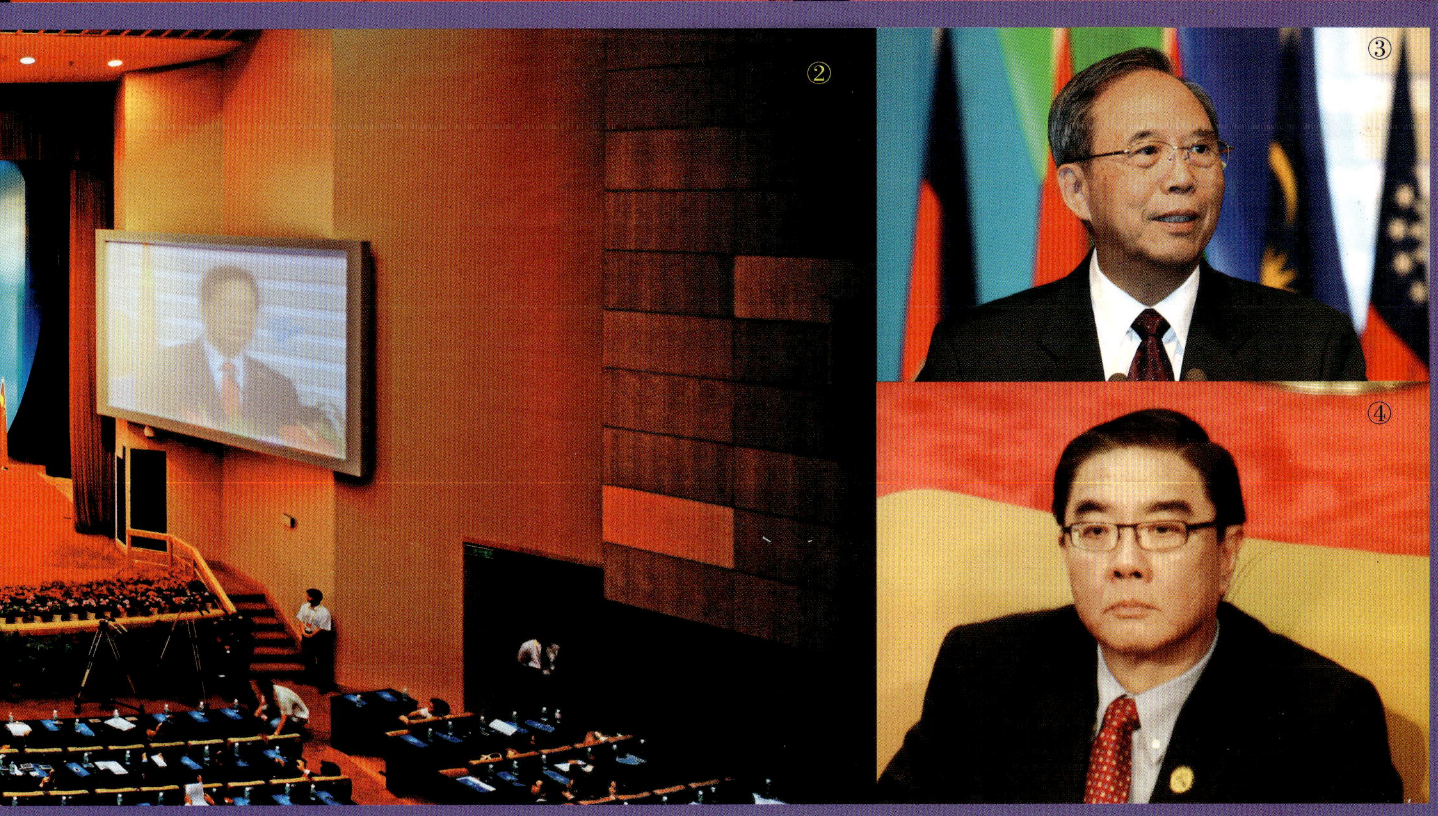

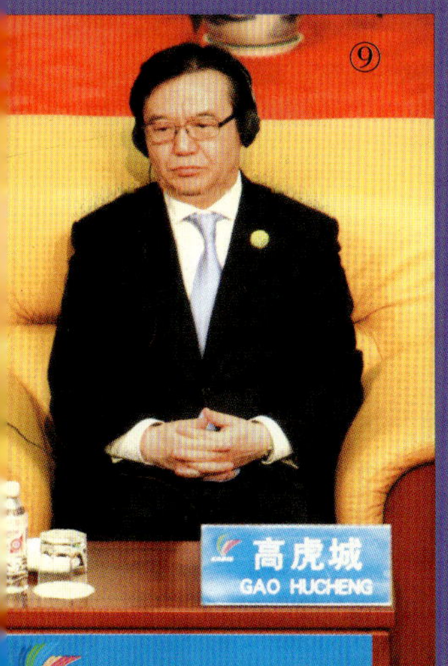

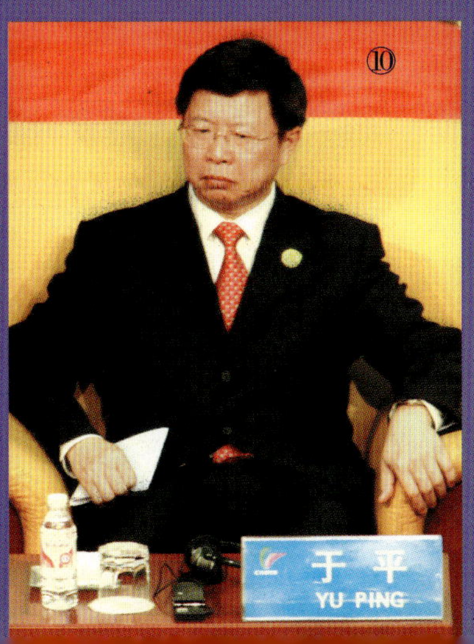

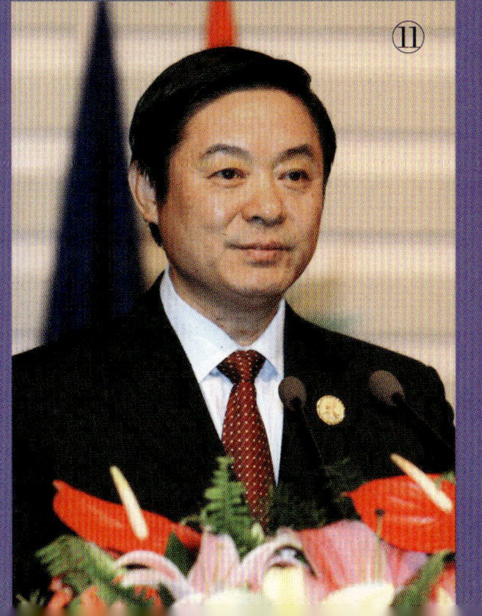

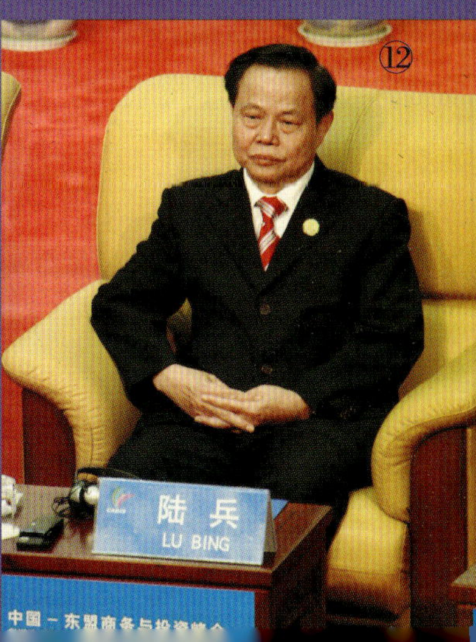

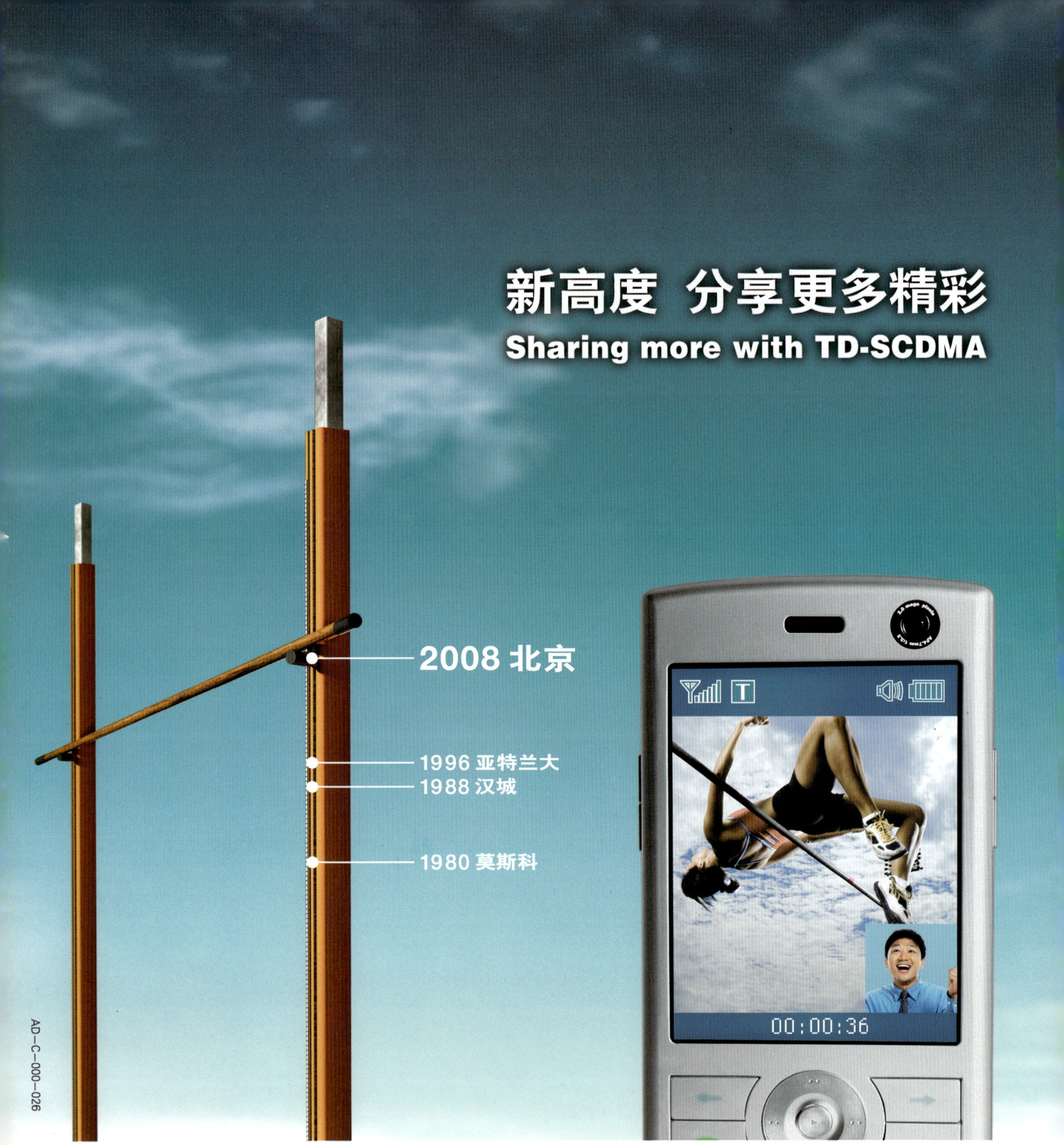
新高度 分享更多精彩
Sharing more with TD-SCDMA
2008 北京
1996 亚特兰大
1988 汉城
1980 莫斯科
00:00:36
AD-C-000-026

广西农垦局是自治区人民政府特设的行政管理机构，具有相当于地级市的计划、财政、税收、土地管理、建设规划、国有资产管理等经济管理权限。

广西农垦始建于1951年，总人口21万人，有250万亩土地，分布在12个地级市的39个县（区），其中70万亩位于城市郊区。目前，农垦管区拥有98家国有直属企事业单位和614家投资合作的各类企业，正在开发建设12个特色产业园区，其中明阳、新业、北部湾、西江园区已初具规模。经过多年发展，农垦形成以甘蔗、剑麻、木薯、畜牧、水产、茶叶、果蔬等为主导的现代农业产业，以制糖、剑麻制品、木薯生化、酒精等为主导的农产品加工业；以明阳产业园区、新兴产业园区、九曲湾新城等为代表的食品加工、机动车零配件、商住物流产业集群；以俄罗斯农产品加工及物流中心、委内瑞拉剑麻种植加工、印度尼西亚木薯种植加工、缅甸剑麻替代种植为代表的境外农业开发系列。在直属企业中，有国有大型企业13家，专业集团公司8家。其中，广西农业产业化重点龙头企业10家，农业产业化国家重点龙头企业2家，国家免检产品企业1家，国家级农业标准化示范农场1家，中国名牌农产品1个，全国农垦现代农业示范区2个，广西名牌产品企业15个，广西优质产品9个。广西农垦已成为广西重要的商品生产基地、现代农业生产示范基地和园区建设基地。

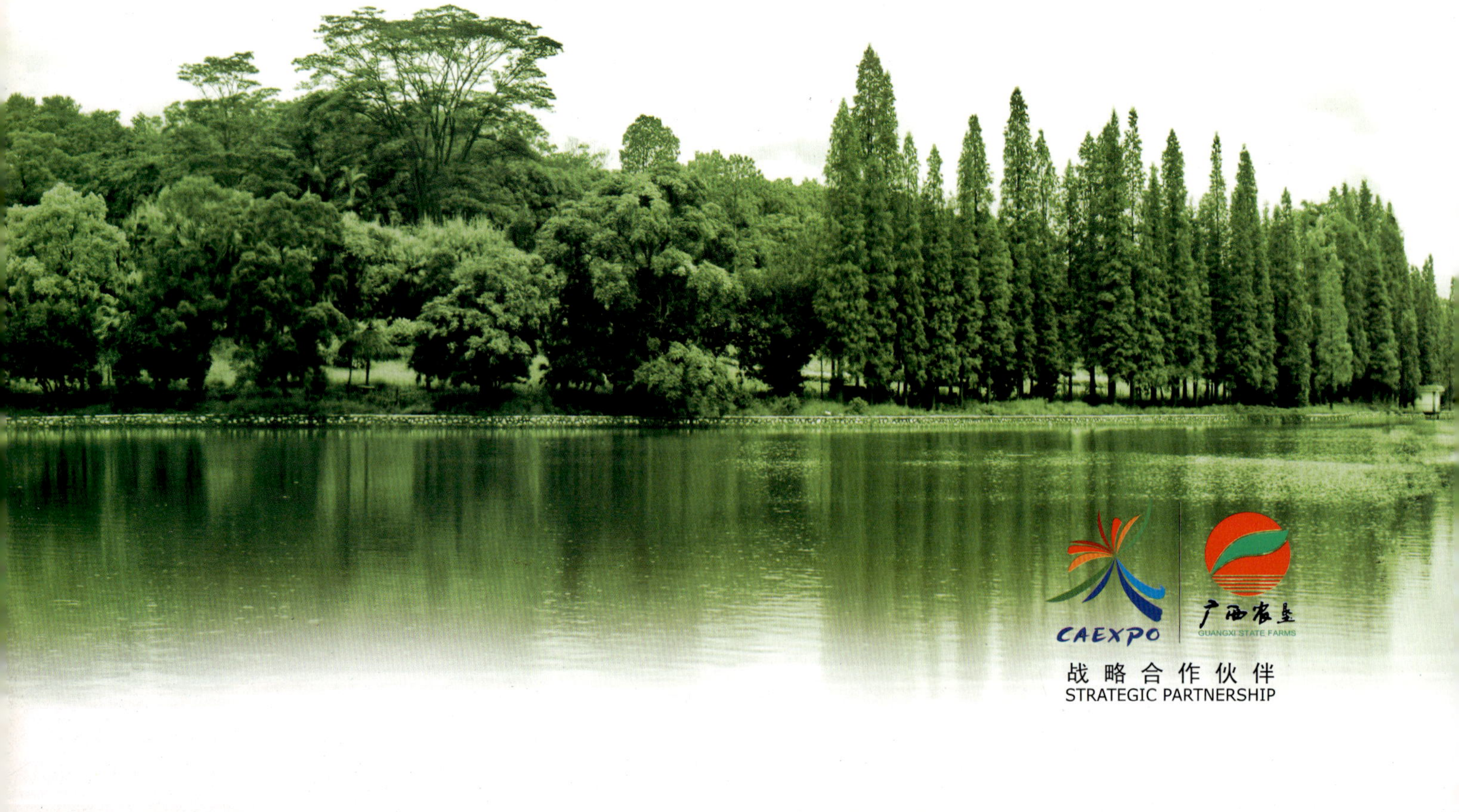

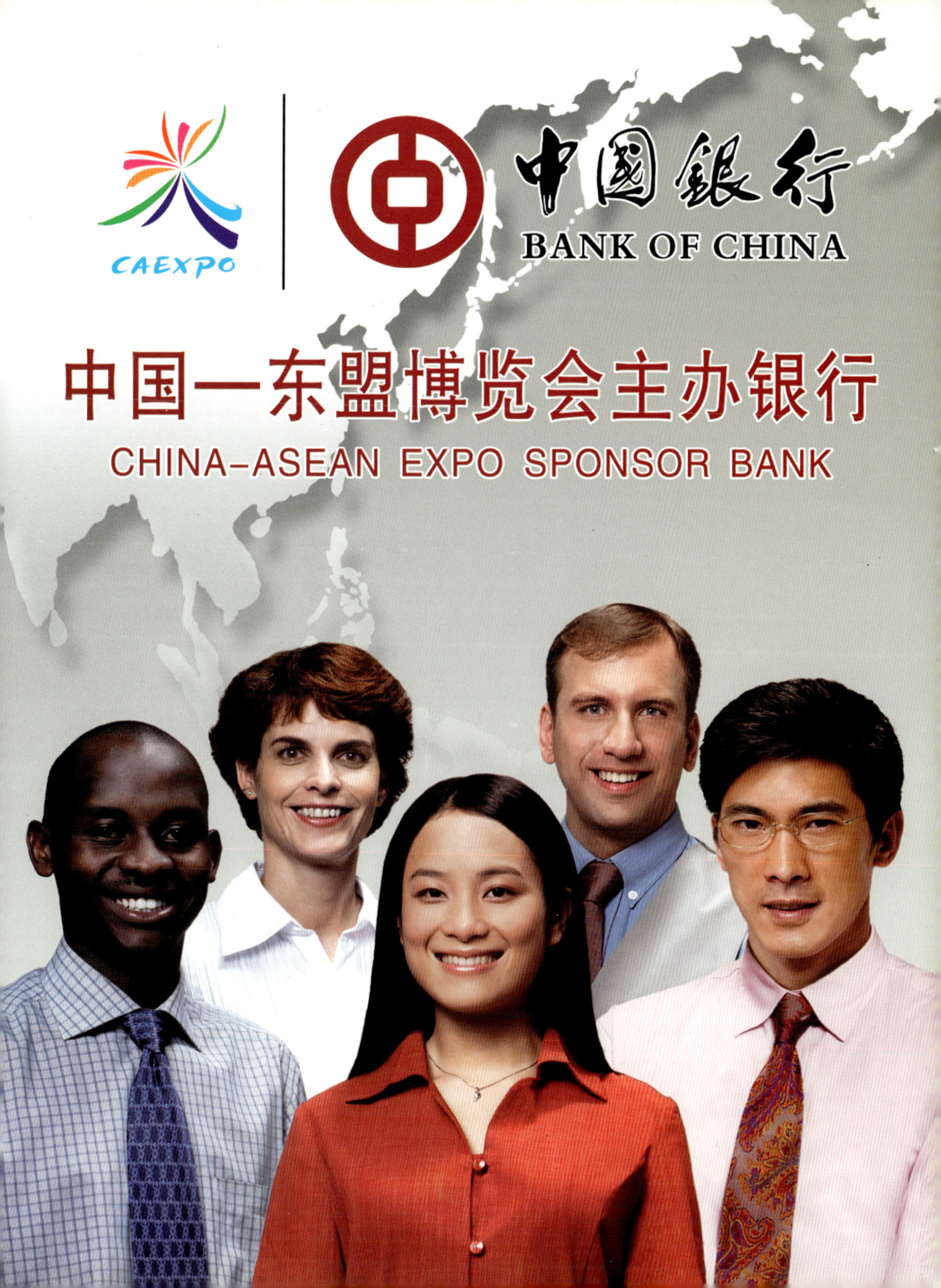
CAEXPO
中國銀行
BANK OF CHINA
中国—东盟博览会主办银行
CHINA–ASEAN EXPO SPONSOR BANK

CCCME

中国食品土畜进出口商会成立于1988年9月。商会的宗旨是：协调、服务、促进、维权。

商会目前共有5000多家会员企业，其中常务理事53家，理事单位170家。 会员遍布全国各地，集中了本行业经营规模最大和最具代表性的企业以及大批中小企业。会员企业经营范围覆盖粮食谷物、油脂油料、干鲜蔬菜水果、畜禽肉食、水海产品、酒饮、罐头、糖果等加工食品、林产及林化产品、香精香料、茶叶、蜂产品、食药用菌及制品、花卉、蜡烛、烟花、羽绒羽毛及制品、羊绒兔毛及制品、猪鬃肠衣、裘革皮及制品、地毯等各类农林食品土畜产品。商会设有43个商品专业分会，每个分会均是行业内具有影响力的协调机构。

经过二十年的发展，商会已成为全国农产品行业协会中会员企业最多、行业代表性最强、服务功能最齐全、覆盖范围最广的行业组织，并同国际同行业组织建立了广泛的联系。商会在促进农业产业化和农产品贸易方面发挥了积极的作用，为企业增效、农民增收作出了重要的贡献。

中国五矿化工进出口商会

商会网站:www.cccmc.org.cn

中国五矿化工进出口商会简介

中国五矿化工进出口商会于1988年9月1日在北京成立。

商会集中了本行业经营规模最大和最具代表性的企业。会员的经营范围涵盖了黑色金属、有色金属、非金属矿产及制品、煤炭及制品、建材制品、五金制品、石油及制品、化工原料、塑料及制品、精细化工品、农用化工品和橡胶及制品等五矿化工商品。近年来,五矿化工商品进出口额保持在全国进出口总额的28%左右,其中进口额和出口额分别占全国的39%和19%(2007年底)。

目前,五矿化工商会有会员4500余家。会员企业每年进出口总额在本行业中占据了近30%的比重,五矿化工商会的会员企业基本代表了我国五矿化工行业的整体实力和水平。

A Brief Account of CCCMC

China Chamber of Commerce of Metals Minerals and Chemicals Importers and Exporters(CCCMC) was established in Beijing on September 1,1988.

CCCMC has a membership of 4500 till August 2008.The total export volumes of all members cover 30% of the whole industry. The members of CCCMC can represent the over all level of the metal, mineral and chemical industries in China.CCCMC is committed to providing quality services to our member companies and overseas friends.

中国轻工工艺品进出口商会

商会简介 Introduction

中国轻工工艺品进出口商会成立于1988年，是由从事轻工业品、工艺品进出口贸易的企业依法成立的自律性组织。截至2006年底，中国轻工工艺品进出口商会会员总数为8000余家。

中国轻工工艺品进出口商会的主要职责是：维护进出口经营秩序和会员企业的利益，协调会员进出口经营活动；为会员提供信息服务，组织国内外研讨、培训；为会员提供法律咨询服务；组织会员参加国内外商品博览会及商务考察；代表行业向政府反映要求、意见和政策建议；与国内外同行业组织进行交流。

中国轻工工艺品进出口商会的最高权力机构是会员代表大会，下设理事会、常务理事会。另设7个职能部门和18个商品分会（协调组）承担日常工作。

Contact Us 联系我们

地址：北京市朝阳区潘家园南里 12 号楼（潘家园大厦）10 层

邮编：100021

网址：www.cccla.org.cn

邮箱：xxb@cccla.org.cn

电话：+86-10-67732707

传真：+86-10-67732698 67732689

中国—东盟商务年鉴

CHINA—ASEAN BUSINESS YEARBOOK

2008

郑军健　主编

广西人民出版社

责任编辑 韦洁琳 廖集玲

出版发行 广西人民出版社
社　　址 广西南宁市桂春路6号
邮　　编 530028
网　　址 http://www.gxpph.cn
印　　刷 广西地质印刷厂
开　　本 889mm×1194mm 1/16
印　　张 25.5
字　　数 800千字
版　　次 2008年9月 第1版
印　　次 2008年9月 第1次印刷
书　　号 ISBN 978-7-219-06147-3/Z·160
定　　价 218.00元

序

随着世界经济全球化的深入发展，区域经济一体化已经成为世界经济贸易发展的一个基本特征。作为世界经济全球化的组成部分，区域经济一体化必将增强世界经济的活力，导致在世界范围内社会生产力的极大提高。在可以预见的将来，区域经济一体化将得到进一步发展。

中国—东盟自贸区是中国同外国建立的第一个自贸区。2002 年签署《中国—东盟全面经济合作框架协议》以来，特别是 2004 年以来，自贸区建设不断加快。自贸区《货物贸易协议》、《服务贸易协议》已正式实施，自贸区投资谈判也取得了积极进展。中国—东盟自贸区建成后，将覆盖 19 亿人口，11 国经济总量将达到 5.2 万亿美元，进出口贸易总额达 4.5 万亿美元，成为全球人口最多的自由贸易区。

中国—东盟博览会应中国—东盟自贸区建设的需要而生，11 国经贸主管部门共办合作，积极有效地促进了自贸区建设，为 11 国企业分享自由贸易区建设成果提供了难得的好平台。已成功举办的四届博览会共有 8.2 万名客商参展参会，贸易成交 49.2 亿美元，国际投资签约额 222.6 亿美元，国内投资合作项目签约额 2203 亿元。

中国—东盟博览会在广西举办，同时服务了国内各省市，也服务了东盟各国，并向欧美、日本、韩国等世界其他国家或地区开放。中国—东盟博览会以经贸为主要内容，同时又不限于经贸，还包括政治、外交、教育、文化以及民间交流等多个方面。中国—东盟博览会具有展会一体的特色，会期举办包括港口、质检、妇女、青年等一系列多领域的专业论坛等，促进中国与东盟多领域交流。

中国—东盟交流合作的“南宁渠道”已经形成。在中国—东盟博览会的带动下，广西北部湾经济区已上升为国家战略，泛北部湾经济合作等新的区域和次区域合作加快推进，这不仅带动了举办地广西乃至西南地区的经济发展，更将为企业发展提供更多的商机和更广阔的市场空间。

资政存史、鉴往知来，《中国—东盟商务年鉴》应运而生，记录一个时代的风云际会，它积淀的是永恒的历史；总结一个阶段的成绩，它提供的是宝贵的借鉴。《中国—东盟商务年鉴》所收录的“贸易投资”、“区域合作”、“活动篇”、“大事记”等，反映了中国—东盟自由贸易区建设进程不断推进的铿锵步伐，是中国与东盟双边贸易过程中所取得的骄人成绩，是中国—东盟自由贸易区内 18 亿人民友好往来的历史见证。

当前，中国对外开放面临的内外条件正在发生深刻变化，中国—东盟自由贸易区建设进程的加快，特别是中国—东盟博览会的成功举办，推动了中国与东盟国家的经贸合作和共赢发展，促进了中国与东盟睦邻友好以及面向和平与繁荣的战略伙伴关系的不断深化。

为了更好地为企业提供东盟市场信息服务和商务指导，促进中国—东盟双边贸易发展，中国—东盟博览会秘书处决定组织、编纂《中国—东盟商务年鉴》。作为中国—东盟经贸合作的大型商务工具书，视野宽广、资料翔实、信息密集、可读性强。尤其是本书中收录的案例、经商实务等内容，相对此前出版的其他版本，商务性更加明显和突出，体现出来的服务企业的务实精神，值得充分的肯定。希望企业以史为镜、继往开来，在中国—东盟区域经济一体化进程中抓住机遇，借东风扬帆远航。

郑军健

2008 年 9 月

编辑说明

一、《中国—东盟商务年鉴》是一部国际商务性年鉴，着重收载中国和东盟各国商务方面的基本资料及重要信息，旨在为企业开拓东盟市场提供商务指导，帮助企业快速、全面了解东盟商机，促进双边贸易发展，并促进中国—东盟自由贸易区建设及宣传和提高中国—东盟博览会的商务影响力。

二、本年鉴从2008年起逐年编纂出版。本卷年鉴着重记述2007年中国—东盟商务的相关资料，但作为创刊号，卷中部分内容适当追溯历史，并收录一些历时性资料。为提高年鉴的时效性，卷中东盟商务资讯的信息着重于2008年1～7月份；中国—东盟商务大事记已整理至2008年6月份。

三、本卷年鉴共设篇目11个。分别是国别篇、贸易投资篇、行业篇、企业案例篇、经商实务篇、区域合作篇、活动篇、大事记、数据统计篇、文献、附录等。其中，东盟各国资料的编排，依国际惯例按国名的英文字母顺序排序；一国之内发生的事情，在同一篇目中按时序编排。

四、本年鉴由中国—东盟博览会秘书处主办。本年鉴供稿者均为专事东南亚研究领域的专家及学者，资料来源主要来自国内外权威机关、书籍、传媒或网站，具有一定的权威性和较高的参考价值，涉及的统计表格主要来自海关统计数据及国家商务部网站公开数据。

五、作为资料性工具书，本年鉴内容资料的选题选材和编排，条目的内容要素和记述程序等，都按照既定的体例有所规范。为方便读者阅读、检索，还配备双重检索系统：书前刊有详细目录，书后配有按照字母顺序索引。

六、本年鉴所涉及的单位名称、撰稿人职务均以截稿日期为准。

七、由于资料采集不易和成书时间仓促，本卷年鉴难免有所疏漏和不足，敬请国内外各届读者指正，我们将在今后的编纂工作中努力改进。

八、本卷年鉴在编纂过程中对一些作者和出版机构的著作进行了引用或选编，因时间仓促，部分作者和出版机构未能取得联系，请有关作者或出版机构见到本书后尽快与我们联系，我们将按照国家有关规定支付相应稿酬。

九、本年鉴在策划、组稿、编辑加工过程中，得到有关领导机关、协办单位及社会各届人士的大力支持，谨表示衷心的感谢！

《中国—东盟商务年鉴》主创单位及人员

主 办 单 位 中国—东盟博览会秘书处
承 办 单 位 广西南博国际信息有限公司
支 持 单 位 中国机电产品进出口商会
中国纺织品进出口商会
中国食品土畜进出口商会
中国医药保健品进出口商会
中国五矿化工进出口商会
中国轻工工艺品进出口商会
中国对外承包工程商会
中国电力企业联合会
中国驻文莱达鲁萨兰国大使馆经济商务参赞处
中国驻柬埔寨王国大使馆经济商务参赞处
中国驻老挝人民民主共和国大使馆经济商务参赞处
中国驻马来西亚大使馆经济商务参赞处
中国驻缅甸联邦大使馆经济商务参赞处
中国驻菲律宾共和国大使馆经济商务参赞处
中国驻新加坡共和国大使馆经济商务参赞处
中国驻泰王国大使馆经济商务参赞处
广西壮族自治区商务厅
广西出入境检验检疫局

特 邀 顾 问（以姓氏笔画为序）
刁春和 于 勇 王汉江 王沅江 王甫轶 王志欣
刘树森 吕二喜 张锡安 李建春 李清树 周先旺
周小明 姚文萍 赵希正 黄 涛 霍建国

专家委员会（以姓氏笔画为序）
王玉主 王 勤 王 娟 朱振明 张蕴岭 张文山
李欣广 杨克斯 陆建人 保建云 唐文琳 徐长文
曹云华 黄丽馨

编委会名誉主任 李金早
编 委 会 主 任 郑军健
编委会副主任 李文杰 农 融 王 雷 贺乐平 王晓东 余向东
编 委 会 委 员 曾 忠 农乐政 黄 媛 时祖耀 黄平西 庞志军
李晓天 覃霄岗 许 瑾 莫轻思 黄 革 邓 霓
朱 炼 谢柱军

主　　　编 郑军健
执 行 主 编 高星福
编 辑 人 员 周占一 张 寒 李 梅 刘夏汝 王彩霞 莫秋雯
雷文艳 陈 红 黄少菲 李志勇 周 杰 汪名立
丁文健
英 文 翻 译 李海珍 林婉怡 李 霓

目录

贸易投资篇

行业篇

商务资讯篇

企业案例篇

经商实务篇

区域合作篇

活动篇

大事记

数据统计篇

文　献

附　录

China—ASEAN Business Yearbook
Contents

国别篇

概　况

中　国

国　名

中华人民共和国（The People's Repuplic of China），简称中国、中或华。

国　旗

中华人民共和国国旗是五星红旗。旗面的红色象征革命；旗上的五颗五角星及其相互关系象征共产党领导下的革命人民大团结；四颗小五角星各有一个尖角正对着大五角星的中心点，表示围绕一个中心而团结，在形式上也显得紧凑美观。

国土与资源

中国位于亚洲大陆的东部、太平洋西岸，陆地面积约960万平方公里。中国领土北起漠河以北的黑龙江江心（北纬53°30′），南到南沙群岛南端的曾母暗沙（北纬4°）；东起黑龙江与乌苏里江汇合处（东经135°05′），西到帕米尔高原（东经73°40′）。从南到北，从东到西，距离都在5000公里以上。中国陆地边界长达2.28万公里，大陆海岸线长约1.8万公里，海域面积473万平方公里。

国　民

人　口　2007年中国人口132129万人（不含香港、澳门两个特别行政区和台湾地区人口）。按性别分，男性68048万人，女性64081万人；按城乡分，城镇59379万人，乡村72750万人。东部人口稠密，西部人口稀少。

民　族　中国有56个民族，即汉族、蒙古族、回族、藏族、维吾尔族、苗族、彝族、壮族、布依族、朝鲜族、满族、侗族、瑶族、白族、土家族、哈尼族、哈萨克族、傣族、黎族、傈僳族、佤族、畲族、高山族、拉祜族、水族、东乡族、纳西族、景颇族、柯尔克孜族、土族、达斡尔族、仫佬族、羌族、布朗族、撒拉族、毛南族、仡佬族、锡伯族、阿昌族、普米族、塔吉克族、怒族、乌孜别克族、俄罗斯族、鄂温克族、德昂族、保安族、裕固族、京族、塔塔尔族、独龙族、鄂伦春族、赫哲族、门巴族、珞巴族、基诺族。

宗　教　宪法规定公民享有宗教信仰自由。中国宗教徒信奉的主要有佛教、道教、伊斯兰教、天主教和基督教。中国公民可以自由地选择、表达自己的信仰和表明宗教身份。

主要节日

法定节日有新年、春节、国际劳动妇女节、植树节、国际劳动节、中国青年节、儿童节、中国人民解放军建军节、教师节、国庆节、清明节、端午节、中秋节。中国重大的传统节日还有元宵节。此外，各少数民族也都保留着自己的传统节日。

行政区划

一级行政区划　中国行政区划为34个省、自治区、直辖市和特别行政区。即黑龙江、吉林、辽宁、河北、山西、山东、江苏、浙江、安徽、江西、福建、台湾、河南、湖北、湖南、广东、海南、云南、贵州、四川、陕西、甘肃、青海等23个省，广西、西藏、新疆、内蒙古、宁夏等5个自治区，北京、天津、上海、重庆等4个直辖市，香港、澳门2个特别行政区。

主要城市　首都北京市，位于华北平原西北端，周围被河北省和天津市所包围，是中国政治、经济、文化和国际交流中心，综合性产业城市，著名古都，重要航空港。行政区域面积1043.5平方公里；2007年末户籍人口1213.3万，常住人口1633万。其他重要城市有上海、广州、天津、哈尔滨、长春、沈阳、大连、呼和浩特、太原、石家庄、济南、青岛、南京、苏州、杭州、合肥、福州、厦门、南昌、郑州、武汉、长沙、南宁、桂林、深圳、海口、昆明、贵阳、成都、重庆、拉萨、乌鲁木齐、兰州、西安、西宁、银川、香港、澳门、台北、高雄等。

经　济

国内生产总值　中国2007年国内生产总值246619亿元（据《中华人民共和国2007年国民经济和社会发展统计公报》数据），比上年增长11.4%。人均国内生产总值为18885元（按国内生产总值与人口的测算值）。

产　业　第一产业包括农业、林业、畜牧业和渔业。种植业是农业的支柱，主要包括粮食作物种植业和经济作物种植业。粮食种植业主要种植小麦、水稻、玉米、薯类等作物，2007年粮食总产量10030亿斤，比上年增长70亿斤，增长0.7%。经济作物种植业主要种植棉花、油类（花生、油菜、芝麻、油茶）、麻类、糖料（甘蔗、甜菜）、豆类、茶叶、水果等作物。2007年第一产业增加值占国内生产总值的11.7%。第二产业包括工业和建筑业。工业门类齐全，主要有矿产参选、金属冶炼及压延加工、金属制品、机械制造、食品加工和制造等行业。第二产业在国民经济中占主导地位，2007年第二产业增加值占国内生产总值的49.2%。第三产业包括地质勘查和水利管理、交通运输仓储邮电通信、批发和零售贸易、金融保险、房地产、社会财务、卫生体育和社会福利、教育文化艺术、广播电影电视、科学研究和综合技术服务等行业。第三产业在国民经济中的地位不断上升，2007年第三产业增加值占国内生产总值的39.1%。

财　政　2007年全国财政收入5.13万亿元，比2006年增加1.25万亿元。

金　融　主要银行有中国人民银行、中国建设银行、中国工商银行、中国农业银行、中国银行、中国农业发展银行、中国进出口银行、国家开发银行、交通银行、中国光大银行、中信实业银行等，其中中国人民银行是国家中央银行。主要保险公司有中国人民财产保险股份有限公司、中国人寿保险股份有限公司、中国太平洋财产保险股份有限公司、中国太平洋人寿保险股份有限公司、中国平安财产保险股份有限公司、中国平安人寿保险股份有限公司、新华人寿保险股份有限公司等。证券交易所有上海证券交易所和深圳证券交易所。货币名称为人民币，单位为元。2007年末，1美元兑换人民币7.3046元，比上年末升值6.9%。

进出口贸易　2007年进出口21738亿美元，同比增长23.5%；出口12180亿美元，增长25.7%；进口9558亿美元，增长20.8%；贸易顺差2622亿美元，比2006年增加847亿美元。

文　莱

国名

文莱达鲁萨兰国（Brunei Darussalam）。

国旗

文莱国旗呈横长方形，长宽之比为2∶1。由黄、白、黑、红四色组成。黄色的旗地上横斜着黑、白宽条，中央绘有红色的国徽。黄色代表苏丹至高无上，黑、白斜条是为纪念两位有功的亲王。

国徽

文莱国徽呈红色。一弯新月环抱着一根棕榈树干，其上为展开的双翼，双翼之上为一顶华盖和一面旗帜，这象征文莱信奉伊斯兰教和苏丹至高无上。在新月中央用马来文写着“永远在真主指导下，万事如意”。中心图案两侧有两只手臂，表示人民向真主祈求，人民对苏丹和政府的拥护。国徽底部的饰带上写着“和平之城——文莱”。

主要节日

独立日：1月1日（1984年）；国庆日：2月23日（1984年）。

文莱的奥玛尔·阿里·赛福鼎清真寺

自然地理

文莱达鲁萨兰国位于加里曼丹岛北部，国土面积5765平方公里。北濒南中国海，东南西三面与马来西亚的沙捞越州接壤，并被沙捞越州的林梦分隔为不相连的东西两部分。海岸线长约161公里，沿海为平原，内地多山地，有33个岛屿。东部地势较高，西部多沼泽地。属热带雨林气候，炎热多雨。年均气温28℃。

国民

人　口　约38.14万（截至2008年6月）。

民　族　主要民族有20个。其中马来人占总人口的66.6%，华人占11.2%，其他种族约占22.2%。

语　言　文莱的国语为马来语，通用英语，华语主要在华人中使用。

宗　教　国教是伊斯兰教，其他还有佛教、基督教、拜物教等。

行政区划

全国分区、乡和村三级。全国划分为4个区：文莱—穆阿拉（Brunei-Muara）、马来奕（Belait）、都东（Tutong）、淡布隆（Temburong）。区长和乡长由政府任命，村长由村民民主选举产生。

国体政体

国　体　文莱是一个“主权、民主和独立的马来穆斯林君主国”。君主（苏丹）拥有行政、立法、司法全部权利，同时也是宗教领袖。设宗教、枢密、内阁、立法、世袭等5个委员会（1984年独立后，立法委员会停止运作，内阁委员会改为内阁政府），协助苏丹理政。

宪　法　第一部成文宪法颁布于1959年9月29日，曾于1971年和1984年两次进行过重要修改。1959年宪法规定，苏丹是国家元首，拥有最高的全部行政权力。苏丹也是宗教领袖。宪法设首席大臣为最高行政官，与英国驻文莱高专向政府提供除伊斯兰教和马来习俗外的所有事务的咨询。1971年进行修宪，明确文莱主管所有内部事务，英国只负责文莱外交和国防。1984年文莱恢复完全独立，收回国防和外交权力，规定建立由首相和大臣组成的内阁政府，取代原来由首席大臣和高级官员提供顾问的马来传统政制。根据新宪法，内阁大臣由苏丹任命，向苏丹负责，苏丹可随时撤换大臣。副苏丹、总检察长和高级法院司法专员（大法官）亦由苏丹任命。苏丹有权宣布紧急状态和修改现有法律，包括宪法的条款。

议　会　文莱议会称为立法委员会，由议长和21名议员（其中，当然议员6人，高官议员5人，委任议员10人）组成，均由苏丹任命。

国家政要　文莱元首是苏丹·哈吉·哈桑纳尔·博尔基亚·穆伊扎丁·瓦达乌拉，1967年10月5日继位。兼任首相、国防大臣和财政大臣。王储穆赫塔迪·比拉（Al-Muhtadee Billah），1998年8月册封为王储。

政　府　本届政府于2005年5月由苏丹宣布组成。设首相署、国防部、财政部、外交和贸易部、司法部、教育部、交通部、宗教部、文化青年体育部、内政部、发展部、卫生部、首相署能源部、工业和初级资源部等机构。

司　法　司法体制以英国习惯法为基础。中央设有司法会议，其主要职能是代表苏丹执行司法权力，各级法院的法官都由苏丹任命。审判机关实行审判独立原则，由最高法院、高等法院、上诉法院及地方法院组成。另设宗教法院，负责审理有关伊斯兰教的案件。

党　派　有文莱国家团结党、Parti Pembangunan Negara两个党派，均不参政。

经 济

国内生产总值　2007年文莱国内生产总值188.6亿文莱元，同比增长2.7%。人均国内生产总值约4.84万文莱元。

产　业　主要产业是石油和天然气开采业，2007年产值约占国内生产总值的67.3%。全年原油产量约193832万桶，天然气产量约1179百万立方英呎/日。

财　政　2007年，文莱财政收入为91.877亿文莱元。财政收入的主要来源是公司税和政府财政收益（即政府在国内和国外投资收益），这两项财源历年占财政总收入的比例均在95%以上。财政支出主要有固定支出、经常支出、开发基金3项，其中经常支出约占财政总支出的76%。

金　融　不设国家中央银行，在财政部设货币局和金融局负责金融的管理。全国有9家银行、5家金融公司、26家保险公司和1家证券交易公司。货币名称为文莱元，与新加坡元等值。2007年文莱元与美元平均比价为1.45：1。

进出口贸易　主要出口原油、石油产品和液化天然气，进口机器和运输设备、工业品、食物、药品等。主要贸易对象是日本、英国、新加坡、泰国、马来西亚和美国。2007年进出口贸易总额147.22亿文莱元，其中出口115.56亿文莱元，进口31.66亿文莱元。

传 媒

文莱新闻社是文莱唯一官方新闻机构，创建于1959年。主要报纸：《婆罗州公报》，日报（英、马来文）；《文莱灯塔》，周报（马来文）。文莱广播电视台创建于1957年5月，是文莱唯一的广播电视台。广播电台拥有两个广播网，一个用马来语和方言，一个用英语、华语和廓尔喀语广播，现每天播音超过30小时。电视台从1975年起开设彩色电视频道，播放马来文和英文节目。

柬埔寨

国 名

柬埔寨王国（The Kingdom of Cambodia），简称柬埔寨。

国 旗

柬埔寨国旗呈长方形，长宽之比为3：2。由三个平行的横长方形相连构成，中间是红色宽面，上下均为蓝色长条。红色象征吉祥和喜庆，蓝色象征光明和自由。红色宽面中间绘有白色镶金边的吴哥庙，是著名的婆罗门教建筑，象征柬埔寨悠久的历史和古老的文化。

国 徽

柬埔寨国徽以王剑为中心线两边对称的图案。菱形图案中的王剑由托盘托举，意为王权至高无上；两侧为由狮子守护的五层华盖，五在柬埔寨风俗里象征完美、吉祥；两边的棕榈树叶象征胜利。底部的饰带上用柬文写着“柬埔寨王国之国王”。整个图案象征柬埔寨王国在国王的领导下，是一个统一、完整、团结、幸福的国家。

主要节日

独立日（建军日）：11月9日（1953年摆脱法国殖民统治，宣布独立）；国庆日：6月24日（1991年

8月柬埔寨全国最高委员会决定把1991年6月24日柬埔寨停火日定为柬埔寨新的统一的国庆日）。

柬埔寨皇宫

自然地理

柬埔寨位于东南亚中南半岛南部，北界老挝，西北部与泰国为邻，东和东南部与越南接壤，西南濒泰国湾，陆地面积为18万多平方公里，海岸线长460公里。中部和南部是平原，东部、北部和西部被山地、高原环绕，大部分地区被森林覆盖。豆蔻山脉东段的奥拉山海拔1813米，为境内最高峰。湄公河在境内长约500公里，流贯东部。洞里萨湖是中南半岛的最大湖泊，低水位时面积2500多平方公里，雨季湖面达1万平方公里。沿海多岛屿，主要有戈公岛、隆岛等。属热带季风气候，年平均气温29℃～30℃，5月～10月为雨季，11月至次年4月为旱季，受地形和季风影响，各地降水量差异较大，象山南端可达5400毫米，金边以东约1000毫米。

国 民

人 口 柬埔寨人口约1424万人，人口成长率1.725%（截至2008年7月）。

民 族 有20多个民族，其中高棉族占人口的80%，还有占族、普农族、老族、泰族和斯丁族等少数民族。

语 言 高棉语为通用语言，与英语、法语一样均为官方语言。

宗 教 国教为佛教，全国80%以上的人信奉佛教，占族多信奉伊斯兰教，少数城市居民信奉天主教。

行政区划

首都为金边（Phnom Penh）。全国分为20个省和4个直辖市。金边地处洞里萨河与湄公河交汇处，是柬埔寨政治、经济、文化和宗教中心。

国体政体

政 体 柬埔寨实行君主立宪制。国王是终身制国家元首、武装力量最高统帅。

宪 法 柬埔寨现行宪法于1993年9月21日经柬埔寨制宪会议通过、由西哈努克国王于同年9月24日签署生效。1999年3月4日，第二届国会通过宪法修正案。宪法规定，柬埔寨实行自由民主制和自由市场经济，立法、行政、司法三权分立。国王是终身制国家元首、武装力量最高统帅、国家统一和永存的象征，有权宣布大赦，在首相建议并征得国会主席同意后有权解散国会。国王因故不能理政或不在国内期间由参议院主席代理国家元首职务。王位不能世袭，国王去世后由首相、佛教两派僧王、参议院和国会正副主席共9人组成王位委员会在7日内从安东、诺罗敦和西索瓦三支王族后裔中遴选产生新国王。

议 会 参议院是柬埔寨国家立法机关，有权审议国会通过的法案。柬埔寨宪法规定，法案须经国会、参议院、宪法理事会逐级审议通过后，最后呈国王签署生效。参议院主席礼宾顺序排在国王之后、国会主席和政府首相之前，属国家第二号领导人，在国王因故不能视事或不在国内时代理国家元首。国会是柬埔寨国家最高权力机构和立法机构，每届任期5年。首届国会成立于1993年，由120名议员组成。

国家政要 国王诺罗敦·西哈莫尼（Norodom Sihamoni），2004年10月就任；首相洪森（Hun Sen），2004年7月任职；参议院议长谢辛（Chea Sim），1999年3月任职；国会议长韩桑林，2006年3月任职。太皇诺罗敦·西哈努克（Norodom Sihanouk），2004年10月7日宣布退位。奉辛比克党前主席诺罗敦·拉那烈（Norodom Ranarith）。

政 府 柬埔寨第三届（现任）政府于2004年7月成立，洪森为首相。设7个副首相，15个国务大臣，26个部和2个国务秘书处，186名内阁成员。设有首相府、农业部、商业部、文化部、内政部、国防部、教育部、外交部、财经部、计划部、旅游部等部门。2008年7月28日，柬埔寨人民党赢得第四届国会选举，新一届政府将于不久后成立。

政 党 2003年大选时有23个政党参选，人民党再次获胜，获73个国会议席，洪森续任首相。主要政党有：柬埔寨人民党（Cambodia People's Party）：该党前身为成立于1951年6月28日的柬埔寨人民革命党。1991年10月改为现名。现任党主席谢辛，副主席洪森，名誉主席韩桑林。现有党员410万。该党主张对内维护政局稳定，致力于经济发展和脱贫，建立民主法制国家。对外奉行独立、和平、中立和不结盟政策，支持建立国际政治经济新秩序，主张加强南南合作、缩小贫富差距及加强区域合作，维护地区和平与繁荣。

奉辛比克党（FUNCINPEC Party）：该党前身为“争取柬埔寨独立、中立、和平与合作民族团结阵线”，由西哈努克于1981年创建，并任主席。1992年改为现名，盖博拉斯美任主席。现有党员约40万。该党信奉西哈努克主义，对内主张政治民主化、经济私有化，维护君主立宪制。对外奉行独立、和平、中立与不结盟外交政策，主张与世界各国和一切友好政党建立和发展友好合作关系，主张以和平方式解决与邻国的边界领土争端。2003年大选获得26个国会议席，仍居第二位。2004年7月与人民党组成第三届联合政府。

森朗西党（Sam Rainsy Party）：原名高棉民族党，创建于1995年11月9日，1998年改为现名。森朗西任主席。现有党员25万人。推崇西方自由、民主、人权；主张捍卫国家主权、领土完整、收回割让给邻国的土地，解决非法移民问题；铲除贪污、腐败；发展自由经济，提高人民生活水平。

经济

国内生产总值　2007年柬埔寨国内生产总值约92.52亿美元，比上年增长约9.7%，人均国内生产总值约638美元。

产　业　以农业为主，从事农业人口占全国从业人口的80%以上。农业稳步发展，2007年稻谷种植面积约224.12万公顷，稻谷总产量344.9万吨，除满足国内需求外剩余可供出口。工业行业主要有纺织、制鞋、建筑、电力、采矿等。旅游业发展迅速，2007年接待外国游客201.52万人次。服务业产值36.16亿美元。2007年农业、工业、服务业占国内生产总值的比重为：27.2：27.3：39.1。

财　政　2007年财政收入9.89亿美元，支出11.83亿美元。

金　融　国家中央银行是柬埔寨国家银行。最大的银行是加华银行。货币名称为瑞尔。瑞尔对外币的汇率自由浮动。2007年瑞尔与美元平均比价为4060：1。年末官方外汇储备13.74亿美元。通货膨胀率5.9%。

进出口贸易　2007年进出口贸易总额约68.53亿美元。其中出口额约31.26亿美元，进口约37.27亿美元。出口商品主要为服装纺织原料、燃料、汽车、机械、电器和日用品等。

传媒

有132家报刊，其中柬文报纸97家，英、法、中、日文报刊35家。柬埔寨私人报纸很多，发行量均不大。较有影响的有《柬埔寨之光报》（柬文，日报）、《柬埔寨日报》（英文、柬文）、《和平岛报》（柬文，日报）、《人民报》（人民党党报，柬文）、《金边邮报》（英文，双周报）、《柬埔寨时报》（英文，柬文，周报）、《华商日报》（中文，日报）等。

柬新社（AKP）为柬埔寨唯一的官方通讯社，成立于1980年。柬埔寨拥有11家超短波电台，其中FM103，属国家台，全天播音18个小时。柬埔寨拥有6家电视台，主要有建于1984年的国家电视台（以柬语广播为主）、仙女11台（私人台）、第9台（私人台）、第5台（军队台）、首都第3台（官方）、巴戎台（私人台，每日有中文新闻报道）。此外，柬埔寨还有3家有线电视台：柬埔寨有线电视公司、金边有线电视公司和微波无线电视公司。

印度尼西亚

国名

印度尼西亚共和国（The Republic of Indonesia），简称印尼。

国旗

印尼国旗旗面由上红下白两个相等的横长方形构成，长宽之比为3：2。红色象征勇敢和正义，还象征印度尼西亚独立以后的繁荣昌盛；白色象征自由、公正、纯洁，还表达印尼人民反对侵略、爱好和平的美好愿望。

国徽

印尼国徽由一只金色的鹰、一面盾和鹰爪抓着的一条绶带组成。鹰象征创造力。鹰两翼各有17根羽毛，尾羽8根，这是为了纪念印度尼西亚的独立日——8月17日。鹰胸前的盾面由五部分组成：黑色小盾和金黄色的五角星代表宗教信仰，也象征“潘查希拉”——印度尼西亚建国的五项基本原则；水牛头象征主权属于人民；榕树象征民族意识；棉桃和稻穗象征富足和公正；金色饰环象征人道主义和世代相传。盾面上的粗黑线代表赤道。鹰爪抓着的绶带上用印尼文写着“异中有同”。

主要节日

独立日：8月17日（1945年）；国庆日：8月17日（1945年）。

巴厘岛海神庙

自然地理

印尼位于亚洲东南部，地跨赤道，是世界上最大的群岛国家，由太平洋和印度洋之间的17508个大小岛屿组成，其中约6000个岛屿有人居住。陆地面积为1904443平方公里，海洋面积3166163平方公里

（不包括专属经济区），因此，印尼素称千岛之国。印尼北部的加里曼丹岛与马来西亚接壤，新几内亚岛与巴布亚新几内亚相连。东北部面临菲律宾，东南部是印度洋，西南与澳大利亚相望。海岸线总长54716公里。热带雨林气候，年平均温度25～27℃。印尼是一个火山之国，全国共有火山400多座，其中活火山100多座。全国各岛处处青山绿水，四季皆夏，人们称它为“赤道上的翡翠”。

国民

人　口　约23.75亿（截至2008年7月）。

民　族　有100多个民族，其中爪哇族占45%，巽他族占14%，马都拉族7.5%，马来族7.5%，其他民族26%。

语　言　官方语言为印度尼西亚语。各民族语言有200多种。通用英语。

宗　教　约87%的居民信奉伊斯兰教，是世界上穆斯林人口最多的国家，6.1%的人口信奉基督教新教，3.6%信奉天主教，其余信奉印度教、佛教和原始拜物教等。

行政区划

印尼全国共有一级行政区30个，包括雅加达首都特区，日惹和亚齐达鲁萨兰2个地方特区，27个省即北苏门答腊、西苏门答腊、廖内、占碑、朋古鲁、南苏门答腊、楠榜、邦加—勿里洞、西爪哇、中爪哇、东爪哇、万丹、巴厘、西努沙登加拉、东努沙登加拉、北马鲁古、南马鲁古、巴布亚、北苏拉威西、中苏拉威西、东南苏拉威西、南苏拉威西、哥伦打洛、东加里曼丹、中加里曼丹、南加里曼丹、西加里曼丹。二级行政区（县/市）410个。

国体政体

政　体　印尼是单一的共和制国家。立法、行政、司法三权分立。实行总统内阁制。

宪　法　现行宪法为《“四五”宪法》，于1945年8月18日颁布实施，1949年12月和1950年8月分别为《印度尼西亚联邦共和国宪法》和《印度尼西亚共和国临时宪法》替代，1957年7月5日恢复实行。1999～2002年先后通过4个修正案。宪法规定，印度尼西亚为单一的共和制国家，“信仰神道、人道主义、民族主义、民主和社会公正”是建国五项基本原则（简称“潘查希拉”）。实行总统制，总统为国家元首、政府行政首脑和武装部队最高统帅。2004年起，总统和副总统不再由人民协商会议选举产生，改由全民直选；只能连选连任一次，每届任期5年。

议　会　人民协商会议是国家立法机构，由人民代表会议（国会）和地方代表理事会共同组成，负责制定、修改和颁布宪法及国家大政方针，并对总统进行监督，如总统违宪，人民协商会议有权弹劾罢免总统。人民协商会议每年召开一次年会，必要时召开特别会议，每5年换届选举。2004年10月1日首次通过全民直选产生的本届成员共678名。现任主席希达亚特·努尔·瓦希德。国会行使除修宪和制定国家大政方针之外的一般立法权，无权解除总统职务，总统也不能宣布解散国会；但如总统违反宪法，国会有权建议人民协商会议追究总统责任。

国家政要　总统苏希洛·班邦·尤多约诺（Susilo Bambang Yudhoyono），2004年10月当选，任期5年；副总统优素福·卡拉，2004年10月当选；人民协商会主席希达亚特·努尔·瓦希德，2004年10月当选。人民代表会议议长阿贡·拉克索诺，2004年10月当选。

政　府　实行总统内阁制，内阁由总统直接领导。总统任命内阁成员，但需征得国会同意。本届内阁于2004年10月组建，2005年12月改组，阁员36人，任期至2009年。主要成员包括：副总统尤素夫·卡拉、政治法律安全统筹部长维多多、经济统筹部长布迪沃诺、人民福利统筹部长阿布里扎尔·巴克利、内政部长马鲁夫、外交部长哈桑·维拉尤达、国防部长尤沃诺·苏达尔索诺等。

司　法　在三权分立的权力机构设置下，最高法院和最高检察院独立于立法和行政机构。最高法院正、副院长由国会提名，总统任命。最高检察长由总统任免。现任最高法院院长巴吉尔·马南，最高检察院总检察长阿卡都拉赫曼·萨莱。

政　党　印度尼西亚主要政党有专业集团党、印度尼西亚民主斗争党、建设团结党、民主党、国家使命党、民族觉醒党等。

专业集团党，1964年10月由61个群众组织联合成立专业集团，1967～1999年6月为事实上的执政党，但一直自称为社会政治组织。1999年3月7日正式宣布为政党。以“潘查希拉”为国家意识形态基础，主张在民主和民权基础上进行政治体制改革，保障人权，改善民生。总主席尤素夫·卡拉。2004年大选赢得127个议席，国会第一大党。

印度尼西亚民主斗争党，由原印度尼西亚民主党分裂出来的人士组成，1998年10月正式成立。该党为民族主义政党，印度尼西亚世俗政治力量代表。坚持以“潘查希拉”为国家意识形态基础，弘扬民族精神，反对宗教和种族歧视。总主席梅加瓦蒂。2004年大选获109个议席，国会第二大党。

建设团结党，1973年1月由伊斯兰教士联合会、印度尼西亚穆斯林党、印度尼西亚伊斯兰教师联盟党和白尔蒂伊斯兰教党合并组成。20世纪80年代后伊斯兰教士联合会退出。原宗旨为“潘查希拉”，现回归伊斯兰教。主张司法独立，实施广泛地方自治和宗教平等，全面提高人口素质。总主席哈姆扎·哈兹。2004年大选获58个议席，是国会第三大党。

经济

国内生产总值 2007年印度尼西亚国内生产总值4329.44亿美元，同比增长6.32%。通货膨胀率约6.41%。公开失业率9.6%。人均国内生产总值约1872美元。

农　业 农业以种植业为主，是世界主要热带经济作物生产国。2007年农渔林业占GDP比重为13.8%。采矿业为工业支柱产业，其中石油、天然气开采占主导地位，是世界主要石油生产国。近几年制造业增长速度均超过经济增长速度，主要部门有采矿、感知、轻工等。电子、汽车等新兴工业发展迅速。服务业在国民经济中的比重逐年提高，2007年占GDP比重为39.4%。

金　融 货币名称为印尼盾。2007年印尼盾与美元平均比为9299∶1。截至2007年底，外汇黄金储备569.2亿美元。外债1407亿美元。

进出口贸易 2007年出口总额1180亿美元，主要出口市场是日本、新加坡、韩国、中国、马来西亚等。进口总额849.3亿美元，贸易顺差330.7亿美元。主要进口市场是新加坡、日本、中国、美国、泰国、韩国、沙特阿拉伯和澳大利亚。

传媒

印尼主要印尼文报纸有《罗盘报》、《专业之声报》、《印尼媒体报》、《共和国日报等》、《革新之声报》和《印尼商报》；英文报纸有《雅加达邮报》、《印尼观察家报》等；中文报纸有《印度尼西亚日报》、《华文邮报》（中文和印尼文互译）、《商报》、《新生日报》、《千岛日报》等。

1937年成立的安塔拉通讯社是官方通讯社，1967年成立的印尼民族通讯社为私营机构。

成立于1945年9月的印尼共和国广播电台是国家电台，1962年8月17日正式运营的印尼共和国电视台为国家电视台，私营电视台有1988年11月14日建立的印尼鹰记电视台、1990年8月成立的太阳电视台，和1991年1月组建的教育电视台，2000年10月开设的美都电视台是印尼首家新闻电视台，并开创了播放中文新闻的先例。

老　挝

国名

老挝人民民主共和国（The Lao People's Democratic Republic），简称老挝。

国旗

老挝国旗旗面中间平行长方形为蓝色，占旗地一半，上下为红色长方形，各占旗地的四分之一。蓝色部分中间为白色圆轮，轮的直径为蓝色部分宽度的五分之四。蓝色象征富饶，红色象征革命，白色图轮表示圆月。此旗原为老挝爱国战线旗帜。

国徽

老挝国徽呈圆形，由两束稻穗环饰的圆面上有具象征意义的图案：大塔是著名古迹，它是老挝的象征；齿轮、拦河坝、森林、田野等分别象征工业、水力、林业；稻穗象征农业。两侧的饰带上写着“和平、独立、民主、统一、繁荣昌盛”，底部的饰带上写着“老挝人民民主共和国”。

主要节日

独立日：10月12日（1945年）；国庆日：12月2日（1975年）；老挝人民军成立日：1月20日（1949年）；老挝人民革命党成立日：3月22日（1955年）；老挝新年（宋干节，也叫泼水节）：佛历5月，一般从每年公历4月13日开始，前后共3天；塔銮节：佛历12月，公历11月。

万象塔銮

自然地理

老挝位于中南半岛北部，地处北纬13°52′～22°05′、东经100°10′～107°30′之间。老挝国土面积23.68万平方公里，北邻中国，南接柬埔寨，东界越南，西北达缅甸，西南毗连泰国。境内80%为的国土为山地和高原，且多被森林覆盖，有“印度支那屋脊”之称。地势北高南低，北部与中国云南的滇西高原接壤，东部老、越边境为长山山脉构成的高原，西部是湄公河谷地和湄公河及其支流沿岸的盆地和小块平原。全国自北向南分为上寮、中寮和下寮，上寮地势最高，川圹高原海拔2000米～2800米。最高峰比亚山峰海拔2817米。发源于中国的湄公河是最大河流，流经西部1900公里。属热带、亚热带季风气候，分为雨季（5～10月）和旱季（11月至次年4月）。

国民

人　口 约652万（截至2007年7月）。

民　族 全国共有60多个部族，大致分为老龙族、老听族和老松族三大民族。

语　言　官方语言是老挝语。部分国民也使用泰语、华语。老挝语和泰语大致可以相通。

宗　教　90%的国民信奉小乘佛教，少数信奉基督教、原始宗教等。

行政区划

老挝全国划分为16个省、1个直辖市（万象市）和1个行政特区（赛宋本）。

国体政体

国　体　老挝宪法规定：老挝人民民主共和国是人民民主国家，全部权利属于人民，各族人民在老挝人民革命党领带下行使当家作主的权利。

宪　法　1991年8月，老挝最高人民议会第二届六次会议通过了老挝第一部宪法。国家主席是老挝国内各族人民的代表。国家主席由国会选举产生，必须获得国会与会人数2/3选票才能当选，每届任期5年。现任国家主席朱马里·赛雅贡（Choummaly Sayasone），2006年6月当选。

议　会　国会（原称最高人民议会，1992年8月改为现名）是国家最高权力机构和立法机构，负责制定宪法和法律。国会每届任期5年，每年召开两次会议，特别会议由国会常委会决定或由2/3以上的议员提议召开。国会议员由地方直接选举产生。第六届国会于2006年5月选举产生国会议员115名，6月在万象召开首次会议，主席通辛·坦马冯。

国家政要　老挝人民革命党中央总书记、国家主席朱马里·赛雅贡，2006年6月当选连任；总理波松·布帕万，2006年6月当选；第六届国会主席通辛·坦马冯，2006年6月当选连任。

政　府　老挝本届政府于2006年6月8日组成。主要成员：政府总理波松·布帕万、副总理兼国家监察署主席阿桑·劳里、副总理兼外交部长通伦·西苏里、副总理兼国防部长隆再·披吉、公安部长通班·显阿蓬、劳动社会福利部长奥占·塔马冯、财政部长占西·普西坎、司法部长扎伦·叶宝和、工业贸易部长南·维亚吉等。

司　法　最高人民法院为最高司法权力机关。最高人民法院院长坎米·赛亚冯，2006年6月连任；最高人民检察院院长宋潘·平坎米，2006年6月就任；老党中央党政监察委员会主任阿桑·劳里，2006年5月就任。

政　党　老挝人民革命党是老挝唯一政党和执政党。1955年3月22日建立，原称老挝人民党，1972年召开“二大”时改为现名。现有党员14.8万。其宗旨是：领导全国人民进行革新事业，建设和发展人民民主制度，建设和平、独立、民主、统一和繁荣的老挝，为逐步走上社会主义创造条件。本届中央委员会于2006年3月产生，由55名中央委员组成。朱马里·赛雅贡为党中央总书记。

经　济

国内生产总值　2007年老挝国内生产总值40.28亿美元，比上年增长10.75%。人均国内生产总值603.22美元。国民经济三大产业结构比例为：41.3∶32.2∶21.5。

产　业　农业在国民经济中占较大比重。2007年老挝粮食（大米）产量为270万吨，除了满足老挝国内需求，还剩余大约30～40万吨可供出口。老挝工业基础薄弱，主要工业企业有发电、锯木、采矿、炼铁、服装和食品等及小型修理厂和编织、竹木加工等作坊。在旅游业方面，老挝吸引的旅游观光客逐年增多，2000年到老挝观光的游客为73万人次，2007年达到160万人次。

金　融　国家中央银行是老挝人民民主共和国国家银行，货币名称为基普。通货膨胀率4.5%，2007年基普和美元平均比价为9683∶1。外汇黄金储备5.41亿美元（截至2007年12月）。

进出口贸易　2007年老挝进出口贸易总额23.46亿美元，比上年增长约29.61%。其中出口额9.7亿美元，进口额13.76亿美元。主要外贸对象为泰国、越南、中国、日本、欧盟、美国和加拿大。主要出口商品有服装、电力、木材、咖啡等，进口商品有各种机动车、摩托车、自行车、燃料、水泥、钢材、食糖等。

传　媒

全国各种报刊约有20种。《人民报》为老挝人民革命党中央机关报，创刊于1950年8月13日，用老挝文出版。其他还有《新万象报》、《人民军报》和《青年报》等。外语报有英文报《VIENTIANE-TIMES》和法文报《LE RENOVATEUR》。巴特寮通讯社是官方通讯社，于1968年1月成立。广播电台有老挝国家广播电台、挝人民军广播电台和14个省级广播电台。老挝国家广播电台设在万象，用老挝语广播，对外用越、柬、法、英、泰语广播。电视台有老挝国家电视台和17家省（直辖市）电视台。老挝国家电视台建于1983年12月。每天播放老挝语节目5小时左右。

马来西亚

国　名

马来西亚联邦（Federation of Malaysia），简称马来西亚。

国　旗

马来西亚国旗呈横长方形，长宽之比为2∶1。主体部分由14道红白相间、宽度相等的横条组成。

左上方有一深蓝色的长方形，上有一弯黄色新月和一颗14个尖角的黄色星。14道红白横条和14角星象征马来西亚的13个州和政府。蓝色象征人民的团结及马来西亚与英联邦的关系——英国国旗以蓝色为旗底，黄色象征国家元首，新月象征马来西亚的国教伊斯兰教。

国徽

马来西亚国徽中间为盾形徽。盾徽上面绘有一弯黄色新月和一颗14个尖角的黄色星，盾面上的图案和颜色象征马来西亚的组成及其行政区划。盾面上部列有5把入鞘的短剑，它们分别代表柔佛州、吉打州、玻璃市州、吉兰丹州和丁加奴州。盾面中间部分绘有红、黑、白、黄4条色带，分别代表雪兰莪州、彭亨州、霹雳州和森美兰州。盾面左侧绘有蓝、白波纹的海水和以黄色为地并绘有3根蓝色鸵鸟羽毛，这一图案代表槟榔屿。盾面右侧的马六甲树代表马六甲州。盾面下端左边代表沙巴州，图案中绘有强健的褐色双臂，双手紧握沙巴州州旗。盾面下端右边绘有一只红、黑、蓝3色飞禽，代表沙捞越州。盾面下部中间的图案为马来西亚的国花——木槿。盾徽两侧各站着一头红舌马来虎，两虎后肢踩着金色饰带，饰带上书写着格言“团结就是力量”。

主要节日

独立日：8月31日（1957年）。国庆日：8月31日（1957年）。灾难意识日：12月26日（2005年马来西亚政府决定设立。选择这一天作为全国“灾难意识日”，是因为马来西亚过去在这一天多次遭受自然灾难的袭击。1996年12月26日，东马来西亚的沙巴州遭受强烈热带风暴袭击，有100多人死亡，许多房屋和财产被毁；2004年12月26日，马来西亚北部槟榔屿等州部分地区遭到印度洋海啸袭击，共有60多人死亡）。

马来西亚风景

自然地理

马来西亚位于东南亚，地处太平洋和印度洋之间，陆地国土面积33万平方公里。全境被南中国海分成东马来西亚和西马来西亚两部分。西马来西亚为马来亚地区，位于马来半岛南部，北与泰国接壤，西濒马六甲海峡，东临南中国海，东马来西亚为沙捞越地区和沙巴地区的合称，位于加里曼丹岛北部，海岸线部长4192公里。属热带雨林气候，内地山区年均气温22℃～28℃，沿海平原为25℃～30℃。马来半岛西岸每年9～12月为雨季，西马东岸、沙巴、沙捞越等地雨季为每年10月至翌年2月。

国民

人　口　约2527.41万（截至2007年底）。其中马来人及其他原住民占66.1%，华人占25.3%，印度人占7.4%。

民　族　沙捞越州原住居民中以伊班族为主，沙巴州以卡达山族为主。

语　言　马来语为国语，通用英语，华语使用也较广泛。

宗　教　伊斯兰教为国教，其他宗教有佛教、印度教、基督教、拜物教等。

行政区划

全国分为13个州，包括西马的柔佛、吉打、吉兰丹、马六甲、森美兰、彭亨、槟榔屿、霹雳、玻璃市、雪兰莪、丁加奴以及东马的沙巴、沙捞越，另有三个联邦直辖区：首都吉隆坡、纳闽和普特拉贾亚（Putra Jaya，联邦政府行政中心）。

国体政体

政　体　实行君主立宪制。因历史原因，沙捞越州和沙巴州拥有较大自治权。

宪　法　1957年颁布马来亚宪法，1963年马来西亚成立后继续沿用，改名为马来西亚联邦宪法，后多次修订。宪法规定：最高元首为国家首脑、伊斯兰教领袖兼武装部队统帅，由统治者会议选举产生，任期5年。最高元首拥有立法、司法和行政的最高权力，以及任命总理、拒绝解散国会等权力。1993年3月，马议会通过宪法修正案，取消了各州苏丹的法律豁免权等特权。1994年5月修改宪法，规定最高元首必须接受并根据政府建议执行公务。2005年1月，马议会再次通过修宪法案，决定将各州的水供事务管理权和文化遗产管理权移交中央政府。

统治者会议　由柔佛、彭亨、雪兰莪、森美兰、霹雳、丁加奴、吉兰丹、吉打、玻璃市9个州的世袭苏丹和马六甲、槟州、沙捞越、沙巴4个州的州元首组成。其职能是在9个世袭苏丹中轮流选举产生最高元首和副最高元首；审议并颁布国家法律、法规；对全国性的伊斯兰教问题有最终裁决权；审议涉及马来族和沙巴、沙捞越土著民族的特权地位等重大问题。未经该会议同意，不得通过有关统治者特权地位的任何法律。内阁总理和各州州务大臣、首席部长协助会议召开。

议　会　也称国会，最高立法机构。由上议院和下议院组成。2003 年 5 月，国会通过重新划分国会和州议会选区的动议，国会下议院议席从 194 增至 219 个，除沙捞越以外的 12 个州议席从 422 增至 505 个。议员任期 5 年。本届国会于 2004 年 3 月第十一届全国大选后组成。以马来西亚民族统一机构（巫统）为首的国阵拥有 199 席，超过议席总数的 90%。反对党拥有 19 席，其中民主行动党 12 席，伊斯兰教党 6 席，国民公正党 1 席。无党派独立人士 1 席。下议院议是长坦·斯里·拉姆利·雅·塔利布（Tan Sri RAMLI Ngah Talib），2004 年 11 月 22 日任职。上议院有 70 名议员，由全国 13 个州议会各选举产生 2 名，其余 44 名由最高元首根据内阁推荐委任，任期 3 年。上议院议长是坦·斯里·阿卜杜尔·哈密德（Tan Sri Dr. ABDUL HAMID bin Pawanteh），2003 年 7 月 7 日任职。

国家政要 米詹·扎因·阿比丁（Sultan Mijan Zainal Abidin），2006 年 11 月被推选为马来西亚第 13 任最高元首，2006 年 12 月 13 日宣誓就任，2007 年 4 月 26 日登基；总理阿卜杜拉·艾哈迈德·巴达维（Abdullah Ahmad Badawi），2003 年 10 月就任，2004 年 3 月连任。

政　府 即内阁，联邦政府采用责任内阁制，内阁是马来西亚最高行政机关，由选举中占半数以上的政党组成。政府首脑是总理，由最高元首任命。本届政府于 2004 年 3 月组成，2006 年 2 月进行小幅改组，共设 28 个部门。

司　法 最高法院于 1985 年 1 月 1 日正式成立。1994 年 6 月改名为联邦法院。设有马来亚高级法院（负责西马）和婆罗州高级法院（负责东马），各州设有地方法院和推事庭。另外还有特别军事法庭和伊斯兰教法庭。联邦法院首席大法官丹·斯里·达图·斯里·艾哈迈德·法鲁兹（Tan sri Dato' Sri AHMAD FAIRUZ），2003 年 3 月就任。总检察长坦·斯里·阿卜杜尔·甘尼·帕泰尔（Tan Sri ABDUL GANI PATAIL），2002 年 1 月 1 日就任。

政　党 注册政党有 40 多个。由 14 个政党组成国民阵线联合执政。2001 年 5 月，沙巴人民正义党解散，并入巫统。2002 年 1 月，反对党沙巴团结党重返国民阵线。主要执政党：马来民族统一机构（The United Malays National Organization，简称巫统，UMNO）：马来人政党。成立于 1946 年 5 月 11 日。现有党员 280 万名。

马来西亚华人公会（Malaysian Chinese Association，简称马华公会，MCA）：最大的华人政党。1949 年 2 月 27 日成立，原名马来亚华人公会，马来西亚成立后改为现名。党员 103 万名。

马来西亚印度人国大党（Malaysian Indian Congress，简称印度人国大党，MIC）：1946 年 8 月 2 日成立。马来西亚印度、巴基斯坦族政党，旨在争取和维护两族利益。党员 55 万名。

经 济

国内生产总值 2007 年马来西亚国内生产总值约 1864.82 亿美元，人均国内生产总值约 7378.38 美元。

产　业 农业以种植业为主，渔业也有一定规模。工业主要有电子、汽车、钢铁、石油化工、纺织和采矿等行业。制造业发展较快，在国民经济中占有重要地位，2007 年制造业从业人员 1108469 人。服务业发达，旅游业是国民经济的第三大支柱。2007 年，马来西亚吸引境外游客到访数量达 2097 万人次，同比增长 19.5%。

金　融 有商业银行 35 家，外资银行办事处 36 家，证券银行 12 家，伊斯兰银行 8 家，金融公司 25 家。货币名称为林吉特。2007 年林吉特与美元平均汇率为 3.33：1。通货膨胀率 2.1%，年末外汇黄金储备 1011 亿美元，外债总额 534.5 亿美元。

进出口贸易 2007 年进出口贸易总额 3269 亿美元。其中出口额 1812 亿美元，进口额 1457 亿美元。主要外贸对象为美国、新加坡、日本和中国。主要出口商品有电子电器产品、棕油、石油、化工产品、液化天然气，进口产品有机械运输设备、食品、烟草和燃料等。

传 媒

全国约有 50 份报纸，用 8 种文字出版。主要报纸有：马来文的《马来使者报》、《每日新闻》、《祖国报》；英文的《新海峡时报》、《星报》、《马来邮报》；华文的《南洋商报》、《星洲日报》等。

马来西亚国家新闻社（简称马新社）是一个半官方的通讯社，成立于 1968 年，在亚太地区设有 33 家分社。

马来西亚广播电台属官办，建于 1946 年，拥有 6 个广播网，用马来语、英语、华语和泰米尔语广播。马来西亚之声电台建于 1963 年，用马来语、阿拉伯语、英语、印尼语、缅甸语、他加禄语和泰语等 8 种语言对外广播。马来西亚电视台属官办，建于 1963 年，设有两个频道，用马来语、英语、华语和泰米尔语播放。另外还有第三电视台（TV3）、城市电视（METRO VISION）和国民电视（NTV）三家私营电视台。近年开办了 ASTRO 卫星有线电视频道。

缅　甸

国 名

缅甸联邦（The Union of Myanmar），简称缅甸。

国 旗

缅甸国旗呈横长方形，长宽之比为 9：5。旗面为红色，左上角有一深蓝色的小长方形，里面绘有白色的图案——14 颗五角星环绕着一个 14 齿的齿轮，齿轮中空，内有一株谷穗。红色象征勇敢和果断，深蓝色象征和平与统一，白色象征纯洁和美德。14 颗五角星代表缅甸联邦的 14 个省、邦，齿轮和谷穗象征工业和农业。

国徽

缅甸国徽中心为一个由谷穗环绕的有 14 个齿的齿轮，上面绘有缅甸地图。谷穗两侧各有一个狮子，狮子被誉为缅甸的国兽，称圣狮，是吉祥的标志。顶端为一颗五角星，在其两侧和谷穗周围装饰着缅甸花卉；底部的饰带上用缅文写着“缅甸联邦”。

主要节日

独立节：1 月 4 日（1948 年）。建军节：3 月 27 日。泼水节（缅历新年）：4 月 13 日。联邦节：2 月 12 日。农民节：3 月 2 日。建军节：3 月 27 日，初为抗日节，55 年改为建军节。工人节：5 月 1 日。烈士节：7 月 19 日。民族节：12 月 1 日。

中国—东盟博览会上的缅甸展区

自然地理

缅甸位于中南半岛的西部，在西藏高原和马来半岛之间，领土有 676581 平方公里。西北与印度和孟加拉国接壤，东北与中国为邻，东南与老挝、泰国毗邻，西南濒临孟加拉湾和安达曼海，海岸线长 3200 公里，均在南部。属热带季风气候区，分热、雨、凉三季，3～5 月为热季，6～9 月为雨季，10 月到次年 2 月为凉季。各地年平均气温为 27℃。森林覆盖率占总面积的 50%以上。

国民

人　口　约 4775.82 万（截至 2008 年 7 月）。

民　族　缅甸共有 135 个民族，主要有缅族、克伦族、掸族、克钦族、钦族、克耶族、孟族和若开族等，缅族约占总人口的 65%。

语　言　缅甸语为官方语言，各少数民族均有自己的语言，其中缅、克钦、克伦、掸和孟等族有文字。

宗　教　全国 80%以上人口信奉佛教。约 8%的人口信奉伊斯兰教。

行政区划

全国分七个省和七个邦。省是缅族主要聚居区，邦多为各少数民族聚居地。

国体政体

政　体　缅甸是联邦制国家。缅甸实行军事统治，由军事领导人组成的“国家和平与发展委员会”为国家最高权力机构。总理内阁政府则受命于该委员会，且成员多为军队将领。

宪　法　缅甸于 1974 年制定了《缅甸社会主义联邦宪法》。1988 年军政府接管政权后，宣布废除宪法，并于 1992 年起召开国民大会，制定新宪法。制宪国民大会从 1996 年 4 月起休会，2004 年 5 月恢复召开。

议　会　国家和平与发展委员会（简称“和发委”），是缅甸最高权利机关，由 13 人组成，成立于 1997 年 11 月 15 日，前身为 1988 年成立的“国家恢复法律和秩序委员会”。三军总司令丹瑞大将（Senior Gen. Than Shwe）任主席，三军副总司令兼陆军司令貌埃上将任副主席，登盛中将任第一秘书长。

国家政要　国家和平与发展委员会主席丹瑞大将（Than Shwe），1997 年 11 月任职；总理登盛，2007 年 10 月任职。

政　府　2007 年 5 月 18 日，缅甸“和发委”宣布由第一秘书长登盛中将（Lt-Gen. Thein Sein）任代总理。现政府主要成员有：国防部长丹瑞大将，农业与水利部长泰乌少将，外交部长吴年温，计划与经济发展部长吴梭达，交通部长登瑞少将，科技部长兼劳工部长吴当，商务部长丁乃登准将，财税部长拉吞少将，内政部长貌乌等。2007 年 10 月，缅甸总理梭温病逝，缅甸“和发委”任命登盛中将为缅甸政府新总理。

司　法　法院和检察院共分 4 级。设最高法院和最高检察院，下设省邦、县及镇区 3 级法院和检察院。最高法院为国家最高司法机关，最高检察院为国家最高检察机关。

政　党　1988 年，缅甸军队接管国家政权，宣布废除一党制，实行多党民主制。1990 年 5 月 27 日举行首次多党制大选，当时有 200 多个政党注册，后大批政党自行解散或被取缔。目前主要政党有：

全国民主联盟，成立于 1988 年 9 月 29 日，系缅甸最大政党和最有影响的反对党。曾在 1990 年 5 月 27 日的大选中获得 485 个议席中的 396 个席位。主席吴昂瑞，总书记昂山素季。

民族团结党，由原执政的缅甸社会主义纲领党于 1988 年 9 月 24 日改组而成，系缅甸第二大政党。在 1990 年 5 月 27 日大选中获 10 个席位。主席吴达党，总书记吴吞意。

其他政党还包括：掸邦民主联合会、若开民主联盟、孟族民族民主阵线、全国人权民主党、钦族民主联盟、克钦邦全国民主大会、联邦勃欧族联合会、掸邦果敢民主党、谬族（克密族）团结协会、拉祜族进步党、联邦克伦族联盟、果敢民族团结党、佤族发展党等。

经 济

国民生产总值 2006～2007年度缅甸国民生产总值约为170亿美元，比上年增长12%，人均国民生产总值不足300美元。

产 业 农业在国民经济中占较大比重，农业劳动力约占全国劳动力总数的64%。以种植业为主。耕地面积为1052.16万公顷，其中水稻面积724.37万公顷。2007～2008财年，水稻种植面积2001.4万英亩，产量15亿缅箩（约合3150万吨）。豆类种植面积989万英亩，产量450万吨，出口115.6万吨。棉花种植面积91万英亩，产量2.3万吨。橡胶种植面积72.8万英亩，年产橡胶1.59亿磅。油料作物种植面积875万英亩，食用油生产能力20万吨/年。工业产值约占国内生产总值的15.4%，工业主要行业有农产品加工、油气开采（蒲甘、宫达臣、坦德宾是现有的三大油田）、小型机械制造、纺织印染、木材加工、制糖、造纸、化肥、制药、电力等。全国有24个工业区，职工总数170多万人。第三产业发展较快，产值占国内生产总值的30%以上。旅游资源丰富，2007年来缅外国游客约为39万人，旅游收入为1.91652亿美元。

金 融 国有银行5家，私人银行20家。货币名称为缅甸币，单位为元，2007年缅甸币和美元平均比价为1751∶1。通货膨胀率为34.4%。截至2006～2007年度，缅甸共欠外债约67亿美元，最大债权国为日本。外汇储备约6亿美元。

进出口贸易 2007～2008年度，缅正常贸易（大贸）进出口总额达88.61亿美元，其中出口60.43亿美元，进口28.18亿美元，顺差32.25亿美元。缅甸的外贸伙伴主要分布在亚洲，占总贸易额的90%，其中与东盟贸易额占总贸易额的51.3%。主要出口商品有天然气、服装、豆类、虾类、柚木、硬木、粮食、宝石等。进口商品有机械及运输设备、精炼矿物油、纺织品、一般金属及金属制品、电子设备及电器、熟料等。

外 资 截至2007年12月，外国在缅投资总额约146亿美元，来自29个国家的409家企业。在缅投资前5位的国家和地区为泰国、英国、新加坡、马来西亚、中国香港；主要投资领域为石油天然气、电力、水产业、矿产业、制造业（成衣制造业）和饭店旅游业。

传 媒

缅甸报纸均为官办，全国发行的报纸有3种：《缅甸之光》缅文版、《缅甸新光》英文版和1992年9月复刊的《镜报》。地方性的报纸有仰光出版的《首都报》、曼德勒出版的《曼德勒报》和《雅德那崩报》3份。此外，全国还有约140种杂志和期刊，较著名的有《妙瓦底》、《秀玛瓦》、《威达意》、《视野》和《财富》等。1997年11月，华文报纸《缅甸华报》创刊，是全缅唯一允许公开发行的华文报刊，后停办。

缅甸通讯社为国家通讯社。

官办的“缅甸之声”是唯一广播电台，建于1937年。目前用缅甸语、英语及八种少数民族语言广播。全国有两个电视台。“缅甸电视台”建于1980年，“妙瓦底电视台”创办于1995年3月27日。目前，缅甸全国各地共有电视转播站177个，全国各省邦大部分地区都能收看电视节目。

菲律宾

国 名

菲律宾共和国（The Republic of The Philippines），简称菲律宾。

国 旗

菲律宾国旗呈横长方形，长与宽之比为2∶1。靠旗杆一侧为白色等边三角形，中间是放射着八束光芒的黄色太阳，三颗黄色的五角星分别在三角形的3个角上。旗面右边是红蓝两色的直角梯形，两色的上下位置可以调换。平时蓝色在上，战时红色在上。太阳和光芒图案象征自由；八道较长的光束代表最初起义争取民族解放和独立的8个省，其余光芒表示其他省。3颗五角星代表菲律宾的3大地区：吕宋、萨马和棉兰老。蓝色象征忠诚、正直、红色象征勇气，白色象征和平和纯洁。

国 徽

菲律宾国徽为盾形，中央是太阳放射光芒图案，3颗五角星在盾面上部，其寓意同国旗。左下方为蓝地黄色的鹰，右下方为红地黄色狮子。狮子和鹰图案分别为在西班牙和美国殖民统治时期菲律宾的标志，象征菲律宾摆脱殖民统治、获得独立的历史进程。盾徽下面的白色绶带上用英文写着“菲律宾共和国”。

主要节日

独立日：6月12日（1898年）；国庆日：6月12日（1898年）；自由日：2月25日；巴丹日：4月9日（纪念二战阵亡战士）；五月花节：5月最后一个星期日；国家英雄日：8月27日；英雄节（纪念民族英雄黎刹就义）：12月30日。

长滩岛

自然地理

菲律宾位于亚洲东南部，西濒南中国海，东临太平洋，是一个群岛国家，共有大小岛屿7107个。这些岛屿像一颗颗闪烁的明珠，星罗棋布地镶嵌在西太平洋的万顷碧波之中，菲律宾也因此拥有"西太平洋明珠"的美誉。菲律宾陆地面积29.97万平方公里，其中吕宋岛、棉兰老岛、萨马岛等11个主要岛屿占全国面积的96%。菲律宾海岸线长达18533公里，多天然良港。菲律宾属季风型热带雨林气候，高温多雨，植物资源十分丰富，热带植物多达万种，素有"花园岛国"的美称。其森林面积为1585万公顷，覆盖率达53%，产有乌木、檀木等名贵木材。

国民

人　口　约为9268万（截至2008年7月）。

民　族　菲律宾是一个多民族国家，马来族占全国人口的85%以上，包括他加禄人、伊洛戈人、邦班牙人、比萨亚人和比科尔人等；少数民族和外国后裔有华人、印尼人、阿拉伯人、印度人、西班牙人和美国人，还有为数不多的原住民。

语　言　菲律宾有70多种语言。国语是以他加禄语为基础的菲律宾语，英语为官方语言。

宗　教　国民约84%信奉天主教，4.9%信奉伊斯兰教，少数人信奉独立教和基督教新教，华人多信奉佛教，原住民多信奉原始宗教。

行政区划

全国划分为吕宋、维萨亚和棉兰老三大部分。共设有首都地区、科迪勒拉行政区和棉兰老穆斯林自治区，以及伊罗戈区、卡加延谷区、中吕宋区、南塔加罗格区、比克尔区、西维萨亚区、中维萨亚区、东维萨亚区、西棉兰老区、北棉兰老区、南棉兰老区、中棉兰老区和卡拉加区等13个地区。下设73个省，2个分省和60个市。首都马尼拉（Metro Manila），人口1090万人。

国体政体

政　体　菲律宾实行总统制。总统是国家元首、政府首脑兼武装部队总司令。

宪　法　菲律宾独立后共颁布过三部宪法，现行宪法于1987年2月由全民投票通过并正式生效。宪法规定，菲律宾实行三权分立政体；总统拥有行政权，由选民直接选举产生，任期6年，不得连选连任；总统无权实施戒严法，无权解散国会，不得任意拘捕反对派；禁止军人干预政治；保障人权，取缔个人独裁统治；进行土地改革等。

议　会　国会为菲律宾最高立法机构，由参、众两院组成。参议院由24名议员组成，由全国直接选举产生，任期六年，每三年改选50%，可连任两届。众议院由250名议员组成，其中200名由各省、市按人口比例分配，从全国各选区选出；25名由在参选中获胜的政党委派，另外25名由总统任命。众议员任期三年，可连任三届。2007年5月菲律宾举行议会大选，7月23日召开第14届国会会议并宣布选举结果，参议院议长曼努埃尔·比利亚尔和众议院议长何塞·德贝内西亚均获得连选连任，从而维持了执政联盟和反对派议员在国会中的势力均衡。

国家政要　总统阿罗约（Arroyo），2004年6月连任；参议院议长曼努埃尔·比利亚尔，2007年7月获得连选连任；众议院议长何塞·德贝内西亚（Jose De Venecia），1992年7月至1998年6月众议院议长，2001年7月再次当选众议院议长，2007年7月获得连选连任。

政　府　菲律宾实行总统制，总统为政府首脑。本届内阁于2004年8月组成，此后略有调整。目前，内阁成员24名，除总统外，其他主要成员还包括副总统诺里·迪·卡斯特罗、财政部长凯萨·普瑞西玛、司法部长劳尔·冈萨雷斯、农业部长阿瑟·亚普、贸易与工业部长胡安·桑托斯、交通与通信部长雷恩德洛·门多萨、能源部长拉斐尔·洛提拉等。

司　法　菲律宾司法权属最高法院和各级法院。最高法院由1名首席法官和14名陪审法官组成，均由总统任命，拥有最高司法权。下设上诉法院、地方法院和市镇法院。最高法院首席法官为希拉里奥·戴维德。检察工作由司法部检察长办公室负责，总检察长为里卡多·加维斯。

政　党　菲律宾共有政党100余个，大多为地方性小党。主要政党包括：基督教穆斯林民主力量党（简称拉卡斯）是执政党，也是国内最大政党，系前总统拉莫斯于1991年底创立，由人民力量党、全国基督教民主联盟、菲律宾穆斯林民主联盟、团结党等整合而成。该党派主张通过谈判实现民族和解，促进社会稳定；经济上重视农业发展，增加就业，扶助贫困，加快私有化进程；倡导经济外交，奉行更加开放政策。

民族主义人民联盟（NPC）是前总统埃斯特拉达的执政党联盟——爱国民众战斗党（LAMP）成员之一。2000年10月，埃斯特拉达被弹劾后成为独立党派，现为菲律宾众议院第二大党。该党支持修改宪法，为防止总统权力过大，主张实行议会制政体及实行两党制，支持加快国有企业私有化。现任主席为前众议员圣胡安。

摩洛民族解放阵线（简称摩解）系南部穆斯林武装组织，1968 年创立，旨在棉兰老地区建立独立的伊斯兰国家。1996 年，菲律宾政府与摩解达成和平协议。2001 年，摩解主席密苏阿里与阿罗约政府发生利益冲突，并在霍洛岛发动武装叛乱。菲律宾政府迅速平叛，宣布密犯有叛乱罪，摩解另一派系领导人胡安继任该党主席。2007 年 2 月，阿罗约总统下令执行与摩解的和平协议条款，希望通过和平、发展、多种信仰对话及国际合作实现与摩解的最终和解，解决菲律宾南部冲突。

摩洛伊斯兰解放阵线（简称摩伊解）是最大的穆斯林反政府组织，主要活跃在棉兰老岛。

经济

国内生产总值 2007 年菲律宾国内生产总值约 1446 亿美元（6651 万亿比索），比上年增长 7.3%。人均国内生产总值约 1630 美元（7498 万比索）。

产 业 农业以种植业为主。工业以农、林产品加工业为主，制造业发展迅速。服务业在国民经济中占较大比重，从业人员 1400 多万人，约占全国就业人数的 40%。

财 政 2007 年菲律宾国家财政收入约 290.13 亿美元（13346 亿比索）。

金 融 主要银行有首都银行、商业银行等。货币名称为比索。2007 年比索和美元平均比价为 46∶1。2007 年底国家外汇储备 337 亿美元，外债总额 549 亿美元。

进出口贸易 2007 年菲律宾进出口贸易总额 1055.87 亿美元。其中出口额 502.76 亿美元，进口额 553.17 亿美元。主要进口商品：电子产品 251.3（亿美元）占 45.4%；矿物燃料、润滑油等相关产品 96.62（亿美元）占 17.5%；交通设备 21.36（亿美元）占 3.9%；机械和运输设备 20.84（亿美元）占 3.8%。主要出口商品：电子产品 310.2（亿美元）占 61.7%；服装 22.997（亿美元）占 4.6%；精炼铜产品 12.48（亿美元）占 2.5%；石油产品 11.07（亿美元）占 2.2%等。

传媒

主要英文日报：《马尼拉公报》、《菲律宾星报》、《菲律宾询问日报》、《自由报》、《马尼拉时报》、《马尼拉纪事报》。菲文日报：《消息报》、《菲律宾快报》。华文日报：《世界日报》、《商报》、《菲华时报》、《联合日报》和《环球日报》。

成立于 1973 年的菲律宾通讯社为官方通讯社，与中国、马来西亚、印尼、泰国、巴基斯坦、日本等 15 个国家和地区的通讯社建有新闻交换关系，与美联社、路透社均有工作联系。新闻组织有：菲全国新闻记者俱乐部、菲新闻摄影家协会、菲出版者协会等。全国有 257 家出版机构。

全国有 629 家广播电台，137 家电视台，其中广播局和人民电视台属官方性质，其余均为私人所有。菲律宾广播电台、电视台使用的语言主要是英语、他加禄语和华语。

新加坡

国名

新加坡共和国（The Republic of Singapore），简称新加坡。

国旗

新加坡国旗由上红下白两个相等的横长方形组成，长宽之比为 3∶2。左上角有一弯白色新月和五颗白色五角星。红色代表人类的平等，白色象征纯洁和美德；新月象征国家，五颗星代表国家建立民主、和平、进步、正义和平等的思想。新月和五颗星的组合紧密而有序，象征新加坡人民的团结和互助的精神。

国徽

新加坡国徽由盾徽、狮子、老虎等图案组成。红色的盾面上镶有白色的新月和五角星，其寓意与国旗相同。红盾左侧是一头狮子，这是新加坡的象征，新加坡在马来语中是“狮子城”的意思；右侧是一只老虎，象征新加坡与马来西亚之间历史上的联系。红盾下方为金色的棕榈枝叶，底部的蓝色饰带上用马来文写着“前进吧，新加坡!”

主要节日

独立日：8 月 9 日（1965 年）；华人新年：每年 1 月或 2 月的农历新年；中秋节：农历 8 月 15；开斋节：回历 10 月新月出现之时；泰米尔新年：4、5 月间；大宝森节：泰米尔历的 1、2 月间；蹈火节：10、11 月间。卫塞节：5 月的月圆日；圣诞节：12 月 25 日；复活节：3 月 21 日月圆后的周日。

新加坡的标志和象征——狮头鱼尾像

自然地理

新加坡位于马来半岛南端、马六甲海峡出入口，北隔柔佛海峡与马来西亚相邻，南隔新加坡海峡与印度尼西亚相望。它由新加坡岛及附近63个小岛组成，面积699.4平方公里，其中新加坡岛占全国面积的88.5%。属热带海洋性气候，常年高温多雨，年平均气温24℃～27℃。

国民

人　口　约458.86万（截至2007年底）。

民　族　其中多数为华人。华人占76.7%；马来人占13.9%；印度人占7.9%，其他种族占1.5%。

语　言　马来语为新加坡国语，英语、华语、马来语、泰米尔语为官方语言，英语为行政用语。

宗　教　主要宗教为佛教、道教、伊斯兰教、基督教和印度教。

行政区划

新加坡市行政上相当于国家，因此是一个城市国家，它分四个地区——市中心地区、市中心周围地区（北、东北和西部）、市郊区（东、北和西部）、外围地区（东、北和西部）。

国体政体

国　体　新加坡实行议会共和制。总统为国家元首，由全民选举产生，任期6年。实行立法、行政、司法三权分立。

宪　法　1963年9月颁布州宪法。1965年12月经修改成为新加坡共和国宪法，并规定马来西亚宪法中的一些条文适用于新加坡。宪法规定，新加坡实行议会共和制。总统为国家元首，由全民选举产生，任期6年。总统委任议会多数党领袖为总理。总统有权否决政府财政预算和公共部门职位任命，可审查政府行使内部安全法令和宗教和谐法令所赋予的权力以及调查贪污案件。总统顾问理事会向总统提供咨询与建议。总统在行使某些职权，如任命主要公务员时，必须先征求总统顾问理事会的意见。总统和议会共同行使立法权。

议　会　新加坡实行一院制，任期五年。国会可提前解散，大选须在国会解散后三个月内举行。年满21岁的新加坡公民都有投票权。国会议员分为民选议员、非选区议员和官委议员。其中民选议员从全国9个单选区和14个集选区中由公民选举产生。集选区候选人以3～6人一组参选，其中至少1人是马来族、印度族或其他少数种族。同组候选人必须同属一个政党，或均为无党派者，并作为一个整体竞选。非选区议员从得票率最高的反对党未当选候选人中任命，最多不超过6名，从而确保国会中有非执政党的代表。官委议员由总统根据国会特别遴选委员会的推荐任命，任期两年半，以反映独立和无党派人士意见。本届国会2006年5月6日选举产生，共有84名民选议员，其中人民行动党82人，工人党和民主联盟各1人。2006年11月召开第十一届国会首次会议，阿都拉连任议长。

国家政要　总统纳丹（S. R. Nathan），1999年9月1日就任，任期6年，2005年9月连任。总理李显龙（Lee Hsien Loong），2004年8月宣誓就职，2006年5月再次当选，5月30日宣誓就职。

政　府　本届内阁于2006年5月30日就职。主要成员有：总理兼财政部长李显龙（Lee Hsien Loong），国务资政兼金融管理局主席吴作栋，内阁资政李光耀，副总理兼国防和安全统筹部长及律政部长贾古玛，副总理兼内政部长黄根成，外交部长杨荣文，新闻、通信及艺术部长李文献，国家发展部长马宝山，总理公署部长林文兴，贸工部长林勋强，国防部长张志贤等。

司　法　新加坡设有最高法院和总检察署。最高法院由最高法庭和上诉庭组成。1994年，废除上诉至英国枢密院的规定，确定最高法院上诉庭为终审法庭。最高法院大法官由总理推荐、总统委任。现任大法官为陈锡强，总检察长为赵锡奈，2006年4月起任职。

政　党　新加坡已注册的政党共24个。人民行动党为执政党。1954年11月由现任内阁资政李光耀等人发起成立。党的纲领是维护种族和谐，树立国民归属感；建立健全的民主制度，确保国会拥有多元种族代表，努力建立一个多元种族、多元文化和多元宗教的社会。人民行动党从1959年至今一直保持执政党地位。李光耀长期任该党秘书长，1991年吴作栋接任。2004年12月，李显龙接替吴作栋出任该党秘书长。

近年来影响较大的还有工人党，创立于1957年11月，主张和平、非暴力的议会斗争。该党于1971年重建领导机构，提出废除雇用制，修改国内治安法，恢复言论和结社自由。近年来工人党的影响有所扩大。1981年起，该党在大选中数次赢得议席，2006年大选中又获1席。

经济

国内生产总值　2007年新加坡国内生产总值约2431.69亿新元，比上年增长7.7%。人均国内生产总值约52994新元。

产　业　农业在国民经济中占比重较小。工业化程度高，主要行业是制造业和建筑业。是世界第三大炼油中心。服务业发达，包括零售与批发贸易、旅游、交通与电信、金融、商业等行业。旅游业兴旺发达，被誉为“亚洲旅游王国”。2007年接待外国游客10284人次。

金　融　由金融管理局负责制定和实施各项金融政策，负责监督与管理商业银行及其他金融机构的经营活动，实际上执行着中央银行的职能，但不发行货币。拥有1000多家金融机构。货币名称为新加坡元。通货膨胀率2.096%，2007年新元和美元平均比价为1.51：1。2007年外汇黄金储备为2345.46亿新元，外债总额255.9亿美元。

进出口贸易 2007年新加坡进出口贸易总额达8466.08亿新元，其中进口3956.79亿新元，出口4506.28亿新元。马来西亚、美国和中国是新加坡三大贸易伙伴。新加坡主要出口商品偶电子真空管、数据处理机、加工石油产品、电讯设备等。

外　资 2007年，新加坡吸收的外资额为146.89万新元。

传 媒

英文报有《海峡时报》、《商业时报》、《新报》；华文报有《联合早报》、《联合晚报》、《新明日报》；马来文报有《每日新闻》；此外还有泰米尔文报《泰米尔日报》。广播电台于1936年开播，1959年1月起以马来语、英语、华语、泰米尔语广播。新加坡广播电台拥有并经营12个国内电台和3个国际电台。新加坡电视机构拥有并经营2个频道，一个播送华文节目，另一个播送英文节目，每天播送24小时。12电视私人公司经营2个频道，一个主要为马来族和印度族人口服务，另一个主要播送体育及文艺节目。1995年有线电视网开通，用户可接收30多个频道、10余个国家的电视节目。1995年开通卫星电视。

泰　国

国名

泰王国（The Kingdom of Thailand），简称泰、泰国。

国旗

泰国国旗呈长方形，长宽之比为3：2。由红、白、蓝三色的五个横长方形平行排列构成。上下方为红色，蓝色居中，蓝色上下方为白色。蓝色宽度相等于两个红色或两个白色长方形的宽度。红色代表民族和象征各族人民的力量与献身精神。泰国以佛教为国教，白色代表宗教，象征宗教的纯洁。泰国是君主立宪政体国家，国王是至高无上的，蓝色代表王室。蓝色居中象征王室在各族人民和纯洁的宗教之中。

国徽

泰国国徽图案是一只大鹏鸟，鸟背上蹲坐着那莱王。传说中大鹏鸟是一种带有双翼的神灵，那莱王是传说中的守护神。

主要节日

宋干节（公历4月13～15日）；水灯节（泰历12月15日）；国庆日（国王诞辰日，公历12月5日）；农耕节：6月（泰历）。节日由占卜师选择在每年5月（泰农历6月）的一个吉日良辰按照婆罗门教的习俗举行。

农耕节是泰国的重要节日，每年到农耕节时泰国都要在曼谷大王宫旁边的王家田广场举行大典。农耕节大典始于13世纪的素可泰王朝。

泰国玉佛寺

自然地理

泰国国土面积约51.3万多平方公里，位于亚洲中南半岛中南部，东南临泰国湾（太平洋），西南濒安达曼海（印度洋），西和西北与缅甸接壤，东北与老挝交界，东南与柬埔寨为邻，疆域沿克拉地峡向南延伸至马来半岛，与马来西亚相接，其狭窄部分居印度洋与太平洋之间。热带季风气候。全年分为热、雨、旱三季。年均气温24℃～30℃。

国民

人　口 约6549.33万（截至2008年7月）。

民　族 泰国是一个由30多个民族组成的多民族国家，其中泰族占人口总数的40%、老族占35%，马来族占3.5%，高棉族占2%等。此外还有苗、瑶、桂、汶、克伦、掸等山地民族。

语　言 泰语为国语。

宗　教 佛教是泰国的国教，90%以上的居民信仰佛教，马来族信奉伊斯兰教，还有少数信奉基督教新教、天主教、印度教和锡克教。几百年来，泰国的风俗习惯、文学、艺术和建筑等几乎都和佛教有着密切关系。到泰国旅游，处处可见身披黄色袈裟的僧侣，以及富丽堂皇的寺院。因此，泰国又有“黄袍佛国”的美名。佛教为泰国人塑造了道德标准，使之形成了崇尚忍让、安宁和爱好和平的精神风范。

行政区划

全国分中部、南部、东部、北部和东北部五个地区，现有76个府。府下设县、区、村。曼谷是唯一的府级直辖市。各府名称如下：曼谷（直辖市）、暖武里、巴吞他尼、大城、北标、北揽、佛统、夜功、那空那育、红统、信武里、素攀武里、乌泰他尼、猜那、华富里、龙仔厝、甘烹碧、北榄坡、帕、拍瑶、披集、清莱、夜丰颂、南邦、南奔、素可泰、清迈、程逸、彭世洛、碧差汶、难、呵叻、四色菊、加拉信、色军、孔敬、武里南、耶梭通、乌汶、乌隆、素林、那空帕农、猜也奔、莫达汉、廊开、黎逸、玛哈沙拉堪、巴真、北柳、尖竹汶、春武里、罗勇、达叻、巴蜀、叻丕、北碧、佛丕、达、甲米、北大年、宋卡、沙敦、也拉、拉农、洛坤、春蓬、陶公、素叻、普吉、博达伦、董里、攀牙、沙缴、安纳乍能、廊莫那浦。

国体政体

宪　法　新宪法草案于2007年8月19日通过全民公投，普密蓬国王8月24日御准生效。新宪分为总章、国王、公民权利、自由与义务、基本国策、议会、内阁、法院、权力监督、地方行政等15章309款。

议　会　2007年新宪法规定，国会是国家最高立法机构，实行上、下两院制。上议院150个议席，其中76个议席由全国76府直选产生，其余74个议席由专门委员会遴选产生，任期6年。下议院480个议席，400个议席由选举产生，其余80个议席根据各党的选票比例按区域分配，任期4年。

国家政要　国王普密蓬·阿杜德：拉玛王朝第九世王。1946年6月即位，1950年5月5日加冕。泰国总理沙玛·顺通卫：2000～2004年任曼谷市长，2006年任上议员。2008年1月28日当选泰国新总理。

政　府　现政府于2008年2月成立，人民力量党与泰国党、为国党、中庸民主党、泰人同心发展国家党和人民党宣布联合组建新一届政府，共有35位阁员成员。

司　法　大陆法系，以成文法作为法院判决的主要依据。司法系统由宪法法院、司法法院、行政法院和军事法院构成：宪法法院主要是对部分议员或总理质疑违宪、但已经国会审议的法案及政治家涉嫌隐瞒资产等案件进行终审裁定，以简单多数决定裁决结果。由1名院长及14名法官组成，由上议院议长提名呈国王批准，任期9年。行政法院主要审理涉及国家机关、国有企业及地方政府间或公务员与私企间的诉讼纠纷。行政法院分为最高行政法院和初级行政法院两级，并设有由最高行政法院院长和9名专家组成的行政司法委员会。最高行政法院院长的任命须经行政司法委员会及上议院同意，由总理提名呈国王批准。军事法院主要审理军事犯罪和法律规定的其他案件。

政　党　截至2008年2月14日，共有31个政党在选举委员会登记注册。主要政党有：

人民力量党（People Power Party）。1998年11月成立。2007年7月，前泰爱泰党主要成员加入人民力量党。党首沙玛·顺通卫。秘书长素拉蓬·瑟翁利。执委34人。在全国设2个党部。

民主党（Democrat Party）。1946年4月6日成立。党首阿披实·威差奇瓦。秘书长素帖·特素班。执委49人。在全国设有194个党部。党员4074792名。

泰国党（Chartthai Party）。1982年7月8日成立。党首班汉·信拉巴阿差。秘书长巴帕·普素图。执委48人。在全国设有14个党部。党员2600731名。

经济

国内生产总值　2007年泰国国内生产总值约2456.59亿美元，比上年增长4.7%。人均国内生产总值约为3737美元。

产　业　农业较发达，泰国是世界著名的大米生产国和出口国，大米出口是泰国外汇收入的主要来源之一，其出口额约占世界市场稻米交易额的1/3。2007年泰国大米总产量2997万吨，橡胶总产量313万吨，薯产量共2713万吨，龙眼种植面积共240万亩，总产量50万吨。制造业在国民经济中占较大比重，主要工业行业有采矿、纺织、电子、塑料、食品加工、玩具、汽车装配、建材、石油化工等。泰国旅游资源丰富，历来以“微笑国度”闻名于世，有500多个景点，主要旅游点除曼谷、普吉、芭堤雅、清迈和帕塔亚外，清莱、华欣、苏梅岛等一批新的旅游点发展较快。

金　融　2007年泰铢和美元平均比价为33.92∶1。

进出口贸易　2007年泰国外贸总额2924.9亿美元，比上年增长13.2%，增速与2006年基本持平（2006年增长12.8%）；其中，泰出口1524.8亿美元，增长17.5%，进口1400.1亿美元，增长8.7%，外贸顺差124.7亿美元，比2006年9.5亿美元的顺差扩大了12倍。日本、中国、美国、马来西亚和新加坡是泰国前五位出口市场，占全国对外出口总额的49%以上。2007年泰国向上述四国分别出口465.2亿美元、310.6亿美元、287.2亿美元、164.1亿美元、158.3亿美元，分别增长10.6%、22.6%、1.1%、8.7%、12.8%。主要出口产品有自动数据处理机、集成电路板、汽车及零配件、成衣、鲜冻虾、宝石和珠宝、初级化纤、大米、收音机和电视机、橡胶等。

传媒

泰媒体以私营为主，按市场规则运作。泰文媒体是泰国的主流媒体，英文、华文媒体居辅助地位。主要泰文报纸有《泰叻报》、《民意报》、《每日新闻》、《国家报》、《沙炎叻报》、《经理报》等；主要华文报纸有《新中原报》、《中华日报》、《星暹日报》、《亚洲日报》、《世界日报》和《京华中原日报》等；主要英文报纸有：《曼谷邮报》、《民族报》等。

广播电台有230多家，其中由政府民众联络厅掌管的有59家。泰国国家广播电台为国家电台，设有国外部，用泰、英、法、中、马来、越、老、柬、缅、日等语广播。无线电视台共6家，都设在曼谷，大部分电视节目通过卫星转播。地方有线电视公司86家。电视网覆盖全国。

越　南

国名

越南社会主义共和国（The Socialist Republic of Viet Nam），简称越南。

国旗

越南国旗为长方形，长宽之比为3∶2，红底中间有五角金星。国旗旗底为红色，旗中心为一枚五角金星。红色象征革命和胜利，五角金星象征越南劳动党对国家的领导，五星的五个角分别代表工人、农民、士兵、知识分子和青年，即通常说的金星红旗。

国徽

呈圆形。红色的圆面上方镶嵌着一颗金黄色的五角星；下端有一个金黄色的齿轮，象征工业；圆面周围对称地环绕着两捆由红色饰带束扎的稻穗，象征农业；金色齿轮下方的饰带上用越文写着“越南社会主义共和国”。国徽图案于1956年选定。

主要节日

国庆日（独立日）：9月2日（1945年）；越南南方解放日：4月30日（1975年）；越南共产党成立日：2月3日（1930年）；胡志明诞辰日：5月19日（1890年）；越南民族传统节日主要有春节、清明、端午、中秋、重阳等，其中春节为最盛大的节日。

越南顺化故宫

自然地理

越南位于中南半岛东部，北与中国接壤，西与老挝、柬埔寨交界，东面和南面临南海，海岸线长3260多公里，国土面积32.95万平方公里。越南地形狭长，南北长1600公里，东西最窄处为50公里。越南地势西高东低，境内四分之三为山地和高原。北部和西北部为高山和高原。中部长山山脉纵贯南北。主要河流有北部的红河，南部的湄公河。红河和湄公河三角洲地区为平原。1989年全国森林覆盖面积9.8万平方公里。越南全国地处北回归线以南，高温多雨，属热带季风气候。年平均气温24℃左右。年平均降雨量为1500～2000毫米。北方分春、夏、秋、冬四季。南方雨旱两季分明，大部分地区5～10月为雨季，11月至次年4月为旱季。河内时间：GMT＋7小时（比北京时间晚1个小时）。

国民

人　口　8611.66多万（截至2008年7月）。

民　族　越南是一个多民族的国家，有54个民族。其中，京族人口最多，约占总人口的86%，其余有岱依、芒、侬、傣、赫蒙（苗）、瑶、占、高棉等民族。

语　言　通用越南语。

宗　教　主要宗教有佛教，天主教、和好教和高台教。

行政区划

全国划分为59个省和5个直辖市。

国体政体

国　体　越南宪法规定：越南是社会主义国家，越南共产党是领导国家和社会的力量，国家的一切权利属于人民，实行人民代表制度。

宪　法　越南宪法于1992年通过，是1946年、1959年、1980年宪法的继承和发展。宪法规定：越南社会主义共和国国家政权属于人民，越南共产党以马克思列宁主义和胡志明思想为指导思想。2001年国会对宪法部分条款作出修改，确定越南要发展“社会主义定向”的市场经济。

议　会　国会是国家最高权力机关，通常每年举行两次例会。现为第11届国会，2002年7月产生，共有国会代表498人。现任国会主席阮富仲，2006年6月当选。

国家政要　越共中央总书记农德孟，2006年4月当选；国家主席阮明哲，2006年6月当选，2007年7月再次当选；国会主席阮富仲，2006年6月当选，2007年7月再次当选；总理阮晋勇，2006年6月当选，2007年7月再次当选。

政　府　本届政府于2006年6月27日组成，主要成员有：总理阮晋勇（NguyenTan Dung）、常务副总理阮生雄、副总理张永仲、副总理兼外交部长范家谦、国防部长冯光青、公安部长黎鸿英、司法部长汪朱琉、财政部长武文宁、贸易部长张庭选等。

司 法 司法体系由最高人民法院、最高人民检察院及地方法院、地方检察院和军事法院组成。现任最高人民法院院长阮文现，2002年8月就任，最高人民检察院院长何孟智，1997年9月就任，2002年8月连任。

政 党 越南实行一党制，越南共产党（简称越共）是唯一政党。1930年2月3日成立，同年10月改名为印度支那共产党，1951年更名为越南劳动党，1976年改用现名。现有党员约290万，基层组织48000个，同世界上180多个政党建有党际关系。越共中央总书记为农德孟。

经 济

国内生产总值 2007年越南国内生产总值713亿美元，同比增长8.48%，人均835美元。

产 业 农业以种植业为主。工业主要有能源、机械、化工、建筑材料、钢铁、纺织、鞋类加工、食品等行业。农林渔业产值144亿美元，增长3.41%，占GDP的20.2%；工业和建筑业产值297亿美元，增长10.6%，占41.65%；服务业产值272亿美元，增长8.68%，占38.15%。旅游业发展迅速，全年接待国外游客423万人次，增长18%。

财 政 2007年越南财政总收入180亿美元，支出230亿美元，赤字50亿美元。

金 融 货币名称为越南盾。2007年通货膨胀率为8.3%。2007年末越南盾对美元的比价为16119∶1。主要银行有越南国家银行（亦称中央银行）、越南工商银行、越南外贸银行、越南国际贸易股份银行等。外汇黄金储备197.4亿美元。外债总额200亿美元。

进出口贸易 2007年，越南货物贸易进出口总额1092.17亿美元，增长30%，其中出口483.87亿美元，增长21.5%。出口超过10亿美元的产品有原油（84.77亿美元）、纺织服装（77.84亿美元）、鞋（39.63亿美元）、水产品（37.92亿美元）、木制品（23.64亿美元）、电子和计算机（21.78亿美元）、咖啡（18.54亿美元）、大米（14.54亿美元）、橡胶（14亿美元）、煤炭（10.18亿美元）。进口额达608.3亿美元，增长35.5%。主要进口商品有：机械设备（103.76亿美元）、成品油（75.01亿美元）、钢铁（48.81亿美元）、布匹（39.89亿美元）、塑料原料（25.06亿美元）、纺织原辅料（21.87亿美元）、化工原料（14.49亿美元）、化工产品（12.8亿美元）、饲料（11.24亿美元）、木材（10.22亿美元）等。

外 资 截至2007年底，越南累计吸收FDI项目8590个，协议总额831亿美元，实际到位292亿美元，到位率35%。外资主要投向工业、建筑业和服务业。

传 媒

中央及地方新闻单位共450家。报社约150家，其余为行业小报。主要报刊有：《人民报》，越共中央机关报，1951年创刊，在国外设有3个分支机构，1998年5月开设电子版；《人民军队报》，越南人民军总政治局机关报；《大团结报》，祖国阵线中央机关报；《西贡解放报》（越文和中文版），越共胡志明市委机关报；《共产主义》月刊，越共中央政治理论刊物，1956年创刊，2001年设电子版；《全民国防》月刊。

越南通讯社是国家通讯社，1945年创立，1976年越南南方解放通讯社与之合并，在全国各省市及国外均设有分社。1998年8月开设互联网（越、英、法、西班牙文）。

“越南之声”广播电台成立于1954年，有四套对内节目，用越南语及数种少数民族语言播音；对外广播用中国普通话、广东话、俄语、英语、法语、西班牙语、印尼语、老挝语、柬埔寨语等。越南中央电视台成立于1971年，可同时播送四套节目。

双边关系

中国与文莱双边关系

一、双边政治关系与重要往来

中国和文莱于1991年9月30日建立外交关系，双边关系发展顺利，各领域友好交流与合作逐步展开。

中国访文的主要领导人有：钱其琛国务委员兼外长（1992年），罗干国务委员（1995年），谢非副委员长（1998年）、江泽民主席（2000年）、李鹏委员长（2001年）、朱镕基总理（2001年）、吴仪副总理（2005年）、顾秀莲副委员长（2007年）等中国领导人先后访文或赴文出席会议。2005年4月，中国国家主席胡锦涛对文莱进行国事访问。

文方访华的主要领导人有：文莱苏丹哈桑纳尔·博尔基亚先后于1993年、1999年和2004年三次访华，2001年5月和10月先后来华出席APEC人力资源能力建设高峰会和APEC领导人非正式会议，2006年10月来华出席中国—东盟纪念峰会。文莱王储穆罕默德·比拉、外交大臣穆罕默德·博尔基亚亲王及苏丹胞妹、外交和贸易部无任所大使玛斯娜公主均曾访华。

文莱坚持一个中国政策，在涉台问题上态度谨慎，政府明令不与台进行官方往来。

1993年两国外交部建立定期磋商制度，迄今已举行14次磋商。

二、其他领域交流与合作

中文两国在民航、卫生、文化、旅游、体育、教育、军事、司法等领域的交流与合作逐步展开。先后签署了《民用航空运输协定》（1993年）、《卫生合作谅解备忘录》（1996年）、《文化合作谅解备忘录》（1999年）、《中国公民自费赴文旅游实施方案的谅解备忘录》（2000年）、《高等教育合作谅解备忘录》（2004年）、《旅游合作谅解备忘录》（2006年）。2002年1月，文莱皇家航空公司开通了斯里巴加湾至上海航线。两国于2002年和2004年分别签署了《中华人民共和国最高人民检察院和文莱达鲁萨兰国总检察署合作协议》和《最高法院合作谅解备忘录》。2006年4月，中国最高人民检察院贾春旺检察长访文。

2003年9月，中国中央军委委员、总参谋长梁光烈访文，双方签署了《关于开展军事交流的谅解备忘录》。11月，中国海军舰艇编队首次访文。2004年9月，文莱武装部队司令哈比少将访华。2005年10月，文莱国防部副部长亚斯敏访华。2006年7至8月，中国人民解放军军乐团赴文参加文莱苏丹60岁诞辰国际军乐节庆典活动。2007年，中文两国实现互设武官处。2008年1月，中央军委副主席、国务委员兼国防部长曹刚川访文。

自2003年7月起，我国对持普通护照来华旅游、经商的文莱公民给予免签证15天的待遇。2005年6月，两国就互免持外交、公务护照人员签证的换文协定生效。

2004、2005年分别成立中国—文莱友好协会和文莱—中国友好协会。

三、重要双边文件

1991年9月　钱其琛外长和文莱外交大臣穆罕默德·博尔基亚亲王在纽约签署《中华人民共和国政府和文莱达鲁萨兰国苏丹陛下政府关于两国建立外交关系的联合公报》。

1999年8月　文莱苏丹对华进行工作访问期间，双方发表关于两国关系未来发展方向的《联合公报》。

2005年4月　胡锦涛主席对文莱进行国事访问期间，双方发表了联合新闻公报。

（来源：中华人民共和国外交部网站. http://www. fmprc. gov. cn/chn/wjb/zzjg/yzs/gjlb/1313/default. htm. 2008—07—16）

中国与柬埔寨双边关系

一、政治关系

中柬两国有着悠久的传统友谊。1958年7月19日两国正式建交。长期以来，中国几代领导人与西哈努克国王建立了深厚的友谊，为两国关系的长期稳定发展奠定了坚实的基础。1955年4月，西哈努克亲王在万隆亚非会议上与周恩来总理结识。

中国访柬的主要领导人有：20世纪50至60年代，周恩来总理、刘少奇主席等曾多次率团访柬。20世纪90年代以来，中柬关系进入新的发展阶段。江泽民、李鹏、朱镕基、李瑞环等前国家领导人先后访柬。2000年11月，时任国家主席江泽民访柬；2002年11月，时任国家总理朱镕基访柬；2006年4月，温家宝总理访柬。

柬方访华的主要领导人有：20世纪50至60年代，西哈努克亲王曾6次访华。20世纪70～80年代，西哈努克亲王两次在华长期逗留。20世纪90年代，西哈莫尼国王、西哈努克太皇、参议院主席谢辛、国会前任主席拉纳烈、首相洪森等分别访华。

2000年11月，时任中国国家主席江泽民对柬进行国事访问，两国领导人就双边关系和共同关心的问题达成了广泛的共识，双方签署了《中柬关于双边合作的联合声明》。中柬之间不存在亟待解决的问题。两国传统睦邻友好合作关系在和平共处五项原则的基础上得到进一步发展。2002年11月，时任中国国家总理朱镕基访柬，两国领导人同意把农业、基础设施建设和人力资源开发作为两国重点合作领域，中方并宣布免除柬所有到期债务。2006年4月，温家宝总理访柬。双方发表《联合公报》，宣布建立“全面合作伙伴关系”。

二、其他领域的交往与合作

近年来，中柬在各个领域的交流与合作不断扩大。双方在政治、经贸、文化、教育、军事等领域的友好合作不断加强，在国际和地区问题上保持良好的协调和合作。两国先后签署了文化、旅游、农业等合作文件，两国议会、军队、警务、新闻、卫生、文教、信息、水利、气象、建设、农业、文物保护等部门领导人先后实现了互访。

两国外交部保持良好合作关系。1994年两国外交部官员团实现互访，1995年2月时任中国外交部副部长唐家璇访柬，1999年1月王毅部长助理赴柬进行外交磋商，6月柬国务大臣兼外交、国际合作部大臣贺南洪访华，2000年7月，柬外交国务秘书吴金安来华进行外交磋商。2003年6月，中国外长李肇星访柬。2005年11月，中国外交部部长助理李金章访柬。2006年7月，柬副首相兼外交大臣贺南洪访华等。

柬已在广州、上海、香港、昆明、重庆和南宁等地设立总领馆。中方保留在柬设领权力。

三、中国与柬埔寨签订协定情况（1992年以来）

中柬贸易协定（1996年7月）

中柬关于促进和保护投资协定（1996年7月）

中柬关于柬在香港特别行政区保留名誉领事馆的换文（1997年4月）

中柬关于柬在广州设立总领事馆的协议（1997年12月）

中柬在柬台通航问题上的协议（1997年12月）

中柬引渡条约（1999年2月）

中柬文化协定（1999年2月）

中柬旅游合作协定（1999年2月）

柬关于柬在上海设立总领事馆的协议（1999年5月）

中柬关于柬驻香港领事馆升格为总领事馆的协议（1999年7月）

中柬关于双边合作的联合声明（2000年11月）

中柬关于成立经济贸易合作委员会协定（2000年11月）

中柬农业合作谅解备忘录（2000年11月）

中国红十字会与柬红十字会合作与互助协议（2004年4月）

中柬教育、青年和体育部体育合作协议（2004年4月）

中柬两国政府关于加强文物保护合作的谅解备忘录（2004年4月）

中柬关于旅游规划合作的谅解备忘录（2004年4月）

中柬关于打击跨国犯罪的合作协议（2006年4月）

中柬卫生合作的谅解备忘录（2006年4月）

中柬关于大湄公河次区域信息高速公路项目柬埔寨段建设的谅解备忘录（2006年4月）

中柬关于合作保护吴哥古迹二期项目的协议（2006年4月）

中柬互免持外交、公务护照人员签证协定（2006年7月）

（来源：中华人民共和国外交部网站. http://www. fmprc. gov. cn/chn/wjb/zzjg/yzs/gjlb/1241/default. htm. 2007—06—29）

中国与印度尼西亚双边关系

一、双边政治关系回顾

中国与印尼于1950年4月13日建交。1965年印尼发生“9·30”事件后，两国于1967年10月30日中断外交关系。

20世纪80年代，两国关系开始松动。1989年时任中国外交部外长钱其琛在日本分别与时任印尼总统苏哈托和国务部长穆迪约诺就复交问题举行会晤。同年12月，两国就关系正常化的技术性问题进行会谈，并签署会谈纪要。1990年7月，时任印尼外长阿拉塔斯应邀访华，两国发表《关于恢复两国外交关系的公报》。

1990年8月8日，时任中国国家总理李鹏访问印尼期间，两国外长分别代表本国政府签署《关于恢复外交关系的谅解备忘录》，宣布自当日起正式恢复两国外交关系。

近年来，中印关系快速发展。1999年底，两国就建立和发展长期稳定的睦邻互信全面合作关系达成共识。2000年5月两国签署《关于未来双边合作方向的联合声明》，成立由双方外长牵头的政府间双边合作联委会。2005年4月两国元首签署中印尼战略伙伴关系联合宣言。2006年两国建立副总理级对话机制。

近年来中国访印的领导人主要有：胡锦涛副主席（2000年）、朱镕基总理（2001年）、李鹏委员长（2002年9月）、中纪委书记吴官正、国务委员唐家璇（2004年）、胡锦涛主席（2005年）、全国政协主席贾庆林（2006年）杨洁篪外长（2007年7月）、中央军委委员、总装备部部长陈炳德上将（2007年8月）等中国领导人先后访问印尼。

近年来印尼访华的领导人主要有：梅加瓦蒂总统（2002年）、人协主席阿敏（2002年）、外长哈桑·维拉尤达（2004、2006年）、苏希洛总统（2005、2006年）、国会议长阿贡·拉克索诺（2005年）、政治法律安全统筹部长维多多（2006年）海军参谋长苏比延托上将（2007年2月）、副总统尤素夫（2007年6月）、人协主席希达亚特（2007年8月）、国防部长尤沃诺（2007年11月）等。

两国除互设使馆外，印尼在广州和香港分别设有总领馆，中国在泗水设立总领馆。

二、其他领域的交往与合作

中印两国在民航、科技、教育、卫生、旅游等领域的交流与合作不断发展。1991年1月签署航运协定，开辟直飞航线；1992年1月签署新闻合作谅解备忘录，新华社在雅加达开设分社，人民日报向印尼派驻记者。1994年签署旅游、卫生、体育合作谅解备忘录，启动互派留学生项目。1997年两国成立科技合作联委会，迄今已举行两次会议。2000年5月签订《关于在印尼举办汉语水平考试的协议书》。同年7月签署《刑事司法互助条约》。2001年11月重新签署《文化合作协定》。2001年印尼正式成为中国公民自费出境旅游目的地国。两国民航部门2004年12月就扩大航权安排达成协议。2005年，两国相互免除持外交与公务护照人员签证，印尼政府宣布给予中国公民落地签证待遇。

双方地方政府交流趋于活跃。目前，两国已缔结的友好省际关系和城市有：北京市—雅加达特区、广东省—北苏门答腊省、福建省—中爪哇省、云南省—巴厘省、成都市—棉兰市、漳州市—巨港市。

三、重要双边文件

1990年7月　时任中国外交部部长钱其琛与时任印尼外长阿拉塔斯在北京签署《中华人民共和国政府和印度尼西亚共和国政府关于恢复两国外交关系的公报》。

2000年5月　时任中国外交部部长唐家璇与时任印尼外长阿尔维·希哈布在北京签署《中华人民共和国和印度尼西亚共和国关于未来双边合作方向的联合声明》及《关于成立中华人民共和国政府与印度尼西亚共和国政府双边合作联合委员会的谅解备忘录》。

2005年4月　胡锦涛主席与苏希洛总统在雅加达签署《中华人民共和国与印度尼西亚共和国关于建立战略伙伴关系的联合宣言》。

2005年7月　印尼总统苏希洛对华进行国事访问。两国发表《中华人民共和国与印度尼西亚共和国联合声明》。

2007年11月　中国国家海洋局局长孙志辉访问印尼。双方签署《中华人民共和国与印度尼西亚共和国海洋领域合作谅解备忘录》。

2007年11月　印尼国防部长尤沃诺访华。双方签署《中华人民共和国与印度尼西亚共和国关于防务领域合作的协议》。

（来源：中华人民共和国外交部网站. http://www. fmprc. gov. cn. /chn/wjb/zzjg/yzs/gjlb/1333/default. htm. 2008—07—16）

中国与老挝双边关系

一、政治关系

中国和老挝是山水相连的友好邻邦，两国人民自古以来和睦相处。1961年4月25日中国和老挝正式建立外交关系，两国保持睦邻友好。70年代末至80年代中，两国关系曾出现曲折。1989年中老关系正常化以来，双边关系得到全面恢复和发展，两国领导人频繁互访，在政治、经济、军事、文化、卫生等领域的友好交流与合作不断深化，双方在国际和地区事务中保持密切协调与合作。老挝政府坚持一个中国的立场，支持中国人民和平统一祖国大业。

中国访老的主要领导人有：李鹏总理（1990年12月）、邹家华副总理（1992年11月）、钱其琛国务委员兼外长（1993年1月）、乔石委员长（1996年11月）、吴邦国副总理（1997年10月）；2000年11月，中国国家主席江泽民对老挝进行国事访问，这是中国国家元首首次访问老挝，在双边关系史上具有里程碑意义。访问期间，两国签署发表了关于双边合作的《联合声明》，确定发展两国长期稳定、睦邻友好、彼此信赖的全面合作关系；全国政协副主席霍英东（2001年1月）、全国政协副主席阿不来提·阿不都热西提（2004年1月）、吴仪副总理（2004年3月）、温家宝总理（2004年11月）、全国政协副主席王忠禹（2005年12月）；2006年11月，中共中央总书记、中国国家主席胡锦涛对老挝进行国事访问，双方发表《联合声明》，决定进一步深化两党两国传统友好与全面合作，推动中老关系不断迈上新的台阶。

老方访华的主要领导人有：老挝部长会议主席凯山·丰威汉（1989年10月）、老挝政府总理坎代·西潘敦（1991年、1993年）、老挝国家主席凯山·丰威汉（1992年4月）、老挝国家主席诺哈·冯沙万（1995年6月）、老挝国会主席沙曼·维亚吉（1995年5月、2000年1月、2005年12月）、老挝政府副总理坎培·乔布拉帕（1995年11）、老挝政府副总理本杨·沃拉吉（1997年7月）、老挝国家副主席兼建国阵线中央主席乌敦·卡迪亚（1998年3月）、老挝政府总理西沙瓦·乔本潘（1999年1月）、老挝国家主席坎代·西潘敦（2000年7月）、老挝政府总理本扬·沃拉吉（2002年2月）、老挝建国阵线中央主席西沙瓦·乔本潘（2002年5月）、老挝国家主席坎代·西潘敦（2003年6月）、老挝政府副总理波松·布帕万（2004年1月）、老挝人民革命党总书记、国家主席朱马里·赛雅贡（2006年6月）等。

二、其他领域的交流与合作

中老两国外交部有着良好的合作关系。1992年，老挝在昆明设立总领事馆。1999年，两国就老挝在香港开设总领事馆达成协议。

中老两军关系顺利发展，中国军队领导人迟浩田、张万年、于永波、梁光烈等先后访老，老挝副总理兼国防部长隆再·皮吉等军队领导人多次访华。

1989年以来，中老双方先后签订了文化、新闻合作协定及教育、卫生和广播影视合作备忘录。两国文艺团体、作家和新闻记者往来不断。中老两国于1990年开始互派留学生和进修生。老挝是中国对外提供奖学金人数最多的国家之一，目前老挝在华留学生人数每年保持在230名。两国青年团交往密切，保持互访传统。2000年以来，中国共向老挝派遣80名青年志愿者。

三、两国签署协定情况

《中老贸易协定》（1988年12月）

《中老边境贸易的换文》（1988年12月）

《中老领事条约》（1989年10月）

《中老文化协定》（1989年10月）

《关于处理两国边境事务的临时协定》（1989年

10月）

《中老边界条约》（1991年10月）

《中老民航谅解备忘录》（1991年4月）

《中老边界议定书》（1993年1月）

《中老遣返在华老挝难民的议定书》（1991年4月）

《中老关于鼓励和相互保护投资协定》（1993年1月）

《中老边界制度条约》（1993年12月）

《中老汽车运输协定》（1993年12月）

《中国、老挝、缅甸确定三国交界点协定》（1994年8月）

《中老澜沧江—湄公河客货运输协定》（1994年11月）

《中老旅游合作协定》（1996年10月）

《中老关于成立两国经贸技术合作委员会协定》（1997年5月）

《中老边界制度条约的补充议定书》（1997年7月）

《中老民事刑事司法协助条约》（1999年1月）

《中老避免双重征税协定》（1999年1月）

《中国、老挝、缅甸和泰国四国澜沧江—湄公河商船通航协定》（2000年4月）

《中华人民共和国与老挝人民民主共和国关于双边合作的联合声明》（2000年11月）

《中国国土资源部与老挝工业手工业部合作开发万象钾盐矿的原则协议》（2000年11月）《中老经济、贸易和技术合作委员会首次会议纪要》（2000年11月）

《中国农业部和老挝农林部关于农业合作的谅解备忘录》（2000年11月）

《中华人民共和国和老挝人民民主共和国引渡条约》（2002年2月）

《中国人民银行与老挝人民民主共和国银行双边合作协议》（2002年2月）

《中华人民共和国教育部与老挝人民民主共和国教育部2002—2005年教育合作计划》（2002年2月）

《老挝广播电视系统改造项目考察换文》（2004年3月）

《贸促会与老挝国家工商会合作备忘录》（2004年3月）

《关于加快万象钾盐资源开发的原则协议》（2004年3月）

《关于拟承担那堆—巴孟公路项目可行性考察工作换文》（2004年11月）

《关于拟承担老挝北部矿产地质调查项目考察工作换文》（2004年11月）

《关于拟承担援老挝北部综合开发总体规划项目换文》（2004年11月）

《关于拟承担援老挝国家电力规划项目换文》（2004年11月）

《中华人民共和国教育部与老挝人民民主共和国教育部2005—2010年教育合作计划》（2005年10月）

《中华人民共和国与老挝人民民主共和国联合新闻公报》（2006年6月）

《中老越三国国界交界点条约》（2006年10月）

《中老联合声明》（2006年11月）

《中华人民共和国政府与老挝人民民主共和国政府关于禁止非法贩运和滥用麻醉品和精神药物的合作协议》（2006年11月）

《中华人民共和国卫生部与老挝人民民主共和国卫生部卫生合作谅解备忘录》（2006年11月）

（来源：中华人民共和国外交部网站. http://www.fmprc.gov.cn./chn/wjb/zzjg/yzs/gjlb/1246/default.htm. 2007—06—29）

中国与马来西亚双边关系

一、双边政治关系回顾

中国与马来西亚于1974年5月31日正式建立外交关系。建交后，两国关系总体发展顺利。进入90年代，中马关系开始进入新的发展阶段，双方在政治、经济、文化、教育等各个领域的友好交流与合作全面展开，并取得丰硕成果。

中国访马的领导人主要有：江泽民主席（1994年）、李鹏总理（1990、1997年）、朱镕基总理（1999年）、李瑞环政协主席（1995年）、胡锦涛副主席（2002年）、姜春云副委员长（2002年）、李岚清副总理（2003年）、吴邦国委员长（2005年）、温家宝总理（2005年）、贾庆林政协主席（2006年）等中国领导人分别访马。

马来西亚访华的领导人主要有：马前四任最高元首阿兹兰（1990、1991年）、贾阿法（1997年）、萨拉赫丁（2001年）和西拉杰丁（2005年）等马来西亚领导人先后访华。前总理马哈蒂尔和下议长扎希尔在职期间也多次访华。2004年5月，巴达维总理正式访华并出席两国建交30周年庆祝活动。双方发表《联合公报》，一致同意推进两国战略性合作。10月，时任中国国务委员唐家璇访马，分别会见了巴达维总理和纳吉布副总理。2006年10月，巴达维总理赴南宁出席纪念中国—东盟建立对话伙伴关系15周年峰会，温总理予以会见。2007年4月，马下议长拉姆利应吴邦国委员长邀请访华。

中方在马来西亚古晋设有总领馆，马方在中国上海、广州、昆明和香港设有总领馆。

二、其他领域的交往与合作

两国在科技、教育、文化、军事等领域的交流与合作顺利发展。1992年签署《科技合作协定》，成立科技联委会，迄已举行3次会议。双方还签署了《广播电视节目合作和交流协定》（1992年），《促进中马体育交流、提高体育水平的谅解备忘录》（1993年），《教育交流谅解备忘录》（1997年），《文化合作协定》（1999年），《中马航空合作谅解备忘录》（2002年），《空间合作及和平利用外层空间的协定》（2003年），《在外交和国际关系教育领域合作谅解备忘录》（2004年）等合作协议。2005年，双方签署了《卫生合作谅解备忘录》，并续签了《教育合作谅解备忘录》。目前中国在马留学生已达万人，马赴华留学生近千人。中国新华社、中新社在吉隆坡设立分社，中央电视台4套和9套节目在马落地，《人民日报》海外版在马出版发行。江苏省与马六甲州、厦门市与槟城市分别结为友好省市。

双方签署了《旅游合作谅解备忘录》。2006年马来华游客91万人次，中国首站访马游客43.5万人次，中国已成为马海外主要客源国之一。

三、重要双边文件

1974年5月　马来西亚总理拉扎克访华，周恩来总理与其签署《中华人民共和国政府和马来西亚政府关于两国建立外交关系的联合公报》。

1999年5月　马来西亚外长赛义德·哈密德访华，唐家璇外长与其签署《中华人民共和国政府和马来西亚政府关于未来双边合作框架的联合声明》。

2005年12月　温家宝总理访问马来西亚，与马来西亚总理巴达维发表《中华人民共和国和马来西亚联合公报》。

（来源：中华人民共和国外交部网站. http://www. fmprc. gov. cn. /chn/wjb/zzjg/yzs/gjlb/1256/default. htm. 2008—08—07）

中国与缅甸双边关系

一、政治关系回顾

中缅两国是友好邻邦，两国人民之间的传统友谊源远流长。两国于1950年6月8日正式建交。20世纪50年代，中缅共同倡导了和平共处五项原则。60年代，两国本着友好协商、互谅互让精神，圆满解决了历史遗留的边界问题，为国与国解决边界问题树立了典范。长期以来，中缅坚持睦邻友好，在国际和地区事务中保持良好合作，双边关系稳步发展。

中缅领导人有着互访传统。刘少奇主席、周恩来总理、陈毅副总理等老一辈中国领导人都曾访缅，缅甸吴奈温主席、吴山友总统和吴貌貌卡总理等也多次访华。周总理九次访缅和吴奈温十二次访华被两国人民传为佳话。

2001年12月，中国国家主席江泽民对缅甸进行国事访问，在中缅关系史上具有里程碑意义。双方确定了农业、人力和自然资源开发、基础设施建设等重点合作领域，并签署了有关双边合作文件。此次访问为中缅传统睦邻友好关系在新世纪不断发展奠定坚实基础。

近年中国访缅领导人主要有：国务委员兼外长钱其琛（1993年2月）、李鹏总理（1994年12月）、李瑞环政协主席（1995年12月）、吴邦国副总理（1997年10月）、胡锦涛副主席（2000年7月）、李岚清副总理（2003年1月）、吴仪副总理（2004年3月）等中国领导人先后访缅。

缅方访华领导人主要有：缅方苏貌主席（1991年8月）、丹瑞主席（1996年1月和2003年1月）、貌埃副主席（1996年10月、2000年6月和2003年8月）、钦纽总理（2004年7月）分别访华。梭温总理2004年11月来华出席在南宁举行的首届中国—东盟博览会。

2005年是中缅建交55周年。4月，胡锦涛主席和丹瑞主席在雅加达亚非峰会期间会晤。7月，梭温总理出席在昆明举行的大湄公河次区域经济合作(GMS)第二次领导人会议，温家宝总理会见。11月，梭温总理出席在南宁举行的第二届中国—东盟博览会，曾庆红副主席会见。全国人大常委会副委员长王兆国访缅。12月，梭温总理和温家宝总理在吉隆坡10＋3领导人会议和东亚峰会期间会晤。

应国务院总理温家宝邀请，缅甸总理梭温于2006年2月正式访华，于同年11月出席在中国南宁举行的第三届中国—东盟博览会，并顺访湖北、广西。

2007年1月，时任中国全国人大常委会副委员长李铁映对缅甸进行友好访问，缅甸三军总参谋长杜拉瑞曼访华。2月，时任中国国务委员唐家璇对缅甸进行工作访问。6月，缅"和发委"第一秘书长登盛访华，全国人大副委员长顾秀莲访缅。

二、其他领域的交往与合作

中缅两国外交部一直保持良好合作。1992年双方建立外交磋商机制后，已举行七次副外长级外交磋商。1998年1月，双方签署《中缅两国政府关于互免持外交和公务护照者签证协定》。1993年中缅就恢复互设总领馆达成协议，缅甸驻昆明总领馆和中国驻曼德勒总领馆分别于同年9月和1994年8月重新开馆。1997年3月两国签署《中缅两国边境地区管理与合作协定》，并就边境地区禁毒开展了合作。2006

年5月两国签署《中华人民共和国政府和缅甸联邦政府关于禁止非法贩运和滥用麻醉药品和精神药物的合作协议》。

中缅文化交流历史悠久，两国建交后交往更加频繁。1960年，时任缅甸总理吴努曾率领由文化、艺术、电影等代表团组成的400多人大型友好代表团访华，1961年，周恩来总理率领530多人大型代表团回访缅甸，成为两国文化交流史美谈。近年来，两国在文化领域的交流与合作进一步加强，两国文化、历史、新闻、体育代表团交往不断。1996年1月，两国文化部签署了文化合作议定书。1994年和1996年，中国国宝文物佛牙舍利两次应邀赴缅供奉，受到了缅甸政府和各界群众的热烈欢迎。

（来源：中华人民共和国外交部网站. http://www. fmprc. gov. cn./chn/wjb/zzjg/yzs/gjlb/1271/default. htm. 2007—06—29）

中国与菲律宾双边关系

一、双边政治关系回顾

中国同菲律宾于1975年6月9日建交。建交33年来，中菲关系总体发展顺利，各领域合作成效显著。

建交以来，中国访菲领导人主要有：李鹏总理（1990年12月）、乔石委员长（1993年8月）、江泽民主席（1996年11月）、朱镕基总理（1999年11月）、李鹏委员长（2002年9月）、吴邦国委员长（2003年8月）、胡锦涛主席（2005年4月）、温家宝总理（2007年1月、2007年11月）等中国领导人先后访菲。

非方访华领导人主要有：马科斯总统（1975年6月）、阿基诺总统（1988年4月）、拉莫斯总统（1993年4月）、埃斯特拉达总统（2000年5月）、阿罗约总统（2001年11月、2004年9月、2007年6月、2007年10月）、何塞·德贝内西亚（2008年1月）等菲律宾领导人先后访华。

1996年，中国国家主席江泽民对菲进行国事访问期间，两国领导人同意建立中菲面向21世纪的睦邻互信合作关系，并就在南海问题上“搁置争议，共同开发”达成重要共识和谅解。2000年，中菲双方签署了《中华人民共和国政府和菲律宾共和国政府关于二十一世纪双边合作框架的联合声明》，确定在睦邻合作、互信互利的基础上建立长期稳定的关系。中国国家主席胡锦涛2005年对菲进行国事访问期间，两国领导人确认建立致力于和平与发展的战略性合作关系。

2007年1月，中国国家总理温家宝出席在菲律宾宿务举行的东亚领导人系列会议，并应菲律宾总统阿罗约邀请，对菲进行正式访问。访问期间，双方发表了联合声明，愿共同全面深化中菲致力于和平与发展的战略性合作关系。两国政府和企业还签署了经贸、基础设施建设、文物保护等领域的一系列合作文件。

2007年4月，阿罗约总统来华出席博鳌亚洲论坛2007年年会。2007年6月，阿罗约总统对中国成都市和重庆市进行考察访问。2007年9月，胡锦涛主席在悉尼APEC峰会期间与阿罗约举行会晤。2007年10月，阿罗约来华出席上海特奥会并顺访山东烟台。2007年11月，温家宝总理在新加坡东亚领导人系列会议期间与阿罗约举行会晤。

两国外交部自1991年起建立磋商机制，迄今已举行14次外交磋商。中菲除互设大使馆外，中国在宿务设有总领馆，2007年4月在拉瓦格开设领事馆。菲在厦门、广州、上海和香港分别设有总领馆。

二、文教、科技、军事等领域的交往与合作

中菲在文化、科技、司法、旅游等领域的交流与合作不断深化。两国迄今已签署了13个双年度文化合作执行计划，举行了13次科技合作联委会会议，共确定了244个科研合作项目。中国新华社在马尼拉设有分社。中央电视台第四套节目在菲落地。两国签有：《科技合作协定》（1978年）、《文化合作协定》（1979年）、《民用航空运输协定》（1979年）、《体育合作备忘录》（2001年）、《信息产业合作备忘录》（2001年）、《打击跨国犯罪合作备忘录》（2001年）、《引渡条约》（2001年）、《打击贩毒合作协议》（2001年）、《旅游合作备忘录》（2002年）、《海事合作谅解备忘录》（2005年）、《青年事务合作协议》（2005年）、《卫生和植物卫生合作谅解备忘录》（2007年）、《文化遗产保护协议》（2007年）等一系列合作文件。

中菲结有24对友好省市，分别为杭州市和碧瑶市、广州市和马尼拉市、上海市和大马尼拉市、厦门市和宿务市、沈阳市和奎松市、抚顺市和利巴市、海南省和宿务省、三亚市和拉普拉市、石狮市和那牙市、山东省和北伊洛戈省、淄博市和万那威市、安徽省和新怡诗夏省、湖北省和莱特省、柳州市和穆汀鲁帕市、贺州市和圣费尔南多市、哈尔滨市和卡加延—德奥罗市、来宾市和拉瓦格市、北京市和马尼拉市、江西省和保和省、广西壮族自治区和达沃市、兰州市和阿尔贝省、北海市和普林塞萨港市、福建省和内湖省、无锡市和普林塞萨港市。

三、重要双边文件

1975年6月 《中华人民共和国政府和菲律宾共和国政府建交联合公报》

2000年5月 《中华人民共和国政府和菲律宾

共和国政府关于21世纪双边合作框架的联合声明》

2004年9月 《中华人民共和国与菲律宾共和国联合新闻公报》

2005年4月 《中华人民共和国与菲律宾共和国联合声明》

2007年1月 《中华人民共和国与菲律宾共和国联合声明》

（来源：中华人民共和国外交部网站．http://www. fmprc. gov. cn. /chn/wjb/zzjg/yzs/gjlb/1231/default. htm. 2008—07—16）

中国与新加坡双边关系

一、双边政治关系回顾

中国与新加坡于1990年10月3日建立外交关系。建交以来，两国高层交往频繁。

中国访新领导人主要有：杨尚昆主席（1993年）、江泽民主席（1994年）、全国政协主席李瑞环（1995年）、李鹏总理（1997年）、朱镕基总理（1999年）、胡锦涛副主席（2002年）、李岚清副总理（2002年）、吴邦国委员长（2005年）、温家宝总理（2007年）等中国领导人先后访新。

新方访华领导人主要有：黄金辉总统（1991年）、李光耀总理（1990年）、吴作栋总理（1993年、1994年、1995年、1997年、2000年、2003年）、王鼎昌总统（1995年）、纳丹总统（2001年）、李显龙（副）总理（1995年、2000年、2005年、2006年）等新加坡领导人先后访华。李光耀于1991年改任内阁资政后，迄今已20余次来华访问或出席有关会议。

2007年4月，新加坡国务资政吴作栋访华并出席第二届中国—东盟博览会开幕式。7月，吴仪副总理赴新主持召开中新双边合作联委会第四次会议和苏州工业园区联合协调理事会第九次会议。9月，吴作栋国务资政来华出席大连“夏季达沃斯”论坛。10月，黄根成副总理和吴作栋国务资政分别来华出席“新加坡节”活动。11月，新加坡内阁资政李光耀访华，温家宝总理访新并出席第十一次东盟与中日韩等领导人会议。

两国外交部自1995年起建立磋商机制，迄今已举行5轮磋商。两国除互设使馆外，新加坡在上海、厦门、广州和香港设有总领事馆，在成都设有领事馆。

二、在文化、科技、教育等方面的交往与合作

两国在人才培训领域的合作十分活跃，主要项目有中国赴新加坡经济管理高级研究班、中国市长赴新研讨班、中央党校中青年干部培训班赴新考察、两国外交部互惠培训项目等。2001年起，新方定期派中高级官员团访华。2004年5月，双方决定成立“中国—新加坡基金”，支持两国年轻官员的培训与交流。2007年7月，双方签署《关于借鉴运用新加坡园区管理经验开展中西部开发区人才培训合作的谅解备忘录》。

1992年，两国科技部门签署《科技合作协定》，次年建立中新科技合作联委会。1995年成立“中国—新加坡技术公司”，1998年设立“中新联合研究计划”，合作项目共计18个。2003年10月，中国科技部火炬中心驻新代表处正式挂牌成立。

1999年，两国教育部签署《教育交流与合作备忘录》及中国学生赴新学习、两国优秀大学生交流和建立中新基金等协议，中国15所高等院校在新开办了20个教育合作项目。目前中国在新各类留学人员约32000人，新在华留学生约1500人。

1996年，两国文化部签署《文化合作谅解备忘录》。2006年，两国政府签署《文化合作协定》。项目每年逾200起。双方在文化艺术、图书馆、文物等领域的交流与合作不断深入。

两国在卫生、旅游、质检和环保等领域也进行了密切的交流与合作。2006年，新来华旅游、探亲总人数达82.8万，增长9.5%，是中国第六大入境客源国；中国赴新游客总人数为103.7万，增长20.9%，是新第二大旅游客源国。2007年7月，两国有关部门分别签署《出入境卫生检疫合作谅解备忘录》和《关于在城镇环境治理和水资源综合利用领域开展交流与合作的谅解备忘录》。11月，两国签署《关于在中华人民共和国建设一个生态城的框架协议》及该框架协议的《补充协议》。

三、重要双边文件

1990年10月 时任中国外交部长钱其琛和新加坡外交部长黄根成在纽约签署了《中华人民共和国政府和新加坡共和国政府关于建立外交关系的联合公报》。

2000年4月 新加坡总理吴作栋访华期间，两国政府在北京发表了面向21世纪的《中华人民共和国政府和新加坡共和国政府关于双边合作的联合声明》。

（来源：中华人民共和国外交部网站．http://www. fmprc. gov. cn. /chn/wjb/zzjg/yzs/gjlb/1323/default. htm. 2008—07—16）

中国与泰国双边关系

一、双边政治关系回顾

1975年7月1日，中国与泰国建立外交关系。

近年中国访泰领导人主要有：江泽民主席（1999年）、李鹏委员长（1999年、2002年）、胡锦涛副主席（2000年）、朱镕基总理（2001年）、胡锦涛主席（2003年）、唐家璇国务委员（2007年2月）、曹刚川国务委员兼国防部长（2007年12月）等中国领导人先后访泰。

近年泰方访华领导人主要有：2000年，泰国诗丽吉王后代表普密蓬国王对中国进行访问。哇集拉隆功王储、诗琳通公主、朱拉蓬公主和王姐等泰国王室成员多次访华，泰国历任总理、国会主席和军队领导人亦曾访华。2006年10月，泰国总理素拉育·朱拉暖赴南宁出席中国—东盟建立对话关系15周年纪念峰会，国务院总理温家宝与素拉育总理进行会晤。2007年4月，泰国公主诗琳通访华。5月，泰国总理素拉育对华进行正式访问，两国政府签署《中泰战略性合作共同行动计划》。9月，泰国公主乌汶叻访华。11月，泰国立法议会第二副主席普乍尼访华。12月，泰国外交部次长威拉萨来华进行外交磋商并主持泰驻成都总领馆开馆仪式。

从1981年起，两国外交部建立年度磋商机制，至今共举行过17次磋商。两国除互设大使馆外，中国在泰清迈、宋卡设有总领馆，泰在广州、昆明、上海、香港、成都、厦门设有总领馆，在西安、南宁设有领事办公室。

二、其他领域的交流与合作

两国在科技、文化、卫生、教育、体育、司法、军事等领域的交流与合作稳步发展。双方签署了《科技合作协定》（1978年，成立了科技合作联委会）、《海运协定及两个补充议定书》（1979年）、《民用航空运输协定和对方全权证书》（1980年）、《旅游合作协定》（1993年）、《引渡条约》（1993年）、《民商事司法协助和仲裁合作协定》（1994年）、《文化合作谅解备忘录》（1996年）、《卫生医学科学和药品领域合作谅解备忘录》（1997年）、《关于高等教育合作谅解备忘录》（1999年）、《关于加强禁毒合作的谅解备忘录》（2000年）、《文化合作协定》（2001年）、《刑事司法协助条约》（2003年）、《环境保护合作谅解备忘录》（2005年）、《中国教育部与泰国教育部关于相互承认高等教育学历和学位的协定》（2007年）等。

此外，双方还成立了泰中友好协会（1976年）、中泰友好协会（1987年）。两国还缔结了16组友好城市和省府：北京市—曼谷市；上海市—清边府；云南省—清莱府；河南省—春武里府；昆明市—清迈市；烟台市—普吉府；南宁市—孔敬市；葫芦岛市—碧武里市；广西壮族自治区—素叻他尼府；山西省—素可泰府；梧州市—尖竹汶府；海南省—普吉府；柳州市—罗勇府；北海市—合艾市；潮州市—曼谷市；四川省—素攀府。

三、重要双边文件

1975年7月《中泰建交联合公报》。

1999年2月《中华人民共和国和泰王国关于二十一世纪合作计划的联合声明》。

2001年8月《中国与泰国联合公报》。

2007年5月《中泰战略性合作行动计划》。

（来源：中华人民共和国外交部网站. http://www. fmprc. gov. cn. /chn/wjb/zzjg/yzs/gjlb/1308/default. htm. 2008—07—16）

中国与越南双边关系

一、双边政治关系

中国和越南于1950年1月18日建交。中越两国和两国人民之间的传统友谊源远流长。在长期的革命斗争中，中国政府和人民全力支持越南抗法、抗美斗争，越南视中国为坚强后盾，两国在政治、军事、经济等领域进行了广泛的合作。70年代后期，中越关系恶化。1991年11月，应时任中共中央总书记江泽民和中国政府总理李鹏的邀请，越共中央总书记杜梅、部长会议主席武文杰率团访华，双方宣布结束过去，开辟未来，两党两国关系实现正常化。

此后，两党两国关系全面恢复并深入发展。两国领导人保持频繁互访和接触，双方在各领域的友好交往与互利合作不断加强。1999年初，两党总书记确定了新世纪两国"长期稳定、面向未来、睦邻友好、全面合作"关系框架。2000年，两国发表关于新世纪全面合作的《联合声明》，对发展双边友好合作关系作出了具体规划。

2002年2月27日至3月1日，时任中共中央总书记、国家主席江泽民对越南进行正式友好访问。双方就加强新世纪两党两国关系深入交换意见并达成重要共识，即：保持高层交往；扩大和加深两国经贸合作；以中越长期友好的精神教育两国人民；加快陆地边界勘界工作和北部湾渔业合作协定后续谈判；深化双方在治党治国经验和社会主义建设理论方面的交流；扩大和加深两国外交、国防、安全和公安等部门以及青少年交流。双方签署了《中越两国政府经济技术合作协定》和《中越两国政府关于中国向越南提供优惠贷款的框架协议》。江总书记还在河内国家大学发表了题为《共创中越关系的美好未来》的演讲。

2003年4月7日至11日，越共中央总书记农德孟对华进行工作访问，两党两国领导人均表示要继续加强和发展中越传统友谊和全面友好合作关系，进一步充实和丰富"长期稳定、面向未来、睦邻友好、全面合作"16字方针的内涵，把中越关系不断提高到新的水平，使两国和两国人民永做好邻居、好朋友、好同志、好伙伴。6月13日至15日，中国外长李肇星访越，同越南领导人就加强两国关系、深化互利合作和共同关心的国际地区问题深入交换意见并达成广泛共识。

2004年10月6日至7日，应越南社会主义共和国政府总理潘文凯的邀请，中华人民共和国国务院总理温家宝对越南进行了正式访问。

2005年7月18日至22日，越南社会主义共和国主席陈德良对中国进行国事访问。访问取得圆满成功，对推动中越睦邻友好与全面合作关系的发展起到了积极作用。

2005年10月31日至11月2日，中国共产党中央委员会总书记、中华人民共和国主席胡锦涛对越南进行了正式友好访问。双方认为这次成功访问将中越两党两国睦邻友好与全面合作关系提高到了一个新的发展水平，同时也将对本地区和世界的和平、稳定、发展与合作产生积极影响。

2006年3月20日至24日，中共中央政治局常委、全国政协主席贾庆林对越南进行了正式友好访问。访问期间，贾庆林主席分别会见了越共中央总书记农德孟、国家主席陈德良、政府总理潘文凯，并分别与越共中央政治局委员、书记处常务书记潘演、越南祖国阵线中央主席团主席范世阅举行会谈。

2006年8月22日至26日，应中国共产党中央委员会总书记、中华人民共和国主席胡锦涛的邀请，越南共产党中央委员会总书记农德孟对华进行正式友好访问。

2006年11月15日至17日，应越南共产党中央委员会总书记农德孟、越南社会主义共和国主席阮明哲的邀请，中国共产党中央委员会总书记、中华人民共和国主席胡锦涛对越南进行国事访问。

2007年5月15日至18日，应中华人民共和国主席胡锦涛邀请，越南社会主义共和国主席阮明哲对中国进行国事访问。

近年两国高层互访情况（按时间顺序排列）：

（一）中国领导人访越：中共中央政治局常委、国务院总理李鹏（1992.11.30～12.4）中共中央总书记、国家主席江泽民（1994.11.19～22）；中共中央政治局常委、国务院总理李鹏（出席越共八大，1996.6.27～28）；中共中央政治局常委、全国人大常委会委员长乔石（1996.11.17～21）；中共中央政治局常委、全国政协主席李瑞环（1997.12.7～10）；中共中央政治局常委、书记处书记尉健行（1998.9.17～22）；中共中央政治局常委、国家副主席胡锦涛（1998.12.17～19）；中共中央政治局常委、国务院总理朱镕基（1999.12.1～4）；中共中央政治局常委、国家副主席胡锦涛（出席越共九大，2001.4.19～22）；中共中央政治局常委、全国人大常委会委员长李鹏（2001.9.7～10）；中共中央总书记、国家主席江泽民（2002.02.27～03.01）；中共中央政治局常委、国务院总理温家宝（正式访问并出席第五届亚欧首脑会议，2004.10.6～9）；中共中央总书记、国家主席胡锦涛（2005.10.31～11.2）；中共中央政治局常委、全国政协主席贾庆林（2006.3.20～24）；中共中央总书记、国家主席胡锦涛（2006.11.15～17）。

（二）越南领导人访华：越共中央总书记杜梅、部长会议主席武文杰（1991.11.5～10）；国家主席黎德英（1993.11.9～15）；国会主席农德孟（1994.2.21～3.1）；越共中央总书记杜梅（1995.11.26～12.2）；政府总理潘文凯（1998.10.19～23）；越共中央总书记黎可漂（1999.2.25～3.2）；越共中央政治局常委范世阅（1999.10.8～15）；国会主席农德孟（2000.4.4～10）；政府总理潘文凯（2000.9.25～28）；国家主席陈德良（2000.12.25～29）；越共中央总书记农德孟（2001.11.30～12.4）；国会主席阮文安（2002.04.12～21）；越共中央总书记农德孟（2003.04.7～11）；国家主席陈德良（赴昆明度假访问，2003.9.20～24）；政府总理潘文凯（2004.5.20～24）；政府总理潘文凯（赴昆明出席大湄公河次区域经济合作［GMS］第二次领导人会议并顺访云南，期间与温家宝总理举行双边会晤，2005.7.4～6）；国家主席陈德良（2005.7.18～22）；越共中央总书记农德孟（2006.8.22～26）；国会主席阮富仲（2007.4.8～15）；国家主席阮明哲（2007.5.15～18）。

二、其他方面的双边交往与合作

中越关系正常化以来，两国在文化、科技、教育和军事等领域的交流与合作不断向广度和深度发展，党、政、军、群众团体和地方省市交往日趋活跃，合作领域不断扩大。双方还组织了社会主义理论研讨会和青少年交流活动。两国部门间签署了外交、公安、经贸、科技、文化、司法等合作文件近40项。两国空运、海运、铁路等均已开通，边境省区7对国家级口岸也已开通。

2006年11月，双方成立中越双边合作指导委员会。双方一致认为，这有利于加强对中越各领域合作的宏观指导、统筹规划和全面推进，协调解决合作中出现的问题，将为两国睦邻友好与全面合作关系长期、稳定、健康、持续发展发挥重要作用。

三、重要双边文件

2000年12月　应中共中央总书记、国家主席江泽民的邀请，越南国家主席陈德良于2000年12月25日至29日对中国进行正式友好访问。双方在北京签署并发表了《中华人民共和国和越南社会主义共和国关于新世纪全面合作的联合声明》。

2005年7月　应中华人民共和国主席胡锦涛的

邀请，越南社会主义共和国主席陈德良于 2005 年 7 月 18 日至 22 日对中国进行国事访问。双方在北京发表《联合公报》

2006 年 8 月　应中国共产党中央委员会总书记、中华人民共和国主席胡锦涛的邀请，越南共产党中央委员会总书记农德孟于 2006 年 8 月 22 日至 26 日对中华人民共和国进行正式友好访问。双方发表《中越联合新闻公报》。

2007 年 5 月　应中华人民共和国主席胡锦涛的邀请，越南社会主义共和国主席阮明哲于 2007 年 5 月 15 日至 18 日对中华人民共和国进行国事访问。双方发表《中越联合新闻公报》。

（来源：中华人民共和国外交部网站. http://www. fmprc. gov. cn. /chn/wjb/zzjg/yzs/gjlb/1338/default. htm. 2008—06—29）

贸易投资篇

中国—东盟整体经济

2007～2008 年东盟经济的分析与预测

2007 年是东盟区域组织成立 40 周年，也是亚洲金融危机 10 周年。在这一特殊年份里，东盟国家经济保持增长势头，区域经济一体化取得新进展。展望 2008 年，全球经济呈现放缓的迹象，世界经济失衡依然严重，东盟国家的经济发展和区域整合将面临一系列新的机遇与挑战。

一、2007 年东盟经济形势

自 1967 年 8 月 8 日东盟宣告成立以来，东盟组织不断扩大，区域整合进程加速，其国际地位日益提高。目前，东盟已发展成为涵盖 10 个国家、拥有国土面积 446.6 万平方公里、人口 5.67 亿、国内生产总值（GDP）超过 1 万亿美元的区域性组织。20 世纪 80 年代中期起，东盟国家经济飞速发展，1997 年爆发的亚洲金融危机中断了这一进程。近十年，东盟国家经济增长出现了较大的波动起伏，各国加快了经济结构的重组，东盟国家经济从复苏走向增长，已走出了金融危机的阴影。

亚洲金融危机之后，东盟国家经济增长出现了较大的波动。2002 年以后，各国经济逐渐呈现复苏的态势。2004 年东盟国家经济普遍取得较高的增长率，此后各国经济继续稳步发展。2007 年，在强劲投资和需求的推动下，东盟国家经济保持增长势头。尽管电子产品出口相对疲软，但出口依然是经济增长的主要驱动力。据各国的预计，2007 年，印尼的经济增长率为 6.3%，马来西亚为 6%，菲律宾为 6.3%，新加坡为 7.5%～8%，泰国为 4.5%，越南为 8.3%。其中，新加坡再次成为东盟经济增长最快的国家之一。据统计，2007 年前三个季度新加坡经济增长率高达 8.1%，新加坡已连续 17 个季度取得经济增长，预计全年增长率超过 7.5%。近年来，越南成为东盟经济增长的新亮点。多年来，越南的经济增长率均超过 7%，2005 年越南 GDP 首次突破 600 亿美元，人均 GDP 已达到 640 美元，预计到 2010 年越南的人均 GDP 很可能赶超菲律宾和印尼。经过 20 多年的经济革新，越南国内的市场经济框架已基本建立起来，2007 年正式加入 WTO 将为越南经济起飞带来强大动力。2007 年，印尼经济取得近年来最快的增长率，印尼盾长期较低的国际比价，促进了其出口贸易的增长。

1989～2008 年东盟 10 国的实际国内生产总值增长率（%）

国家＼年份	1989～1998	1999	2000	2001	2002	2003	2004	2005	2006	2007	2008
文莱	—	3.1	2.9	2.7	3.9	2.9	0.5	0.4	5.1	1.9	2.3
柬埔寨	—	12.1	8.8	8.1	6.6	8.5	10.3	13.3	10.8	9.5	7.7
印尼	4.8	0.8	5.4	3.6	4.5	4.8	5.0	5.7	5.5	6.2	6.1
老挝	6.6	7.3	5.8	5.7	5.9	6.1	6.4	7.1	7.6	7.1	7.6
马来西亚	7.4	6.1	8.9	0.3	4.4	5.5	7.2	5.2	5.9	5.8	5.6
缅甸	5.3	10.9	13.7	11.3	12.0	13.8	13.6	13.6	12.7	5.5	4.0
菲律宾	3.0	3.4	6.0	1.8	4.4	4.9	6.4	4.9	5.4	6.3	5.8
新加坡	7.8	7.2	10.1	−2.4	4.2	3.1	8.8	6.6	7.9	7.5	5.8
泰国	5.8	4.4	4.8	2.2	5.3	7.1	6.3	4.5	5.0	4.0	4.5
越南	7.7	4.8	6.8	6.9	7.1	7.3	7.8	8.4	8.2	8.3	8.2

注：1989～1998 年为年平均增长率；2007～2008 年为预测数。

资料来源：根据 M F World Economic Outlook October 2007 数据编制。

由于食品、燃油价格的上涨，东盟各国政府调整价格和取消补贴，2007年东盟国家的物价普遍上涨。不过，多数国家的通货膨胀仍处于可控制范围。随着美元汇率的大幅下挫，一些东盟国家的货币对美元的汇率持续走强。自2007年以来，泰铢对美元的汇率上升11.8%，菲律宾比索上升11.3%，新元上升5.5%，马来西亚林吉特上升4.5%。各国出口贸易的持续增长，使得主要国家的贸易收支顺差有所扩大。泰国从2005年起进出口贸易从逆差转为顺差，印尼、马来西亚、新加坡的贸易顺差有所增加，菲律宾的贸易逆差趋于缩小。由于经常项目的顺差持续增长，外国资本大量流入，主要国家的外汇储备不断扩大。据统计，至2007年9月底，东盟五国的外汇储备已达4038.19亿美元，其中新加坡为1554.27亿美元，马来西亚为921.57亿美元，泰国为781.81亿美元，印尼为507.45亿美元，菲律宾为273.09亿美元。

随着各国投资环境的改善，东盟再次成为外国资本投资的热点地区。据统计，2006年东盟国家吸引的外国直接投资（FDI）达514.8亿美元，是亚洲金融危机以来吸引外资最多的年份，也创下1997年吸引外资的历史新纪录。其中，新加坡吸引的外国直接投资为242.07亿美元，泰国为97.51亿美元，马来西亚为60.6亿美元，印尼为55.56亿美元，菲律宾为23.45亿美元，越南为23.15亿美元。同时，东盟国家服务外包市场仍然保持了强劲的发展势头，马来西亚、菲律宾、新加坡、泰国、越南已经逐渐成为跨国公司服务外包的目的地。2007年，菲律宾、马来西亚承担的服务外包额分别达41亿美元和36亿美元，分别占全球服务外包的1.4%和1.2%。

从1997年金融危机爆发后东盟国家先是被迫采取经济紧缩政策，到1998年9月起各国开始普遍转向实施扩张性的宏观经济政策，近期各国逐步转向稳健的财政金融政策，尤其是一些国家开始采取偏紧的货币政策。2007年，东盟国家的财政赤字一般不大。一些国家压缩了政府支出，扩大了财政收入，减少了政府债务。为应对流动性过剩，一些国家采取适度的货币紧缩政策，提高利率，发行政府债券，有些国家以当地货币发行的政府债券甚至超过企业债券。有的国家开始调整汇率政策，加强对资本流动的监管，实施股票市场和房地产市场的降温措施。马来西亚中央银行多次上调利率，有效控制国内的通货膨胀。新加坡政府实行让新元的汇率加速升值的新政策，以抵御输入型通货膨胀的压力。同时，新加坡还推出了房地产降温措施，减缓房地产市场的过热状况。泰国面对大量短期资本流入，曾在2006年底宣布实施一项资本管制措施，引起国内资本市场急剧波动，此后进行了调整。2007年7月，泰国中央银行宣布6项泰铢管制措施，以进一步稳定外汇市场。

为加快国内产业结构的调整，各国实施传统产业的技术升级，大力发展新兴产业，启动大型的基础设施项目。印尼计划兴建8个特别经济区，以吸引外国直接投资。政府还调整中央与地方的经济法规制度，已废除1406项地方法规，其中大部分是与税务和地方政府服务费有关的条例。马来西亚先后推出柔佛南部伊士干达经济特区、北马经济走廊特区和东海岸经济特区计划，三大经济特区拟分别吸引内外投资1520亿林吉特、1770亿林吉特和1120亿林吉特。新加坡计划在未来5年将投资135.5亿新元重点推进生物医药、环境与水务、互动与数码媒体领域的研发。泰国计划在未来5年投资1.7万泰铢兴建基础设施项目，并加速区域汽车生产基地的建设。越南入世后，逐步开放国内市场，大幅降低进口关税，5年内将取消与商品国产率和出口产品有关的补贴，外资企业享有与当地企业相同的待遇，确保政府政策出台的透明度等。

二、东盟区域经济一体化的新进展

20世纪90年代起，东盟国家加快了区域经济一体化的进程。为应对全球性区域一体化的迅速兴起，东盟国家根据自身的政治经济利益，积极调整区域经济一体化战略。近期，东盟在区域一体化的三个层面均取得新的进展。

（一）东盟自身区域一体化进程

东盟的区域经济一体化，经历了从特惠贸易安排到自由贸易区的发展过程。自1978年起，东盟特惠贸易安排实施了15年的时间。从1993年起，东盟自由贸易区进程正式启动，随后这一进程不断加速，东盟自由贸易区的成员不断扩大，涵盖的领域逐步深化。东盟自由贸易区的成员国由6个增加到10个，从贸易扩展至服务、投资以及其他经济合作领域。到2002年，东盟原有6个成员国初步建成自由贸易区年。2003年10月各国同意建立东盟经济共同体，加速推进自身区域经济一体化。2007年1月，东盟将实现经济共同体的时间表从2020年提前至2015年。

2007年11月，在第13次东盟首脑会议上，东盟领导人正式签署了《东盟宪章》。《东盟宪章》是东盟区域性组织的第一个宪法，它将为东盟摆脱松散机制、形成具有约束力的区域性组织提供法律架构。早在2004年11月，东盟领导人就签署了《万象行动计划》，正式将制订东盟宪章列为东盟的一个目标。2005年12月，东盟领导人签署《吉隆坡宣言》，并指定一个由10人组成的“名人小组”负责为宪章的制订提供建议。2007年1月，东盟领导人确认了“名人小组”提出的关于制订东盟宪章的具体建议，同时签署了关于制订东盟宪章的宣言，并指定一个由10人组成的高级别特别小组负责起草宪章文本。2007年7月，“高级别特别小组”向东盟外长会议提交宪章草案。《东盟宪章》由前言和正文组成，正文共分13章55款，内容涉及东盟的总体目标和原则、法律地位、成员国的责任和义务、机构组成和各自职责、吸纳新成员国的标准、解决成员国分歧的机制、对外交往的原则以及宪章的修订等内容。根据《东盟宪章》的规定，成员国领导人签署该文件后，各个成员国需要根据各自的法定程序批准这一文件。自最后一个成员国提交批准文本30日后，《东盟宪章》即可生效。同时，东盟调整了组织机构，除东盟秘书处（ASEAN Secretariat），还设立东盟协调理事会（ASEAN CoordinatingCouncil）、东盟常任代表委员会（ASEAN Committee of Permanent Representa-tives）、东盟政治—安全共同体理事会（ASEAN Political-Security Community Council）、东盟经济共同体理事会（ASEAN Economic Community Council）、东盟社会—文化共同体理事会（ASEAN So-cio-Cultural Community Council）。

在这次会议上，东盟还通过了《东盟经济共同体总蓝图宣言》。该蓝图确定了东盟经济共同体的发展目标、时间表、具体措施。东盟经济共同体的目标是：（1）创建一个单一市场与生产基地，包括促进商品、服务、投资、熟练劳动力的自由流动，放宽区域资本流动的限制，侧重发展优先整合领域。（2）形成一个具有竞争力的经济区域，包括制定反竞争行为政策、设立保护消费者机制、加强区域基础设施建设。（3）平衡区域经济发展，包括加速中小企业发展、推动东盟整合行动计划。（4）争取与国际经济体系整合，包括采取一致方式处理对外经济关系、加强参与国际供应网络。东盟经济共同体建设将分阶段实施，2009年前，将实施短期内落实的优先项目，如东盟六国在2008年起推行的以简化货物通关手续的“东盟单一窗口”（ASEAN Single Window）；到2011年，各成员国将落实现有的各项行动计划（Plans of Ac-tion）；2012—2015年，各成员国的相关领域都可提出有助于实现总蓝图目标的愿景。在区域经济整合中，东盟将尽可能灵活采用“东盟减X”的方式，即让一些成员国率先实施某些领域的开放，加速整合，其他成员国可在日后跟上。

（二）东盟与中、印、日、韩的自由贸易区

2001年11月，中国与东盟宣布决定在2010年建成中国—东盟自由贸易区。2002年11月双方签署了《东盟—中国全面经济合作框架协议》，标志着中国—东盟自由贸易区进程正式启动。2004年1月，中国—东盟自由贸易区的“早期收获计划”开始实施，优先对500多种农产品进行降税。2004年11月，双方签署《东盟—中国全面经济合作框架协议货物贸易协议》。2005年7月20日，中国与东盟的货物贸易降税计划正式启动，中国与文莱、越南、马来西亚、缅甸、新加坡、泰国等东盟六国相互实施自由贸易区协定税率。2005年12月，东盟与中国签署了《〈东盟—中国全面经济合作框架协议〉第二次修订议定书》和《〈货物贸易协议〉修订议定书》。2007年1月，双方签署了《东盟—中国全面经济合作框架协议服务贸易协议》，这是东盟—中国自由贸易区建设中取得的又一重大进展，也是东盟在自由贸易区框架下与其他国家签署的第一个关于服务贸易的协议。自货物贸易降税计划实施以来，中国对东盟各国已减免了5375种产品的关税，平均税率从9.9%降到5.8%。同时，东盟各国对中国的平均关税也有不同程度的降低。

2003年10月，在第二次东盟—印度领导人会议上，东盟与印度宣布决定在2011年建成印度—东盟区域贸易投资区（India-ASEAN RTIA）。从印度—东盟区域贸易投资区看，它的建设目标与框架属于自由贸易区，涵盖的主要内容包括货物与服务贸易、投资、早期收获、其他经济合作领域等。印度—东盟自由贸易区的谈判进展并不顺利，印度曾提出了豁免列入减税清单的产品达1414种之多，后减至854种，印方还拒绝将棕油列入减税清单，而东盟方面希望豁免列入减税清单的产品继续减至400种，或是每个东盟成员国10种，因而双方原定在2007年达成自由贸易协定的计划无法如期完成。不过，双边自由贸易谈判近期已取得进展，有望在2008年初完成谈判。

继中国和印度之后，东盟与日本正式决定建立日本—东盟自由贸易区，并确定了在2012年建成该自由贸易区的目标。2003年10月，双方正式签署了《日本—东盟全面经济合作伙伴框架协议》。目前，日本已与新加坡、马来西亚、菲律宾、印尼、文莱签订了双边自由贸易协定。由于日本与东盟各成员国的双边自由贸易协定谈判进展并不顺利，日本与东盟整体的自由贸易区谈判从2005年4月才开始，同年8月陷入僵局，2006年4月重新恢复谈判。2007年11月，日本与东盟宣布已完成了双边自由贸易区谈判。

尽管东盟与韩国直到2004年11月才正式宣布启动自由贸易区谈判，但东盟—韩国自由贸易区建设进展较快。2005年12月，东盟与韩国正式签署东盟—韩国自由贸易区框架协议。2006年5月，东盟九国与韩国签署东盟—韩国自由贸易区货物贸易协议，并于2007年6月生效。由于韩国和泰国无法就大米进口达成一致，该货物贸易降税协议暂不包括泰国。根据框架协议，韩国将在2008年对东盟实现零关税，东盟六国将在2010年对韩国实现零关税，其他3个东盟成员国并未设定具体的时间表。2007年11月，韩国与东盟签署了《东盟—韩国全面经济合作框架协议服务贸易协议》，这也是东盟对外签署的第二份服务贸易协议。该协议规定，韩国将在对世贸组织所作承诺的基础上，在金融、成人教育和环境咨询等服务行业进一步向东盟国家开放市场，东盟成员国也将向韩国不同程度地开放各自的服务部门。

（三）东盟成员国与区外国家的双边自由贸易协定

东盟成员国与区外国家的双边自由贸易协定的谈判始于20世纪90年代末。目前，新加坡已与新西兰（2000年11月）、日本（2002年1月）、欧洲自由贸易协会[①]（2002年6月）、澳大利亚（2003年2月）、美国（2003年5月）、约旦（2003年6月）、印度（2005年6月）、韩国（2005年8月4日）、巴拿马（2006年3月）正式签订了双边自由贸易协定；泰国已与印度（2003年10月）、澳大利亚（2004年7月）、新西兰（2005年4月）、日本（2007年4月）正式签署了双边自由贸易协定；菲律宾、马来西亚已与日本正式签署了双边自由贸易协定。新、马、泰与区外一些国家的双边自由贸易协定谈判正在进行，其他东盟成员国的双边自由贸易协定谈判也相继展开。与以往区域贸易自由化形式不同，新兴的双边贸易自由化形式的目标和内容更为广泛而多样。除商品贸易自由化外，服务贸易和投资自由化成为重要方面。它突破地区和距离的限制以及协定双方的非对称性，强调与WTO规则相一致，并在内容上超越了WTO范围。

三、展望2008年的东盟经济

对于2008年东盟国家经济发展的前景，国际经济组织和东盟国家一般持谨慎乐观的态度。据国际货币基金组织（IMF）新近的预测，文莱的经济增长率为2.3%、柬埔寨为7.7%、印尼为6.1%、老挝为7.6%、马来西亚为5.6%，缅甸为4.0%，菲律宾为5.8%、新加坡为5.8%，泰国为4.5%、越南为8.2%；根据世界银行的预测，印尼经济增长率为6.4%，马来西亚为5.9%，菲律宾为6.2%、新加坡为5.1%，泰国为4.6%；根据亚洲开发银行的预测，柬埔寨的经济增长率为9%、印尼为6.3%、老挝为6.5%、马来西亚为5.7%，菲律宾为5.7%、新加坡为5.5%，泰国为5%、越南为8.5%。

从国际经济形势看，世界经济的失衡进一步加剧，全球经济显示放缓的迹象。由于美国的房地产衰退尚未结束，美国次级抵押贷款危机阴影挥之不去，导致美国经济增长放缓和全球金融市场的持续波动。2008年，世界经济增长速度将有所减缓。美、欧、日三大经济体的增长率下降，中国和印度经济增长将有所放缓。据国际货币基金组织预计，2008年全球经济增长率预计为4.8%，美国的增长率为1.9%，欧盟的增长率为2.5%，日本的增长率为1.7%，中国的增长率为10%，印度的增长率为8.4%。在中国和印度经济增长的带动下，2008年亚洲地区的经济增长率仍将达到7.2%。因此，2008年东盟主要国家经济增长将略低于2007年的增长率。在外部需求减缓的条件下，主要东盟国家的出口和投资将有所减速，私人消费也会略有下降。虽然美国次级抵押贷款危机对东盟经济的影响有限，但不能排除各国经济仍面临着信贷紧缩和增长放缓的风险。对美国次级贷款危机损失继续扩大的担忧，造成风险资产需求的下降，可能导致国际资本转向亚洲地区。创纪录的资本流入，尤其是对金融市场的注入，已增大各国货币升值的压力，加剧了业已存在的流动性过剩，推动了累积的通货膨胀上升。

在新的国内外经济形势下，东盟国家经济发展和区域整合将面临一系列问题。诸如，世界经济失衡依然严重，全球油价居高不下，各国物价普遍上涨，外资大量流入，一些国家货币升值过快，这将考验各国政府的宏观调控能力；虽然《东盟宪章》已正式签署，但需各成员国经过相应的法定程序方能生效，这一年将检验东盟这一区域组织的凝聚力。同时，东盟共同体的框架已经确立，如何依照既定的时间表运作，协调不同成员国的利益，也是东盟区域整合的紧迫任务；东盟国家正处于经济转型的关键时期，不少国家产业结构升级依然乏力，区域间发展不平衡现象突出，金融体系仍比较脆弱。此外，该地区恐怖主义势力及其威胁有增无减，许多国家仍存在着较严重的内部宗教、种族冲突和分离问题，这些均将对各国的经济发展产生一定的负面影响。

（王勤．东南亚研究杂志2008年第2期）

部分东盟成员国投资与经贸分析

柬埔寨投资与经贸风险分析报告

投资状况

外国直接投资状况

近年来，柬埔寨投资活动活跃，特别是针对服装行业的投资，此外，亚洲开发银行支持了一些供水和卫生项目。考虑到柬埔寨2004年底加入世界贸易组织之后，投资环境方面有望出现明显改观，预计外国直接投资的流入水平将有所提升。

截至2004年，柬埔寨外来直接投资的主要来源国和地区是马来西亚、美国、中国台湾、中国内地和中国香港。

投资政策与金融、税收体系

投资政策

1994年柬埔寨国会通过了《投资法》和《移民法》，并于1997年、1999年两次修订《投资法》。《投资法》以法律形式规定了为投资者提供的优惠条件，明确了投资项目的申报手续、柬埔寨发展理事会的审批程序和项目的优惠待遇等内容。

除了柬埔寨宪法中有关土地所有权（只允许柬埔寨籍公民和法人购买）的规定以外，柬埔寨对外资给予国民待遇。对于已获批准的投资项目，政府不对其产品价格和服务价格进行管制；政府鼓励外商投资农业、旅游业、环保、高科技、劳动密集型工业、出口型工业、基础设施和能源等重要领域；免征投资生产企业的生产设备、建筑材料、零配件和原材料等的进口关税；企业投资后可享受3～8年的免税期；利润用于再投资，免征所得税；分配红利不征税；产品出口，免征出口税。

金融体系

柬埔寨银行系统由国家银行（中央银行）和商业银行构成。在1989年之前，柬埔寨没有正式的金融中介机构，且其金融体系仅限于柬埔寨人民银行。1991年柬埔寨开放银行业以来，允许私人资本建立商业银行，数十家商业银行纷纷建立。柬埔寨国家银行在全国各省市设有20家分行。但"美元化"使柬埔寨国家银行对银行系统的宏观调控作用十分有限。2000年11月，柬埔寨政府对商业银行开始清理整顿。2006年，柬埔寨商业银行共有17家，外贸银行、加华银行等五大商业银行集中了全国银行业总资产的70%、储户存款的80%和提供贷款的70%。

2007年8月以后，柬埔寨正式的金融体系包括了柬埔寨国家银行、16家商业银行、7家财政专门机构、和2家外国银行代表处。另有17家得到许可与26家注册登记的小型金融机构和6家保险公司。

柬埔寨尚未成立债券或证券市场，主要在于交易费用高，缺乏可行的投资方案，以及债权人信心低落，阻碍了金融部门正式中介机构的设置，并使非银行性质的金融机关的发展减缓，且限制了金融商品及服务的的提供与销售。

柬埔寨商业银行的业务范围很窄，主要是吸收存款、放贷及办理与商贸相关的业务结算，资金调度水平很低，对宏观经济的作用也十分有限。同时，由于企业与银行尚未建立安全信用贷款体系，不论银行放贷或资金同业拆借，都需要百分之百的资产抵押和附属担保，以防拖欠还款或不能及时兑现。银行不愿提供较长期贷款，定期融资更难获得，通常是持续滚动短期贷款。商业银行的贷款和存款占GDP的比重很低。

柬埔寨不实行外汇管制，允许投资者从银行系统购买外汇转往国外用于清算与投资活动有关的债务。

税收体系

柬埔寨税收的法律体系尚不完善，税基较窄，征收不力，税收对财政收入的贡献不大。不过，税率不高同时成为吸引外国投资的有利条件之一，尤其是公司所得税。在目前的经济发展状况下，预计短期内，政府还难以对税制进行系统改革。

双边经贸关系

双边贸易

近年来，中柬商品贸易增长很快，尤其是中国—东盟自由贸易区计划启动以来，双边贸易增长明显加速。中国出口的不断扩大是拉动双边贸易快速增长的主要动力。中柬贸易中，中国一直保持着较大规模的顺差。

2007年，中柬双边贸易额为9.33亿美元，比2004年增长193.6%。其中，中国对柬埔寨出口8.82亿美元，进口0.51亿美元，分别比2004年增长195.1%和170.0%。从品种来看，中国对柬埔寨主要出口商品是纺织纱线、织物及制品、服装及衣着附件、农产品、船舶和钢材等；自柬埔寨进口主要商品是原木、天然橡胶、锯材、纺织纱线、织物及制品、服装及衣着附件等。截至2007年底，柬埔寨对华累计实际投资0.84亿美元；中国对柬埔寨非金融类累计直接投资达1.9亿美元（此段数据来源于中国发展门户网2008年3月28日《中国参与大湄公河次区域经济合作国家报告》一文）。

中国进入柬埔寨市场的商品多以"质低价廉"商品为主，具有相当技术含量的名牌商品和高科技产品并不多，随着柬埔寨经济的发展和两国经贸交往的不断增加，中国商品的质量性能和价格优势将进一步被柬埔寨民众所了解和接受，中国商品出口的增长前景乐观。此外，由中、柬合资成立的西哈努克港经济特区有限公司将共同开发建设柬埔寨太湖国际经贸合作区。该合作区启动土地开发面积1平方公里，总开发面积11.08平方公里，总投资26亿元人民币，以轻纺服装、机械电子、高新技术为主导产业。

双边经济合作

近年来，中国与柬埔寨两国经贸关系发展较快，合作领域不断拓宽。1996年7月，两国政府签订了《中柬关于促进和保护投资协定》，并于2000年成立两国经济贸易合作委员会。

在投资保护协定签订后，特别是近年中国实施"走出去"战略以来，中国有关企业对柬埔寨投资发展迅速。中国企业（不包括港、澳、台地区企业）在柬埔寨投资项目共100余个，协议投资金额约3.5亿美元（含投资后的追加投资）。中国企业在柬埔寨的投资主要集中在森林开采及木材加工、电力、纺织、制衣、建筑材料、工程承包和农业开发等领域。

中国承包公司也自1997年前后开始涉足柬埔寨承包工程市场。近年来，承包工程业务成为中国企业在柬埔寨开展经贸合作较有成效的领域，且发展势头良好。

劳务输出是双边经济合作的另一重要领域。随着柬埔寨制衣业的发展，中国向柬埔寨输出了大量服装加工等技术劳工。据不完全统计，目前中国在柬埔寨劳务人员约7000人，大多数为服装技工和熟练操作工，分布在中资、港资和台资等数十家制衣厂工作。

投资与经贸总体风险评估

柬埔寨底子薄、人口多。柬埔寨产业结构仍过度依赖农业，工业发展落后且门类单一。一段时间内经济发展还必须依靠国际援助的推动，尤其是西方发达国家以及世界银行、国际货币基金组织等国际金融机构在促进发展、创造就业、改进社会公平、提高政府施政效率等方面提供的持续不断的援助。

柬埔寨实行的自由市场经济政策以及美、日、欧等28个国家对其实行的普惠制待遇增加了柬埔寨对外资的吸引力。不过，柬埔寨的投资障碍也相当突出，主要表现在基础设施建设落后、法律制度不健全、公务员队伍效率低下、腐败问题严重、国内治安状况不佳。

双边经贸往来方面，柬埔寨以招商名义行骗者较多，特别是在工程市场上，各种不良中介频繁活动给参与各方造成一定威胁，并增加了合作的时间和经济成本。此外，柬埔寨针对外国人的抢劫、盗窃案件时有发生。

根据目前总体形势判断，柬埔寨的参考评级为8(8/9)级，国家风险显著。

（选编自：中国出口信用保险公司编著.《国家风险分析报告2006》. 中国金融出版社2006年版）

印度尼西亚投资与经贸风险分析报告

投资状况

外国直接投资状况

外国资本对印度尼西亚经济发展有重要促进作用，印度尼西亚政府历来重视改善投资环境，吸引外资。1997年亚洲金融危机爆发前，印度尼西亚每年批准的协议外资金额约300亿美元，金融危机后吸引外资规模趋于下降，目前外国投资者对印度尼西亚的投资信心尚未完全恢复。

2006年，印度尼西亚全年外国直接投资净流入量为53亿美元，比上年仅增长0.8%。外国投资主要集中在金属、机械、电子、造纸印刷、电信和交通等领域。2006年印度尼西亚吸引外国投资成效不佳，凸显出改善商业环境的经济改革的失败，但新公布的投资法和各项优惠措施在新的一年有望带动印度尼西亚外国投资的增长。

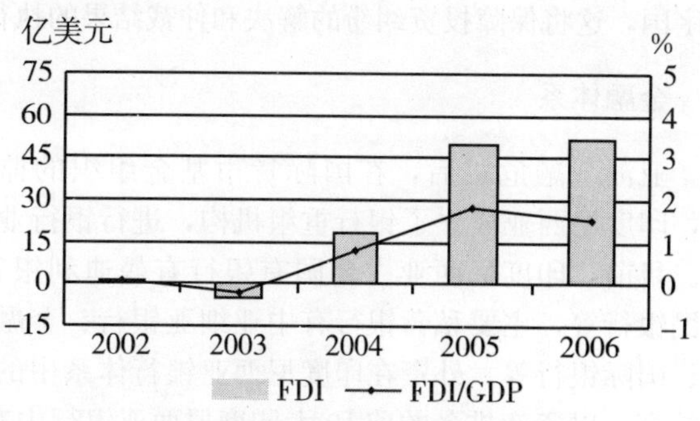

图　印度尼西亚外国直接投资情况

投资政策与金融、税收体系

投资政策

印度尼西亚政府对外国投资始终持欢迎态度，实行开放政策。2007年3月，印度尼西亚众议院通过新的投资法。根据该法，外国投资者享受“国民待遇”；外资可以进入印度尼西亚绝大部分行业；外国投资者在印度尼西亚申请商用土地的使用权最长期限增至95年；外国投资者一旦与印度尼西亚政府产生纠纷，可诉诸国际法庭仲裁。该法主要内容有：缩短投资项目的审批程序，由原来的150天减到30天；统一协调中央与地方政府对投资的管理。税务方面，为特定地区和省份，特别是东部落后地区及参与中小企业的投资者提供优惠税务政策；重新制定部分特殊商品的增值税以促进出口；提高税收服务的透明度。海关和关税方面，加速用于投资目的的设备及物品的流通，简化货物处置及清关程序。劳工方面，创造一个更灵活的劳工市场，快速公正地解决劳资纠纷，简化外方劳工准字的审批程序等。

2007年3月，印度尼西亚国会与政府达成协议，对国内外投资商给予五项优惠条件：一是在某特定期限内免缴公司所得税或减少公司所得税；二是对本国还未能生产的工业所需货物、机器或工具，减免进口税；三是对工业所需的原料或补助原料，在某特定期限与条件内减免进口税；四是对本国还未能生产的工业所需货物、机器或工具，不论是进口或赠品，在某特定期限内都将免交或迟交增值税；五是对在某特定地区经营特定行业的企业给予减轻土地与建筑物税、地方税与行政服务费。

印度尼西亚目前禁止外商对以下行业进行投资：

基因的培植、木材业承包、出租车、公共汽车运输服务、小规模航海、传媒服务、动态影像生产业等等。印度尼西亚有条件地开放外商合资公司对以下行业的投资：港口建设和运营，电力的生产、传输、分配，海运，处理和供应公用饮用水，原子能工厂，医疗服务，基础电信，定期或非定期的航线，等等。

印度尼西亚是《纽约公约》和《华盛顿公约》的签字国，这将保障投资纠纷的解决和仲裁结果的执行。

金融体系

亚洲金融危机后，在国际货币基金组织的监督下，印度尼西亚成立了银行重组机构，进行银行业整改。目前，印度尼西亚主要国有银行有曼迪利银行、人民银行等，主要私营银行有中亚细亚银行、金融银行、国际银行等。外资在印度尼西亚银行体系中的地位较高，以资产排名的前10大印度尼西亚银行中有7个归外资所有，并且48%的银行部门资产掌握在外资手中。

2006年，由于印度尼西亚经济走势良好、政治稳定，证券市场较为繁荣，雅加达综合股票指数收盘于1805点，创下历史新高，比2005年底增长55%。2006年证券市场总市值达到1360亿美元，外国投资者在证券市场中居于主导地位。

印度尼西亚对外汇没有管制，印度尼西亚货币可自由兑换外币，外国投资所得利润在纳税后可以自由汇出。

税收体系

印度尼西亚税收体系的发展在亚洲金融危机后已落后于其经济发展的步伐，需要进行实质性改革。印度尼西亚税收体系严重依赖抵扣税，反映出政府税收征收能力不足。其公司税与东南亚地区其他国家相比处于较高水平。政府需要采取拓展税基、改善企业商业环境等措施以吸引更多外商投资。

2006年11月，印度尼西亚公布了一系列的税收优惠措施，旨在促进15个工业部门外资的流入，包括食品、纺织、纸浆和造纸、化工、橡胶、钢铁和机械等。鼓励投资项目将享有降低公司收入所得税、缩短折旧年限、降低个人股东红利税收等优惠。为了防止对印度尼西亚国内企业造成冲击，鼓励投资的项目主要限于劳动密集型、出口导向型和高科技产业。

表1　印度尼西亚主要税收一览表（单位：%）

税目	税率
企业所得税	10～30
个人所得税	5～35
增值税	10
营业税	10～75
股息税	15～20
利息税	15～20
版税	15～20
非居民报酬税	20
土地或建筑物税	0.5

印度尼西亚进口产品的关税分为一般税率和优惠税率两种。根据《中国—东盟全面经济合作协议货物贸易协议》，2007年起对自中国边关税将降至8%。2009年起，自最惠国进口产品的税率由5%降为0。2010年前，中国与印度尼西亚将逐步削减对方产品进口的关税，将对绝大多数产品实行零关税。印度尼西亚现有10多个保税区。

双边经贸关系

双边贸易

中国与印度尼西亚双边贸易具有悠久的历史。自1967年断交后直到1985年恢复直接贸易以前，双边贸易额仅1亿美元左右。1990年两国复交后，双边贸易额大幅度增长，当年就达11.8亿美元。自此以后，双边贸易额增长迅速。

2006年，中国和印度尼西亚双边贸易总额190.6亿美元，较上年增长13.5%。其中，中国对印度尼西亚出口94.5亿美元，增长13.2%；自印度尼西亚进口96.1亿美元，增长14.0%。中方逆差1.6亿美元。

据中国海关统计，2007年中印双边贸易额达到250.1亿美元，同比增长31.2%，提前一年实现两国领导人设定的2008年双边贸易额达200亿美元的目标。其中中国出口126.1亿美元，同比增长33.5%；中国进口124.0亿美元，同比增长29.1%，在两国贸易中中国首次出现顺差。预计2008年双边贸易额将达到300亿美元，有望提前两年实现两国领导人设定的2010年中印尼双边贸易额达到300亿美元的目标。

表2　中国与印度尼西亚双边贸易统计

（单位：亿美元，%）

年份	中国出口		中国进口		顺（逆）差
	出口额	增长率	进口额	增长率	
2002	34.3	20.6	45.0	15.8	－10.7
2003	44.8	30.8	57.5	27.9	－12.7
2004	62.6	39.6	72.1	25.3	－9.5
2005	83.5	33.4	84.3	16.9	－0.8
2006	94.5	13.2	96.1	14.0	－1.6

从资源禀赋看，两国之间存在经济互补性，双方在不同的产品上具有很强的比较优势，如印度尼西亚在资源密集型产品上具有很大的比较优势，而中国在劳动密集型产品上显现比较优势。同时，印度尼西亚工业基础薄弱，科技水平较低，相当多的工业制成品依赖进口，而中国拥有比较完善的工业体系，科技水平较高，中国的机械、电子、车辆船舶、化工、塑料、药品、医疗器械和通信器材等中间技术产品和成套设备，十分适合印度尼西亚市场。中国对印度尼西亚出口的主要产品为成品油，钢铁，机器、机械、电机、电器、音像设备及其零件，车辆及其零部件，化工产品，棉布、纤维等纺织原料等；自印度尼西亚进口的主要产品为原油和油类制品，煤炭及其他矿产品，电子设备及组件，电机、电器设备及零部件，有机化工品，橡胶，木及木制品，纸及纸板，棕榈油及其分离品等。

目前，中国和印度尼西亚的经贸关系处于高速发展时期，两国政府对双边贸易也信心十足。

双边经济合作

中国与印度尼西亚自1990年复交后，双方签订了投资保护协定、海运协定、避免双重征税协定等，并就农业、林业、渔业、矿业、交通、财政、金融等领域的合作签署了谅解备忘录。2001年底，双方将农业、能源和资源开发以及基础设施建设确定为经贸合作重点领域。2002年两国成立能源论坛并召开首次会议，2006年10月，双方在上海召开了第二次会议。

2005年4月，中国国家主席胡锦涛与印度尼西亚总统苏西洛在雅加达签署了两国关于建立战略伙伴关系的文件，中国和印度尼西亚两国关系走上了一个新的发展阶段。2005年7月，苏西洛总统访华，中国与印度尼西亚签署了五大合作文件，两国政府和企业签订了40亿美元合作协议，包括金融、石油天然气、工程承包、资讯科技等领域。2006年苏西洛总统再次访华，两国签订总值42亿美元的62项投资协议，通过协议，中国企业加强了对印度尼西亚的投资。目前，中国在印度尼西亚的投资主要集中在石油、天然气和发电站等方面，印度尼西亚近期招标的大型火电站项目几乎全部由中国企业承建。印度尼西亚有着世界上最大的华商群体，印度尼西亚华商在中国西南部的投资项目逐年增加，有些印度尼西亚华商已把他们的企业转移到中国西南部。

截至2006年底，中国公司在印度尼西亚累计完成承包工程营业额20.6亿美元，累计完成劳务合作合同金额2.5亿美元。2006年，经中国商务部批准备案，中国对印度尼西亚非金融类对外直接投资额为3588万美元。2006年，印度尼西亚对中国投资项目115个，合同金额4.7亿美元，实际使用金额1.0亿美元。

投资与经贸总体风险评估

总体而言，通过一段时期的政治动荡和力量重整，印度尼西亚宪政体制已基本确立，政治局势趋于平稳。在苏西洛的带领下，印度尼西亚正逐步推行政治与经济改革。但从中长期来看，印度尼西亚政局要彻底摆脱动荡，建立起透明、稳定的民主政治制度还面临不少阻碍，如来自强势的特权阶级的阻力、不成熟的政党体系和分离主义的离心倾向等，恐怖主义依然是一个显著的挑战。虽然政府采取了许多措施来改进投资环境，但投资信心还是被充斥于各级政府的腐败以及严重的法律体系缺陷所削弱。政府进行经济改革的承诺也推进迟缓，并且很不平衡。

苏西洛政府当前所面临的最大挑战是促进经济发展和提高人民生活水平。印度尼西亚国内失业队伍和贫穷人数巨大，社会贫富差距悬殊，加上一系列自然灾害给印度尼西亚造成了巨大的人员伤亡和财产损失，沉重打击了国家建设和经济发展。印度尼西亚政府在处理自然灾害和飞机及轮船失事过程中，行动迟缓，预防措施欠缺，应对能力不足，招致多方不满和指责。

亚洲金融危机后，印度尼西亚经济恢复较快，目前宏观经济稳定，呈加速增长势头。近两年，印度尼西亚的通货膨胀都处于较高水平，但进入2007年，通货膨胀开始逐渐得到控制，预计2008年将控制在较低水平。印度尼西亚利率处于下降进程中，政府也推出新的投资法，这些都将促进私人投资及外国直接投资的发展，对印度尼西亚经济将起到促进作用。目前，印度尼西亚经常账户及资本账户都有大量盈余，这对保障印度尼西亚的偿债能力大有裨益，但进入印度尼西亚的资本有大量是全球流动性过剩背景下涌入新兴市场的“热钱”，这部分资金并不稳定，如在投资预期改变的情况下突然撤出，印度尼西亚国际收支及汇率不可避免会有所波动。印度尼西亚汇率目前比较稳定，并呈轻微升值趋势，稳定的汇率使投资预期也随之稳定。印度尼西亚的外债水平及国内财政赤字都在上升，但总体都处于可以接受以及可以控制的水平，不会对经济稳定运行造成影响。印度尼西亚目前的失业率较高，人民生活水平受到较大影响。短期来看，印度尼西亚面临的外部风险对经济增长的影响不大。印度尼西亚几个主要的出口贸易伙伴在2007年经济增长有所放缓，而且主要出口商品的国际市场价格在2007年有所回落，但这些不利因素都将被印度尼西亚同中国贸易关系更加紧密所抵消。印度尼西亚经济目前虽然在持续增长，但此增长水平低于创造足够就业以及消除贫困的水平，同时，经济增长还主要维系在出口行业上。因此，全球能源以及其他主要商品价格的频繁变动对印度尼西亚来说是一个显著的风险因素。

印度尼西亚在一些重要领域仍然存在不少挑战，如国家立法、规章制度环境以及腐败消除方面，依然进步寥寥。虽然目前经济方面没有重要的风险，但经济体制的僵化可能使一些突发事件或潜在因素恶化，如可能的恐怖袭击、自然灾害、投资者信心的下降以及货币的失控等。如此，则印度尼西亚经济所面临的主要风险并不是突然坠入危机的可能性，而是由于经济改革进展缓慢而导致的经济竞争力下降，以及国内市场无法成为促进经济增长的主要动力。印度尼西亚经济风险主要来源于内部：印度尼西亚政府在制定和执行经济政策上的低效率和不可信性已经成为阻碍印度尼西亚经济增长的因素之一。印度尼西亚为改善商业环境而进行的各项改革进展缓慢，其中劳动法的改革由于贸易工会的强烈反对已经停止。政府无力解决目前贫困人口增多、失业率居高不下的局面，这对未来印度尼西亚的经济和政治发展都是一种风险。

2006年，世界银行统计的各国“投资放心指数”，在东亚和太平洋23个国家中，印度尼西亚排名第20位，投资环境并不被外界看好。印度尼西亚投资风险体现在以下方面：法律体系不健全，政策管理环境缺乏透明度；基础设施投资力度不够，电力能源紧缺等；恐怖袭击和禽流感阴影犹存。

在中国与印度尼西亚双边经贸合作方面，风险主要体现在以下几个方面：中国知识产权在印度尼西亚受损问题较为突出，一些中国知名产品商标在印度尼西亚屡被恶意抢注，导致相关中国企业损失严重，甚至使中国名优产品被迫退出印度尼西亚市场。在印度尼西亚通过司法程序解决商标被抢注问题的代价较高，即使胜诉，执行起来也有一定的难度。印度尼西亚政府机关办事效率与政策透明度不高，司法体系存在腐败现象，外商在投资经营过程中经常要支付许多额外的费用来与印度尼西亚政府打交道，通过司法救济方式化解外商投资经营过程中遇到的风险或者纠纷的可能性较小。

根据目前总体形势判断，印度尼西亚的参考评级为6（6/9）级，国家风险水平较高。

（节选自：中国出口信用保险公司编著.《国家风险分析报告2007》. 中国金融出版社2007年版）

老挝投资与经贸风险分析报告

投资状况

外国直接投资状况

受1997年亚洲金融危机的影响，老挝宏观经济多年不稳，通货膨胀率较高，外国投资者对老挝投资信心不足。近两年，老挝政府实行新的促进外商投资法，放宽矿产开发投资政策，吸引的FDI快速增长。2006年，协议FDI达到27亿美元，增长116%，实际投入金额6亿美元，实际投入FDI占GDP的比重为17.3%。

2000～2006年，老挝投资促进管理委员会累计批准外资项目779个，协议投资金额54.9亿美元；主要集中在发电、农业和矿业，分别占协议投资金额的59.9%、10.6%和9.1%；投资主要来源于亚洲国家，泰国、越南和中国约占投资总额的50%，此外，法国、日本、印度、澳大利亚和韩国也是重要投资来源国。

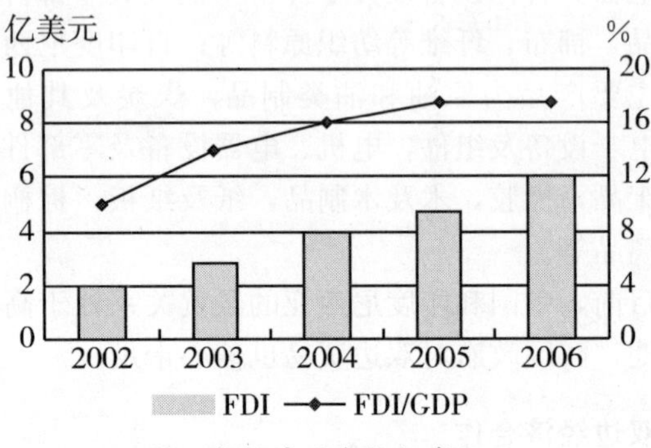

图　老挝外国直接投资状况

投资政策与金融、税收体系

投资政策

从20世纪80年代末开始，老挝先后颁布或修改多项鼓励外商投资的法律、法规，包括《外国在老挝投资法》（1988年4月颁布），《促进和管理外国在老挝投资法》（1994年3月修改），《促进和管理外国投资法实施细则》（2001年3月），《外国投资项目在老挝审批程序的规定》（2002年2月）等。目前，老挝实行的是2004年11月颁布的《鼓励外国投资法》。

根据《鼓励外国投资法》的规定，外国投资者可在老挝各行业、地区投资生产、经营，涉及国家安全、对当前或未来环境、对健康和民族优良文化有严重影响的项目除外。鼓励外商投资的领域有：出口商品生产；农林业、农林业和手工业产品加工；利用先进技术的加工制造业，科学研究与开发项目，环境保护和生物多样性项目；人力资源和劳动力技能开发以及公民医疗保健方面的项目；基础设施建设项目；服务于重要工业生产的原料和设备生产项目；旅游工业和过境服务发展项目。鼓励外商投资地区包括一类地区：尚无基础设施提供给投资者的山区、高原和平原地区；二类地区：有基础设施，并可以接受部分投资的山区、高原和平原地区；三类地区：已接受过投资、且基础设施较好的山区、高原和平原地区。

为简化外商投资审批程序，老挝实行“一个窗口”制，即由中央或省级“促进和管理投资委员会”（简称“投资委”）审批，并限制审批时间：列入鼓励目录的项目15个工作日；列入有条件开放目录的项目25个工作日；与提供特许经营权有关的项目45个工作日。

老挝是《纽约公约》的签字国，这将保障投资纠纷的解决和仲裁结果的执行。

金融体系

老挝银行体系由中央银行、国有商业银行、外资银行和私营银行组成。老挝银行为国家中央银行。3家国有商业银行分别是老挝澜沧银行、农业促进银行和老挝外贸银行。还有2家合资银行——联合开发银行和老越银行，6家外资银行（5家泰国银行、1家马来西亚银行），2家私营银行——万象商业银行、Phongsavanh银行，1家外国银行代表处（渣打银行）。以前，老挝只允许外资银行在首都万象设立分支机构，2006年12月通过的新银行法允许外资银行在各省设立分支机构。目前，已有10家外资银行提出申请。

老挝中央银行对整个银行业监管不力，国有商业银行濒临破产。尽管2003年调整了资本，但2006年国有商业银行不良贷款率仍高达28%。亚洲开发银行、世界银行和国际货币基金组织均已对老挝金融业提供了项目贷款和技术援助，但并未给老挝银行业带来重要的改革。2006年，中国银行、越南银行与老挝银行分别签署了旨在提高老挝银行系统技术和人力资源能力的协议，但目前仍未见明显改善。

老挝银行业务涉及面较窄，银行业发展水平比较滞后，对外资的支持作用相当有限。虽然外资银行在开展业务方面没有法律障碍，但目前只专注于贸易融资领域。

老挝仍沿用1990年制定的《外汇管理条例》。根据规定，外币不能在境内直接买卖或结算，外币买卖或结算须到指定银行或机构进行。老挝外贸银行负责外汇业务和账户的管理，外国投资资金必须存入老挝外贸银行，并通过其结算。生产经营活动中所获得的利润、项目期满的投资及其他经营活动的投资，在纳税后，可通过商业银行汇往境外。大额资金的转移要得到批准，并按老挝国家银行认可的计划分批转移。此外，外国投资资金全部到位后，投资者才能向银行申请流动资金贷款。如果外国投资者从国外贷款，须经老挝国家银行批准。

税收体系

2005年5月起，老挝实行新修改的税法。新税的税赋比较轻，税收仍由间接税（营业税、消费税）和直接税（利润税、最低税、个人所得税、各种手续费和服务费）组成。适用于外国投资的主要税种包括利润税、个人所得税等。

老挝主要税收一览表（单位：%）

税目	税率
公司所得税	
老挝国内企业	35
外资企业	10/15/20
利润税	35
城区项目	20
乡村和普通平原地区项目	15
边远山区项目	10
个人所得税	0～40

在老挝政府鼓励投资的领域和地区，外资企业可以享受如下税收优惠政策：在一类地区，可在7年内免征公司所得税，之后可按10%的税率缴纳公司所得税；在二类地区投资，可在5年内免征公司所得税，之后3年内可按15%的一半税率缴纳公司所得税，此后将按15%的税率缴纳公司所得税；在三类地区投资，可在2年内免征公司所得税，之后2年内可按20%的一半税率缴纳公司所得税，此后将按20%的税率缴纳公司所得税。公司所得税免征时间从外资企业经营之日起计算。植树造林项目免征公司所得税的时间从企业盈利之日起计算。

除上述优惠政策外，外资企业还可以享受如下税收优惠：在减免公司所得税期间，可免缴最低税；经批准，用于扩大再生产项目的投资可免缴公司所得税；直接用于生产的材料、零配件、交通工具，老挝国内没有或者不足的原料，用于加工或装配出口产品所进口的半成品，可以免征进口关税和进口环节其他税款；出口产品可以免征出口关税。

双边经贸关系

双边贸易

近年中国与老挝经贸关系发展顺利，双边贸易自2003年首次突破1亿美元以来，一直呈稳步发展势头。2005年双边贸易总额为1.3亿美元，较上年增长14.2%。2006年双边贸易额为2.2亿美元，同比增长69%，在中国与东盟各国贸易中，中国与老挝双边贸易增长最快。

中国主要向老挝出口服装及原材料、机动车及零配件、食品、建筑材料、农用机械等，主要从老挝进口农产品、矿产品、原木及其制品、手工艺品、服装、藤条和竹子等。

虽然中国与老挝双边贸易额增长较快，但规模仍然很小。主要原因有：老挝商品经济不发达，大宗出口的拳头产品尚未形成；老挝缺乏有实力的大型外贸企业组织商品出口；老挝对中国市场需求和贸易政策了解不多；老挝作为内陆国家无出海口，国内交通等基础设施较差，运输成本高，导致商品价格竞争力不强等。

为了促进中国与老挝贸易发展，中国于2004年和2006年先后对老挝总共330个产品实行单方面零关税待遇。2007年1月1日，在“中国—东盟自由贸易区”框架下，中国又对原产于老挝的部分产品实施特惠税率。

双边经济合作

近年来，中国与老挝双方先后签署了贸易、投资保护、旅游、汽车运输等经贸合作文件，成立了双边经贸与技术合作委员会。中国企业在老挝的投资项目逐年增多，投资主要集中在水电、矿产、农业等方面。截至2006年底，中国在老挝投资项目236个，协议投资金额达到8.8亿美元。其中，2006年协议投资金额3.3亿美元。投资领域包括橡胶、木薯和咖啡种植、采矿、交通、水电和医疗卫生等。

中国在老挝还积极参与劳务和工程承包，目前已占老挝承包工程市场1/3的份额。中国为老挝援建的项目有地面卫星电视接收站、南果河水电站及输变电工程、老挝国家文化宫、琅勃拉邦医院、昆曼公路老挝境内1/3路段等。

投资与经贸总体风险评估

总的来看，老挝自然资源丰富，政局稳定，是东南亚比较稳定的国家。目前，老挝人民革命党执政地位稳固，反对势力力量有限，组织不严密，没有明确的政治目标，难以对政府构成真正威胁。执政的老挝人民革命党历来坚持社会主义道路，不接受政治多元化，党的意识形态和政策不会出现太大变化。尽管老泰关系由于移民、边境冲突、历史纠葛等问题时有起伏，但随着相互联系的加强，两国关系不断改善，总体趋稳。周边环境基本稳定，发生外来势力武装干涉的危险不大。西方国家借人权问题干涉老挝内政，某种程度上影响了老挝的发展和国际形象，但尚不能从根本上动摇老挝政权基础。近年来，老挝积极融入国际社会，务实参与地区经济一体化，为争取加入世界贸易组织，坚持革新开放政策，进一步完善市场经济的法律框架。但老挝经济基础薄弱，产业结构滞后。财政金融改革进展缓慢，长期财政赤字和银行体系脆弱是制约老挝宏观经济平稳发展的主要瓶颈。此外，外贸连年逆差，外债比例较大，南北中部地区经济发展不平衡，贫困面较广等诸多困难和障碍也是老挝经济发展的隐患。政策透明度不高，政府官员腐败现象较严重，行政效率低，有些政策常常难以落实。基础设施落后，交通运输成本过高，限制了老挝的资源开发和利用。

随着中国—东盟自由贸易区建设和大湄公河次区域经济合作的推进，中国与老挝两国经贸合作在进一步加强。但由于老挝银行体制不健全，本币储备不足，金融法规不完善，至今未能实现双方银行互开账户、双边贸易银行结算，这在很大程度上制约了双边贸易的发展。

根据目前总体形势判断，老挝的参考评级为7（7/9）级，国家风险水平显著。

（节选自：中国出口信用保险公司编著.《国家风险分析报告2007》.中国金融出版社2007年版）

马来西亚投资与经贸风险分析报告

投资状况

外国直接投资状况

马来西亚政府对外资一直持鼓励态度，在1997年东亚金融危机前外资流入量较大，但危机后其吸引外资能力下降。同时马来西亚政府实施严厉的资本管制，控制资本外流，尽管稳定了经济局势，但也使外资对在马来西亚投资存有疑虑，外资净流入量迅速下降，2001年马来西亚引入外国直接投资净流入量仅5.5亿美元。此后政府取消资本管制，外资流入逐步恢复。2004～2005年外国直接投资约30亿美元。马来西亚吸引的外资主要流向电子与机电制造部门。

据中国商务部网站消息，2007年马来西亚政府通过提升国内消费，削减企业税，放宽外资投资条例等政策刺激经济增长、吸引外资，同时油价飙升也为马来西亚带来不少投资项目。2007年，马来西亚制造业FDI为104亿美元，同比增长65%，服务业FDI为33.7亿美元，同比增长80%。制造业投资主要集中在资本密集型项目，特别是电子电器、石油产品、普通金属产品项目等。外资来源国包括日本、德国、伊朗和美国等，其中日本2007年在马的投资为20.3亿美元，居首位，产业主要集中在电子电器、非金属矿和石油产品等。服务业的外资主要来源于美国、德国、挪威和新加坡等。

投资政策与金融、税收体系

投资政策

马来西亚与投资有关的法律法规主要有《促进投资法》、《外商投资指导方针》、《外汇管理法令》、《工业产权法》、《专利法》、《通讯与多媒体法》和《自由贸易区法》等。

马来西亚政府欢迎外商投资于制造业，尤其是高科技产业。政府积极吸引外资投资于多媒体和信息技术领域，以促进“多媒体超级走廊（MSC）”项目

（在吉隆坡以南开辟的以高新产业为主的一个条形地带投资开发区）的建设。但对服务业、农业和建筑业并不积极吸引外资，石油和天然气工业仍然限制外资进入。

马来西亚的外国投资者在除了资产股权比例以外的各方面享有国民待遇。对外资的股权限制规定外资在合资企业中最多只能拥有30%的股份，但出口产业中，也允许设立外商独资企业。外国证券投资者可以在当地的股票交易所自由买卖股票和债券，并可以购买刚上市公司的新股。但外资在商业银行中最多只能拥有30%的股份。

马来西亚鼓励投资的优惠措施包括减免公司所得税和投资税，减免进口税及销售税。为鼓励外商投资高新科技研发，对“多媒体超级走廊”内的企业，除给予减免所得税和投资税负等优惠措施外，还在电信收费、研发经费申请、上市及海外募集资本方面给予相应扶持。

2003年5月，马来西亚政府对原有的外资股权限制政策进行了修订。对于2003年6月17日起新批的制造业领域的外资项目，以及原已批准的外商投资项目，外商均可持有100%股权，不过必须由政府根据个案申请予以调整。

马来西亚是《华盛顿公约》和《纽约公约》的签字国，这将保障投资纠纷的解决和仲裁结果的执行。

金融体系

马来西亚金融体系比较完备，开放程度也相当高。经过东亚金融危机后的调整与整顿，银行不良贷款率从金融危机时的13.6%降到2006年初的5.9%，属于发展中国家较好水平。

马来西亚的中央银行是马来西亚国家银行。1958年，马来西亚（当时称为马来亚）颁布中央银行法，1959年1月26日建立了马来西亚国家银行，其主要职能一是发行货币并监控币值；二是作为政府的银行家和金融顾问为政府提供咨询；三是保证货币和金融体系的稳定；四是作为银行体系的最后贷款人影响信贷。金融机构包括商业银行、伊斯兰银行（回教银行）、证券银行、投资银行、金融公司、贴现公司、发展金融机构（为农业、工业与出口业服务）等。自1999年以来，马来西亚逐步放开外汇管理，现对投资资本、利润、利息的流动没有限制，但对资本项目、贸易汇兑和货币兑换实行严格的限制。

税收体系

马来西亚的税收种类分直接税和间接税，直接税包括：所得税、不动产盈余税、石油所得税和印花税等；间接税包括：国产税、关税、进出口税、销售税和服务税等。马来西亚联邦和地方政府实行分税制。中央税、中央与地方共享税和地方税由联邦政府、州政府和市政当局三套各自独立的税务机构或授权部门分别征收，征税范围与税收收入归属一致。

双边经贸关系

双边贸易

1974年两国建交初期，中国与马来西亚双边贸易额仅3.7亿美元。此后双边贸易持续增长，据中国海关统计，2005年双边贸易已达307亿美元，同比增长16.9%，其中中国对马来西亚出口106.1亿美元，同比增长31.2%；自马来西亚进口200.9亿美元，同比增长10.6%，中方逆差94.9亿美元。

根据中国的官方统计，两国的双边贸易一直稳健成长，从2005年的307亿美元，增加至2006年的371.12亿美元，到了2007年提高至464亿美元，预测2008年的双边贸额将达550亿美元，到了2010年则可望达到700亿美元。

据国际贸易统计数据资料库World Trade Atlas显示，在2007年，马来西亚是中国的第8大贸易伙伴，在同一年，马来西亚是中国第7大进口来源以及第16大出口地。中国自马来西亚的进口额在2007年达到189亿美元，而中国向马来西亚的出口额则增长27.53%，达154亿美元。（数据来源于国务院侨务办公室网站）

在双边贸易商品结构上，中国对马来西亚出口的主要产品为谷物、机电产品、纺织纱线织物及制品、服装及衣着附件、钢材、原油、鞋、蔬菜等，自马来西亚进口的主要产品为机电产品、棕榈油、塑料、天然橡胶、原木、成品油、钢材、原油等。

双边经济合作

中国和马来西亚两国经贸关系发展很快，两国政府先后签署了《避免双重征税协定》、《贸易协定》、《投资保护协定》、《海运协定》、《民用航空运输协定》等10余项经贸合作协议。

2005年中国公司在马来西亚完成承包工程营业额2.3亿美元，新签合同金额3.1亿美元；完成劳务合作营业额2618万美元，新签合同金额2507万美元；完成设计咨询营业额78万美元。截至2005年底，中国公司在马来西亚累计完成承包工程营业额20.7亿美元，签订合同金额36.5亿美元；完成劳务合作合同金额1.9亿美元，签订合同金额2.4亿美元。

2005年经中国商务部批准或备案，中国在马来西亚设立非金融类中资企业15家，中方协议投资金额1585.3万美元。截至2005年底，中国在马来西亚累计投资设立非金融类中资企业130家，中方协议投资总额6180万美元。

2005年马来西亚对华投资项目371个，合同金额 12.7 亿美元，实际使用金额 3.6 亿美元。截至 2005 年底，马来西亚累计对华直接投资项目 3611 个，合同金额 97.3 亿美元，实际投入 38.4 亿美元。

中国商务部网站资料显示，马来西亚商家到中国投资的项目数从 2000 年的 115 项，增加至 2007 年的 285 项。截至 2007 年 12 月，马来西亚累计在华投资 46.81 亿美元，累计项目数 4232 个。据了解，中国投资者在马的投资额约为 10 亿美元。

投资与经贸总体风险评估

马来西亚国内政治经济体制健全，当前局势比较稳定，与周边地区的合作较为密切，对外开放程度较高，没有直接的国际冲突和外来干预隐患。国家整体发展趋势稳定，政策连续性较好。“巫统”一党独大的政治体制比较稳定，但主要的政局动荡往往由其内部斗争引起。

近年马来西亚经济处于金融危机冲击以及较大幅度波动性恢复期之后的相对平稳发展期，将面临的主要风险是马来西亚工业中的产业结构严重向以国际市场为主导市场的电子、机电类产业部门倾斜。金融危机后，政府投资主要面向基础设施，对产业结构的调整没有产生根本性的影响，因而工业仍保持着偏重于少数部门的倾斜分布特征。产业结构的倾斜分布使国内市场无法充分吸收这些产品，它们只能大批销往国际市场。经济对外依赖的程度高，使马来西亚经济对外源性冲击的抵御能力不足。此外，由于国际市场石油价格将继续保持在高位，马来西亚通货膨胀也将受到很大的上升压力。马来西亚政府为抑制通货膨胀已开始执行紧缩型经济政策，提升利率、减少财政赤字，尽管紧缩将受政府政策控制而不会很严重，但国内私人消费与政府消费都将相应下降。

2006 年第二季度以后政府为抑制物价上升而对林吉特汇率的控制有所放松，林吉特升值有所加快，因而对马来西亚投资必须考虑林吉特升值带来的汇率风险。马来西亚对竞争性产业投资审查标准不够透明。马来西亚规定，企业要取得制造业的经营许可，需向马来西亚工业发展管理局提交申请，但审查标准较为抽象，没有一个明确的标准。

应指出的是，马来西亚还限制竞争性产业部门的产品进口。在进口商品海关总税目中，约有 27%的税目下的产品受到非自动进口许可管理，主要涉及动物与植物产品、木材、机械、车辆及相关运输设备等。进口重型建筑机械必须得到马来西亚贸工部的许可，而且，进口许可的授予通常以该产品未在马来西亚生产为条件。

根据目前总体形势判断，马来西亚的参考评级为 4（4/9）级，国家风险水平中等偏低，未来风险稳定。

（节编自：中国出口信用保险公司编著.《国家风险分析报告 2006》. 中国金融出版社 2006 年版）

缅甸投资与经贸风险分析报告

投资状况

外国直接投资状况

由于缅甸政局不稳，经济发展缓慢，加上西方国家对缅甸实施经济制裁，外国在缅甸的直接投资规模一直十分有限。近两年来，缅甸石油天然气领域的投资活动渐趋活跃，外资流入有所增加。

截至 2006 年 10 月，缅甸共批准外国投资项目 401 个，协议投资金额 138.7 亿美元。投资主要集中在电力、油气、制造业等领域，分别占投资总额的 43.5%、23.6%和 15.6%。来自亚洲国家的投资约占外资流入的 80%，其中东盟国家投资占比就高达 75%。

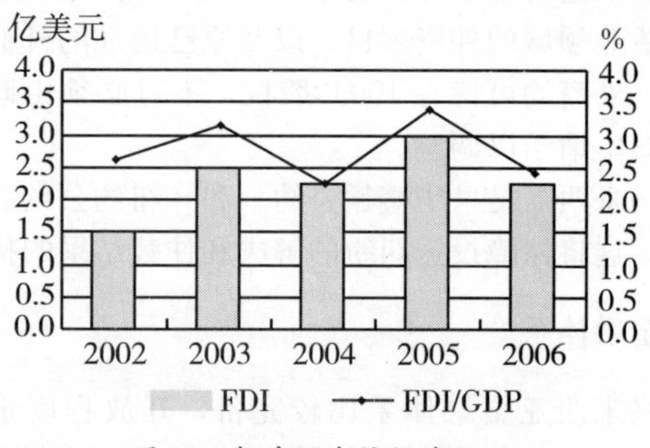

图 缅甸外国直接投资状况

投资政策与金融、税收体系

投资政策

缅甸于 1988 年 11 月颁布《缅甸联邦外国投资法》，12 月颁布《缅甸联邦外国投资法实施条例》。1989 年 5 月制定《缅甸联邦外国投资项目条例》。这三个法规奠定了现政府外资政策的框架。

缅甸允许外商投资 9 个行业：农业，主要是普通种植业和园艺业的生产、加工及销售；畜牧与渔业，主要是畜牧、渔业、饲料、添加剂及兽医用药等的生产、加工及销售；林业，主要是柚木深加工、其他硬木深加工、其他林木的加工及销售等；矿产业，主要是非金属矿、大理石等的勘探、开采、加工及销售；工业，主要包括食品、纺织品、日用品、家庭用品、皮革制品、运输设备、建材、纸张、化工及医药用品、钢铁及其他金属、机械设备的生产、加工及销售；建筑业，主要包括两大类，工程建筑及设备安装与调试；运输与通信，主要是陆路、内河、海运的运输业务及设备制造；此外还有贸易、旅馆与旅游业。

根据规定，外商可用外汇、机器设备、营业执照、商标及专利等进行投资，外资持股比例可达100%，可建立独资、合资或股份公司。在与缅方合伙人建立合资企业时，外资股本不应低于35%。外国机构或个人可在缅甸租赁土地使用权，使用期限可达30年，还可申请延长。

2006年，缅甸对外国投资者开放了金属矿产开采权，并起草了《经济特区法》，成立了6个经济特区，鼓励外商在经济特区投资。

金融体系

缅甸银行体系由中央银行、国有商业银行、私营银行构成。目前国有银行共有4家，即缅甸经济银行、缅甸投资与商业银行、缅甸外贸银行和缅甸农业发展银行，除缅甸农业发展银行，其他3家银行均可经营外汇交易和信用证业务。2003年，美国政府禁止美国银行与缅甸银行进行业务往来。此后，缅甸银行取消了以美元作为结算货币的外贸结算制度，改为以欧元或日元进行结算。缅甸外贸银行、缅甸投资和商业银行拒绝为进口提供电汇结算，只允许信用证支付。由于缅甸商业银行首先要为政府支出提供资金，因而常常拖延信用证支付。为促进进出口贸易的发展，2006年，缅甸政府开始考虑借鉴国外的经验，成立进出口银行。

缅甸私营银行现有15家，主要经营国内存款业务。在经历了2003年的挤兑风波后，缅甸私营银行业务受到严格限制。由于有关法律法规不健全，同时没有有效的监管，缅甸私营银行的经营不够稳健。另一方面，由于缅甸银行业自由化程度非常低，商业大环境欠佳，外国银行在缅甸设立的代表处已由原来的21家减少为14家。缅甸目前脆弱的银行体系难以适应东盟自由贸易区和经济全球化的需要。

缅甸实行严格的外汇管制，禁止直接用美元兑换缅币，须通过外汇券转换。对外国企业而言，需将美元汇入缅甸银行，再由银行提领外汇券换取缅币。在外汇汇出方面，缅甸投资委员会规定有关外币可通过国有银行、按现行官方兑换率汇往国外，如：外国投资者应得外汇；经投资委员会许可发还外国投资者个人的外汇；从外国投资者所获得的年利中，扣除各种税款和规定的基金后剩余纯利润部分；外国职员在本国工作期间的月薪和得到的合法收入除应支付的税金外，按规定扣除个人及家庭生活费而剩余的合法收入。

目前缅甸实施出口留成计划，个人、商人或合作社出口所得外汇收入可100%保留。除了边境贸易支付，所有进口支付都由缅甸外贸银行和缅甸投资和商业银行办理。国有经济部门获得经批准的预算范围之内的外汇，在经有关部委签署批准后，可直接到缅甸银行领取。边境贸易进口可以直接从边贸出口收入中支付。

税收体系

缅甸税收制度缺乏透明度和连续性，制定和实施过程中的随意性较大。税基较窄，避税现象比较普遍。

缅甸共有五部与外资公司直接相关的税收法律，即《外国投资法》、《所得税法》、《商业税法》、《关税法》、《仰光市政发展法》。

根据相关法律法规，目前针对外资的税收优惠政策包括：外商投资项目从开业起，连续3年免征所得税；对效益好、贡献大的外资企业还可进一步酌情减免税收；用所获利润在1年内进行再投资者，新投资项目产生的利润可以免税；评估所得税时，可按国家规定的比例，在原始价值范围内对机械、设备、建筑物或其他资本货物进行加速折旧；销往国外的产品，外销利润的50%免征所得税；外来投资者本人及外国员工所缴纳的所得税税率与缅甸公民相同，并允许用其他税款冲抵；用于新产品开发和技术改造的收入和利润可免征所得税；投产3年后，如果连续两年出现亏损，准予在随后3年内作亏损结转，并可用新增利润冲抵；在合同期间，生产所需的机器设备、零部件等资本货物可减免进口税或其他营业税；企业投产3年内进口生产用原材料时，可减免进口税或其他营业税。

2006年，缅甸政府起草了《经济特区法》，将在6个经济中心地区建设自由贸易区。在自由贸易区进行投资的外国企业将享受一定程度的免税政策。如制造业和通信业的投资项目可免税5年，高新科技产业的投资项目可免税8年，林业和养殖业项目可免税2年，银行业投资免税1年。

表1 缅甸主要税收一览表（单位：%）

税目	税率
公司所得税	
居民/非居民	30或35
资本收益税	
居民/非居民	10/40
股息税	0
利息税	15
特许权使用费	20
个人所得税	
居民/非居民	30/35（最高）

双边经贸关系

双边贸易

中国仅次于泰国是缅甸的第二大贸易伙伴国。

2006年，中国与缅甸双边贸易总额达到14.6亿美元，创历史新高。其中，中国向缅甸出口12.1亿美元，同比增长29.2%；中国自缅甸进口2.5亿美元，同比下降7.9%。中国实现贸易顺差9.6亿美元，同比增长43.3%。

受益于中国—东盟自由贸易区“早期收获”方案的实施，2005年，中国自缅甸商品进口有大幅增加，当年贸易顺差较2004年减少8.2%。2006年，尽管中国对来自缅甸的87项进口产品实行了零关税，但由于中国对缅甸的机电出口大量增加，中缅贸易顺差再次扩大，达到9.6亿美元。2007年1月，中国对原产于缅甸的部分商品实施特惠税率，此举有望减少中缅双边贸易中缅方的逆差。

在中缅双边贸易中，边境贸易所占比重很大，并呈现逐年显著上升趋势。2004年，中缅边境贸易额占双边贸易总额的45.5%，2006年这一比例已经攀升至79%。在缅甸所有的边境贸易伙伴中，中国位居首位。中国对缅甸的主要出口商品包括机电产品、钢铁、矿物燃料、纺织原料、日用消费品等；自缅甸进口的主要商品为原木、锯材，橡胶，矿产品，珠宝、贵金属、农产品等。

表2　中国与缅甸双边贸易统计（单位：亿美元，%）

年份	中国出口		中国进口		顺(逆)差
	出口额	增长率	进口额	增长率	
2002	7.3	45.7	1.4	2.0	5.9
2003	9.1	25.2	1.7	23.8	7.4
2004	9.4	3.1	2.1	22.1	7.3
2005	9.4	−0.4	2.7	32.6	6.7
2006	12.1	29.2	2.5	−7.9	9.6

双边经济合作

2001年，中国与缅甸两国政府签署了《关于鼓励促进和保护投资协定》。2006年11月，两国政府签署了《中缅两国经济技术合作协议》，《中缅关于贸易林业矿业合作第二轮磋商纪要》、《中国政府免除缅甸政府部分到期债务的议定书》、《中国向缅甸提供优惠贷款的框架协议》等。

近年来，中缅经贸合作取得长足发展，合作领域已从原来单纯的贸易和经援扩展到工程承包、投资和多边合作。2006年，中国企业在缅甸开展承包劳务完成营业额2.8亿美元。截至2006年底，中国企业在缅甸开展承包劳务累计完成营业额26.3亿美元，中国对缅甸投资共有27个项目获得批准，协议总金额达4.75亿美元，在外国对缅甸投资的排名中从2005年的第11位跃居第6位，占缅甸外国投资总额的3.34%。中国投资的行业主要是水电、石油天然气、制造业以及矿业等。

投资与经贸总体风险评估

总体而言，缅甸国内政治局势和社会环境中的不确定因素较多。第一，军政府管理下的政局稳定性不足。缅甸军政府将继续推进“民主路线图”，但实行实质性政治改革的可能性很小。军人集团内部存在矛盾，民盟等反政府力量又难以妥协，缅甸向民主宪政过渡的路途遥远，有可能出现新的政治动荡。第二，缅甸国内存在发生局部武装冲突的可能。缅甸民族矛盾由来已久且错综复杂，实现民族和解任重道远，加上缺少宪政体制来保障各方利益，政府与其他派别军事力量在局部地区存在发生军事冲突的可能性。第三，鉴于国内政治矛盾及国际环境的复杂性，缅甸面临较大的恐怖活动威胁。近年来，仰光等地爆炸事件经常发生。第四，美国等西方国家对缅甸实施严厉制裁并利用东盟、联合国等国际组织对缅甸施压，使缅甸面临比较孤立、被动的外部环境。

2007年10月，缅甸总理梭温病逝，由于登盛中将已出任代总理主持国内事务，梭温的病逝将不会对缅甸局势造成较大影响。9月缅甸所爆发的大规模游行目前已渐渐平息，局势开始缓和。目前缅甸政局总体平稳。

缅甸经济近年发展缓慢，政府对经济的宏观调控和监管能力不足，经济运行中诸多根本性问题仍未得到有效控制和解决。通货膨胀走高、缅元大幅贬值、财政赤字扩大、债务负担沉重、银行体系脆弱等问题严重制约着缅甸经济的发展。政府在经济领域出台了一些新政策，力求加快改革、扩大开放，但政策的执行推进乏力，政策的连续性也缺乏保障。尽管欧盟、日本一定程度上恢复了对缅甸的人道主义援助，但美国以人权为由坚持开始新一轮的经济制裁，缅甸面临的国际环境依然严峻。预计短期内缅甸经济还难有起色。

政局不稳定、经济自由度低从根本上制约着缅甸整体商业环境。缅甸法律法规不健全，政策缺乏透明度，对外资不能实行国民待遇；金融服务落后，银行融资困难；官方汇率和自由市场汇率严重背离，汇兑受到严格限制；行政效率低下，政策难以贯彻落实；社会问题突出，暴力事件不断；基础设施发展滞后，通信交通不便、信息闭塞、电力不足等问题突出，难以保证项目投资的基本需要。

随着中国—东盟自由贸易区建设进程的不断推进和大湄公河次区域合作的推进，中国与缅甸经贸合作在逐步深化。但中缅两国银行尚未建立直通结算体系，在一定程度上制约着两国贸易的发展。目前，边境贸易结算仍以民间汇兑为主，边境贸易企业收汇核销难。近期，缅方将出口中国的部分产品结算政策作了调整，并对结算渠道进行限制，引发边贸结算摩擦，虽经多次磋商谈判，仍未得到根本解决，对中缅边贸产生了较大负面影响。中国与缅甸进出口不平衡，中国长期贸易顺差，一定程度上加大了贸易摩擦的可能。

根据目前总体形势判断，缅甸的参考评级为8（8/9）级，国家风险水平显著。

（节选自：中国出口信用保险公司编著.《国家风险分析报告2007》. 中国金融出版社2007年版）

菲律宾投资与经贸风险分析报告

投资状况

外国直接投资状况

由于受亚洲金融危机影响，自1998年起，菲律宾外国直接投资整体呈下降趋势。2001年跌至谷底，不足2亿美元。2002年反弹到15.4亿美元，之后又大幅下挫到2003年的4.9亿美元。2003年后开始逐步回升，从4.9亿美元一路增长到2006年的23.5亿美元，占GDP的比重也上升到近2%。但总体而言，菲律宾吸引外资能力与金融危机前相去甚远。若与GDP规模相比较，菲律宾外国直接投资水平则显得落后。2007年1～7月，菲律宾吸引外国直接投资760亿比索，较上年同期增长47%。尽管如此，受制于投资环境欠佳导致的外国投资者信心不足，预计未来一定时期内菲律宾吸引外国直接投资水平将有所下降。

制造业是菲律宾接受外国直接投资的主要领域，其他重要领域还包括天然气、电力、房地产及服务业等。美国、中国香港和日本是菲律宾主要的外资来源国（地区）。

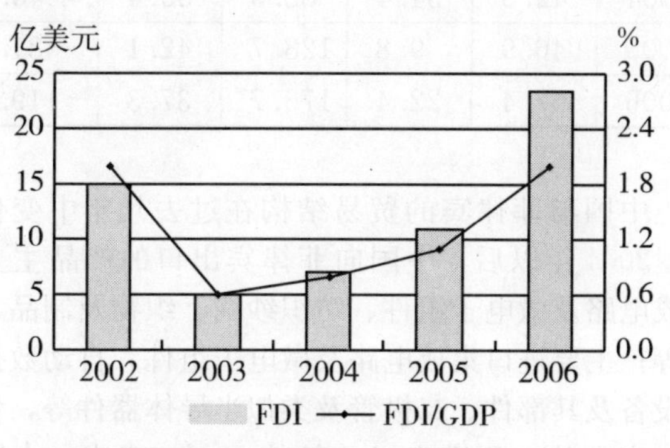

图　菲律宾外国直接投资状况

投资政策与金融、税收体系

投资政策

菲律宾有关投资的法令法规包括：《综合投资法典礼》、《外国投资法》、《外国投资法修正案》、《建设—营运—转让（BOT）法》、《采矿法》、《钢铁法》、《经济特区法》、《投资租赁法》等。菲律宾贸工部是负责管理和指导全国工商业发展、对外贸易和利用外资的主要政府部门。贸工部下设投资署，专门管理外资。

菲律宾每年公布旨在鼓励国内外投资的“投资优先计划”，并以特殊的优惠待遇单独管理各类经济区、出口加工区和保税区的国内外投资。在该计划中，除全国投资优先领域和地区投资优先领域两部分外，还列出当年政府鼓励投资的领域，并根据《综合投资法典》规定一系列优惠政策，为投资相关企业提供税收、信贷及其他方面的优惠待遇。

外国投资者除享有菲律宾宪法基本权利外，按照相关法规还享有以下权利：可将投资清算后的全部资金按撤资时的汇率折成投入时的货币种类汇出；可将收益按汇出时汇率折成投资货币种类汇出；可按汇出时汇率折成外币偿付国外贷款本金和利息，技术协助合同转让费和其他费用；菲律宾政府承诺不没收外国投资和企业资产，如有特殊需要，政府将给予投资者公正补偿；菲律宾政府不征用外国投资者和企业资产，但在战争或国家紧急状态下，投资者财产得到公平补偿后可被征用。

自实施经济结构调整及自由化以来，菲律宾政府制定了一系列对外资开放的重大举措：其一，对石油炼制、供水和能源等国家高度垄断的行业或部门实行私有化。其二，除特别限制或禁止外国投资的领域外，在一定合作协议项下，允许外资100%控股。其三，结束电信垄断，取消对外国银行设立分行的禁止令，结束对石油产品价格的管制，取消对外商投资零售业的限制。其四，进一步开放航空服务业，外商土地租赁期限从50年延长至75年。其五，在国内基础设施建设领域，通过公开招标、直接谈判或协议的方式，允许利用“建设—营运—转让（BOT）”方式，外商可拥有100%的所有权。

菲律宾政府对能源开发领域也有数项举措，包括鼓励开发国内天然气资源，开放陆地天然气管线使用权，鼓励国家电力公司（NPC）改用天然气发电，鼓励小气田非发电用途的应用等。2004年12月，最高法院批准允许外商投资于采矿业。如与政府签有资金和技术援助协议，在自然资源勘探、开发和利用领域中，外资可拥有100%股权。

菲律宾政府对外公布禁止外资进入或限定外资比例的行业清单。禁止外资进入的领域包括大众传媒、执照专业服务、注册资本低于250万美元的商业零售、供电所、内海领海或专署经济区域的海洋资源开发与利用等。外资最多占25%的领域包括私营性质的对外劳务输出公司、菲律宾地方政府出资的公共设施和维修合同。外资最多占30%的领域为广告业。外资最多占40%的领域主要有自然资源勘探、开发和利用，私人土地所有权，水电公用事业的管理和运行，水稻、玉米的种植和加工，深海商业捕捞，各类资产、信誉及财产评估公司等。

此外，根据2004年“投资优先计划”，在汽车、摩托车等交通工具生产领域，外国投资者需满足一定的投资额度及出口规模标准才可获得税收优惠，实事上对外资进入设置了障碍。

菲律宾是《华盛顿公约》和《纽约公约》的签字国，这将保障投资纠纷的解决和仲裁结果的执行。

金融体系

1994年，菲律宾解除了对设立外资银行的限制，放松对外资银行市场准入及经营规模的限制，外资银行的市场份额快速增长。1998年亚洲金融危机之后，菲律宾银行间开始进行并购，以扩大银行资产规模，增强抵御风险能力。2000年，菲律宾修改《银行法》，允许外资银行对本地亏损银行实行100%控股。目前，菲律宾共有40余家商业银行，规模不等。其中，菲律宾土地银行和菲律宾开发银行为国有银行，另有包括花旗银行、美国银行、汇丰银行和渣打银行在内的近20家外资银行在菲律宾经营。总体而言，菲律宾银行资产规模有限，大多数私营银行经营很不规范。商业银行呆、坏账比率较高。

菲律宾中央银行是国家货币管理部门，负责制定和实施国家外汇管理政策。自1992年开始，菲律宾进行外汇管理制度改革，主要内容包括：解除外汇管制，实行浮动汇率；在银行体系之外，可自由买卖外汇；外汇收入和所得可出售给授权代理行，也允许在银行体系之外交易；允许境内外自由存储外币，并且可自由用于任何目的。菲律宾政府就经常项目、资本项目、海外金融机构、外国银行代表处及外汇存款体制等制定了综合外汇管理制度。

菲律宾在经常账户下对外汇业务无限制。资本账户下，菲律宾中央银行对外国贷款严格控制，但对外国投资管理相对宽松。500万美元以上的对外巨额投资、国际金融市场发行债券、外国贷款的获得和还本付息等外汇进出境需事先征得中央银行或有关部门批准。

税收体系

菲律宾税收体系复杂，税收执行不力，公司逃税、漏税现象较多。为达到2101年消灭财政赤字的目标，阿罗约总统曾提出8项税收改革议案，旨在稳定税源，严格税收，扩大财政收入，减少财政赤字。议案中包括对电信企业和成品油征收特许权税，分两阶段将增值税由目前的10%提高至12%，将公司所得税由目前的32%提高至35%等。

表1 菲律宾主要税收一览表（单位：%）

税目	税率
公司所得税	35
资本收益税	6
未上市股份资本收益税	5或10
增值税	12
利息税	20
特许权使用费	20
个人所得税	25
非居民个人所得税	32（最高）

菲律宾《专属经济区法案》规定，在专属主区注册的企业可获得一些税收及其他方面的优惠，如对进口资本、设备和原料等免除税收，进口税收扣除，免除码头税和关税等。

双边经贸关系

双边贸易

自20世纪90年代以来，双边贸易迅速增长。2006年，贸易总额达到234.1亿美元，较上年33.3%。其中，中国出口57.4亿美元，同比增长22.4%；中国进口176.7亿美元，同比增长37.3%。在对菲律宾贸易中，中国长期处于逆差地位，近年来逆差规模迅速扩大，2006年突破100亿美元，达到119.3亿美元。2006年，菲律宾在中易伙伴中列第19位，是中国在东盟地区的第4大贸易伙伴。

表2 中国与菲律宾双边贸易统计（单位：亿美元，%）

年份	中国出口		中国进口		顺（逆）差
	出口额	增长率	进口额	增长率	
2002	21.3	31.5	26.4	35.6	−5.1
2003	31.6	48.5	53.1	101.3	−21.5
2004	42.5	34.4	82.6	55.4	−40.1
2005	46.9	9.8	128.7	42.1	−81.8
2006	57.4	22.4	176.7	37.3	−119.3

中国与菲律宾的贸易结构在过去几年中变化较大。2004年以后，中国向菲律宾出口的产品主要为集成电路及微电子组件、纺织纱线、织物及制品、钢材等；主要进口集成电路及微电子组件、自动数据处理设备及其部件、二极管及类似半导体器件等，仪电子类产品就占到进出口总额的83%。未来，中国与东盟自由贸易协定的实施将进一步推动中国与菲律宾的双边贸易，但短期内，中国商品贸易逆差的格局将难以扭转。

双边经济合作

中国和菲律宾两国政府签订了关于投资保护的协

定和关于避免双重征税的协定。2005年4月，两国政府签署关于促进贸易和投资合作的谅解备忘录、关于《中国—东盟全面经济合作框架协议》早期收获计划的谅解备忘录。

2006年，中国在菲律宾新签承包劳务合同43份，合同金额3.5亿美元，完成营业额1.9亿美元，列东盟第7位。相比之下，中国在菲律宾的劳务合作规模较小，2006年，新签劳务合同4份，合同金额41万美元。截至2006年底，中国对菲律宾累计实际投资2222万美元，涉及农业、贸易、冶金、纺织、机电加工等领域。2006年，菲律宾对华直接投资新增134项，合同金额4亿美元，实际利用1.2亿美元。截至2006年底，菲律宾累计在华投资项目2510个，合同外资金额53.6亿美元，实际使用外资21.9亿美元。

2006年，中国菲律宾经贸合作论坛成功召开。2007年1月，温家宝总理访问菲律宾期间，两国政府签署了《关于扩大和深化双边经济贸易合作的框架协定》。

投资与经贸总体风险评估

菲律宾在东南亚地区属政治、社会风险相对较高的国家。由于各政治力量间的平衡关系脆弱，国内政坛缺乏绝对强势的主导力量，政治斗争复杂、政局易受冲击的情况将长期存在。此外，政府与南部反政府武装的冲突威胁并未消除，国内安全形势仍存变数。菲律宾是全球三大冰毒生产基地之一，也是东南亚地区大麻的主要来源地，对其经济发展、国际形象及社会稳定造成影响。

菲律宾自然资源丰富，产业结构比较合理，侨汇规模可观且增长相对稳定，劳动力成本低，具备经济发展的必要基础，有一定自主发展能力。但受制于基础设施落后、财政状况不佳以及时而发生的政治风波影响，经济改革进程经常被延缓，宏观经济增长动力和稳定性不足，地域性经济发展失衡，贫富差距过大，失业问题比较突出。

菲律宾的投资环境有一定软件优势，大量价格低廉，教育程度良好，且具备英语能力的劳动力是显著的比较优势。政府对劳动力实施比较严格的管理，就业法规严格。相对于周边国家，菲律宾劳动力队伍更加规范。但菲律宾整体投资环境不佳，基础设施落后，能源供应不足，银行体系落后，导致投资者信心不足。

菲律宾与中国地缘关系密切，资源、产业结构优势互补，加之双方政府重视，未来双边经贸合作潜力巨大。

根据目前总体形势判断，菲律宾的参考评级为6（6/9）级，国家风险水平较高。

（节选自：中国出口信用保险公司编著.《国家风险分析报告2007》. 中国金融出版社2007年版）

新加坡投资与经贸风险分析报告

投资状况

外国直接投资状况

新加坡从实际出发，根据自身的特点，实行全方位开放，努力把本国经济融合在世界经济之中，积极参与国际分工，充分利用外国资源、市场、技术和资金以发展本国经济。新加坡既是跨国公司立足和集中的区域中心，也是银行、制造业和物流运作的中心。

由于政府积极推行吸引外资和发展国际服务业的政策，新加坡成为东南亚地区吸引外资最多的国家之一。尤其是制造业，外资在其中一直占据举足轻重的地位。据新加坡统计局资料，2006年，外来投资占其制造业投资总额的80%。欧洲和美国是新加坡制造业获得外资的最大来源地，日本位居第三。

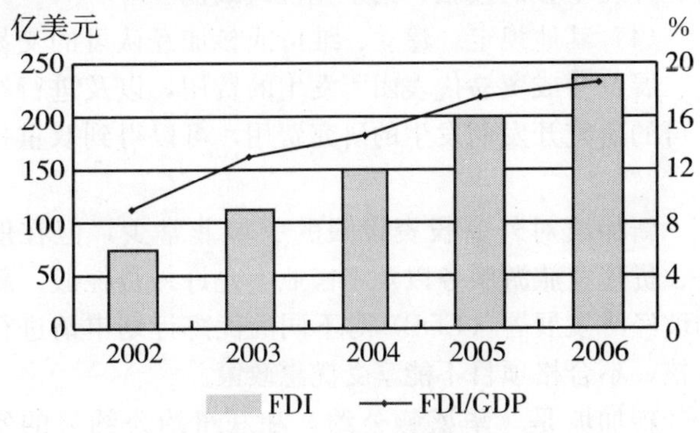

图　新加坡外国直接投资状况

新加坡吸收外资与世界经济发展紧密相联。2002年，新加坡吸收的外国投资仅为73.4亿美元。2006年，新加坡吸收外国直接投资达242.1亿美元，其中43亿美元投资于电子产业，26亿美元投资于化工产业。外国资本主要来自美国、日本和欧盟等地。对电子产业的投资不仅为新加坡增加了7400个就业机会，还带来了数十亿新加坡元的财政收入。

据统计，2006年新加坡从外国投资项目中获得的附加值总额为134亿新加坡元，制造业总投资为88亿新加坡元，服务业总投资为28亿新加坡元。这些投资项目全部落实后，将为新加坡创造2.68万个就业机会。

投资政策与金融、税收体系

投资政策

新加坡政府鼓励外国新设投资或存续企业扩大生产规模，重点鼓励高新技术和出口外向型项目。除进一步加强现有工业集群之外，新加坡还在寻求新的增长领域，包括矿业、金属和材料以及替代型能源等，并执行一系列优惠政策以吸引外资：

（1）对新兴工业和新兴服务业的税收优惠。新兴工业和新兴服务业是指在新加坡尚未经营过、适合新经济需要的和有助经济发展的先锋产业。政府给予这些产业5～10年的税收优惠。投资额大，拥有先进技术、熟练雇员的公司，可享受更长的免税期。

（2）对扩展企业的税收优惠。扩展企业包括扩大产品生产的企业、扩大业务的服务公司、出口贸易公司等行业。新加坡税法对这些行业给予部分免税的优惠。如企业为了增产批准产品而增加的资本支出，数额也过1000万新加坡元的，可以书面申请成为扩展企业，享受特种免税待遇，一般免税期为5年。

（3）对金融业的税收优惠。金融机构在新加坡境内进行银团离岸贷款，由此取得的亚洲货币单位所得免税保险公司的来自离岸风险保险和再保险业务（不包括人寿险）的所得，税率为10%；对于经批准的用于生产设备的贷款而支付给非居民的利息免税；对于经批准的特许权使用费收入、技术服务费收入、向研究开发基金的拨款，给予免税或减税。

（4）其他规定。建立、维持或参加经认可的交易会、展览会或贸易代表团所发生的费用，以及进行经认可的研究开发而发生的研究费用，可以得到双重扣除。

新加坡对外商投资设限的领域非常少，但在航空、货代、旅游服务以及零售业不允许外资控股。新加坡经济发展署（EDB）对不同的优惠计划申请进行审核，不合格项目不能享受优惠政策。

新加坡是《华盛顿公约》和《纽约公约》的签字国，这将保障投资纠纷的解决和仲裁结果的执行。

金融体系

新加坡金融业一直在政府货币局的严格管理之下运营。1997年金融危机后，政府开始改革金融体制，强调监管的重要性。2000年以来，政府要求国内银行实行金融与非金融业务的分离，并加大对外国银行进入的开放力度，加快当地银行的改组和规范化运营。这些措施的出台导致新加坡金融中心的地位不断加强。

《银行法》是新加坡规范银行活动的唯一成文法框架。新加坡金融监管局通过定期通告、政策声明和指南的实时监管方式来对银行进行监管。同时，考虑到电子银行可提供更多商业机会，提高效率，促进竞争，为客户提供更方便快捷的服务，金融监管局允许所有在新加坡注册的银行通过互联网提供服务。新加坡对投资资金的流动，如资本金、利润、费用、特许费等基本没有限制，但资金规模超过500万美元的对外融资需要经过金融监管局的审批。外资银行可在新加坡发行新加坡元债券。

税收体系

新加坡课征的直接税有公司税、个人所得税、财产税、地产税、印花税和中央公积金及消费税。对于资本所得税、销货税、加值税、国防捐、教育捐等税目则尚无课征计划，薪资税自1985年4月1日起停止征收。2005年，政府宣布了多项税务措施，使新加坡成为一个更适宜经商和投资的地点。具体措施包括：公司所得税税率从22%调低到20%，2007年又降为18%；个人所得税最高边际税税率从22%分两阶段在2007年降至20%；免除海外收入所得税；专利使用费的预扣税由15%降低至10%；新公司首个10万新加坡元应纳税收入享有3年的免税待遇等。

表1　新加坡主要税收一览表（单位：%）

税目	税率
公司所得税	18
资本收益税	0
股息税	0
利息税	15
特许权使用费	15
个人所得税	22
增值税	2

双边经贸关系

双边贸易

根据中方统计，2006年中国与新加坡双边贸易额达到408.6亿美元，同比增长23.3%。其中，中方出口231.9亿美元，进口176.7亿美元，分别增长39.4%和7%。中国已超过日本，成为居美国之后新加坡的第三大贸易伙伴。2007年1月中国与新加坡双边贸易额达53.2亿美元，同比增长了34.5%，增幅在新加坡主要贸易伙伴中位居首位。中国在新加坡对外贸易总额中的比重达12%，比2006年全年提高了1.5个百分点。2007年1月，新加坡自中国进口25.7亿美元，增长25.4%；对中国出口27.5亿美元，增长44.3%。以此趋势，中国将超越美国成为新加坡第二大贸易伙伴，与新加坡第一大贸易伙伴马来西亚的差距也逐步缩小。

中国对新加坡的出口以转口贸易为主，据新加坡统计，转口比例高达46%。机电产品在中国对新加坡出口中占有重要地位，其中机械设备、电器和电子、仪器仪表、运输工具等机电产品占出口总额的60%以上，产品科技含量较过去明显提高。新加坡对中国出口主要是电机、电气、音像设备及其零附件，几乎占出口总额的一半。

表2 中国与新加坡双边贸易统计（单位：亿美元，%）

年份	中国出口		中国进口		顺(逆)差
	出口额	增长率	进口额	增长率	
2002	69.7	20.3	70.5	37.5	−0.8
2003	88.7	27.0	104.8	48.8	−16.1
2004	126.9	43.1	140.0	33.5	−13.1
2005	166.3	30.1	165.2	18.0	1.1
2006	231.9	39.4	176.7	7.0	55.2

双边经济合作

1999年10月，中国与新加坡两国政府签署《经济合作和促进贸易与投资的谅解备忘录》，并建立起两国经贸磋商机制。双方还签署了关于促进和保护投资的协定、关于避免双重征税和防止漏税的协定、海运协定、邮电和电信合作协议、关于成立中国与新加坡双方投资促进委员会协议等多项经济合作协议。

新加坡是中国第一大海外劳务市场、第二大工程承包市场及吸引外资的第七大来源地。双方重要合作项目有苏州工业园区、无锡工业园和大连港集装箱码头等。新加坡与中国山东、四川、湖北、浙江、辽宁等省份分别建有经贸合作机制。

截至2006年，中国在新加坡投资注册的企业超过2300家，主要分布在科技、电子电信、金融、能源、游戏软件开发、教育和卫生保健等领域。截至2006年底，中国对新加坡非金融类直接投资4.12亿美元。2006年，中国企业在新加坡共签订承包工程、劳务合作、设计咨询及生产合作合同总额132.6亿美元，完成营业额128.4亿美元。

投资与经贸总体风险评估

总体而言，新加坡主权独立，无外来势力干涉内政，政治稳定，是东南亚比较安全的国家之一。执政党人民行动党以合法的方式，通过公开竞选形成对政治、经济与社会资源的高度有效控制，始终能取得稳定的压倒性多数，从而在多党体制的形式下，成功地保持着权威地位。这一方面使得新加坡保持着政治上的稳定与行政运作的高效率，另一方面，程序民主的选举和反对党的合法存在，又对执政党形成了一定程度的监督与制衡。此外，新加坡遭受恐怖袭击的可能性较小，腐败程度较低，社会风险不突出。

新加坡经济对外依赖性较强，极易受到国际市场变化的影响和外力冲击。在新加坡经济增长中，国外需求占总需求的70%，经济增长高度依赖于作为制造业出口市场的发达国家和作为服务业出口市场的东盟国家，国际市场需求的不确定性将对其经济发展时刻保持压力。此外，由于电子产品占制造业产出的1/3，占非石油出口产品的50%，全球高新技术领域增长的不稳定性也对新加坡经济起着决定性影响。总体来看，新加坡对国际经济波动的适应能力不足，在国际竞争中的优势地位并不稳固。

与发达国家相比，新加坡一方面自然资源匮乏，地域受限，另一方面，也没有足够能力运用宏观政策工具来缓解由于成本和价格上涨引起的通货膨胀压力。货币当局只能通过控制名义汇率这一种货币政策工具来避免新加坡元升值过快，而货币政策的软弱无力在很大程度上受制于外国金融机构的强大势力。同样，由于与国际金融市场的利率密切相关，即使新加坡货币当局决定运用货币政策，也会因政府债券市场规模较小而无法达到预期目的。

由于新加坡腹地狭小，自然资源缺乏，劳动力成本相对较高，本身的市场有限，对外依赖严重，受国际市场变化的影响大，故在新加坡投资应当尽量选择资本密集型和技术密集型项目和服务项目。而且面对日趋激烈的国际投资环境，新加坡也将致力于吸引资金密集型、知识密集型和创新型投资项目。

但总体来看，新加坡基础设施发达，相关法律法规健全，拥有自由开放的投资气候、廉洁的政治和商业制度、教育水平高的劳动队伍、有竞争性的经济及优惠的税务制度，对投资者有较大吸引力。

根据目前总体形势判断，新加坡的参考评级为2(2/9)级，国家风险水平低。

（节选自：中国出口信用保险公司编著.《国家风险分析报告2007》. 中国金融出版社2007年版）

泰国投资与经贸风险分析报告

投资状况

外国直接投资

泰国政府一直坚持对外开放、以市场为导向的经济政策，鼓励外国投资，并将之作为推动经济发展、扩大就业与促进技术转让的手段。在1997～1998年亚洲金融危机后，泰铢贬值导致资产价格下降，外资进入泰国的成本低廉，导致资金流入剧增。1998年和1999年，泰国吸引的外国直接投资净额分别高达73亿美元和61亿美元。2002～2004年年均外资流入净额约为15.4亿美元。外资流入状况不佳。为此，泰国政府加强了基础设施建设，增加投资，大力改善投资环境。

2005年，外国直接投资实现大幅增长，流入净额达到89.6亿美元，同比增长约53%。2006年，虽然受政局因素影响，外国直接投资流入净额仍然比上年增加8.7%，达97.4亿美元。外国直接投资的主要来源地是日本、欧盟、美国、新加坡、中国台湾和中国香港。主要投资领域为金属加工、机械制造业和电子业。

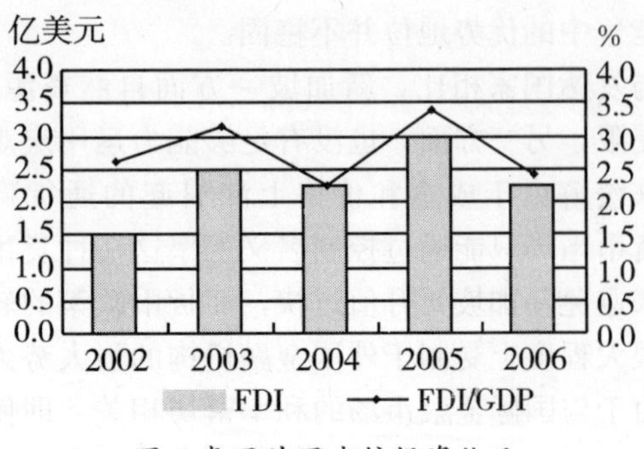

图　泰国外国直接投资状况

投资政策与金融、税收体系

投资政策

泰国拥有较完备的投资法律法规体系，并设有专门主管投资的部门泰国投资促进委员会（BOI），负责制定投资奖励优惠政策，为投资者提供协助服务。泰国是《纽约公约》的签字国，执行境外仲裁结果。

自1997年金融危机以来，为适应世界经济及投资形势的变化，更多地吸引外资，投资促进委员会先后多次公布新的鼓励政策和措施，现行的奖励投资政策及条例于2000年8月1日签署公布。但其具体内容一直在随着经济形式的发展不断调整，如取消对落后行业、饱和行业的促进条款，增加对新行业的优惠条款。

泰国鼓励外商投资的优惠政策主要分为区域政策和产业政策两大类。区域政策方面，根据目前的经济因素，按各区的人均收入和基础设施情况，把泰国自内向外划分为三个区。以曼谷为中心向外扩展，越向外围投资政策越优惠。主要体现在税收优惠，即投资企业享有如下税收优惠：(1) 免缴或减半征收进口税：进口税率不低10%的机器，第一区、第二区减半征收进口税，第三区免缴。用于生产出口产品所必需的进口原料，第一区、第二区免缴进口税一年，第三区免缴3年。(2) 免缴法人所得税：第一区设在获优惠投资待遇的工业区或工业村里的项目，免缴法人所得税3年；第二区免缴法人所得税3年，如投资项目设在获优惠投资待遇的业区或工业村里的项目，可免缴法人所得税5年；第三区可免缴法人所得税8年。

产业政策方面，新的促进投资条例将行业优惠重点从过去的制造业转向了农业和农产品加工业、科技和人才开发领域、公共事业和基础服务业以及环保和预防污染项目上。这类企业（项目）属特别重视项目，无论设在哪一个区，均可获免缴机器进口税和免缴8年法人所得税的优惠。

泰国对投资特定行业实施鼓励政策。七大类行业被列入鼓励投资行业：农业及农产品加工业（26种）；矿业、陶瓷及基础金属工业（18种）；轻工业（16种）；金属产品、机械和运输设备制造业（22种）；电子和电子工业（9种）；化工产品、纸张及塑胶业（15种）；服务业及公用事业（21种）。

目前受到限制的投资领域主要有三类：第一类为因特殊理由禁止外商投资的领域，包括种植业、牧业、林业、报业等；第二类为涉及国家安全或可能对艺术文化、风俗习惯和民间手工艺造成不良影响，或可能对自然资源或生态环境造成损害的领域，包括武器及其配件的生产、销售和修理业、国内运输和航空业等，外商进入这些领域必须得到泰国政府核发的经营许可证；第三类为涉及泰国处于竞争劣势的领域，包括碾米业、米粉和其他植物粉加工业、水产养殖业、石灰生产业、会计服务业、法律服务业、餐饮业等，外商进入这些领域必须事先取得外国人企业经营委员会的批准和泰国商业注册厅厅长签发的经营许可证。

此外，泰国还对外商投资企业中外资占比作出一定限制：农业、畜牧业、渔业、勘探及开采矿业等，外籍投资者的持股比例不得高于49%。

2007年，由于政局变化，泰国原政府增修了一些新的政策。重点放在放宽对投资领域的限制（如医药业）、重点扶持产业政策（如电子业）、进一步减免设备和原材料进口关税及企业所得税、调整对外国人持股比例的限制、准许外国人在BOI批准的工业园购买房地产和鼓励出口措施等。2007年初，泰国原政府提出了修改《外商经营法》草案并提交内阁批准通过，该草案在立法院审核后将会颁布执行。其中涉及的重要内容有：关于外资企业法人的重新定义、外资准入业务的3大清单目录、外资所持股权比例的限定、投票权的限制以及有关法则的更改等。为配合《外商经营法》修改草案，投资促进委员会对促进投资的鼓励政策和措施也进行了相应的调整，并强调凡是已经享有泰国投资鼓励优惠的投资项目将不会受到《外商经营法》修改的影响；特别是大多数制造业并不在修改法案的清单之中。

金融体系

泰国实行专业化银行制度，以中央银行为领导，商业金融机构为主体，政策性金融机构为补充的金融体系。泰国中央银行（即泰国银行）的职能是发行货币、制定并执行货币政策、管理公债汇兑、经营国库、管理商业银行和其他金融机构等。商业银行是泰国传统而重要的金融机构，资金来源主要依靠各类存款、同业借款或出售大额存单；资金运用主要有贷款、贴现和透支；融资重点在于满足贸易和制造业需求。泰国商业银行资本充足率基本都能达到8%的最低要求，但贷款质量不高，平均坏账率12%左右。

亚洲金融危机之后，泰国政府致力于重组金融系统、重建市场信心，并于2004年初开始实行金融系统总规划（FSMP）和泰国金融系统改革总规划（FSRMP）。金融系统改革总规划的目标是通过对金融机构进行并购重组，把83家银行和金融公司合并成两种类型：零售银行和全系列服务银行。各项改革进展顺利，2005～2006年，共有7家金融公司升格为全系列服务银行，3家金融公司获零售银行执照。新的金融机构纷纷成立，其中包括防范系统性风险的金融机构发展基金（FIDF）、金融行业重建委员会（FRA）和处理银行不良资产的泰国资产管理公司（TAMC）。

截至2007年5月，泰国除中央银行以外共有15家泰资商业银行，其中3家国有商业银行；17家外国银行的分支机构。资金雄厚、规模较大的商业银行有盘谷银行、农民银行、暹罗汇商银行、大成银行等。商业性金融机构还包括金融证券公司、保险公司等。政策性金融机构主要有农业和农业合作社银行、政府住房银行等。

泰国进行外汇管理的法律基础来自《外汇管理法》（1942年）以及根据该法发布的部委法令第13号（1954年）。这些法律构成了外汇管理的基础原则，并根据这些原则发布通告和通知。1990年5月22日，泰国放宽了外汇管制。目前泰铢或其他外币的一些交易可以不受任何限制地进行，只有少数交易要得到泰国银行的批准。

2007年7月，泰国政府出台六项外汇管制措施，鼓励资本外流。具体包括：泰国上市公司一年最多可以购买1亿美元外汇，用于对外直接投资；取消泰国居民最多只可持有外汇15天的规定；泰国居民或企业保留外汇收入的时间延长至360天；个人每年可以向海外汇款至多100万美元，作为向移居海外亲属的汇款，或作为捐赠或房地产购买用途；有关泰国金融机构中外币存款的限制有所放宽，收到海外外币收入的本地公司可在泰国金融机构中持有最多1亿美元的存款账户，本地企业还可在国内购买外汇，并可在本地持有最多5000万美元的存款账户；机构投资行投资于海外机构存款时不再需要获得中央银行批准。此外，泰国中央银行正在考虑将国内机构投资者的海外投资总额上限从68亿美元提高到100亿美元。

税收体系

泰国的《税法典》，对个人所得税、法人所得税、所得预扣税、增值税等税率及申报程序作了详细的规定。

泰国税收主要分为两大类：直接税和间接税。直接税包括个人所得税、公司所得税、石油所得税。间接税则包括增值税、特别行业税、关税、消费税、印花税以及财产税。

税款的征收由财政部分别通过负责进出口关税的海关厅，负责征收收入税、增值税、特种行业税以及印花税的收入厅，以及征收特定商品消费税的消费厅来征收。地方政府则负责财产税以及地方税的征收。

2002年1月1日后，税务厅对现行税法实施细则发布了若干修正案，对法人所得税、资产折旧率等作出了一些新的规定。

表1　泰国主要税收一览表

税目	税率
公司所得税	30
资本收益税	30
股息税	10
利息税	15
特许权使用费	15
个人所得税	37（最高）
增值税	7

双边经贸关系

双边贸易

近年来，中国与泰国双边贸易呈现增长态势，尤其是2003年以后，贸易总额增幅明显。据中国海关统计，2006年中国与泰国进出口贸易总额为277.2亿美元，较2005年的218.3亿美元增长了27.1%。其中，中国向泰国出口97.6亿美元，增长24.9%；进口179.6亿美元，增长28.4%；1996年以来中国对泰贸易连年逆差，2006年中国贸易逆差为82亿美元。

中国对泰国出口的主要产品为电动机械及零配件、电脑及零配件、钢铁产品、机械设备及零配件、化工品、布匹、家用电器、矿产品及废旧金属、集成电路、日常用品等。中国自泰国进口的主要产品为电脑及零配件、塑胶粒、天然橡胶、原油、化工品、木薯产品、集成电路、钢铁产品、木材及木材产品、液化气等。

双边经济合作

中国和泰国两国政府签署了《关于促进和保护投资协定》、《关于避免双重征税和防止偷漏税协定》、《贸易经济和技术合作谅解备忘录》、《双边货币互换协议》等。2003年10月，两国在中国—东盟自由贸易区框架下实施蔬菜、水果零关税。

表2　中国与泰国双边贸易统计（单位：亿美元，%）

年份	中国出口		中国进口		顺（逆）差
	出口额	增长率	进口额	增长率	
2002	29.6	18.2	56.0	18.8	−26.4
2003	38.3	29.4	88.3	57.7	−50.0
2004	58.0	51.5	115.4	30.7	−57.4
2005	78.2	34.8	139.9	21.3	−61.4
2006	97.6	24.9	179.6	28.4	−82.0

目前泰国是中国企业在东南亚直接投资最多的国家，2006年，中国在泰国的非金融类直接投资额为955万美元，泰国对中国投资项目108个，合同金额3.7亿美元，实际投资金额1.4亿美元。截至2006年底，中国在泰国累计投资设立非金融类企业298家，累计投资总额为2.55亿美元，中国公司在泰国累计完成承包工程营业额24.2亿美元，完成劳务合作合同金额2.1亿美元；泰国对华投资项目3792个，协议金额约90亿美元，实际利用泰国资本29.7亿美元，主要涉及农副产品综合加工、饲料生产、摩托车制造、零售业、银行、房地产开发等领域。

投资与经贸总体风险评估

泰国实行以国王为元首的民主政治制度。泰国政局尚未完全稳定下来，军事政变后泰国政治走向还不是很明朗，不确定因素依然很多。南部分离势力可能进一步扩大恐怖暴力活动的规模，从而影响泰国其他地区的安全和稳定。但总体来看，上述因素并未对经济、社会造成特别明显的打击，泰国进出口贸易继续保持活跃，整体社会环境比较平稳。

受出口增长拉动，泰国经济整体发展较快。但是，经济能否继续保持较快的增长态势仍受各种因素制约：政局不定、国内消费和投资不振、油价居高不下、全球经济增速放缓。加上泰国经济基础仍比较薄弱，地区经济发展不平衡，经济可能面临通货膨胀压力上升、经常账户恶化、财政赤字扩大、泰铢升值压力上升等诸多问题，政府政策因此将承受一定的压力。

泰国市场比较开放和规范，投资法规日渐完善，政府重视吸引外资，投资政策不断优惠。当前有3个因素影响泰国的投资环境：(1) 交通设施落后。泰国境内公路、铁路交通不够发达，道路交通拥挤，航空运输有限，交通设施现状不能满足经济发展的需要。(2) 政局不稳定。虽然局势渐趋平稳，社会秩序和人民生活未受大的影响，但是外国投资者的信心受挫，一些项目搁置或推迟。(3) 修改《外商经营法》后带来的影响。修改细则不详，影响范围不确定，投资者可能推迟投资决策。

中国和泰国自建交以来，政治、经济关系发展迅速。随着2002年东盟自由贸易区正式启动，两国贸易更加便利。需要注意的是检验检疫标准问题。由于双方在进出口检验检疫标准体系、通关作业流程等方面尚缺乏协调统一的机制，因此通关效率还不够便捷、高效，在一定程度上影响了果蔬贸易的扩大。此外，泰国政局动荡也给两国经贸合作带来一定的不确定性。

根据目前总体形势判断，泰国的参考评级为6 (6/9) 级，国家风险水平较高，未来风险趋势有待观望。

（节选自：中国出口信用保险公司编著.《国家风险分析报告2007》. 中国金融出版社2007年版）

越南投资与经贸风险分析报告

投资状况

外国直接投资状况

近两年，越南的政治经济改革为经济发展创造了良好环境，在市场经济框架基本确立的背景下，越来越多的外国投资者看好在越南的投资。2006年，流入外国直接投资创历史新高，投资金额29.5亿美元，较上年增长51.3%。截至2006年底，累计流入外国直接投资340.85亿美元。2007年以来，大型外国投资项目增多，预计外国直接投资将增至34亿美元。

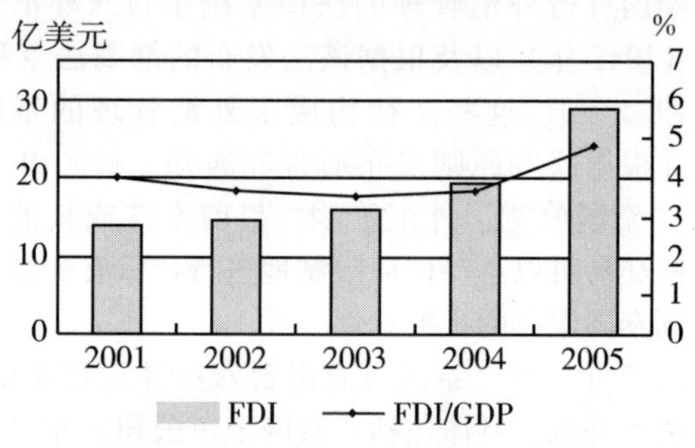

图　越南外国直接投资状况

从2006年越南吸收外资情况来看，工业和建筑业吸收的外资最多，占外国投资项目的67.5%，占投资额的62.8%。其中，重工业项目所占投资总额比重最高；其次为服务业，占外国投资项目的20.2%，占投资额的30.7%。截至2006年底，累计对越南直接投资居前5位的国家和地区分别是中国台湾、日本、韩国、中国香港和新加坡。

投资政策与金融、税收体系

投资政策

越南2006年颁布推行了内外资统一的《投资法》。根据《投资法》，外国投资者可以在法律不禁止的行业和领域进行投资，并自主决定投资活动；外国投资者与国内投资者享有相同的投资优惠条件和投资保障；不强迫外国投资者优先购买、使用国内商品和服务，不规定商品生产的国产化比例。根据该法，企业进行各种投资无须成立新的法人；属于非附带条件的投资产业且投资金额低于150亿越南盾（约合人民币750万元）的内资项目，无须办理投资登记；属于非附带条件的投资产业且投资金额低于3000亿越南盾的外资项目，只需在省级投资主管机关办理投资登记，获取投资确认书，投资主管机关必须于收到合格资料后15日内颁发投资确认书；属于附带条件的投资产业且投资金额为3000亿越南盾以上的项目，不论内资外资，都必须经过审查程序才能获得投资确认书，审查期限不超过30天。对于国家级重大投资计划，则由国会决定，并由国会制定项目标准，中央政府负责投资审查和颁发投资确认书。

越南政府重视和鼓励外商投资，其产业导向目录与中国大体相同，分为鼓励、限制和禁止三个部分。鼓励投资领域包括：植树造林、封山再造林，基础设施建设，发展公共运输、教育、培训、医疗、民族文化，生产经营进出口产品，远洋捕鱼业务、农林产品加工，科学工艺研究、科学服务、投资建生产线、改善城市生态环境，生产传统手工艺品。限制投资领域包括：越方属本领域专营单位，如乳制品生产与加工、植物油和蔗糖生产、木材加工等领域。越南政府限制合资方式投资的领域有电信网建设与经营，石油、稀有矿物开采与加工，加工区、工业区、高科技区基础设施开发与经营，交通运输（航空、铁路、海运、公交车），港口、机场建设（BOT、BTO、BT等投资方式另行规定），水泥、钢、炸药生产，林木种子及多年生经济作物的种植，旅游文化、体育休闲。禁止投资领域包括：对国家安全、国防及公共利益有害的投资项目，对越南历史古迹、文化、传统、风俗有害的投资项目，对自然环境生态有害的投资项目，处理从国外输入的有废料投资项目，生产毒性化学品投资项目或使用国际条约禁止的毒素的投资项目。越南法律还严防外资垄断性并购本国企业，规定外资参股本国企业时，其所占股份不得高于目标企业注册资本的30%。

越南还制定了一系列鼓励投资的措施，如对鼓励投资领域和投资地区在税收、亏损转移、固定资产折旧、土地使用优惠、技术转让扶持等方面给予优惠。但越南的投资注册程序仍然严格、费时，外商抱怨，办理投资项目申请手续烦琐，审批周期长，有的项目申请领照时间耗时数月，甚至半年或更长。

越南《投资法》规定，如果越南作为成员的国际公约的规定与本法律规定有悖之处，将采用国际条约的规定。越南在1995年7月28日签署《纽约公约》，成为该公约的成员国。

金融体系

越南5家国有商业银行是越南金融领域的主导力量，占全国储蓄存款总额的76%和贷款总额的80%。越南银行总体实力较弱，截至2006年底，越南银行业自有资产总额约10亿美元，自有资产率4.5%，相比东盟国家12.3%的平均水平和亚太地区13.1%的平均水平差距较大。同时，越南的银行收益普遍较低，资产收益率（ROA）平均为0.65%，所有者权益收益率（ROE）平均为6.54%。越南国有商业银行资产总额约12亿美元，而不良贷款率高达20.7%，资金风险较高。

目前越南有5家合资银行、31家外资银行分支机构和44家外资银行代表处。2006年，外资银行贷款的市场份额已从原来的7.6%增至14%。随着外国银行的大量进入，越南本国银行将面临较大的冲击和挑战。

2006年越南主要股指的涨幅达到146%，2007年1～3月又上涨50%。国际货币基金组织（IMF）在2007年3月警告越南政府，证券市场短期内的过速增长可能带来金融风险。越南证券市场起步晚，规模小，易受金融风波的冲击。特别是一旦作为主力的外资大举撤离，极易引起当地股市大幅波动。世界银行在2007年4月亚太地区经济形势最新报告中称，估计有40亿美元外资已进入越南证券市场。由于2007年有20家国有大型企业上市，证券市场资金规模将继续扩大。2006年6月，越南政府出台《证券法》并于2007年1月1日始实施，旨在为证券交易提供较完善的法制环境，使证券市场得到进一步规范。

为使外国投资者的外汇交易更为简便，2007年1月，越南政府颁布外汇交易新的标准化规则，保证越南盾兑外币以政府官方汇价无限制自由兑换。同时，新的监管措施还将以相同的方式保护海外投资者和越南国内投资者不受限制地带入和带出用于贸易和投资的外汇。

税收体系

近两年，越南重新修订了《企业所得税法》、《进出口税法》，修订和补充了《增值税法》和《特别消费税法》。目前，越南涉及外商投资的主要税种：企业所得税、个人所得税、增值税、特别消费税、自然资源税、利润汇出税和进出口税。

表1　越南主要税收一览表（单位：%）

税目	税率
企业所得税（内外资）	28
BOT企业	10
石油、天然气企业	50
个人所得税	40（最高）
增值税	0/5/10
特别消费税	10—75
自然资源税	40（最高）
利润汇出税	3

目前越南的最惠国关税简单平均税率约为18.2%，其中农产品的简单平均税率为24.5%，非农产品的简单平均税率约为15.7%。根据《越南加入世界贸易组织议定书》，越南还将在加入世界贸易组织后的5年内下调10600种商品的最惠国税率，整

体税率水平将较现行税率相比平均下调22%。2007年4月，越南颁布中国—东盟自由贸易区特别优惠进口关税税目，规定越南从东盟各国和中国进口的部分商品的优惠进口关税税率范围为3%～15%。

越南对在鼓励投资的领域和地区进行投资的项目，实行税收优惠政策。企业所得税可以享受10%、15%和20%的优惠税率，优惠期为开始经营年度起10年之内或在整个项目存续期间。外国投资者还可以享受免税期，即从企业开始盈利（冲抵亏损之前）起的一定时期内免交企业所得税，并且在以后的一定时期内减半征税。免税期最长可达8年。

双边经贸关系

双边贸易

2005年7月《中国—东盟全面经济合作框架协议货物贸易协议》降税计划的实施，有力地推动中国与越南双边贸易的发展，提前实现了两国领导人提出的到2010年双边贸易额达到100亿美元的目标。据中国海关统计，2006年，中国与越南双边贸易额达99.6亿美元，较上年增长21.4%，其中，中方出口74.7亿美元，增长32.3%；进口24.9亿美元，下降2.6%。2006年，中国是越南第一大贸易伙伴、最大进口来源地和第四大出口市场。两国贸易不仅金额迅速扩大，进出口商品结构也发生了明显的变化。中国对越南出口产品主要是矿产品、机电音像设备及部件、化工品、纺织原料及制品、贱金属等，五大类商品占对越南出口总额的比重由2000年的58.4%上升到2005年的81.4%。近两年来中国对越南出口的制成品增长加快，机电音像设备及部件、钢铁等增长幅度较大。中国从越南进口商品为原油、橡胶、煤炭和机电产品。

越南商贸部制定了2007～2015年对中国进口发展规划。据越南商贸部预测，2007～2015年，中国市场对越南共有出口优势的商品原油、煤炭、产品、果蔬、木器、矿产、腰果、橡胶和农产品等有较大需求。越南新规划中挺出的今后促进对华商品进出口贸易的具体目标是：增加对华出口和减少贸易逆差；提高出口商品的附加值。

表2　中国与越南双边贸易统计（单位：亿美元，%）

年份	中国出口		中国进口		顺（逆）差
	出口额	增长率	进口额	增长率	
2002	21.5	21.5	11.2	11.2	10.3
2003	31.8	31.8	14.6	14.6	17.2
2004	42.6	42.6	24.8	24.8	17.8
2005	56.4	32.5	25.5	2.8	30.9
2006	74.7	32.3	24.9	−2.6	49.8

近两年，由于中国对越南出口保持高速增长，而进口增长缓慢，2006年甚至出现负增长，中国对越南贸易顺差大幅增加，2006年达到49.8亿美元。中越两国领导人在2006年11月举行的会谈中提出减少越南贸易逆差，逐步实现双边贸易平衡。中国将考虑更多地进口越南的原油、煤炭、水产品和热带水果，并为越南产品出口中国市场创造更加便利的条件。中越两国领导人还提议，到2010年将两国双边贸易额提高到150亿美元。

双边经济合作

中国与越南两国积极推动中国—东盟自由贸易区建设，双边经济合作发展迅速。首先，中国对越南投资不断增多。据越南计划部统计，2006年，中国在越南投资项目73个，投资金额3.7亿美元。截至2006年底，中国在越南累计投资项目407个，累计投资金额10.7亿美元。其次，中国在越南承包工程和劳务合作取得新突破。2006年，中国在越南新签订承包工程、劳务合作和设计咨询合同额达到27亿美元，越南已成为中国在东盟最大的承包工程市场。2006年，越南对中国投资计13个项目，合同金额2288万美元，实际到位1366万美元。

目前，中国与越南两国正加快“两廊一圈”建设进程，落实和实施《中国与越南两国政府关于进一步发展双边经贸合作的协定》。中国和越南计划在中越边境建立一个跨境经济合作区。在合作区内，中越双方将在海关、检验检疫、税收、产业政策等方面采取特殊的优惠政策。经济合作区内实行“两国一区、境内关外、自由贸易、封闭运作”的管理模式。

投资与经贸总体风险评估

越南目前政局稳定，社会安定，总体来看，越南是东南亚政局比较稳定安全的国家。经过越共“十大”，越南已实现权力平稳交接，越共仍牢固掌握政权，继续坚持对外开放政策，越南将在改革中保持稳定。但是，由于腐败及其他一些问题，国内开始有人质疑越共执政的长期合法性。这些不满将促使越共加强其控制力，由于缺乏有力的反对组织，越南国内不会出现政局动荡现象。近年来，越南同中国、柬埔寨、老挝等主要邻国的关系平稳发展，与美国的关系持续改善，兼之加入东盟与邻国合作进一步加强，越南面临越来越有利的国际和周边环境。人权问题是越南与西方国家的一个隔阂所在，但总体而言，越南的国际关系问题不会对国家带来过多风险。越南国内融合程度相当高，这将保持国家的长期稳定性。

越南自然灾害频繁，热带风暴、洪水和干旱等对农业生产和经济稳定造成了一定影响，同时，禽流感的阴影还没有完全消除，重新爆发的风险依然在相当长时间内存在。越南的国际收支目前处于不平衡状态，货物贸易逆差不断扩大，在加入世界贸易组织的背景下还会持续扩大。资本项目下大量“热钱”的流入暂时弥补了贸易项下的不平衡，但如果全球流动性紧缩，市场投资预期发生改变，“热钱”可能随时撤离，越南的国际收支及汇率都会受到很大冲击。同时，大量资本的涌入，限制了中央银行控制通货膨胀的货币政策选择。（编者注：根据来自中国经济网站的消息，2000 年至 2007 年间，越南经济年平均增速达到了 7.5%，但是近期，随着通货膨胀率的急剧攀升，越南金融领域出现很多不稳定现象，越南盾持续贬值，股市被腰斩，房价暴跌，并且出现了大量国际资本外逃的现象。从 2007 年开始，由于全球石油和食品价格大幅上涨，越南的通货膨胀率开始居高不下，但是越南央行并没有迅速地作出反应、控制由此产生的通货膨胀压力。）目前越南股市由于受到国际投资者的追捧而翻升，泡沫已经显现，未来有破灭的风险，经济运行可能会受到影响。越南银行体系的健康程度还不是很高，国有银行的不良贷款率依然偏高，外资银行的进入也会对本土银行造成影响。

越南在 2006 年底正式加入世界贸易组织，这对越南的经济与社会各个层面既是机遇，也是挑战，越南国内的商品与服务市场均会在一定程度上受到冲击，同时国内就业也会受到影响，越南能否尽快适应这种变化，将在很大程度上决定未来越南的经济稳定程度。越南国有经济依然在国民经济中占据很大比重，国有经济在金融体系中的统治地位将对银行体系的质量产生影响，挤出私人投资，并对银行体系的稳定性构成长期挑战。由于担心对社会经济造成混乱，国有企业的改革进程比较迟缓。此外，不断扩大的地区差异也是越南经济面临的潜在挑战。

同时，越南积弊已久的政府部门腐败、效率低下、执法不严和过多的政府干预行为短期内难以消除。在 2006 年度透明国际清廉指数排名中，越南列全球倒数第三。尽管越南正加大投入，改善基础设施条件，但基础设施相对落后的状况短期内难以改变，电力供应无法满足需要，港口、公路条件不甚理想，随着加入世界贸易组织后对外贸易的快速增长，港口运转情况将更严峻。在越南，水电、电信、交通等收费普遍高于东南亚其他国家。

关于经济改革走向，越南高层有不一致的地方，这将影响越南的改革进程。在有关控制资本的内部争论当中，越共内部的维持现状派认为，现在既然已经顺利成为世界贸易组织成员了，政府就应该放缓改革步伐。但以阮晋勇为首的改革派，却主张厉行改革。他们相信经济快速增长时正是铁心推行结构改革的良机。

自 2006 年 11 月越南加入世界贸易组织后，政府在加快经济建设，完善政策、法律体系，创造公平竞争的投资环境和提高政府政策的透明度方面取得较大成效。随着市场开放的不断深化，越南经济迅速增长，宏观形势也较为稳定。越南自然资源丰富，劳动力工资、土地租金、税收优惠政策等均具一定的竞争力。随着加入世界贸易组织，世界上许多国家和地区把目光投向越南，越南的投资将会出现大规模的增长。总体上看，越南市场有限，人均购买力也比较低，很难一下消化大量投资，企业投资将会面临一定的风险。此外，有技能的熟练工人还相当缺乏，不能适应外商投资发展的需要。

越南加入世界贸易组织、中国—东盟自由贸易区建设的推进和“两廊一圈”合作的展开，为中越两国经贸合作提供了更为广阔的空间和发展机会。但两国出口同类商品较多，尤其是纺织品，在共同的欧、美、日出口市场上，仍要面临激烈的竞争，贸易摩擦不可避免，对双边贸易将会带来一定影响。

根据目前总体形势判断，越南的参考评级为 5 (5/9) 级，国家风险水平中等偏高。

（节选自：中国出口信用保险公司编著.《国家风险分析报告 2007》. 中国金融出版社 2007 年版）

东盟十国投资环境

文莱投资环境

一、双边贸易

据商务部网站消息，2007 年中国与文莱双边贸易总额为 5.415 亿文元（约 3.87 亿美元），同比增长 10.6%，其中文莱对华出口 3.034 亿文元（约 2.17 亿美元），同比增长 8.1%，从华进口 2.378 亿文元（约 1.7 亿美元），同比增长 12%。

二、投资文莱有利因素

从文莱现状看，文莱素有“和平之邦”之称，为外国投资者提供了优惠和适宜的投资环境。在东盟十国中，文莱政局稳定，人民富裕；地理位置优越，无台风、地震和洪灾；空、海交通便捷，从亚洲各地都可以很方便地到达文莱。目前，文莱已开通到上海和中国香港的直航，每周 3～4 班。文莱拥有深水良港摩拉海港，文莱政府拟将其打造成地区航运中心。

文莱基础设施较为完善，交通、通信发展水平处于东盟前列；文莱金融体系完善，资金信誉好；文莱参加了东盟自由贸易区，区内最高关税为 5%；文莱也是参加东盟东部增长区的国家，对该增长区的菲律宾南部、马来西亚东部和印度尼西亚东部有辐射作用。

从投资环境看，文莱吸引境外投资还具有不少有利条件：文莱免征个人收入所得税、销售税、薪金税、制造或出口税。经批准成立的外国投资公司可享受最长为8年的公司税收的优惠政策；涉及外资资产的法规也相当灵活，在许多情况下，外商可以设立100%外商全资企业；对外籍劳工或外籍经理，无任何担保批准的要求。尽管本地市场相对较小，但赢利十分可观，因为大多数投资者将几乎或根本不会面对来自文莱当地的竞争。在文莱的生活条件是在本区域中最优越和最安全的。

除此之外，中文两国经济互补性明显。文莱油气资源丰富，但农业、制造业、服务业相对落后，中国企业在文莱将大有可为。

文莱农业欠发达，大量农产品需要从国外进口，目前，其来源地主要为东盟各国。中国企业可进一步深化与文莱在农业领域的合作，扩大中国农产品和农业技术的出口。

文莱政府已经逐步对中国开放劳务市场，中国的服装工人开始进入文莱务工，并因熟练的技术和吃苦耐劳精神受到雇主的欢迎。中国石化工业实力雄厚，文莱政府欢迎中国相关企业到文莱投资设厂，开发石油下游产品。

文莱政府目前正大力实施“电子政府”计划，中国高科技企业完全可以在已有的成功合作基础上，积极参与建设。

文莱的工程市场也慢慢开始复苏，中国工程企业可密切关注，踊跃参加招投标。

一般贸易方面，中国大量优质产品正在更多地走进文莱家庭。由于文莱人民生活富裕，消费能力较强，对中国的丝绸、服装、轻工、家电、家具、电子及建材产品有较大的需求。

三、文莱投资政策

总体而言，文莱实行的是自由贸易政策。文莱贸易政策的制定和实施主要由文莱工业和初级资源部负责，财政部和其他有关部门参与。其主要要求有：

1. 禁止进口物品。文莱禁止进口鸦片、海洛因、吗啡、淫秽品、印有钞票式样的印刷品、烟花爆竹等。对某些商品实行临时禁止进口，如水泥、锌皮瓦片等。

2. 进口许可制度。出于环境、健康、安全和宗教方面的考虑，文莱海关对少数进口商品实行进口许可制度，植物、农作物和牲畜须由农业局签发进口许可证（植物不能带土），军火由皇家警察局发证，印刷品由皇家警察局、宗教部和内务部发证，木材由森林局发证，大米、食糖、盐由信息技术和国家仓库局发证，二手车由皇家海关发证，电话装置、无线电由通讯局发证，药品和毒药由卫生部发证，鲜、冷冻的鸡肉、牛肉由宗教部、卫生部和农业局发证。除以上有关部门发放进口许可证外，机动车、农产品、药品及与药品相关的产品进口还需提供相关的原产地证书和检查证明。没有商业价值的样品可免税进口，对于有商业价值的样品进口，需交抵押金，如果样品在3个月内出境，可退还抵押金。

3. 贸易中的技术性要求。文莱公共卫生（食品）条例规定所有的食品，无论是进口货还是本地产品，都要安全可靠，具有良好的品质，符合伊斯兰教清真食品的要求。由于文莱属于穆斯林国家，因此对肉类的进口实行严格的穆斯林检验。另外对酒类的进口也严加控制，对于某些动植物产品，如牛肉、家禽，需提交卫生检疫证书。进口可食用油不能有异味、不含任何矿物油，动物脂肪须来自在屠宰时身体健康的牲畜并适合人类食用，动物脂肪和食用油须是单一形式，而不能将两种或多种脂肪和食用油混合。食用脂肪和食用油的包装标签上不得有“多不饱和的”字眼或其他相似的字眼。非食用的动物脂肪须出具消毒证明。进口活动物和动物制品须有兽医证明。大豆奶应是从优质大豆中提取的液体食品，可包括糖、无害的植物物质，除了允许的稳定剂、氧化剂和化学防腐剂外，不得含其他的物质，并且其蛋白质含量不少于2%等。

4. 服务贸易中的政府工程项目。文莱政府工程项目的招标通告刊登在马来文的政府周报——《文莱明灯》（“Petita Brunei”）上。文莱对政府工程项目规定如下：金额在500000文莱元以下的项目，一般而言仅限于文莱本国公司有投标资格；对于500000文莱元以上的项目，外国公司与当地公司合资注册的公司可投标，外国公司不可以单独投标。

5. 出口限制。文莱政府除了对石油天然气出口控制以外，对动物、植物、木材、大米、食糖、食盐、文物、军火等少数物品实行出口许可证管理，其他商品出口管制很少。

6. 贸易补贴。文莱政府对水稻等农作物的本国生产者在土地、化肥、信贷和农业基础设施方面给予一定的支持和补贴。

四、文莱海关与税率

文莱海关于1906年成立，1984年起由文莱财政部管理。文莱海关是《协调制度公约》的正式成员，履行成员的全部义务。1996年文莱海关加入WHO，采用世界贸易组织标准对进口货物征税，按照WTO规定对与贸易有关的知识产权实行检查。文莱是个低关税国家，目前总体而言，文莱实行的是自由贸易政策，在东盟国家中和新加坡一起积极主张在最短的时间内实现85%的商品享有0～5%的关税，1995年4月1日宣布降低650种进口税的重大举措，使文莱成为继新加坡之后东盟国家中第二个实现0～5%关税的国家。即目前文莱实行的对东盟成员国是除汽车和极少数产品外最高税率为5%的关税政策。

文莱现行的关税税率是1995年制定颁布的，期间曾进行过微调，关税税率为0～5%，食品类等原材料为0，而电器类和以下商品征5%进口税：香水、化妆品、地毯、珠宝、水晶灯、丝绸、运动器材等，汽车征收20%的进口税。烟和酒精饮料有特别税率。对其他国家的极少部分商品的进口关税略高于对东盟成员国的关税。

这些政策的制定是由文莱国情所决定的，文莱除了石油和天然气外，制造业不多，基本都需要从国外进口。文莱具有单一的关税体制，大部分建筑材料，工业机械都免除进口税，作为东盟成员国，文莱将逐步降低关税税率，消除与其他成员国的关税壁垒。

五、投资法令

文莱政府1975年和2001年曾颁布鼓励投资法令。该法令规定，以投资项目可能带来的实际利益，确定适当的税务优惠。文莱工业与初级资源部依据该法令，划定十个工业项目以及这些工业所生产产品为“先驱工业”和“先驱工业产品”，如飞机食品、水泥、药品、铝业、轧钢、化工、船务等，可以在一定期限内免交30%的公司税，以此来吸引外资。

在“先驱工业”项目投资中的有限公司，按照投资金额的不等，从生产之日起，享受不同程度的免税优惠：金额在50万～250万文元的，5年内免税、投资总额在250万文元以上的8年内免税，但不能独资，须和马来人合资，文方拥有51%的股权。森林和深海捕鱼领域不对外开放。高科技制造业和出口导向型工业投资可以独资，进口的相关机械、原料、配件等享受免税，投资在政府建设的高科技园内的企业免税期为11年。但对于文莱投资由工业和初级资源部工业发展局管理。同时，投资“先驱工业”的公司，在建厂所需的材料、机械及文莱本地没有的生产原料，进口时可以免交关税，优先在工业区安排场地。

文莱成立的离岸金融中心（The Brunei International Offshore Financial Centre），其目的是为投资者提供金融增值服务，并定制了适应国际贸易需要、提高效能、降低成本的相关法律。

文莱政府部门设有专门机构，组织文莱企业到国外参加展览会并提供一定的资助。对需要引进外资的基础设施项目，文莱有关政府部门也走出国门招商引资。文莱在海外投资方面的做法：一是政府决策的国有资金的对外投资，二是企业自主决策、政府放任自流的民间对外投资。

六、投资鼓励政策

1. 文莱政府鼓励经济多元化。为了调整单一经济结构，文莱政府鼓励发展私营经济以促进经济多元化，目前已发布了经济发展法（2001）、投资促进法（2001）及工业调整令等相关法规。近年来来自非油产业对GDP的贡献已经呈现出增长，从2005年情况来看，油气收入占GDP的比重为43%，而非油气的收入占57%。

2. 文莱吸引外资的优惠政策。为了鼓励发展多元化经济，文莱政府积极鼓励吸引外资来文莱投资设厂，出台了一系列优惠政策，主要有：文莱不征收个人所得税，也无出口税、销售税、薪工税、生产税、营业税。外国投资者可以享有20年的免公司税的优惠待遇。对于外国投资者在持股方面的规定灵活多样，可以100%持股。

与其他区内国家相比，文莱的税种很少。独资和合资的商行无需交纳所得税，只有公司需交纳所得税，数额也较低。

文莱无外汇限制，银行允许非居民开户和借款。先锋产业免30%的公司税，免公司进口机器、设备、零部件、配件及建筑构件的进口税，原材料进口免税。

文莱采用盯住新加坡元的联系汇率货币制度，新加坡元与文莱元等值流通。为了方便来文莱投资的人士，文莱成立了离岸金融中心，来为投资者提供金融服务，并制定了适应国际贸易需要的相关法律。2004年9月，中国与文莱签署了《避免双重征税和防止偷漏税协定》。

3. 文莱积极推动基于本国工业和主要资源为基础的外向型经济的发展。在贸易促进上，文莱积极推动基于本国工业和主要资源为基础的外向型经济的发展。文莱积极参加多双边的贸易安排，如东盟自由贸易区和世界贸易组织，也积极参加各种区域性经贸合作，如东盟东部增长区等。文莱目前加入了东盟（ASEAN）、亚太经合组织（APEC）、伊斯兰国家组织（OIC）、联合国、不结盟运动等国际组织。

（来源：南博网．http://info.caexpo.com/zixun/cafta/2008—04—29/144.html．2006—03—19）

柬埔寨投资环境

一、柬投资环境中的主要优势

1. 实行开放的自由市场经济政策，经济活动高度自由化。2003年某国际组织对170个国家和地区的经济自由度进行排名，柬埔寨排第35位，与日本同一名次，远高于其周边国家。

2. 美、欧、日等28个国家给予柬普惠制待遇（GSP）；对于自柬进口纺织服装产品，美国给予较宽松的配额和减免增收进口关税、欧盟不设限、加拿大给予免征进口关税等优惠措施，吸引了以中国（含港、澳、台）为首的纺织服装出口受限国家和地区来柬投资。在柬的200余家纺织服装企业中，80%以上来自中国（含港、澳、台）。

3. 柬拥有世界七大奇观之一的吴哥古迹等旅游风景区，每年吸引着数十万的外国游客，同时也吸引着具有国际管理经验的外商投资其酒店等旅游产业。

二、柬投资环境中的不利因素

1. 水患严重，电力不足，运输成本高昂。由于长期的内战并且缺乏维护，柬埔寨大部分公路与市区街道显得残破不堪，许多物品必须现运到越南再转运到柬埔寨，使得运输成本相对提高。每年连绵的雨季常造成建在低洼地区的工厂淹水，损失惨重，尤其2000年的水患，造成柬埔寨70年来最大损害，公共设施道路桥梁严重受创，欲往投资者宜特别留意设厂地点是否易淹水，以避免不必要的损失。

电力供应不足是柬埔寨工业发展最头痛的问题，金边地区由政府负责发电，再将电送到不同的地区，由各该地区的私人电力公司负责后续的供应传输。

由于私人电力公司经常是超载供电，很容易发生停电，因此用户一般都接至少2条以上不同来源的电，目前柬埔寨已向越南、泰国购买电，因此情况已有改善，但投资者仍宜自备发电机以供不时之需。

2. 柬埔寨劳工生产品质低，效率差，相对生产成本高。由于长年战乱，柬埔寨人口结构呈现阴盛阳衰、老幼多、青壮少、且教育程度较低的情形。以柬埔寨目前的产业结构而言，三百多万的劳动人口，供应所有产业劳力需求不仅绰绰有余，且城市里失业人口充斥，农村也有大量人力等待释出，劳力供应充足。在柬埔寨设成衣厂，最大的问题是柬埔寨熟练的车缝工不多，技术水准不高，手巧程度差，普遍效率差。

柬埔寨的基本工资为每月50美元（包括五美元的全勤奖金），但效率不高，再加上需要更多的训练时间与培训费用，因此在柬埔寨设厂并没有因工资低而产生低成本竞争优势。

目前柬埔寨无成衣上游工业，举凡布料、衣服零配件、线、拉链、纽扣等副料均需仰赖进口，前往投资业者宜有完善的供料系统，提供完整的主副料供柬厂生产。

三、柬有关投资政策规定

柬无专门的外商投资法，其吸收外资的法规政策主要体现在“投资法”及其“实施条例”等相关法规和文件中，主要有：

1. 投资保障。一是对外资与内资基本给予同等待遇。除柬宪法中有关土地所有权（只允许柬籍公民和法人购买）的规定外，所有的投资者，不分国籍和种族，在法律面前一律平等。（基本实现国民待遇）

二是柬政府不实行损害投资者财产的国有化政策。

三是已获批准的投资项目，柬政府不对其产品价格和服务价格进行管制。

四是不实行外汇管制，允许投资者从银行系统购买外汇转往国外，用以清算其与投资活动有关的财政债务。

2. 投资鼓励和优惠。柬鼓励外商投资农业、旅游业、环保、高科技、劳动密集型工业、出口型工业、基础设施和能源等重要领域。

免征投资生产企业的生产设备、建筑材料、零配件和原材料等的进口关税；企业投资后可享受3～8年的免税期，免税期后按税法交纳税率为9%的所得税；利润用于再投资，免征所得税；分配红利不征税；产品出口，免征出口税。

目前，柬对私人投资企业所征收的主要税种和税率分别是：所得税9%、增殖税10%、营业税2%。

3. 柬现行中的税收政策。柬埔寨目前主要有以下的税种和税率，分别是：所得税9%或20%、增殖税10%、营业税2%。

4. 土地的使用。外国投资者可通过长期租赁的方式使用土地，最长租期为99年，期满可申请续租。投资者对项目土地上的不动产和个人财产依法享有所有权。

5. 商业组织形式。在柬进行经济贸易活动比较宽松，可以个人、合伙、公司等不同的商业组织形式注册，且注册资本标准较低。在柬从事进出口贸易，不受国籍限制。

6. 新投资法的变化。2002年3月，柬埔寨通过了新的《投资法》，新法对投资项目的申报手续、CDC的审批程序（如将外商投资审批权从中央下放到省市一级，取消10%投资项目押金的规定等）和项目的优惠待遇都作了部分调整。总体而言，程序更透明（如取消免税期打分制、实行分行业确定免税期、减少人为因素），但优惠将减少（在所得税、免税期、股息征税等问题上减少政府的让利）。

（选编自：南博网．http://info.caexpo.com/zixun/cafta/2008—04—29/120.html.2006—03—18）

印度尼西亚投资环境

一、投资管理体制及其发展

印尼投资协调委员会负责促进外商投资，管理工业及服务部门的投资活动，但不包括金融服务部门。印尼财政部负责管理金融服务部门的投资活动，包括银行和保险部门。印尼能矿部负责批准能源项目，而与矿业有关的项目则由能矿部的下属机构负责。

2007年4月26日，印尼颁布第25号《投资法》，取代1967年《外国投资法》和1968年的《国内投资法》，成为一部统一规范国内外投资的法律。

新投资法共18章40款，涵盖所有经贸领域，包括矿产和油气领域，但上述领域投资的技术层面仍由矿产法和油气法分别具体规定。新投资法的主要特色有：(1) 关于外资在土地和建筑使用权期限方面的规定有了较大的突破。如土地开发权，由原来的35年延长到95年；建筑使用权由原来的50年延长到80年；而由地方政府批准的土地使用权则最长可达70年。(2) 新法规定外资与内资享有同样待遇及优惠政策；外国投资者可以自由汇回其资金；可申请两年的居留权并逐渐能转为永久居留权；新法还禁止政府将外国企业国有化以及对外国公司在犯有商业犯罪时重判。(3) 新法出台了新的投资优惠政策，其中财政优惠政策是在鼓励投资的领域和地区，在6年的期限内总共给予投资者在应税收入中扣除投资额的30%的税收折扣。此外，新法对外资在各领域的投资股份限额作了详细明确的规定。对电信等几个涉及国家安全的重点领域的外资所有权进行限制。例如，外国投资对印尼固网和移动运营商的持股比例最高分别不得超过49%和65%。

1. 鼓励、限制、禁止投资的领域。根据2007年第25号《投资法》，国内外投资者可自由投资任何营业部门，除非已为法令所限制与禁止。法令限制与禁止投资的部门包括生产武器、火药、爆炸工具与战争设备的部门。另外，根据该法规定，基于健康、道德、文化、环境、国家安全和其他国家利益的标准，政府可依据总统令对国内与国外投资者规定禁止行业。相关禁止行业或有条件开放行业的标准及必要条件，均由总统令确定。

2007年7月4日，印尼颁布第25号《投资法》的衍生规定，即《2007年关于有条件的封闭式和开放式投资行业的标准与条件的第76号总统决定》和《2007年关于有条件的封闭式和开放式行业名单的第77号总统决定》。根据这两个决定，25个行业被宣布为禁止投资行业，仅能由政府从事经营，禁止外商投资的行业主要包括无线电广播与电视广播、装修公路设备、经营机动车辆定期检验、含酒精饮料工业、糖精工业和黑锡金属工业等。另外，有43个行业鼓励中小型企业投资，36个行业为有条件开放的投资行业。

2007年7月5日，印尼出台新的电信投资法案，该法案规定外资对手机公司的所有权从95%下降到65%，对固线电话公司的控股比例降为49%。外资对印尼航空公司的所有权比例上限为49%。为了限制外资对战略性行业的控股比例，外资对机场和海港的所有权上限为49%。该法案不影响现有的合资项目。该法案从2007年7月4日起生效，有效期为3年。

2. 税收政策。根据2007年印尼《有关所规定的企业或所规定的地区之投资方面所得税优惠的第1号政府条例》，印尼政府对有限公司和合作社形式的新投资或扩充投资提供所得税优惠。提供的所得税优惠包括：(1) 企业所得税税率为30%，可以在6年之内付清，即每年支付5%；(2) 加速偿还和折旧；(3) 在分红利时，外资企业所缴纳的所得税税率是10%，或者根据现行的有关避免双重征税协议，采用较低的税率缴税；(4) 给予5年以上的亏损补偿期，但最多不超过10年。上述所得税优惠，由财政部长颁发，并且每年给予评估。

2008年1月，印尼开始实施《关于税收办法及其总则法的第三项变化的2007年第28号法规》。该法规定，第一次逃税或漏税致使国家受损的将免于刑事责任，但将被处以数额为所逃税款两倍的行政罚款。强迫他人行贿、以权谋私等都将依照法律承担刑事责任，不仅是纳税人，税务人员也会遭受惩处。

3. 投资促进政策。自2007年1月1日起，印尼政府对6种战略物资豁免增值税，即原装或拆散属机器和工厂工具的资本物资（不包括零部件），禽畜鱼饲料或制造饲料的原材料，农产品，农业、林业、畜牧业和渔业的苗或种子，通过水管疏导的饮用水，以及电力（供家庭用户6600瓦以上者例外）。

2007年2月，为吸引外商进入印尼，与当地企业合作从事渔类加工业，印尼政府采取多项税收措施，具体包括免除国内加工渔产品的出口税，减轻渔业加工机械进口税，减免收入税及增值税，在综合经济开发区和东部地区投资的企业还可获得土地建设税减免优惠。

2007年8月，印尼中央与地方政府实行投资审批一站式服务。实行一站式服务之后，每个部门都将派代表到投资统筹机构办事处，以便加快办理审批手续。依据2007年第25号《投资法》第30条第7款，需要中央政府审批的投资领域包括对环保有高破坏风险的天然资源投资，跨省级地区的投资，与国防战略和国家安全有关的投资。

二、贸易壁垒

(一) 关税及关税管理措施

印尼存在关税高峰现象，如部分汽车的进口关税为80%，部分含酒精饮料的关税高达170%等。2007年，印尼将发动机排量为1800～2500cc的汽车进口关税由20%升至45%。

根据发动机的大小，印尼对客车套件进口组装征收25%到50%不等的关税。对非客车套件征收25%的统一关税，客车或者小型面包车的零配件进口后在印尼当地组装的，征收15%的统一关税。

（二）进口限制

1. 进口禁令。2004年6月，印尼贸易部禁止在收获季节（通常从每年7月到年底）进口食盐。食盐进口公司必须经过注册，同时其50%的原材料必须从当地购买。

2006年7月，印尼海洋渔业部和贸易部决定延长2006年第PB.02.MEN号海洋渔业部和2006年第40号贸易部共同条例的有效期限，继续禁止白虾产品进口，但放开对monodon和stylirosttris两种虾的进口。

2006年，为了防止果蝇进入印尼，印尼《关于新鲜水果和蔬菜进入印尼的技术要求和植物卫生措施的第No.37/Ktps/HK.060/1/2006号农业决定》规定，印尼边境的7个入境处可以对进口产品实施卫生检疫措施。

2. 进口许可。对于肉类和家禽的进口，印尼政府要求进口商出示申请文件。

印尼政府对葡萄酒和蒸馏烈酒实行进口数量限制。除了对含酒精饮料征收170%的关税、10%的增值税和35%的奢侈品税，印尼政府还限制部分已注册进口商对含酒精饮料的进口。

印尼政府继续执行2002年3月工业和贸易部颁布的《特殊进口商身份识别码法令》。该法令规定，某些特殊产品进口商需要专项申请进口商身份证，如果没有获得此证件，产品将被在港口扣留。这些商品包括玉米、大米、大豆、糖、纺织品及相关产品、鞋类、电子产品和玩具。

印尼政府在纺织品领域继续实行严格的进口许可制度。只有以进口面料为生产原料的公司，才有资格取得进口许可证。

（三）通关环节壁垒

印度尼西亚海关在确定进口食品关税时，未使用进口文件上的实际交易价格进行评估，而是按照其内部评估价格作为进口产品的海关估价基础。根据《WTO海关估价协议》第7条第2款，禁止各成员方以“任意或虚构的价格”确定进口货物完税价格。

（四）技术性贸易壁垒

2007年10月1日，印度尼西亚工业部金属、机械、纺织及多种工业管理总局向WTO通报了工业部《关于强制性印尼国家标准SNI07—2053—2006镀锌薄钢板的法令草案》。该草案规定了镀锌薄钢板的定义、类型、质量要求、取样和检测方法、检测验收、标识和包装要求。所有进口到印尼或在印尼生产、销售的相关产品都必须符合该草案要求。生产商或进口商需要提供使用该草案规定的产品证明。产品证明由经印尼政府认可机构KAN所认可的机构颁发。印尼工业部金属、机械、纺织及多种工业管理总局是负责实施该法令的机构，负责提供关于该法令的技术指南，包括产品认证程序和标识。

2007年10月1日，印尼工业部金属、机械、纺织及多种工业管理总局向WTO通报了工业部《关于强制执行印尼国家标准SNI 07—2052—2002混凝土加固钢筋、SNI 07—0065—2002再轧混凝土加固钢筋、SNI 07—0954—2005成卷混凝土加固钢筋的法令草案》。该草案规定了钢筋的定义、类型、质量要求、取样和检测方法、检测验收、标识和包装要求，所有进口到印尼或在印尼生产、销售的相关钢筋产品都必须符合该草案要求。

（五）卫生与植物卫生措施

印尼所有进口食品必须注册，进口商必须向印尼药品食品管理局申请注册号，并由其进行检测。检测过程繁琐且费用昂贵，每项检测费用从5万卢比（约合6美元）到250万卢比（约合300美元）不等，每一件产品的检测费用在100万卢比（约合120美元）到1000万卢比（约合1200美元）之间。此外，印尼药品食品管理局在测试过程中要求提供极其详细的产品配料和加工工艺情况说明。

2007年11月，印尼针对新鲜球茎蔬菜采取更为严格的检验检疫措施和技术要求，以提高印尼新鲜植物产品的国际竞争力。此次颁布的植物产品进口检验检疫要求是印尼政府2007年第二次针对进口植物产品的修改规定，重点对以球茎形式进口的新鲜蔬菜的检验检疫和技术两方面提出要求。在检验检疫方面，该规定扩大了证书要求范围，除了须具备与2005年法规相同的原产国权威机构签发的证书外，经转运的产品还须被提供转运国授权的证书。在技术要求方面，该规定加严了原产国无虫害地区的调查及对植物性检疫虫害进行风险分析。

（六）贸易救济措施

截至2007年12月31日，印尼对中国进口产品共发起9起贸易救济措施调查，其中反倾销措施5起，保障措施3起，反补贴措施1起，主要涉及轻工、化工和五矿等产品。2007年，印尼对中方发起1起反倾销调查。

1. 三磷酸钠反倾销案。2007年6月29日，印度尼西亚反倾销委员会决定对原产于中国的三磷酸钠进行反倾销调查。涉案产品在印尼的海关编码为28353100.00。据统计，2006年，中国出口到印尼的三磷酸钠达2513万美元。

2. 陶瓷餐具保障措施案。2006年2月8日，印尼保障措施委员会发布公告，对进口陶瓷餐具实施为期3年的保障措施，即第一年征收进口关税为1600印尼盾（约合0.17美元）/公斤，第二年为1400印尼盾/公斤，第三年为1200印尼盾/公斤。

2004年10月22日，印尼对进口陶瓷餐具进行保障措施调查。其中，涉及中国的出口金额约1700万美元。

3. 终止打火机保障措施调查。2005年7月28

日，印尼对打火机发起全球保障措施调查，涉案产品海关编为961310、961320、961380和961390。其中，涉及中国产品的出口金额为1064万美元。

2006年1月19日，印尼保障措施委员会认为，印尼打火机进口数量绝对或相对于国内产量的增长与其国内产业的损害之间不存在因果关系，导致印尼国内产业造成损害的原因是其他因素，而非进口增长。因此，印尼保障措施委员会决定终止调查。

（七）服务贸易壁垒

1. 法律服务及会计服务。外资律师事务所不能直接在印尼境内注册运营，外资律师事务所必须与当地的律师事务所建立合作关系才能进入印尼市场。印尼执业律师必须是印尼公民，并且毕业于印尼的法律院校或其他得到印尼承认的院校。外国律师在印尼只能从事法律咨询服务，并需要得到印尼司法及人权部的批准。

印尼政府规定，所有注册会计师必须是印尼公民。外国会计师事务所必须和印尼会计师事务所建立合作关系方有可能进入印尼市场，外国会计师和审计师在印尼只能从事咨询服务，不能在审计报告上签字。

2. 金融和银行服务。印尼现有八家外资独资银行。1998年亚洲金融危机后，印尼政府对外资银行在印尼开设分行开始设限，要求外资银行注册资本金为三万亿印尼盾（约合三亿多美元），外资参股的金融公司实缴资本额为内资金融公司的两倍。外国保险公司可在印尼成立合资保险公司。除非被保险人为外资独资实体或印尼国内无法办理的特殊险种，所有保单均应由印尼内资或合资保险公司办理。

3. 建筑及其他相关服务。为印尼政府项目工作的外国咨询顾问只能按政府规定的标准收费。对于印尼企业无法独立实施的建设项目，外国公司只被允许作为分包人或咨询公司。由政府投资的项目，外国公司必须与印尼公司组成合资公司方能参与。

（八）出口限制措施

2007年1月25日，印尼宣布禁止未经登记的生产商输出精炼的锡产品。印尼政府同时发布命令，规定出口的精锡产品必须是从合法采矿合约商取得的矿砂制成的产品，而且出口商必须支付权利金之后，才准许出口。2007年7月，印尼政府开始严格控制国内铝土矿的出口，阻止装运铝土矿的船只出口。

（九）其他壁垒

另外，在印尼销售汽车还必须支付奢侈品销售税，对发动机排量4000cc的轿车和4x4吉普车或者客货车征收75%的奢侈品销售税。对发动机排量低于1500cc的汽车征收10%到30%不等的奢侈品销售税；根据汽车发动机的大小以及车辆外形的大小，对发动机排量在1500cc到3000cc的汽车征收20%到40%不等的奢侈品销售税。2006年，燃料价格急剧上涨，印尼市场里大部分消费者开始倾向于购买发动机排量低于1500cc的汽车。发动机排量低于1500cc的汽车占印尼汽车市场的40%市场份额，其中MPV型号的汽车占了35%。这些MPV型汽车，主要都是由印尼生产，印尼政府只对它们征收10%的奢侈品销售税。

（节选自：商务部主编.《国别贸易投资环境报告2008》. 人民出版社2008年版）

老挝投资环境

一、投资环境中的制约因素分析

老挝近2/3的国土面积是山区，没有出海口，对发展交通有较大影响。此外，各省少数民族居住较分散，并且大都是穷乡僻壤。气候方面，由于受南中国海、太平洋、印度洋季风的影响，致使中、下寮平原地区经常发生特大洪水，这是制约农业和交通发展的一个重大障碍。从目前来说，老挝投资环境中还存在很多问题，有待进一步改善。

1. 基础设施。目前，老挝的基础设施还比较薄弱，满足不了其社会经济发展的需求。老挝的运输主要以陆路运输为主，空运和航运还受限制，尚无铁路，致使运费偏高，增大了生产成本。

2. 市场体系。由于老挝人口少，市场小，全国尚未建立完善的市场体系，且市场主要集中在城市，农村主要是自给自足的农业生产，商品、货币几乎都在经济体系外流通。另外，老挝的金融市场、劳务市场也仅在城市地区刚刚起步。

3. 国内资金来源。老挝每年GDP的约90%被用于消费开支，因而积累较少。其国民经济发展必须依赖大量的外援（包括贷款、无偿援助）以及外国直接投资（FDI），政府预算赤字较大，外债逐年增加，这是制约老挝发展的根本障碍。

4. 外汇来源。老挝的外汇来源十分有限，商品出口还未占进口的一半，外贸逆差巨大。由于外汇流出大于流入，致使老挝每年外汇奇缺，每年偿还具有较高风险的外债，无疑影响了经济的稳定。

5. 劳动技艺。老挝与周边国家相比，还缺乏高水平、高素质的劳务人员，全国有知识、有技术、守纪律的员工约80000人。在老挝，近80%的劳务人员主要集中在农业部门工作，3.8%的人员在工业部门就业，其余的在服务业就业。高水平、高素质的劳务人员的匮乏严重制约了老挝经济的发展。

6. 各种研究系统。老挝与区域内其他发展中国家相比，还缺乏各种研究机构。新兴工业国家的经验表明：经济社会的发展是基于采用了世界的先进技术，这其中大部分是来源于各个科研所、各大学研究院的科研成果。老挝的科研所长期以来一直未得到重视，具体表现在用于研究开发部门的预算费用非常少。

二、投资环境展望

综合以上分析，可以发现，与邻国相比，老挝依然具有许多相对优势，譬如政治环境稳定、政府政策连续以及犯罪率低等。另外，老挝有着丰富的水资源和矿物资源，地域宽广，劳动力成本低，有充足的电力和水供应服务于制造加工业。尽管老挝的投资环境还存在一些问题，但是老挝政府已给予高度重视。近几年来，老挝的投资环境得到了很大改善。随着老挝经济改革的不断深入和对外开放的不断扩大，特别是随着中国—东盟自由贸易区建设进程的加快推进，老挝的投资机会将越来越多。中国与老挝是友好邻邦，近年来，中老两国的经贸合作得到迅速发展。目前，老挝市场竞争较小，商机开发潜力大，这使其成为中国企业寻求海外发展的新空间。

老挝工业落后，90%以上的生活制成品和生产资料需要进口。20世纪50年代，老挝市场上主要是中国商品，后来被泰国商品占据。受亚洲金融危机的影响，目前老挝政府倾向于多从中国进口商品，并实行相应的优惠政策。这就为中国商品重返老挝市场创造了条件。

可以说，中国绝大多数商品是老挝所需的，从日常生活的服装鞋袜、塑料制品、洗涤用品、妇女用品、厨房用品，到生产用的建材产品、机械设备、农机产品。老挝是个农业国家，中国的手扶拖拉机、柴油机、碾米机、脱粒机、农用运输车、化肥、农药等均受青睐。老挝水利资源十分丰富，中国企业可出口水电设备和在老挝承接水电工程。老挝要发展建材工业、食品工业、木材加工业和造纸业等工业，中国物美价廉的机械设备正可出口或与老挝的企业合作办厂。

目前，老挝政府在下列领域鼓励外商投资：

1. 农业。在老挝，农业领域的投资机会最大。老挝只有550万人口，却拥有23万多平方公里的国土面积，而且土地肥沃，自然资源丰富，森林面积占国土面积的47%。关于农业，老挝希望在农产品加工、茶叶、甘蔗制糖、养殖等方面与国外企业加强合作，既吸纳资金，又引进技术。

2. 电力。老挝政府非常鼓励外商在老挝投资兴建水电站。越南副总理阮生雄（NGUYEN SINH HUNG）已批准越南工贸部和电力集团关于在老挝投资4个水电站的建议。4个水电站为：Namet1水电站，功率140MW；Namet 2水电站，功率170 MW；Namet3水电站，功率110 MW；Namcong 2水电站，功率60 MW。

3. 矿产。老挝有多种矿产资源，如蓝宝石、煤矿、铁矿、铅矿、石膏等。目前，老挝正在对南部的石油和天然气进行勘察。

4. 通信。从1993年以来，老挝就已经拥有与外界联系的先进电话网络系统，卫星信号地面发射站的成功建立使老挝可直接与美国、法国、澳大利亚等国直接接通信号。

就目前来说，中国与老挝经贸合作的亮点是两国在边境贸易区和澜沧江—湄公河航运上都有相对宽松的政策。2001年6月，中国、老挝、缅甸和泰国正式开通澜沧江—湄公河四国商船航运，即四国任何一方的商船均可在沿澜沧江、湄公河的中国云南思茅港至老挝琅勃拉邦港之间的897千米航道上自由航行，沿途14个港口都对外航开放，不因过境征收任何费税，并在办理进出港、海关以及其他手续方面互相提供优惠政策。

三、中国企业在老挝投资前景

老挝同50多个国家和地区有贸易关系，与19个国家签署了贸易协定，中国、日本、韩国、俄罗斯、澳大利亚、新西兰、欧盟、瑞士、加拿大等35个国家（地区）向老挝提供贸易优惠关税待遇。

随着中国企业“走出去”的经验积累和国际经营能力的提高，中国企业在老挝投资成功的例子在增加。这与老挝和中国经贸互补性强、具有中国企业投资的较大空间和便利条件有直接关系。

一是交通趋于便利。中国牌照的汽车可以直接开到老挝首都万象。这为人员和货物往来提供了极大的便利。若中国商人临时去老挝谈生意，在中老边境凭身份证很快就可以办好到万象的通行证。2004年4月，从云南边境到琅勃拉邦这段公路开工修建使中老交通贸易更趋于便利。

二是老挝极具吸引力的地理位置。老挝与五个国家接壤，北部与中国云南接壤，西北部与缅甸为邻，西部和南部分别和泰国、柬埔寨交界，东部与越南相接，老挝被认为是这些国家来往的中心。中国商品经老挝可销往泰国、柬埔寨。此外，湄公河流域开发是中国与东南亚次区域开发的一个重点和新的经济增长带。湄公河流域的开发，有利于沿河国家的贸易和人员往来，更主要的是在这一流域有着丰富的自然资源、旅游资源、水利资源等。人们普遍看好这一流域的开发商机。

三是老挝自然资源丰富。对中老两国而言，中国有资金、技术、市场、产品，双方可利用各自优势，加强在农业、林业、矿产、水利、电力等方面的互利合作。

老挝地广人稀，潜在耕地面积大，适合中国企业进行农业开发。老挝森林资源十分丰富，森林覆盖面积占全国面积的48%，中国企业可在老挝设木材加工厂，产品销回中国市场。老挝矿藏资源丰富，中老企业可合作进行矿采开发。湄公河老挝段及其支流蕴藏着丰富的水电资源，湄公河60%以上的水力资源蕴藏在老挝，根据老泰两国政府签订的备忘录，在2008年老将向泰售电总量提高至330万千瓦。中国的水电设备和在老承接水电工程的市场潜力大。老挝还鼓励外商前往开商场、宾馆、餐厅。

四是老挝政局稳定、社会秩序好。中国与老挝之间的关系长期友好，老挝政府对中国企业的投资持欢迎、鼓励政策。

老挝正在建立国家宏观下的市场经济体制，允许和鼓励多种经济成分的存在和发展，加快经济机制转换，这对中国企业在老挝投资是有利的。

老挝工业基础薄弱，每年需从国外进口大量商品，中国产品在此拥有大量的市场。中国绝大多数商品是老挝所需的，从日常生活的服装鞋袜、塑料制品、洗涤用品、妇女用品、厨房用品，到生产用的建材产品、机械设备、农机产品、电力设备。例如：

老挝是个农业国家，中国生产的手扶拖拉机、柴油机、碾米机、脱粒机、农用运输车、化肥、农药等均受青睐。

老挝要发展建材工业、食品工业、木材加工业和造纸业、服装工业等工业，中国的物美价廉的机械设备正可出口或与老挝企业合作办厂。

关于基础设施，老挝正在中国等一些友好国家、国际组织的帮助下积极改善。

（选编自：南博网．http://info.caexpo.com/zixun/cafta/2008—04—29/116.html.2006—03—20）

马来西亚投资环境

一、投资管理制度及其发展

马来西亚《1986年投资促进法》、《1967年所得税法》、《1967年海关法》、《1972年销售税法》、《1976年消费税法》以及《1990年自由区域法》是马政府各项投资鼓励政策的依据。这些法律涵盖了对制造业、农业、旅游业（包括宾馆）的投资活动，以及对研发、培训和环境保护行为等领域投资活动的批准。这些投资鼓励政策都是以直接或间接的减税的形式出现的。

（一）对制造业投资的鼓励措施

对制造业投资企业的主要税收鼓励措施是给予企业新兴工业地位和投资税赋抵减。符合条件的项目被称作“促进行动”或“促进产品”。马来西亚政府专门制订了《促进行动及产品列表》。2006年6月，马来西亚政府更新了符合条件的免税比例和申请实效。

1.新兴工业地位。获得新兴工业地位称号的公司将可获准部分减免所得税，即仅就其法定所得的30%征收所得税即可。免税期为自贸工部核定之生产日起5年。

为鼓励外资对马来西亚东部的沙巴、砂捞越州及马来西亚半岛“东部走廊”等投资地区的投资，马政府规定，凡2010年12月31日前递交申请的、对于在这些地区上述投资的公司，5年免税期内可享受100%的所得税减免。

2.投资税赋抵减。获得投资税赋抵减奖励的公司，自符合规定的第一笔资本支出（例如用于获批项目的工厂、机器、设备等支出）之日起5年内，所发生符合规定资本支出的60%，可以享受投资税赋抵减。

此抵减额可用于冲抵其纳税年度法定所得的70%。未加利用的任何抵减额可转结至以后年度使用，直至全部抵减额被用完为止。其余法定所得的30%则依现行公司税率征税。

投资“东部走廊”的公司，自2003年9月13日后递交申请的，将可获得所产生符合规定资本支出的100%的抵减额。2010年12月31日前收到的申请均有资格享受此项政策。

除此之外，马来西亚政府还制定了众多类似的鼓励投资的政策，如专门针对高科技公司、战略性计划、中小型企业、机械设备行业、重型机械、汽车部件、棕榈油废料利用等政策。

马来西亚政府也从出口退税的角度对鼓励外商投资制造业制定了相关优惠政策。

（二）鼓励申请清真认证机制

2005年9月马来西亚政府出台了申请清真认证鼓励措施的指南，鼓励政策内容包括：凡生产清真食品的公司，自符合规定的第一笔资本支出之日起5年内所发生符合规定资本支出的100%可享受投资税赋抵减。有资格申请享受此项措施的公司包括：使用先进生产设备或技术生产清真食品的新建企业；通过投资额外的机械设备或先进技术对现有企业进行升级或扩大的企业；现有公司对其生产清真食品多样化改造的企业。

（三）降低实业信托基金红利税

为使马来西亚资本市场的产品多元化，吸引本地及外国投资者，马来西亚在2007年度财政预算案中宣布，上市实业信托基金（REITS）派送给海外及本地投资者的红利扣税为15%。同时，海外机构投资者的红利扣税，则从之前的28%减至20%。这项奖励措施有效期5年。

此外，实业信托基金的税务待遇也得到改善。实业信托基金需派发至少90%的收入，至于未派发的收入则能获得免税。

（四）鼓励发展生物科技

马来西亚2007年财政预算报告宣布了一系列新举措，鼓励在生物科技领域的投资，推动生物科技的发展。投资鼓励政策包括：第一，生物科技公司从首年开始盈利起，免交10年收入所得税；第二，10年届满后，生物科技公司将从第11年开始缴纳20%的所得税，优惠期仍为10年；第三，在生物科技领域进行投资的个人和公司，将减去与其原始资本投资相等的税收，并获得前期的融资支持；第四，生物科技公司在进行合并或并购时，可豁免印花税，并免交5年的不动产收益税；第五，用于生物科技研究的建筑物可获得有关的工业建筑物津贴。

马来西亚政府还将拨出2.1亿林吉特（约合5526万美元）用于发展生物科技。此外，马来西亚政府还将拨出5900万林吉特（约合1552万美元），重点开发基因、分子生物、制药等领域的产品。

（五）推动多媒体超级走廊的发展

为了成为全球信息与通讯技术产业的中心，马来西亚政府于1996年创建了信息与通讯技术计划，即多媒体超级走廊。

所有取得多媒体超级走廊地位的公司都可享受马来西亚政府提供的一系列财税、金融鼓励政策及保障，主要包括：提供世界级的硬件及资讯基础设施；无限制地聘请国内外知识员工；公司所有权自由化；长达10年的税收豁免政策或5年的财税津贴等。

政府已经拨款1.54亿林吉特（约合4052万美元）用于多媒体发展机构的各种项目。此外将建立一个工业发展基金，对信息与通讯技术产业应用提供资金。

二、贸易壁垒

（一）关税及关税管理措施

1. 关税高峰。马来西亚对最惠国的简单平均关税（NTR）约8.56%，但是对于本国重要产品的关税通常较高，主要涉及汽车、纺织品、服装及皮革、食品饮料以及同当地具有竞争性的产品。其中关税超过20%的税目占总税目的16.9%，个别产品的关税高达100%。

2005年，马来西亚关税虽然有所降低，但是国内关税高峰却增加了50%。

马来西亚虽然按照东盟自由贸易协定降低了汽车进口关税，但是从2004年开始首次对汽车征收高额消费税。2005年，马来西亚对该消费税进行了调整，将小汽车的税率由90%～250%降为80%～200%；进口整装或组装多用途车的消费税从原有的40%～170%调整为55%～160%。但是，就非东盟国家出产的多用途车而言，排气量在2000cc以下的汽车消费税增长了15%，非东盟国家出产的多用途车和货车的实际税率上涨了10%～20%。此外，马来西亚政府对进口整装车消费税的计算方法也有所调整，将以前按照整装车到岸价格作为征税依据的做法，调整为按照包括进口关税在内的到岸价格来计算消费税的做法。

马来西亚国有汽车生产商宝腾公司（Proton）、普瑞达（Perodua）公司以及两家本地公司的合资企业可以获得50%的消费税抵扣，但外资控股的汽车生产企业不能获得类似抵扣。

2. 关税升级。马来西亚对原材料的关税总体较低，但是对加工品的关税有所提高，形成了一定程度的关税升级。如马来西亚对可可实行零关税，但是对可可制品征收15%的关税；对棉花不征收关税，对棉纺纱征收10%的关税，棉制针织品和服装征收20%的关税等。除了进口关税以外，大多数产品还需缴纳10%的销售税。

（二）技术性贸易壁垒

马来西亚规定，自2004年3月1日起，谷物、面包、乳、罐装肉制品、罐装鱼制品、罐装水果和罐装蔬菜、果汁、软饮料以及色拉调料等部分马来西亚人经常消费的七大类预包装加工食品，必须加贴营养标签。马来西亚是继美国、加拿大、澳大利亚、新西兰和日本之后第六个实施强制性营养标签制度的国家。马来西亚《营养标签和声明条例》规定了营养标签的类型和包装上的标注方式。营养标签上必须分别以每100克（毫升）及每餐分量为基础标注热量、碳水化合物、蛋白质和脂肪含量，可直接饮用的饮料还必须标注糖分含量。若标签上对脂肪酸含量或类别进行了标注或声明，还必须紧接着标注脂肪含量中单不饱和脂肪酸、多不饱和脂肪酸、饱和脂肪酸及转化脂肪酸含量。该条例还对禁止在营养标签上出现的声明或暗示作出了规定。自2005年7月开始，有超过50种食品被要求必须符合这些标签规定。

马来西亚营养标签的规定虽然同对食品法典委员会（CAC）导则基本一致，但是对于热量的计算方法和脂肪酸、维生素及矿物质的标注要求有别于通常的惯例，具有一定的特殊性，增加了企业在产品开发和标签设计时的复杂程度。

（三）卫生与植物卫生措施

马来西亚要求所有肉类、加工肉制品、禽肉、蛋和蛋制品必须来自经农业部兽医服务局检验和批准的工厂，所有进口产品必须获得兽医服务局颁发的进口许可证。兽医服务局经常通过进口许可证要求限制鸡肉产品的进口，尤其是在当地生产商认为存在进口产品低价竞争的情况时。所有肉类、加工肉制品、禽肉、蛋和蛋制品必须通过回教中心的清真认证（根据穆斯林习俗生产），牛、羊、家禽的屠宰场以及肉蛋加工设备必须获得穆斯林发展部的检验和批准（JAKIM）。清真认证证书由兽医服务局和回教中心现场检验后联合颁发，马来西亚政府有权在一年后对工厂进行复检。马来西亚的清真认证针对的是单项产品，而非加工企业，其要求与其他穆斯林国家相比更为严格。

（四）补贴

马来西亚存在一定的出口补贴。例如，中央银行实行的出口信贷再融资计划，商业银行和其他贷款方为出口商在出货装船前和出货后的信贷提供优惠利率。

（五）服务贸易壁垒

1. 电信。马来西亚通过投资上限来限制外资的进入。外国公司最多只能收购现有固定电话业务的30%的股份。提供附加值服务的供应商的外资股份也被限制在30%以内。

2. 分销与直销。马来西亚要求本地直销公司必须含有30%的马来人股份，方可获得直销公司许可证并从事经营业务。本地公司申请多重直销许可证需要缴纳150万林吉特（约合39.5万美元），但是外国人参股的公司则必须缴纳500万林吉特（约合131.5万美元）。

马来西亚的“外国参与分销贸易服务指导方针”中也包含了对本地企业持股比例的要求。例如，百货公司、超级市场以及高级商场必须保留至少30%的货架空间，由马来西亚人所有的中小企业生产。

3. 法律服务。马来西亚规定，外国律师不能在马来西亚从事法律工作，不得加入当地律师事务所或使用其国际律师事务所的名称开展业务。外国律师事务所只能与当地律师事务所合伙开展业务，并且投资股份不得超过30%。外籍律师提供法律服务的范围限于其母国法和国际法的相关事宜。根据1976年马来西亚《法律职业法案》的规定，通常只有熟练掌握马来语，并获得当地法律学位或认可律师资格的马来西亚公民或永久居民才能在马来西亚从事法律服务。总检察官有权逐个免除此种限制，前提条件是申请人要有七年的法律经验。

4. 建筑。马来西亚规定，外国建筑公司只能作为特定项目的合营方在马来西亚从事建筑服务，并需要得到马来西亚建筑师局的批准。外国建筑公司不能成为马来西亚建筑公司的注册合伙人。外国建筑师在马来西亚不能获得执业许可证，仅可成为马来西亚公司的管理人、股东或雇员。只有获得许可证的建筑师才能出具建筑计划。

5. 工程。马来西亚有关外商从事工程服务的法律规定较为严格。只有在一些特定的项目中，马来西亚工程师局才会批准外国工程师获得执业资格，但必须得到承揽该项目的马来西亚公司的担保，且执业资格仅在该特定项目期间有效。总的来说，外国工程师必须在母国注册成为工程师，有至少10年的经验，并且在一个日历年内在马来西亚境内的时间至少为180天。外国工程师要获得临时职业许可证，通常都要有马来西亚公司向工程师局证明无法找到胜任该工作的本国工程师。外国工程师不得独立于马来西亚的合伙人开展业务，或担任工程咨询公司的主管或股东。另外，外国工程公司可以和马来西亚公司合作，但须由马来西亚工程公司负责设计并向国内主管部门提交计划。

6. 会计服务。所有希望在马来西亚提供审计与税收服务的外籍会计，必须在向马财政部申请许可证之前，在马来西亚会计师协会登记注册。在马来西亚会计师协会登记注册时需要有公民或永久居民的身份。只有获得本地大学学位，或者是政府认可的11家海外职业机构成员的马来西亚公民或永久居民才可以申请注册。

7. 银行。为了鼓励国内金融服务，马来西亚政府对外国参与金融服务采取限制性政策。目前外国机构允许拥有投资银行49%的股份，但是外国商业银行的最高股份上限被限制在30%。外国银行必须作为马来西亚国内控制的分支机构才能开展业务。外国商业银行只有在马来西亚国家银行的指导下增加其他支行的情况下，才被允许开设新的支行。

8. 保险。外资保险股份超过49%时，必须得到马来西亚政府的批准。马来西亚允许现有的合资保险公司的外国股东将股份提高到51%。但是，新进入的外国保险公司只限于参与本地保险公司的股份，而且外资累计股权不能超过30%。

9. 劳务。马来西亚尚未开放普通劳务市场。目前，马通过工作签证等措施严格限制中国驻马来西亚公司的工作人员及技术劳务人员的人数。

三、投资壁垒

马来西亚鼓励外国直接投资进入出口导向型生产企业和高科技领域，但是限制外资进入其他部门，尤其是金融部门。禁止外资进入地面广播。通常外资的持股比例被限制在30%，并且要求外资公司同马来西亚国内公司进行合资。

马来西亚政府为了保护本国汽车企业，于2005年下半年推出了一项政策，规定新进入马来西亚的汽车品牌，若在马来西亚当地生产及组装汽车，不允许在马来西亚销售，必须全部出口。该政策曾使中国的汽车企业在马来西亚的投资项目陷入停滞，阻碍了中国自有品牌的汽车企业进入马来西亚市场。

（节选自：商务部主编.《国别贸易投资环境报告2007》. 人民出版社2007年版）

缅甸投资环境

缅甸位于亚洲中南部半岛西北部，是东南亚大陆面积最大的国家。缅甸历史悠久，是著名的佛教之国，全国到处佛塔林立，因此又被誉为“佛塔之国”。

农业是缅甸国民经济的基础，主要农作物有稻谷、小麦、棉花、甘蔗和黄麻等。缅甸是世界上柚木产量最大的国家，缅甸将柚木视为国树，被称为“树木之王”、“缅甸之宝”，同时，缅甸盛产的玉石和宝石在世界上也享有盛誉。因有着丰富的自然资源，世界银行将缅甸称作“亚洲最为丰富的生物资源库”。

总体而言，缅甸是一个农业国家，农机产品有很大的市场潜力；工业不发达，大量生活用品与生产工具需进口；基础设施落后，急需外资与技术的投入。

一、投资的有利因素

在缅甸进行投资有以下几个有利因素：

1. 丰富的自然资源没有得到充分利用，深具开发潜力。缅甸拥有丰富的森林资源，森林覆盖率为52.28%；矿产资源种类繁多，而缅甸宝石、玉石以储量大、质地优而享誉世界；缅甸江河纵横，水力资源理论蕴藏量居东南亚各国首位，尤以萨尔温江（在中国境内为怒江）蕴藏量最为丰富；缅甸拥有大陆架12万平方公里，因此渔业资源也很丰富，年理论捕捞量为230万吨以上，目前仅开发70万吨左右；缅甸的可耕地为1849万公顷，现有耕地1232万公顷，占可耕地的66.6%，尚有许多荒地有待开垦；缅甸旅游资源也很丰富，北部有4000米以上的高山雪景，中部有佛塔林，南部有典型的热带风光，是目前世界上旅游资源几乎没有受到工业化污染的国家之一。

2. 缅甸的劳动力资源丰富，且素质较高。缅甸工人的平均月工资约2000缅元，按目前黑市汇率折算仅为10多美元，比越南还低。缅甸居民识字率较高，80%的缅甸人受过中等以上教育，每年区有3万大学生和8000多中专生毕业，他们一般都会英语。此外，缅甸是信奉小乘佛教的国家，人民性情温和，热情好客。外国投资者可利用缅甸廉价劳动力的优势降低产品生产成本，增强产品的国际竞争力。

3. 国内政局由动荡逐步趋于稳定。“国家恢复法律与秩序委员会”接管政权后，由于采取了高压与分化瓦解相结合的政策，使原来的16支反政府武装中的15支已与政府达成协议，参与国家建设。因此，反政府武装已不再对缅甸的政治、经济和社会发展构成威胁。

4. 政府为保障外国投资制定了一系列法规。1988年11月，政府颁布《缅甸联邦外国投资法》，积极鼓励外国到缅甸投资，并制定了减免税收的办法，放宽了外汇管理。该投资法不仅保护了外国投资者的权益，同时也消除了他们的疑虑。

5. 近年缅甸经济开始出现较快增长势头。2006～2007财年，缅甸的GDP增长速度超过12%。缅甸国内舆论普遍认为，缅甸只要坚持政治经济改革，其经济发展前景将越来越好。新加坡前总理吴作栋认为，“缅甸是东南亚地区除马来西亚之外发展前景最好的国家”。

二、投资的不利因素

这主要表现在以下几个方面：

第一，基础设施建设落后，不能满足投资者的需求。缅甸工业十分落后，交通、能源、水电，邮电通信等基础设施落后且严重不足。迄今，缅甸全国的发电总装机容量仅为1172兆瓦，供电严重不足，致使工厂的开工率不到50%，连外国使团的用电都无法保障。

第二，汇率不合理。缅甸中央银行确定的缅甸货币缅元兑换美元和人民币等外汇的官价极不合理，比价不合理使外商蒙受巨大的经济损失。而缅甸的黑市汇率与官方汇率相差几十倍，使外国投资者不得不先用外汇进口货物售卖后换取黑市价缅币再进行投资活动，无疑极大增加了投资者的时间成本。另外，受亚洲金融危机的影响，缅币比值不断下跌。据有关人士估计，泰缅边贸中，约20%的商人使用泰铢，泰铢的不断下跌，致使缅币上市比值随之大跌。汇率的不稳，也使外资因资产收益率下降而却步。

第三，财政赤字和通货膨胀率较高。1995年缅甸财政赤字达258.9亿缅元，通货膨胀率为24.5%，家庭消费指数也在24%以上，而2002～2003年度，通货膨胀率为34.5%。

另外，缅甸的外资企业的优惠待遇远远赶不上其他东盟国家，而且限制较多，自主权少。审批手续较为复杂，费时费力。因此，在缅甸的外资宁可独资也不与缅甸合资。但独资也存在问题，缅甸政府规定，独资企业所用水电费必须用美元结算，由于存在双重汇价（自由市场汇价与官方汇价相差60多倍），外资企业负担很重。此外，各种摊派接连不断。所有这些令外国投资者望而却步。

三、近年是中国到缅甸投资的最好时机

缅甸投资环境中，有不利因素也有有利因素。中国的专家普遍认为，最近的3～5年，是发展与缅甸投资合作的最好时机，原因如下：

1. 金融危机发生，缅方急于寻求合作伙伴。亚洲金融危机的发生，对东盟寄予厚望但未获得预期效果的缅甸，转而寻求加强同中国的合作，急于加快双边贸易、转口贸易的发展，吸引中国企业的投资。据了解，缅甸在农业开发、柴油机、拖拉机、造纸厂、水厂等项目方面，急于想得到中国企业的帮助，希望中国企业前往投资，并希望与中国企业有关部门、企业接洽。

2. 美国等西方国家对缅甸的制裁，也为中国企业提供了开拓缅甸市场的良机。缅甸有着极其丰富的资源，但开发力度却很小，土地资源将近一半闲置，海洋资源年实际捕捞量只达到正常捕捞量的35%。缅甸私营企业队伍庞大，除了进行贸易，有意进入实

业、加工制造业等，需要寻找中国的项目合作伙伴。而中国的经济实力和技术水平都高于缅甸，尤其在制造业、工业设备、基础产业、资源开发等方面均有较大的优势。中国产业结构较齐全，层次多样，劳动力密集型、资本密集型、技术密集型的部门都有，与缅甸相比均有较大的优势。而且，由于中缅是邻国，需求偏好有相似的地方。中缅两国存在明显的要素禀赋差异和经济规模差异，这些差异均是双方进行投资的原因和条件。中国尤其是大西南地区应该很好地利用这些有利条件积极投资缅甸市场，开发缅甸市场。美国等西方国家虽然制裁缅甸，但对缅甸市场的欲望仍很强，一些美国企业正在进入缅甸。一旦美国解除对缅甸的制裁，中国企业将很难与之竞争。

3. 东南亚国家经济已开始复苏。缅甸于2003～2006年加入东盟自由贸易区。中国应抓紧这一难得时机，鼓励和支持优势企业积极进入缅甸市场，审时度势，扩大投资，通过技术输出、合作、独资等方式在缅甸建立企业，建立海外生产体系、销售网络和融资渠道，以便更好地利用国内外两种资源、两种市场，在更广阔的空间进行中国经济结构的调整和资源的优化配置。

四、中国企业到缅甸的投资项目

亚洲金融危机发生后，缅甸拖欠中国公司5000多万美元出口信贷，致使中国公司在对缅投资上望而却步。为了安全起见，中国公司可以投资资源开发性项目，让缅甸用资源偿还中国出口信贷项目是可行的。中国的大公司亦可以考虑参与缅甸农业资源、矿业资源、渔业资源和林业资源的开发。

1. 开发缅甸资源。中国公司可参与矿产开发，如承包铜矿、银矿、金矿、锌矿、铁矿的勘探和冶炼；参与石油与天然气开发，如对陆地老油田进行改造和对岸外石油与天然气进行开发；参与水产资源开发。

参与缅甸的渔业资源开发。缅甸海岸线长达2700余公里，在其领海内有着丰富的渔业资源。据缅甸渔业专家考证，在保护渔业资源可持续发展的前提下，缅甸海鱼海虾每年的适度捕捞量可达100余万吨。但由于捕捞能力有限，缅甸年均捕捞量大约59万吨。在参与渔业资源开发的同时，还可在缅甸兴建海产品冷冻厂和加工厂。

参与缅甸林业资源开发，开办木材加工厂。缅甸森林覆盖面积占国土总面积的50%。在其林木中，棺木和红木等优质树木的数量相当可观，国际市场上绝大部分的棺木产自缅甸。缅甸年均出口各种木材50余万立方米，创汇3亿余美元。虽然缅甸木材质地优良，但是其加工技术落后，工艺粗糙。我国企业可与缅方组建木材加工合资企业，由中方出技术和设备，缅方提供厂房和原料．此举可实现优势互补，使双方均受益。

2. 与缅甸私人公司合作，建立工厂，生产缅甸急需产品，在缅甸国内市场出售。缅甸私人公司特别是华人公司，有一定的资金，享受缅甸国内待遇，易于打开缅甸市场。这种合作投资少、见效快。

3. 发展中缅农业合作。缅甸的可耕地和闲置地很多，目前缅甸允许外国人租赁土地经营农业，土地租赁期一般为30年，可根据情况协商，适当调整期限。但近期内缅甸吸引的数十亿美元外资中，对农业投入所占比重甚微。缅甸国内公民租赁土地经营种植业获利者很多，同样，也有外国投资者获得成功的实例。缅甸已同意把中缅边界克钦邦德乃河平原一带方圆100多万英亩的土地出租给中国使用。中国有些省份历来有移民垦荒的传统，特别是中国南方同缅甸气候相同，可派一批农业技术人员到缅甸去租赁土地，发展农业合作项目。

（选编自：南博网．http://www.caexpo.com/special/invest/Burma/index.html．2006—05—22）

菲律宾投资环境

一、投资管理制度及其发展

除国家经济发展署公布的限制外商投资目录所规定的限制产业之外，菲律宾对外国投资实施鼓励政策。菲律宾《出口发展法》、《综合投资法典》、《外国投资法典》以及《BOT法》、《矿产法》、《钢铁法》以及《经济特区法》等行业性和区域性的投资法规都规定了许多投资优惠政策。

根据菲律宾相关投资法律规定，外国投资者享有撤资、汇出收益、偿付外债、免于没收或被无偿征用的权利。根据菲律宾《经济特区法》规定，在国家经济区内投资的外国企业还可以享受如下优惠待遇：4年免缴企业所得税，最长可延至8年；所得税免缴期结束，可选择缴纳5%的“毛收入税”（GROSS INCOME TAX），以代替国家（中央）和地方税；进口资本货物（设备）、散件、配件、原材料、种畜或繁殖用基因物质，免征进口关税及其他税费，同类物品如在菲国内采购，可享受税收信贷（TAX CREDIT），即先按规定缴纳各项税费，待产品出口后再退还（包括进口关税部分的折算征收、返还）；免缴码头税费和出口税费；给予外国投资者及其家属永久居留身份；简化进口程序以及聘用外籍雇员等。

根据菲律宾投资署2006年9月公布的《2006年投资优先计划》，菲律宾对医疗、电子、汽车零配件、能源、造船、服装、建筑材料、家具等11个优先投资领域规定的优惠措施主要包括：外资可拥有100%股权；自注册之日起，免缴6年企业所得税；如符合工贸部投资署规定的资本设备与年雇员比例的相关要求，自企业注册之日起5年内，企业新增雇员（包括熟练工与非熟练工）的工资所得税减免50%，若企业位于经济欠发达区，工资所得税减免75%；免缴契约税；农业项目自注册或商业运行10年之内，繁殖用牲畜或遗传物品免征进口关税，使用本国繁殖用牲畜或遗传物品，享受税收信贷；生产出口产品及其配件所需的原材料、零配件和半成品可享受税收信贷；出口产品达70%以上的企业，进口零配件免缴各种税费；简化海关手续，免征码头税和出口税等。2007年1月份，菲政府对2007年的计划作了如下重大修改：第一、菲政府为增加财政收入将对现有经济活动中的原建、扩建、转型项目不予政策优惠；第二、投资署还取消了申请优惠政策的简化注册程序，规定《综合投资法典》中规定的投资项目在获得优惠政策前，贸工部必须会商财政部。

二、贸易壁垒

（一）关税及关税管理措施

菲律宾关税委员会2006年公布的加权平均税率为3.56%，比2005年的3.78%略有下降。其中，农产品及食品的加权平均税率为9.22%，化工产品的加权平均税率为4.16%，纺织品、纸张及皮革的加权平均税率为6.84%，矿产品的加权平均税率为2.79%，工业制成品的加权平均税率为2.97%。

菲律宾2003年《海关法》规定的“关税税率重估”仍然是菲关税管理中的主要壁垒。根据该规定，菲律宾政府可以采取行政命令的形式，有选择地提高任何进口产品的关税税率。2005年4月菲律宾发布第419号，规定包括司机在内、可乘坐10人或10人以上的汽车将被收取25%的关税，比原来20%的最惠国关税率高五个百分点。

1. 关税高峰。尽管2006年菲律宾进口产品的加权平均税率相对较低，进口税率低于5%的产品约占56.4%。但是，菲律宾仍对20%以上的进口产品征收15%以上的高关税。其中，税率高于20%的产品所占比例为7.6%，税率高于30%的产品占比为5.2%，部分产品甚至被征收50%和65%的高关税。目前，菲律宾的关税高峰主要涉及活动物、猪肉、家禽肉、蔬菜、大米、糖、咖啡、机动车辆、摩托车等产品，平均税率高达43.5%。

2. 关税配额。2006年，除大米外，菲律宾对牲畜及其肉制品、土豆、大米、咖啡、糖等农产品仍保留关税配额限制。其中，新鲜和冷冻猪肉的配额内关税为30%，配额外关税为30%，玉米的配额内关税为35%，配额外关税为40%。冷冻鸡肉的配额内关税为40%，配额外关税为40%，火鸡的配额内关税为30%，配额外关税为40%。

（二）通关环节壁垒

菲律宾《海关法》规定，菲律宾海关是管理进口货物估价、事后审查、风险管理和知识产权边境保护的主管部门。但是，目前菲律宾仍然有私人机构参与菲律宾海关估价过程，尤其是对从“绿色通道”通关的货物估价。此外，部分海关工作人员还对进口产品征收法律规定之外的费用。

（三）进口限制

菲律宾《渔业法》允许进口新鲜和冷冻的鱼类及制品，但必须在菲律宾农业部取得进口许可证。菲律宾农业部认为，只有在菲律宾必须进口以保证国内食品供应并且进口不会对国内产业造成严重损害或损害威胁的情况下，才能发放进口许可证。

（四）对进口产品征收歧视性税费

2004年12月，菲律宾总统签署提高烟草、酒类产品消费税的法令。该法令对进口和国产烈性酒采用不同的消费税税率。对于采用当地原料生产的烈性酒，菲律宾仅征收每公升0.19美元的消费税，但对于采用进口原料生产的同类烈性酒，却征收每公升1.76美元到7.06美元不等的消费税。对于基本上采用进口原料生产的酒精浓度等于或低于14%的低度酒，每公升征收0.28美元消费税，酒精浓度高于14%低于25%的，每公升征收0.56美元的消费税；酒精浓度高于25%的则按照烈性酒征收消费税。

（五）技术性贸易壁垒

目前，菲律宾根据强制性国家标准对家用电器、化妆品、医疗设备、电线电缆等91类产品进行检验，对于纺织品和服装规定了强制性标签要求，如果进口产品被发现标签不符合要求，不仅仅是不合格产品，整批货物都将被查封和销毁。

菲律宾产品标准局于2006年9月13日公布了菲律宾国家标准（PNS）154：2005《陶瓷墙砖和地砖规范》，该规范对陶瓷墙砖和地砖及其配件的尺寸和公差、物理和化学特性、取样、试验和标志要求等做了具体规定，要求所有的墙面、釉面、无釉瓷砖及其配件都必须满足上述规定，否则不准进入菲律宾市场。

菲律宾贸工部规定，自2006年1月起，所有进口14～29英寸的彩色或黑白电视都必须通过产品标准局的测试中心和菲律宾国内检验机构内湖SOLID公司的检测认证，没有指定认证标志的产品，将不得进入市场。

（六）卫生与植物卫生措施

2006年，菲律宾农业部仍对肉类、禽类产品进口实施动物进口检疫许可（VQC）。菲律宾第26号行政命令要求，官方认可的进口商在进口肉类和禽类之前，必须取得动物进口检疫证明。目前，菲律宾动物进口检疫证明的有效期为60天，不得延长。此外，菲律宾还规定，动物进口检疫证明只能使用一次，当

实际进口量超过了动物检疫证明所允许的进口量时，进口商必须另外申请动物检疫证明，并且会对进口商处以罚款

（七）补贴

菲律宾通过国产汽车出口促进计划对菲律宾出口汽车的生产商提供免税，在第一年和第二年每出口一辆汽车可得400美元的补贴，第三年为300美元，第五年为100美元。2005年10日，菲律宾把零部件也列入汽车出口行列。

（八）服务贸易壁垒

1. 银行。菲律宾只允许10家外国银行在菲国内设置全资分行，并且每家外国银行的分行限定为6个。对于1948年以前就在菲律宾经营的4家外国银行可再多设立6个分行。菲律宾还规定，菲律宾银行系统的资产总和的70%及资本金总和的50%应该由菲律宾本地银行控制，外资银行分行从其总行及同业拆入资金与存放、拆放总行及同行的资金净额不能超过永久性资本金的4倍。

2. 保险。菲律宾允许外国保险公司在菲律宾国内成立全资保险机构，但是对外资保险公司的最低资本金要求却不断提高。菲律宾还禁止外资保险公司承担政府投资项目的保险，规定政府投资项目的保险服务只能由国家控股的保险公司才能承担，并且在1994年将该规定扩展至公用和私营的建设—营运—转让工程。菲律宾现行保险监管法律还规定，凡是在菲律宾境内经营的保险和再保险公司，都必须交付至少10%的保费给菲律宾国家再保险公司。

3. 证券及其他金融服务。菲律宾允许外国证券公司进入其国内证券市场，但是证券公司的外资比例不得超过60%，外资共同基金的董事会必须由菲律宾公民组成。

4. 基础电信。菲律宾不允许外资进入菲国内的卫星通讯服务市场，同时把基础电信企业中的外资股份限制在40%以内。此外，电信企业不得雇佣外国员工作为公司总经理，外国员工所占比例不应超过外资股份比例。

5. 广告。菲律宾法律规定，外资在广告企业中的持股比例不得超过30%。此外，广告代理机构的经营管理者必须全部为菲律宾公民。

6. 公用事业。菲律宾政府限制从事水、电、通讯、运输等公用事业企业中的外资比例，规定本国公民必须控股60%以上，并且企业的经营管理者必须是菲律宾公民。

7. 专业服务。菲律宾不允许外资或外国公民在菲国内从事工程设计、律师、医药、会计等专业服务。

8. 航运。菲律宾禁止外国船只从事菲律宾国内沿海运输业务。菲律宾《光船租赁法》还规定，除临时工外，挂菲律宾旗的船舶只能雇佣非籍员工和管理人员。

9. 快递。菲律宾规定，外国快递公司只有通过与100%菲律宾控股的企业签约或者成立一个由菲律宾控股60%以上的合资企业，才能从事菲国内的快递服务。

10. 零售。菲律宾2000年《零售法》允许外资在该法生效10年后成立注册资本不低于250万美元的零售企业，但是外资控股不得超过30%，从事奢侈品销售的零售企业外资持股不得超过10%。外国投资者需要满足互惠要求，只有该国允许菲律宾公民或法人在其国内经营零售业务时，其公民或法人才能在菲经营零售业。

三、投资壁垒

菲律宾法律允许外国投资者在菲设立合资公司、子公司、分公司和代表机构。菲律宾规定，在合资公司中的菲律宾股东不得少于5人，不超过15人，多数股东应是菲律宾常驻居民，合资公司秘书必须是菲律宾公民，菲律宾证交委员会还要求，财务人员也必须是菲律宾常驻居民；分公司在菲律宾开业前，外国母公司必须在菲律宾证交委员会注册，《公司法》还要求分公司至少在证交委员会储蓄实际市值10万比索的有价证券，在每一财政年度开始后的6个月内，分公司必须储蓄实际市值相当其总收入2%（不低于500万比索）的有价证券；代表机构必须在菲律宾证交委员会注册，并汇入菲律宾3万美元。

（节选自：商务部主编.《国别贸易投资环境报告2007》. 人民出版社2007年版）

新加坡投资环境

一、投资环境概况

新加坡虽然国小人少，但却是一个多元文化的社会。新加坡面积为682.7平方公里，总人口401.7万，其中华人占76.8%，马来人占13.9%，印度人占7.7%，欧亚混血人和其他民族占1.6%。英语、华语、马来语、泰米尔语为官方语言，其中马来语为国语，英语为行政用语。主要信奉的宗教有佛教、道教、伊斯兰教、基督教及印度教。

新加坡政治稳定，人民行动党在历次选举中均获绝对多数。新加坡社会治安较好，犯罪率很低。

新加坡传统经济以商业为主，包括转口贸易、加工出口、航运等。1965年建国后，由于政府政策措施得力，推行自由贸易，不断引进人才和外资，大力发展科教，新加坡国内政局稳定，种族和谐，人民勤恳努力，工商业发展十分迅速，在短短数十年里迅速崛起为一个国际性的经济多元化国家，人

均GDP从1965年的300美元增长到目前的2.2万美元以上。

近年来，随着科技的迅猛发展，网络时代的到来，新加坡也力求走在世界高科技的前端，坚持自由经济政策，加紧发展资本密集、高增值的新兴工业。

新加坡还是东南亚地区最大的金融中心、航运中心，物流服务业也非常发达，其拥有世界级的现代化国际机场和高度自动化的港口。

根据新加坡“产业21计划”，新加坡未来除继续保持电子加工和炼油及石化中心外，还将建设成为东南亚生命科学的研究开发中心、物流中心和资讯科技信息港。当前及今后一段时间，新加坡吸引外资的重点领域为生物制药、电子及精密工程、物流、工程及环境服务、资讯及媒体等。此外，新加坡还欢迎国外的知名企业在新加坡设立区域总部。

服务业是新加坡经济的重要支柱之一，占GDP的66%（农业不到1%，其余绝大部分为制造业）。其中商业服务（包括对外贸易）、交通通讯、批发零售、金融服务等是服务业最主要的行业，相比较而言，新加坡在这些行业的优势较明显，仍具较大的发展潜力。

按产业划分，新加坡投资于制造业的资金要高于服务业。以2003年为例，在制造业的投资达43亿美元（内资和外资），在服务业的投资约为11亿美元。制造业的投资领域主要在投资大、规模大、技术要求高的行业，如电子、炼油、石化、生物制药、精密工程等。一般制造业的投资较小，仅占制造业总投资额的3%。

新加坡经济对国际市场依赖性很强，也因此而造就了新加坡与本区域和世界主要经济体的联系和交往非常密切，经过多年的努力，新加坡已发展为东南亚地区最重要的金融中心、物流中心和对外贸易中心。中国企业进驻新加坡，可以充分利用新加坡与国际市场广泛联系的渠道和网络，将业务辐射整个东南亚地区，甚至进入东南亚本区域以外的市场。

二、外资政策

新加坡本土资源匮乏，吸引外商投资是其经济增长的重要保障。因此，新加坡政府给予了外国投资者优惠的投资政策与宽松的投资环境，投资审核机构是新加坡经济发展局（Economic Development Board），具体的相关规范如下：

1. 限制进入或禁止进入产业类别：武器、兵器制造，公共事业（水电、瓦斯等）、新闻、广播业、金融及部分制造业必须先取得主管机关投资许可，如金融须经金融管理局（MAS）许可，部分制造业（爆竹、钢材、啤酒、光盘、香烟等）须得到经济发展局（EDB）的许可。

2. 出资比率：除限制新闻业不得超3%、广播业不得超过49%的出资比例，以及公共事业属禁止投资产业外，元外资出资比例限制。外国投资人均可拥100%的股权。在东南亚各国条件最为宽松。

3. 土地持有限制：新加坡民间部门仅拥有全国土地所有权的13%，其余均为国家所有，必须以承租方式拥有土地使用权。因此，工业用地系基于租赁契约取得到30～60年的租赁权。工厂可向工业区租赁或租地自建。

4. 奖励投资业类别：新加坡政府公布的至2010年的长期策略性产业发展政策基本方针中，具体指出电子、石化、生命科学、工程、物流、教育、通信及媒体、医疗中心等9个产业部门为其策略发展产业，属于奖励投资业类别。另外，信息通信21计划及基因工程计划也将信息通信及遗传因子相关产业列入投资奖励对象。新加坡的相关投资奖励政策同时以本国企业及外资企业为适用对象。

5. 奖励措施：新加坡对先进产业、既设企业的产能扩张投资等提供租税减免优惠，对营运总部（OHQ）、制造中心（MHQ）、研究开发投资提供投资抵减优惠，对新生产设备也有投资抵减的优惠，对经核准的经营电子商务业者、国际贸易业者、石油交易业者等也提供所得抵减的优惠等。

三、税收政策

外商在新加坡投资办厂时，一般需熟悉以下税收政策。

1. 所得税类。为了振兴新加坡的经济，2002年4月，新加坡政府提出拟在三年内将公司所得税和个人所得税分别由目前的24.5%和26%降至20%的方案。其中，2003年公司税的税率由2002年的24.5%降至22%。新加坡对外商投资产业所课征的公司税均与国内企业相同，从2001年起公司首1万元需纳税收入的3/4免税，接下来的9万元需纳税收入的1/2免税；而个人所得税2003年的最高税率也由2002年的26%降至22%。

2. 房地产税。从2001年起，税率由原来的12%降至10%。

3. 留置税。股利免课留置税，利息及权利金的留置税率15%。

4. 间接税。CST消费税税率4%。

5. 劳工税。对建筑承包商新聘请的非传统来源（包括中国）外籍建筑工，须每人缴纳30新元劳工税。另据新加坡人力部宣布，从2004年7月1日起把现有的较低劳工税从原来的30新元提高到50新元。

6. 税收减免主要包括：红利：跨国公司地区总部获得拥有股权的海外附属子公司或有关企业的红利可免交公司所得税，该公司若将其转给区域子公司或汇入新加坡总部也不增加任何税项。

管理费：在新加坡境内的跨国公司地区总部，其各项管理服务收入只需交10%的公司所得税。

利息：跨国公司地区总部向新加坡金融机构融资，并将其转贷给区域总公司或有关企业的所得利息，可申请10%的优惠税率。

期限：在先驱企业、先驱服务公司（包括对销贸易）、先驱工业的后续奖励、投资津贴奖励计划、营业总部、服务出口、创业资本、合格岸外收入、辛迪加经营活动、基金管理计划、船务企业、特许石油贸易商、特许国际贸易商、特许国际船务企业、金融和财务中心等奖励计划下的项目利润可在一定的年限（5～10年）内享有一定的税收减免。

四、2008年起中资企业到新加坡投资享更优惠税率

截至目前，赴新加坡投资的中国企业主要集中在电信、消费电子、教育、资源，制造业和仓储、软件和游戏开发、金融等领域。

为了让新中投资者避免在两地被双重征税，同时加强双边的经济关系，新加坡国内税务局局长李金富和中国国家税务总局副局长王力，于2007年7月11日签署了双重征税和防止偷漏税修订协议。于2008年1月1日生效的修订规定，除了清楚列明新中两国对跨国经济活动的征税权力，且有助于促进两国之间的贸易、投资、技术及知识的流动之外，新税率也比旧协定低。

这意味着中国投资者日后到新加坡投资以及新加坡企业到中国投资的时候，将享受到更优惠的税率。

在修订协议下，企业股东和普通股东需为股息与专利使用费支付的预扣税将分别从现有的7%和12%减至5%和10%。企业股东指的是拥有至少25%股本的股东。

此外，租用工业、商业和科学器材的专利使用费，也将从10%减至6%。脱售中国公司股票者，如果在脱售股票之前的12个月不曾拥有公司25%及以上的股本，就无须在中国缴税。

新中现有的双重课税协定是在1986年12月12日签定，并于1991年经过修订后生效。（消息来源：新加坡经济发展局）

新加坡新旧协定对照表

	旧协定	修订协定
企业股东股息预扣税	7%	5%
普通股东股息预扣税	12%	10%
租用工业、商业或科学器材的专利使用费	10%	6%
脱售中国公司股票*	—	无须在中国缴税

附：新加坡经济发展局简介

新加坡经济发展局（简称：经发局）是新加坡的主要政府机构，负责制定和实施经济战略，以保持新加坡作为商业与投资的环球枢纽的地位。经发局为本地以及外国的投资者们提供投资制造业以及服务业领域的便利和支持，帮助他们寻求更具价值的业务、更加稳定的回报以及全新的商机。

在引进中国企业投资过程中，作为新加坡的一站式服务机构，经发局在具体操作上已形成成熟流程。在新加坡建立一个公司的过程简单而透明，公司名称注册费仅15新元，而整个受理时间仅需约15分钟。另外，还有众多熟悉中国法律的专业服务公司可以向中国企业提供法律、会计等方面的咨询与支持。事实上，许多中国公司成功地借助新加坡的国际化经商环境立足于此，如中远、中国石油天然气、中石化、华旗资讯等。对于规模较小一些的企业而言，中国科学技术部设立在新加坡的中国火炬中心也能够为他们提供帮助。

（选编自：南博网．http://info.caexpo.com/zixun/cafta/2008—04—29/10.html.2006—06—16）

泰国投资环境

一、投资管理制度及其发展

1．基本规定。1999年颁布的《外商经营企业法》是泰国管理外国投资的主要法律。该法对外国投资限制，许可证要求，各种费用等作了详细的规定。该法案在附件中对限制外商投资领域划分为三大类。第一类属因特殊理由明确禁止外国投资的领域，共9种，包括报业、广播业和电视业；水稻种植业、果菜种植以及园林；畜牧业；林木业、原始森林木材加工；泰国水域以及泰国经济水域内的水产捕捞业；泰国草药材的提炼；泰国古董或国家历史物品的交易及拍卖；佛像、和尚衣钵的制造或浇铸业；土地交易。第二类属于严格限制外国投资的领域，具体分为三组。第一组为涉及国家安全和社会稳定的行业，包括军火弹药，各种武器军备的生产以及国内海陆空运输行业；第二组涉及对泰国文化艺术、传统以及民间手工艺行业，包括木雕木刻、养蚕业、丝绸丝线、泰国乐器、金、银、铜、漆器、陶器、瓦器等的生产；第三组是对自然资源或环境有影响的行业，如盐业（包括低卜盐）、采矿、制糖业、木材家具加工业等。第三类属于泰国对外国不具竞争力的行业，共21种，包括碾米、水产养殖、食品饮料销售、会计服务、法律服务、建筑服务、工程服务业、广告、酒店、导游等。如外商有意投资第二类和第三类行业领域，必须向泰国政府申报许可证，分别由国务院和商业注册厅厅长审批。自申请文件递交之日起60天之内完成审核。审批期限可以根据实际需要延长，但延长期不得超过60天。批准后须在15日内颁发许可证。该法案还对投资额度进行了规定。外籍人士在泰国开设商业经营的最低资本额不得少于200万泰铢（约合5.4万美元）；对于从事上述法案附件中需要获得批准的行业的，最低资本额不得少于300万铢（约合8.1万美元）。

2. 投资促进政策。2000年8月，泰国政府在其投资政策中将泰国划分为一、二、三个投资区，分别享受不同税务优惠政策。一区由中部的六个府组成，包括曼谷及周边5个府；二区由12个府组成，相当于第一区的外围；三区包括其他东西南北58个基础设施较差的边远府。之后，泰国投资委员会每年都推出后续鼓励投资的政策，促进对目标产业的投资。

（1）医药业。药品与卫生业是泰国政府大力发展的重点行业。2005年12月，泰国投资委员会扩大了对医药行业的投资优惠范围。新政策不仅覆盖对活性成分的生产，而且也覆盖人及动物使用的药品及疫苗等成品药的生产。对于投资委员会支持的药品项目，将免征机械设备进口关税，并且根据项目所在地的不同，可获得5至8年的企业所得税减免。泰国政府规定，到2008年，所有的药品生产企业都要达到国际药品检验合作公约（PIC/S）的药品良好生产规范，即GMP标准；并要求享受优惠政策的制药公司在经营2年内达到GMP标准。

（2）三大重点发展行业。2006年5月22日，泰国投资委员会批准了3个重点发展产业的额外投资鼓励措施。具体措施如下：

电子业：投资超过300亿泰铢的项目以及政府优先考虑的投资活动，将得到最大的税收优惠以及其他的资助措施，包括设立人力资源基金以及研发基金等。石化业：对于生产氯化钠、氯、苛性钠、盐酸、过氧化氢等5种石化部门基础制剂的公司，将提供投资促进优惠。

汽车橡胶轮胎业：对于投资一区和投资二区内的项目的扩大工程，将提供进口机械免税。对于园区之外的轮胎生产商的扩大规模也提供进口机械免税。在此之前，区域外的项目企业无法享受此种优惠措施。

（3）开放节能汽车制造业的投资。2006年11月，泰国促进投资委员会放开对节能环保汽车制造的投资限制。对于投资商的具体要求包括：必须有详尽的投资和经营计划，包括汽车零部件和发动机制造；投资生产计划（不少于5年），并在第5年时汽车生产量不能低于10万辆；生产的节能汽车100公里消耗不得超过5升燃油，排放尾气的标准也不得低于欧4的排放标准。

二、贸易壁垒

（一）关税及关税管理措施

1. 关税高峰。高关税仍然是部分中国产品进入泰国市场的主要障碍。高关税产品主要包括：农产品、汽车及汽车零部件、酒精饮料、纺织品、纸张及纸板产品以及部分电器。

泰国的即食产品的进口关税为30%～50%，是东盟地区最高的，咖啡的进口关税甚至达到90%。肉类、新鲜水果及蔬菜、新鲜奶酪及豆类（干豌豆、小扁豆和鹰嘴豆）的关税也非常高。泰国对某些国内很少生产的产品也征收较高关税，例如泰国对冷冻炸薯条征收30%的进口关税。

泰国某些产品的消费税非常高，例如无铅汽油、啤酒、葡萄酒、蒸馏酒精等。如果将所征收的关税、消费税以及其他额外费用加在一起，威士忌酒的总税负大约为169%，进口葡萄酒的总税负近400%。葡萄酒的消费税为60%或每升100泰铢（约合3美元）。除葡萄外的由水果制成的发酵类酒，即山竺酒的消费税为25%或每升75泰铢（约合2美元），二者取较高值。

2. 关税升级。泰国存在关税升级现象，未完成产品和中间产品的关税比相关的成品高。泰国对大部分初级产品征收5%的关税；对中间产品一般征收10%的关税；对成品一般征收20%的关税；对需要保护的特殊商品征收30%的关税。

3. 关税配额。泰国对23种农产品实行关税配额管理，产品包括桂圆、椰肉、牛奶、奶油、土豆、洋葱、大蒜、椰子、咖啡、茶、干辣椒、玉米、大米、大豆、洋葱籽、豆油、豆饼、甘蔗、椰子油、棕榈油、速溶咖啡、土烟丝、生丝等。在配额内进口上述产品在配额内征收较低关税，对配额外进口征收较高关税。例如，玉米的进口配额是544.4万吨，配额内关税为20%，配额外关税则高达73.8%。

中方密切关注泰国实施关税减让措施的进度，希望尽早开放实行关税配额管理的农产品市场。

（二）进口限制

1. 进口许可证。泰国目前仍对至少26类产品实施进口许可证管理，包括许多原材料、石油、工业材料、纺织品、药品及农产品。进口食品、医药产品、矿产品、武器弹药、艺术品等，需要相关政府部门的特别许可。

肉类产品的进口许可证需要缴纳较高的费用。牛肉和猪肉的进口许可证费约为114每吨美元，禽肉每吨227美元，内脏每吨114美元。这些要求大大增加了进口的成本。泰国对进口许可证的这种管理方法是外国相关产品进入泰国市场的主要障碍。

2. 季节性进口限制。尽管泰国政府在有许可证保证的前提下，相对开放了玉米、大豆及豆粕等饲料原料的进口，但是却在发放许可证时附加了其他要求。例如，要求进口玉米只能在每年的3月和6月进行，这种季节性限制违反了WTO的相关规定，阻碍了国际贸易的正常进行。

(三) 技术性贸易壁垒

1. 食品药品进口认证。泰国食品药品管理局规定，所有食品、香烟、化妆品、医药品、饲料、肥料、动植物、种子、医疗器械、精神药物、挥发性物质等必须获得进口认证方可进口。指定的食品储藏室须经该局的检验后方能使用。食品的进口许可证均须每三年更新一次，但是该认证过程相当繁琐，要求到中国驻泰国使馆经商处加盖签章，文件送达管理局后还需要重新收费；且最长耗时达一年。药品进口许可证每年更换一次，同样需要缴纳有关费用。上述规定给中国相关产品的出口造成了不必要的障碍。

2. 强制认证。泰国要求对10个行业的78类产品依据强制性标准进行认证，其中包括农产品、建筑材料、消费品、电器及其附件、PVC管、医疗设备、液化石油气钢瓶以及车辆等。另外，泰国也曾在缺乏前期准备或试验检查设备不齐全的情况下推行新的强制性标准，导致产品无法适时通关，从而对出口商造成损失。

(四) 卫生与植物卫生措施

1. 食品化学添加剂检测。自2005年4月，泰国食品与药品管理局开始执行食品安全测试的新规定，要求所有进口食品接受多种化学添加剂的检测。另外，泰国还规定，所有加工食品必须提供详尽的成分列表和生产过程说明。这些规定增加了进口商的负担，而且泰国未提供该规定的风险评估依据。

2. 高风险食品进口卫生证书。2006年2月，泰国向WTO发出通报，要求进口高风险食品必须附带生产国主管机构或其官方认可机构签发的卫生证书。如果能证明生产国没有这样的机构能够提供卫生证书，则进口商可以向泰国食品药品管理局认可的国内机构申请获得这一证书。高风险食品产品的范围由泰国食品药品管理局通过风险评估来确定。

由于泰方未列明具体的产品范围和食品名称，导致了上述规定执行的不确定性。中方希望泰国能明确相关规定，进行充分的风险评估，并在此基础上科学地划分高风险食品。

(五) 政府采购

泰国不是WTO《政府采购协议》的签署国。虽然泰国有关政府采购的法规要求给予其他国家非歧视待遇，并对所有竞标者开放竞争，但在实际操作时，泰国国内企业在招标首轮价格评估中，可以自动得到15%的价格优惠。政府采购部门有权在任何时候接受或拒绝部分或所有投标，甚至可以在招标过程中修改技术要求，这在很大程度上左右了招标结果。这些做法导致包括中国企业在内的外国企业在投标中处于不公平的地位。

此外，根据泰国的法规，对于每个金额超过3亿泰铢或者770万美元的政府采购合同，外国中标企业必须回购价值不低于合同金额50%的泰国产品。这种规定提高了中标外国企业的经营成本。

中国对于泰国的上述做法表示关注，希望泰国有关部门为政府采购招标创造一个公平、公开的贸易环境。

(六) 贸易救济措施

泰国的《反倾销和反补贴法》并非完全透明和公正。泰国商业部外贸厅负责解释1995年颁布的《商业部关于征收反倾销和反补贴税的通告》中的条款及其具体要求和程序。泰国于1999年7月出台了《反倾销和反补贴法》，但是商业部外贸厅对于其中许多条款的具体解释仍未出台。这种立法上的滞后造成泰方相关机构自由裁量权过大。截至2006年底，泰国尚未对外提供该法的英文版。

自1995年以来，泰国共对我国发起6起反倾销调查。其中2006年泰国对我国新发起3起反倾销调查，主要涉及盘条、玻璃砖和氧化锌等产品。

(七) 补贴

泰国仍然保留了支持某些特定工业产品及农产品加工贸易的项目。这些项目包括各种税收优惠、进口税的减免、政府部门之间买卖泰国大米可以获得低于市场利率的信贷以及给予出口商优惠融资待遇。这些都可能构成出口补贴。中方将继续关注泰国政府的出口补贴措施的实施动态。

(八) 服务贸易壁垒

1. 电信服务。2005年泰国政府对电信领域进行了改革，取得了很大进步，但是外国投资者进入泰国电信业仍然有一定的条件限制。

泰国对电信领域的开放程度有限。泰国国家电信委员会的2005～2007电信重点计划，规定了3类需要颁发的电信许可证的标准。

目前泰国的移动电话业务主要由3家泰国私人公司主导，这3家公司都和外资建立了一定的联系，但是固定电话和国际长途业务继续由国有企业TOT公司和CAT公司控制了大部分市场份额。虽然泰国政府有意对这两大国有企业进行部分私有化，但是具体的政策措施还不十分明确。

2. 邮政业务。2002年，泰国政府将长期亏损的泰国邮政厅改组为泰国邮政公司，使其继续保持对泰国邮政的垄断。虽然自2004年之后，泰国允许私营公司提供有限的服务，比如私营企业可在某些地区建立信件接收网点并提供分拣服务，但不允许从事信件投递服务。泰国政府还制定了邮政长期计划，确保泰国邮政公司对信件投递的垄断持续到2012年。2012年市场完全开放后，私营企业将被允许自由定价和投递信件。目前，私人快递业务公司递送每件包裹要被收取37泰铢（约合1美元）费用，包括邮资和违反邮政服务垄断的罚款。泰国邮政业的这种垄断经营违反了公平竞争的原则，限制了外国公司的进入。中方对泰国邮政业的开放表示关注。

3. 金融部门。虽然泰国政府自金融危机以后对外资进入金融部门采取了自由化举措，但是目前仍然存在较大的限制。例如，外商可以从事经纪服务，但外资比例超过49%的泰国证券公司仍需要逐个批准。

外商对泰国银行的最大持股比例不得超过25%。由泰国央行起草并通过的《金融部门管理计划》规定，将在央行"认为合适"的时候将这一比例提高到49%。该计划还要求所有的泰国存款机构都应成为零售银行或商业银行。泰国银行还表示，在泰国银行市场条件能够允许更多的竞争参与之前，将不再发放新的银行许可证。

目前外资银行在与泰国国内银行的竞争中处于不利的地位。泰国仅允许外资银行开设一家分行，而且不允许经营异地自动提款机业务，否则将被视为开设分支机构。外资银行还必须拿出至少1.25亿泰铢的资本金（约合310万美元）用于购买泰国政府或国有企业的证券或直接存入泰国银行。

4. 建筑。泰国对于建筑承包工程市场实行有条件的开放。建筑业不在泰国鼓励投资目录之列。泰政府对要求在泰国设立办事处、代表处等非赢利性机构的外国申请者从严审批甚至不批。外国企业要在当地注册经营一般需要与当地企业合资，且外方持股不得高于49%。泰国对外国承包商输入经营管理类人员也有严格限制，一般规定，企业注册资金在一亿泰铢以上者，每输入一名外国人员需雇用四名当地劳工；企业注册资金在一亿泰铢以下者，每申请一名外籍人员需雇用五名当地劳工。输入一般工种劳务严格受限。外国公司只能承包外资资本在5亿泰铢（约合1350万美元）以上的公共设施建设工程，一般不得参与泰国政府预算内各类项目的承建。泰国禁止外国人从事工程师或建筑师职业，外国人只能从事这一领域的咨询工作。

5. 运输。泰国规定，公路运输中外资的持股不得超过49%。2005年出台的《多式联运法》对于运输服务贸易构成了新的壁垒，对外国船公司开展业务造成了不确定性。该法案要求外国船公司在泰国经营多式联运服务时，需在泰国组建公司或者指定一家泰国机构。否则，将予以重罚，包括每笔合同5万泰铢（约合1350美元）的罚款。中方希望泰国随后出台的执行条例能够取消对外资船运公司的限制。

6. 法律服务。根据泰国的法律，外资参与泰国律师事务所的股份不得超过49%，且禁止外籍律师在泰国执业，只能从事法律咨询业务。

7. 会计。外国人不能获得泰国注册会计师许可证，因而无法在泰国提供会计服务。外籍会计师只能作为商业咨询师提供服务。

8. 医疗。泰国政府严格限制医疗服务领域（如医院、诊所、体检服务）的市场准入。泰国政府所有的医疗机构不需要向其他私营机构一样进行注册。而政府医疗机构不需要进行安全检测，就可以直接生产和销售外国上市的通用配方药。

9. 劳务。泰国对外籍劳工实行严格的市场准入制度。普通外籍劳工被严格禁止进入泰国市场，只有在泰国当地无法找到的技术性较强的工种和管理人员，在泰国劳工部申请并办理劳工证后方可在当地工作。

三、投资壁垒

（一）外资准入限制

泰国《外商经营企业法》对于外国在泰的投资做出了框架性规定，很多部门都禁止外国投资。

该法案第十五条规定，外籍人士必须符合下列两个条件，方可从事该法案附件第二类中规定的涉及国家安全、文化艺术以及影响自然环境的行业：泰国人或按照该法规定的非外国法人所持的股份不少于外国法人公司资本的40%（除非有适当原因，商业部长根据内阁的决议可以适度放宽上述持股比例，但最低不得低于20%）；泰国人在外商经营企业中所占的董事职位不少于2/5。《外商经营企业法》还包含一些需要申请许可证的项目，但是实际上除非属于两国政府间谈判达成协议的特定项目，一般很难获准。

（二）修改外商投资法

2007年1月9日，泰国内阁"原则上"批准了对外商投资法的修改，限制外国投资商持股比率或投票权不得高于50%。也就是说，一旦法律正式实施，持有超过50%股份的外资企业必须在1年内降低他们的持股数量；而拥有50%以上投票权的外资企业必须在两年内减少其投票权。修改后的法律将可能迫使外国投资者将其在泰国公司的部分股权廉价出售给泰国投资者。外国投资商们对此表示担心。中方认为泰国的这一做法与贸易和投资自由化的趋势不符。

（节选自：商务部主编.《国别贸易投资环境报告2007》. 人民出版社2007年版）

越南投资环境

一、投资管理制度及其发展

2006年7月1日生效的越南《投资法》为国内外投资商提供统一的投资管理法律框架。根据投资法的相关规定，外国投资商可以在法律不禁止的行业和领域进行投资，并自主决定投资活动；外国投资者与国内投资者享有相同的投资优惠条件和投资保障；不强迫外国投资商优先购买、使用国内商品和服务，以及商品生产的国产化比例。

越南《投资法》还对禁止投资领域、限制投资领域和鼓励投资领域作了特别规定。根据《投资法》规定，国家禁止投资的领域保持不变，但缩小了限制投资的领域，空运、铁路、海运、港口、机场以及造林等行业不再属于限制投资领域。对《投资法》明确规定的优惠投资领域，如新材料、新能源、高科技产品、生物技术、信息技术、机械制造、种植、养殖、农林水产品加工、制盐、培育新的职务和畜禽种子、应用高科技、现代技术、保护生态环境、研究、发展、创造高技术、劳动密集型、基础设施、重大项目的建设和发展、发展教育、培训、医疗、体育和民族文化事业、发展传统手工艺术行业等，以及投资优惠地区，如社会经济条件困难的地区、工业区、出口加工区、高科技区和经济特区，越南政府将在税收、亏损转移、固定资产折旧、土地使用、投资扶持等方面给予优惠。

此外，越南《投资法》将投资审批制改为投资登记制，并规定对于投资金额在3000亿越盾（约合1800万美元）以下，且不属于限制投资领域的外国投资项目，投资商可以在省级国家投资管理机构办理投资登记手续和获得投资证书。

根据越南2006年8月颁布的与外商投资手续有关的第78号决定，投资于银行、保险、金融、信用、报刊、电台、电视、通信领域且投资金额在1500亿越盾（约合900万美元）以上的外商投资项目，投资于其他领域但投资金额在6000亿越盾（约合3800万美元）以上的外商投资项目必须经由越南政府总理批准。在越南投资经营的外资企业对外投资时，规模在150亿越盾（约合90万美元）以下的项目需在越计划投资部登记并提出申请后才能获得对外投资许可证；投资规模在150亿越盾以上的项目，则须经审核后方可获得计划投资部颁发的对外投资许可证。

二、与投资相关的管理制度及其发展

作为世界知识产权组织的成员和《保护工业产权的巴黎公约》、《保护文学艺术作品的伯尔尼公约》、《日内瓦公约》、《布鲁塞尔公约》以及《马德里协议》的缔约国，越南正逐步完善其知识产权保护的国内法体系。目前，越南已经公布了《知识产权法》、《版权法》、《关于进出口产品知识产权保护的边境控制的文件》、《关于建立反假冒和外资企业知识产权保护协会的决定》。

此外，越南还在2006年公布了《特许经营法》、《不动产商业法》和《证券法》，上述三部法律已于2007年1月正式生效。

2006年1月，越南《增值税和特别消费税法》生效。该法规定，购买白酒、啤酒、香烟、汽车、汽油以及扑克牌等产品必须缴纳特别消费税，税率从10%～75%不等；投资者因自然灾害、战争及其他不可抗力因素遭到损失时，可以申请免交或减免特别消费税。此外，该法扩大了免交增值税的产品范围，并将经过初级加工的棉花的增值税税率降为5%，并规定40度以上的酒类和香烟的特别消费税税率为65%，瓶装或罐装啤酒的特别消费税税率为75%。

三、贸易壁垒

（一）关税及关税管理措施

1. 关税高峰。尽管根据中国—东盟自由贸易区协定，越南对原产于中国的部分产品降低了关税，但目前越南对进口产品的关税税率仍然整体偏高，部分敏感产品的关税税率远远高于其平均税率，如汽车的进口关税税率为50%～90%、摩托车为90%、自行车为70%、禽肉为50%、牛肉为50%、动物内脏为50%、精制白糖为40%、香料为40%、蔬菜为35%、谷物及制品为35%、啤酒为50%、葡萄酒为50%、酒精饮料为50%、耐火砖为55%、袜子为45%、部分家用电器为45%等。

2. 关税升级。越南在食品、烟草、纺织品、皮革、家用电器、摩托车等领域的关税升级现象比较突出。例如：洗碗机零部件关税仅为5%，整机进口关税为45%；缝纫机零部件关税为0，整机进口关税为45%；初榨菜籽油进口关税为5%，精制菜籽油进口关税为35%；未加工烟草进口关税为30%，雪茄香烟进口关税为100%；毛皮原料进口关税为0，毛皮制品进口关税为35%；棉花、棉纱进口关税为0～20%，棉织物进口关税为40%；亚麻原料、人造丝进口关税为0，亚麻织物、人造丝织物进口关税为40%。

3. 关税配额。2006年，越南对禽蛋、烟草、糖和食盐等产品仍维持关税配额管理。根据越南贸易部第02/2006/QD-BTM号决定，2006年烟草原料的配额为38204吨，食盐配额为200000吨，糖的配额为40000吨。禽蛋数量不限，根据需求决定配额数量。

（二）进口限制

尽管越南对进口产品不再实施数量限制，但2006年越南仍对部分产品保留了许可证管理，这些产品包括：排量175cc以上的两轮或三轮机动车辆、二手汽车、麻醉药、玩具、汽油、玻璃、铁制品、植物油、糖、摩托车和9座机动车等。

越南不仅要求二手汽车进口必须领取许可证，而且对二手汽车进口口岸作了明确限制，所有的进口二手汽车只能在广宁省、海防市、岘港市和胡志明市四个口岸报关。

2006年，越南邮电通讯部发布命令，禁止进口7种二手通讯电子产品，包括电脑、刻录机、数据处理器、计算器、售票机，自动处理数据设备和各种智能设备；用于无线电话、电报、音像的各种传输设备；照相机、摄像机、录音机等设备。同时，该命令还禁止进口上述商品的二手零部件。

尽管自2006年起，越南已经允许进口175cc以上的两轮和三轮机动车辆，但是要求进口商必须到越南公安部注册，并且规定进口的175cc以上的两轮和三轮机动车辆只能用于军队系统、公共安全和赛车比赛。

（三）通关环节壁垒

为符合WTO《海关估价协定》的相关规定，从2002年开始，越南逐步采用进口货物实际交易价格作为海关估价基础。但是，越南海关目前的通关效率较低，每单货物从递交报关申请到获准放行的平均时间超过8个小时。根据新的通关程序，越南海关将根据货物风险的程度设置不同的通关程序，其中绿色通道主要适用于免检商品，可以快速办理海关手续；黄色通道主要适用于中风险商品，需要海关进行单据核实后才能获准放行；而红色通道主要针对高风险产品，这些产品必须在单据核实和实物检验完成之后才能获准放行。

（四）技术性贸易壁垒

越南正在建立国内技术标准体系。目前越南国内存在国家标准、部门标准和公司标准三种标准。越南科技部定期公布需进行强制质量检验的进出口产品目录，列入目录的产品在通关时必须经过检验，并且必须在清关前获得多个部门的许可或出具正在接受检验的证据。

越南卫生部规定，进口药品必须进行注册之后才能在其国内销售，并且每次注册的有效期为5年，注册期满必须再次注册才能延长期限，外国疫苗的制造商必须完成临床试验才能批准注册。此外，越南政府还规定，有效期为3年以下的药物原料，只能在制造日起6个月内进口，超过6个月禁止进口。

（五）出口补贴

为符合WTO相关规定，越南政府正逐步采取措施减少并限制财政资助与出口奖励等财政补贴，代之以向原材料生产商提供长期贷款，以及向出口越南产品的企业提供出口信贷等措施。但是，2006年，越南仍然通过财政部管理的出口促进基金对水产品、大米、茶、咖啡、胡椒、猪肉和各种加工果蔬、加工腰果、各种木材（不包括木材加工成品）、各种手工艺品等产品提供财政补贴和出口奖励。此外，越南还为国内企业提供短期信贷担保、中长期投资贷款等资金支持。

（六）服务贸易壁垒

1. 专业服务。越南要求从事审计服务的企业只能以私人企业、合伙企业和外商投资企业三种企业组织形式存在，外国审计企业可以在越南设立分支机构。从事会计服务的企业只能以有限责任公司、合伙企业和私人企业存在，禁止外资企业设立分支机构。此外，要在越南设立会计或审计服务企业，必须有5人以上获得越南的注册会计师资格，并在越南从业1年以上。

越南允许设立外资律师事务所、分支机构和合伙企业，提供法律咨询以及其他法律服务，但不能在越南当地参加法院诉讼程序。此外，外国律师事务所在提供有关越南法律的咨询业务时，必须雇有越南律师，或者获得越南颁发的法律执业证书、越南大学的法学学位以及从事越南法律咨询的合格证书的外国律师。

2. 广告业。越南允许外资设立合资广告企业，或者通过与国内广告企业签订合作合同从事广告服务。但是，外资在合资广告企业中的股份比例不得超过51%。

3. 建筑业。越南不允许外商跨境提供建筑服务，也禁止外国建筑公司在越南设立分支机构。外商独资的建筑企业只能向外资企业提供服务，或承建外国投资的建筑项目。

在工程承包招标中，越南政府规定：外国公司必须同当地企业联合投标，或承诺分包给当地公司，才允许参加投标；中标的外国公司必须优先选用越南技术人员和工人，外方只能选派少数技术和管理人员参与项目管理；施工中使用的原材料和机械必须优先在当地市场购买等。

4. 通讯业。外国通讯公司不能在越南提供网络基础建设服务。基础电信服务中的跨境交付和外资商业存在只限于与越南门户运营商签订商业合作协议这一种形式。外资提供的增值电信服务同样只限于与越南合作伙伴签订商业合作协议。越南入世承诺书允许设立通讯合资企业，但外资所占比例不得超过51%。

5. 分销业。越南允许成立合资企业在其境内从事分销服务，但是外资所占比例不得超过49%。此外，越南还规定外资分销企业不得从事水泥、轮胎、摩托车、汽车、酒类及化肥等产品的买卖。

6. 银行业。越南允许外国银行在越南境内成立代表处、分支机构和合资商业银行，但是外资在合资商业银行中的持股比例不得超过50%，并且禁止外资银行从事越南盾的信贷业务。

7. 证券业。越南禁止外资成立独资的证券公司，只能通过代表处或设立合资证券公司进行证券买卖，并且外资的持股比例不得超过49%。

8. 海洋运输业。越南取消了外国海运公司所属船舶的出入境许可证要求，但仍然规定外籍船舶入境时需通过越南的船务代理商，且外国船舶与国内船舶在靠泊、仓储、引水以及货物装卸等方面的收费仍然存在差别待遇。

四、投资壁垒

目前，越南的投资注册程序仍然严格、费时。比如，越南各级政府对各类投资项目的受理审批时限虽明文规定为5～30个工作日不等，但外商抱怨，办理投资项目申请手续繁琐，审批周期长，有的项目申请领照时间耗时数月，甚至半年或更长。

在矿产资源开采加工领域，越南《外资法实施细则》规定，政府鼓励外商投资矿产勘探、开发和深加工项目，但对石油、稀有矿产开采、加工项目实行限制投资政策。中方在与越南进行多农铝矿和贵沙铁矿项目谈判时，越南只允许以合资方式进行合作，且必须由越方控股。越南政府还规定，对于年产100万吨以上氧化铝项目及2010年后设立的铝冶炼项目，将允许与外商合资建设，但须由越方控股。此外，越南只允许外商以合资或合作经营方式投资钢铁、水泥、煤炭工业领域。

越南对越南企业雇用外籍员工作出限制性规定，即规定外籍员工比例不得超过企业现有总人数的3%，最多不能超过50人。对外国代表处和分支机构则无此类人数限制，但是雇佣外籍劳务须获得人民委员会主席批准。

（节选自：商务部主编.《国别贸易投资环境报告2007》.人民出版社2007年版）

贸易投资论文

中国与东盟各国双边贸易发展前景及存在的问题

一、引言

随着中国与东盟经贸关系的持续发展以及中国—东盟自由贸易区建设进程的加快推进，双方在互惠双赢基础上的全面经贸合作前景更加广阔。中国与东盟作为世界上开放程度较高的两个发展中的经济体系，彼此之间的贸易投资关系和跨国区域经济合作会随着双方开放程度的进一步提高而不断加强。2000～2005年间，中国与主要贸易伙伴国之间的货物进出口贸易额都有不同程度的增长，但与欧盟、东盟等经济体的增长幅度较高，东盟和欧盟等跨国经济体系中国进出口贸易中的地位和影响逐年增大。中国与东盟是亚太地区开放程度相对较高大规模经济体。东盟地区的对外开放程度较高，对外贸易依存度高于世界平均水平，也高于中国和亚洲平均的对外贸易依存度，是全球对外开放程度较高的经济体之一，为中国与东盟之间经贸关系的发展创造了良好的市场开放条件。如图1所示。

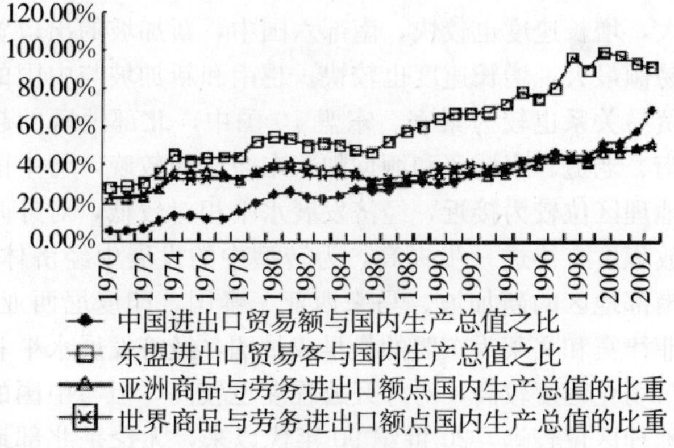

图1 中国、东盟、亚洲和世界对外贸易依存度比较（1970～2003）

从图1可知，1970～2003年间，东盟商品和劳务进出口贸易额占国内生产总值的比重始终高于中国、亚洲和世界平均水平，最高的2000年达到约100.25%。1970～2003年间，中国商品和劳务进出口贸易额占国内生产总值的比重始终处于上升阶段，从2000年开始高于亚洲和世界平均水平，在1970～1987年之间中国商品和劳务进出口贸易额占国内生产总值的比重始终低于东盟、亚洲和世界平均水平，1998～1999年间，则与亚洲和世界平均水平较为接近。

本文在相关研究文献的基础上，利用相关统计数据，从实证角度对中国与东盟双边贸易发展前景、存在的问题及对策进行论述。

二、中国与东盟北部四国、南部六国对外贸易增长比较分析

中国与东盟各国之间都存在着贸易关系，但中国与东盟各国的双边贸易关系存在着差异。中国的对外贸易增长，是随着经济转型中国民经济发展而逐渐提高的。中国的经济转型是在摆脱1966～1976年10年“文化大革命”影响的基础上进行的，宏观国民经济增长迅速。国内生产总值从1978年的2152.59亿美元增加到2003年的14165.93亿美元，25年间增长了6.58倍，商品与服务出口贸易额从1978年的104.54亿美元增加到2003年的4601.88亿美元，增长了44.04倍，商品与服务的进口额从1978年的111.07亿美元增加到2003年的4277.34亿美元，增加了38.51倍。东盟地区北部的越南、老挝、缅甸和柬埔寨等国，在地理区位方面与中国较为接近，都属于转型中的发展中经济体，但东盟北部四国属于东盟各国中经济发展水平相对较低的国家。东盟地区南部的新加坡、马来西亚、泰国、文莱的经济发展程度相对较高，印度尼西亚和菲律宾的人口规模和经济规模都较

大。中国与东盟北部四国、南部六国的对外贸易增长表现出不同的特点。

首先，东盟北部四国中，越南的出口贸易额最大，增长速度也较快，南部六国中，新加坡的出口贸易额最大，增长速度也较快。越南和新加坡与中国的贸易关系也较为紧密。东盟10国中，北部地区的越南、老挝、柬埔寨和缅甸加入东盟时间较晚，与中国地理区位较为接近，经济发展水平相对较低，对外开放程度有待进一步提高，为转型中的发展中经济体。南部地区的新加坡、马来西亚、泰国、印度尼西亚、菲律宾和文莱为东盟的最早成员国，经济发展水平和市场化程度较高，对外开放程度也较高，但与中国的地理区位较远。20世纪90年代以来，无论是北部地区的发展中的转型国家，还是南部地区发展中新兴市场经济国家，出口贸易额都不断增长，如图2、3所示。

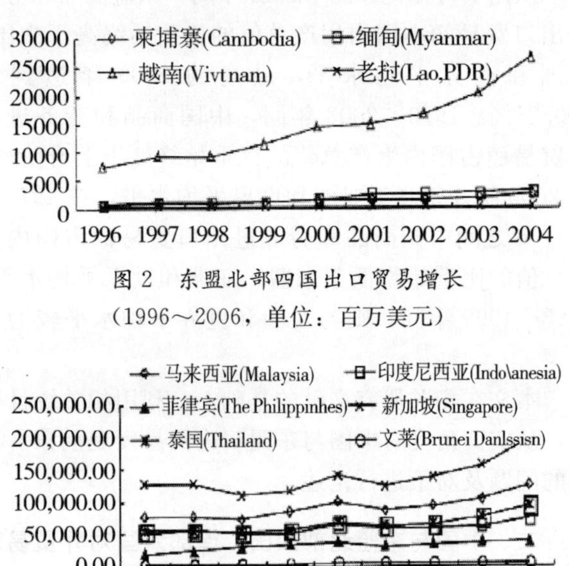

图2　东盟北部四国出口贸易增长
（1996～2006，单位：百万美元）

图3　东盟南部六国出口贸易增长
（1996～2006，单位：百万美元）

其次，随着东盟各国经济发展和国民收入水平的上升，东盟各国从国际市场进口商品的需求也不断增加，进口贸易额也呈现逐年递增态势。在东盟北部的越南、老挝、柬埔寨和缅甸四个经济转型国家中，越南的进口贸易额最高，增长也较快，从1996年的100.3亿美元增长到2004年的287.58亿美元。在东盟南部的新加坡、马来西亚、泰国、印度尼西亚、菲律宾和文莱六国中，新加坡的进口贸易额最高，除了1998年后2001年出现负增长外，从1996年的1238.99亿美元增加到2004年的1660.967亿美元。

简言之，随着中国与东盟各国经济增长，中国与东盟各国进出口贸易额不断增加，但是东盟北部地区四国和南部地区六国的对外贸易增长存在显著的差异，北部四国中的越南对外贸易增长较快，南部六国中新加坡进出口贸易增长较快。

三、中国与东盟双边贸易发展前景

中国和东盟作为亚太地区人口规模最多，覆盖国家数量最多，经济活动地域空间范围最广的大规模开放经济体，在经济全球化和区域经济一体化发展背景下，双边贸易存在着广阔的发展前景，表现在如下几个方面。

（一）中国与东盟自由贸易区的启动，为中国与东盟各国之间的进出口贸易额发展创造了良好的条件，中国与东盟之间的进出口贸易不断扩大

2003～2004年间，中国与东盟各国之间的进出口贸易额都有不同程度的增长，马来西亚、印度尼西亚和泰国的贸易量最大，但中国与各国之间贸易量的变化存在着差异。在东盟各国中，马来西亚、新加坡、印度尼西亚、泰国和菲律宾与中国之间的进出口贸易额占较高比重，如表1所示。

表1　中国与东盟各国之间的进出口贸易

（单位：万美元）

国别（地区）	2003			2004		
	进出口总额	出口总额	进口总额	进出口总额	出口总额	进口总额
文莱	34626	3389	31237	29895	4789	25106
缅甸	107974	91022	16952	114538	93844	20694
柬埔寨	32065	29465	2600	48171	45177	2993
印度尼西亚	1022886	448189	574697	1347209	625642	721567
老挝	10944	9824	1120	11354	10088	1265
马来西亚	2012730	614089	1398641	2626080	808606	1817474
菲律宾	939952	309269	630683	1332816	426872	905944
新加坡	1934862	886377	1048485	2668207	1268760	1399447
泰国	1265475	382791	882684	1734208	580158	1154051
越南	463945	318274	145671	674202	426003	248199

资料来源：《2005中国统计年鉴》，中国统计出版社，北京数通电子出版社。

（二）中国与东盟之间的进出口贸易占中国进出口贸易总额的比重较高，东盟作为中国的主要贸易伙伴，在中国进出口贸易中的比重不断提高，双边贸易存在不断扩大趋势

2004～2005年间，中国与东盟之间的贸易额在中国主要贸易伙伴中的地位保持相对稳定，日本的贸易地位在下降，欧盟的贸易地位在上升。中国与东盟之间的贸易关系保持相对稳定，东盟在中国对外经济关系中的地位在保持相对稳定的同时，存在上升的潜力和空间。事实上，中国与东盟之间的贸易始终保持增长势头。中国与东盟之间的贸易额始终保持在较高的水平，随着中国与主要贸易伙伴之间贸易额的增长

而不断增长。中国与东盟之间的贸易额从2004年的1050亿美元增加到2005年的1304亿美元。

（三）随着中国与东盟之间一系列双边与多边贸易协定的签订和实施，与贸易投资相关的规则和制度安排的不断完善，不仅有利于稳定中国与东盟各国之间的贸易关系，还为双边贸易发展创造了新的机会和可能性

目前，中国与东盟之间的双边与多边贸易协定及其相关制度安排主要涉及如下几个方面：一是“早期收获”计划的付诸实施。根据2002年双方签署的《中国—东盟全面经济合作框架协议》，实质性的谈判首先从“早期收获”计划开始。二是中泰签署水果、蔬菜协议，2003年6月，中国与泰国在“早期收获”计划框架内签署了取消水果、蔬菜关税协议，并于同年10月1日起付诸实施；三是签署货物贸易和争端解决机制两项重要协议；“早期收获”计划付诸实施后，双方接着就有关正常产品和敏感产品（指需适当加以保护的产品）的降税模式（即高税率和低税率的商品如何分阶段降税）进行谈判，至2004年6月基本达成一致；四是降税计划全面启动，在中国举办中国与东盟博览会；五是中国与东盟之间已经开始服务服务贸易协议和投资协议的谈判。

总之，中国与东盟之间双边与多边贸易具有广阔的发展前景。中国与东盟自由贸易区的建立，为中国与东盟各国之间的进出口贸易额发展创造了良好的条件，中国与东盟之间的进出口贸易不断扩大。中国与东盟之间的进出口贸易占中国进出口贸易总额的比重较高，东盟作为中国的主要贸易伙伴，在中国进出口贸易中的比重不断提高，双边贸易存在不断扩大趋势。随着中国与东盟之间一系列双边与多边贸易协定的签订和实施，贸易投资相关的规则和制度安排的不断完善，不仅有利于稳定中国与东盟各国之间的贸易关系，还为双边贸易发展创造了新的机会和可能性。

四、中国与东盟双边贸易中存在的主要问题

虽然中国与东盟之间双边贸易发展迅速，特别是中国—东盟自由贸易区建设的启动以来，双边和多边贸易发展速度进一步加快，双边贸易具有广阔的发展前途，但仍然面临着一系列的制约因素，需要妥善解决一系列问题。中国与东盟双边贸易中存在着如下几个方面的问题：

（一）中国与东盟双边贸易面临着不平衡性和不确定性风险

中国与东盟双边贸易表现出长期的不平衡性，中国长期处于贸易逆差地位，且贸易逆差有进一步扩大的趋势，不利于双边贸易的持续稳定发展，增加了产生贸易摩擦的机会。中国与东盟的贸易额不断扩大的同时，中国对东盟的贸易逆差也不断扩大，且后者的增速高于前者。中国商务部的统计数据显示，2002年贸易逆差为76.3亿美元，2003年达到了164.1亿美元，2004年已超出200亿美元。2005年1～7月，中国前10位贸易逆差来源地中，东盟国家占了3席，分别是马来西亚、菲律宾和泰国，中国对这三国的贸易逆差总计达119.1亿美元。广东作为中国对东盟贸易额最大的省份，与东盟的贸易长期处于逆差状态，2003年和2004年每年逆差已连续超过110亿美元。如何改变贸易的不平衡性，是中国和东盟双边都必须认真面对的问题。

（二）中国与东盟双边贸易面临农产品贸易摩擦与冲突

中国农产品对东盟的出口面临着较大的市场竞争压力，直接影响到中国的农业发展，甚至加重中国政府解决“三农”问题的压力。中国与东盟之间的农产品贸易不平衡性日益显露。“早期收获”计划所列的570个税号都为农副产品，降税已从2004年1月1日开始。中国虽是农产品生产大国，但农产品成本高，质量差，在国际市场上竞争力较低。近年来，中国农产品对东盟的出口增长率已呈下降趋势。例如，2003年广东省对东盟的农产品出口为2.2亿美元，比2002年下降了5.1%；而从东盟进口的农产品达5.5亿美元，大幅增长41.4%，逆差达3.3亿美元。2004年广东向东盟出口蔬菜、水果、水海产品等农产品为2.7亿美元，比2003年增长仅22.7%，自东盟进口的食用植物油、大米、水果等农产品达9.7亿美元，比2003年增长76.3%，逆差进一步扩大到7亿美元。“中泰水果、蔬菜零关税协议”的实施，已给中国蔬菜水果市场带来一定冲击。中泰果蔬零关税实施一年来，中方此项贸易逆差达3.5亿美元，占同期双边果蔬进出口总额的71%。泰国热带水果出口到中国口岸价格总体下降，泰国具有较强竞争力的热带水果对中国出口大幅增加，已使广西等地的果农收入减少。但泰国对从中国进口的马铃薯、洋葱、大蒜等协议内产品仍实行配额管理，配额外的进口需缴纳较高关税，这制约了在这些产品上有优势的云南、广西两省区对泰国的出口。如何平衡双边农产品贸易中出现的不平衡问题，直接关系到中国与东盟双边贸易的未来发展。

（三）中国与东盟双边贸易面临着敏感商品和大宗商品贸易摩擦风险

中国与东盟双边贸易受到某些重要、大宗产品贸易增长波动的较大冲击，对中国某些产业发展造成实质性损害，甚至对中国与东盟各国之间的双边与多边外交关系产生不利影响。尽管敏感产品关税还没有大幅度下降，但像大米、橡胶等敏感产品不可能长期用高关税来保护。如果大幅降税，必然产生消极影响效应。以天然橡胶为例，中国海南省是全国最大的生产基地，占国产总量的70%。但海南省天然橡胶生产成本较泰国、印尼、马来西亚等国要贵一倍多。泰国

产橡胶成本每吨仅人民币3000元～4000元，而海南产的要9000元。这主要是由于海南省产胶企业的负担重造成的。在这种体制下，海南橡胶根本没有竞争力。另外，东盟产天然橡胶质量也比海南的高，在中国市场销路很不错。一旦取消关税，其销量必将猛增。海南10万名胶农的生计将面临生死考验。大米也存在类似问题。关税下降后，中国产品将大量进入东盟市场。因此，如何妥善解决敏感性商品、大宗商品贸易中消极影响，是中国与东盟双边贸易发展中必须妥善解决的另一问题。

（四）中国与东盟双边贸易面临来自区域内部与外部的非贸易和非经济因素的干预。中国与东盟之间的经贸关系发展，受到区域外部力量的影响和制约

中国—东盟区域内部贸易额占双方对外贸易总额的比重较小，相互投资规模也不大，与NAFTA、EU等有世界影响的自由贸易区差距很大，这限制了CAFTA对本地区经济的促进作用。中国和东盟双方与欧盟、美国、日本等发达国家之间的经贸关系更为紧密，中国经济发展水平和人均收入水平仍然较低，大部分东盟成员的经济规模较小，经济基础薄弱，区域内基础设施较薄弱，不能适应贸易自由化和便利化发展的需要，从而影响了自由贸易区效益的发挥。如何协调好中国与东盟各国之间的政治、外交、社会、文化、宗教等方面的关系，防止区域外部势力对双边贸易的不当干预是中国与东盟双方共同面临的任务。

总之，中国与东盟双边贸易过程中面临着贸易不平衡性和不确定性风险、农产品贸易摩擦和冲突发生的可能性、敏感产品与大宗产品贸易摩擦、区域外部势力对双边贸易的不当干预等多方面的问题。

五、结论与建议

中国和东盟作为亚太地区覆盖人口规模最大、涉及国家数量最多的大规模开放经济体，双边贸易发展对整个亚太地区甚至全球经济发展都会产生重要影响。随着中国与东盟各国经济增长，中国与东盟各国进出口贸易额不断增加，但是东盟北部地区四国和南部地区六国的对外贸易增长存在显著的差异，北部四国中的越南对外贸易增长较快，南部六国中新加坡进出口贸易增长较快。中国与东盟之间双边与多边贸易具有广阔的发展前景。中国与东盟自由贸易区建设进程的加快推进，为中国与东盟各国之间的进出口贸易额发展创造了良好的条件，有利于中国与东盟之间的进出口贸易不断扩大。中国与东盟之间的进出口贸易占中国进出口贸易总额的比重较高，东盟作为中国的主要贸易伙伴，在中国进出口贸易中的比重不断提高，双边贸易存在不断扩大趋势。随着中国与东盟之间一系列双边与多边贸易协定的签订和实施，与贸易投资相关的规则和制度安排的不断完善，不仅有利于稳定中国与东盟各国之间的贸易关系，还为双边贸易发展创造了新的机会和可能性。中国与东盟双边贸易过程中面临着贸易不平衡性和不确定性风险、农产品贸易摩擦和冲突发生的可能性、敏感产品与大宗产品贸易摩擦、区域外部势力对双边贸易的不当干预等多方面的问题。必须妥善解决双边贸易中存在的各种问题和风险，才能充分发挥中国与东盟的比较优势，推进双边贸易的进一步发展。

（保健云．国际经贸探索杂志2008年第4期）

中国—东盟开展服务贸易的影响因素及对策

随着中国—东盟自由贸易区的建设，区域内投资和贸易规模不断扩大，各成员经济发展和产业结构调整不断加快，将会启发和扩大中国与东盟服务贸易的潜力。另外《中国—东盟服务贸易协议》以下简称《协议》的签署，为服务贸易的发展提供了制度保障。随着协议的实施，双方将逐步减少服务业的准入限制，扩大服务部门的市场开放，区域内可获得服务贸易的创造效应、规模效应、投资效应。依托此背景，对影响中国—东盟服务贸易与投资的促进和制约要素进行总结和分析，并在此基础上研究相关对策和建议无疑具有现实意义，本文拟对此进行探讨。

一、提高中国—东盟服务贸易竞争力的促进因素

1. 中国与东盟国内服务业的发展为国际服务贸易奠定了物质基础。服务贸易竞争优势的形成与确定，很大程度上依赖于相关产业的支持：服务业的发展水平以及内部各产业的支撑；第一、二产业对服务业的支持。在服务贸易的产业基础上，东盟成员普遍好于中国。根据世界银行2005年世界发展报告同口径统计，中国服务业产值占GDP的比重为32%，而东盟成员中，除文莱数据不详、老挝和缅甸低于中国外，东盟其他7个成员国服务业产值占GDP的比重都高于中国，其中新加坡高达65%，居于领先地位；菲律宾为53%，泰国50%，马来西亚42%，印尼40%，越南38%，柬埔寨36%，第三产业的发展为国际服务贸易奠定了物质基础。

2. 中国与东盟国家资源的绝对优势是中国—东盟各国服务贸易竞争力形成与发展的基础。具有绝对优势的地理位置，天然良港，构筑了各国丰富的服务贸易资源。新加坡凭借极为优越的天然良港，成为世界最繁忙的港口和最大的集装箱港；作为东南亚地区最大的金融中心、航运中心、发达的物流服务业，现代化的国际机场和高度自动化的港口，使其成为国际贸易集散地和中转站，运输、商业服务、旅游成为其优势产业；中国、印尼、马来西亚、菲律宾和泰国劳

动力资源相对极为丰富，伴随着国家的产业结构调整，农村劳动力开始向服务业转移，为这些国家开展服务贸易奠定了坚实的人力资源基础；独特的自然景观和文化景观也为各国提供了丰富的旅游资源，作为具有绝对优势的旅游资源和多元种族和多元文化的人文资源，为各国开展旅游服务贸易提供了长期的物质基础。

3. 各国服务业发展的政策，推动了中国—东盟国家服务贸易竞争力的提高。近几年来，中国与东盟国家对基础设施行业——金融服务、电信、邮政服务、航空及海运（船运和港口）的市场准入、国民待遇、国内管理制度作出某些改革，对外开放度不断提高。许多国家逐步实行领空开放政策，扩展第5航权，减少航空服务的市场准入限制；各国还积极开放港口和海运业，引进港口跨国营运商的投资，加快港口营运的私有化，增强了运输服务贸易的竞争力；各国开始逐步打破原有的垄断经营，如新加坡修改电信服务供应商和电信设备供应商执照的条例，部分取消外国公司申请设备供应商的条件；各国政府还大力鼓励和扶持旅游业，开发新的旅游景点，增设新的旅游项目，加强旅游专业化分工和提高旅游服务质量等。这些改革提高了服务供应的国内与国际竞争，为效率高的经营创造了激励因素，促进了生产率和产品结构的提升。

4. 跨国公司服务外包的兴起，促进了各国服务贸易竞争力的提升。近年来，随着跨国公司服务外包的迅速发展，中国与东盟五国正逐渐成为发展中国家离岸外包服务业的主要目的国。美国商务部的一份报告中称，新加坡外包产业的发展速度仅次于印度，正在以每年平均21.7%的速度增长。菲律宾以其专业人才优势、政府支持和良好的IT基础成为服务外包目的国，马来西亚成为世界第三大最具有吸引力的服务外包承接国，目前马来西亚已经吸引了包括戴尔、惠普、爱立信、IBM等国际大公司入驻，这些公司都和当地的企业建立了服务外包的业务联系。跨国公司在中国与东盟国家服务外包的不断扩大，有助于该地区服务贸易竞争力的提高。面对以服务业为核心的新一轮国际产业转移，中国与东盟国家可通过区内合作，形成区内要素资源有效配置与整合，增强自贸区在承接国际产业转移方面的话语权、凝聚力和整体竞争力。

5. 双方服务贸易需求的不断增加，为国际服务贸易的扩大提供了市场。中国与东盟国家经济发展都面临产业结构调整，扩大就业的问题，发展服务业、扩大服务业的对外开放，成为必然选择；另外随着本地区人均收入的提高，对服务产品的总量和多样性需求会不断扩大，这无疑会给包括对方在内的外国服务提供者带来商机，地缘、文化和现实的合作基础等优势资源的整合会给对方带来更多的便利。尤其是中国高速的经济增长以及贸易和金融的进一步自由化可能会通过数个渠道影响本地区服务业的发展，如果服务贸易（特别是电讯、金融服务、信息处理、其他商业服务）以预期的高速度发展，将会带来更大的益处；随着中国—东盟自贸区的发展，各国之间的贸易、产业关联度日益提高，双方在货物贸易和其他产业领域的投资不断增加，必然进一步增大对物流、金融、保险等服务的需求，会给双方的服务提供者带来新的机遇。

6.《协议》的签署和实施，为中国和东盟十国开展服务贸易提供了制度保障。各国都将在各自WTO承诺的基础上，相互进一步开放服务市场，提供更加优惠的市场准入条件。根据《协议》，中国将在WTO承诺的基础上，在建筑、环保、运输、体育和商务服务等5个服务部门的26个分部门，向东盟国家作出了新的市场开放承诺，具体包括进一步开放上述服务领域，允许对方设立独资或合资企业，放宽设立公司的股比限制等内容；东盟各国也在WTO承诺基础上作出新的开放承诺。例如，中国在机动车保养和修理服务方面允许东盟企业设立独资子公司，在排污、垃圾处理、降低噪音等环境服务方面允许设立独资企业，东盟多数国家也对中国开放了旅馆、餐饮服务，允许成立合资企业，新加坡、文莱等国还向中国开放了海洋客运和货运服务。这些市场开放承诺不仅有利于进一步拓展双方服务部门的互利合作，实现优势互补，增强竞争力，扩大服务贸易出口，而且还可以使双方的消费者扩大选择的范围和种类，享受到更多的优质服务，增加消费者福利。地区内各国之间的协议保证了地区生产网络不断扩张所要求的市场开放，同时还减少了在外国投资、服务贸易和熟练技术工人流动等方面的障碍，这对于地区生产网络和服务网络的建立至关重要。

二、影响中国—东盟国际服务贸易发展的制约因素

服务交易活动需要服务生产者和服务消费者互相接触，跨越国界的服务交易活动将比国内的服务交易活动遇到更多障碍。

1. 空间距离及由此而产生的成本。国家之间的空间距离通常较长，跨国界的运输和通讯设备一般比国内所拥有的网络差，而运输和通讯成本的降低与其他商品的价格相关。国际服务贸易的发展必须依赖强有力的国际通讯和运输网络，然而，目前，该地区国家之间发展差距非常显著，交通基础设施落后，交通网络未形成，交易成本高，影响了中国—东盟国际服务的发展。

2. 制度性的障碍。由于服务贸易标的特性，各国政府对本国服务业的保护只能采取在市场准入方面给予限制或进入市场后不给予国民待遇等非关税壁垒

形式，这种以国内立法形式实施的非关税壁垒，难以体现为数量形式，缺乏透明度，使国际服务贸易受到的限制和障碍具有刚性和隐蔽性。这些限制将提高企业的经营成本或降低消费者的购买能力和改变消费者偏好，从而削弱服务生产者的竞争力。

非关税壁垒分为四种主要的类型，即影响产品流通的壁垒、影响资本流动的壁垒、影响人员移动的壁垒和影响生产企业设立的壁垒。限制产品流通的壁垒包括完全禁止国外产品进入本国市场、准入国内市场但必须使用国内的流通渠道或者存在产品数量的配额限制等。通过特殊的立法程序阻碍服务贸易，如：规定公共产品的市场只向本国企业开放、实行歧视性的技术标准等。限制资本流动的壁垒主要是外汇管制、汇率波动和对利润收入转移的限制。限制人员移动的壁垒是对人员过境迁移的限制，这种限制既增加了企业招聘匹配员工的困难（如专业咨询业、专业技术人员），也将影响消费者对服务消费的选择。影响生产企业设立壁垒主要包括对于直接进入某行业的限制、对于国外投资者经营行为和灵活性的限制、对于本国企业和国外企业的歧视性待遇，以及使协调成本上升的不透明的法规和标准，这些制度性障碍将在许多服务行业中有效地排斥来自国外的竞争。随着中国与东盟国家服务贸易协定签署，制度性方面限制将有所缓解，但不会消除。

3. 文化与语言障碍。东南亚国家语言不同，宗教信仰多样，民俗多样，这类障碍对国际服务贸易的影响很大，因为人与人之间的接触以及其中所包含的不确定性因素要比国际货物贸易更复杂。这类障碍不可能由政府采取行动迅速地加以克服，它只能随着时间的推移，采取一定的措施，使这类壁垒的影响得到减缓。

4. 海关监管制度影响国际服务贸易的发展。从国际服务贸易许多活动的实现形式和过程上看，存在着人员、资本、信息以不同的形式跨国移动，或在一定形式下存在于商品的跨国移动中，直接受到海关监管制度和关税征管制度的影响。海关对国际服务贸易的监管活动是实际的、广泛的，如大多数国家海关对国际金融服务、进出口租赁服务、进出口货物以及运载货物、人员的运输工具实行边境控制，海关监管既可以促进国际服务贸易的发展，也可以限制和阻碍国际服务贸易的发展。

三、促进中国—东盟开展国际服务贸易的对策

国外研究表明，非关税壁垒包括政府规制政策是国际服务贸易发展的主要障碍。这一壁垒的缓解和消除需要政府之间的合作与妥协，应是开展中国与东盟国家开展国际服务合作重点突破之地。

1. 选择具有双方比较优势的服务行业加以重点发展，做好协议框架下的开放领域的示范建设。考虑到东盟国家服务业市场的开放涉及国家安全和主权让渡，又加上这些国家总体水平低，服务市场发育不全面，国际竞争力较差（持续的服务贸易逆差），所以必然采取一种“渐进的”和“有管理的”原则，在某些领域要率先突破（旅游、运输网路建设），起到示范作用，通过示范和模仿，使合作从局部到全面。

各国应将一些基础设施服务行业——金融服务、电信、邮政服务、航空运输和海运（船运和港口）服务的改革置于重要的政策优先地位，取消和减少限制竞争和经营活动的壁垒——市场准入放宽；放宽对国外投资商的限制——国民待遇完善；降低政策风险、增进市场效率——改革国内管理制度，尤其是对“瓶颈机构”，由于其具有天然垄断的特点，仅仅消除进入壁垒无法改善经济福利，应以第三方准入安排以防止市场支配力的错用，促进上下游市场的有效竞争（第三方准入安排适用于电信业）。

发展运输、通讯基础设施建设。中国与东盟国家要合作发展交通运输业、统筹规划、合理布局，发挥组合效率和整体优势，建设便捷、通畅、高效安全的综合运输体系，将中国与东盟建成一个海陆空全方位的物流运输系统，对于区域内的交通、旅游、建筑、物流等服务贸易将产生贸易创造效应。尤其是加强港口合作：通过专业化分工，提高港口资源的有效利用。如新加坡等国家的港口作为大的枢纽港，而广西的港口作为中国西南和越南北部、缅甸的集散港，如将西南地区的货物运送至防城港，在此拼装，发往香港或新加坡，或将其他大港的货物集散到西南各地，实现专业化分工，节省运输成本和时间，提高效率。

加强国际旅游和培训的合作。随着国际文化交流规模的不断扩大，国际旅游、海外留学和文化体育交流所伴随的国际服务迅猛发展，这类商品供给成本低，进入门槛不高，制约因素少，规模可大可小，比较灵活，双方可首先启动这方面的合作。

关注文化、分销和咨询等特色型部门，将拥有民族文化特色的体育、医药、教育、戏剧、影视等分支部门全方位推向包括彼此的市场，扩大影响力和竞争力。

加强各国的教育合作。随着东盟国家改革开放的不断加深，教育服务国际贸易的需求，将不断扩大，主要集中在高等教育的境外消费上，中国与东盟国家应加强此方面的合作。另外通过中外合作办学，既可加强与较发达国家新加坡的合作，也可推广至与东盟国家较落后地区的合作。推进学历证书的相互认可，促进各国劳动力流动性的提高；加速汉语国际推广，通过建立孔子学院，推广汉语学习，增进了解。笔者曾去老挝、越南，那里的中文教育相当普及，当然这可能与华侨有关，这是一个很好的媒介与黏合剂。

2. 促进中国—东盟国际服务贸易与投资自由化。消除服务贸易壁垒将有助于贸易双方福利的改善，有

助于各行业生产力和投资回报率的提高。服务业部门生产效率的提高将会降低所有产业服务投入的成本，对于那种需求曲线十分平坦的贸易部门尤其如此，成本的降低提高了这些行业的竞争力，进一步促进了他们的出口与生产水平。另外，对于发展中国家而言，从较发达国家进口更为便宜和更有效率的银行与保险服务，有助于提高其出口能力和国内经济绩效。相反，对于国内经济发展所需要的作为中间投入的服务加以保护，将使出口能力和国内经济发展受到伤害。中国与东盟国家服务贸易的开放或相关改革将扫除阻碍外国投资的种种障碍，有助于外国投资者有机会进行多元化投资，获得较高的潜在回报，本地区在国际私人证券资本流动中的份额可能会增加，而区域内各国的企业和居民也可能到他国扩大投资组合和直接投资。如旅游业，中国就有多家企业准备在东盟国家直接建立子公司，为国内消费者提供服务。

鼓励服务业对外直接投资的发展，服务产品的消费往往需要生产者和消费者直接接触，加之服务国际贸易存在着许多非关税壁垒，这些约束使得 FDI（对外直接投资）成为国际服务贸易的主要形式。所以加强服务业的投资合作，促进具有规模、品牌优势和出口竞争力的企业在境外设立研发机构、市场营销及服务代理，贴近市场，为客户量身定做符合发包企业商业习惯并能适应中国、东盟市场特殊要求的解决方案。

但要注意各国之间为吸引出口导向型（特别是外包服务）的 FDI 而激烈竞争，避免竞相提供明显超过国际标准的财政鼓励政策（如税收减免），使得这种财政鼓励 FDI 带来的好处应能够完全抵消财政鼓励的高额成本：政府收入的损失，鼓励政策导致的经济扭曲和腐败寻租行为，否则会造成国家总体福利的损害。

3. 改革海关监管制度，降低国际服务贸易的交易成本，增加交易效率。(1) 海关对进出境人员监管时，在适当数量范围内，对进出境人员的旅行用品、安家物品予以免征关税，既方便服务提供者的流动，又可促进旅游服务的发展。根据服务贸易出口领域人员出入境频繁的特点和需要，对重点服务贸易出口企业的部分人员在出入境管理方面予以放宽。(2) 积极倡导国际转关运输自由化，使进出境货物和人员可以不必在所进入国的边境办理正式通关手续而不间断地直接进入该国内地直达目的地；还可以借经该国关境运输到另一个国家，其间货物和人员无需换装运输工具，由同一个承运人提供跨国运输服务，这不仅促进了国际联运的发展，还可催生专门从事转关运输货物的国际运输公司。(3) 采取适用于货物贸易活动的保税制度，促国际货物贸易的经纪服务，进而带动区域内相关国际运输、仓储、金融、保险服务的发展。(4) 海关对部分服务贸易活动给予特殊的关征管方法，使得国际服务贸易中使用的服务工具、设备、材料享受不征收关税的优惠，可降低国际服务贸易的成本，促进国际服务贸易的发展。

4. 大力发展教育，提高人力资本。在服务产品实现过程中，服务提供者是其关键的构成要素，决定了服务质量，人力资本的发展和配置方式也决定一个国家的比较优势。对于跨国服务企业和发展中国家来说，尤其重要的两个因素是信息技术和人力资源（包括知识、技能和商誉），人力资本和电信服务基础设施与保险、银行、信息、咨询等专业经济服务的优势息息相关，是其发展的关键环节，所以中国与东盟国家可以通过采取旨在提升人力资源质量的积极政策来弥补服务业发展的差距。

［王娟. 广西民族大学学报杂志（哲学社会科学版）2008 年第 5 期］

东盟十国的投资环境分析与我国企业“走出去”战略

近年来，中国加大实施“走出去”战略的力度，鼓励和扶持有实力和竞争力的企业到境外投资设厂，随着中国—东盟自由贸易区建设的逐步加强，东盟国家成为中国企业“走出去”的重点地区之一。但是，部分投资企业对东盟十国的投资环境缺乏了解，投资具有一定的盲目性，因而发生矛盾和纠纷，以至于影响其他企业进入东盟国家投资的信心。因此，了解和研究东盟十国的投资环境，实施正确的“走出去”战略非常必要。

一、东盟十国投资环境比较分析

投资环境评价采取的方法多为定性和定量相结合，首先对区域投资环境因素作深入详细的定性分析。区域投资环境因素的定性分析围绕三大要素十个子要素展开，经济环境是评价投资硬环境中最根本的组成要素，主要包括一个国家或地区的经济发展总水平、经济增长状况、产业结构及其变化、经济发展的技术条件、基础设施、市场环境以及财务环境等；政治法律环境和社会文化环境是评价投资软环境的重要因素，政治法律环境主要包括政治环境、政府的产业政策与外资政策、法律制度与行政制度等，社会文化环境主要包括一个国家或地区的社会安定状况、人们的思想开放程度、自律精神和积极进步的社会风气，以及各项社会秩序的建立和健全状况等。

（一）投资硬环境比较分析。经济环境指标属于投资硬环境指标。我们用“2003 年人均国民总收入”代表经济发展水平，在 1080 美元以上打 5 分，1080 美元左右打 3.5 分，在 1080 美元以下打 1 分，评分结果为：新加坡（21230美元）、文莱（14，014美元）、马来西亚（3880美元）、泰国（2190美元）得5分；菲律宾（1080美元）得3.5分；印尼（810美元）、越南（480美元）、老挝（340美元）、柬埔寨（300美元）、缅甸（155美元）得1分。

用“2001～2004GDP年均增长率”代表经济增长，在5%以上打5分，5%左右打3分，在5%以下打1.5分，评分结果为：缅甸（10.5%）、越南（7.2%）、得5分；老挝（5.7%）、柬埔寨（5.2%）、泰国（5.1%）、印尼（4.5%）、菲律宾（4.2%）、马来西亚（4.2%）得3分；新加坡（2.7%）、文莱（2.5%）得1.5分。

用“2003年第三产业比值”代表产业结构，50%以上打5分，50%左右打3.5分，50%～30%之间打2分，30%以下打1分，评分结果为：新加坡（65.0%）得5分；菲律宾（53.2%）、文莱（49.4%）得3.5分；泰国（46.3%）、马来西亚（41.8%）、越南（38.2%）、印尼（39.9%）、柬埔寨（35%）、缅甸（33.1%）得2分；老挝（25%）得1分。

用“2003年成人识字率”代表技术条件，80%以上打5分，80%左右打3.5分，80%以下打1分，评分结果为：泰国（95.7%）、菲律宾（95.1%）、越南（92.7%）、新加坡（92.5%）、文莱（91.6%）得5分；马来西亚（87.9%）、印尼（87.3%）、缅甸（85.0%）得3.5分；柬埔寨（68.7%）、老挝（65.6%）得1分。用“1996～2000年均通胀率”代表市场环境，小于5%打5分，5%～10%打3分，10%以上打1分，评分结果为：文莱（0.83%）、新加坡（0.90%）、马来西亚（3.14%）、越南（4.02%）、泰国（4.28%）得5分；柬埔寨（6.64%）、菲律宾（7.16%）得3分；印尼（19.30%）、缅甸（20.58%）、老挝（56.61%）得1分。

用“2002年人均能源消费量”代表基础设施，1353千克标准油当量以上打5分，1353千克打2.5分，1353千克以下打1分，缺文莱、柬埔寨和老挝的资料，

根据具体情况判断。评结果为：新加坡（6078千克标准油当量）、马来西亚（2129千克标准油当量）得5分；泰国（1353千克标准油当量）得2.5分；印尼（737千克标准油当量）、越南（530千克标准油当量）、菲律宾（525千克标准油当量）、缅甸（258千克标准油当量）得1分。日本《经济新闻报》将文莱列为东南亚地区第二个最佳经商地点，日本企业进行调查后发现，文莱的机场、港口设施、交通运输、能源与邮电通信均在东南亚地区最佳之列，因此文莱的基础设施可以打5分；柬埔寨交通以公路和内河航运为主，铁路只有金边—马德望和金边—西哈努克市两条，公路、铁路被长期的战乱严重破坏，急待修复和重建，老挝无出海口，也没有铁路，国内交通主要靠公路和内河运输，因此柬埔寨和老挝的基础设施都打1分。

根据投资硬环境的各项指标比较分析结果，新加坡得分合计26.5分，投资硬环境最好，各方面条件全面发展。得分合计在25～20分之间的是文莱、马来西亚、泰国，这几国原有的经济基础比较好。得分合计在20分以下的是越南、菲律宾、缅甸、印尼、柬埔寨、老挝，这几国投资硬环境的特点是基础设施较差，但经济发展速度较快。

（二）投资软环境比较分析。政治法律环境指标和社会文化环境指标属于投资软环境指标。我们用“政治和安全局势的稳定性”代表政治环境，“政局长期稳定”打5分，“政局基本稳定”打2分，评分结果为：文莱、新加坡、越南政局长期稳定，打5分；目前泰国、柬埔寨、老挝、马来西亚、缅甸、印尼、菲律宾政局虽不会出现太大的动荡，但仍存在着诸多不安全因素，打2分。

用“经营环境宽松度”代表政策环境，“经营环境比较宽松”打5分，“经营环境一般”打2分。世界银行2004年9月8日发表的一份题为《2005年全球企业经营环境报告：消除经济增长的障碍》的报告显示，在经营环境宽松度方面，有8个经济体在145个国家里跻身前1/4，他们是新西兰、澳大利亚、新加坡、日本、中国香港、泰国、中国台湾和马来西亚，而老挝、柬埔寨、印尼和越南则排在不太宽松的1/4之列。所以，新加坡、泰国、马来西亚的“经营环境比较宽松”打5分。其他国家的“经营环境一般”，打2分。

用“法律法规的完备性”代表法律环境，“法律法规健全”打3分，“法律法规基本健全”打1分。文莱、新加坡、马来西亚、泰国法律法规健全打3分，其他国家法律法规基本健全，打1分。

用“行政效率”代表行政制度，“政府职能规范，办事效率高”打5分，“政府转变职能的意识强烈，但机构改革慢，办事效率不高”打3分。世界银行一份名为《在2004年做生意：了解规范》的报告认为，新加坡对企业规范最少，菲律宾对企业规范最多，在公司注册登记方面，柬埔寨所交费用比国民所得要高5倍；越南、老挝、缅甸的政府干预过多、行政办事效率低也有目共睹，因此新加坡打5分，其他国家打3分。

用“社会秩序”代表社会文化环境，“民众思想开放，社会秩序良好”打5分，“民众思想不够开放，社会秩序不够规范”打3分。新加坡民众思想开放，社会秩序良好，打5分，其他国家打3分。

根据投资软环境的各项指标比较分析结果，新加坡得分合计23分，投资软环境最好，得分合计在

10～20分之间的是文莱、泰国、马来西亚，得分合计在10分以下的是越南、印尼、菲律宾、柬埔寨、老挝、缅甸。

通过以上对东盟十国投资环境的分析，新加坡的总分合计49.5分，投资环境最好。2001年上半年，著名的《财富》和《时代》两本杂志的调查报告显示，在商业环境、贸易及投资机会的“国家商誉”上，新加坡为十九个亚洲国家及地区第一名。其次是文莱（42分）、马来西亚（39.5分）、泰国（39分），第三是越南（28分）、菲律宾（24分），第四是缅甸（19.5分）、印尼（19分）、柬埔寨（17分）、老挝（16分）。总部设在香港的政治和经济风险咨询公司的报告进一步佐证上述结论，东南亚国家中，新加坡的投资风险是最小的，其次为马来西亚和泰国，印尼、缅甸、柬埔寨和越南等国的风险是比较大的。

二、我国企业“走出去”战略对策

（一）新加坡的投资环境好，是我国企业尤其是大中型企业投资的首选国家，投资的类型除以扩大市场为主外，可尝试目前国际直接投资中广泛采用的收购、兼并方式。慎重选择投资的产业，重点推销最好品质和款式的产品，避免我国企业在新加坡的恶性竞争。

目前，进入新加坡的国家和地区的企业很多，有7000多家外资公司、机构，全球500家最大企业的290家在新设有机构，新加坡也已成为海外中资企业较集中的国家。截至2004年8月，在新注册的中资企业1270家，主要开展制造业和服务业，如春兰控股、TCL王牌彩电及海尔集团等，同行业竞争非常激烈。日本、韩国和欧美品牌的家电几乎占领了新加坡家电市场，我国家电品牌的竞争能力还很弱，因此我们应慎重选择投资的产业，重点推销最好品质和款式的产品，避免我国企业在新加坡的恶性竞争。新加坡产业结构单一，其制造业以电子和炼油业为主，其他制造业在经济成分中所占比重较低，电子和化工行业又主要掌握在跨国公司手里。新加坡政府决定大力发展生化医疗科学产业，希望这个产业能够成为新加坡经济第四个重要产业。中新两国在中小企业、科技企业、旅游、教育等领域的合作潜力巨大，深圳华为公司成功登陆新加坡高科技产品市场就是最好的例证。我国企业尤其是大中型企业在新加坡的投资应更多考虑长远利益，树立跨国公司的形象，尝试目前国际直接投资中广泛采用的收购、兼并方式。

（二）文莱投资环境很好，石油和天然气是经济支柱，但国内市场狭小，产品单一，没有转口贸易，我国企业尤其是大中型企业可考虑以战略资源型投资为主。

文莱的经济是一种资源型经济，石油和天然气开采业产值占其GDP的70%多，约占其总出口总额的95%；制造业和农业比较落后，全国只有几十家制造业企业，且以生产成衣为主，制造业产值仅占其GDP的4%左右；文莱80%的食品依赖进口，其粮食的自给率只有3%。因此只有部分行业的投资者可以在文莱找到商业机会。目前，在文莱的中资机构共有六个：华为公司文莱分公司、中原对外工程公司经理部（办事处）和天狮（文莱）公司，另有中兴通讯、华夏家具和贵池贸易公司（经营百货）两家民营企业在文莱经营。

石油是中国和文莱贸易的主要因素，我国企业向文莱投资的类型以战略资源型投资为主。同时，我国石化工业实力雄厚，文莱政府欢迎我国相关企业到文莱投资设厂，开发石油下游产品。而且，文莱靠近马来西亚，马来西亚盛产石油，但石化工业相对薄弱，我国公司可在石油化工方面进行投资与合作。

（三）我国与泰国、马来西亚、越南的产业结构相似，竞争大于互补，向这些国家投资的类型可采取扩大市场型，但应避免我国企业在这些国家的恶性竞争。

中国企业在泰国投资原来只限于贸易和承包劳务类企业。近年来，投资机械制造业和生产型企业的有所增加。截至2002年底，中方企业在泰设立合资企业235个。泰华农民研究中心的报告称，目前中国商品大量涌入泰国市场，曼谷已成为中国商品的集散地。80年代以来泰国就是投资的乐土，外国公司也云集泰国。截至2002年底，经中国外经贸部批准或备案的在马中资企业97家；中国对越投资项目共233个，投资主要集中在机电产品组装、食品加工、不动产等行业，工业城市海防60%是中国产品。

在激烈的市场竞争中，我们可能会碰到非关税壁垒，泰国、马来西亚、越南可能会运用反倾销和各种行政手段，阻碍我们的产品进入他们的国家。只有进行跨国投资，绕过关税将工厂设在泰国、马来西亚、越南，增加了当地的就业机会，产品才被视为其本国产品的一部分，享受国民待遇。此外，进行跨国投资，还可以避免汇率风险、海上运输费用、保险等等掣肘，而且拥有产品维修和售后服务的优势。

（四）菲律宾南部、印尼政局不太稳定，投资应谨慎，密切关注政局变化，但不要轻易放弃市场，可采取合资、合营等风险小的投资形式。虽然菲律宾南部、印尼政局不太稳定，但自然资源丰富，市场充满商机。菲律宾有8700万人口，市场广阔，就海运来说，是距中国最近的东南亚国家，我国在菲承包项目21个。印尼拥有2亿消费者的大市场，是中国家电企业“走出去”发展的重点国家，截至2003年3月，中方在印尼设立非贸易型合资、合营企业60家。我国在这两个国家可采取合资、合营等风险小的投资形式，按照国际上跨国公司的经验，实行当地化管理。

（五）我国与缅甸、柬埔寨、老挝的产业结构有较大差异，互补大于竞争，这些国家的能源资源丰富，但基础产业落后，投资环境差，我国企业尤其是大中型企业可考虑以战略资源型投资为主，投资着眼点最好是交通便利的大中城市。

截至2002年6月，中国企业在柬埔寨投资项目100余个，协议金额约3亿美元，主要投资领域有：基础设施建设、农业开发、服装加工、医院等。缅甸是东南亚地区石油蕴藏量较多的国家，截至2002年三季度，在缅中资机构37家。中国公司于1990年开始赴老挝投资办厂，2000年1月至2004年4月，中国在老挝的投资项目共49个，总投资为1.9958亿美元，投资领域涉及建材、种植养殖、药品生产等。

缅甸、柬埔寨、老挝基础产业落后，投资环境较差，投资风险大。我国企业尤其是大中型企业可考虑以战略资源型投资为主，可以与这些国家合作投资开发能源和基础设施领域，投资形式包括股权投资、BOT和工程承包，投资着眼点最好是交通便利的大中城市。

（黄丽馨．时代经贸杂志2007年第10期）

中国企业投资东盟市场的地点选择

一、影响投资地点选择的因素

（一）东盟市场的投资环境

中国—东盟自由贸易区建成后，将形成一个拥有18亿消费者、近2万亿美元国内生产总值、1.2万亿美元贸易总量的经济区。面对这样的市场，中国企业必须认真研究和分析其投资环境。就目前来看，东盟市场的非关税壁垒仍然很高，具体表现在：

1．东盟国家普遍实行严格的进口限制，主张自由贸易的新加坡也禁止某些产品的进口。

2．绝大多数东盟成员都把繁琐、苛刻的海关手续作为非关税壁垒的重要手段。

3．苛刻的卫生、安全和技术标准也使得一些劳动密集型产品被拒之门外。

4．各种歧视性进口政策也限制了贸易发展。相当多的东盟国家对某些产品的进口权实行国家垄断，或者通过对某些进口产品征收高额国内税，使其无法在本地市场销售。

从客观上看，这些非关税壁垒影响了双边贸易的发展，但深入分析就会发现，由于直接投资可以绕过非关税壁垒的限制，因此东盟市场蕴含巨大商机。但投资企业也应重视一些政治因素的影响。

（二）东盟市场结构的不完全性

东盟市场结构的不完全性是指东盟市场的运行及其体系在功能或结构上的缺陷。就中国企业在东盟市场选择投资目的地而言，东盟市场结构的不完全性对中国企业的影响主要体现在以下几个方面：

1．经济发展水平。经济发展程度的不同决定着东盟市场中各国的居民收入水平、消费水平和需求结构，因此也决定着市场规模和类型。同时，经济发展状况还决定着特定国家的社会基础设施、信息服务条件等市场运行环境，进而影响到中国企业的经营运作。因此，选择进入何种发展水平的国家市场是中国企业进入东盟市场的最基本决策。

2．技术基础结构。由于历史和现实的多种因素制约，在不同经济发展水平的东盟各国和在同一发展水平的不同国家里，产业发展的技术基础结构并不相同，这体现在东盟各国可能实行不同的技术规程、技术标准和技术政策。对于以制造加工、资源开发等实业投资为主的中国企业而言，应该了解东盟各国在技术基础构成上的差异，从而减少中国企业进入的障碍和风险。

3．资源供给条件。在东盟市场中仍然存在国家和地区边界，正是这种行政边界的存在和阻隔，造成东盟各国在不同资源上富集程度的差异，以及经济资源流动性的减弱。因此，中国企业必须了解东盟各国的资源条件，并且对资源的供给条件与成本进行深入的比较分析，从而避免投资地点选择上的盲目性。

4．政治法律体制。政治法律可能是最具差异性的国家和地区因素，因为任何两个国家和地区在政治体制、法律规则、行政程序和各种政策上很少有完全一致的情况。在东盟市场中政治法律体制上的差异，即使是很小的差异，也会使中国企业面临不同的经营环境。对于中国企业而言，政治法律因素既具有必须服从的强制性，又具有难以预料其变化的不确定性。中国企业进入东盟市场前，必须细致研究有关东盟各国的政治法律体制，以明确东盟各国制约中国企业进入和长期经营的法律和政策边界。

5．社会文化环境。东盟各国也是特定民族历史形成的政治集合体，各个国家的居民或者同一个国家的居民不仅可能存在语言文字上的差异，也可能在社会价值准则、伦理道德观念、宗教信仰、商业习惯和人际交往方式等方面存在着广泛差异。而且这些因素具有历史连续性和较强的稳定性。这些因素影响着当地消费者对中国企业的态度，制约着企业人员的活动方式，并且影响着中国企业的信息成本和经营绩效。因此，中国企业应充分研究东盟市场中不同国家和同一个国家的不同地区的社会文化环境，中国企业既可以从中寻找可资利用的有利因素，又可以制定适应当地环境的长期战略。总体而言，东盟市场结构的不完全性是影响中国企业在东盟市场选择投资目的地的最基本因素。

（三）东盟市场的行业因素

中国企业在进入东盟市场的地点选择过程中，目标投资国家和地区的选择仅仅是第一层次的决策，属于宏观范畴。对中国企业而言，还要进行第二层次的微观分析，即综合考虑和分析东盟行业市场的相关因素。下面从市场机会和进入障碍两个方面来分析和研究影响中国企业在东盟市场选择投资目的地的行业因素。

1. 市场机会。分析东盟市场中目标国家和地区的特定行业市场有无长期投资与经营发展的机会，至少应考虑行业市场容量和行业发展阶段这两个主要因素。行业市场容量特别是未来较长一段时期内的潜在市场容量决定着行业市场的规模和产品的总体销量。行业市场容量不仅要定性分析和定量测算，同时应当辅之以一定的时间区间的回归分析。由于从投资地点的选择到投资进入的完成尚需一个过程，因此，中国企业主要应着眼于东盟潜在市场容量，而现实的市场容量应在企业完成投资进入后根据相关变量的近期数据作出判断。行业发展阶段是反映特定国家和地区当地行业生产与供给状况的因素，对中国企业而言，在东盟市场存在需求的前提下，进入处于行业空白区和衰退期的国家和地区是可行和有利的选择。对那些行业生产能力高度发展，其本身也在寻找国外市场的国家和地区显然不应当再选作投资目标市场，这就是避实就虚的原则。

2. 进入障碍。不同国家和地区的行业进入障碍决定着进入企业将为此支付的成本和代价，因此，中国企业必须对东盟市场进行慎重的比较和分析。其表现包括进入企业须承担的额外成本，当地现有企业的竞争结构与竞争性反映，以及当地政府与社会的态度等。这些不利因素都将成为中国企业进入东盟市场的最初障碍，如果东盟市场对于具体的中国企业而言确实有很大的市场潜力，进入后又能取得长期稳定的收益，而且具体的中国企业也有足够的现实实力来承担进入的成本，那么这些障碍就无法阻拦中国企业的进入。显然，行业市场因素分析与选择的关键仍然是收益与成本的比较。

二、相关变量分析

投资地点选择就是解决在哪里投资的问题，也就是投资的空间位置选择问题。这里值得注意的是，空间位置并非单纯的地理的或经济地理的位置，它具有更丰富的内涵。也就是说，除了解释空间位置外，还有放置和为特定目的而标定的地区这两重意思。因此，中国企业应研究东盟市场中社会经济现象的空间运动规律，以及有所侧重研究中国企业在东盟市场投资活动的空间规律，特别是具体投资地点活动在空间平面上如何定位才能取得更好的效果，使各种资源的利用效率更高。投资是一种长期的资源配置方式，而所有的资源都是与一定的区位条件相联系的。也就是说，任何一个地理定向上的点或由点组成的线和面都具有其独特的资源组合，因而资源在空间上有差异性。而这种差异导致了投资效益的空间差异。在东盟市场中投资地点的空间差异表现在各投资地点变量在不同地区、不同位置上的差别和组合关系。投资地点变量可概括为：

（一）自然环境和自然资源变量

这主要是指东盟市场中区域性和次区域性的自然条件和自然资源，自然条件是一切经济活动赖以存在的物质基础，自然资源直接影响不同地区第二产业投资重点以及投资的分配比例，它在很大程度上决定了不同区域经济的发展水平和发展方向。也可以说是中国企业在东盟市场投资所面临的并与其生产和经营活动直接相关的地理位置、自然资源和气候条件等非人为因素，如水力资源、森林资源、矿产资源等，这些自然条件和自然资源在分布上存在明显的差异性、层次性和互补性特征，对选择投资地点的影响非常大，甚至具有决定性的影响。例如，在东盟市场中选择水电站的投资，就必须要落实在有丰富水力资源的河段上。值得注意的是，一个地区的自然条件和自然资源状况固然对投资有着基础性的作用，但更加重要的是要研究它同其他地区相比是否存在比较优势。对东盟来说，这种比较优势主要反映在资源的规模、品位、开发条件、地理位置等因素上。同时也要注意到另一种情况，一些东盟国家尽管自然资源匮乏，却仍能吸引大量投资，而且发展较快。以新加坡为例，新加坡与其他的东盟国家相比拥有的是更为稀缺的高位资源，即技术资源、信息资源、管理资源、资本资源、智力资源等。相对而言，高位资源比低位资源具有更大的可交换性、可转换性和可变现性。因而，就自然资源对东盟市场投资环境的影响来看，应该从比较优势、稀缺性和高低位状况几个方面来综合考量。

（二）运输变量

任何投资项目所需要的资源都不可能完全从一个地方得到，所生产的产品也不可能只在一个地方销售。因此，运输作为一种克服空间差异的力量得以存在。运费的大小成为运输难易与运距的度量，它间接衡量了空间经济距离的远近。不同行业的运输成本不同，有些行业的投入物对运输条件的要求比较高，可考虑接近原料产地；有些行业的产出物运输比较困难，可考虑接近消费地；有些行业根据几方面的因素可以考虑在两地之间。衡量不同行业运输成本的简单方法就是通过计算原料价值率来确定。因此，节省交通费是中国企业在东盟市场选择投资目的地的一个客观要求。

（三）劳动力变量

劳动力素质在东盟各国各地区有所不同，因而劳动力成本也就各不相同，这源于各国各地区经济发展水平的不一致，以及各国教育制度、雇佣制度、最低工资保障等方面的不同。同时劳动力不像资金、技术等要素那样具有较大流动性，因此东盟各国劳动力成本差异始终不能消除。一定的劳动力资源是投资生产的必要条件，劳动力的数量和质量也具有明显的空间差异。劳动力密集行业的投资应向劳动力资源丰富、价格低廉的区域靠拢，资本在流入劳动密集型项目的过程中，如何节约劳动成本是一个大问题。而在技术密集型项目的投资中，劳动成本并不是考虑的主要对象，取而代之的是专门技术人才的可获得性，也就是说技术密集型行业应向知识技术及信息资源丰富的国家或地区靠近。可以看出劳动力变量主要是以上面两种方式来影响投资地点的选择。

（四）市场变量

市场变量涉及市场状况、市场作用、市场体系等方面。市场的成熟和完善与否对投资地点优劣的影响至关重要。市场的力量在于它在资源配置中的基础性作用，良好的市场体系能通过正确的市场信号引导企业的管理经营活动，降低交易成本和投资风险，提高投资效益，从而达到对资源的优化配置。市场体系既包括含有具体内容的市场，同时还涉及市场机制、市场规则和市场服务中介机构等。市场变量中的市场规模、消费层次、市场增长态势、市场布局、发展阶段水平与顾客的联系程度都是中国企业在选择投资地点时必须考虑的因素。任何投资项目都隶属于一定的产业，不论是有型的商品还是无形的劳动力，都要求在市场上实现其价值。各投资地点的市场规模和结构不尽相同，因而强烈影响到了项目的地点决策。东盟各国所能提供的投资环境并不完善，市场范围小，这样的投资环境实际上限制了国际上大型跨国公司的进入，中国的对外投资企业规模各异，数量上以中小公司居多，总体上处于小规模阶段，这使得中国企业在东盟市场投资容易上马和转产，可避免与大型公司的激烈竞争，适合东盟各国投资环境的需要。

（五）集聚变量

集聚变量是说定向的适度的集中可以产生巨大的经济效益。因为它可以使技术得以创新、扩散，可以集中输出大量资本、产生规模经济效益、形成“凝聚经济效果”。具体而言，可以减少相互利用的各种投入要素的运费，可以共同利用集聚地点的社会公共设施、相互交流科学技术成果和信息，也可以利用原有的市场区位优势，扩大市场服务范围。但也应避免过度的集中，过度集中会造成土地供不应求和地价上涨，劳动力和其他生产要素供应紧张，环境污染等。集聚变量使投资目的地的选择既要考虑靠近经济活动集中的地方，又要使投资项目分散到各个东盟市场去。

三、东盟市场次区域经济区投资地点选择策略与措施

根据地点选择的影响因素与评价地点选择的相关变量分析可以得知，东盟市场内部存在明显的差异性，表现为东盟各国在资源禀赋、经济发展水平、经济结构、需求结构、发展层次和对外贸易关系上存在巨大差异，同时东盟各国的投资环境在质量、类别、机制上均有差异。再加上受东盟区域规划尤其是产业规划和基础设施规划等方面的影响，区域内的不同国家或地区的投资地点的优劣呈现出很大的差异性。因此，可以把东盟市场分为三个层次：第一层次是新加坡、文莱，它们属于高收入国家；第二层次是马来西亚、泰国、菲律宾、印尼，它们属于中等收入国家；第三层次是柬埔寨、老挝、越南、缅甸，它们属于低收入国家。根据东盟投资环境状况发展中国企业的投资优势是选择投资地点的关键，下面分别就东盟市场的三个层次论述投资地点选择的策略与措施。

（一）第一层次投资地点选择

东盟市场中的新加坡、文莱之所以处于第一层次，是因为它们的经济地理优越，交通发达，信息灵通，同国外有广泛的联系；工业基础雄厚，海洋资源得天独厚，石油资源开发潜力大；科教文卫发达，智力资源雄厚，技术密集程度高；实施自由经济的开放体制。这个层次是东盟市场中开放程度最高，经济上最成熟的地带，在东盟各国中有举足轻重的地位。例如，新加坡在东盟十国中经济发展水平最高，同时又是全世界的国际贸易中心之一、国际运输中心之一、国际展览中心之一。它位于东西方贸易路线的交叉口，是中国第八大贸易伙伴，第七大外资来源地，第二大海外劳务市场和第三大海外工程承包市场。进入20世纪90年代以后，新加坡的经济发展重点是国际金融服务、交通与通讯服务、技术咨询服务等国际服务业，目的是使新加坡成为东南亚地区的区域性服务中心。为适应经济发展目标，新加坡在一如既往的积极鼓励外来投资的同时，还在努力改善外国投资政策与投资环境。从当前成功投资新加坡的中国企业来看，其中既有金融类企业，如中国建设银行，也有工程建筑类企业，如上海隧道公司；既有航运类企业，如中远，也有贸易类企业，如中航油。中远、中航油等企业之所以成功，原因之一是他们选择了正确的投资目的地。它们选择时着重考虑了新加坡的区位优势、产业优势和人文优势。因此，中国企业进入东盟市场一定要选择适合的投资地，并且结合自身条件，充分利用投资地的优势。

（二）第二层次投资地点选择

向新兴工业化迈进的马来西亚、泰国、菲律宾、印尼属于第二层次中等收入国家。这一层次的国家和地区拥有丰富的矿产、农业和旅游等资源；加工制造业较发达，同时也拥有较高素质的人才资源。以马来西亚为例，20世纪70年代以来，马来西亚经济发展持续高速增长。2003年，马来西亚政府继续实施刺激内需的经济政策，这对我国企业到马来西亚投资设

厂十分有利。马来西亚制造业中以国内市场为主的制造业占47%，增长前景佳，这一部分制造业主要包括食品制造业、饮料及香烟产品业、纸及纸产品行业、非金属矿产品业、树胶产品业、工业化学业、塑胶产品业、石油产品业、基本金属业、铸造金属业以及交通配备业，这也是值得我国企业关注的行业。马来西亚盛产石油，但石化工业相对薄弱，中国企业可在石油化工方面开展投资与合作。马来西亚是世界棕油大国，但大部分棕油是粗加工后出口，因此在棕油加工、油脂化工、棕油副产品的综合利用等方面潜力很大。此外，马来西亚水产资源、热带农业和经济作物资源富饶，开发利用这些资源的潜力较大。马来西亚工业有一定基础，但缺乏研制、设计和开发能力，机械工业和成套设备制造业也较薄弱，而中国在基础工业方面有优势，大中型的中国企业可到马来西亚投资设厂，开拓业务。中国企业也可以在马来西亚从事家电等轻工产品的组装加工业务，利用中国国内生产的零部件，在马来西亚设组装厂，雇用当地员工，就地销售。东盟自由贸易区已启动，这些产品还可以出口到东盟其他国家。中国企业在高科技方面具有相当的实力，应是对马来西亚投资和经济合作的一个重点。为发展航天事业，马来西亚正在筹建太空中心，中国企业可在航天和卫星研制、发射等领域与马方合作。马来西亚还在着手筹建“生物谷”，发展生物工程产业，中国企业可以通过技术投资方式参与这一新兴产业。

（三）第三层次投资地点选择

正在崛起的柬埔寨、老挝、越南、缅甸属于低收入国家。这一层次的国家和地区拥有极为丰富的能源、矿产、农业、旅游等资源，同第二层次国家相比，它们还具有劳动力成本低、地理区位优越等优势。而且发现新矿区、新矿种以及现有矿区的扩大储备的潜力都远大于第二层次国家。这个次区域经济区的严重不足在于经济基础薄弱，市场开放程度低，呈现“三缺”特征，即一缺资金、二缺技术、三缺人才。从投资机会来看，中国企业进入这个次区域经济区时，必需着重考虑两大方面：一是资源开发，包括各种能源、矿产资源及农业生产资源，资源优势是这个地区经济启动的基础，加上廉价的劳动力资源有可能使资源开发成为地区投资的主导方向。对于中国企业而言，这类投资地点一旦确定，必须做好长期投资的准备，因为这类投资具有周期长、耗资大的特点。因此要求中国企业的首要任务是对这个次区域经济区的资源情况作全面准确地了解，科学论证，并制定相应的投资开发计划，统筹安排，全局考虑，以利于企业的持续健康发展。另一方面是开拓市场。第三层次的国家都处在中南半岛上，北接中国大陆，南望澳大利亚，东濒太平洋，西临印度洋，并与孟加拉、印度毗邻，其市场潜力非常巨大，处于东盟西进战略的重要位置。以缅甸为例，缅甸是中国企业进入南亚、通向印度洋的捷径。缅甸是一个农业国，政府优先发展农业，中国企业可以考虑到缅甸去投资办厂，开发与农业相关的项目，比如农机产品、海洋捕捞、水产品养殖等。缅甸的矿产、石油和天然气等资源非常丰富，中国企业可参与矿产、石油与天然气的开发，如对老油田的改造与新油田的开发；矿产品的勘探、开采与冶炼等。当前，缅甸经济发展水平低，工业生产落后，急需大量生产资料和生活资料，而且劳动力成本低，加之中国正处于经济结构调整期，相关的中国企业应当考虑到缅甸去投资设厂。在缅甸设厂，既能带动机械设备出口、零部件出口，又有利于开拓市场，同时还能获得中国政府鼓励带料出口加工的优惠政策支持。

企业生产和投资目的的变化改变了投资地点决策的考虑方向和范围。最初的投资，由于市场广阔，因此投资成本是关键。与这种成本目标导向相适应，投资地点处于地理区位阶段。随后，投资目的转变为赢得市场和实现利润，投资地点就发展到市场区位和竞争区位阶段。最后，投资目的复杂化，以稳定成长为主，兼顾资金的流动性、安全性和盈利性。投资地点的选择也发展到综合地点阶段。最佳地点不再是成本低点，也不是利润最大点，而是最适合地点。在最适合地点上，投资行为就能在长时期内获得较高利润。这是中国企业在东盟市场选择投资地点所经历的三个发展阶段。对中国企业来说，在选择投资地点时，首先考虑的是其地理位置，能否达到较低成本，然后引入竞争对手，选择几个竞争地点，最后再综合考虑其他因素，最终选定一个综合地点。当然，按照投资目的的不同，地点选择也可灵活运作，视需要和条件而定。在东盟市场中哪个国家或地区是最适合的投资地点？投资环境的地点评价可以发挥一定的指导作用。科学的投资环境评价方法多种多样，例如，多因素评价法、等级尺度法、关键因素法、系统计量法、冷热国法、风险评估法等。对中国企业而言，不管是用哪种方法或是几种方法综合比较，其主要的指导思想应当是：根据投资的直接目的和行业的类型特点，选择一组指标，它们必须能够强烈影响该投资地点因子。采用各种方法给每个可能的投资地点的各项指标打分，并汇总得到投资环境总分。显然分数最高的地方即为最适合地点。总之，基于中国企业在东盟市场选择投资地点时的变量因素，以及中国企业自身应具备的条件、东盟市场的投资环境、东盟市场结构的不完全性和东盟市场的行业因素，中国企业就有可能作出正确而有利的投资目的地选择

（吴明革. 国际经济合作杂志 2007 年第 3 期）

行业篇

东盟重点市场分析

中国企业走出去　东盟虚位以待

根据商务部的统计，2001～2005 年，中国对东盟的直接投资累计仅为 15 亿美元，近年来中国对外投资发展迅速，2006 年中国非金融类对外直接投资额达 161 亿美元，对外直接投资额在发展中国家名列前茅。目前经中国商务部核准备案的境外中资企业已超过 1 万家。但中国对东盟的投资远远落后于双方贸易的增长速度，并且中国有高额的外汇储备，正逢大力推进对东盟投资的好时机。

2006 年，东盟秘书处副秘书长尼古拉斯在共建繁荣东亚商务论坛上表示，希望有更多的中国资本向东盟国家投资。美国在东盟国家有 800 多亿美元的投资，而中国在东盟的总投资额才 20 多亿美元。因此，中国企业投资东盟，尚有巨大的空间。

一、东盟基础产业更具投资机会

不少东盟国家的农业、交通设施、能源开发等基础产业薄弱，他们十分需要来自中国的投资。过去中国对东盟基础产业已进行了不少投资，但投资面仍需扩大。

交通设施投资方面，如 2007 年东盟国家需要筹集 20 亿美元用于建设新加坡至中国并跨越 8 国的铁路，中国已同意为其中几段铁路提供资金和技术援助；中国还为马来西亚提供 8 亿美元的低息贷款，用于该国槟榔屿一座长达 23 公里的桥梁建设；中国还投资建设多座位于柬埔寨、老挝、缅甸、印尼等国的桥梁。

能源投资方面，不少东盟国家都存在电力短缺的现象，东盟四个新成员国的农村地区大多仍没有电网。中国已将本国电力从广西和云南传输到越南，并在老挝、柬埔寨、缅甸和越南建立了多座水力发电站。中国重型机械集团和缅甸电力集团共同投资 4.30 亿美元建设一座火力发电站及配套的露天煤矿。中国还在缅甸、老挝、柬埔寨和越南协助开发多座水力发电站。中国还可以在东盟国家开发新能源，如太阳能、风能和生物质能等。

东盟农业也十分需要中国的投资。农业产品在东盟国内生产总值中占到 12%，有 45% 的劳动力从事农业。中国许多地方缺少可耕地和水，但相对东盟而言，中国在农业技术、农业机械和产品增益等方面占有优势，因此可以向以农业为主的东盟国家投资农业，实现双赢。

对于劳动密集型行业企业而言，如果从珠三角、长三角和其他沿海地区重新布局到越南、柬埔寨、老挝和缅甸等国家，也能够在东盟国家的低工资水平中获益。

二、中国企业走出去机不可失

加强对外经济贸易合作有利于实现中国国内产业升级的目标，促进中国经济结构的战略性调整。通过与东盟一些具有劳动力成本优势和资源优势的国家开展境外投资、对外承包和对外劳务合作，可以把一些成熟技术和优势产品带出去，转移国内富余生产能力。

整体而言，中国企业已具备了“走出去”的条件。东南亚已成为中国各类企业海外投资的首选地之一。第一，东南亚临近中国，交通往来便利。可降低中国企业赴东南亚投资的成本。第二，东南亚地区具有可开发的十分丰富的各类资源，其不少资源是中国急需的资源。中国企业可在国内资源短缺的情况下，赴东南亚投资，生产国内或国际市场需要的产品，不但有利于企业的发展，而且有利于促进中国整体经济的发展。第三，东南亚国家总体上政治稳定，政治风险相对较低。第四，东南亚是当今世界经济发展最有活力和潜力的地区之一，与中国的经济互补性强。东南亚各国在发展经济时，都把吸引外资作为重要内容。近年来东南亚各国不断派出招商团到中国招商，吸引中国投资者，有利于中国企业到东南亚投资，开拓国际市场。第五，中国与东南亚各国睦邻友好关系的进一步发展是中国企业“走出去”到东南亚投资的政治保证。第六，东南亚国家的文化传统与中国相近，双方较易于往来。

三、专家破解“走出去”的障碍

东盟国家是中国企业“走出去”的重点地区，但目前还未能形成规模。

首先，中国的资本收益率很高，一方面是因为经济的成长性好，另一方面是因为资本要素所得高。资本追逐利润的逻辑使外资大量进入中国，中国的资本走出去的机会成本很高。

其次，人民币汇率水平的问题。由于人民币的升值压力很大程度上是因为中国长期奉行出口导向战略，与东盟其他国家一样走了一条出口导向型的经济发展模式，陷入了这样一种循环：一方面，持续贸易顺差以及外汇储备增加使汇率面临升值压力；另一方面，外汇储备增加又导致国内流动性过剩。这种内外经济的循环导致中国和东盟国家币值对内和对外价值的背离，因此对内贬值和对外升值压力同时存在。中国采取人民币缓慢升值的策略，在这种情况下企业购汇用于境外投资，必然使企业承担汇率损失，因此企业购汇投资的意愿不强。

第三，从全球海外投资看，中国企业是后进入者，投资门槛高，投资风险大。以能矿资源领域的投资为例，无论是并购还是勘探开发，动辄需要资金几十亿美元甚至上百亿美元，如2007年5月美国铝业公司宣布以330亿美元收购加拿大铝业公司。境外投资需要大量外汇资金，目前中国企业缺乏稳定充足的外汇来源也是阻碍境外投资的主要原因。

另外，东盟国家投资的投资壁垒也是很重要的影响因素。在市场准入条件方面看似已经对外开放的领域，实际上受国内管制架构和管制手段的影响，外资进入存在一定的难度。此外，中国还缺乏在国际上具有较大竞争力与影响力的跨国公司，在人才、营销等方面还有欠缺。目前投资东盟的以国有企业居多，民营企业由于自身实力较弱，投资东盟面临更多困难。

虽然中国企业在东盟国家的投资额还较小，但近几年每年以60%以上的速度增长。目前，在东盟10国投资的中国企业已有近千家。总体而言，中国境外投资企业的现实状况与目前国家通过境外投资实现战略意图的要求相比还有很大差距。

四、积极促进投资合作

中国与东盟国家政府部门均高度重视双方企业之间的投资合作，如中国商务部已批准中国企业在泰国和柬埔寨进行经济开发区建设，在越南的类似项目也在审批当中。东盟秘书处副秘书长尼古拉斯透露，东盟与中国正在紧锣密鼓地进行《中国—东盟投资协定》谈判，双方工作组在过去两年中已会面14次。

2007年初，中国政府总理温家宝对菲律宾进行正式访问时，与菲律宾总统阿罗约举行会谈，双方同意进一步扩大双边贸易额、优化贸易结构、促进相互投资，并积极开拓经济合作的新领域。双方将进一步推动在农业、渔业、公共工程与基础设施、住房、矿业、能源、制造业、纺织与服装、工业园与经济开发区、旅游、远程教育、集装箱检查设备和贸易促进等方面的合作。

2007年11月，中国政府总理温家宝访问新加坡时表示，新加坡成为中国企业到国外投资的主要目的地之一。在第11次东盟与中日韩领导人会议上，温家宝表示，为了巩固和深化“10+3”务实合作，中国政府决定向“亚洲区域合作专项资金”增资1500万美元；支持建立“10+3合作基金”。在会见柬埔寨首相洪森时，温家宝表示，中方高度重视两国经贸合作，中方将全力保证柬埔寨路桥、水电站等双方重点合作建设项目按期高质量完成，造福柬埔寨人民。同时，中柬将积极探讨互利合作的新领域、新途径，不断提升两国经贸合作的水平。洪森说，希望中方继续积极支持和参与柬埔寨基础设施等领域的建设，欢迎中国企业扩大对柬埔寨的投资。

越南政府总理阮晋勇在第四届中国—东盟商务与投资峰会上表示，中国2007年在越南实施500个合作计划，总投资额约50亿美元。两国还在继续讨论一些重大的经济合作项目，希望中越之间的投资和经济合作能够进一步增长。

老挝政府总理波松表示，2006年以及2007年的前7个月中国企业和个人在老挝的投资都位居第一。希望中国和其他东盟成员国的企业家和投资者走进老挝，充分利用老挝的投资机遇，投资于农作物种质、加工业、水电业、矿产加工业以及土地和房产业等。老挝政府将继续重视为外资创造良好的投资环境。中国与东盟国家政治、经济和外交关系的进一步发展，为中国企业投资东盟创造极为有利的条件。而且，越南、老挝、柬埔寨、缅甸、菲律宾、印度尼西亚等国家正处于吸引外资的高峰期，推进中国与东盟国家的投资合作潜力巨大。

（选编自：文彤. 国际商报·中国—东盟商务周刊. 2007—12—25）

中国—东盟电力产业合作

电力产业作为中国与东盟深层次合作与发展的基础产业，将对东盟和中国经济合作的构建提供产业支撑和稳定发展平台。未来加大开拓东盟电力能源工业市场，将为中国电力资源整合和电力资源开发的跨越式发展提供更为广阔的市场空间，电力工业领域合作的市场前景将更加广阔。

一、东盟电力市场潜力巨大

越南为保障2008年越南经济增长8.5%～9%，

全年国内用电量需求达772亿度。2008年越南将新增功率为2200MW的电力并入国家电网，但全国电力仍供不应求，越南电力集团将继续向中国购电34亿度。柬埔寨国内电力工业由24个相互孤立的小电力系统构成，相互之间没有联网，年人均用电量55千瓦时，全国电气化率只有15%，电力行业发展潜力大。未来几年，东盟电力需求将增加1000亿千瓦，建设投资金额约2000亿美元，其中电力设备、电工产品至少需要1000亿美元的投资金额，市场潜力巨大。

以印尼为例：印尼近几年经济发展迅速，电力需求增长较快，印尼全国人口为2.17亿，用电普及率仅为56%，目前只有一个电网即爪哇—巴厘—马都拉电网，存在巨大的电力缺口。为满足国内日益增长的电力需求，印尼政府决定从2006年到2015年投资413.7亿美元进行电站和电网建设。同时，印尼号称千岛之国，岛屿与岛屿之间距离比较大，电网连接不太方便。而中国电力工业十分成熟，尤其是小火电机组发展迅猛，互补优势明显。

缅甸联邦和平与发展委员会第一秘书长吴登盛表示，缅甸有丰富的水利资源，但技术和资金跟不上，需要外来支持。此前，缅甸代表团在造访中国云南时就邀请中国企业前往投资，共同进行水电开发。越南政府已经和中国开展合作，以满足本土的电力需求。东盟国家巨大的电力缺口，同时还伴随着对技术装备和工程设计、建设方面的需求。

二、中印电力合作存在明显互补优势

中国具有丰富的能源资源与优越的地理条件，与东盟国家的合作存在明显互补优势。东盟国家巨大的电力能源缺口带来了技术设备和工程设计、建设方面的强大需求，而作为中国优势产业的电力能源业在设计、工程建设、设备制造、大件运输、运营、管理、技术、质量、价格和操作与服务方面都比欧美国家更具优势。

东盟主要以天然气发电、火电为主，而中国的广西、云南拥有丰富的水电资源。东盟近十年来经济飞速发展，对电力的需求缺口较大。目前，云南、广西已利用自有的资源、技术优势和东盟国家在电力供应、电力规划、电厂建设、资源开发等领域开展了一系列多层次的合作，并取得了一定的成效，中国—东盟电力合作规模效应初步显现。

作为中国优势产业的电力工业在设计、工程建设、设备制造、运营管理等方面都具有较强的优势。未来加大开拓东盟电力能源工业市场，将为中国电力资源整合和电力资源开发的跨越式发展提供更为广阔的市场空间。面向东盟的电力工业开发和合作，将成为继“西电东送”之后第二次发展机遇。在电力建设方面，中国内地泛珠江三角区域现有的水电站建设技术已具备了国际水平。现在又有同一区域经济合作以及地缘邻近的优势，这些都为泛珠江三角区域企业与缅、老、泰、柬、越等国家企业在电力领域展开合作打下了良好的基础。

中国国家电网公司、南方电网、华能集团、华电集团等国内电力行业的主要企业都积极开拓海外市场，与东盟国家的交流合作十分顺利和广泛。

三、电力合作互利多赢

中国鼓励电力企业与东盟开展更为广泛的设备交易、技术合作和人员往来，也鼓励电力企业积极实施“走出去”战略，投资和参与东盟各国电力建设，同时也欢迎东盟各国企业到中国开拓市场，参与中国电力市场竞争，形成互利多赢的电力合作局面。

截至目前，泛珠三角经济区各省市特别是云南、广西已经利用自有的资源、技术优势与东盟国家在电力供应、电力规划、电厂建设、资源开发等领域开展了一系列多层次的合作，并取得了一定的成效，中国—东盟电力合作规模效应初步显现。同时，电力作为能源领域的一个重要行业，它的发展必然带动诸如物流运输、机械制造、煤炭石油开发、水资源利用以及能源二次开发等相关产业的进步。水利电力物资企业、大件运输企业、设备生产企业、电站勘察设计单位、电力建设施工等各类企业应抓住这样的机会，以不断扩大的市场为导向，用前瞻性、战略性眼光去开拓和积极培育国际性区域电力市场，加强面向东盟的电力工业开发与合作，这必将成为继“西电东送”之后第二次发展机遇。

据悉，2008年10月第五届中国—东盟博览会电力工业专题展将在南宁国际会展中心开幕。为中国与东盟国家的电力合作搭建了良好的合作与交流平台，对进一步拓展和加深合作起到了十分积极的推动作用。

四、中国企业走出去应注意风险防范

目前中国电力市场竞争非常激烈，出口企业不断在设备、施工、价格、进度和工程质量等方面满足业主的严格要求，走出去的企业同时还面临来自项目所在国的政治、经济、文化、传统等各个方面的风险，进入东盟电力市场必须做好充分的风险防范意识。

首先是国家风险。不同的国家在政治、宗教和民族等方面存在不同的制度、信仰与习俗等。企业“走出去”一定要充分考虑这些制约因素，如果考虑不到或不周全，则对中国企业“走出去”可能形成阻挠和掣肘。

其次是政策风险。由于中资电力企业对通行规则和他国法律不熟悉，防范和化解国家风险的管理和服务还不完善。一些企业境外投资决策盲目性强、成功率低。

境外投资项目审批程序繁琐、周期长。按现行政策规定企业开展境外投资要经过各级外经贸部门及相关主管部门的层层审批，所需上报材料较为繁杂，企业无法在短期内备齐。企业若想得到中央外贸发展基金、进出口银行政策性贷款、援外优惠贷款等方面的政策扶持，则要更费周折。

其三，资金短缺。中国电力企业到东盟国家投资项目贷款仍然比较困难，中国的金融体系还不太健全，资本市场尚不够发达，国有银行体系尚未完全与国际接轨，银行对企业的海外投资项目缺乏科学和全面的评估，存在“惜贷”现象。

电力企业“走出去”应实行行业多元化和国家、地区多元化，通过扩展行业和市场分布，使相关风险能够互相抵消，分散并降低单个业务风险形成的总体风险水平；同时应加强信息服务和政策咨询服务，健全企业“走出去”的信息网络服务系统。

（选编自：韩凯．国际商报·中国—东盟商务周刊．2008—05—27）

东盟机电行业市场分析

中国与东盟的贸易逐步由基于要素禀赋差异产生的传统产业间贸易，逐步走向基于规模经济和差别产品的产业内贸易，且贸易产品的范围不断扩大，正在形成互补性的分工。产业内贸易日渐成为中国与东盟间重要的贸易形式，而且这一趋势还在不断增强。

中国和东盟的出口优势产品中均包含机电产品，既相互竞争，又相互合作，产业内贸易的特点十分突出。相比较而言，中国机电产品的总体竞争力略低于东盟国家，是构成中方贸易逆差的主要因素之一。据中国机电产品进出口商会提供的数据显示：2008年上半年中国对东盟十国出口额达307.45亿美元，同比增长35.78；中国对东盟十国的进口额达337.96亿美元，同比增长13.8%。

中国与东盟在机电行业领域的经贸合作的增长势头良好。机电领域中国对东盟进口主要是机电仪器零部件、工业整机和钟表；而中国在家用电器、机械基础件、交通工具及零部件等领域对东盟的出口则明显保持顺差。机电仪器及其零部件在中国和东盟贸易中既是主要的出口产品也是主要的进口产品，双方发展各有侧重，显示出由于产品分工和规模经济带来的产业内贸易的重要性。

近几年来，中国电工仪器仪表、医疗器械等机电产品，随着产品科技技术含量的不断增加，逐步得到国际认可，在竞争中优势明显。此外，东南亚各国经济的快速增长，其国内对这些产品的需求加大，中国机电产品逐渐得到东南亚国家的青睐。

20世纪90年代中国实施扩大机电产品出口战略，抓住了家电、视听类产品国际产业结构调整的机会，一批新兴产业群在长三角地区迅速兴起。世纪之交，以信息通讯技术为代表的高科技产业大规模向中国转移，中国同样抓住机遇，珠三角、长三角、环渤海等地区初步形成了各具特色的电子信息产业群和城市群。近年来在家电、视听、电工器材和机械基础件等传统产品保持快速增长的同时，计算机、移动通信设备、显示器和数码相机等技术含量高、附加值较大的产品出口大幅增长，占比不断提高，成为新的出口亮点，进一步优化了中国出口商品结构。

仪器仪表产品东盟需求旺盛。根据中国海关统计数据表明，中国电工仪器仪表产品是国内仪器仪表行业中唯一进口较少的产品，并且有一定批量出口。一些企业在高技术含量产品上加大投入力度，开发能力逐步提高，质量管理体系逐步完善，并取得国际认证。同时，中国企业兼并组合后形成规模化，成本逐步降低。

随着这些条件的逐渐成熟以及出口国家的经济发展，数字仪表、少量的网口用电能表、自动测试系统、监测系统等高档产品，对伊朗、巴基斯坦、菲律宾、马来西亚、越南、南非及欧美等国出口量将有较大的提高。另据了解，在今后很长一段时间内，这些国家均将加大其基础设施建设力度，由此将需要大量的仪器仪表等产品。

目前，行业中量大面广的产品是电能表、安装式电表及便携式电表等，这些产品都属于劳动技术密集型产品，中国国内企业现有的技术水平完全能够满足国内市场的需求，而且由于国内劳动力资源丰富，工资较低，因而产品有极强的价格优势，完全可以打入东南亚和一些发展中国家、国内有实力的企业不妨多关注这些国家在电工仪器仪表方面的市场需求。

中国—东盟建材行业合作

近几年来，东盟各国经济正进入快速增长期，房建、公路、电站等基础设施建设项目需求量大，居民私人住宅建设也出现了新一轮的热潮，但建材市场一直处于供不应求的状态。中国企业生产的钢筋、水泥和建筑陶瓷等产品具有相当的优势，开拓东南亚建材市场正处于“黄金期”。

自2005年《中国—东盟全面经济合作框架协议货物贸易协议》生效以来，中国迎来了协议中承诺的又一次互降关税机遇。中国与东盟建筑材料关税的互降成为各国建材商人与建筑企业关注的焦点。

一、东盟经济步入快车道，求“材”若渴

随着东盟新锐国家经济的稳健增长，以及全球铁矿石等炼钢材料价格不断上涨，这些国家市场包括棒

材和方坯在内的建筑材料价格均大幅上涨。

2008年上半年，菲律宾建材市场上钢坯、冷热轧卷等价格与2007年12月的价格相比涨幅超过100%。同时，菲律宾进口来源地如日本、韩国、澳大利亚、中国等国，国内需求旺盛，对菲律宾的供应量减少。随着进口钢材原料的价格上涨，菲律宾当地建材螺纹钢、镀锌薄板等价格上涨约50%左右。

越南建筑行业的兴旺给建材行业带来巨大的商机。越南建设部称，越南建筑材料生产业有了长足发展，该行业以17%/年的增长速度使越南进入了世界建材快速发展的国家行列。目前，越南正加大对公路、铁路和水电站等基础设施建设和主要城市的居民住宅改造力度。越南政府部门的统计数据显示，越南对基础设施和建筑领域的投入逐年增加，2006年达165亿美元，年均增长16%；2005年越南对房屋建设和改造的投入约为31亿美元，2006年~2010年期间每年将达44亿美元。越南国内有较大规模建材企业236家，其中瓷砖68家，卫生洁具11家，建筑玻璃16家，建筑石材141家。然而，越南建材高端市场依然需要进口才能满足需求：从2001年开始，中国的涂料、天然石材、高级木地板、高级洁具、厨具、密封材料、建筑五金、消防器材和材料等物资逐渐进入越南市场。

二、"以政带商"成效显现

随着中国—东盟自由贸易区的发展和逐步完善，中国与东盟在加强政府间交流的同时，从政府发力助推经济合作到企业主动寻找合作机会开拓市场的经济态势也日趋明显。就中国方面而言，中国的机械电器、建筑材料、电子设备、工程承包、农业适用技术等在东盟国家有着巨大的市场和良好的发展前景，从而成为中国与东盟贸易的重点。而随着东盟自由贸易区的发展，对建设的需求不可避免地使多数东盟国家加大对建筑材料多方进口力度，如在越南深受欢迎的液体壁纸、在东盟各国口碑颇佳的优质石板材、在中越铁路等交通枢纽中广泛应用的钢材等。

目前，在中国—东盟自由贸易区范围内，各国对建筑材料的进口税率各不相同。2005年7月1日正式生效的《货物贸易协议》实行以来，议中规定的各项税率已经降至一定水平，以建材中的钢铁制品为例，时至2007年，泰国、菲律宾的钢铁及其制品税率已由原来的15%和10%的税率降至8%；马来西亚、印尼对中国的钢铁制品、轻工产品、木材的税率则由原来的15%降低至8%，并将于2010年降低至零。这些敏感产品税率的降低为中国建材进入东盟市场降低了输出成本，增强了中国建筑材料产品在东盟市场中的竞争力。

作为东盟一体化中的重要一环，东盟交通一体化已经被东盟各国提上日程。东盟各国加快交通建设和推进道路、港口和空运基础设施改造，是缩小彼此间经济差距，努力构建东盟经济共同体的必要条件。东盟10国在建材需求方面大多依赖于进口，每年各国建材进口需求额已经超过100亿美元。建材家居行业已成为中国企业开拓东盟国际市场最具竞争力的市场之一。

三、建材贸易呈"互通有无"状态

从钢材、板材、水泥、五金、陶瓷等建筑材料的生产情况来看，中国的石材、建筑陶瓷、建筑五金产量居世界第一，相比于东盟国家，中国产品在价格和质量等方面的优势十分明显。以越南为例，越南国内分散的建筑材料生产企业难以满足越南各项建设对建材的需求。仅2007年一季度，越南从中国进口钢材约100万吨，价值6.38亿美元，同比分别增长45.6%和17.2%。与此同时，从中国进口钢坯47.3万吨，价值2.04亿美元，同比分别增长32.1%和25.5%。泰国则与越南大体相同。而缅、老、柬三国建材工业相对薄弱，仅有少量水泥厂、砖瓦厂和陶瓷厂等，而且质量较差，钢材基本依赖进口。高标号水泥、装饰材料的进口量也不少。因此，缅、老、柬三国的水泥特别是高标号水泥、钢材和装饰材料等的市场需求量较大，这种现状已经吸引中国许多建材企业大量向这些国家出口，以开拓东盟建材市场。

而在建材中的木材及加工木材方面，东盟国家有着相当强的优势。东盟国家现有的森林面积是21301.4万公顷，森林覆盖率达47.2%。其中，老挝森林面积1100万公顷，占全国总面积的48%，木材储积量16亿立方米。缅甸森林面积3800多万公顷，柬埔寨森林面积1000多万公顷，占国土面积的70%。而越南则共有自然原料林约20万公顷，人造原料林34万公顷，竹子储量约350万株，木材储量比缅、老、柬三国相对较少。木材、加工木材的出口已成为东盟国家的主要出口商品之一。据有关统计数据显示，目前中国每年的商品材需求量达1.6亿立方米，而自产只有6000多万立方米，缺口达1亿立方米左右，进口补充木材短缺不可避免。

四、特色化、专业化成建材市场发展新趋势

使企业具有自己的特色，是现代化经营中的重中之重，特色化已成为立足市场的根本。"特色化"可以从经营业态方面来着手，也可以从经营方式上着手，还可以从服务方面着手。

由于摊位制建材市场与建材超市各有利弊，摊位制与建材超市今后相当长一段时间内还将共存。考虑到家居建材行业的综合效益，一种新型业态——家居混合卖场将大行其道。它以摊位制租赁式为基础，融入超市的经营方式，采两种体制之所长，不仅迎合了消费者的消费习惯，还能最大限度地满足消费者的需

求，挖掘出卖场潜力，最重要的是，它还分散了投资风险，深受投资商和建材商的欢迎。

用特色化服务去征服消费者也是建材商实现“特色化”的最好方法。现代社会很注重服务，在消费的同时享受良好的服务，已经成为一条主线贯穿于消费与经营之中。从家居的内涵方面创造更具特色的服务，使特色化服务和企业的发展起到相辅相成的作用，是每个商家发展的必由之路。

从总体上看，中国与东盟在建材的供应和需求方面有着一定的互补性。这种互补性既与各国自然条件、自然资源的限制相关，也与各国政治、经济的发展状况相关。现代企业的竞争，尤其是与国外企业的竞争，更多的是为企业文化的竞争。在国际大市场环境下，几乎任何行业的竞争到最后都将是品牌的竞争。

（选编自：周文．国际商报·中国—东盟商务周刊．2007—12—04）

中国—东盟纺织业合作

中国和东盟国家的纺织品贸易不同于和欧洲、美国等消费地区的贸易，双方主要是一种跨国界、区域性的合作关系。中国对外投资正处于起步阶段，纺织行业是实施“走出去”战略的优势产业，而东盟将是中国实施这一战略的重点地区。正常降税进程启动，尤其是《服务贸易协议》签订并生效后，中国纺织企业开拓东盟市场将面临新的机遇。

一、中国与东盟纺织业合作潜力巨大

自2002年CAFTA框架协议签订以来，自贸区的投资促进效应就已得到发挥，近两年，双边投资项目与金额均呈不断增长的态势。CAFTA正式启动降税进程后，双方的经贸关系更加密切，彼此的投资与合作也将进一步加强，这对中国企业开拓东盟市场而言是一个有利的契机。

纺织品的生产加工、销售网络转移是中国与东盟合作的重要方面。截至2005年8月底，中国在柬埔寨、越南、老挝、泰国等东盟国家投资的各类企业已超过1000家，其中相当一部分是纺织品企业。

中国与东盟的纺织品贸易一直保持良好发展态势。2004年，中国从东盟进口纺织品7.43亿美元，进口最多的产品为棉纱、化学纤维长丝、化学纤维短丝等纺织原料和中间产品。中国出口东盟的纺织品和服装达到43.72亿美元，品种范围比较分散，针织服装和棉纱、棉线最多。

总体而言，在中国与东盟的纺织品贸易中，东盟仍处于产业链的上游，中国相对处于下游位置：在服装贸易方面，中国对东盟有较强的出口优势；在纺织原料和中间产品方面，双方均有较大的进出口量。但从进出口产品经过的加工程序来看，从东盟进口的产品仍然处在纱线等较为上游的环节，而中国对东盟出口较多的则是经过一定加工处理的布料等织物。

二、“降税计划”将促进中国纺织品出口东盟

纺织行业是中国目前最具国际市场竞争力的产业之一。面对纺织业较为发达的东盟，中国纺织业的优势也十分明显。随着2005年7月中国—东盟自由贸易区“降税计划”的启动，尽管东盟部分国家将一些纺织产品列为敏感产品进行保护，但敏感产品数量毕竟有限，而且敏感产品也将逐步进行降税，今后中国对东盟的出口优势将进一步扩大。

正是出于对中国纺织品竞争力的担心，部分东盟国家将相当一部分纺织品列为自由贸易区框架下的敏感商品，纺织产品占其敏感产品的比例显著偏高，如菲律宾纺织品占敏感产品的比例达26.16%，马来西亚、印尼和老挝也比较突出，所占比例分别为20.92%、17.54%、14.6%。

中国—东盟各项贸易协议的签订和执行，正常降税启动后，中国与这些国家纺织品税率将会显著降低。泰国纺织品平均税率为21.5%，经过正常产品降税过程，2007年1月1日起降至10.6%，2009年1月1日起降至4.7%，2010年降为零；马来西亚纺织品平均税率为16.8%，2007年降至9.2%，2009年降至3.9%，2010年取消纺织品关税；印尼纺织品税率多在5%以下，前期基本不降税，2009年降为零；越南纺织品具体降税步骤为，2006年降为27.2%，2007年降为26.6%，2008年降为22.8%，2009年降为19%，2011年降为12.6%，2013年降为5.8%，2015年取消关税。

三、扩大纺织品加工区域性合作遇良机

中国与东盟国家的纺织品贸易和中国纺织品贸易的整体情况有一定的差别，在资源构成、产业结构和贸易商品等方面各具特色，互补性很强，为中国企业开拓东盟市场形成直接的驱动力。中国沿海部分企业正面临劳动力、原材料成本上升等问题，东盟市场正是其转移生产基地，拓展新发展空间的首选地域。

中国纺织产品的出口主要是服装等制成品的出口，向欧、美等地区提供消费品，与东盟国家的纺织品贸易较少部分为服装等制成品向消费市场的出口（如新加坡），而更多地集中在纱线、棉布、化纤布等半成品的出口，体现为产业合作的关系。

这种贸易格局的形成主要取决于两个因素，一是中国与多数东盟国家以加工贸易方式所进行的区域性的分工，即企业利用中国具有优势的原料、劳动力及加工能力生产纱线、布料等中间产品性质的纺织品，再到东盟国家（如泰国、柬埔寨、马来西亚等）加工

成服装等成品出口。二是在纺织品配额体系下所进行的一种安排，在中国加工纺织品，再到东盟国家加工成服装，以使用东盟国家的配额出口到欧、美等消费市场。

中国—东盟自由贸易区的构建，使中国纺织行业面临重大发展机遇，对此东盟国家也有所期待。泰国坚持对大量的纺织品制定特定的原产地标准、降低自贸区原产地的要求，以扩大对中国的出口。越南、缅甸等东盟新成员国也纷纷把纺织业作为鼓励投资的领域。

四、走进东盟的中国纺织企业应规避风险

目前中国纺织企业“走出去”的能力很成熟，到一些发展中国家投资设厂、销售，也可以帮助输入国解决就业、税收等问题，壮大其纺织产业结构，对东盟国家是很有益的。如何选择投资环境相对好、有相应的政策与资源的输入国，中国政府这方面也有相应的支持政策。

然而，东盟每个国家都有不同的情况，国内企业应根据各国的实情并结合自身的情况来选择投资国。企业到东盟投资时，应注意以下问题：了解对象国的投资环境、体制、政策、资源条件、产业基础，同时一定要有好的项目，应有市场化、配套条件、电力、交通、劳动力、管理资源、员工素质、外汇等条件。

在老挝，投资者不仅应有“走进老挝”的意识，还应有“走进老挝”的知识。老挝商品经济不甚发达，市场容量小，在老挝办企业应首先应考虑市场稳定性以及投入的资金如何回收等问题。

对于文莱，文莱政府鼓励外来投资，税收政策优惠，且无外汇管制，资金流动便利，但文莱劳动力较为缺乏，对于引进外国劳动力，尤其是具有较高素质和劳动生产率的中国劳动力控制较严。因此，在后配额时代，文莱暂不会成为中国纺织服装加工企业大规模“走出去”的首选之地。

专家建议，中国纺织企业在与东盟国家开展投资合作中应注意以下事项：第一，认真进行调查研究和市场考察，避免盲目投资。第二，充分了解有关国家吸收外资的法规政策和投资环境。第三，加强投资风险防范，按规定办理国内外投资报批许可手续。第四，搞好生产经营管理，树立以质取胜的经营理念。第五，保持与中国驻外使馆（经商处）的联系，定期向经商处汇报企业生产经营和管理情况，遇到重大问题及时向使馆报告。

（选编自：丁文健．国际商报·中国—东盟商务周刊．2008—04—08）

中国—东盟农业合作

近年来，中国与东盟的农业合作迅速发展。2006年，中国—东盟贸易额达到1608亿美元，比上年增长23.4%，而农业贸易额增长31%。据统计，2002～2006年，中国对东盟的农产品出口值增长了67%。

在中国和东盟的多数国家中，农业是重要的经济支柱。而农业合作则是中国—东盟合作的重点领域之一。自中国—东盟自由贸易区建设启动以来，区域性农业合作取得了丰硕的成果。2004年1月1日，早期收获计划全面实施，双方500多种农产品（包括海产品、畜产品）贸易开始取消贸易壁垒。2005年7月，双方7000多种产品降税进程全面启动。

一、双方资源互补性强

自2002年中国与东盟开展农业合作以来，在人力资源开发、技术交流、试验示范和农业商贸促进等方面已经实施了100多个农业合作项目。

中国与东盟在农业上具有互补性。中国农业发展受到自然资源的严重约束，而东盟耕地、水资源等均十分丰富，有很大一部分尚未得到合理开发。气候条件的差异使双方的优势产品存在很大的区别，可以互通有无。中国农村剩余劳动力较多，而东盟人少地多，通过中国的劳动力出口将能够促进东盟当地经济发展。中国的农业技术比较先进，在杂交水稻等一些领域已达到世界先进水平，而且中国科技人才较多，通过农业合作将中国的农业技术和人才输送到东盟，又可促进当地农业技术水平的提高。由于双方农业经营模式都属于小型家庭经营模式，比较相似，因而中国的农业技术在东盟国家很有市场。东盟国家也愿意借鉴、利用中国的先进经验与技术服务于本国农业。中国也可以借鉴国外适应热带气候的成功经验和技术，服务于中国农业。

泰国、缅甸、越南是世界著名的三大谷仓，泰国是世界最大橡胶生产国，越南咖啡产量仅次于巴西，居世界第二位。中国农业发展受到自然资源的严重约束，而东盟自然条件比较优越，耕地、水资源等都十分丰富，有很大一部分尚未得到开发。气候条件的差异使双方的优势产品存在很大区别，中国的温带产品是东盟所缺少的，而东盟的许多热带产品（如棕榈油、可可、腰果等）则是中国所需要的，譬如泰国的龙眼、榴莲、山竹、荔枝、木薯等热带水果。从2003年份开始，中国和泰国已有188种水果与蔬菜开始实行零关税贸易，这是双方发挥互补性的一个具体体现。同时，由于中国加入WTO，不少东南亚国家的商家正把农业作为在华投资的重点，开始在中国开发高科技农业园。

东盟国家在热带经济植物的种植和农产品加工方面具有一定优势，中国可以引进东盟国家先进的农业种植与农产品加工技术，进一步提高农产品质量，加强包装与保鲜技术合作。在渔业方面，应坚持海洋渔业资源保护与开发相结合的原则，加强海洋渔业合作，合理开发利用泛北部湾渔业资源，如进行海水养殖、捕捞、加工、贸易合作，并开展形式多样的科技合作。

二、东盟市场需求巨大

中国与东盟地缘相近，目前广西、广东、云南等地区销往泰国的果品包装、运输成本低廉，与在这些国家市场销售的果品价格相比，利润空间较大，市场前景广阔。中国的苹果、梨、猕猴桃、红枣、石榴等温带水果贸易量扩大，贸易额大幅增长，实现了双方的互惠互利。

2002年，有6000万人口的泰国就进口苹果达6万吨，其中进口中国苹果3万吨，而且进口量在近年内仍有较大幅度增长的趋势。由于气候原因，泰国、新加坡、马来西亚、印度尼西亚基本无法生产苹果、梨、猕猴桃、红提等北方温带水果，但这几个国家的消费者非常喜欢这些水果。泰国皇家超市、马来西亚鲁里超市、印度尼西亚家乐福超市、幸运超市等每周销售的红富士苹果均超过1000公斤；泰国的达拉泰果品批发市场、新加坡巴丝班让果品批发市场一个档位每周红富士销量在3至5个货柜、60至100吨。

中国陕西白水宏达果业有限责任公司2002年以来一直与东盟诸国企业进行贸易合作，2003年销售果品近2万吨，其中给新加坡、马来西亚、印度尼西亚、泰国和越南等东盟国家出口5000多吨。

三、双方合作项目众多

毗邻的区位联系，各具不同的需求和比较优势，显示中国与东盟各国在农业领域合作的巨大潜力。双方依托当地市场，扩大投资规模，建设农业园区，开展农业相互投资的合作新模式已日渐形成。

越南农产品丰富，中国可利用农业技术水平较高的优势，从越南引进广西所缺少的农产品进行深加工；可针对越南农机、化肥等农资产品生产能力不足与需求激增的突出矛盾，大量向越南出口广西农机和农资产品；在为越南培养农业紧缺人才方面也大有潜力可挖。

泰国佛教盛行，吃斋人数多，中国出口木耳、香菇、竹笋不仅销路好，而且卖价较高；泰国人喜吃的莲藕、淮山、马铃薯、芋头、大蒜、生姜、洋葱，全部靠进口，中国广西等边境省区在这方面大有可为；泰国木薯输出位居全球之冠，中国要发展燃料乙醇项目，解决中国能源紧张问题，可与泰国建立稳定的木薯产品贸易关系。

新加坡95%农产品依赖进口，中国可以质优价廉的农产品打进新加坡市场。马来西亚粮食只能部分自给，大葱、洋葱、马铃薯、花椰菜、西红柿、辣椒、黄瓜、蘑菇等农产品以及柑橙、苹果、梨等温、寒带水果，要从中国、美国、澳大利亚等国进口。中国农产品出口这两个国家，有品种之优，有地利之便，比美国、澳大利亚更具竞争优势。

菲律宾对粮食、奶制品、畜禽饲料、烟草、蔬菜水果、畜禽肉类、水产品、棉花、大豆及农用化肥、农业机械等的需求，靠进口满足国内供给平衡，进口额占60%以上，中国农产品可捷足先登。印尼自然资源丰富，但长期以来由于资金和技术限制，开发程度比较低，中国与印尼农业技术合作空间巨大。此外，印尼每年需大量进口农机、化肥、农药、稻种、果苗等农用物资，中国广西质优的农资产品正好满足当地市场的需要。

老挝、柬埔寨、缅甸拥有大量可耕地，在地理、气候方面与中国南部省份地区相近，适合发展甘蔗、木薯、桑蚕等产业，中国企业在这些国家建立产业原料基地，一定程度上可以缓解资源环境压力，进一步做强做大中国的甘蔗、桑蚕等优势产业。

马来西亚的水果需求也在很大程度依靠进口。境外水果经过储藏、包装作为商品进入消费市场，经过深加工成为另外一种商品进入消费市场。对果农和果业企业来说，果品种植、储藏、包装、加工到进入消费市场是创造更多的投资、就业的机会，也是产生巨大的经济效益的机会。水果方面，马来西亚的逆差额就高达4.3亿马元，而目前马方的水果进口主要来自泰国，进口额为3700万马元，而来自中国的水果进入空间较大。

四、合作前景广阔

中国与东盟农业合作的势头发展良好。通过与东盟国家积极沟通、紧密合作，签署了一系列合作框架协议，为农业合作打下了坚实的基础。自“中国—东盟自由贸易区”概念出台以来，农业领域始终被摆在双方开展合作的首要位置。继中国在加入世界贸易组织前与东南亚国家签署多个“农业合作协定”之后，中国与东盟10国在柬埔寨金边签署了《中国与东盟全面经济合作框架协议》以及《农业合作谅解备忘录》。《农业合作谅解备忘录》作为中国—东盟自由贸易区启动的第一步，双方从2004年开始逐步废除600项产品的关税，并在2006年完成第一批废除关税计划。在自由贸易区的计划下，中国与东盟双方共有6000项产品的关税有待废除，第一批相当于总数1/10的产品以农产品为主。

同时泛北部湾区域的海洋渔业、畜牧养殖业资源的开发也有广阔的前景。印尼海岸线长8.1万公里，年产渔业资源670万吨，现已开发39.3%。中国企业可进行包括捕鱼、养殖、运输、储藏、加工以及产品的市场开发。越南、泰国、柬埔寨拥有漫长的海岸线和广阔的海域，还有众多的湖泊、江河和水库，发展渔业生产的潜力很大。

目前，中国与东盟双方正全面提高经济合作：第一，在货物贸易中，实质性地逐步消除关税和非关税壁垒，分阶段逐步使服务贸易自由化；第二，创立一个开放而富有竞争的投资体制，以便利和促进自由贸易区内的投资；第三，根据互惠互利原则，建立有效的贸易和投资便利化机制，包括简化海关手续，开展标准相互认证；第四，拓展成员认可领域的经济合作，以深化双方的贸易及投资联系。可以预见，中国与东盟农业合作的前景十分广阔。

（选编自：周一. 国际商报·中国—东盟商务周刊. 2007—08—07）

东盟汽车市场前景展望

目前，美国、欧洲和日本等汽车传统市场已快饱和，而东南亚国家汽车拥有量较少、制造成本较低，进而成为经济前景看好的新兴市场。2005年东盟继美、日及德之后，成为全球第四大汽车市场。东盟汽车业良好发展前景得益于东盟汽车工业的自身优势。马来西亚、泰国、印尼和菲律宾的整体汽车市场取得年均16%的增长。

一、东南亚汽车市场的特色

东盟自由贸易区10个国家中，汽车生产国主要有泰国、马来西亚、印度尼西亚和菲律宾。由于经济水平和政府政策的不同，这几个国家的汽车市场各有特色。

泰国经济实力较强，投资环境开放，世界各大汽车公司在泰国都有生产基地。汽车类型丰富，生产能力强。泰国劳动力相对便宜，生产成本较低，跨国汽车公司利用这一优势，将一些车型转到泰国生产。

马来西亚是东南亚的另一个汽车生产大国，但其汽车生产情况却与泰国有所不同。马来西亚坚持发展民族汽车工业，主要解决马来西亚国内需求。两家主要民族汽车公司Proton和Perodua主要生产轿车。Proton市场竞争不利，已开始寻找合资伙伴。

印度尼西亚是东南亚人口最多的国家，达2亿多人，平均45人拥有一辆汽车，市场潜力巨大。主要汽车制造厂家是早年投资建厂的丰田、三菱、铃木等日本厂家。印尼汽车行业轻型商用车的生产占85%以上。丰田在印尼是最大的汽车生产厂家，欧美汽车生产厂家的产量较少。

菲律宾人口近8000万，新车产量和销量却少得可怜，原因是大量的进口二手车充斥市场。在菲律宾，买一辆使用过3～5年的日本二手车，价格远远低于菲律宾国产的新车，消费水平不高的菲律宾人更愿意买进口二手车，致使菲律宾汽车制造业发展缓慢。菲律宾主要汽车生产厂家为丰田、三菱、五十铃和美国福特汽车。

除了上述4个主要汽车生产国以外，越南近年来汽车业发展也比较快，丰田、福特等跨国公司都在越南设有生产基地。在规模和效益上，越南汽车工业还处在初级阶段。

二、中国—东盟汽车贸易现状

东盟已成为中国汽车出口的重要市场和零部件进口的来源地之一。出口方面，2005年，中国对东盟汽车（含底盘）出口额为1.54亿美元，同比增长116%，占同类产品出口总额的8%；对东盟汽车零部件出口额3.72亿美元，同比增长44%，占同类产品出口总额的6%；对东盟摩托车出口额2.2亿美元，同比下降21%，占同类产品出口额的9%。其中，越南是中国汽车（含底盘）在东盟地区的最大出口市场，2005年，中国对越南汽车（含底盘）出口额达8172万美元，同比增长84%。马来西亚是中国汽车零部件在东盟地区的最大出口市场，2005年，中国对马来西亚汽车零部件出口额为9400万美元，同比增长41%。印尼是中国摩托车在东盟地区的最大出口市场，2005年，中国对印尼摩托车出口额7840万美元，同比下降24%。

进口方面，2005年中国从东盟进口汽车零部件8950万美元，同比增长5.2%，占同类产品进口总额的1.3%。进口的汽车（含底盘）较少，只有130万美元。

从中国自东盟进口汽车产品看，汽车零部件、底盘、车身和特种用途车将从自贸区降税中先期获益。中国将轿车、货车、客车、越野车、车用空调、部分汽车零部件（12个八位税号产品，包括部分制动器、变速箱、驱动桥产品等）、部分底盘（2个八位税号产品）列为敏感产品。这些产品的关税将在2018年前降至5%以下。12个8位税号汽车产品（包括排气量2.5至3升的小客车、2.5升以上柴油型越野车、部分制动器、离合器、转向器产品）被列为二轨正常产品，在2012年前关税降为零。特种用途车、车身、大部分底盘和汽车零部件产品被列为一轨正常产品，关税将较快降为零。

从中国对东盟出口汽车产品看，拖拉机、特种用途车、汽车零部件将从自贸区降税中先期获益。东盟各国把大部分汽车产品列为敏感产品，整车进口关税多维持在30%的水平，车身和底盘关税高于20%。2010年前，其整车关税仍维持在28%，车身和底盘关税高于15%。但是，各国也把一部分汽车产品列为正常产品，这为中国汽车企业根据市场需求，寻找有利可图的市场提供了机遇。

三、机遇与挑战并存

随着中国经济持续、快速增长，中国汽车业迸发出惊人的发展态势，2005 年，中国汽车的海外销量达到 141773 辆，出口额第一次超过进口额，越来越多的企业想要在海外掀起中国汽车风；而作为亚洲地区最为活跃的汽车市场，以“东方底特律”为首的东南亚四大汽车生产国对全球汽车经济的重要性也日渐明显。中国—东盟自由贸易区的建设，为中国和东盟国汽车企业带来的不只是机遇，更有挑战。

从短期看，中国和东盟国家把大部分整车和零部件列为敏感产品，这些产品的关税短期内不会降低，自贸区仅对双边汽车贸易中的部分产生推动作用。

从长期看，大部分整车、底盘、车身和汽车零部件的贸易会有较大增长。主要原因在于一是中国与东盟国家汽车产品的关税在 2018 年前将大幅降低。2006 年 7 月 1 日，中国已将整车关税降至 25%，履行了在 WTO 中承诺的汽车降税义务，只有在双边优惠贸易条件下才有可能进一步降低汽车进口关税。二是自贸区为中国企业投资东盟国家汽车业提供了较大发展空间。在东盟国家投资建厂，可以充分利用降税机会，带动设备和零部件出口。同时，由于东盟内部在 2010 年间将相互免除所有产品的关税，目前老成员之间平均关税已降至 2.39%，新成员也降至 6.22%，而东盟内部原产地规则采用 40%的单一增值标准，可累计计算。因此，中国企业可以利用在东盟国家设立的生产基地将整车和零部件产品辐射整个东盟市场。

以印尼和马来西亚市场为例，印尼年产汽车约 40 万辆，其中 70%在国内销售，品牌以日产、丰田等日系车居多。2005 年中国与印尼的汽车贸易额为 1.54 亿美元，主要是汽车零部件产品。印尼将燃汽油客车、牵引车、拖拉机、特种车、刹车片、驱动桥、转向器等未列为敏感产品。2007 年，印尼将把燃汽油客车关税从 2006 年的 20%降至 12%，2010 年实现零关税、拖拉机、牵引车、刹车片、驱动桥、转向器关税从 15%降至 8%，2012 年实现零关税。

马来西亚年产汽车约 50 万辆，主要为本土品牌 PROTON。2005 年中马汽车贸易额 1.52 亿美元，主要是汽车零部件产品。马来西亚将大部分汽车零部件、牵引车、雪地车、高尔夫球车未列为敏感产品。2007 年，马来西亚将把拖拉机、房车、高尔夫球车、特种车、底盘、发动机、刹车片、变速箱、驱动桥的关税从 2006 年的 20%降至 12%，2010 年实现零关税。总之，中国—东盟自贸区的建设，将对企业发展战略产生深刻影响。中国汽车企业应密切跟踪谈判进展，充分利用自贸区提供的优惠条件开拓东盟地区汽车市场。随着中国—东盟经贸关系的深入发展，中国汽车业在区域贸易中必将获得更大商机。

（选编自：汪名立. 国际商报·中国—东盟商务周刊. 2008—05—06）

中国—东盟医药保健产业合作

随着中国医药保健产业制造能力的提高，一些中档医疗设备技术的转移强化了中国本土研发和生产规模，进一步提升了国内企业的竞争力。与 2007 年相比，医疗器械出口保持增长态势，但是与过去 5 年出口增幅的平均值比较，增幅出现一定程度的回落。

中国海关数据显示，2007 年中国对东盟各国医药产品总进出口额 26.1 亿美元（同期对欧盟贸易额为 111 亿美元），同比增长 35.3%。2008 年 1～6 月份我对东盟国家医药进出口贸易总额已达 15.6 亿美元（同期对欧盟贸易额为 79 亿美元），同比增长 28%；其中出口 18.9 亿美元，进口 5.29 亿美元，同比分别增长 37%和 31%。

西药原料出口依然占绝对比重，2007 年达到 10.96 亿美元，同比增长 44%；2008 年 1～6 月出口达 7.4 亿美元，同比增长 41%。2007 年医疗器械出口额占所有医药产品出口的份额比较大，达 4.5 亿美元，占总出口额的 23%；中药出口不到 1.6 亿美元，仅占总体出口额的 8.2%，但同期增长率近 50%，由于东南亚地区对于中药更易于接受，中药在东盟的出口前景看好。中药材和饮片、中药提取物、西成药和医用一次性耗材贸易看涨，尽管 2007 年其出口金额不足 1 亿美元，但同比增幅分别达到 52%、46%、47.6%和 47.7%，均超过西药原料增幅，贸易潜力巨大。

2008 年上半年，医药保健品出口保持高速增长，出口额达 113.0 亿美元，比去年同期增长了 37.3%，出口增幅较去年同期高出 16.7 个百分点；进口额达到 65.0 亿美元，比去年同期增长了 27.3%，进口增幅较去年同期高出 23.3 个百分点。从医疗器械出口产品分析，出口增幅有增有减，其中大额出口产品均呈现增长。中国医疗器械对东盟出口也有所放缓，但在出口结构上，向高附加值产品转移的趋势明显，东盟地区对医疗器械的需求随着经济的发展而逐渐加大，这给中国企业带来了新的机遇。

目前，东南亚政治趋于稳定、经济繁荣、人民安居乐业。人民生活水平的改善也带来医疗事业的发展，并推动药品、医疗器械市场的高速发展。

由于马来西亚政府已完成对马来西亚全国医院的设备更新和改造，马来西亚已成为亚洲医院设备最好的国家之一。

先进的医疗技术和源源不断的国外病人客源必将带来医疗器械产品销售的高速增长。据马来西亚海关统计，2006年马来西亚进口各种易耗医疗器械产品数量比上年纯增24%，达3.47亿美元，比10年前增长3.5倍。目前马来西亚进口医疗器械约占其医疗器械总数的90%。由此可见，该国主要依赖进口医疗器械来维持其医院的日常运作。而在10年前，马来西亚进口医疗器械产品约占其内需医疗器械的94%。除少数几种医疗器械产品（如医用乳胶手套、一次性输液器、纱布等常用低值易耗品和普通X光机）外，马来西亚从轮椅、呼吸机、心脏起搏器、血管支架、B超等，到CT、PET、MRI等大型诊断器械都需从海外输入。

由于马国具有较大外汇贮备，所以马来西亚已经成为各国医疗器械公司竞相角逐的场所。目前中国对马来西亚出口医疗器械产品大多可归属于A级或B级产品，估计马来西亚的医疗器械新条例对中国医疗器械产品的出口影响不会很大。

近年来，泰国对一次性医疗器械等大宗医疗产品的税率已有所下降，故对中国的相关产品的出口是有利的。

泰国医疗器械市场的飞速发展得益于该国政府加大对公立医院的财政投入制度。在泰国，70%的医院为政府主办的公立医院。民营医院和慈善医院合计仅占医院总数的30%。

据估计，泰国在过去10年里进口的医疗设备总价值高达上百亿美元，目前泰国基本上所有公立医院都配备了CT机、高清晰度X光机、彩色B超、心电图仪、呼吸机、重症病人监护仪等基本医疗设备。某些专门为富人服务的私立医院甚至还配备了螺旋CT、MRI、PET等高端医疗诊断仪器。

泰国也是中国医疗器械产品的重要市场之一。近年来，泰国对一次性医疗器械产品如输液器、输液袋、医用手套、药棉、套管等大宗医疗产品的税率已有所下降，对中国的相关产品的出口是有利的。目前，泰国对进口高端医疗器械设备仍执行20%～30%的高税率，美国等发达国家对此意见很大。据美国医疗器械行业协会报道，今后10年，泰国将进口更多用于个人保健的医疗器械产品，如按摩仪、红外治疗仪、激光治疗仪、个人用普通电子诊断仪（如血糖仪，血压仪、心率仪）和电子跑步测距表等等，这对中国有关企业而言是一大利好消息。

虽然越南目前很少进口价值较大的医疗器械产品，但其巨大的人口基数决定其在不久的将来有可能成为医疗器械进口大国。随着越南国民经济的快速发展，越南的医疗事业开始发生巨大变化。2006年越南共计进口1.86亿美元的各种医疗器械，但主要是常用低值医院易耗品，如一次性输液器、输液袋、医用手套、药棉以及小型诊断仪器等。

从海关数据分析，中国对新加坡、印尼、马来西亚、泰国、越南的医药贸易额比较大，其中新加坡为中国在东盟的医药贸易大国，出口额排第一位。新加坡每年从中国进口的医药产品价值近3.8亿美元，印尼每年来自中国的医药销售额高达3.88亿美元，文莱、缅甸等国虽然进口额相对较小，但其增长幅度分别以85%、117%和145%的速度增长。东盟十国每年药品市场需求量的价值总额已超过16亿美元（同期对欧盟贸易额为61.82亿美元），市场前景广阔。

经过多年的发展，中国部分医疗器械产品出口逐年增加，在国际市场上也占有相当份额，但在自主知识产权和自主品牌方面还相当的薄弱。国家政策的调整，势必引导企业对出口产品进行战略调整并继续加大科技力量投入。同时，企业要提高竞争力，以优化出口产品结构，提高出口效益。总体而言，全年行业保持高速发展的步伐尚有足够的空间。

医疗器械类产品多属于高科技产品范畴，受当前贸易环境的影响相对较小，出口增长仍然稳定。转变出口商品结构，提高产品的科技含量，促进高科技附加值产品的出口，有利于抵御贸易风险。对于医疗器械产品中的大宗耗材类产品，由于其附加值较低、受原材料价格上涨影响较大，需要以贸易救护措施予以救护。

东盟国别行业专题分析

文　莱

中国—文莱油气业合作

1929年，文莱诗里亚地区发现了蕴藏量十分丰富的石油和天然气，据统计，文莱石油已探明之储量约为14亿桶，预计至2020年仍可采用，而天然气的探明储量约为3200亿立方米，预计可采至2035年。自从上世纪70年代文莱开始大量出口石油和天然气之后，油气产业一跃成为文莱的国家支柱，约占文莱内生产总值的（GDP）的40%、出口和财政收入的90%以上。

一、文莱油气产业概况

目前文莱石油产量的90%和几乎全部的天然气均产自海上油田。文莱探明原油储量约为14亿桶，2003年石油产量平均为19.6万桶/天，其中低硫原油17万桶/天，另外还有2.6万桶/天的天然气液体产品，是东南亚地区第四大产油国，仅次于印度尼西亚、越南和马来西亚；文莱是亚洲第三大液化天然气生产国，是世界第四大天然气出口国；文莱位于连接南中国海和印度洋以及太平洋的海峡附近，处于能源交通的要道。

石油和天然气市场需求旺盛，国际油价持续上涨，文莱正是凭借这一先机，成为“浮在油气上的王国”。文莱石油产量的峰值出现在1979年，约为24万桶/天。文莱政府为延长油田的开采寿命和提高石油开采率减少石油产量。其生产石油的95%以上、天然气的85%以上用于出口。由于2006年国际市场石油价格继续保持在高位，2006年文莱的出口值增长较快。

近几年来，文莱石油天然气工业产值占国内生产总值近40%，石油天然气出口额占总出口额的90%左右。文莱石油出口地主要为日本、韩国、印尼、澳大利亚、美国、中国、印度、泰国及新西兰，天然气出口主要目的地是日本（占91.6%）和韩国（占8.4%）。

文莱的石油工业完全受文莱壳牌石油公司（BSP）控制。BSP在文莱有7个海洋油田，包括Champion油田（约占文莱石油储量的40%，石油产量为5万桶/天）、Southwest Ampa油田（文莱最老的油田，拥有文莱天然气储量和产量的一半以上）、Fairley油田、Fairley-Baram油田、Gannet油田、Magpie油田（自1977年开始生产，当前产量为1万桶/天）和Iron Duke油田；同时还有两个陆上油田——Rasau油田和Seria-Tali油田。BSP还有一个油田正处于开发之中，这个名为Egret的油田在2006年投入生产，并将在未来15～20年内生产大约3000万桶石油。

二、应对能源危机需未雨绸缪

从2001年至2006年，文莱经济年平均实际增长率为2.4%，石油行业平均增长率为1.28%，非油气行业平均增长率为3.78%。由于文莱国民经济高度依赖油气出口，经济受国际市场油价波动影响很大。

2004～2005年，文莱油气生产设备更新，产量有所下降，GDP实际增长率只有0.5%左右。2006年，国际市场石油价格持续保持在高位，文莱油气出口收入持续增长，文莱国际收支经常项目顺差占GDP的比率，也从2005年的56%增加到2006年的60.7%。世界的石油与天然气储存量继续维持15年至35年左右，全球石油需求量在2025年至2035年之间达到高峰，能源之争在世界范围内日趋激烈。

一方面，文莱是在已经探明的储量下，尽量维持原有开采量，防止油气储量提前用尽。同时，文莱政府一改过去与国外公司在石油天然气开发方面的合作采用授予外方特许权的方式，2001年后，开始使用国际常用的PSC（Production Sharing Contract）方式进行，以此加强政府对其石油资源开发的参与和掌控。2001年初，文莱政府对200海里经济专属区内的10000平方公里深水区海域和2624平方公里的陆地首次实行公开招标。

另一方面，油气是非再生资源，为扭转文莱经济过分依赖油气的偏颇状况，促进工农业发展，文莱政府近年来提出加快经济多元化发展的步伐，并采取一系列改革措施，经济开始发生结构性变化，开始向渔业、农业、运输业、旅游业和金融服务业发展。文莱从1962年起实施“五年发展计划”，目前已取得不错的成绩。

三、中文两国石油合作前景广阔

2007年中文双边贸易总额为5.415亿文元（约3.87亿美元），同比增长10.6%，其中对中国出口3.034亿文元（约2.17亿美元），同比增长8.1%，从中国进口2.378亿文元（约1.7亿美元），同比增长12%，中国从文莱进口仍以石油为主。经过多年的探索，文莱已经明确了油气行业的发展之路，石油合作有利于扩大双边贸易，中国在石油工程服务领域潜力巨大。

2003年中文双边贸易达3.46亿美元，其中90%是中国从文莱进口原油，另外只有不到10%为中国对文出口，一方面是因为文莱市场小，吸收中国商品的能力有限，另一方面，中国在文莱石油工程领域合作不够深入，没能参与石油工程服务及供应，设备和产品暂未大量进入文莱，贸易量（主要是出口）增长缓慢。

中国与文莱在多个场合已就开展石油合作事交换看法，双方高层都有加强能源领域合作的政治意愿，但目前双方缺少一个可以协调政府与企业的操作机制。

中国与文莱开展石油合作有利于中国能源多元化战略的实施，文莱石油天然气不需经过马六甲海峡，运距短，安全性相对较高。企业进入石油合作领域有利于带动和促进其他领域的合作，起到渗透作用。

（选编自：金阳. 国际商报·中国—东盟商务周刊. 2007—08—07）

文莱旅游业走向全球

文莱政府近年来积极推行“多元化经济”发展之路，旅游业是重头戏。文莱以她东方“威尼斯”、“和平之乡”的美誉逐渐为世人瞩目。浓郁的伊斯兰风情，独特的旅游资源把文莱构建成了21世纪的“天方夜谭”。

2007年文莱通过国际机场入境文莱旅客为17.85万人次，比2006年增长12.93%。在入境游客来源国中，马来西亚游客高居榜首，共4.49万人次，同比增长12.5%；中国（含香港）游客为2.99万，同比增长40%，为文莱第2大游客来源地。文莱旅游局把2008年入境游客增长目标定为7%，游客人次达到19.1万人次。

一、旅游业带动新的经济增长

文莱是个富足的国家，人均国民生产总值超过1.5万美元。文莱的石油和天然气的生产大约占国内生产总值的36%，占出口总收入的95%，经济结构较为单一。文莱的石油蕴藏量为14亿桶，天然气约3950亿立方米。以日开采21.4万桶的速度计算，再过二三十年，石油和天然气资源就会面临枯竭。

文莱政府大力推行经济多元化和私营化政策，把旅游业作为新的经济增长点。文莱是一个有着多元文化的伊斯兰教国家，风景秀丽，社会和谐，有很强的文化和自然旅游资源优势，著名旅游风光有金顶清真寺、历史悠久的水村，还有掩映在热带雨林中的漂流探险等等，都是吸引游客的好去处。文莱统计机构报告显示旅游业每年7%的增长率提升。

二、全国动员发展无烟工业

2005年7月11日文莱成立文莱旅游管理委员会，文莱工业及初级资源部副部长和常秘分别担任该委员会的主席和副主席，其他成员包括旅游发展局局长、财政部常秘、移民局局长、青年体育局局长、文航CEO、饭店协会、文莱旅行社和文莱国际贸易协会会长等，以促进加快文莱旅游业发展速度，保证旅游发展效率，满足文莱国家经济发展需要，每年预算经费达500万文元。2006年文莱有近5000人直接受聘于旅游行业，2007年上升至5200人。文莱真正投入开发旅游业不到20年光景，由于方向正确和国际市场大，近年来收益不错。2006年文莱共迎来来自亚洲、欧洲和阿拉伯地区的13万名游客，旅游收入达3.15亿文元，对全国经济生产总额贡献1.8%，2007年增至8.77亿文元。

文莱政府推行“电子政务计划”后提高了公共部门效率，有效地为企业提供行政服务，促进经济的成长和国内科研发展，旅游业将在文莱经济的发展建设发挥重要的作用。文莱酒店协会目前已经将会员酒店的信息和涉及旅游服务的信息公布到网上，希望在“电子政务”的带动下将酒店业和旅游业融合在一起。文莱政府将所有关于旅游的信息公布在政府网站上，文莱本国和外国的游客都可以在网上了解详细的信息，为出行提供了方便。

文莱工业与初级资源部与其他政府部门在未来的数年内将有超过20项大型工程动工，这些工程总耗资上亿文元，目的是在于提升文莱旅游业的设施及服务。根据估计，水村桥梁的维修需要文币50万元、考古公园的兴建需要文币400万元、河滨公园的兴建需要300万元、水村文化村及旅游资讯中心的兴建分别需要300万和450万元、淡武廊县国家公园第二期发展计划需要1226万元、国家公园及休闲公园维修发展计划需要400万元、当地产品促销发展计划需要1300万元、海洋公园兴建需要12955万元、9洞迷你高尔夫球场的兴建计划需要2000万元等等。

以上部分工程都是属于文莱第八及第九个国家发展计划下的工程项目，其中较大投资项目有林巴公园中心的发展计划需要3940万元、瑟拉沙渡轮码头扩展工程需要4880万元、淡武廊县班卡镇码头需要5000万元、淡武廊县关税关卡检验站需要4000万元以及兴建9座地方民众会堂需要文币3150万元，都东县八松公园及旅游中心需要5000万元等。

三、将旅游业推向全世界

文莱正在积极拓展旅游市场，在保留东盟游客的基础上，吸引更多来自亚太地区、欧洲和中东的游客。战略之一就是组建参观团，组织来自澳大利亚、德国、中国、韩国等地的媒体从业人员、旅游机构来文莱参观，亲身体验文莱的旅游文化，通常一年要组织40次参观团。在三四天的参观时间内，文莱旅游管理委员会将配合文莱皇家航空公司、帝国酒店等机构给参观者提供周到的服务。同时，文莱旅游管理委员会还将组织国内的旅游机构和从业人员参加世界各地的文化节、博览会，积极宣传旅游文化。

近年来，中国游客大量出国旅游，成为东盟国家的主要客源，文莱政府对此也相当关注。文莱与中国于2000年签署了《中国公民自费赴文旅游实施方案的谅解备忘录》，成为中国游客的目的国之一。2006年9月中文又签署了《中华人民共和国政府和文莱达鲁萨兰国苏丹陛下政府旅游合作谅解备忘录》。文莱日益重视开拓中国旅游市场，希望更多中国游客，尤其是青年人能到文莱“走一走、看一看”。尽管中国与文莱目前旅游合作规模不大，来往游客人数不多，但具有发展潜力。

旅游发展局委托国际专家为文莱旅游业发展进行经济影响力评估，为旅游业发展拟订长远计划，提高旅游业对国家经济发展的贡献。目前，旅游发展局分别与世界旅游理事会（WITC）及旅游卫星户籍（TSA）达致协议。旅游业经济影响力评估工作包括了相关领域的数据统计及资讯收集，以便通过有系统的数据分析，全面了解旅游业发展的真实概况。

（选编自：金阳. 国际商报·中国—东盟商务周刊. 2007—02—13）

文莱金融业

1992年前文莱经济结构比较单一化，以传统农业及渔业为主。直到1992年，文莱境内发现蕴藏量十分丰富的石油和天然气，全国经济重点由农业、渔业转移至石油及天然气出口。近年来，文莱希望改变单靠石油及天然气的单一经济模式，逐步实施经济多元化，向渔业、农业、运输业、旅游业和金融服务业发展，并且取得不错的成绩。

一、依赖石油天然气致富

1995年金融风暴后，文莱经济发展步伐缓慢。近年经济开始复苏，国际市场石油价格持续上涨，带动文莱油、气出口收入持续增长，经济增长幅度增加。文莱2005年的国内生产总值中，油、气行业占66%。文莱石油出口地主要为日本、韩国、印尼、澳洲、美国、中国、印度、泰国及新西兰，天然气出口主要目的地是日本（占91.6%）和韩国（占8.4%）。从2000年至2005年，文莱经济的年平均实际增长率为2.5%，石油业增长率为1.8%，其他行业增长率为3.4%。

文莱于1962年起实施“五年发展计划”，目前已经完成第八个“五年计划”（即由2001至2005年）。从1994年起，文莱为了调整单一的经济结构，积极发展油、气以外的经济发展，实行“进口替代”政策，20世纪80年代中期至90年代初，重点发展工业和农牧业。

20世纪90年代中期，文莱转向海外投资、推动国内中小企业发展等，成效不大。2003年实施“双叉战略”，文莱利用水深港阔的优势，建设大型货物集散港口，并以港口建设去带动基础设施建设，也建设工业园，以及发展制造业、金融业和其他服务行业。

由于国内市场太小、技术及人力资源短缺、生产成本过高，发展项目亦严重依赖国际市场、缺少比较优势和国际吸引力，文莱的经济多元化发展战略收效缓慢，经济发展仍以油气出口为主。目前文莱的非油、气产业，制衣业、建筑业、金融业及农林渔业等不及油、气业发达。文莱的工业设备、农产品、日用品等均依赖进口。

中国从文莱进口以石油为主，主要是中国石油化工股份有限公司从文莱购买原油。由于中国产品在国际之竞争力逐步加强，近年来对文莱的出口增长得较快。2000年，中国对文莱的出口额仅为1300万美元，到了2005年，已增长至5300万美元，6年里的年均增长率均为两位数。中国向文莱出口的主要产品为化工产品、日用品、机械和运输设备、食品等。

二、发展多元化新经济

文莱将从以石油和天然气生产为主转向集中发展金融服务业，制造新经济动力，发展多元经济，发展金融服务业被文莱政府视为重要的经济领域。

在这种情况下，文莱发展金融服务业，有利于文莱融入世界经济发展，也有利于加强多国合作共同面对挑战。此外，多边贸易系统也要求加强环球经济和金融系统加速与国际接轨，以推动经济增长和降低贫困率。文莱为投资者提供金融增值服务以吸引国际金融机构前来投资。

2003年文莱成立国际金融中心，标志着文莱正朝着金融业、银行业、证券业和保险业方面深入发展，为促成文莱成为区域服务中心的构想打下稳固的基础。这个机构将使文莱成为服务业中心，特别是对于金融业、银行业、证券业和保险业。

在国际金融中心建立前，文莱银行界已相当活跃，许多知名度高的外国银行如香港汇丰银行、渣打银行，新加坡华联银行，马来亚银行，美国花旗银行早已立足文莱，还有联营的佰都利银行和文莱国内的伊斯兰教信托银行、回教银行和回教发展银行共9家银行。

随着经济国际化发展，更适合于现代经济的离岸金融迅速成长起来。文莱于2000年成立离岸金融中心。离岸金融中心成立以来发展迅速，迄今为止，在文莱离岸金融中心注册的离岸公司已逾6000家，包括银行、基金管理公司、信托基金及信托公司。

文莱财政部正积极为文莱离岸金融的未来发展作规划，以期在该领域推出更多崭新的产品和服务来迎合全球金融市场的多元化需求。在伊斯兰金融领域快速发展的大势下，文莱离岸金融中心大力扩充伊斯兰金融服务，财政部完善了管制条例及法律架构，全力打造一个强劲的伊斯兰金融体系。

三、打造“2035年远景展望”

经多年努力，文莱非油气产业在GDP比重逐渐上升，非油气产业已占整个GDP的32%左右。文莱国民经济开始减轻对油气产业的依赖，其他产业在国民经济中比率有所提高，经济多元化的成果已初步显现。但文莱经济多元化仍处于初期阶段，经济结构性问题仍存在，经济结构单一、过分依赖石油和天然气的问题仍未能很好解决，其单一的经济结构未发生实质性变化。

文莱于2004年成立了长期发展理事会，外交与贸易部长穆罕默德亲王任理事会主席。文莱长期发展理事会主要任务是制定《文莱达鲁萨兰国长期发展计划（2035年远景展望）》（下简称《2035年远景展望》）。2008年1月19日，文莱首相府举行新闻发布会，公布《文莱达鲁萨兰国长期发展计划》，计划分三部分：《2035年远景展望》、《2002年～2017年发展战略和政策纲要》和《2007年～2012年国家发展计划》。

《2035年远景展望》提出保证宏观经济稳定；确保经济高速增长，保证就业；培育强健资本市场，包括伊斯兰债券市场；出台有利于提高生产力、开放度和竞争力政策，促进经济竞争力；投资于对提高文莱竞争能力、出口潜力和就业有帮助的油气下游产业和其他类似产业；投资国际一流的基础设施，吸引国际国内投资，促进出口；根据实际国情，发展能源规划，促进油气下游产业多元化；服务业私有化；对发展本地工商业所需的技术、知识、科研进行投资；促进国际经济双边和多边合作；鼓励妇女平等经济条款。

总额为7.42亿文莱元的拨款用于执行42个项目，发展经济多元化。《2007～2012年国家发展计划》指出，考虑到未来十年文莱人口增长速度和油气资源的消耗，要加快人力资源的转变，迎接经济各领域体制上的挑战，增加就业，提高生产力。在新的6年国家发展计划中，要保持宏观经济稳定运行，为国家发展提供良好基础。

（选编自：陈会玉. 国际商报·中国—东盟商务周刊. 2007—06—12）

柬埔寨

柬埔寨矿业利好对中国企业的启示

柬埔寨工业基础薄弱，规模矿业生产尚未建立，一向被认为矿产资源比较贫乏，现仅有小型水泥厂及群采为主的宝石、金、锡、石英砂等小型矿山、矿点，产量只能满足国内需求。但近几年来，柬埔寨接连发现储量可观的矿藏，尤其是石油的发现，令柬埔寨人憧憬着富裕生活的到来。

一、发现储量丰富的石油矿

柬埔寨至今未进行全面地质勘探，较多矿产尚未发现或未探明储量。2007在磅逊海湾内大陆架区，查明石油储量6亿桶，一家多国合资公司在柬埔寨某地发现了一处油田，这个油田的石油蕴藏量至少4000万桶，天然气蕴藏量上百万立方米。其潜在利润可达两亿美元。

世界银行估测在柬埔寨西南部3万多平方公里的海域内，石油储量高达20亿桶，可为柬埔寨带来20亿美元的年收入。

未来3年，资源型产业，其中包括石油、天然气和各类矿产，将使柬埔寨政府的收入增长两倍。联合国发展署的一份研究报告显示，未来仅石油收入一项，就将是2005年柬埔寨所接受的所有外国援助的3倍多。

早在20世纪50年代，在柬埔寨当时政府的请求下，中国就派出工作人员在其南部海域进行了石油勘探工作，得出的结论是：柬埔寨的地质构造具备生成石油的条件。

二、各类金属矿产

继发现大量油矿后，柬埔寨又发现第二个大型资源储藏——金矿和铝矿。目前，有许多外国公司正在加紧勘探，计划在不久的将来开采和使用埋藏在面积数万公顷土地下的矿产资源。金矿和铝矿是柬埔寨第二个大的发展潜力，将会对带动国家经济发展起到很大作用。

有关方面已证实柬埔寨拥有大量的金矿和铝矿，其中绝大部分的金矿和铝矿被发现在蒙多基里省和拉达那基里省内。在柏威夏省和磅通省也有部分含量较少的金矿。

柬埔寨已知有19个金矿区，其中数百个金矿点星罗棋布，大多数原生金矿与晚中生代闪长岩—花岗闪长岩火成活动有关，位于中部湄公河流域冲积平原和周围浅山地段的金矿区还广泛发育有冲积、坡积型砂金矿，较低的研究程度及有利的地质背景暗示着较大的探矿潜力。国家颁布了许多矿产资源管理法规，公路、电力、通讯等基础条件得到很大改善，包括中国在内的一些外国矿业公司投资金矿踊跃，逐步结束过去以民采为主的混乱局面。

柬埔寨一家矿业公司2007年在菩萨省野生动物保护区内发现蕴藏量达600万吨的铜矿与锡矿。在其公司10000公顷优惠土地上蕴藏着可供建立冶炼厂的铜矿，可以保证在10～20年内进行开采，冶炼厂建成后可提供1000个就业岗位。

三、优惠政策激励外资进入

中国企业掌握石油、天然气以及其他矿产资源的探测和开发的先进技术，并能够提供需要的设备，以及管理和策略方面的人才。除资源机遇之外，柬埔寨新兴金矿市场尚存在着引进矿业设备等商机。由于柬埔寨国内技术和资金的困难，柬埔寨较为丰富的矿产资源没有得到很好的探测和开发，是外资进入的好机遇。柬埔寨政府欢迎和鼓励外资的进入，加大资源的开发，把矿产资源转变成改变国家经济状况的实际经济效益。

柬埔寨地价低廉。柬埔寨的土地价格比其他国家低廉，每个项目只需2000万～3000万美元。柬埔寨大部分的外资投资集中在吸收劳动力多的轻工业上。目前，柬埔寨政府批准进行勘察开发的相关矿业公司，基本上处于勘察阶段，大部分商家尚未探明矿产准确的储量，基本没有进入商业性开发阶段。

柬埔寨主管部门批准上述企业进行矿产勘察的目的，在于借助私有和外来资本帮助柬埔寨探明矿产资源储量状况，减少政府财政投入和支出。柬埔寨方提供的资料显示，柬埔寨政府主管部门对其全国矿产资源准确储量信息状况尚不完全清楚。

四、中柬矿产合作，实现双赢

目前，柬埔寨矿产开发工作进展缓慢的主要原因是柬政府财政困难，只能依赖外来资金。柬埔寨缺少矿产学科科技专业人员及管理人员，对矿业开发缺少战略方向研究，柬埔寨现有高等学府亦无此专业设置，人才匮乏。柬埔寨目前尚未出台矿业开发管理法规，矿区属地对非法开采管理不力，受利益分配的影响柬埔寨内部管理不协调，影响相关公司的实质运作。

上述因素将直接制约着柬埔寨矿产资源开发的速度和利用成效。柬埔寨现阶段除一些小型的金、银、锡以及宝石等矿已进行掠夺式开采外，其他规模型矿产开发尚处在勘察阶段。

柬埔寨经过政府近年的不断努力，水电供应、道路和港口等基础设施建设步伐加快，柬埔寨宏观经济形势呈现10%的增长速度，社会稳定，投资环境得到改善，投资者信心增强。

在2010年前，柬埔寨政府将优先发展的工业、矿产及电力能源发展计划落实到位，海上油气资源得到开发和利用，2010年后，柬埔寨工业发展将会迎来一个飞跃式的发展，人均GDP可望达到900美元左右。

（选编自：陈会玉．国际商报·中国—东盟商务周刊．2007—07—17）

柬埔寨淡水渔业具有竞争优势

柬埔寨有3个省临海，海岸线长约460公里，主要在泰国湾东海岸和暹罗湾海域，具有较好的发展海洋捕捞和海水养殖的条件。柬埔寨的渔业主要是淡水渔业，其产值在柬埔寨农业产值中占有举足轻重的地位。

柬埔寨淡水资源较丰富，淡水渔业的产量从1995年的7.25万吨增至2001年的36万吨，目前达到40万吨，在世界各国中排名第四，仅次于中国、印度和孟加拉。柬埔寨国民75%的蛋白质来源由淡水鱼提供，鱼产品是柬埔寨国民日常生活的重要食物。

每年湄公河枯水期，洪水经洞里萨湖注入湄公河，雨季的7月～11月湄公河涨水，河水倒灌入湖，湖水深达10米，湖面增加到1万平方公里，非常适合淡水鱼类生长。

一、淡水鱼产量丰富

柬埔寨境内大部分是湄公河及其支流的冲积平原。平原上的洞里萨湖（又称金边湖）是中南半岛上最大的湖泊，向东与湄公河相通，水深一般不到2米，是名副其实的世界最丰富的淡水渔区。柬埔寨的淡水渔业就是以该湖为支柱，在渔业生产中占有最重要的地位。捕鱼旺季是从11月至翌年1月。

柬埔寨海岸线发展沿海养殖具有很大的潜力。20世纪80年代后期，与泰国接壤的沿海地区戈公、贡布和磅逊三省开始虾类养殖。目前大多数虾类养殖集中在戈公省，估计有275公顷土地用于虾类养殖，以斑节对虾为最多。养殖用的苗种、饲料和其他大多数设备购自泰国，有些养殖还开展合资经营。

内陆渔业加工呈季节性，生产规模不同，沿河岸和大湖边主要是家庭式和小规模作业加工，大多数家庭从事加工，以满足自己需求，主要在12月到翌年2月从事传统产品加工。大规模加工一般由卸鱼处的承包人进行，主要由妇女在1～2月、5～6月进行加工，大多数作业在竹筏上进行，加工的下脚料投入网箱，加工的鱼一般7月在金边销售。优质高价鱼类出口加工主要在金边和西哈努克市，主要出口至泰国、越南、中国、新加坡、沙特阿拉伯、日本等国，实际出口量由于有相当数量未列入“国境贸易”等通关统计，因此很难掌握。

湄公河水系和近海有丰富的水产资源，但内陆部分洞里萨湖附近森林开发可能会影响环境。柬埔寨的海岸线虽不及邻国长，资源量也有限，但如果能利用丰富的湄公河水系扩大养殖，以及设法配备渔港附近的冷冻设备等基础设施，柬埔寨水产品的出口量还有增加的余地，而且很有可能也会和周边邻国一样发展虾类养殖业。

2006年，柬埔寨淡水捕鱼总产量为42.20万吨，其中渔场机械捕鱼13.90万吨，完成计划109.2%，比2005年增产4.45万吨，家庭式捕鱼18.10万吨，完成计划的106.47%，比2005年增产4.33万吨，稻田捕鱼10.20万吨，完成计划的102%，比2005年增产1.02万吨；海洋作业捕捞水产6.05万吨，完成计划的100.83%，比2005年增产500吨。

人工养殖水产34200吨，其中鱼34160吨，虾40吨，完成原计划的97.71%，比2005年增产8200吨。海带养殖6810吨，完成原计划的3.05%，比2005年减产11190吨。养殖鳄鱼137642条，完成原计划的17.05%，比2005年增产17642条。繁殖鱼苗2133.5万尾，完成原计划的8.34%，比2005年增加260.20万尾。淡水鱼产品加工5万吨，完成原计划的166.67%，比2005年增加2.65万吨；海产品加工4300吨，完成计划的107.50%，比2005年减产200吨；加工鱼露1855.3万升，完成计划的7.21%，比2005年增产729.3万升。

二、传统中有新突破的捕捞方式

柬埔寨是亚洲网箱和网围的发源地，其历史可追溯到一个世纪前。由于湄公河的特定水文周期，天然的水库、大湖内陆鱼类产量总是具有很强的季节性，特别是大规格杂食性鱼类如鳢属和鱼芒鲇属种类，大湖中的渔民在竹棚中或浮式网箱中暂养，喂以饲料，后来开始放养小型鱼类进入网箱，进行育肥养殖，在淡季出售，逐步发展成专业网箱和栏网养殖。目前网箱养殖仍是柬埔寨最为流行的水产养殖方式，广泛分布于大湖边界各省份的河川。

柬埔寨所使用的网箱大小、形状和材料大不相同，主要根据养殖的地点、养殖鱼类和养殖者的爱好而定，5立方米～15立方米小型网箱用于培育鱼种和养殖鲤鱼，大型网箱25立方米～100立方米养殖鱼芒鲇科鱼类，河中的网箱趋向小型化，湖泊采用大型网箱，也有采用特大型网箱（几百至几千立方米），主要用于暂养活鱼。中小型网箱多为方形和长方形，船形网箱在网箱上可以盖房子，许多网箱的甲板上盖有猪舍，这些浮式网箱在沿河组成浮动的村庄，当售鱼时可拖到金边卸鱼处。

栏网养殖是大湖部分地区和首都周围河流湖泊中惯用的养殖技术，将幼鱼放入低水位的竹栏中（1米～3米深），养成鱼种销售或当水位升高时，移入浮式网箱，栏网养殖面积一般为500立方米～5000立方米，在河流中小些，湖泊中大些，栏网养殖产量一般每年不超过1500吨。

池塘养殖是近些年来开始的，原先主要集中在金边周围，主要生产鱼芒鲈鱼类，后来还在一些种植园或花园的池塘开展了中国鲤鱼和罗非鱼的池塘试养。然而这种池塘养殖并没有得到发展，因为捕捞业已能提供所需的鱼类，而且该国动乱几乎持续长达20年之久。目前池塘养殖的主要品种有白鲢、鳙、草鱼、鲤以及最盛行的本地种印尼须鱼巴仅印尼须鱼巴就占全国水产养殖总产量（约1.5万吨）的三分之一。

近年，柬埔寨水产养殖业虽得到了一定发展，但由于柬埔寨政府的财力和技术资源的限制，柬埔寨水产资源尚未得到有效开发和利用。中国的水产养殖业有着成熟的技术和经验，水产养殖在中国内的发展已受到了环境的制约，此时恰是中国水产养殖开拓海外市场的时机。柬埔寨得天独厚的水资源养殖条件，是中国企业挖掘其发展潜力的理想地。

（选编自：陈梅水．国际商报·中国—东盟商务周刊．2007—09—04）

柬埔寨农业期待国际合作

柬埔寨是典型农业国家，农业是柬埔寨经济第一大支柱产业。农业人口约占总人口的85%，占全国劳动力77%。经济作物有橡胶、胡椒、棕榈糖、烟草、麻类、棉花等。全国橡胶园有10万公顷，年产橡胶5万吨。目前，全国无土地的农村人口由十多年前的3%增加到15%，土地纠纷增多。

近10年来，柬埔寨农、渔、牧、林和橡胶等领域均得到了恢复和发展，稻谷产量逐年增长，渔业稳定发展，畜牧业增长较快，橡胶业恢复性发展，其他经济作物种植亦不断扩大。

一、柬埔寨农业资源及现状

柬埔寨农业资源较丰富，土地肥沃，水资源和热量均较为充足，农、林、牧、渔业发展具备一定的条件，但发展潜力未得到较好利用。

（一）传统的水稻种植业

柬埔寨全国共有670万公顷可耕地，目前耕种面积仅为260万公顷（约2/3的可耕地处于未利用的浪费状态）。其中80%以上种植水稻，2003年产出470万吨，平均每公顷产出1.9吨，全国人均不到300公斤。水稻产量基本满足人民的生活需要，略有结余。

柬埔寨目前约有26万公顷的土地（耕种面积的10%）采用机械化耕种，单位产量达到2.8吨每公顷。由于农机、良种、化肥、电力、灌溉费用昂贵，农民收入并未因机械化而增加。

柬埔寨有大量土地适宜种植棉花、木薯、烟叶、腰果、花生、大豆、蓖麻等经济作物及香蕉、芒果、椰子、榴莲等热带水果，但未形成大规模种植，产出无法统计。

（二）柬埔寨林业开采和橡胶种植业

柬埔寨森林资源较丰富，但由于多年来的乱砍滥伐，森林体系受到较严重破坏，森林覆盖面积由20世纪70年代初的73%下降到目前的50%左右。柬埔寨政府出于保护环境和可持续发展的考虑及迫于国际社会、非政府组织的强大压力，已经严格执行森林开采禁令，现有的森林开采许可已全部中止。

橡胶是柬埔寨目前除服装类产品之外的主要出口产品之一。2002年橡胶种植面积为2.9万公顷，产原胶3.2万吨，产值约2350万美元。

2006年，现有7个橡胶园和橡胶研究学院的割胶面积为20583公顷，完成原计划的96.65%，比2005年下降6.8%，下降的原因是更新无产胶价值橡胶林木；加工干胶21295吨，完成原计划的100.84%，比2005年增加4.47%。2006年，柬埔寨出口干胶20688吨，创汇3871.99万美元。

自1996年至2006年10年间，共砍伐无产胶价值老树总计25275公顷，相当于计划砍伐的77.43%，其中2006年砍伐3477公顷。截至2006年，上述橡胶园新种植橡胶幼树20366公顷，其中2006年新种植橡胶幼树4307公顷。

（三）刚刚起步的畜牧业

畜禽养殖业是柬埔寨农业发展的重要组成部分，一是要满足市场畜禽供应需求，二是增加农民经济收入。黄牛和水牛是柬埔寨农业耕种的主要生产力。2006年，柬埔寨牛存栏总数为406.90万头，其中黄牛334.46万头（包括耕牛135.54万），水牛72.43万头（包括耕牛39.82万头）；猪存栏总数为276万头；家禽（鸡、鸭、鹅）1569.36万只。

柬埔寨气候条件好，植物生长茂密，目前，全国绿化覆盖面积约为61.14%（1110.42万公顷），具有发展畜牧业生产的良好天然条件。柬埔寨规模型畜牧养殖尚属空白。目前，柬埔寨市场的奶类制品100%

进口（包括鲜奶），饭店所需高档牛肉均需进口。现农民饲养的黄牛主要用于耕种和繁殖，部分肉牛供应市场，鲜肉品质较低。柬埔寨畜牧养殖是柬埔寨农业尚待开发的重要领域，科技投入、规模化经营以及农工商产业化生产，均具有广阔的发展空间。

（四）独具特色的渔业

柬埔寨水产资源较丰富，洞里萨湖是东南亚最大的天然淡水渔场，湄公河及其支流盛产各类淡水渔（有特产笋壳鱼和大头虾）；柬埔寨还有460公里长的海岸线，水、海产养殖具有较好的条件。2002年河鱼产量为36万吨（世界内陆捕鱼第4位，仅次于中国、印度和孟加拉），海鱼捕捞约4.6万吨。

水产养殖业水产业产值是柬埔寨农业产值的重要组成部分，柬埔寨百姓的75%的蛋白质需求由淡水鱼提供。洞里萨湖、湄公河、洞里萨河是柬埔寨的天然淡水渔场；漫长的海岸线和暹罗湾海域为柬埔寨海洋捕捞及海产养殖提供了良好的自然条件。

二、中柬农业合作的基本设想

中国—东盟自贸区建设以来，农业合作确定为今后双边重点合作的三大领域之一。中国有多年发展农业的丰富经验，柬埔寨农业领域内的发展具有较大潜力，双方都有发展农业合作的良好愿望，中柬埔寨两国在农业领域内的合作具有广阔前景。从农业开展的长期性和目前柬埔寨发展农业合作存在的现实问题来看，两国在农业合作领域要取得实质性的进展尚需双方付出更多的艰辛。

农业合作是中柬两国经济重点合作的三大领域之一。由于诸多因素，中柬双方在农业领域合作严重滞后。

柬埔寨有很多领域存在与中国合作的可能。搞水稻示范基地，进行实地宣传教育是其中之一。柬埔寨稻谷种植一直沿用传统的耕作方式，单产低，管理方式落后。中国可借鉴水稻之父袁隆平在菲律宾进行水稻合作项目的经验和模式，在柬埔寨开展水稻种植合作，以示范基地为先导，宣传中国的先进技术和管理经验，帮助柬埔寨提高水稻单产水平。该示范基地可采取合股的方式合作，柬埔寨方提供土地，中国投入技术和管理，取得实际成果后起再进行推广，预计将会受到柬埔寨方的欢迎。

中国自2002年起向柬埔寨提供了与WTO成员同样的MFN待遇，并将在“中国—东盟自贸区”框架下给予其特殊优惠关税待遇。从2004年1月1日起，中国政府将给予柬埔寨297种商品（主要是农、林、牧、渔产品）进口零关税的优惠待遇。中国南方省区应利用气候与柬埔寨相似、未来交通便利的特点，结合自身优势，在橡胶、甘蔗等热带经济作物、水稻和蔬菜栽培、热带水果加工等领域进行合作，或投资生产、组装、并在当地销售经济适用的小型农机具和运输工具、小型柴油发电机和小型水泵等。由于农业开发前期投入巨大，投资回收期较长，由单个企业进行投资合作势单力薄，可考虑由政府部门牵头组织企业联合集团，集中技术、财力、人力等资源，长期从事柬埔寨农业开发合作。在具体方式上，与柬埔寨方合作宜采取“公司+农户”的形式进行生产和收购，以减少前期投入和降低投资风险，避免卷入土地纠纷。

由于柬埔寨部分农业传统种植地区的耕地已私有化，从耕种、管理和收获均以家庭为单位，基本处在手工操作阶段，耕作方式落后，机械化程度低。可以利用农业专业公司的技术、资金和人力资源，先以援助的方式进行先期投入，在柬埔寨开展宣传、传授、培训和指导，并相应的建立示范基地，采取“公司+农户”的合作方式，由公司向农户无偿提供种子和幼苗，公司对农户收获的农产品进行收购、加工和销售，形成一条龙的生产方式，有效地解决柬埔寨农民产销的顾虑，激发和促进农民种植的积极性。在项目运行时机成熟后，转向开发公司按市场机制独立运行，再进行集中成片租赁柬埔寨农户土地，使用当地培训过的劳力进行产业化生产，使柬埔寨农民感受到现代农业所带来的实惠。

（选编自：陈梅水．国际商报·中国—东盟商务周刊．2007—11—13）

柬埔寨橡胶种植业的发展

柬埔寨政府重视橡胶业的发展，并制定较完善的鼓励和管理政策，积极吸引外资，促进橡胶业的发展。为增加胶农收入，提高胶农生活水平，柬埔寨政府将发展家庭式橡胶种植作为柬埔寨四角战略政策的一部分，积极鼓励家庭式橡胶种植，并在政策上给予扶持。柬埔寨橡胶种植有着良好的自然条件，东部和东北部是红土质区，无台风记录，以及亚热带气候是橡胶最理想的栽培地。早在1996年柬埔寨政府就开始实施了10年更新橡胶园计划，并加快国有胶园私有化进程。

一、柬埔寨橡胶种植业概况

柬埔寨橡胶种植主要集中在东部的磅湛省。为增加橡胶产量和扩大种植面积，柬埔寨在全国实施红土区域种植橡胶树增加农民经济收入的计划，由传统集中在东部地区，向东北和西北推广。

2004年柬埔寨橡胶割胶面积为2.3787万公顷，比2003年下降11%；生产干胶25928吨，比2003年下降20%。割胶面积下降的主要原因是橡胶树更新割胶面积减少，橡胶树逐年老化产量下降，另外还受到干旱引发的虫病影响。

2004年柬埔寨橡胶出口创汇为3057.6万美元，比2003年多创汇5%（2003年为2904万美元），平均售价为1175美元/吨，每吨价格上涨33%（2003年为886美元/吨）。2004年橡胶业向国家上缴税收493万美元。2004年国际市场橡胶需求量约为2000万吨，2005年全球需求约增长4.9%。

截至2004年底，柬埔寨累计新种橡胶树1.601万公顷，其中2004年种植4454公顷。早在1996年，柬埔寨政府就开始实施了10年更新橡胶园计划，即将原7个老橡胶园约为2.5806万公顷老橡胶树用10年时间全部更新。

橡胶业是柬埔寨农业增长的重要组成部分，可带动柬埔寨农业循环经济的发展。柬埔寨政府大力推动实施家庭种植橡胶树工程，成立橡胶种植户合作社，通过提供贷款鼓励农民种植橡胶树，无偿培训种植和管理。法国非政府组织（AFD）向柬埔寨提供了392万欧元，帮助柬埔寨实施家庭式橡胶发展计划，从2003年至2005年，已资助301个农户，种植995公顷。柬埔寨一些红土质地区的家庭或个人，正利用自有土地和资金种植橡胶树，近年已新增种植面积约1万公顷，部分已开始产胶。

二、中柬双方合作前景广阔

柬埔寨地处亚热带且拥有肥沃的红土地，气候条件适宜橡胶树的生长，具有发展橡胶业独特的天然条件。柬埔寨政府加强引导，并赋予一定的优惠政策，科学管理，柬埔寨橡胶业将会迎来一个快速发展的阶段。

柬埔寨农行目前提供贷款发展家庭式橡胶种植业，已向磅湛省700户种植橡胶树的农民家庭，提供期限为20年的低息贷款。

橡胶是国家的战略性物资，中国每年均需大量进口。中国海南省在橡胶种植和管理及经营有着丰富的经验。但受到气候、土质及台风的影响和破坏，中国橡胶业的发展受到一定制约。目前，柬埔寨政府对国有胶园实施私有化招标阶段，中国可利用此契机参与柬埔寨橡胶业发展，将橡胶业发展产业链延伸到中国周边国家，实现互利双赢。

截至2006年底，中国在柬埔寨投资农业合作公司累计为66家，占地面积为100.62万公顷，分布在柬埔寨16个省市，已经签订实施协议的为57家公司，占地面积为94.31万公顷；与柬埔寨政府签订意向协议的有9家公司，占地面积为9.32万公顷。

中柬双方政府领导人对两国间的农业合作极为重视，客观上双方又拥有发展农业合作的互补资源。

三、柬埔寨力荐中国企业投资橡胶种植业

在第四届中国—东盟博览会，柬埔寨招商引资推介会上大力推荐中国企业到柬埔寨投资种植木薯、橡胶和水稻3种作物。

柬埔寨政府近年来完善了相关投资法律，尤其是保护投资者使用土地的法律，以确保外国投资者在柬埔寨投资利益。柬埔寨农业种植土地机会成本低，目前可供开发的土地有上百万公顷，外国投资者有权租赁土地用于农业种植长达99年，每家公司最高可获得1万公顷的土地租赁面积。

中国市场特别是广西对木薯的需求量很大，柬埔寨农民种植木薯的积极性很高。在不施肥的情况下，柬埔寨土地平均每公顷可产木薯25吨，如果适当施肥，每公顷产量将高达40至60吨，而柬埔寨目前可供种植木薯的空置土地还有几十万公顷。

国际市场橡胶价格近年来连年上涨，种植橡胶经济效益十分可观。作为全球进口和使用橡胶第一大国，中国去年一年就进口161万吨橡胶，而且对橡胶的年需求量呈2位数增长。目前柬埔寨只种植了7万公顷的橡胶林，即使出产的10万吨橡胶全部出口中国，也不够中国1个月的使用。根据柬埔寨政府的规划，柬埔寨将保留40万公顷优质空置土地发展橡胶种植业。

柬埔寨出产的茉莉花香米质量和营养价值高，每吨香米出口价格在400美元到550美元之间，但是由于受到农业种植技术的限制和人均土地多，柬埔寨水稻每年只种植一季，产量仅相当于中国每季水稻产量的1/4。

（选编自：陈会玉．国际商报·中国—东盟商务周刊．2007—12—04）

印度尼西亚

印尼矿业的投资潜力

印度尼西亚的矿产资源非常丰富，加上独创的标准工作合同，在20世纪70～90年代间吸引了大量的国际矿业资本，是世界上矿业投资环境较好的国家之一。矿物与能源工业是印尼的支柱产业，在国内生产总值和出口创汇中占有重要地位。印尼的矿物与能源企业以石油与天然气生产为主。矿业部门在印尼经济恢复中起到非常重要的作用，12类矿产品中，石油与天然气在印尼经济中有举足轻重的地位，国家收入与支出预算是基于石油与天然气的产量与价格制定的。

一、印尼矿业管理体制完善

能源和矿产资源部是印度尼西亚矿业的政府主管部门。其主要职能是代表国家制定矿产资源和地矿产业政策，颁布和执行矿业法规，并通过政策导向、矿业执法进行全国矿业的监督和管理；进行全国基础地质调查、广义环境地质调查和研究、矿产资源总量调查和评价研究，为引导矿业投资提供信息和咨询服

务。该部下设的地质与矿产资源局、石油与天然气管理局分别管理全国的固体矿产和油气资源的有关工作。

印尼的矿产开发施行分类管理，法律将矿产资源分为A、B、C三大类。A类为战略矿产，包括石油、天然气、煤、铀等放射性矿产、镍、钴、锡。这7类矿产只能由国家经营。外国公司作为政府机构或国营公司的承包人，经国会批准后也可按合同规定参与战略性矿产的勘查和开发活动。B类为重要矿产，包括铁、锰、铝土矿、铜、金、银等34种矿产。这些矿产可以由国营公司、本土公司、合资公司和个体投资者进行勘查和开发。A、B类矿产开发权的授予由中央主管部门负责。C类主要是非金属矿产，主要由省政府管理。1999年通过的22号法，上述矿业管理框架将发生重大变化。中央政府的权力将大量下放。地方政府将在矿业活动管理中拥有较大的权力。

二、中国与印尼加强矿产合作

印尼与中国间的距离优势和资源互补优势，使中国和印尼矿业合作前景广阔。

中国与印尼矿业合作主要有三种方式，即：两国企业以签署销售协议形式进行贸易合作，以投资形式共同开发利用矿产资源，中国企业以收购印尼油田海外股份的方式加强与印尼的合作。印尼是中国的重要能源合作伙伴，中国20世纪90年代初在海外投资开采的第一批原油就来自印尼。中国南方缺乏煤炭基于印尼与中国间的距离优势，中国从印尼大量进口煤炭。

中印两国战略伙伴关系有助于扩大双方资源开发合作。2005年4月中国国家主席胡锦涛对印尼进行国事访问并与印尼签署《联合宣言》，其中明确提出加强能源政策的对话与磋商，进一步发挥中印尼能源论坛的作用，开展政策交流，加强油气和矿产领域的交流与合作，鼓励更多企业参与联合能源资源勘探开发，建立商业上可行的本地区能源运输网络，推动能源的可持续发展，包括开发可再生能源、提高能源利用率、节约能源以及和平利用核能等。2005年7月苏西洛总统访华，中国和印尼双方就深化两国的友好合作广泛交换意见，双方就经济贸易合作签署一系列的文件。苏西洛希望能加强与中国在能源、基础设施、军事科技等方面的合作。

三、中印合作在崎岖中前进

中国与印尼矿业合作虽有着较好的基础，但也存在着制约因素。中国企业在印度尼西亚的矿业投资活动需要全程的法律服务，这涉及大量涉外法律服务领域，对国内的律师事务所水平要求较高。印尼的煤炭开采的投资环境不尽如人意。根据印尼法律，任何外资煤炭公司都必须从其煤矿开始商业化生产第5年起，按比例将其股权逐步出售给印尼的公司，直到10年后累计出售至少51%的股权。

印尼矿业是中印双方开展合作的重要领域，中国应从战略性和全局性的高度，密切关注其发展动态和政策变化，把握开拓市场的机遇，与印尼保持密切的矿业合作。

（选编自：胡锋锐. 国际商报·中国—东盟商务周刊. 2007—08—21）

印尼的汽车工业与中国企业的商机

一、印尼汽车工业现状

（一）生产能力

印尼汽车市场主要由日本厂商控制，日本汽车厂商在印尼建立了一些独资或合资的整车生产组装厂，部分产品已本地化，销售和维修网络完善，良好的售后服务和零配件供应已赢得了用户的信任。ASTRA公司和INDOMOBILE公司都与日本汽车企业合资生产，建立了比较齐全的销售网络，其产品的销售价格、油耗、运行等方面都占有不同的优势，在本地非常畅销。

目前印尼汽车年生产能力为75万辆。印尼有三家有代表性的厂家，均为日本厂商控制。它们是：

1. PT. ASTRA DAIHATSU MOTOR公司隶属于Astra International，1992年1月建立，现有人员3893人，拥有冲压、发动机、铸造和装配4个工厂，3家股东PT. ASTRA INTERNATIONAL，DAIHATSU MOTOR和TOYOTA TSUSHO CORPORATION的股份分别为31.87%，61.75%和6.38%。

2. PT. INDOMOBILE SUZUKI INTERNATIONAL：Indomobile Group和日本铃木公司分别拥有股份10%及90%，现该公司正通过内部协商计划将各自所持股份变更为40%、60%。公司年产汽车发动机8万台，摩托车发动机100万台，另外拥有汽车及摩托车组装厂。80%的摩托车配件及50%的汽车配件均在印尼国内制造，其余从日本原厂和泰国配套厂进口。发动机厂工人1200人，2个组装厂各有2000名工人，其摩托车在印尼占有22%的市场份额。该公司经过25年的发展，现主要由印尼本地人管理。

3. PT. HONDA PROSPECT MOTOR公司由日本本田公司和印尼本地的PT. PROSPECT MOTOR公司各持股51%、49%，总投资7千万美元。员工2200人，年产4万辆汽车和16万台发动机，发动机除满足汽车配套外，其余大部分出口东盟、印度及中国。

（二）汽车产业水平

印尼汽车产业水平总体较为先进，在销售、售后服务、汽车金融等方面比较优势明显。丰田等日本大厂家从产业发展战略高度将印尼作为某些类型汽车的生产据点供应整个东盟市场及全球市场的意图十分明显，并充分利用东盟国家内部优惠的关税政策在不同国家生产、调配、采购，以求从整体上降低成本，实现跨国经营。在东盟内部，泰国、马来西亚和印尼是汽车生产跨国公司的首要投资目的国。

印尼汽车工业主要集中在小轿车生产组装行业，市场上进口的大排量豪华汽车份额不到10%，小排量中低档汽车份额超过90%。目前印尼市场有许多原装进口汽车（如奔驰、宝马、大众、铃木、标志、福特、现代、切诺基等十几种车型）在销售和使用。2003年汽车销售总量为35.4万辆，2004年汽车销售总量40多万辆，2005年达50万辆。每年二手车销量在10万辆左右。印尼有汽车零部件生产厂163家，从业人员8.4万，目前汽车保有量530万辆，平均每40人拥有一辆汽车，汽车市场在印尼有巨大潜力和良好的发展前景。出口方面，据印尼汽车工业协会公布的资料，2005年1月至12月印尼汽车整车出口量达91748辆，比2004年的45990辆增长99.49%。其中，阿斯特拉丰田汽车公司出口业绩剧增77.6%，从2004年的44266辆上升至78622辆，出口车型主要为AVANZA和INNOVA（均为SUV车型），主要销往沙特、阿曼、科威特、阿联酋、巴林及卡塔尔等中东国家；同时，2004年未有出口的铃木汽车成功地以APV车型打入国际市场，出口量达11839辆。

印尼汽车工业协会预测，2006年至2010年五年间印尼汽车国内销量将分别达到480万辆、550万辆、620万辆、690万辆和760万辆。因此，建立汽车整车合资企业或合作生产具有较好的销售前景。

二、印尼的汽车产业政策

（一）汽车进口关税及奢侈品税

外国汽车（非东盟国家）汽车及零部件进口在海关须缴纳关税及奢侈品税，增值税（10%）、所得税（2.5%）在进口后流通时再缴。1993年至2002年印尼从泰国、马来西亚、菲律宾、新加坡和越南5国进口汽车关税为0～5%，2003～2009年这6个东盟国家间汽车进口关税为零，2010年后，所有东盟国家间汽车进口关税均为零。目前小轿车从东盟国家进口奢侈品税为45%，其他类型车及零部件没有奢侈品税。目前印尼工业部正在考虑将汽车奢侈品税按汽车的零售价格而不是按排气量来征收。

（二）进口汽车试销三年后设厂装配的要求

印尼工业部要求从外国进口至印尼的汽车在试销三年后需在印尼设厂装配。这一措施主要是针对印尼已掌握其技术的技术相对简单的进口汽车，如：小型商用车或机动三轮车，以保护国内工业。印尼政府还呼吁国内装配厂减少零部件进口，尽量在国内设立零部件厂以提高利润。目前印尼汽车工业采用国内零件的比例是：轿车30%～40%，第一类汽车60%，第二类汽车40%，摩托车90%。另外，印尼从2005年1月1日起要求进口汽车尾气排放达到欧洲II号标准。

（三）汽车产业政策的沿用

印尼1999年颁布新的汽车产业政策并沿用至今。目标：是印尼汽车工业具有高效率和较强的全球竞争力。

1. 策略：集中发展零部件产业；持续加强发展小型商用车（5吨以下）工业及摩托车产业；发展排气量在1500CC以下的微型汽车工业，并以此开拓微型汽车零部件工业的出口市场。

2. 政策：开放、开发并维护国内市场及其安全；强化出口市场；培育产业结构。

3. 国内市场发展策略：印尼将重新调整进口关税及奢侈品税以减轻市场负担以便恢复国内市场和吸引外资；目前已经取消了生产汽车的“本地化含量”要求，取消了外商投资所持股份的比例要求，可完全独资控股；放松进口措施，以便通过市场机制建立正常的、可负担得起的汽车价格体系；政府介绍推广“分期付款”。

4. 措施：即用于生产目的而进口的零部件和原材料可以在货物离开保税仓库1个月后再缴纳进口税。

三、印尼市场的“中国奇瑞”

中国“奇瑞”是1997年成立于安徽芜湖市的一个名不见经传的汽车厂，只用了8年时间就成为当今中国汽车自主品牌的代表。奇瑞的产品已成为中国家用轿车的名牌，它生产的外形卡通，色彩鲜艳的QQ牌汽车，已成为中国女士的最爱。虽然在中国属于小字辈，但是奇瑞从2001年开始，就瞄准海外市场。截至2004年底，奇瑞已与全球25个国家建立贸易联系，出口总量逾万台，其中1/3出口到东南亚市场。2005年，奇瑞A160汽车在马来西亚销售3000辆。针对东南亚市场，奇瑞在现有的车型基础上开发一批右舵车型（比如旗云和QQ）。期间还根据市场的需要和使用条件，进行多方面的针对性改进。

奇瑞公司与印尼汽车公司合作在印尼进行SKD/CKD装配，计划年内装配4000台，并为实现当地规模生产做好相应的准备。

四、对中国汽车业进入印尼市场的对策和建议

目前日本汽车在印尼的销量占据了整个汽车销售市场的90%以上，美、欧及韩国汽车销量则呈下降趋势。印尼政府及产业界希望打破这一垄断局面。印尼商业期刊（INDONESIAN COMMERCIAL NEWSLETTER）第393期载文分析：美国汽车生产商在印尼拥有技术、资金和管理方面的优势，但美国公司对

开拓92亿美元市场的印尼市场不像对中国那样感兴趣，中国市场更有吸引力。

印尼政府及产业界欢迎来自中国的投资并寄予厚望。中国长城汽车公司（Great Wall Motor Co.）正在寻求与印尼PT. Bharata公司合作以生产价格约10万元人民币的品牌为"Bromo Great Wall"的皮卡和厢式车，工厂将建在东爪哇省；长安汽车公司与印尼Global Lestari Motorindo（GLM）公司合作投资200万美元生产北京特快牌小型货车和大蓬货车，并于2005年底投产，长安公司提供技术人员和一切机器和组装设备。目前，奇瑞与Indomobile合作，组装生产QQ小排量汽车。

根据印尼实际情况，中国汽车整车要长期稳定出口印尼市场可能性不大，必须在印尼国内设立组装厂。目前中国皮卡、卡车、多用途厢式车、大小公共汽车以及特种用途车辆在印尼国内当有一定市场，可考虑在印尼合资设厂。如选择独资建厂，因为对印尼情况不了解及企业自身资金实力有限，可能会遇到意想不到的困难。选择合作伙伴时，可优先选择那些拥有自己的财务公司或在商业银行有较多股份的有实力的企业集团，以便在以后分期付款销售产品时减少困难，不必要求这些印尼合作方有汽车生产方面的经验，只要有实力、经营状况良好又能使双方真诚友好合作即可。合作形式可以是中方提供设备、技术、人员培训，印尼方提供厂房、土地、工人等。这样可以带动中国生产设备的出口以及零配件长期稳定的出口。从长远计，合资厂应使用中国原厂在国内的商标。

印尼小轿车市场虽然是日本车一统天下，但近年来中国内一批拥有自主知识产权和品牌的价廉质优产品的推出及其市场表现更增加了这种可能性。建议这些企业在产品性能稳定、并有一定的资金积累后来印尼开拓市场。印尼目前有几条现成的、闲置的汽车生产线可供中国利用。

中国汽车零部件产业可随国内整车组装业在印尼设厂稳定运行后一段时间来印尼配套设厂。中国零部件一般贸易出口大多集中在维修市场，还无法进入主流汽车生产厂家配套的零部件供应商行列。要改变这种状况，建议中国零部件生产商提高产品质量、努力获得在国内投资的如TOYOTA（丰田）、铃木、大发等日本整车厂商零部件生产供应商资格并拥有相关证明文件，这样才能优质优价和大量地进入印尼主流市场。

印尼政府方面建议中国出口审查部门考虑对每一笔出口印尼的汽车类产品先以国内生产商是否获得3C认证（中国强制质量认证）资格为依据，然后印尼工业部再据此给印尼相关进口商发予进口准字（许可证），避免假冒伪劣产品进入印尼市场影响声誉和恶性低价竞争。

印尼在汽车产业的研究开发人才和装配线上的技术工人奇缺，中国部分高等院校、职业技术学院和培训机构可以考虑与印尼的汽车公司或中印合资公司合作，为印尼开展汽车行业的人力资源开发与培训。

（吴启金. 中国机电工业网站. http://www.cmeif.com.cn/news.php? id=49.2006—11—03）

印尼轻工、服务业将崛起

一、纺织产业出现增长趋势

印尼是全球第11大纺织出口国。2007年印尼纺织品出口成为其国家外汇的第一大来源，达到102.9亿美元，比2006年增长9.9%。根据预测，如果印尼纺织品出口照此速度发展，到2025年，其纺织品出口将占世界的5%，出口额将达到730亿美元。印尼政府出台用于纺织机械现代化改造的专项优惠贷款，还降低纺织品原材料的进口关税。2007年用于纺织机械设备更新的优惠贷款和补助达到1600万欧元。与中国和印度相比，印尼纺织品生产体系的薄弱环节在于其不是棉花生产国，棉花的供应来源很不稳定。印尼国家纺织品协会与乌兹别克斯坦达成一项棉花采购协议，可以采购到价格低于1美元/公斤的棉花，可以降低对进口美国棉花的依赖度。印尼国家纺织品协会指出，由于目前中国纺织品的配额制已经不复存在，因此印尼纺织行业仍然将面临许多新的问题。

电力成本居高不下是印尼纺织业面临的主要问题之一。由于是国家垄断行业，2007年印尼的电力价格上涨了15%（达到8美分/千瓦时），成为在东南亚地区纺织品生产国中电力价格最高的国家。其他国家的电价分别为：中国7.6美分/千瓦时、越南7美分/千瓦时、孟加拉3美分/千瓦时。另外，劳工法律过于严格复杂也是制约印尼纺织业发展的因素之一。

二、印尼鞋业面临新机遇

资料显示，因为缺乏足够的基础设施支持和高素质的人力资源，印尼鞋业在近期3年内投资增长停滞，昂贵的电力供应，公路渠道不顺畅被指为妨碍工业增长祸首。2006年印尼鞋类出口增长12.3%，达16亿美元，出口数量为1.736亿双，增长12.1%，远没有达到预期的16%。印尼没能充分利用由于美国和欧盟对中国和越南的鞋类出口征收反倾销税而带来的市场机遇。2007年印尼政府预定的目标是增长20%，达19亿美元。

目前印尼鞋类出口目的国排名前几位的国家依次是美国（28.9%）、英国（8.3%）、德国（8%）、荷兰（7.3%）、比利时（7.3%）、日本（6.2%）。

2006年印尼大约进口了1亿双鞋，比2005增加20%左右。国内生产成本的上升导致产量下降，经销商们更青睐于来自中国的廉价鞋子。2006 年印尼鞋类产量和产值分别比上年减少 8.7%和 10%。

印尼是世界八大鞋袜出口国之一，制鞋业一直是其支柱产业，因此印尼对其国内制鞋业进行了一定程度的保护。印尼鞋产品降税情况如下：

1. 水鞋、水靴

装有金属头的水鞋税率 15%，2005 年持该税率，2007 年降至 8%，2009 年降至 5%，2010 年实现零关税。

长筒靴和中短靴税率 15%，并被列为一般敏感产品，将保持原税率直至 2018 年降至 5%。

其他产品被列为二轨正常产品，税率 15%，2005 年保持该税率，2007 年降至 8%，2009 年降至 5%，2012 年实现零关税。

2. 橡胶、塑料鞋靴

运动鞋、用栓塞方法将鞋面条带装配在鞋底上的鞋、装有金属防护头的橡塑鞋税率均为 15%，2005 年保持该税率，2007 年降至 8%，2009 年降至 5%，2012 年实现零关税。

过踝短靴被列为一般敏感产品，税率 15%，将保持原税率直至 2018 年降至 5%；其他橡胶鞋税率 15%，被列为二轨正常产品，税率 15%，2005 年保持该税率，2007 年降至 8%，2009 年降至 5%，2012 年实现零关税。

3. 皮鞋

皮鞋税率均为 10%，2005 年保持该税率，2007 年降至 8%，2009 年降至 5%，2012 年实现零关税。

4. 布鞋

橡塑外底的布鞋。运动鞋率 15%，并被列为高度敏感产品，将在未来保持原税率；其他橡塑外底鞋税率 15%，被列为一般敏感产品，将保持原税率直至 2018 年降至 5%。

5. 其也鞋靴

其也鞋靴中，布鞋及其他鞋税率 20%，并被列为一般敏感产品，将保持原税率直至 2018 年降至 5%。

6. 鞋靴零件

零件税率 5%，2009 年实现零关税。

三、食品饮料及餐饮业即将复苏

近年来，国际原材料价格逐年上升，印尼又经历了海啸及难后复苏，印尼食品饮料行业的生产量面临很大的影响。2006 年的干旱情况又直接导致印度尼西亚 2007 年甘蔗年产量出现 12%的减幅，造成国内食糖市场出现 50 万吨的食糖缺口。但随着自贸区全面降税到今日服务贸易的签署，印尼的食品饮料及餐饮业在 2007 年逐渐得到复苏。

(一) 印尼餐饮业市场概况

印尼中高消费阶层则是集中在爪哇岛的雅加达、泗水等少数几个大城市，所以全印尼的中高档餐馆大多也是集中在这几个大城市。印尼全国有餐馆近 3000 家，中高档餐馆总体生意较好、利润丰厚，而中低档面向大众的餐馆则经营窘困、赢利微薄。

首都雅加达是全国餐饮业的集中区，中高档餐馆有 100 家左右（雅加达有 900 万人口）。雅加达的中餐馆占据市场份额近 50%，其余 50%则被印尼餐、日餐、美式快餐（麦当劳、肯德基、必胜客）、韩餐、泰餐等瓜分。中高档中餐馆的规模通常是一家店50～100 员工，营业额从 300 万～400 万人民币每年到 1500 万～2000 万人民币每年不等，规模大经营好的可达 3000 万～4000 万人民币每年，净利润有 25%～30%左右。相同规模的中等档次中餐馆年营业额也能达到几百万人民币，但净利润率通常只有 10%～15%左右，中低档次的中餐馆则是经营艰难、竞争激烈。

雅加达主要中餐企业是新加坡的翡翠集团和中国香港的阿一集团，都采用公司化管理和连锁店方式经营。翡翠集团以前在雅加达通过为当地餐馆经营管理并特许使用其集团名称标志的方式经营，2006 年其投资 600 万美元开设自己的餐馆并计划于 2007 年在雅加达开设 5 家分店；阿一集团在雅加达开设 3 家分店，主要经营高档海鲜。中国台湾著名小吃鼎泰丰在雅加达也开设分店，主要经营各类面食。以上餐饮集团都是针对高端客户，价格和新加坡相差无几，但依旧生意兴隆。另外雅加达的五星级宾馆也大多设中餐厅，通常价格昂贵。针对中高档消费群体的中餐馆有十几家，大多是印尼华商投资，聘请新加坡、中国香港或马来西亚的中餐厨师，实行家庭式管理，有些聘请上述地区经理人参与管理，生意也比较好。近几年，国内有不少人到雅加达尝试开设中餐馆，但是由于起点低、规模小，加上不熟悉当地市场和情况、缺少人脉等因素，成功者不多。目前经营状况比较良好稳定的仅有几家，主要经营中国的广东菜、福建菜、四川菜等，年营业额约几百万人民币，员工 50 多人，属于中等档次和价位。

(二) 投资印尼餐饮业法律法规

根据印尼《投资法》规定，在“旅游区和宾馆集中区”对外资餐饮业开放，合资独资皆可。由于印尼政府把首都雅加达和所有省会城市都列为旅游区，所以投资餐饮业在地区上可说是没有限制。印尼对外资餐饮企业的管理政策也和当地企业相同，无优惠也无限制，具体有以下规定：

1. 税收

每年向地方政府交纳 10%的营业税，向中央政府交纳所得税。所得税分 3 个档次，企业年收入在 5 千万印尼盾（相当于 5 万元人民币）以下的交 10%；5 千万至 1 亿印尼盾（相当于人民币 10 万元）之间的交 15%；超过 1 亿盾的交纳 30%。

2. 外籍劳工

外资餐馆可以使用外籍员工，但和当地员工的比例最高不得超过 1∶2。使用外籍员工要向印尼劳工部办理劳工证，每年一办，办理费用约 3500 元人民币/人，同时每年须向印尼政府交纳 1200 美元/人的外劳税。中餐馆若雇佣中国国内厨师，则要提供国内正规厨师学校的毕业证书或者国家承认的专业等级证书，并经过公证和认证。

3. 相关经营证件

在印尼开餐馆须向当地的旅游主管部门申请营业执照，并向卫生部申请卫生许可证。印尼对食品卫生方面的规定不多，也很少被执行，只要提出申请一般都能获卫生许可证。印尼是穆斯林国家，若要在餐馆卖酒则要向当地警察局申请许可，此申请带有备案性质，一般也都可获准。（注：印尼餐馆业概况与投资印尼餐饮业法律法规来自中国驻印尼使馆经商参处网站）

四、首个医疗产业 REIT 上市

在 2006 年底，印度尼西亚力宝集团旗下力宝卡拉瓦奇的先锋医疗产业信托在新加坡证券市场开始交易。这是印尼首个医疗保健房地产信托。

先锋 REIT 的资产目前囊括了 3 家位于印度尼西亚首都雅加达、苏腊巴亚等地医院以及一家酒店和乡村俱乐部，其中该酒店就毗邻其位于雅加达的医院，其接待的客人主要为医院的患者与其家属以及商旅人士。先锋 REIT 的主要收益来自于医院以及酒店所付的租金，信托资产的总值约为 2.57 亿美元。这个印尼首个医疗保健房产信托受惠于蓬勃的产权投资市场及强劲的经济增长，印尼投资信托基金市场得以发展迅速。

（选编自：水沐. 国际商报·中国—东盟商务周刊. 2007—01—23）

印尼纺织服装业面临的挑战

纺织服装行业一直是印度尼西亚的第一大产业，其产值、出口额和就业规模在全国各行业中居领先地位。目前，印尼是世界第 9 大服装出口国和第 11 大纺织品出口国。2007 年上半年，印尼纺织品出口增长 10.27%。印尼的纺织服装企业主要分布在万隆、西爪哇及雅加达附近，其中不少是日资和台资企业。

一、纺织服装业成印尼出口支柱产业

经过近 30 年的发展，印尼服装工业已经从一个很小的产业发展成为对印尼整体工业提供重要贡献的产业。印尼工业部将纺织和服装产业称为一个“战略性产业”。2005 年，纺织服装是印尼最大的出口创汇产业，其创造的贸易顺差大约 70 亿美元。该行业直接就业人员 180 万，占工业部门就业人数的 15%。印尼全国现有纺锭 800 万锭，各类大中型纺织服装企业约 4000 家，雇工人数达 180 万人，间接就业人口达 500 万人，年产值约 120 万亿印尼盾（约合 1000 亿元人民币），年创造工业附加值 40 万亿印尼盾。2006 年各类纺织服装产品出口额为 94.6 亿美元，2007 年为 106 亿美元，同比增长 12%，其中服装类占出口总额近一半，以原纤维、棉纱布、丝绸、纺织辅料为主，进口额约 20 亿美元。预计 2010 年印尼纺织服装出口将突破 140 亿美元。目前印尼服装产品的出口形势不错，但国内市场的销售却越来越不景气。从 2002 年起，印尼生产的服装在国内市场所占份额，从 72%下降至 25%。

二、纺织设备进行结构调整

印尼纺织服装工业也有很多弱点，最严重的是纺织机械老化，需要大量投资，预计 2010 年前需投入 40 亿欧元进行纺织业生产设备的结构调整。然而目前印尼还不具备生产完整机器以完成纺纱到织布的生产过程的实力，大部分纺织品设备仍依靠进口，主要来源国为日本、德国和意大利。然而从这些国家进口的机器，其价格极其昂贵。现在成为首选的是来自其质量不错的中国、中国台湾和印度制造的纺织机器。目前已经有 200 家向政府提出机器更新的申请方案的纺织企业，估计为机器更新吸收的贷款总共达 4 兆盾。提出申请的企业还会增加，因为此纲领不单涉及大规模的纺织企业，然而亦有中小企业。

三、纺织贸易政策及投资环境

印尼政府对外国投资始终持欢迎态度，实行开放政策。纺织服装业作为印尼的成熟产业，目前尚无特别的投资优惠政策。但政府对保税区和设在全国 15 个地区的综合开发区的外国投资给予一些优惠待遇。

为吸引外国投资纺织服装行业，印尼政府采取一系列措施，创造宽松投资环境，为投资商提供一个更快捷、更方便和更透明的申请程序。这些政策包括：负责投资的政府部门由原来的 16 个减至 11 个；由外国公司、公民控有部分股份的部门由原来的 9 个减到 8 个。外资申请审批手续更加简化，审批时间明显减少。外国投资商不仅可向雅加达中央政府递交申请，还可以向印度尼西亚驻外使、领馆或区域投资代理人提出投资申请。从 2001 年 1 月起，印度尼西亚政府的投资补贴形式采用一种新的税收鼓励政策，取消外国投资的最少限额规定，投资数额完全取决于投资项目的可行性要求。目前印度尼西亚政府正制订新的投资法。该投资法将为国内和国外投资商提供公平的待遇，并保证投资商得到最好的服务，使投资程序不再麻烦和高成本。印尼对于纺织服装行业生产所需要的水、电、汽的供应基本有保证，价格也不太高。目前印尼工人最低工资为每月 75 美元，是亚洲各国中较

低者之一。

四、中国企业与印尼企业可在纺织领域加强合作

印尼纺织业关乎其国计民生，社会影响面大，中国企业与印尼企业在纺织领域有互补合作的空间，中国企业应重视与印尼企业在纺织领域的合作，探索有效的合作方式。

（一）设立纺织企业工业园

目前，印尼政府为发展经济、减少失业，正着力发展实业，特别是劳动密集型产业。中国企业可在印尼投资设厂，开辟专门的中国工业园区，利用中国企业先进的技术、管理经验及资金实力加强与印尼企业的合作，产品可直接销往世界各地。

（二）机械设备更新领域的合作

印尼纺织企业目前普遍面临设备老化问题，同时在资金方面又遇到困难，企业希望更新现有陈旧设备，提高生产效率。中国纺织工业门类齐全、设备先进且价格及维护成本低，较易为印尼企业接受，中国有实力的纺织企业与商业银行可带资入股印尼纺织企业，参与设备更新改造，这样有利于双方优势互补，提高竞争优势。

（三）利用好印尼每年一届的“纺织机械展”这一平台

近几年来，印尼每年都举办一次大型的国际纺织机械展，规模和影响力越来越大，参与的国家也越来越多，中国有实力的纺织机械和纺织技术公司也积极参与，其规模和质量都是展会的一大亮点，使得越来越多的印尼纺织企业了解中国的技术和设备并建立了相互的合作关系。

（选编自：胡锋锐．国际商报·中国—东盟商务周刊．2007—07—24）

印尼电力市场总体情况

印尼是一个群岛国家，岛屿之间的电网连接不太方便，加上亚洲金融危机的影响，印尼电网建设相对落后。近几年来，印尼每年约有30%以上的新申请的用电客户被电力部门拒之门外。

国际油价暴涨使印尼用石油、天然气为燃料的火力发电厂生产成本大幅上升。电费涨价是每届总统大选中的敏感问题之一，被长期束之高阁，影响电力部门的积极性，电力危机进一步加剧。电力设施严重缺乏，已经成为制约印尼投资和经济增长的一个主要瓶颈，也是造成印尼经济一直难以恢复的重要原因。

一、概况

装机容量。目前印尼全国总装机容量2908.3万千瓦。其中印尼国家电力公司（PLN）拥有装机容量2488.7万千瓦，占85.5%；独立电站（IPP）装机容量345万千瓦，占11.9%；其他电站装机容量74.6万千瓦，占2.6%。

电网系统。由于印尼是一个群岛国家，岛屿之间的电网连接不太方便，加上受亚洲金融危机影响，印尼电网建设相对落后，目前印尼只有一个电网即爪哇—巴厘—马都拉电网；苏门答腊岛的有一部分电站也简单联接在一起但还未构成电网；其他地区的电站都是独立的，只能对周围地区供电。

用电普及率。印尼全国有2.17亿人口，用电普及率仅为56%，仍有44%的人口没用上电，即使首都雅加达也经常会因缺电实施轮流停电。与印尼相比，菲律宾未用上电的人口为20%，泰国为18%，中国为1.4%，越南为14.2%。

电力需求增长。自2002年以来，印尼政局稳定，宏观经济保持年均5%的速度增长，对电力的需要日益增加，另外，由于目前印尼个人和企业用电比例为7∶3，使企业发展对电力的需求更为迫切，预计到2026年的电力年均需求增长率为7.1%。

二、印尼国家电力政策

印尼通过国有公司PLN对全国电力行业实施管理。根据1985年第15号法令和其实施条例，PLN是印尼政府指定的拥有电力控制权的国有企业并且将长期保持其市场垄断地位，PLN独家营全国的输变电业务，并且是唯一向最终消费者（无论个人或企业）售电的企业，所有独立电站（IPP）只能将电力销售给PLN；PLN在其特许领域内有保障电力供应的义务。根据2003年第19号法令，印尼政府补偿PLN所有因低于成本向消费者供电造成的损失，并且电力补贴以财政预算的形式提供。

其他企业如合资企业和私人企业有机会进入电力领域，尤其是发电领域。根据印尼《2000年关于禁止和开放的投资目录的总统令》及其修正案，以下领域对外资开放：装机容量在50兆瓦以上的水电站；装机容量在55兆瓦以上的蒸汽电站；装机容量在50兆瓦以上的地热电站；500千伏以上的重要电力中转站；500千伏以上的输电网。

电费价格由国家进行控制，制定全国统一的电力销售价格。目前印尼的电力销售价格低于电力成本价格，由印尼国家财政对PLN的亏损进行补贴。

在国家电力投资方面，印尼政府努力实现使用自有资金进行电力开发，满足电力需求和供应。但由于印尼政府资金有限，财政部、能矿部和国企部等相关部门积极鼓励私人部门和外资企业在符合印尼法律法规要求的情况下，更多地参与印尼电站项目的投资和开发，尤其是兴建独立电站，并正在着手制订更有效透明的投资政策。

私人企业和外资企业进入印尼电力领域时必须以国家电力总体规划（RUKN）制订的电力领域投资计

划为指引，主要有兴建独立电站（IPP）和EPC总承包两种方式。一般情况下，所有独立电站项目都要经过投标程序，但可再生能源电站，边际天然气、坑口、电力过剩、系统危机和原有电站增容条件下除外。因为独立电站不能将电力直接销售给消费者（自备电站除外）只能将电力出售给PLN，因此需要与PLN签订购电协议。

三、印尼电力发展规划（2006年～2015年）

为满足国内日益增长的电力需求，印尼政府决定从2006年到2015年投资413.7亿美元进行电站和电网建设。263.6亿美元用于建设装机容量为3424.4万千瓦的电站项目，爪哇—巴厘电网2075.5万千瓦，其他1348.9万千瓦。70亿美元用于建设26436kms的输电线路和67794MVA的中继站，爪哇—巴厘电网输电线路11021kms，中继站52719MVA，其他输电线路15415kms，中继站15075MVA。80亿美元用于建设139121kms的中压线路、254814kms的低压线路和33998MVA的配电变压器；爪哇—巴厘电网中压输电线路97017kms，低压线路207987kms，配电变压器28096MVA；其他中压输电线路42104kms，低压线路46827kms，配电变压器5902MVA。全国新增电力用户2375万人，其中爪哇—巴厘电网1565万人，其他810万人。

四、1000万千瓦加速电站建设计划

为满足印尼日益增长的电力需求，加速发电能源多样化尤其是燃煤发电的比例，减少电力生产成本，并保证将于2009年举行的总统大选，2006年印尼总统苏西洛发布第71号总统令，要求实施1000万千瓦加速电站建设计划，其中爪哇—巴厘—马都拉电网690万千瓦；爪哇—巴厘—马都拉电网以外310万千瓦。根据印尼国家法律法规，该计划由PLN通过国际公开招标方式实施。建设资金85%通过出口信贷，15%通过PLN借款（发行债券）解决。为保证该计划顺利实施，根据2006年第72号总统令设立由经济统筹部长、财政部长、国企部长、能矿部长和计委主任组成的加速电站建设计划委员会，解决与计划相关的任何问题并制订为电厂煤炭供应政策。委员会的高规格也表明印尼政府实施该计划的重要性和紧迫性。

（来源：班永陟．中国驻印尼大使馆经商参赞处．http://id.mofcom.gov.cn/aarticle/ddgk/zwrenkou/200801/20080105334894.html．2007—05—10）

老　挝

老挝水电资源优势

老挝自然地理面貌是一个北高南低的内陆国家，80%是山地，湄公河流经全境，水资源极为丰富，水力发电潜力巨大。据亚洲开发银行的估算，老挝湄公河蕴藏的电力约为1.8万兆瓦，目前利用率不到4%。老挝有能力成为“东南亚的发电机”，借此提高其在该地区的经济和政治地位。

水能资源是老挝的最大资源，全境有20余条流程200公里以上的河流，其中最长的湄公河在老挝境内全长1846.8公里，约占湄公河全长的44.4%，落差484米，湄公河60%以上的水力资源蕴藏在老挝，全国有60多个水源较好的地方可以兴建水电站。苏联和越南的专家测算老挝水能理论储量为2500万千瓦～3500万千瓦，可开发装机容量为2000万千瓦～3000万千瓦，老挝湄公河委员会的测算数据略高于此数，认为可开发装机容量为3500万千瓦以上，年发电量1600亿度。经过多年发展，电力工业已发展成为老挝具有优势的产业之一，是社会经济发展的重点。

老挝发电能力的90%来自水力。到2005年，老挝建成11个水电站，发电总量达15.4亿千瓦时，不仅可满足当地需求还可以出口他国，2005年前10个月销售额达1925.7万美元。当地电网也已扩大以保证城乡地区用电。供电成本太高的偏远山区，政府正在利用太阳能发电。按照老挝的国家电力发展规划，2005年有45%的家庭满足供电，预期2010年供电率达70%，2015年达90%。位于甘蒙省造价12亿美元的南吞2号电站是老挝迄今为止最大的水电站，将于2009年实现供电，发电能力约为1070兆瓦。电站将在2009年之后的25年经营合同期内为老挝政府创收19亿美元。

当前老挝确立发展国民经济的重点之一就是积极吸引外资，大力开发较为丰富的水电资源，通过向周边国家（包括泰国、越南等）输送电力来增加其外汇收入。老挝电力主要向泰国出口，而不是在国内消费。每年老挝80%多的电力出口到泰国，向其出售的电力收入已占老挝全部外汇收入的1/4。在亚洲金融危机之前，泰国电力管理局（EGAT）与老挝签署一个截至2006年向老挝购电300万千瓦的非约束性协议。由于泰国对电力的需求减少，泰国截至2006年前向老挝购电160万千瓦，到2008年向老挝购电170万千瓦。老挝同越南也签署同样的卖电协议。水电能源产业已发展成为老挝比较优势的产业，也是社会经济发展的重点。

同时，老挝政府还修改、出台投资法规，进一步规范投资及商务行为，为外商提供更好的外部投资环境。老挝贸易部统计显示，老挝2004～2005财政年度第一季度出口与去年同期相比增16.56%，出口额达10290万美元；进口增56.59%，进口额达11560万美元。

从老挝的电力发展规划来看，中国公司占有一定的地位，十年规划7个项目中4个意向由中国公司承建，而且其中3个是确定要修建的水电站。老挝国家电力公司欢迎有实力的中国公司以任何一种方式在老挝修建水电站。

2007年6月11日，中国水电建设集团国际工程有限公司和中国电子进出口公司组成的联营体与老挝政府签署了老挝芭莱（PAKLAY）水电站BOT项目的投资开发备忘录。这是中国水电建设集团国际公司在老挝继南俄5水电站BOT项目和南欧8水电站BOT项目之后再次获得的一个水电站投资项目开发权。芭莱水电站位于老挝境内湄公河干流上，距老挝首都万象约210公里。是老挝境内湄公河干流上拟梯级开发的第一个水电项目，建成后也将是老挝境内最大的水电站项目。该项目是一座以发电为主，兼有航运等综合效益的大型水电枢纽工程。为河床式电站，总装机容量为132万千瓦，安装10台轴流转浆式水轮发电机组，发电引用流量4500立方/秒，装机年利用小时4894小时，多年平均发电量64.6亿度，千吨两级船闸，总投资约17亿美元。工程枢纽建筑物主要由河床式电站厂房坝段、溢洪道（河床式溢流坝）、冲沙闸、堆石副坝、船闸和鱼道等建筑物组成。按中国标准属Ⅰ等大（1）型工程。该电站建站条件好，动能经济指标优越，是一座极具投资开发潜力的大型水电站工程。

从老挝国内外对电力的需求及业主的实力来看，需要中国积极、稳步、有序地支持其出口企业在老挝以出口信贷方式承建水电站项目以及相配套的输变电项目，并在可能的情况下，积极探讨以BOT、BOOT等方式在老挝承建水电站项目。目前中国进入老挝水电市场的企业均为有实力、国际经验丰富、老挝方十分认可的大公司，并已被纳入老挝未来电力发展合作规划之中。

（选编自：王丽云．国际商报·中国—东盟商务周刊．2007—11—20）

老挝矿业的前景

老挝的矿产资源分布广泛而丰富，老挝许多地方的金属矿产具有很大的找矿前景和开发价值，勘查与开发程度很低。老挝亟须外国资金和先进技术的投资开发。

2006年，老挝政府与中国河北省青龙普赢铁矿有限公司就开发老挝华潘省香可县平然村铜矿项目在万象签署协议，同意中国青龙普赢铁矿有限公司在老挝香可县平然村铜矿普查和勘探铜矿。

河北通联科技发展有限公司和兴隆县火工厂于2006年底签订协议，共同合资到老挝开发铜矿和铁矿。通联科技发展有限公司在中国有自己的矿山，主要生产有色金属产品，计划在老挝开发一家铁矿，现已经获得老挝政府批准的对该铁矿的勘探开发权。兴隆县火工厂已签约在老挝勘探开发铜矿。河北鑫河钢铁矿业有限公司就在老挝拿到爬立山铁矿的勘探开发权，该矿初步探明储量3亿吨，矿石品位65%～67%。

近年来，在政府政策的大力支持和外国矿业资本推动下，老挝矿业得到较大发展，矿业活动趋热，矿业投资迅速增加，2004年～2006年，矿业部门的项目由58个增加到118个，其中外资项目由27个增加到33个。2006年的统计数据显示，投资矿业部门的公司有66家，其中有33家为外国公司，118个矿业项目中有27个为地质普查项目；55个为勘探项目；36个为采矿项目。上述项目涉及有矿产包括锑、铜、铁矿石、铅、锌、锡、锰、金、银、宝石（红宝石和蓝宝石）、石膏、重晶石、煤、钾盐、盐和石灰石等。外国投资商包括中国、澳大利亚、加拿大、韩国、俄罗斯、越南和泰国等。

中国企业看好老挝矿产行业，投资老挝矿业持续升温，老挝政府也日渐重视本国矿产资源开发。

老挝近年来采取措施，积极筹措资金开发资源，推动经济发展。

2005年前6个月，老挝政府投资近1亿美元对金、银、铜和石膏矿进行勘探和开采。2005年前7个月，共开采黄金22吨，出口创汇1.64亿美元；开采和加工铜1万吨，出口创汇34万美元，黄金和铜锭出口占老挝同期出口总额的42%。

目前，老挝已经发现各类金属矿床矿点及矿化点近450处，其中铜矿68处，金、银155处，铅、锌、锑91处，铁、锰、铬56处，铝土矿5处，钨、锡、钼69处。老挝金属矿产最集中的地区和最有远景的地区是琅勃拉邦—华潘及其以南的川圹—甘蒙—阿速坡一带，该区域总面积约75000平方公里。

其中，铜矿、金矿、铅锌矿、铁矿较为集中，目前已经发现1个大型铜金矿、2个大中型金矿、3个大型铁矿和1个大型铅锌矿，估计这个地区还应该有很大的找矿潜力。这个地区将是老挝最重要的富铁矿找矿基地，最重要的铅锌找矿基地，最重要的铜矿找矿基地之一，最重要的金矿找矿基地之一。这个地区将成为老挝最重要的一个工业基地。

万象的西部地区是重要的铜、金、铅锌找矿区。

华潘地区是重要的铜、钨、锡、铅锌和铁矿的找矿区。

玻里坎赛—甘蒙交界的地区是特别重要的铜金矿和钨、锡矿找矿区。

沙湾拿吉地区这个地区已成为老挝最重要的铜、金生产基地。

占巴色、阿速坡和色贡地区是最重要的铝土矿找矿基地，是重要的金矿、铜矿找矿基地。

矿产储量规模较大或远景看好并可能投入开采的金属矿床是甘蒙省南巴坦锡矿，储量13万吨，远景应可达20万吨以上。沙湾拿吉赛奔铜金矿，铜金属量100万吨，金100吨。赛松本富开铜金矿，铜金属量100万吨，金60吨。万象省万荣铅锌矿，氧化锌金属量大于10万吨，远景储量很大。川圹省富诺安富铁矿，矿石远景应大于1亿吨。赛松本特区帕莱富铁矿，矿石远景应大于2亿吨。甘蒙省波嫩富铁矿，矿石远景应大1.6亿吨。万象省万荣铁矿，矿石量远景应大于1亿吨。老挝南部菠萝芬高原及其附近还有丰富铝土矿，矿石远景应大于2亿吨。

老挝的丰富矿产资源吸引大量投资商，面对如此多的投资机会，如何规范矿业投资市场变成了老挝亟于解决的问题。从1997年5月31日颁布施行的《矿产法》起到现在，老挝相继颁布《老挝鼓励外国投资法》和《矿产投资标准条例》。

老挝政府以制定关税、税收政策、规章、措施、提供信息、服务及便利等鼓励外国组织和个人投资矿业领域（含普查、勘探、开采和加工生产经营活动）为责任，并保护其合法权益。规定外国投资者进行矿业投资时须按照老挝《鼓励外国投资法》、《矿产法》和有关政策规定办理投资项目申请报批手续并获政府有关部门批准颁发相关“许可证”后方可开展活动，并按规定亨受老挝政府对外资企业提供的相关政策优惠。

不断完善的矿业法律法规，不仅是对老挝本国矿产资源的一种保护，同时也是对来自世界各地投资者权益的保护。

（选编自：陈会玉. 国际商报·中国—东盟商务周刊. 2007—07—03）

老挝旅游迈向新纪元

旅游业对老挝来说还是一个新兴产业，就在短短这十几年间，旅游业已成为老挝最主要的外汇收入来源之一。Wanderlust旅游杂志对读者进行调查的数据显示，老挝现已成为世界最适合度假的旅游胜地之一。

一、政府高度重视，旅游业迅速崛起

老挝的旅游业是从1986年老挝人民革命党实施革新路线后开始起步，而真正走上正轨则是从1990年老挝政府开放边境口岸，允许外国游客进入老挝旅游开始到2007年。17年间，老挝的旅游业成为其最主要的外汇收入来源之一。1990年～2000年平均年增长率高达27%；2000年、2001年、2002年和2004年的旅游外汇收入都突破亿美元大关。2007年旅游收入2.35亿美元。

老挝党和政府对旅游业的重视程度，在老党的历届大会政治报告以及各种重要政治会议——老党四届二次会议、崎连老党五大政治报告、老党六大、七大政治报告中都有体现。旅游服务业是老挝八大主要社会经济项目之一，国际旅游业的开发可以促进外国对老挝以及老挝人民的深入了解。同时指出旅游业是老挝实施扩大对外联系政策的重要组成部分，也是增加老挝收入的一个新的优势。老挝的旅游业正是在政府的鼓励下取得辉煌成就。

老挝国家旅游局于2008年3月21日在国家文化中心召开以“旅游与媒体”为主题的座谈会，与国内的各大媒体和有关部门就旅游与发展、旅游与宣传，加强向国际社会宣传老挝经济、社会和文化发展的方针、政策等问题进行研究和探讨。

从1993年开始，15年来老挝的旅游业得到实质性的发展，特别是1999年以来。游客量以年均不低于20%的速度增长，旅游外汇收入位居国家财政收入前列。2007年，老挝共接待外国游客160万人次，同比增长33%，增长率居东盟国家之首，旅游收入2.35亿美元。

二、特色旅游加快旅游业发展步伐

老挝历史悠久，拥有别具一格的民俗风情——仍然保持传统的蓝靛瑶、老挝特色的建筑、苗、瑶族的工艺品、佬—傣语族的手工织布、手工造纸、手工加工金银器和老挝古代流传下来的宫廷舞蹈。

不用花门票就可亲身感受老挝风土民情的“宋干节”、“焰火节”、“塔銮节”，每年都吸引着大量的游客前往参观旅行。泰国、美国、法国、英国、日本、德国、澳大利亚、建安大、越南、中国是老挝主要的10大客源国。1999年至2000年是老挝的国际旅游年，老挝加强对外宣传，让越来越多的人了解老挝。1999年后，老挝对境外游客的限制放宽，全国17个省份都接待外国游客，游客数量呈逐年上升趋势。

除了民俗旅游，老挝旅游局还将大力开发生态旅游，并使之成为老挝旅游业发展的新方向。老挝国家旅游局专门制定《2005年～2010年老挝国家生态旅游发展战略和行动方案》（以下简称《行动方案》）。在《行动方案》中，老挝国家旅游局充分肯定了本国在发展生态旅游方面的优势，并明确规定老挝生态旅游的定义、目标、实施方案、开发项目和开发原则等等。由此可以预见，生态旅游将会成为老挝旅游业的另一个新亮点。

三、寻求多国合作，旅游业迈向新纪元

大湄公河次区域地区被认为是当今世界旅游业增长最快的地区之一，随着东盟自由贸易区的不断推进，老挝也将加大与周边国家的旅游合作。2004年与中、泰合作开辟澜沧江—湄公河公河旅游路线。另外，根据《行动方案》，老挝计划将与越南、柬埔寨联合打造一个更大、更便于游客进出三国的旅游圈。

连接泰国莫拉限府和老挝素汪那克省的泰—老第二友谊大桥于2006年12月20日正式启用，该大桥

的启用有望刺激泰老两国的旅游往来，尤其是赴老挝的泰国游客将出现快速增长。

（选编自：周伟娜．国际商报·中国—东盟商务周刊．2007—02—27）

马来西亚

中马远洋渔业合作前景广阔

马来西亚欢迎有实力的中国公司到马来西亚投资，与马当地企业合作，进行远洋渔业开发。2008年1月23日，莫哈末沙立约见中国驻马来西亚使馆参赞高文宽，探讨两国合作进行远洋渔业合作开发等问题。

马来西亚政府准备颁发部分远洋捕捞执照给予中马合资公司，以鼓励和支持双方在远洋渔业方面的合作。

一、马来西亚渔业资源丰富

马来西亚渔业资源丰富，年可持续捕量为119万吨，其中，“西马”部分约78万吨，其余为“东马”的可捕量。可捕的渔业品种繁多，马来西亚政府调查估计12海里和200海里间的中上层资源总生物量为51.02万吨，可捕量为25.51万吨，不包含“西马”东岸的鲤鱼和金枪鱼可捕量估计为5万吨。

“东马”当地已经建立码头、渔民及家属专用的生活居住区域，企业只要投入渔船、渔民和资金，就可以开展捕捞作业。另外，该海域没有禁渔期限，可以全年生产，且加工基地离捕捞区域比较近，可以就地加工。

目前，马来西亚有500余艘泰籍深海捕捞船只在该国海域开展渔业生产，而本国只有不足100艘深海作业船只。中国企业拥有成熟的渔业生产技术和较强的实力，双方合作得到两国政府的支持，合作前景十分看好。

二、中马远洋渔业合作加强

随着中国近海捕捞资源的日趋衰退以及与周边国家海洋权益的划分，中国海洋捕捞业正面临产量下降、渔场缩小、效益滑坡的严峻形势，冲出国门发展远洋渔业已经成为实现捕捞业可持续发展的当务之急。

2007年5月，经中国和马来西亚两国相关部门批准，中国北海市远洋渔业发展有限公司同马来西亚安格渔业发展有限公司共同合作，在马来西亚海域进行渔业生产活动。

2007年11月，乐清市天祥远洋渔业开发有限公司和马来西亚兴发集团合资开发马来西亚东马海域远洋渔业暨渔业加工园区建设项目，中国温州将在2010年前内筹集200艘大马力钢质渔轮，赴马来西亚东马海域从事捕捞作业。该项目将持续30年，概算资金6000万元，3年内前往马来西亚的渔民约2800人。项目实施3年后，预计每年可为中国创汇1亿美元。

三、中国政府积极发展远洋渔业

近几年来，中国实施“走出去”战略，政府加强对远洋渔业支持力度，远洋渔业开发热潮正在全国范围内蓬勃兴起。

2006年，根据2001年～2010年的《中国远洋渔业发展总体规划》和《中国国家计委关于发展远洋渔业有关问题的报告》，为加快远洋渔业发展，优化远洋渔业产业结构，国家对远洋渔业企业建造远洋渔船给予一定投资补助，其中，对超低温金枪鱼延绳钓船每艘补助建造资金的30%，对玻璃钢冷海水金枪鱼延绳钓船每艘补助建造资金的25%，对大型鱿鱼钓船每艘补助建造资金的20%。中国政府安排国债投资8308万元用于远洋渔船建造补助，投资重点是列入国家支持范围的远洋渔业企业。

2008年1月31日，中共中央、国务院2008年发布一号文件，其中再次提出支持发展远洋渔业：“推行水产健康养殖，强化水生生物资源养护，落实禁渔休渔制度，加强渔业安全基础设施建设，支持发展远洋渔业。”

2007年7月，中国河北将立法鼓励发展远洋渔业。对建造或者购买远洋渔船从事远洋捕捞生产的，应当给予扶持，以促进“走出去”战略的实施，参与省际和国际渔业资源的分享。2007年底，深圳市出台专门政策措施，大力扶持远洋渔业发展，并将其作为突破口，推动和促进整个海洋产业的发展。

发展远洋渔业是争取海洋渔业权益、参与国际渔业资源分配的需要，也是优化中国渔业结构，带动加工、贸易、运输、渔需物资等相关产业发展，加速现代渔业进程的必然选择。

（选编自：汪名立．国际商报·中国—东盟商务周刊．2008—03—04）

钢铁产品需求催生马来西亚钢铁业复苏

亚洲金融风暴发生之前，马来西亚钢铁发展处于上升阶段。1997年金融风暴以后，马来西亚钢铁业虽已逐渐复苏，但建筑业连续几年呈萎缩趋势，影响钢铁业整体表现，2005年更是一度陷入低潮，部分建筑公司甚至出现财务赤字。到2006年底，在马来西亚政府宣布第九个马来西亚计划（NMP）、第三工业大蓝图及开放政策的护航下，钢铁业又重现一片生机。目前国际市场的需求量维持强劲，种种利好消息涌现，马来西亚钢铁业前景乐观。

依据第九个马来西亚计划，从2005年开始的未来5年内，马来西亚政府将投资约468亿令吉用于钢铁行业，其中约184亿投资于房屋建筑。泰国已成为东南亚最大的钢铁进口国，越南、缅甸、印尼等国也在大力发展基础建设，东南亚地区钢铁需求为马来西亚提供机遇。马来西亚去年的钢铁出口增至逾93亿令吉。

马来西亚是东盟最大的钢铁生产国。2005年马来西亚粗钢产量约630万吨，比2004年的570万吨增长10.5%。在钢材产量中，方坯基本持平，为400万吨，盘条为150万吨，棒材358万吨；热卷从165万吨增至180万吨，厚板从29万吨增至30万吨。马来西亚钢铁市场消费需求的增长潜力巨大，原因是其钢铁产品基本上都在本地消化。马来西亚钢铁协会预计，2008年的钢铁消费需求量将分别增加10%，2009年大约增加15%。2007年方坯产量为469.5万吨，比2006年增长22.5%，长材总产量累计349.5万吨，增长4.3%。其中，线材产量达到133.1万吨，增加15.1%，马来西亚国内钢线生产需求旺盛。热轧卷和冷轧卷产量分别为195万吨、74万吨，比2006年分别增长1.6%和34.5%。

马来西亚大部分钢铁业属私营公司，政府采取措施为当地钢铁生产厂家提供协助，同时也使马来西亚成为当地及外国投资者眼中的极具吸引力的投资地区。政府呼吁国内钢铁业有必要大力发展上、下游业务，以此确保钢铁行业的发展。

尽管马来西亚增加直接还原铁产量，但仍不能满足整个东南亚地区对废钢替代品的需求，目前当务之急就是要寻找新的废钢货源，或是废钢替代品，以缓解废钢供应紧缺。首先，东盟钢厂应广泛联合起来，共同与废钢供应商签订供应协议；其次，区域内通过并购，整合现有钢铁产能，扩大生产规模，壮大自身实力；再次，各钢铁企业联手兴建上游炼铁产能，一起分享炼钢生铁。另外鼓励企业到国外开发铁矿原料。利翁钢铁集团投资购买澳大利亚Polaris金属公司的9.1%股份，寻求在西澳开采铁矿石就是一例。

对于希望进入马来西亚的中国钢铁企业，一要做好市场调研，二要选好贸易合作伙伴，三要产品对路，四要控制钢材出口势头。中国钢铁企业将要面对日本、韩国产品的激烈竞争，以及贸易保护等问题。中国企业进入马来西亚市场切忌一哄而上，无序竞争，要确保质量，加强售后服务，立足于长远市场目标。

（选编自：王丽云．国际商报·中国—东盟商务周刊．2007—10—09）

马来西亚支柱产业转型

2007年11月，马来西亚的工业生产增长2.7%，低于10月的4.7%。美国经济下跌限制科技领域复苏，其高失业率直接影响对马来西亚的进口需求，特别是对马来西亚制造业的产品的进口需求。出口需求低迷又使得马来西亚制造业发展放缓。

2007年11月，马来西亚出口增长5.7%，主要靠石油和棕油支撑。马来西亚工业生产指数将持续保持在偏低的增长水平。随着马来西亚经济多元化，以内需为主的领域将弥补制造业的弱势。未来马来西亚经济增长的主导领域将转型，从以往主要依靠制造业，转移至其他以国内需求为主的4大领域，包括建筑业、矿业（石油与天然气为主）、服务业、以及农业（以油棕为主）。

一、建筑业开始复苏

马来西亚建筑业虽然经过两年负增长，但未来仍然是马来西亚国民经济的支柱产业。第九马来西亚计划的工程在2007年3月出炉并逐一发放，2007年9月～10月有关工程正式动工。在第九马来西亚计划的激励下，建筑业成为该计划主要受惠领域，建筑业又开始复苏。

马来西亚建筑行业的人力资源是当前制约其行业发展的瓶颈。过去几年处于低迷的马来西亚建筑业至少有3万名建筑业工作者（包括工程师、绘测师、工地督工等）已到国外工作。但是预计大部分人才在国外还是从事原来的工作，尤其在未来几年内这些专业人才可能都会回国服务。此外，国外劳动力的进入也解决了一部分劳动力问题。截至2007年3月31日，在马来西亚工作的合法外劳共有190万人，其中26.5491万人是在建筑业工作，占外劳总人数的14.5%。根据预测，2008年建筑业的合法外劳将增至40万人，占合法外劳总人数的20%。

马来西亚经济整体形势看涨，也带动整个建筑行业的发展。由于地产业的转包商增多、基础设施项目档次提高、石油和燃气工业离岸加工厂的建设力度加大等，促进了建筑业的繁荣发展。譬如东海岸高速公路和吉隆坡雨水疏通及公路隧道工程是比较大的项目。

2005年马来西亚在26个项目上投资24亿林吉特（约6.32亿美元），项目已经列入从2006开始的五年计划，但从2005年就开始启动，推动未来几年内建筑业的发展。从前些年的情况来看，投资主要集中在道路、学校和医院的建设等方面。

二、矿业发展形势好转

矿业在马来西亚经济中占有重要地位。亚洲金融危机以后，马来西亚矿业增长趋缓。2002年以后矿业形势开始好转，2002年、2003年和2004年马来西亚矿业部门的经济增长率分别为3.7%、4.8%和4.1%。2005年，矿业为马来西亚GDP直接贡献270亿林吉特（约77.14亿美元），约占国内生产总值的5.3%，其中92.6%来自天然气和石油，矿业的发展速度为0.8%。2006年矿业回弹，达到2.4%的较高增长。

近年来，马来西亚加强深海石油资源的勘探开发以及海外石油资产的收购，其原油和天然气储备也在不断增长。截至2007年1月1日，马来西亚原油和冷凝油储备为53.6亿桶，同比增长2.1%；天然气储备为148.2亿桶油当量，同比增长1.1%。

石油是马来西亚最重要的矿产之一，每年原油日均产量在70万桶左右，其中凝析油占20%。2006年4月1日至2007年3月31日，马来西亚原油和冷凝油日均产量为66.1万桶，同比增长5.4%。近几年来，全球原油价格不断飙升，油价上升所带来的每年7000亿美元的收益，流向世界各地的石油出口国，马来西亚是主要受惠国之一。

随着石油资源的不断开采和消耗，天然气越来越受到重视，战略能源地位也显得越来越重要。马来西亚天然气产量稳步上升，2005上半年产量为7435.1万吨，比2004年增长10.1%。马来西亚国内现有的生产油气田63个，其中油田48个，气田15个。

世界各国对能源的需求日益剧增，尤其是最主要的石油和天然气。同时，马来西亚经济的发展促使国内市场需求也日益增长，国内外市场的巨大需求必然刺激和促进马来西亚石油和天然气的快速发展。

三、服务业潜力无限

20世纪70年代以来，马来西亚不断调整产业结构，大力推行出口导向型经济，服务业发展迅速。2004年、2005年和2006年马来西亚服务业的增长率分别达到5.5%、6.5%和5.7%。2005年服务业就业人数约535.36万，占全国就业人口的50.76%。

目前，服务业在马来西亚的经济活动中占了将近五成，马来西亚认为服务领域会随服务贸易总协定在WTO成员国的逐步落实进一步扩大。

2007年，马来西亚政府通过提升国内消费、削减企业税、放宽外资投资条例等政策吸引外资，服务业投资总额从2006年的175亿美元增至206亿美元，同比增长17%；外商直接投资为33.7亿美元，同比增长80%。2007年全年，服务领域所批准的投资额则达186.9亿美元，比2006年同期的158.6亿美元，增加18%。

早在2003年，马来西亚国家经济展望会议报告中提出要着力发展服务业，吸引更多服务业的外来投资。马来西亚在服务业的活动及投资的增加预计将有益于整体经济，包括增加就业机会、各服务细分行业的知识及技术的提升，以及其他经济领域的派生效应，包括货物采购及增值服务。

马来西亚较为先进的信息与通信科技业，以及熟练的信息科技人才，使马来西亚成为大多数外包活动的理想地点。为迎合国际公司对制造业及服务业的需求，地区性的机构将增加，更进一步加强马来西亚在这地区内的主要贸易国地位。

四、农业发展稳健

在马来西亚政府的鼓励及积极推行农业“现代化”的有利因素下，由于树胶产量增加，畜牧业及食品业的较高增长与渔业回弹带动，马来西亚的农业增长率已从2005年的2.5%激增至2006年的5.3%，实现农业产值约142.7亿美元，占国民生产总值的9.14%。

2008年上半年期间马来西亚棕榈油产量为820万吨，比2007年同期的670万吨增长23%。主要出口目的地是中国，数量为180万吨，2007年同期为160万吨。欧盟86.7万吨，2007年同期为110万吨。巴基斯坦55.7万吨，2007年同期为45.9万吨。

马来西亚耕地面积约414万公顷，占可耕地面积的30.6%。农业以经济作物为主，主要有油棕、橡胶、热带水果等。木材、油棕、橡胶是目前最主要的出口农产品，大米是当地最主要的食粮。

政府长期对农业保持高投入，支持农业的发展。第九马来西亚计划重视农业的发展，力图使农业成为第三大经济成长动力，主要是扶持以油棕为首的其他经济作物和粮食生产。马来西亚是世界上最主要的棕油及相关制品的生产国和出口国，产量和出口量分别占全球总量的45%和50%左右。

2005年，马来西亚共有3736个油棕园，油棕种植面积404.9万公顷，比2004年增加4.5%，占全球油棕种植总面积的33.75%。棕油年产量为1496.2万吨，比2004年增加7.05%，占全球年总产量的43.64%，出口创汇286亿林吉特（约82亿美元）。2006年，马来西亚油棕种植面积约410万公顷，棕油产量、出口量和出口额分别为1590万吨、1465.5万吨和258亿林吉特（约73.7亿美元），分别比2005年同期增长6.28%、8.99%和12.4%。

马来西亚的棕油约占全世界植物油贸易总量的25%，能够保持这种竞争地位不仅是因为马来西亚有技术经济优势，还因为其棕油供应稳定、价格诱人、成本较低、质量较高、使用面广等方面的优势。

（选编自：汪名立. 国际商报·中国—东盟商务周刊. 2008—02—26）

马来西亚棕榈油的世界市场地位

马来西亚是世界最大的棕榈油生产国及出口国，其棕榈树的种植面积达404万公顷，占已开垦土地面积的56%。美国农业参赞报告显示，2006年1～10月份马来西亚生产1320万吨棕榈油，比2005年同期的1270万吨提高4个百分点，同期棕榈仁油产量达到162万吨。2006年马来西亚棕榈油产量为1590万吨。棕榈油增产没有导致价格下跌，因为进口商继续锁定供应，需求非常旺盛，棕榈油价格仍有上涨空间。

近年来，世界人口的增长及人们生活水平的提高，对高质量食用油的需求量不断增加，世界油脂贸易将迅速发展，给马来西亚棕榈油业带来无限生机。

一、产业化进程不断加深

原油价格的不断上涨刺激全球对替代能源的关注。马来西亚政府出台相关政策鼓励推广生物燃料。2007年马来西亚有8家生物柴油工厂投产，马来西亚政府目前已经批准75个生物柴油项目，这些项目如果全部建成投产，马来西亚每年生产生物柴油所消耗的棕榈油数量将达到860万吨。

马来西亚在生物燃料方面的研究时间可以追溯到1982年。当时的马来西亚棕榈油局便致力研发棕榈油生物燃料作为燃料替代品，推出两种棕榈油生物燃料，即供出口用途的生物燃料甲醋（Methyl Easters），以及供应本地市场的85 Envo Diesel混合柴油。棕榈油价格很不稳定，甲醋的生产也就止步于测试阶段。直到2004年，时机成熟，石化柴油的价格上涨，政府决定鼓励生物燃料的研发与使用，棕榈油生物燃料又再受瞩目。

马来西亚积极借鉴欧盟的一些做法，推进生物燃料在马来西亚的商业化应用，如在加油站设立棕榈油生物柴油加油点，考虑降低道路税和给予其他补助的方式来突出生物柴油的价格优势。马来西亚还将采取欧盟的模式，在普通柴油中掺入5%的棕榈油，不仅使马来西亚大大减少对柴油的需求，同时还减少政府每年的巨额燃料补贴，促进马来西亚经济的发展。

马来西亚政府推出国家生物燃料政策（National Biofuel Policy）。这项政策将推动环保持久型能源的使用，降低对石油燃料的消耗。同时，它也期望通过稳定及高报酬的价格，提高农业及从事农业相关人员的收入与生活福利。

二、积极的管理体制

马来西亚政府一直重视棕榈油业的发展，先后在两个国家发展计划（第三个国家农业发展政策/NAP3和第二个国家工业发展计划/IMP2）中专门制定棕榈油业的发展规划，并于2000年5月1日成立马来西亚棕油署（Malaysia Palm Oil Board，MPOB），负责该国棕榈油业政策制定等相关事宜。

马来西亚除官方设立棕油署外，民间还自发设立马来西亚棕油促进局、棕油协会、棕油精炼厂商会和棕油化学厂商会，在协助棕油署进行技术推广、市场推广、传达行业信息、规范市场行为以及向政府提呈发展棕油行业的建议等方面发挥积极作用。

为增加棕油产量、改善棕榈油质量、提高产品附加值和提升国际竞争力，马来西亚棕油署自设立之日起即着力实施三大战略：一是通过采用高科技技术、基因技术、先进园林管理技术，增加油棕总体收入战略（High Income Strategy)。二是通过充分开发油棕树副产品，采取零废物战略（Zero Waste Strategy)。三是大力发展油脂和非油脂产品，实行产品增值战略（value added strategy)。目前，马来西亚的油棕单位产油量、上下游产品深加工技术在国际棕油领域居领先地位。

马来西亚政府所制定的积极的管理体制自实施以来，成绩显著。目前，马来西亚已经成为世界最大的棕榈油生产国和出口国。

三、棕榈油市场独占鳌头

1985年以前，马来西亚几乎控制着整个棕榈油的出口市场。1996年，马来西亚棕榈油的产量为886万吨，占世界总产量的53%，出口量为732.5万吨，占世界总出口量的64%。2006年全球棕榈油总出口量为2800多万吨，其中马来西亚棕榈油出口量约占47%，印度尼西亚棕榈油出口量41%。

马来西亚是世界最大的棕榈油出口国，2005年其棕榈树的种植面积达404万公顷，比2004年同比增长4.49%。2005年马来西亚棕榈油的产量为1496.2万吨，比2004年同比增长7.05%，占全球棕油产量的43.64%；2006年1月～10月，马来西亚生产1320万吨棕榈油，比2005年同期的1270万吨提高4个百分点，同期棕榈仁油产量达到1620万吨。马来西亚2007年种植棕榈油树面积达120万公顷约30%的棕榈油在Sabah地区生产。2008年上半年期间马来西亚棕榈油产量为820万吨，比2007年同期的670万吨增长23%。

马来西亚和印度尼西亚合计占世界棕榈油生产量85%，全球需求强劲，供应趋于紧张。

马来西亚棕油及制品是马来西亚第二大类出口商品，年出口量居全球第一位。棕油及制品出口到全球150多个国家和地区，主要出口国家和地区是中国、欧盟、巴基斯坦、印度、美国、埃及。2005年出口到上述六个国家和地区的棕油及制品总量占马出口总量的64%。近年来随着马来西亚政府降低油棕产品的出口关税，鼓励开展对销及易货贸易，中国、欧盟、北美和中东地区的进口量逐年增加，上升趋势明显。2005年马来西亚棕榈油出口数量为1344万吨，比2004年同比增长6.82%，占全球棕油出口的52.56%。2007年马来西亚棕榈油出口量为1370万吨，同比下降了4.86%。

（选编自：周伟娜. 国际商报·中国—东盟商务周刊. 2007—05—22）

发展中的马来西亚中医药产业

马来西亚是目前亚洲乃至全球重要的中草药销售国和中药商品集散地。马来西亚现有华裔700万人，先辈带去的中药瑰宝与中医之术被马来西亚诸多民族学习和使用。马来西亚现有中药店数千家，较具规模者也有千余家。

一、优劣并存，马中医药发展道路崎岖

马来西亚地处热带，多丘陵山区，为云贵高原横断山的余脉，海拔2000米以上，三面临海，四季多雨，森林植被面积广阔，中草药资源十分丰富。据考察，马来西亚拥有中国湖广、云贵、川、闽的各种草药，且蕴藏量较大。如穿心莲在马来西亚遍地皆是，中国紧缺的石队鸡血藤、高良姜、丁香、荜芨等品类均见于马来西亚的吉保山区。

马来西亚的中草药资源非常丰富，但马来西亚所使用的传统医学的医药产品仍需从国外进口，国内的产品原料往往也需要从国外进口。马来西亚国内的中草药未能得到有效开发是马中药业目前所面临的最大问题。马来西亚未建立中药生产基地，中草药营销仅限于转手贸易。

马来西亚政府推行GMP（Good Manufacturing Practice，意即优良制药，整个生产过程必须符合特定的卫生及安全规定）规格，要求中药厂商遵守制药原则。这导致许多厂商由于无法符合资格，或没有足够的资金支持而退出这个行业。

马来西亚发展中医药业有着着天然的资源优势，但人为制造的劣势也不容忽视。中医药业的长足发展，要在政府、业内组织以及各从业者等共同努力下才能达成，尤其是政府在行业管理的职能方面。

二、困难重重，中医药发展别具特色

以西医为主流的趋势出现后，部分原本以中医药为主的单位，逐渐被迫顺应时势，转而提供西医药服务。为求生存，大大小小的中药店或请来中医师驻诊，或兼卖杂货，或附设西药行。

20世纪80年代起，马来西亚中药店出现同时售卖杂货的例子。中药店兼卖杂货，并不是马来西亚医业者唯一的生存方式，一名医术与医德兼具的中医师在中药店驻诊，就可能改变中药店的前途。

尽管中药店面临许多问题，但隔一段时间就会有新的中药店出现，甚至在一个小区同时有数家中药店营业。马来西亚华人的潜意识对中药的重要性有一定的认识，只是有待于把它放在首选之列。

三、紧抓机遇，中国力促中马中医药合作

随着中医药业的发展，马来西亚的中医从业人员日益匮乏，而本国也缺乏医疗人才申请进入公共服务领域，马来西亚中医医务人员明显的供不应求。

为解决本国中医人才的短缺问题，2007年2月，马来西亚内阁批准同意国家卫生部与中国的医学院开展合作，马政府医院在接下来的3～6个月内从中国的北京中医药大学、上海中医药大学和南京中医药大学引进中医师，分别驻诊位于普特拉贾亚、槟城和柔佛的3家政府医院。中国医师将提供针灸、推拿等服务，也将为癌症患者提供中药辅助治疗，以减轻化学疗法所产生的副作用。

2006年10月，马来西亚TCM中医药集团和中国宁夏回族自治区人民医院签署建立东方医疗保健中心。合作包括：在马来西亚建立中医诊疗中心和医学院校、培训马来西亚中医医务人员、进行中医人才交流等。宁夏回族自治区人民医院负责为马方提供中医医疗人员从事技术工作，并将医疗保健中心于2008年扩大成为拥有140张床位的中医专科医院，以后由宁夏回族自治区人民医院继续选派人员，在马各地建立20至30个中医诊疗中心。

四、关于中国中医药产品拓展马市场的几点建议

加快对传统中医药生产企业改造，加快设备更新换代，改进药品生产方式，大力推进GMP认证工作，使传统药品企业在生产技术及生产方式上能够逐步与国际水平接轨，提高中医药产品的国际竞争力。

规范医药产品市场，严厉打击劣质、假冒产品，同时尽快建立中医药产品相对稳定的外贸代理制，减少多家公司在同一市场上的恶性竞争，确保出口的医药产品的质量和档次。

重视中医药产品的更新换代，有针对性地推出不同剂型。马来西亚消费者喜欢效果明显，服用量小的医药产品，在剂型方面按喜好程度依次为：胶囊、软胶囊、浓缩丸、小蜜丸、口服液（大瓶）、素片、丹剂、水丸、袋剂、冲剂、含片、雾剂、酊剂、糖浆和散剂等，但依用途不同剂型也有所不同。

改进提高中医药产品的内外包装，做到精美实用。说明文字除中英文外，可考虑加上马来文，以扩大药物消费群体，同时注意在药品功效中不提及“1956年药品（广告及销售）法令”中限制的功能。

加大对中医中药的宣传力度，巩固已有市场，拓展新市场。充分利用当地华人的语言优势，通过媒体广告、宣传册、讲座、产品说明会等多种形式推广中

医理念，宣传中药疗效；同时鼓励国内企业及出口商与当地代理商相互配合，加大广告投入，提高知名度，树立品牌。

鼓励中国著名医药生产企业到马投资设厂。2003年起中国—东盟自由贸易区正式启动，区域内成员间关税降低为0～5%。中国可以充分利用这一有利时机，在当地设厂，生产适销对路产品，通过马来西亚向周边国家辐射，利用自由贸易区的各项优惠措施逐步占领东盟5亿人口的大市场。

近年来，在马政府的大力推动和中国政府积极配合下，马中医药业正在逐步复苏，前景广阔。

（选编自：丁文健. 国际商报·中国—东盟商务周刊. 2007—03—06）

缅　甸

中缅拓宽贸易合作领域

中缅山水相连，两国世代交往颇多，中缅友谊亦被颂为“胞波（兄弟）”情谊，最为人所熟知的玄奘西游，途经的“金砖寺”即为现今的缅甸佛塔林。新中国成立后，随着两国几代领导人的互访增多，两国在诸多领域携手合作。

缅甸自然资源丰富，盛产的玉石、宝石，在世界上享有盛誉，其林业、矿产、渔业、石油与天然气资源也具有一定的优势，资源开发将成为中缅合作的重头戏。

一、珠宝贸易

缅甸珠宝公司（MGE）决定划出319个玉石矿区供国内私人业主开采，以增加玉石产量，为国家赚取更多外汇收入。

中国是同缅甸进行珠宝交易的主要国家之一，珠宝贸易是缅甸外汇的主要来源。中国和缅甸的珠宝交易不断壮大，形成两国每年定期的珠宝交易会。

2006年举行的第四届中缅珠宝交易会，是缅甸历届珠宝交易会成交额最高的一届。在展出的4200块玉石、468块宝石、291颗珍珠中共售出玉石2669块、宝石40块、珍珠135颗，其中玉石交易量超出2006年7月创下的1000多块的记录。此次交易额缅甸获得的外汇收入超过9800万欧元（1.25亿美元）。

出席此届珠宝交易会的国内外珠宝商有3000多家，创下自珠宝交易会开展以来参会人数最多的纪录，主要原因是许多来自中国大陆的珠宝商参加了拍卖会。

二、林业环保合作

中国将帮助缅甸北部地区的克钦邦保护森林资源，并计划在密支那—八莫公路沿线种植柚木、优质硬木和珍贵树种，在中缅边境的班瓦、齐臂地区种植适宜当地环境的树种，在户拱峡谷实施生物种植资源的保护工作。中国将采取措施严禁中国公民非法到缅甸开展伐木和淘金等事件的发生，保护缅甸的森林资源，中方将为此提供必要的资金和技术帮助，同时需要缅甸的专家学者和当地群众共同努力配合。这是两国专家学者2006年就缅甸的环保合作进行磋商的结果，此环保方面的合作意向在逐步实施中。

三、食品贸易

缅甸商务部公布的有关数据显示，2006年5月，缅甸共通过木姐边贸口岸向中国出口各种水果11800吨，分别为：芒果10637吨，出口收入49.72亿缅元；香瓜1021吨，出口收入超过2亿缅元；西瓜180余吨和木瓜4吨多，出口收入近52亿缅元。

中国是缅甸芒果的最大进口国。产于缅甸曼德勒和皎塞等地的芒果主要有圣德龙、妙娇、瑞恒达、鹰嘴及卡朵米等几个品种。缅甸用大贸方式从木姐口岸出口芒果到中国云南瑞丽口岸，采用美元结算，出口量大。缅甸通过边贸形式出口芒果，2006～2007财年收入达1280万美元、2005～2006财年收入达1210万美元、2004～2005财年收入达210万美元、2003～04财年收入达190万美元。

缅甸解除禁止水果进口的禁令后，准许合法进口苹果、梨、葡萄、樱桃、甜酸角、椰枣等六种水果。在缅甸的进口水果中，中国苹果占首位。中国商务部的统计资料显示，在缅甸进口的水果中苹果数量最多，从2006年12月底到2007年3月底共进口5381吨，价值19.31亿缅元，主要从木姐进口。

食品工业方面，中国品牌价格便宜的塑料袋装奶粉在缅甸市场上成为消费者的首选。缅甸市场上的袋装奶粉共有四个品牌，其中Red Cow和Golden Flower品牌来自中国，虽然近年来其他品牌的奶粉进入缅甸市场数量增多，但中国品牌的奶粉目前仍独占缅甸奶粉市场。

四、边贸呈显著上升趋势

截至2006年底，中国对缅投资共有27个项目获得批准，协议总金额达4.75亿美元，在外国对缅投资的排名中从2005年的第11位跃居至第6位，占外国投资总额的3.34%。中国投资的行业主要是水电、石油天然气、制造业以及矿业等。

2006年1～12月，中缅双边贸易额为14.60亿美元，同比增长20.7%，其中中国对缅出口12.07亿美元，同比增长29.2%，中国自缅甸进口2.53亿美元，同比减少7.9%。中方实现贸易顺差9.54亿美元。

中缅边贸在两国贸易的比重逐年上升（数据见表）。

财年	贸易总额（单位：亿美元）	其中边贸额（单位：亿美元）	%
04/05	7.8055	3.5499	45.5%
05/06	8.3309	5.1744	62.1%
06/07（2月止）	10.3168	8.1505	79.0%

中缅两国在边境定期举行边境贸易交易会。参展商品包括豆类、玉米和水果等当地产品、缅甸全国所产的水产品、农产品、珠宝、工业区产日用品和家用品等。

（选编自：陈海玲. 国际商报·中国—东盟商务周刊. 2007—05—29）

缅甸旅游业渐入佳境

缅甸是一个具有悠久历史和璀璨文化的国家。自然资源，独特的人文景观，使缅甸旅游颇具吸引力。

自然旅游资源。缅甸自然资源景观复杂多样，旅游资源极其丰富，有以滨海风光为特色的滨海旅游区，如若开邦的丹兑——额不里，就是著名的海滨度假胜地。南部是典型的热带风光，西北部海拔4000米以上的山地则可以看到高山雪景。伊洛瓦底江、萨尔温江水面宽阔，两岸峰峦起伏，森林茂密，著名的伊洛瓦底江三峡绚丽妩媚。克耶邦的鲁比达瀑布落差600米，气势磅礴。

人文旅游资源。缅甸有“佛塔之国”的美称。缅甸是佛教之国，保存有许多历代建筑的佛塔。如古代佛教圣地、万塔之城蒲甘现有佛塔5000多座，保存有2000多座700～900多年前的古塔，在世界上都是罕见的。众塔之王是仰光的大金塔，它坐落在仰光市区北部，是缅甸的象征，为世界著名佛塔之一。仰光大金塔是举世闻名的佛教建筑，不仅是佛教徒朝拜的圣地，也是游览胜地。世界闻名的文化古都曼德勒（瓦城）曾是贡榜王朝的京都，有佛塔1000多座。主要的人文景点还有班都拉公园、吴威沙拉铜像、昂山博物馆，丹老的中国庙、太公城等。与此同时，缅甸有着浓郁的民族民风。缅甸是佛教国家，它的文化层面有着浓厚的宗教色彩。缅甸的人文景观与东南亚信奉小乘佛教的国家有共同之处，其文化深受印度文化和中国文化的影响，多民族世代相传的生活习俗，优美的民族音乐舞蹈，民间手工艺技艺，丰富的民族节日，多彩的服饰装束及乃至各民族的社会生活构成独具魅力的旅游资源，具有强烈的民族特色。

缅甸政府十分重视发展旅游事业。在促进旅游业发展方面具有采取了以下措施：

1. 通过立法，组建旅游机构，为发展旅游提供保障的指导

1990年6月，缅甸政府颁布国家独立以来的第一部旅游相关法律——《旅游法》，允许私人和外商经营旅游业，为发展旅游业提供法律保障。缅甸政府于1992年9月24日新成立饭店旅游部，主要组成部门有饭店旅游总局、饭店旅游服务公司和餐饮公司，加强对旅游业的宏观指导。1994年4月27日，缅甸成立以钦纽秘书长为主席的“旅游发展管理委员会”，同年，成立缅甸国际航空公司。缅甸政府在1995年制定出未来旅游发展计划，即在1996～1999年陆续举办“缅甸观光旅游年”等活动，以期在20世纪末前实现接待50万名国际游客的目标，以旅游业为龙头带动农业、交通、建筑、贸易和服务行业的发展。2002年10月24日，组织成立“全缅旅游业主协会”。

2. 改善旅游环境，鼓励国内外投资者从事旅游业，加强旅游交通设施建设

通过努力，缅甸的旅游基础设施得到改善。目前缅甸有大小酒店533家，拥有客房15848间。其中，耗资5.85亿美元修建的25家外资宾馆已投入使用。统计数字显示，正在修建中的宾馆有11家，总投资额达5.83亿美元。缅甸还有私营旅社、饭店498家，共有客房1.13万套。从1993年起，政府大力发展旅游业，积极吸引外资，建设旅游设施。缅甸自1988年对外资开放以来，投入旅游业的外资达10.54亿美元，投资项目增加到42个。另外，在缅甸注册的521家旅游公司中有1家是外国独资公司，另有12家为合资公司。缅甸政府对仰光国际机场进行扩建，并在缅甸第二大城市曼德勒建造一个可起降大型客机的国际机场。缅甸还新增同文莱、印度、马来西亚和中国澳门特区之间的国际航线，并计划在勃固市建造缅甸第三个国际机场。

3. 加强同其他国家在旅游领域的合作

缅甸与中国、柬埔寨、老挝和泰国签署了双边旅游合作协定，为旅游合作提供行为规范，以消除各国法律法规之间的矛盾和冲突给国际旅游合作造成的障碍。缅甸先后多次在泰国和新加坡举办旅游展，还选派人员赴新加坡接受旅游专业知识培训。

4. 做好旅游景点的保护与开发工作

缅甸的历史遗迹众多，其中一些年久失修，政府加以整理、修葺，提高其观赏价值。除做好文物保护工作以外，缅甸还开辟一些新的旅游景点。如在勃固山脉、纳迦森林公园等12个地方建成生态旅游景点；在仰光修建一个“民族村”，向人们展示缅甸丰富多彩的民族风情；在卡格波亚济修建高山滑雪游乐场等等。

5. 放宽限制，简化手续

自1989年起，缅甸政府将外国人在该国逗留的期限由7天延长到14天。简化边境口岸旅游者的通关手续，实施包括一站式边境检查等措施。

经过多年努力，缅甸旅游业已形成一定规模并取得较好的成绩。2000～2001年度为27.29万人次，

2002年度到缅甸旅游的游客人数为21.72万人次，2003年接待外国游客为33.6万人次，较上年增长4.56%，旅游收入9900万美元，较上年增长10%。赴缅甸的外国游客中，来自亚洲的占70%，西欧18.5%，美洲6.5%，其他地区4.4%。缅甸政府决心继续推动旅游业的发展，以实现每年吸引外国游客50万人次的近期目标。

近年来，随着缅甸基础设施的不断完善，以及缅甸与欧洲航线的不断增加，越来越多的欧洲游客前往缅甸参观、旅游。欧洲游客向来就对缅甸怀有浓厚的兴趣，目前来缅甸旅游的西班牙游客和意大利游客已经超过来自英语国家的游客，主要原因是缅甸还未在某些英语国家设立大使馆。

2007年7月2日起，缅甸与中国南航开通了仰光到广州的直飞航线，打破了中国人游缅甸难的尴尬局面。

官方统计数据显示，在2005～2006财年，缅甸共吸引外国游客472704人次，2006～2007年度则达到576700人次，2006～2007年度缅甸的外国游客数量同比增长22%。截至2007年3月31日，共有576700人次游客到缅甸旅游。

（选编自：周伟娜. 国际商报·中国—东盟商务周刊. 2007—07—17）

缅甸翡翠市场

缅甸的翡翠市场主要有三种交易形式：一是在翡翠玉石交易市场进行交易，二是通过几家大的翡翠珠宝公司进行贸易往来，三是与一些散落在郊外的个人进行交易。

一、翡翠玉石交易市场

翡翠珠宝交易市场位于老帕敢，其交易市场街长约100米，许多缅甸小商贩通常拿着小毛料在此交易，有少量的成品戒面、片料，翡翠玉石生意不多，交易规模也不大。在帕敢缅甸政府设有专业的翡翠估价部门，对要出售的翡翠进行估价，就地上税进行交易，成交情况不理想，导致老帕敢翡翠市场的大批商家逐渐移至瓦城，使后者成为缅甸最重要的翡翠集散地交易中心。

瓦城翡翠珠宝交易中心位于城边上，约有2万平方米。整个市场分成翡翠戒面区、手镯区、毛料区、片料区、加工区以及雕件区等。整个市场以戒面的交易量最大，戒面质量以中档为主，深色较多，阳绿者较少，加工质量一般。原料市场以低档货色为主，片料中偶见一些比较好的小片料，适合制作各类小花件。市场实行封闭管理，外国人入内需交纳相当于1美元的入场费。一般日客流量5000～8000人之间。整个市场高档戒面、B货、C货、镀膜翡翠混杂。

二、珠宝公司的交易

瓦城的毛料市场主要集中于金固、双龙、红宝龙邓几个大公司，这些公司在帕敢有自己的矿山。目前翡翠成品市场尚不景气，但原料市场的买家较多，价格竞争比较激烈，原料利润微薄。

三、个人交易市场

缅甸的个人交易市场多为翡翠毛料交易。在瓦城，个人交易市场多散落在郊外。由于免除税收的中间环节，成交价位对双方都有利。在帕敢也有类似的市场，少量的买家在矿口恭候，随时准备购买刚开采出的翡翠以期在第一时间买到好翡翠。这些商家一般都与矿主有着长期合作关系，相互信任。此种交易方式运气成分大，风险也大。中国广东的商家也有在帕敢和瓦城长期居住，进行翡翠毛料交易的。

四、珠宝交易会

翡翠玉是玉中珍宝，世界上共有6个地方产翡翠，真正达到宝石级的只有缅甸翡翠。缅甸在世界珠宝行业占据着重要地位。其中，缅甸乌龙江流域是世界著名的翡翠产地。

缅甸翡翠在历年举办的珠宝交易会上所取得的成绩，充分证明珠宝交易会对缅甸翡翠玉石行业的重要性，这种重要性会在以后的时间里体现得更加明显。

缅甸为扩大与世界各国在珠宝业，尤其是翡翠市场的交易往来，于1961年举办缅甸首届珠宝交易会，此后每年一届。从1993年起珠宝交易会发展成年中、年末各一次，后来又增加不定期的特别交易会，一些政府的公司也举办类似的展销会，平均每年有4～5次交易会，成交额和参会人数都在持续增长。

2007年3月，缅甸第四十四届珠宝交易会玉石成交额2400万欧元，宝石和珍珠等的成交额400万欧元。2006年3月的第四十三届珠宝交易会，吸引来自16个国家和地区的1484名外国客商和896名缅甸客商参加，共出售玉石2459件、珍珠23950颗、宝石251件，成交额达8400万欧元，创下14年来的最高纪录。

中国与缅甸的翡翠贸易由来已久，而且呈发展上升的趋势。2007年，缅甸向中国出口20吨翡翠矿石，这笔交易成为发展缅甸宝石和翡翠行业卓有成效的一步，借以拓展了中国翡翠市场。

五、缅甸翡翠市场价格高涨原因

2003年前，缅甸玉石价格比较平稳，近几年缅甸翡翠原料价格不断上涨，2003年涨幅达50%，2004年涨幅更高达100%。

造成翡翠价格突飞猛涨的原因主要有以下几点：第一，缅甸是世界上唯一出产宝石级翡翠的国家，经过几百年的挖掘，矿产资源日益枯竭，所产原料的质量远不如以前。

第二，缅甸政府和军方多次提高矿区开采的投标价格，缩短开采年限，统一调配物资和资源，对政策进行改革调整，一方面限量开采，另一方面限制上等玉石出境。随着市场需求的增加，缅甸海关不断控制上等玉石的出口，只允许加工后的翡翠饰品出境。上等玉石资源短缺，只剩中、低等资源，导致市场整体翡翠玉质量下降。

第三是投资方投入大、产出小，全国每年开采总投入折合人民币约30亿元，而产出市价仅20亿～25亿元人民币左右，70%矿产业主亏本。

第四，缅甸人正重新认识到翡翠的价值。随着世界经济的好转，人们生活水平的提高加大对翡翠的需求量，市场供不应求导致价格上涨。

（选编自：周伟娜．国际商报·中国—东盟商务周刊．2007—07—03）

菲律宾

菲律宾海外劳务成为经济支柱

菲律宾向全球194个国家和地区输出劳务人员，是世界上重要的劳务输出国。自20世纪90年代末起，菲律宾每年向海外输出的劳务人员都超过80多万，且输出量逐年增加。

菲律宾向国外大规模输出劳工及其他劳务人员始于20世纪60年代初，当时印度尼西亚开发加里曼丹林场，需要大批劳动力，在菲律宾招募一批人前往。越南战争期间，美国又从菲律宾招募许多人前往越南、泰国和关岛从事军事工程劳动。70年代，菲律宾劳工和其他劳务人员纷纷涌向美国、加拿大、澳大利亚等国谋生。80年代以后，更多的菲律宾劳工和其他劳务人员开始向中东、日本、新加坡和中国香港、台湾及其他一些东南亚的大都市进军。最晚从20世纪70年代起，菲律宾便成为一个劳务输出大国。

2008年1～4月，菲律宾派遣海外劳务人员39.96万人，同比增长14%。其中27万从事陆上工作，12万为海员。目前派遣劳务面临技术人员短缺以及航空旅费上涨等不利因素。菲律宾现约有800万人在海外从事劳务，2007年海外汇款回国达144亿美元。

菲律宾海外劳务人员为世界各国普遍认可和接受是与其自身的优势分不开的。

英语优势。英语是菲律宾的官方语言。菲律宾人从小就接受双语教育，90%的菲律宾人能讲英语。流利的英语保证了海外菲律宾人日常工作和生活的交际与沟通。

良好的教育。菲律宾教育在发展中国家中是比较发达的。世界银行的数据显示，菲律宾人平均接受教育时间为11.5年，其初等教育完成率为90%，其中男性87%，女性94%。2002年菲成年人识字率93%，青少年识字率为：男性94%、女性96%。在菲海外劳务人员中接受过初等教育的占19.2%、中等教育的占29.3%、高等教育的占19%；取得学士学位的占12.28%，学士以上学位的占0.88%。菲女佣受教育的程度更高，具有初级以上教育水平的人占将近95%，很多是大学毕业生，有的甚至是教师。

高水平的技术培训。菲政府十分重视对海外劳务人员的技术培训，将其视为开拓海外劳务市场的重要手段。菲总统阿罗约曾表示，人力资源培养是菲保守得最完好的商业秘密。菲律宾各类面向海外劳务人员的技术培训学校遍布全国，培训内容涉及各主要就业行业。接受过严格培训，具有较高专业技术水平的菲律宾劳务人员在国际劳务市场上倍受青睐，对其需求有增无减。

品性善良。菲律宾是天主教国家，85%的菲人笃信天主教。菲海外劳务人员普遍具有性情温和、诚实可靠、工作勤奋、责任心强的优良品质，深受雇主的欢迎。菲人经过几百年的西方殖民统治，生活和思维方式全面西化，易于适应西方社会生活环境。

菲律宾是目前世界上最大的劳工输出国之一，海外劳工收入是菲律宾经济收入中的重要一项。菲中央银行数据显示，2006年前11个月，菲律宾海外劳工汇款总额达114.4亿美元，比2005年同期增长了18%，占国内生产总值的10%左右。除了汇款，菲律宾外劳还经常通过其他渠道将钱带回国内，亚洲开发银行一份报告显示，菲律宾海外劳工去年的实际收入（包括未公开的部分）约140亿～210亿美元。

菲律宾海外劳务市场持续兴旺，同政府的组织、管理、协调及对海外劳工实施的种种鼓励政策是截然分不开的。多年来，菲律宾政府对劳务输出极为重视，从中央到地方设立了组织和协调机构，形成了一套完整的体系。首先，在总统仅有的几个顾问中，有一位海外劳工事务顾，主要为总统在巩固和发展海外劳务市场方面出谋划策。其次，在劳工和就业部下设了海外劳工就业署、海外劳工福利署和技术培训中心，各省、市、县也有相应的组织机构、培训中心和管理人员。第三，由于海外劳工的事务涉及同有关国家的关系，菲外交部也专门设有海外劳工事务局。在海外劳工比较集中的国家，菲律宾使馆设有劳工事务参赞和秘书，帮助劳工寻找工作、解决困难和纠纷。

菲律宾政府对劳务输出的管理十分细致。从劳工报名出国到参加培训、寻找工作、解决纠纷等，都有一套严格的规定和具体的管理措施。对出国工作的女性，政府规定她们的年龄必须达到18岁以上，并有足够应付复杂形势的能力。鉴于不少菲律宾女佣近年来在一些中东国家的家庭中受虐待、骚扰，政府规定，去这一地区的妇女只允许为公务人员或外交官家庭工作，一是这些家庭人员在经济来源上有保障，不会拖欠菲佣的工资，减少经济纠纷；二是这类人员素质相对较高，不易发生虐待、侮辱佣人的事件；三是一旦出现问题，菲方可找当地政府和外交机构解决。

在培训和寻找工作方面，政府也有规定和管理措施。在出国的海外劳工中，大部分是有关机构根据国外已确定的工作岗位选派、培训和安排出国工作的。但也有部分是个人联系，或没有确定工作岗位的。对于后者，有关机构首先根据海外劳务市场的需求状况，决定是否批准劳工去某国就业，避免出国后难以找到工作。然后根据劳工所去的国家和所要做的工作，安排他们参加不同类型的培训，包括有关国家的风俗习惯和基本的工作要求等，争取派出的劳工都能找到和适应工作。

近几年来，菲律宾政府积极、主动地开发海外劳务市场，维持和扩大海外劳务市场的份额。政府对海外劳工的管理真正做到一管到底，不仅管培训和派出，而且帮助解决工作中出现的纠纷，维护海外劳工的利益，对稳定海外劳工队伍起到重要作用。

菲海外劳务收入主要通过银行或邮局以汇款的方式汇回，海外汇款的增减变动基本上反映菲海外劳务收入的变化趋势。由于菲海外劳务收入已在驻在国缴纳所得税，菲政府不再对其汇回国内的收入征税。巨额的海外劳务汇款对推动菲国内需求起到了至关重要的作用，曾几次将菲国民经济从崩溃的边缘拉回来。在亚洲金融危机之后，东南亚各国普遍遭受沉重打击，而菲经济借助海外劳务汇款的输血作用，只受到轻微的影响。在过去二十年中，全球经济历经数次周期波动，但由于菲海外劳务汇款对菲国内金融市场的有力支持，菲经济发展并没有受到太大冲击，一直欣欣向荣。

菲律宾海外就业局（Philippine Overseas Employment Agency）调查报告显示，中东地区是菲最大的海外劳务就业市场，也是对菲劳务需求增长最快的地区，输往该地区的菲律宾劳务以年均约 2.4％的速度增长。2006 年中东地区吸纳 20 多万菲律宾劳务人员，占该国当年输出劳务人员总数的 68.8％。其中沙特阿拉伯 83778 人，占 29.39％，是菲律宾最大的海外劳务输出国。其他主要就业国家为阿联酋、卡塔尔、科威特、以色列等。中东地区对菲劳务的需求主要在医护服务、建筑、石油、通信、运输、海水淡化、家庭服务、零售和旅店业等领域。

（选编自：胡锋锐. 国际商报·中国—东盟商务周刊. 2007—04—17）

菲律宾汽车业发展势头良好

作为东盟四大汽车生产国之一的菲律宾，由于实行相对开放的汽车产业政策，吸引了日本、美国的一些汽车生产企业在菲进行投资。目前菲律宾汽车的销售市场一直处于良好势态，2003 年的汽车销量增长 7.9％，2004 年汽车销量增长 10％，2005 年上升到 10.3％。在菲律宾汽车产业中，汽车零部件是创汇最大的行业。面对着良好的发展前景，菲律宾正在为打造汽车零部件供应基地做着不懈的努力。

菲律宾汽车制造商理事会 2008 年 1 月 9 日发布的数据显示，2007 年菲律宾汽车销售总量突破 10 万辆大关，达到 11.7903 万辆，超过此前预计的 10.8 万辆。其中商用车销售量为 7.6690 万辆，比 2006 年增长 25.6％，乘用车销售量达 4.1213 万辆，增长率为 7.1％。

2007 年，菲律宾首次举办国际车展并引进多种型号的新款汽车，此外菲律宾最高法院还决定禁止二手车进口，为新车销售创造有利的环境。

在各品牌排名中，丰田汽车在该国 12 个月畅销排行榜上保持第一，占据 38.2％的市场份额。日产及三菱依次列二、三位，市场占有率依次为 14.7％及 12.7％。

商用车尤其是轻型商用车将继续支配菲律宾汽车销售市场，而随着国际油价的不断攀升，经济型乘用车和柴油汽车将逐渐显示出各自的优势。

一、新税法促使菲汽车业转型

2003 年，菲律宾国会通过新的汽车消费税税法，确定将汽车的销售价格作为计税依据，取代原先以发动机排量作为计税依据。根据新税法，消费税的税率为 3％～50％，所有类型的汽车都要缴纳消费税。而原税法规定，汽车消费税税率依据发动机排量，分为 15％、35％、50％和 100％。

新税法的通过使菲律宾汽车工业得以转型，新的汽车消费税制度也有助于阻止汽车逃税和走私，鼓励全球的汽车生产商在菲投资建立汽车生产线。过去，消费税是购车者考虑的主要因素：购买商用车可以享受消费税减免。因此，商用车占据了菲律宾约 82％的汽车市场份额。尤其是轻型商用车因免征消费税占到了其中的 40％，而其他车型仅占有市场的 18％。但是新税法实施后，所有汽车都依据其价格来缴纳消费税。菲汽车市场的格局发生变化，商用车在总量增长的情况下所占比例逐渐下降，其他类型轿车的比例则稳步上升。新税制的颁布对菲律宾汽车工业的发展产生影响，促使自 1997 年亚洲金融危机以来就一直不景气的菲律宾汽车工业重新洗牌。

二、汽车零部件成创汇大户

汽车零部件是继电子业和纺织品之后，菲律宾创汇最大的行业。与此形成鲜明对比的是，菲律宾的汽车零部件业规模很小，只有256家，而且逾九成的零件制造商属中小企业，47%是金属零件制造商，18%是塑料、皮革和其他材料的零件制造商。然而随着日本丰田汽车的全球生产线需求强劲，在菲律宾生产的汽车零部件一直呈现稳步增长之势。另一方面，一直将菲律宾视为其汽车零部件主要生产基地的丰田汽车集团，不断加大在菲律宾的投资力度，2003～2004年在原有近2.7亿美元投资的基础上，追加1.25亿美元扩大汽车零部件生产规模。2005年上半年，丰田汽车配件（菲律宾）公司出口额比2003年同期增长27%，达到2.31亿美元。丰田推出的"创新多功能车"（IMV）系列产品也大大推动汽车零部件的需求。

不仅丰田汽车配件（菲律宾）公司在菲律宾发展势头良好，许多在菲律宾投资设厂的跨国汽车公司，也将菲律宾当成自己出口汽车零部件的"据点"。相关统计数据显示，2003年菲律宾的汽配出口额为13亿美元，占菲律宾当年出口总额的57%。

2005年菲律宾政府将汽车零部件正式纳入"出口补贴"之列。长期以来，菲律宾主要通过国产汽车出口促进计划，对本国出口汽车生产商提供"出口补贴"，即在第一年和第二年每出口一辆汽车可获得400美元的补贴、第三年为300美元、第五年为100美元。而"出口补贴"范围扩大到汽配业后，菲律宾汽车零部件生产商同样也可以与整车生产商一样享受到相关优惠政策。

随着菲律宾汽车业相关优惠政策的具体实施，菲律宾汽车零部件生产规模将会进一步扩大。

（选编自：周伟娜．国际商报·中国—东盟商务周刊．2007—01—09）

菲律宾的芒果产业

菲律宾是世界第七大芒果生产国。芒果产量占世界芒果总产量的4%。据世界粮农组织的数据，2005年菲芒果为95万公顷，单产为13吨/公顷。芒果产业作为菲律宾的朝阳产业，为250万菲芒果农提供生活来源。目前菲律宾的3个芒果品种，如Carabao、Pico和Katchamita深受国内外消费者喜爱。菲律宾芒果主产区是西比萨扬区、中吕宋区和棉兰老区。

菲芒果出口创汇的贡献很大，菲芒果出口额居菲水果出口额排名的第3位。据菲律宾农业统计局（BAS）数据，菲芒果出口到日本的出口额从2003年的52%增加到2004年的60%。菲律宾芒果主要出口到中国香港和日本，这两大市场是亚洲最大的芒果进口市场。

2005年，菲律宾芒果鲜果出口居全球第3，菲芒果总产量的6%用于出口，其中出口量的90%是芒果鲜果，10%是芒果加工产品。2005年菲律宾是日本最大的鲜芒果供应国，在日本占有65%的市场份额；其次是墨西哥，占有28%的市场份额，其他国家共占7%的市场份额。

一、菲律宾芒果产业发展优势

（一）内部优势

1. 具有产量优势。菲芒果产量、收获面积和价格在菲水果中占第三位，（第一、二位分别是香蕉和菠萝）。2005年菲芒果产量居世界第七位，第一至第六位分别是印度、中国、泰国、巴基斯坦、墨西哥和印度尼西亚。

2. 具有国家产业政策扶持优势。菲芒果是具有高附加值的水果，也是菲律宾农业部（DA）主要计划支持的特色作物之一。DA成立的菲律宾芒果发展委员会（Philmango）也将促进菲芒果产业的可持续发展。

3. 具有加工产品多样化优势。菲芒果能加工成芒果干、芒果酱、芒果汁、辣味和腌制芒果等，而且这些优质的芒果制品全年都有供应。即使在反季节期间，芒果加工商也能供应芒果制品。

4. 具有培养品牌忠实度的潜力和市场扩展潜势。菲律宾高质量的芒果在日本和香港市场上具有较高信誉。菲律宾是香港最大的芒果供应国，这将使菲芒果进入中国市场成为可能。

（二）外部发展机会

1. 菲律宾"Carabao"芒果以其独特的口味和营养价值而优于世界上其他芒果品种。该品种作为马尼拉优质芒果以"Manila Super"而著称。该品种已销往世界各地，是菲律宾特色出口水果。

2. 菲律宾加入世贸组织后，菲律宾芒果输往他国的进口关税将降低，菲芒果的国外市场潜力加大。日本削减菲芒果鲜果和芒果干进口关税（从6%降到3%），澳大利亚、英国和中国香港和纽西兰则对菲芒果实施零关税。韩国成为菲芒果最大的进口国之一。中国香港、中国内地、韩国、美国、新加坡和沙特阿拉伯等市场的需求也在不断扩大。

3. 技术进步促进菲芒果的标准化生产，增加菲芒果出口量。经过美国农业部检验，菲律宾出产的芒果果肉和果粒中不含象鼻虫，菲芒果也符合澳大利亚的蒸热处理（VHT）检验要求，菲律宾可以向美国扩大芒果出口，澳大利亚也同意进口菲律宾芒果。

二、菲律宾芒果产业发展的存在问题

（一）内部劣势

1. 菲芒果果园地处偏僻，果农信息闭塞，不能

及时了解市场动态，应付市场突变。

2. 菲芒果产品包装和鲜果保鲜技术等因素，严重制约产品的远距离运销。

3. 菲律宾本地的出口业工作效率低，运费高，严重影响芒果的顺利出口。如比萨扬区和棉兰老区的芒果要先运到马尼拉再转运往国外市场，大大增加运输成本。

4. 菲芒果主要由小生产者经营，菲芒果农户组织化程度很低，缺乏产供销一体化组织，因此在当地和国际市场上缺乏竞争力。

（二）外部威胁

1. 国际市场上芒果的竞争日趋激烈。世界最大的芒果供应国是巴西和南非。虽然菲律宾仍是日本和香港的最大芒果供应国，但澳大利亚、泰国、印度尼西亚和马来西亚的芒果业也已开始进驻这两地市场。

2. 一些主要的芒果进口国仍对菲芒果实施贸易保护，如美国对菲芒果实施的禁令。由于2004年日本加强食品安全并提高进口卫生标准，导致2005年菲律宾对其芒果输入量减少20%。

3. 高额的转运费（通往美国、加拿大和欧洲），影响菲芒果的出口增长。

为满足世界市场对菲律宾芒果的需求增长，菲律宾农业部2007年计划扩大种植芒果11000公顷。此次计划扩种主要集中在棉兰佬地区和吕宋地区。

菲律宾芒果产品出口主要有三种：鲜芒果、芒果汁和芒果干。在2006年的出口中，鲜芒果出口的主要市场为日本（56%）、香港（25%）、韩国（9%）、中国（5%）；芒果汁主要出口日本（36%）、美国（28%）、香港（13%）、新西兰（11%）；芒果干主要出口美国（25%）、日本（14%）、新加坡（10%）、中国（6%）。

2007年前8个月菲律宾农产品出口增24.71%，从2006年同期的18.6亿美元增长到23.2亿美元。主要出口产品是精炼椰油、干椰子、芒果、凤梨及海藻。

（选编自：南博网．http://www.caexpo.com/special/economy/Mango_Phili-ppine./2007—05—29）

新加坡

新加坡建筑业重现生机

新加坡是一个转口贸易国家，但建筑业也是新加坡国民经济的支柱产业之一。近年来，建筑业产值一直占新加坡国内生产总值的5%～7%左右。由于推动建筑业发展的动力引擎已发生“结构性改变”，给新加坡建筑业注入新的动力，新加坡的建筑商还可以享受两三年的辉煌胜景。瑞士银行指出：未来两至三年内，新加坡国内预计要展开超过540亿新元的工程项目。

展望2008年，新加坡建设局资料显示建筑业需求仍将保持强劲走势，公共建筑工程和商业领域的建筑项目预计仍将取得较高增长，而私宅投资相对放缓，全年发包额将维持在230亿～270亿新元。

其他地区经济体如中国、印度、中东等正在大兴土木；本地建筑商对私宅和工业房地产的依赖性正在降低，财务实力进一步增强；新政府将要推出公路、铁路多项大型基础建设项目；一批大型娱乐设施和工业项目已经开始动工等等推动因素，使新加坡建筑业获得动能。新加坡政府为减缓建筑业所面临的压力，采取一系列积极的措施，以及大量外来投资的涌入，都推动了新加坡建筑业的发展。

新加坡政府决定把一些原本定于2008年和2009年建设的公共工程，延后到2010年或更晚进行，其总值至少有20亿新元（约14亿美元）。这将有助于减轻新加坡对建筑资源需求的压力，尤其是能减缓增长达20%～40%额外建筑工人的需求。延后建设的公共工程包括卫生部的全国戒瘾中心、樟宜监狱中心C座狱楼等。

新加坡政府除加强建设局在外国劳工来源地的国外考核中心的考核能力，及扩大可接受的工地督工外国资格名单外，政府也放宽好几项人力政策，如豁免熟练外国工人需符合外国劳工配额的规定等，以使各个层面的外国劳工能更顺利地入境工作。新加坡建设局将密切注意人力供求状况，会在必要时进一步调整人力政策。

新加坡政府还对建筑市场和建筑企业的发展进行有力的监控和指导。新加坡经济检讨委员会国内企业附属委员会的建筑业工作小组建议政府在邀请建筑业者投标公共工程时，不应该以价格为筛选承包商的最主要考虑点，应该同时考虑到投标者的表现记录、素质等方面的因素，要求制定“多合一”承包合约，让建筑商提供多样化的服务等。

2007年底，新加坡建设局发表的文告指出，2007年的建筑需求约190亿～220亿新元（约134～156亿美元），2008年和2009年估计也会处在这个高水平。在新加坡从未出现过的大型综合度假胜地等不少大型项目的开工，有力地推动新加坡建筑业的发展。

未来几年的强劲建筑需求，将为新加坡本地业者带来一些挑战。建设局（BCA）预测，未来几年内，新加坡可能需要增聘大约4万名外籍劳工，以及5000名专业与技术管理人员，来应付更多的建筑工程。新加坡建设局将在几个方面，包括原材料、人力和培训，与建筑业者合作，携手应付未来的挑战。

许多发达国家已经显著减少使用混凝土建筑方

法。在英国，70%的项目采用的是钢筋建筑法；在美国，超过一半的商业大楼和26%的住宅大楼采用钢铁为主要建筑材料。

在新加坡，2006年建筑业对水泥和钢筋的需求却减少了2%～8%，对混凝土的需求增长了11%。这估计带动整体建筑成本在2006年上升了6%～8%。

新加坡在接下来几年的强劲建筑需求，在人力方面对整个行业形成相当大的挑战。新加坡政府已主动采取一些措施来确保建筑业拥有足够人力资源，这包括放宽S准证雇员的限额，由原来的5%增至10%，以及豁免工作满6年外劳的客工配额（Man-Year-Entitlement，简称MYE）要求。

未来几年新加坡建设局会放宽条例，增加合格的工地监督工人队伍，并与建筑业和高级学府合作，举办职业展来吸引学生在毕业后加入这个行业。建设局也会推出建筑业专才注册计划，来建立一批核心的本地建筑业工头和专才。建设局正与劳动力发展局(WDA)、职总、自助团体和建筑业合作，建立这批核心工人。

新加坡人力部的数据显示，当地拥有超过24.06万名建筑员工，超过一半是外籍劳工，约13.5万人。建设局2007年1月23日提供的数字显示，当地从事建筑业的专业人士估计有1.2万～1.3万人。

为建立一批专业的建筑人才，以及鼓励业者采用新科技，建设局计划让现有的建筑业培训学院（CITI），以“建设局建筑领域学院（BCA Academy of the Built Environment)”的新形象重新出发。

新加坡政府计划在未来五年内，拨款4000万元来鼓励大厦业主为用户增设无障碍设施。2007年，新加坡建筑业发包额达到245亿新元，同比增长46%，突破1997年创下的240亿新元的需求高峰。2006年，在政府组屋供不应求的形势推动下，新加坡建屋发展局推出多个新住宅项目，从而使公共住房的建筑合约同比增长50%达18亿新元，政府部门全年所发建筑合约达57亿新元，增幅54%。从私人投资来看，楼价飙升刺激私人发展商推出总值56亿新元的私宅建筑合约，比2006年增加37%；写字楼、酒店以及一些大型商场的开工，也使去年的商业建筑合约创下51亿新元的历史新高；工厂厂房的建筑合约达到68亿新元。

（选编自：国际商报·中国—东盟商务周刊.2008—02—19）

新加坡印刷产业凸显国际竞争力

经过多年的发展，新加坡国内印刷市场已十分饱和，企业间竞争非常剧烈。开发国际市场、争取外销订单成为有实力的印刷企业的倚重点。这些企业采用顶级印刷设备和最新的工艺技术，在生产经营中充分利用其国内先进的网络和印前系统，能够迅速与欧美等国外客户交换电子文件，并应客户的高标准制作出高品质的印刷品，在国际市场上持续保有较强的竞争力。同时经常参加国际专业会展，并雇用高水平的市场推销员招揽国外印刷业务。由此促使新加坡发展成为了一个著名的国际印刷中心，每年出口到世界各地的印刷品产值约为10亿美元，其中向海外市场输出的产值为4.65亿美元。许多国际性的知名大报刊，如美国、欧洲和澳大利亚的书刊报纸都在新加坡印刷。有的新加坡企业还在马来西亚等东南亚邻国和中国投资建立了一批印刷企业及其分支机构，经营状况良好。

目前，新加坡国内大约有300家大中型印刷企业，700家小型印刷企业。从事印刷的多为外籍工人，而在印前、销售和管理部门的大都是本地人。印刷业年产值达30亿新元（约合21亿美元），支付薪水总额6.744亿新元，印刷业创造的附加总价值为12.3亿新元。另外新加坡的纸及纸制品行业约有80家企业，员工4500人，年总产值为9.156亿新元。

新加坡印刷业在政府的帮助下，正在实施一项为期5年的培训计划，以为新技术的应用配备所需的人力资源。政府对行业组织和企业的人员培训提供资金补贴。

新加坡政府计划建立一个特大的印刷中心，集中设置印刷及其相关企业，以促进印刷业的进一步发展。

新加坡印刷及相关行业的全国性组织是“新加坡印刷与媒体协会（PMAS)”，其成立于1936年，现有会员100多个。该协会开办印刷学校，编辑出版《新加坡印刷者》（双月刊）和《新加坡印刷年鉴》，建立PMAS网站，曾于1978年在新加坡承办第一届世界印刷大会。

近几年，新加坡印刷业稳步增长，2005年产值达28亿新元，较2004年增长3.5%，这是近四年来的最高增幅；2005年印刷业创造的增加值约为13亿新元，和2004年基本持平；新加坡从事印刷业的员工总数占制造业总人数的比例在5%左右，随着机器自动化程度的不断提高，近几年印刷业从业人员数量有呈下降趋势，其占制造业总人数的比例已由2000年的5.3%下降到2005年的4.7%，2005年印刷业员工总数为17732人；近几年新加坡印刷业员工平均年薪保持在3.7万左右。

新加坡出版与印刷业将获得政府大力支持，以向国外拓展市场、打响名声和加强专业技能。媒体发展管理局正拟定发展策略，通过多项计划提升新加坡出版与印刷业，协助他们在区域及全球市场上竞争。

新加坡当局也将和资讯通信发展管理局以及经济

发展局合作，将新加坡发展成为数码出版中心和供应连锁管理枢纽。发展出版及印刷业是“媒体21”发展蓝图的一部分，政府较早前已宣布拨款1.65亿元，把新加坡发展为环球媒体城，培养本地媒体业人才和推出更多具国际水平的制作。

（选编自：水沭．国际商报·中国—东盟商务周刊．2007—03—06）

生物医药——新加坡经济增长新亮点

新加坡是亚洲最富有活力的生物医药中心之一，生物医药行业成为继电子、化工和工程之后的另一个支柱产业，是新加坡的产业发展目标。新加坡的生物技术研究始于20世纪80年代中期。90年代初，经济发展局成立生物技术投资风险基金，开始关注并投资生物医药业。

新加坡一直给予生物医药行业优惠的税收政策。优惠政策吸引很多跨国制药企业在新加坡设地区总部，并在新加坡的生物技术工业园区投资兴建原料药和制剂生产工厂，成立研究开发中心，包括临床开发中心等等。2005年以来，新加坡GDP增长率一直处于下降趋势，尤其是生物技术领域下降特别严重，但新加坡政府仍然将生物技术产业作为新的长远的经济增长点。

新加坡政府着力营造经营和投资环境，发展生物医药业，吸引国外投资者的目光。香港国际政治和经济风险咨询机构的调查显示，新加坡是整个亚洲对知识产权保护最好的国家，能够有效地遏制各种非法侵权活动，尽管生物医药业投资成本高，投资者仍然充满信心。在招商引资方面，新加坡把重点放在知名企业上，以入股的形式合资在新加坡建研发中心和生产企业，并给予相当的优惠条件。目前，国际10大制药企业中，已有6家在新加坡落户，它们分别是美国的Pfizer、Eli Lilly、Merck、Scher-ing-Plough，英国的Glaxo-Smithkline和瑞士的Novartis。其中Pfizer、Eli Lilly和Novartis三家设有研发中心，还有一些知名企业设立了药物临床实验项目。

从2002年起，新加坡每两年举办一次大型国际生物技术会展，扩大在生物医药领域的影响。会展期间，会邀请诺贝尔奖获得者和知名企业总裁做论坛发言，营造新加坡在逐渐成为亚洲地区生物医药产、学、研中心的态势。

到2015年，新加坡的生物医药科技产业产值将超过政府预期的250亿美元的目标。

新加坡经济发展部（EDB）希望能进一步加强可转化性方面的研究，计划进一步扩展该产业的研发基础，增加那些从事于发明、开发新药及医药产品公司的数目。为了满足此增长，EDB宣称其Biopolis园区二期开发在2007底前完成，提供超过30万平方英尺的空间。

EDB期待医药技术部门数量能以两位数持续增长。政府给生物医药科学部门定的目标是到2015年产值达到250亿美元。新加坡三年来在189个生物医药研究项目中政府的科技部门共投入1.56亿新元。

新加坡科技研究局下属的生物医药研究理事会在近年的生物医药项目征集活动中，收到的项目建议书呈大幅上升的趋势。政府在经过详细考察之后，对可行性项目会给予资金帮助。目前，在这些受资助的项目中，癌症研究占14%，是比例最高的领域，其他研究项目包括神经系统科学、免疫学和心脏病学。

在3年的资助项目征集中，新加坡科技研究局已经对生物医学项目的资助总共1.56亿新元。作为新加坡新经济的支柱产业之一的生物医药业，在新加坡政府的大力扶植下，将有望减少新加坡对电子业的过度依赖。

近年来，随着世界化经济圈的形成，中国和新加坡在生物医药方面的合作也日益增加。2006年8月8日，新加坡新达集团投资10亿元的新加坡生物科技园项目正式落户中国吉林省四平。新加坡生物园项目建在中国吉林省四平经济开发区。该项目以玉米淀粉为原料，采用生物技术，生产SD2和SD3相关系列产品。该产品是国际上新近发展起来的一种新型发酵产品，具有许多特殊的理化性质和独特的优良性能，可广泛用于食品工业、石油采矿、医药工业、精细化工、纺织工业、陶瓷制作等行业，在国际市场上具有广泛的发展前景和较高需求量。

由于中国、新加坡两国在地域上比较接近，且新加坡本国资源有限，发展生物医药业，将给中国的生物医药业发展带来市场。

（选编自：丁文健．国际商报·中国—东盟商务周刊．2007—04—10）

船运业——新加坡经济的中流砥柱

新加坡港已经发展为世界第二大自由港，如今世界贸易蓬勃发展，更带动新加坡转口贸易的发展，新加坡从亚洲海事中心已经登上了国际海事中心的位置。

新加坡地处太平洋与印度洋的航运要道——马六甲海峡的出入口，依托地理优势，新加坡一直是以自由港发展起来的，它充分利用海上交通枢纽这一优势，发展转口贸易。

一、世界上最大的转运中心

新加坡是世界上最大的转运中心，拥有高效率、完善的转运机制，能使货物快速、经济地转口到其他地方。

新加坡港务集团（PSA）的新加坡码头可提供200条航线供发货人选择，这些航线连接全球120多个国家的600个港口，并且每天都有航班前往世界上的任何一个重要港口。

新加坡港务集团（PSA）在新加坡拥有5个集装箱码头，它们分别是：丹戎巴葛集装箱码头、吉宝集装箱码头、布兰尼（Brani）集装箱码头、巴西班让集装箱码头以及新加坡港务公司和中远太平洋公司合作经营的码头（COSCO-PSA）。

新加坡港务集团海事公司（PSA Marine）提供集装箱转移、卸载等海港服务，拥有经过良好培训的工作人员，以及达到最新技术发展水平的设备和技术。

裕廊港是新加坡重要的散装及常规货物通道，有23个泊位，每年为7000多艘船只提供服务。它是新加坡唯一的干散装货物装卸码头，世界上最大的普通用户水泥码头，年容量超过400万吨，同时拥有多层及高层货仓，即裕廊物流中心。

樟宜机场航空货运中心（CAC）为航空公司、货运代理商、托运人和收货人建立了24小时一站式服务中心。此处货物码头也是自由贸易区，为转口货物提供了便利。货物从一条航线转往另一条航线不必离开货运码头，也可以减少或免去复杂的海关手续。

樟宜机场航空货运中心拥有达到最新技术发展水平的基础设施，如：自动堆积系统、集装箱、带有可升降集装箱架的搬运车辆等。这些设备已经取代人工，准确、高效地处理货物

二、中印带动新加坡船运业

新加坡港务投资中国新加坡港务集团于1996年正式进军中国市场，虽然投资的时间稍晚，但其仍不断在中国港口工程中寻求更多的投资机会。首个项目是与大连港务局合资的大连集装箱码头。港务集团在这个项目持49%的股权，大连港务局持51%。随后为了促进货物从广阔的内陆腹地转运，新加坡港务集团考虑在中国东北地区建立货运仓库。如今，新加坡港务集团在中国东北部的大连、天津，东南部的福州，南部珠江三角洲地区的广州以及香港地区均有集装箱码头经营。

由于受到全球能源需求增加的影响，全球散装船务运输业过去3年表现强劲。中国经济的发展将成为未来能源输送的主导，中国本身是一个原油、煤炭的生产大国，但无法满足对能源的强劲需求。中国目前原油进口有60%来自中东，另有25%来自西非。从西非进口原油的来回船运时间比中东要长，但由于原油种类的区别，中国今后还将增加从西非进口原油，国际贸易的增加将给散装船务运输业带来正面影响。除了中国，印度经济的兴起也促进了散装船务运输的发展。作为国际海事中心的新加坡也看到这一点，从新加坡港务集团近几年将投资重点放在中国香港、中国和印度的码头可以看出新加坡船运业的发展与中印的经济发展密不可分。

尽管新加坡经济已经开辟出很多新领域，但是在未来的很长一段时期，船运业还是新加坡经济的重要成分。新加坡无疑已稳坐亚洲海事中心的位置，但如何巩固新加坡国际海事中心的地位是新加坡未来船运业发展的方向。新加坡的船运业由来已久，长期以来为新加坡提供稳定的就业机会。在国际船运业竞争越来越激烈的今天，新加坡船务公会正在努力营造良好的政策环境为船务及海事业者提供更多的奖励与援助，以进一步加强新加坡作为国际海事中心的地位。

除了能源贸易的船务运输，其他贸易商品也将“争抢”船只。未来中国城市建设对钢材的需求会大量增加，钢材运输需要大量散装船只。随着城市化的提高，农村土地面积减少，中国从原来的粮食出口国转变成进口国，谷物贸易也将为船运业创造良机。

中国和美国经济发展放缓的可能性，将给全球船运业带来巨大的影响。地缘政治因素（geopolitical）和环境因素也将是未来船务运输业所面临的挑战。

（选编自：梁宁宁．国际商报·中国—东盟商务周刊．2007—11—13）

“非常新加坡”的旅游竞争力

新加坡面积很小，不足700平方公里，狭小的空间却孕育了富有旅游价值的“非常新加坡”（Uniquely Singapore）。“非常新加坡”是新加坡政府推广旅游资源时的宣传语，也是对新加坡的最好描述。

新加坡是一个富有动力的城市国家，虽然面积狭小，却充满多元化色彩。新加坡数个世纪以来一直就是连接东西方的桥梁，具有真正的国际化氛围，是连接现代和传统的纽带。新加坡为游客提供数不尽的、独一无二的体验。正是这些独一无二的特性，塑造了新加坡的旅游业，塑造了“非常新加坡”。

旅游业是新加坡经济的重要组成部分，带动餐饮业、宾馆业、零售业、会展业、艺术娱乐业及交通运输业等多个产业部门，对新加坡GDP的直接及间接贡献率达10%，为新加坡7%的劳动力提供了就业机会。

2007年是新加坡旅游业取得重大突破的一年，在2006年的基础上，游客到访人数也持续增长。新加坡旅游局最新发布的数据显示，2007年的前11个月，新加坡共接待游客930万人次，比2006年同比

增长5.4%。

在此期间，每月游客到访人数都创同期新高，其中，11月接待游客人数为83.7万人，10月份接待人数为91.1人。2007年到访游客总数有望达到1030万，比2006年同比增长6%。预计这一增长势头将会继续保持并创新高，2008年预计达到1100万人次，2009年则会突破1170万人次。

2007年10月28号北方冬季开始后，新加坡樟宜机场创造了4300次周预定航班的新纪录，每周航班比3月25日开始到10月27日结束的北方夏季同比增长100多次。这一增长得益于中国和印度不断增长的旅游需求，增加更多的来自上海，钦奈和杭州的航班。新增的航班还延伸到珀斯，布里斯班和奥克兰。目前，有83条定期航线连接着新加坡和60个国家的约189个城市。

印度尼西亚、中国、印度、澳大利亚和马来西亚带来这一增长并将继续作为主要的游客来源市场。此外，越南、俄罗斯等国家也逐步成为值得关注的市场，越南曾经是拥有最多游客数量和行业专家的国家之一。

随着游客数量的猛增，当地酒店的业绩在2007午也达到前所未有的水平。2007总体的酒店入住率有望达到87%左右，平均房价将实现200美元，超过2006年的85%和164美元。从单个月份看，2007年11月平均房价是226美元，为史上最高，之前的最高纪录为10月份的219美元。平均入住率预期到2008年和2009年分别达到88%，89%。另一方面，平均房价在2007年的强劲增长势头可能会一直持续到不久的将来。预计新加坡的日均房价在2008年和2009年将分别达到230美元和260美元。

2006年每可用房间平均营收为140美元，2007年增长到175美元左右。由于酒店市场设计方面的改进，2008年和2009年的每可用房间平均营收有望达到202美元。

坐落在东陵路上拥有299间客房的六星级瑞吉酒店于2007年12月22日开业。计划2008年再增加1700间客房，这些新增酒店中包括拥有307间客房的樟宜机场皇冠假日酒店，有193间客房的Capella Singapore和有118间客房的Mvenpick Treasure度假村。酒店供应短缺形势严峻以至于偏僻地区如Geylang的酒店都被旅游机构拿来利用，新增的这些酒店将会缓解这一形势。根据市场报告，越来越多的国际酒店品牌的进入将有助于提高酒店房价，与亚洲其他市场相比，包括香港、上海和东京，新加坡的客房价格常常被低估。

2008年新加坡将规划出10处酒店用地，其中三块新地属于政府售地计划，另外7处将在2007年逐一落实。新增酒店用地在2007年陆续动工，开发后将会增加大约4675间客房。

旅游业仍是重要的经济支柱，到2015年，旅游收入有望增加到原来的3倍，合300亿美元，游客人数增加一倍，达170亿人次，并为服务行业创造10万个新的工作岗位。在未来10年内，这些目标在20亿美元的旅游发展基金的支持下能够刺激未来旅游业的发展和快速增长。

面对来自亚洲其他重要城市日益激烈的竞争，新加坡充分发挥主动性，加强基础设施建设，以进一步增加本国旅游业的吸引力。

新加坡樟宜机场终点站3按计划于2008年2月开始运营，它增强了乘客接待能力，樟宜机场每年的接待旅客人数也将因之增加45%，约6400万人次。该工程是新加坡旅游局2015年发展关键基础设施以支持旅游业发展的宏伟计划的基石。

关于发展战略性旅游产品，会展旅游业被公认为是有发展潜力的。2006年10月国际货币基金组织和世界银行会议以及2007年11月东盟会议的成功举行使新加坡被确定为大型会议的理想地点。新加坡旅游局坚持不懈的营销努力和新增加的两个综合性度假区能提高城邦的高度，成为会展旅游的理想之选。

新加坡旅游局致力于吸引典型重要活动，新加坡摩天观景轮和2007年9月份举行的F1赛车将会提升新加坡作为国际青睐的景点的地位。2008年在Mandai即将开放的30个自然主体景点将会满足全球对自然旅游的需求。将于2009年完工的空中花园赌场和2010年完工的世界度假村，加上雄厚的经济基础，新加坡的游客数量有望实现到2015年1700万人次的目标。

面对周边国家越来越激烈的竞争压力，尤其是来自马来西亚、泰国和香港等地的竞争，新加坡政府推出了放宽入境旅游限制、采取更积极的市场营销手段、寻找国际合作伙伴等应对措施。

与周边国家的旅游魅力不同，新加坡吸引游客的资源除了风景名胜外，还包括商务及会展资源，商务旅游是新加坡旅游业的重要组成部分。为大力宣传新加坡在商务、会展及旅游奖励方面的优势，新加坡旅游局联合旅游公司、商务公司和地方政府共同发起了“会奖新加坡联盟”（简称4S联盟）。

联盟集商务、会展及旅游奖励为一体，为准备赴新加坡进行商务活动的终端客户提供场地优惠、特殊体验、政府协助等全面、优质、实惠的会奖旅游服务，力求全面展示新加坡在商务、会展及旅游奖励方面的独特优势。

旅游业是中国与新加坡经济合作的重要领域，中国游客以每年14.5%的速度持续增长，中国已经成为新加坡商务旅游的第三大客源国。

（选编自：王平. 国际商报·中国—东盟商务周刊. 2007—01—02）

新、越、泰的信息产业机遇

近年来，东盟国家电信业发展迅速，各成员国纷纷利用已启动的中国—东盟自由贸易区平台，在分享中国经济发展所带来的优惠的同时，尽量发挥东盟集体力量，在国际市场进行公平竞争。

在东盟十国中，新加坡、越南、泰国信息产业发展情况，都相对比较接近，但是他们之间又彼此相异，各有千秋。

一、新加坡：规划性的高速发展

新加坡以“数字化的国家”著称。在新加坡，信息技术无所不在，其网络化普及指数排名世界第一。新加坡信息化发展的最大特点是规划性。整体和长远的规划使新加坡信息产业快速发展，并在新加坡整体经济中发挥引擎的作用。到目前为止，无论是技术还是环境，新加坡的信息通讯产业的优势仍是无可替代。

早在1980年，新加坡就开始制定国家级的信息蓝图，截至2004年，新加坡共制定了五大信息化蓝图。从政府电子化工程入手，通过进行信息化基础设施建设，致力于将新加坡发展成为一个极具活力的全球性信息技术枢纽。2007年新加坡电信正式推出了新一代综合性通讯计划 Generation Mio。这让居家用户将固线电话、Wifi 无线功能手机和无线互联网，通过单一管道连接到新电信的 IP 网络的科技，将为新加坡电信在日后进军付费电视市场和其他高端科技服务奠定了基础。

2007年，新加坡政府确定未来10年的资讯通信业的投资计划。在未来10年，新加坡政府将投入40亿元发展本地资讯通信业，包括设立全国超高速宽带网络、确保所有学龄儿童的家庭拥有电脑，并将创造8万个就业机会，借助资讯通信科技为经济和社会发展作出贡献。

二、越南：在波折中快速发展

越南政府大力扶持互联网产业的发展。越南制定一系列招商引资政策，如越南政府允许国外投资者以商业合作的方式投资电信建设，并与国内电信公司合作运营。2007年，越南政府已经同澳大利亚和韩国等国家的公司签订商业合作建设合同，进行本地和国际通信基础设施的建设，同时还允许韩国移动运营商与越方通过企业合作的方式在胡志明市建立网络，韩国为越南提供设备并为越南培训相关的中层管理人员。

近年来，越南逐渐减少对其电信市场的管制。目前已经批准一项电信发展计划，允许新公司同现有的国有垄断运营商开展自由竞争。到2005年，部分公司已从邮电公司那里获得25%～30%的市场份额，预计到2010年将会提高到40%～50%。越南还打算把电信资费降低到所在区域的平均水平。尽管在过去的几年内越南对电信资费已调整8次，但现在仍旧是世界上资费最高的国家之一。

越南在意识到信息产业对国民经济增长的重要意义之后，加大对相关人才培养的力度。2006年，越南继续新增1000万电话用户，增长率高达65%。在电信市场急剧膨胀的同时，越南政府为不断促进该市场的开放，着手私有化 Vinaphone、MobiFone 和 Viettel，这可以看作市场开放的直接体现。越南在2007年1月11日实现了重大突破——正式成为WTO成员国。加入WTO之前，签署业务合作协议（BCC）是外商投资越南电信公司的唯一方式。随着越南成为WTO成员国，外资希望在拥有巨大潜力的越南电信市场谋求更多的份额，希望加入合资企业，以与越南运营商一起拥有并经营电信业务。按照逐步开放的原则，越南将于2009年起逐步开放基础电信业务。

三、泰国：起步虽晚但成效明显

泰国电信服务业发展起步较晚。但泰国经济的强劲复苏和民众对电信服务需求的不断膨胀，有效带动电信产业的发展。泰国电信业务的结构特点是，移动通信业务的发展大大超过固定电话业务。TOT 公司和 AIS 公司分别在固定电话和移动电话市场竞争中占有绝对优势，市场占有率均超过了60%。

泰国信息和通信技术产业现行的标准多为美国标准，TOT 下属的电信系统工程部负责对通信设备产品及网络设备进行检验和认证。虽然此检验措施并非强制性，但经过检验的产品往往在政府招标项目中具有一定的优势。在许多 TOT 的招标项目中，只有经过 TOT 检验或被 TOT 认定为试验性使用的产品才有资格投标。

泰国的通信设备基本依靠进口，产品主要来自美国、欧洲、日本和中国。泰国在进口通信设备和相关服务过程中的限制较少，除政府项目中使用的光纤类产品外，对进口通信设备产品不设特殊技术标准和要求。泰国海关还对WTO成员国生产、装配和运输的153种信息技术类产品实行零关税。

在东盟十国中，中国信息技术行业的发展与泰国的经历颇为相似，一方面，竞争的引入首先从增值业务开始，逐步扩大到基本业务，另一方面对原垄断经营者实行了业务分拆等。根据加入WTO的承诺，中国信息技术企业将直面国际巨头强有力的竞争压力。

四、中国电信企业进入东盟，应采取的方式和规避的风险

在运营方面，中国电信运营商可以采取参股目标

国运营商的方式进入东盟电信市场，以便发挥当地合作者和中国企业各自的优势，在当地市场较快地获取认同感。

在运营方面，考虑到东盟国家对外资的规定和中国企业的国际化经验，国内运营商一般只能采取合资或合作的方式。例如，老挝政府对电信业的控制力度很大，目前只允许外资以BCC方式和国内企业合作，合作期内双方按持股比例投资建设网络，并按照约定的比例收益分成，合作期满后外资所拥有的资产将按照合同规定的方式转让给老挝政府。

在设备方面，由于这些国家与中国紧邻，且制造产业环境不够理想，国内设备商一般没有必要在这些国家投资设厂，仅按需设立合适规模的销售点或代理点，国内生产基地应可完全辐射到这些国家。

东盟电信市场的风险主要存在于电信监管上，政策风险比较突出。在越南、柬埔寨和老挝等落后国家，电信监管中的政企合一、互联互通等问题仍非常严重。另外，新进入者也可能面临市场竞争方面的风险。

首先，东盟欠发达国家的政府对电信企业的干预程度过高，办事效率低下，会给国外投资者带来很大的政策风险。新进入者应对目标国家的产业政策和监管体系进行跟踪研究，积极与目标国政府和国有运营商建立和保持密切的关系，并注意利用母国政府的力量来保证投资安全。此外，新进入者还应关注和研究区域内国际运营商的扩张战略和步骤，以了解它们对目标区域监管与政策风险的判断。

其次，新进入者也可能面临市场竞争方面的风险。目前，众多国际知名电信公司已进入这些国家，这些国家本土电信公司也在快速壮大。众多运营商的存在为后来者通过并购和合资方式进入东盟市场创造了有利条件。

（选编自：丁文健．国际商报·中国—东盟商务周刊．2007—03—20）

泰　国

解析泰国大米成功之道

泰国大米种植有5500多年的历史，然而泰国大米的出口历史不过百年。以粒长和蒸煮后香味扑鼻著称的泰国大米真正称雄世界米市也只有20多年的时间。目前泰米的年出口量已超过700万吨，约占世界出口量的30%，畅销世界各大洲。在竞争激烈的国际大米市场上，连续6年稳居销量第一，泰国由此赢得“世界米仓”（Rice bowl of world）的桂冠。泰国大米在如此短的时间内后来居上，成为世界米市无可匹敌的霸主，其中原因值得探究，其成功经验值得借鉴。

一、务实的大米政策

泰国的稻米政策由泰国的稻米委员会制定，为适应多变的国际市场，每年修改1次，大米与泰国人尤其是稻农息息相关，其地位非同小可，米业部门也倍受政府的关注。稻米委员会主席常由分管农业的副总理担任，副主席和委员常由其他相关的部长和常务秘书担任。

为改变泰国水稻生产水平低的状况，降低生产成本，提高泰国大米的国际市场竞争力，泰国致力于推广应用高产品种（HYV）综合技术：施肥技术、病虫综防和生防技术、直接和机耕及省工节本技术、提高品质技术和实施一系列“国家项目”，为推动泰国水稻发展发挥了积极作用。

1982年，泰国制定了20年农村发展计划，对农村实行连续性的优惠政策，千方百计降低农民生产成本。降低农作机械进口税，发展农业机械化生产和推动农业新技术的应用，提高劳动生产率，降低成本。同时，提高农产品价格，向农民提供长期低息贷款。推行中长期政策，用增值税率不变，减税来等措施扶持经营企业。

泰国政府甚至还采取措施，直接干预国内市场，保住大米的竞争优势。例如2003年泰国大米出口量约为740万吨，而印度达到420万吨。由于印度对大米出口商实行补贴，世界米市价格一路下滑。如果放任，泰国必将失去部分出口市场，泰国立即执行干预政策，政府以124美元/吨的价格从农民手中收购大米。同时为出口商提供15.42美元/吨的加工补贴，才使国内的稻米产业免受灭顶之灾。

最近一项最重要的政策就是农业结构调整计划，鼓励农民在边角地种上其他作物，计划减少48万公顷的种植面积以减少稻米产量。积极鼓励农民使用茉莉香稻种。

泰国农业部投资开发了ThaiAG.net和Thaitrop.com两个网站。一个是农业生产数据库，一个是农业技术数据库。农业银行和农业合作社（BAAC）向农民提供贷款建立合作的电子商务项目，帮助管理全国7万个互联网接入点，通过800个地区技术传授中心（TTTC）帮助农民提高生产技能。泰国农业银行还推出了一项将手机用于农业生产的计划。通过短信把有关信息发给农民，指导农业生产。

为阻止美国的不法米商套用泰国香米商标，泰商业部、大米出口商协会，司法部门通力协作，讨回公道，并加紧进行香米专利权登记和商标注册工作。

由此可见，泰国确确实实把稻米产业当成发展泰国经济的重要手段，所推行的农业政策、所执行的每一项措施都是围绕这一目标进行的。

二、严格的大米标准

泰国的大米标准是目前世界上所有稻米生产国家稻米标准中最为复杂和详细的。严格的大米标准对出口大米的质量起到了保证作用，也是泰国大米畅销世界的“通行证”。

泰国的第一部大米标准由泰国贸易部于1957年制定，编号为：B. E. 2500。该标准在1958年正式出版，书名为《Thai Rice Standard》一直沿用到1997年，为泰国大米成功走向世界立下了汗马功劳，被称为泰国大米贸易的“圣经”。1997年，泰国开始修订新的大米标准，从此以后几乎每年都根据世界大米行情进行修订，以适应大米贸易的需要。泰国的大米标准涉及所有类型出口大米，具体分为白米、糙米、糯米和蒸煮米，目前出口量最大的为茉莉香大米。标准中对“茉莉香大米”的定义为生长在泰国，在泰国农业部注册的如KDML105，RD15，KL1等有自然芳香的非糯稻谷，蒸煮后可口松软，散发出爆米花的香味。又依据含碎率、杂色粒等20多个指标将不同类型的大米分成不同等级。1979年的标准中将白米分成13个等级（后改为11级，2002年又改为8级），糙米分为6个等级，糯米分成3个等级，蒸煮米分成9个等级。各级标准中对米粒长度、米粒完整度、碾磨程度、杂质允许含量、水分含量都作了明确规定。

在术语部分，对标准中涉及的词语作了严格的定义，不少词语或定义是泰国大米标准中特有的。泰国标准中，将完整的米粒分成长度相等的10等分（10 parts），只有没受任何破损或米粒长度大于等于9个部分（≥9 Parts）以上部分的米粒才叫整粒米。米粒长大于等于8个部分（≥8Parts）才叫头米，1997年的标准中又将其改为长度明显长于其他碎米，但又达不到整粒米粒长，包括开裂后大小达到整粒米80%的部分。头米的概念变成一个可变的相对概念，更为科学，便于操作。碎米指米粒长度大于2.5Parts但达不到头米长度（包括开裂后达不到整粒80%的部分）的米粒。

1997年的标准中，开始使用的黑粒（米），局部黑粒（米）和品克米（分别指蒸煮米中整粒长通体3/4部分或小于1/4部分为黑色或棕色）标准到2001年的标准中由于加工时光电色选机的使用，这项标准已没有存在的意义。

为应对来自越南和印度的激烈竞争。泰国在国内严格执行“泰国茉莉香大米”的质量标准，标有这一称号的大米纯度须达到92%，即由“茉莉香大米”或“香米15”两种大米与其他低级大米混合后，前者所占比重不得少于92%，潮湿度不得超过14%。高标准的产品有利于区分其他国家产品。

泰国大米标准最重要的特点是将品种标准与产品标准紧密结合，并且落脚点是产品，用产品标准来培育品牌优质米，引导市场销售，这一点尤其值得借鉴。

三、完善的质量管理

泰国大米之所以称霸世界米市，除了自然条件适宜稻谷生长外，更重要的是在大米质量上狠下了一番工夫。泰国是通过良种选育和加工过程中完善的质量管理来达到提高大米质量目的的。

1. 选育优良品种。泰国政府高度重视优质水稻品种的选育，把培育优良品种防止稻种退化放在农业工作的首位。认为改善种子质量是提高产量、增加出口收入的最有效方法。在选择产量与品质关系时，宁可牺牲产量也要保证品质，泰国尽管也陆续选育一些高产品种，有的产量能达到4吨/公顷，但并没有作为加工出口用，仅用于供应国内或加工成其他制品。除农业高校外，还成立了水稻研究所，各地也相应成立研究推广机构，从事良种的繁育和推广。还有一些公司如正大集团公司（泰国最大的农业科技集团公司）等都建立了自己的科研体系。在水稻品种的引种试种、示范及改良等方面颇有建树。为防止品种的退化，泰国平均每3～4年就推出1个优质新品种，取代退化品种。

泰国注重引进新品种和在地方品种中选育优良品种。中国广东省的稻种“千叔稻”在泰国被广泛种植，已成为泰国优质品种之一。2003年应泰国大米出口商联合会强烈要求，泰国政府向国际水稻所（IR-RI）引进了“超级米”杂交水稻品种，提高泰米在国际市场上的竞争力。目前饮誉世界大米市场的“茉莉香大米”品种，是科研人员以在北柳府发现的特殊地方品种为亲本，经多次杂交培育而成的。如今又将新选育的紫色大米投入生产，这种大米不仅保留了泰国香米的绵软、香醇的特点，而且口感更好。泰国农业大学培育出的世界上蛋白质含量最高的大米（为普通大米含量的12倍），也将推向市场。

目前，泰国为打开日本、韩国、中国香港特区、新加坡、中国台湾地区的大米市场，又从日本引进了一些优良的短粒型（Japonica）良种，并扩大种植面积，准备把总产量提高到10万吨。

为确保出口专用稻米的质量，在全国各稻区设立“出口种植区”、“普通种植区”和“特别种植区”。实行由种子、栽培、收割直至出口的全程品质管制。泰国第二季稻的质量往往较差，主要是因为农民每年种植的轮次太多，尤其在中部的一些乡村，农民利用特有的灌溉系统，每年种植四季水稻，其结果是品质差，市场价格低。为此泰国大米种植者联合会制定出标准，规定每年的种植轮次数以及如何培育和使用优质种子。

表 1 泰国茉莉香大米分级标准（B. E. 2544）

组成			分级									
			100%A级	100%B级	100%C级	含碎5%	含碎10%	含碎15%	超特级A1级	超级A1级		
									100%大米	100%大米	含碎5%	含碎10%
整粒米(%)			≥60	≥60	≥60	≥60	≥55	≥55	≤15			
	大碎米	规格	5P≤	5P≤	3.5P≤	3.5P≤	3.5P≤	3.5P≤				≤15%
			L<8P	L<8P	L<8P	L<7.5P	L<7P	L<6.5P	L=5	L=6.5		
		含量(%)	≤4.0	≤4.5	≤5.0	≤7.0	≤12.0	≤17.0				
	不过7号筛	规格	L≤5P	L≤5P	L≤3.5P	L≤3.5P	L≤3PP	L≤5P		L≤6.5P		
		含量(%)	≤0.5	≤0.5	≤0.5	≤0.7	≤2.0	≤10.0				
	C1碎米粒				≤0.1%	≤0.1%	≤0.1%	≤0.3%	≤0.5%	≤1.0%		
	头米规格(P)		8	8	8	7.5	7.0	6.5				
	红粒、低于碾磨粒					≤2.0%	≤2.0%	≤5.0				
碎米	黄粒				≤0.2	≤0.2	≤0.5	≤1.0	≤1.0			
	蛋白粒			≤3.0	≤6.0	≤6.0	≤6.0	≤7.0	≤7.0			
	损害粒				≤0.25	≤0.25	≤0.25	≤0.5	≤1.0			
	糯米			≤1.5	≤1.5	≤1.5	≤1.5	≤1.5	≤2.0	≤1.5 (C1≤0.5)		≤1.5% (C1≤0.5%)
	未成熟粒											
	未发育粒											
	异种				≤0.2%	≤0.2%	≤0.3%	≤0.4%	≤0.4%			
	异物									≤0.5%		≤0.5%
	稻谷			≤5	≤7	≤7	≤10	≤15	≤15			
	碾密程度			超精碾	超精碾	超精碾	精碾	精碾	合理碾			

说明：1. L为目标米粒长度，P为整粒米长度的1/10；2. C1碎米：指过7号筛（指筛孔直径为0.79毫米的金属筛）的碎米；3. 含水量均为≤14%

2. 在大米加工质量上狠下工夫。提高大米加工质量是泰国的成功做法。在国际米市上销售的泰国优质大米颗粒均匀饱满，油亮润泽、气味清香、滑软可口，深受消费者的喜爱。泰国大米品质优良，除得益于广泛种植良好的水稻品种外。另一个重要因素就是采用了科学的加工技术和严格的质量管理。泰国把大米加工环节看成是控制大米质量的最重要环节。泰国目前约有2.5万家碾米厂，小型米厂每天加工1000万～2000万吨稻谷，大型米厂加工量为1亿～2亿吨。所有出口加工米厂都通过了GMP（good manufacturing products）和HACCP（hazard analysis of critical controlling point）认证。生产厂家都建立了自己的质量标准。泰国还向发达国家采购了大量代表世界碾米技术最高水平的碾米机械，并派技术人员到国外培训。

泰国的大米加工质量控制从稻谷收割就开始，加工企业要求农户在水稻成熟率为90%～95%进行收割（此时对保障加工品质最有利）。收割后的稻谷送到米厂后，进行清洁处理，同时调控水分，泰国大米按级定价，优质米的价格是普通米的几倍，而等级是根据整米率和碎米率的比例来确定的，因此提高整米率，才能提高效益。由于含水量对整米率影响很大，加工厂对稻谷含水量控制得很严格，根据长期实践，对不同品种的稻谷都有不同的最佳指标，分门别类进行质量控制，决不混杂。

泰国还规定出口香型稻谷存放期不超过半年，防止内在质量如香味、油润性、光亮度随存放时间的增加而逐渐降低。

在加工工艺流程上增加了一些新工艺，如光电色选（用于去杂），打磨抛光（增加米粒外观光洁度）。新设备的使用和加工工艺的改进，大大提高了大米的质量，从而使泰国大米在国际市场上更富竞争力。

3. 严格执行质量检验。为保证泰国大米在国际市场的品牌形象，泰国还设立了一整套的质量检验规程。出口的大米必须经过专门的稻米监察委员会检查。根据货运量的大小，确定随机抽样量的多少，要求出口文件、包装说明、检验报告完全吻合，符合标准的方能出口。

另外，为确保出口香米的纯度，政府还专门投资设立了出口香米检测中心，确保其他品种大米掺混比例不超过8%。

四、灵活的大米政策

泰国的稻米总产量仅名列世界第六。在世界大米市场泰国不仅要面对诸如美国、澳大利亚等欧洲长粒米出口国这样的竞争对手，而且还要接受越南、印度和巴基斯坦等亚洲长粒米出口国的挑战。而之所以能成为世界米市之魁首，还应归功于其执行了灵活的大米贸易策略。

1. 依托先进信息技术对世界米市作出快速反应。泰国组建了全国性大米营销和信息通讯网络，对全球需求趋势随时做出应对措施。20世纪80年代，西方国家增加对无农药食品需求，泰国便推出Gold Harvest的有机培植大米。90年代，西方严格了质量标准后，泰国斥资购买大量先进的加工设备和检测仪器，还邀请欧洲专家来控制产品生产，结果成功地打开了50多个海外市场。在国内允许多种形式的经营实体并存，疏通内贸和外贸的流通渠道，促进了大米的出口贸易（如下图1）。

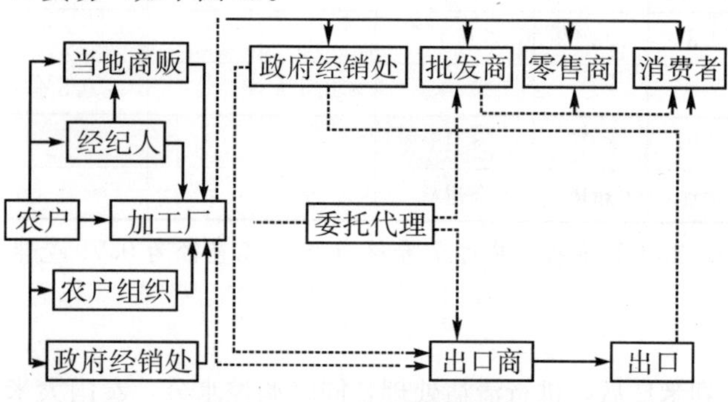

图1　泰国大米市场系统

2. 抓住一切机会，不遗余力宣传泰米。泰国自上而下都做大米出口宣传和促销工作，不论是农业、商业、外交或驻外官员都注意了解大米市场信息，积极做好宣传促销工作。尽管中国每年已进口泰国大米100万吨，泰国商业部长仍亲自到中国争取到20万吨的配额。伊拉克执行石油换食品计划时，泰国也是政府大员亲力亲为，使泰国成为伊拉克大米的主要供应国。当美国不法米商发生商标侵权行为，他信总理访美时就此事正式向布什总统交涉。

3. 灵活的付款策略。在大米贸易时泰国还采取了灵活机动的付款策略，不拘泥于现金交易，可采取赊账或以货易货的方式交易，对特殊市场还采用记账式贸易，灵活的成交方式使泰国大米在国际市场销量大增，同时也奠定了其大米霸主的地位。

五、启示与借鉴

中国是世界大米产量和消费第一大国，也是水稻研究的强国。但中国的大米出口形势却不容乐观，在国际市场连连受到挑战。中国的稻米产业难以做大做强，主要是由于水稻产区分散，加工技术落后，国内粮食流通体制不能适应市场化的竞争需求以及出口目的国国别结构单一等原因造成的。中国入世后，政府应将进口压力转变为调整水稻生产结构的动力，尽可能把潜在的比较优势转变为现实的出口优势。要振兴中国的稻米产业，必须认真研究，走出一条适合我国国情的路子。

1. 选育良种。水稻的产量和质量的提高，找到突破性种质资源非常重要。水稻品质很大程度受到遗传因子的控制，因此良种的选育是提高大米质量的关键。中国的杂交水稻就是凭借在海南崖县发现的普通野生稻的不育株而育成的，为解决中国乃至世界的粮食安全问题作出了巨大贡献。中国应充分利用挖掘丰富的水稻种质资源、选育出优质高产的新品种。长期的自然选择和栽培，使中国也产生了许多珍贵的地方特色稻品种，如“水晶米”、“柳条红”、“香血糯”、“云南紫米”、“颗砂御米”等，都是选育优良品种的宝贵基因库，应充分利用这些品种的特殊基因，通过杂交育种手段选育出具理想性状的优质高产品种。

2. 依靠稻米产地环境优势和农业科技优势建立出口基地。大力扶持稻米“龙头”企业，通过“龙头”企业+农户，或公司+农户等有效方式，在南方建立5～10个优质籼米生产基地，在北方建立3～5个优质粳米生产基地，在特种稻米生产区建立特种稻米生产基地，如中国天津小站米等，由稻米“龙头”企业通过基地带领稻农进入国际稻米市场。狠抓科技投入。要以外向型战略、国际化标准、贸工农一体化的经营思路，确立新时期稻米科技投入规划，重点抓好优良品种选育、节本技术研究、新技术传播与农民培训、标准化制定与实施、稻米加工新技术新工艺开发等与提高稻米市场竞争力密切相关的系列水稻科技投入项目。加大加工企业的技术改造力度，通过精加工、深加工，实现多次增值。制定特色品牌大米标准，以质量和品牌打开市场。

3. 调整现有的农业政策，用足“绿箱政策”。转变稻米出口收购补贴、出口企业补贴等传统农业支持方式，把农业基建投资、农业科研投资、粮食安全储备补贴、国内粮食补贴、农业生产结构调整投资性补贴、环境保护补贴、区域发展援助计划补贴、休耕补贴等10多项“绿箱”范围的政策落到实处，使种植户得到更大实惠，建立长效机制，使中国水稻业能持久健康的发展。

4. 改革现有的粮食流动机制。必须尽早结束粮食内贸和外贸分割的格局，实行内外贸管理体制并轨，充分利用两股力量的合力，联结国内、外两大市场，引导国内稻米市场与国际接轨。鼓励出口大米，采取相应的措施和科学的经营战略，突破现有世界米市的格局，拓展新的大米市场。

（来源：马雷．农村实用技术．2008年第2期）

泰国承包工程市场潜力大

泰国是中国企业在海外的传统工程承包市场之一。近两年来泰国政局不稳使得泰国承包工程市场处于萧条期，2007年底泰国政局大选之后，泰国政局趋于稳定，2008年以后的5年有望出现中国企业在泰国工程承包业务发展的有利时机。

泰国经济处于发展中国家中上等水平，承包工程市场相对较为成熟，基础设施较为完善。自20世纪70年代后半期到1997年亚洲发生金融危机近20年的时间里，随着泰国经济的快速增长，泰国的石化、冶金、钢铁、电力、水利、公路、轻轨、地铁、码头等一大批关系国计民生的大型项目开始兴建，基础设施逐步完善，承包工程市场得以迅速发展。1997年亚洲金融危机以后的4～5年内，泰国工程承包市场陷于低迷状态。近年来，随着泰国经济好转，泰国政府陆续推出房建、公路、电站、交通等项目，在过去6年中，泰国建筑业产值基本占国民生产总值的5%左右，承包工程市场显现出缓慢复苏趋势。

2007年泰国新一届政府趋于执政稳定，政府大型项目还将陆续推出，公共项目和私人项目投资有望恢复增长。自2008年开始，泰国承包工程市场有望进入新一轮增长期。泰国工程承包市场特点是：

一、市场潜力较大

泰国建筑项目主要分为公共项目和私人项目两大类。金融危机前，泰国私人项目发包额曾一度超过政府项目发包额，但近几年政府项目占主导地位。他信政府时期提出“泰国伙伴发展”计划，是一个涉及金额1.8万亿泰铢的大型项目。未来几年，随着泰国政局趋于稳定，泰国政府将陆续推出一些关系国计民生的大型基础设施建设和公用事业大型建设项目。政局稳定后，随着经济形势的进一步好转，私人项目也将呈上升趋势。

二、管理政出多门

目前，泰国政府尚未设立统一归口管理全国建筑行业的行政管理部门。中央和地方政府将每年的建设预算分拨到各级行政管理部门，各部门按照预算实施项目规划、招投标及开发等。如泰国交通部设立的公路厅、港口厅、铁路等机构分管全国的公路、港口、铁路等项目规划和开发。曼谷市政府拥有独立预算，市政府市政厅对辖区公用事业的开发、建设行使独立的建筑管理权，每年对预算项目进行招投标。

三、对外限制较多

泰国对本国企业法人从事建筑业经营实行登记制，对外国人经营建筑业限制较多，建筑业不是泰国鼓励外资投资的行业。泰国《1999年外籍人经商法》规定，建筑服务业不对外国人开放。外国投资者从事建筑业经营，必须要通过与当地企业设立合资公司，且当地公司控股（股份占51%以上）。泰政府对要求在泰设立办事处、代表处等非赢利性机构的外国申请者从严审批甚至不批。由于泰国是劳务输出国，对于输入一般工种的外籍劳务严格受限，输入经营管理类人员也有严格限制。一般规定，企业注册资金在一亿泰铢以上者，每输入一名外国人员需雇用四名当地劳工；企业注册资金在一亿泰铢以下者，每申请一名外籍人员则需雇用五名当地劳工。外国公司只能承包外资资本在5亿泰铢以上的公共设施建设工程，一般不得参与泰国政府预算内各类项目的承建。

四、设置各种壁垒

第一，泰国政府规定，只有取得泰国法人地位者方可以参加投标。外国人须通过投资方式取得当地法人地位才能承揽项目，且外方占股不得高于49%。第二，政府采购项目金额超过3亿泰铢者，标的价值的50%要实物支付。第三，业主制订技术规范（Terms of Reference-TOR）时，往往设定对泰本国企业有利的条件，而将外国人持股企业排除在外，如“投标人须有在当地承揽过一至两个类似项目的业绩”。第四，泰政府明确规定“项目围标属非法”，但通常是当地几家主导企业或与外国的联营体取得竞争优势，其他企业难与竞争。日本国际协力银行（JBIC）为使日本企业获取大项目，通常提供大部分低息（0.75%左右）宽限期较长的优惠软贷款。此外，招标通告、技术规范等多用泰语书就。

五、市场竞争激烈

泰国市场容量较为有限，但吸引了世界各地著名的建筑承包商前来争揽工程承包业务，加之本地承包商实力强劲，市场竞争相当激烈。泰国当地有实力的前十位承包商（如意大利泰 Italian-Thai Development Public Co.，Ltd、中泰工程 Sino-Thai Engineering & Construction Public Co.，Ltd、朝甘昌 Ch. Karnchang Public Co.，Ltd等）基本上统揽了本地特大型、大型政府项目。相比之下，外国承包商处于劣势地位。土木结构建筑、劳动密集型项目如民用建筑、厂房、公路等基本被当地承包商垄断，利润空间十分有限。由于某些技术含量较高的特大型项目如地铁、轻轨、隧道、机场等，政府对承包商资审要求较高，本地承包商往往联合国外有实力的企业共同组建联营体，这样可以进行优势互补，在资审、投标过程中处于较为有利的地位。对由外国政府、财团出资的项目，本地企业联合出资国企业夺标的几率较高。外国企业与当地企业组建项目联营体是承揽项目的有效手段。

（来源：刘国玉．国际商报·中国—东盟商务周刊．2007—06—26）

泰国草药行业发展势头强劲

当前，人们的环境观念越来越强，并更加注意自己的健康，因而会更多地使用草本药物。

在泰国，人们有使用草药素的传统。草药广泛运用于许多行业，已开发食品添加剂、化妆品、桑拿浴室和按摩用药膏、草药保健饮料等种种产品。这里不得不提的是泰国的疗效化妆品市场。疗效化妆品是一种将化妆品和药物的功能有机结合在一起的产品，是化妆品工业的新型产品。它是不含有合成物质、没有经过辐射处理、不使用基因原料和不使用动物进行试验的化妆品，越来越受到广大消费者的青睐。泰国的疗效化妆品市场年总值达到20亿泰铢，年增长率为30%。

泰国政府为草药行业制定目标，要在5年内（2002～2007）使泰国成为亚洲的草药中心。2005年，泰国国内草药行业的市场销售总额达480亿铢（约合96亿元人民币），出口总额15.6亿铢（约合3.12亿元人民币）。泰国卫生部采取一系列措施来促进草药的生产销售，计划在2009年之前实现草药产品出口年增长10%的目标。

2006年，泰国联手中国推出抗艾滋病的新草药。这种药物的配料成分包括茵陈、黄杞、甘草3种中药，以及泰国当地的两种草药：其中一种来源于桑树根的一部分，另一种则是从红花中提取。另外，泰国研制出一种“草药热敷护理布”的新产品，对治疗运动受伤有较好的疗效，目前行销日本、加拿大、德国、马来西亚、中国香港特区和台湾地区。泰国的草药商也计划利用奥运会契机进军中国内地市场。

泰国海关统计资料显示，2006年前8个月，泰国进口药品总额为222.34亿泰铢（1美元约合38泰铢），同期药品出口总额45.58亿铢，药品贸易逆差高达176.76亿铢。针对泰国药品进出口逆差的现状，泰国相关部门正在寻求能放慢药品进口的方式与政策，鼓励泰国人使用治疗效果与西药相似的草药。

泰国是外国病患者的理想医疗保健目的地。近年来，赴泰的外国病患者持续增长。

与其他草药制品丰富的亚洲市场相比，泰国的竞争潜力落后于中国和印度。目前，中国的草药制品占据世界市场55%的份额，印度占30%。越南是激烈竞争中的另一个主要对手，并且发展迅速。泰国自身拥有丰富和多样化草药原料优势，但要取得更多的全球市场份额，必然要大量投资。另外，泰国还要加强人民对草药的认识，并提高开发生产和营销产品的能力。

（来源：王丽云．国际商报·中国—东盟商务周刊．2007—08—28）

农业和农业加工成泰国促进投资优先行业

作为东盟的重要国家，泰国依靠地理位置优越、政治和经济环境稳定、国内市场容量大、政府重商、生产成本相对较低等优势成为吸引中国投资者的国家。泰国是传统的农业国家，享有“东南亚粮仓”的美名。

泰国的耕地面积占土地总面积的38%，全国有80%的人口从事农业生产，占总劳动力人口的45%。泰国也是亚洲唯一的粮食净出口国和世界上主要粮食出口国之一。泰国的大米出口量在世界上已居第一位，木薯输出位居全球之冠，橡胶名列世界第三，玉米排名第四，鱼制产品出口在亚洲仅次于日本。在泰国的10大出口商品中，农产品占了6个，占出口总值的40%。由此可见，农业在泰国的经济发展中占有举足轻重的地位。

泰国政府于2002年推出新的投资政策，引导国内外投资者确定产业投资方向，农业被确定为优先促进的“目标行业”之一。新的投资政策强调，重视投资质量而不只求数量，重视知识和技术型投资；促进产业集群的发展；为投资者专门制定一揽子优惠政策。

农业和农业加工是泰国政府促进投资时优先考虑的行业，包括食品加工、农作物到动物饲养的多个部门。泰国在土地、水源、食品加工经验方面具有优势，这使得泰国成为亚洲最成功的食品出口国之一。泰国农业和农产品加工业的发展潜力很大，重点是从基础农业向高增值农业转变，提高产品质量，实现可持续发展。目前泰国重视的投资项目主要包括食品加工及相关产品，橡胶产品、生物技术及建立冷藏库、农产品贸易中心等。食品业包括的种类涉及植物繁殖和种子筛选，食品配料的生产，水果蔬菜保鲜，以及食品的初级及深加工。其中特别重视的项目包括利用先进技术进行肉类、水果蔬菜、粮食作物的加工和保鲜，生产奶制品、甜味剂（食糖除外）、利用水果、蔬菜及其他植物生产非酒精类饮料等。

泰国重视利用先进技术进行食品或食品配料生产及保鲜处理。在这个领域，政府特别强调加工新鲜仪器必须严格遵守标准，尤其对出口的海鲜、罐头及冷冻食品更加重视。

泰国依托农业，充分发挥其自然资源、劳动力资源以及食品加工等方面的优势，采取积极的鼓励措施和政策，促使这些优势得以更好地发挥。泰国还不断探索实现农业可持续发展的有效途径，以带动国民经济的全面发展。

此外，每年在泰国举行的泰国亚洲食品展也为中国企业深入了解泰国的市场需求、消费倾向提供了良好的平台。

（来源：吉军．国际商报·中国—东盟商务周刊．2007—12—11）

纺织服装业成为泰国制造业之首

纺织服装业是泰国最大的制造业，共有4500家工厂，雇佣员工1百多万人，占整个制造业就业人数的近20%，GDP总值占整个泰国的17%。自从1985年以来，泰国已经是世界上最大的纺织品和服装出口国之一。

一、打造世界纺织服装工厂

2007年，泰国纱线及织物等纺织品出口值为20.073亿美元，比2006年增长10.1%。其中，棉纱、纺织纱出口额为8.442亿美元，增长17.4%；纺织品出口额11.632亿美元，增长5.4%；化纤织物和棉织物出口额分别为6.111亿美元和4.55亿美元。化纤长丝和短纤维出口额为5.199亿美元，增长15.4%；家庭日用纤维制品出口额3.333亿美元，比2006年大幅增长17.6%。服装类出口比2006年下降4.9%，为33.729亿美元。纺织品、服装是泰国第二大出口行业，美国是泰国纺织品和服装的最大买家，占据泰国全部出口的1/3强，其中服装占有一半以上，其次欧盟、东南亚、东亚和中东地区也是泰国纺织品服装的主要买家。

泰国纺织业覆盖从纤维到成衣生产整个产业链的各个环节。泰国并不盛产纺织原料，但生产很多化纤，形成配套齐全的产业，包括纤维、纺纱、织造、针织、漂白、染色、印花和后整理，以及成衣和家用纺织品生产。全国共有18座人造纤维加工厂（15500名员工），154座纺纱厂（61750员工），673座织布厂（57880员工），675座针织厂（60280员工）和414座印染厂（47200员工），还有150套印染设备集中在纺纱、织布和针织企业中。此外，共有2658家服装企业，员工841，520人（不包括那些只有20台缝纫设备的小厂）。在缝纫工厂中，大约10%的企业为大企业（员工人数超过1000人），40%为中型企业（员工人数在200～1000之间），其余50%的企业员工人数在200人以下。从设备上看，共有367万纱锭，13万台织布机，其中50%～60%是无梭织机，11万台现代化针织设备和75万8千台缝纫设备。

二、泰国纺织服装业起源于家族企业

泰国纺织服装业的发展是伴随着家族企业发展而壮大的。过去大部分家庭都有手工织布机，织机就安置在用支柱支起来的房子里，女主人纺纱织布，如今在偏远地区和缅甸老挝等周边国家还有这样的情景。真正工业化的发展出现在战后，开始是满足国内的需要，70年代后开始出口，60年代末70年代初开始出现人工纤维。廉价的劳动力、巨大的出口潜力和行业的快速发展吸引众多外来投资，日本的Toray Group集团就是其中之一。泰国与日本、中国台湾地区和中国香港合资成立公司的浪潮一直持续到80年代。现代的私营业主大多是家族企业的第二、三代。泰国整个纺织行业10%的企业都是外来投资兴建的，主要来自日本和中国台湾地区。10%～20%的服装企业属外国投资，主要来自香港，如TAL Group，Fang Bros等。所有的外来投资都是长期投资，特别是随着自由贸易区协议的签署，会有更多的新的外资进入纺织服装行业。

三、泰国纺织外贸政策及投资环境

泰国实行开放的市场经济政策。为鼓励外商投资，泰国政府采取一系列优惠政策，包括允许外国企业有权拥有土地，外商可自由将所获利润汇往国外，对进口原材料实行免税，解除外汇管制等。

泰国促进投资委员会将向纺织、成衣和珠宝首饰等时尚相关产业提供最大限度的投资鼓励措施。委员会希望通过这些鼓励措施的实行，吸引国外知名品牌厂家来泰国投资，以实现技术转移和提升泰国时尚产品质量和设计的目标。泰国的投资优惠政策是以政府将泰国工业扩散到边远地区的原则来制定的。为使投资不过分集中于曼谷地区，缩小城乡差距，达到均衡发展的目标，政府鼓励在边远地区投资纺织服装行业。

四、曼谷力争成为时装之都

泰国未来增加出口、产业升级、提高知名度的重要产业是时装业。2003年5月，政府许诺将服装出口值的1.5%用于时装产业，2004年2月正式启动曼谷时装之都项目（the Bangkok Fashion City Project），政府为此投资4500万美元。

此项目的目标是使泰国到2012年成为世界时装中心之一，以扩大时装的出口。打造曼谷时装之都这个世界知名时装中心的名片，泰国需要发展时装贸易、建立知名品牌、并且培养时装设计师人才。促进泰国从OEM（代工）向ODM（自我开发）转变，进而向OBM（原创品牌）转变。目前，泰国还处于OEM或者“裁剪与缝制”（cut-make-and-trim）阶段，未来它将成为品牌的设计者和生产者，进而拥有

自己的品牌，树立潮流领导者的地位，从供应链的低端向中端和高端转变，增加产品的附加值。

（来源：胡锋锐. 国际商报·中国—东盟商务周刊. 2007—05—01）

越 南

服务业渐成越南支柱产业

近十年来，服务业在越南国民生产总值中所占比例为38%～42%，发展步伐非常稳健，在国民生产总值中所占比例仅次于工业发展。从服务贸易进出口情况来看，越南服务业同样为越南的进出口贸易做出了巨大的贡献。

2007年上半年越南服务贸易进出口预计61.62亿美元，出口29.64亿美元，同比增长17.2%。其中，旅游业出口额为17.1亿美元，增长10.3%；航空运输业出口4.94亿美元，增长41.1%；航海业出口4亿美元，增长21.1%。

服务贸易进口为31.96亿美元，增长24.4%。具体为：保险业和进口货物运输业为11.1亿美元，增长31.5%；旅游业为6.7亿美元，增长6.3%；航空运输业为3.95亿美元，增长12.9%；金融业为6.22亿美元，增长23.1%。

一、证券市场成为越南发展吸金器

越南股市的强，首先在于其2006年的走势强，全年股指升幅达145%，居于全球前列。越南股市的强，还在于其对外开放的程度高，其对外资的限制比许多国家宽松得多。越南股市的对外开放表现在，仅2006年，在股指大幅上扬的同时，还实现90多家企业上市，另外还有一批债券上市，大大地促进了越南资本市场的快速发展。

截至2006年底，越南共有193家公司已在胡志明市和河内市证证券交易中心上市，账户数量已达9.5万个，比2005年翻了两番。在证券中心的外资同比增加5倍，股票市场资金总值达2211.6万亿越南盾（约140亿美元），占国内生产总值22.7%。此外，还有总值为7万多亿越南盾（约4430.4万美元）的400种注册债券。

越南证券的快速发展离不开政府的大力支持。越南国家证券委员会于2007年颁布115/2007/Q-UBCK关于在证券交易中心拍卖股份的决定，代替2005年1月11日颁布的491/2005/Q-UBCK的决定。现阶段越政府正在推进包括银行、通信、电力、交通等重要领域的国有企业股份制改革。其中包括越外贸银行、工商银行、投资发展银行、农业银行等主要商业银行及越电力总公司、邮电通信总公司、航海总公司等大型国有企业的改制。从整体环境来看，越南已经实施《公司法》和《证券法》，有法可依；政府又对大力发展证券市场持鼓励的态度；越南居民的收入普遍逐年增长；这些都对越南股市的发展十分有利。

越南股市目前规模仍然很小，总市值230亿美元，最大的一家上市公司市值200万美元，大部分上市公司低于1000万人民币的水平。从国家经济快速发展的前景来看，这部分上市公司具备直接融资的条件后，可以拥有更大的发展空间和更快的发展速度，尤其是重要行业，如金融、电力、房地产、运输、国际贸易等行业。

二、旅游业发展如火如荼

旅游业正在成为越南重要的经济行业，发展十分迅速。2006年，到越南旅游的外国游客达到358万人次，比2005年增长3%，比2000年增长66.6%，2001年至2005年间年平均游客增长数量为26.6万人次。2004年国外游客旅游收入为19.5亿美元，占商品出口总额的7.9%；2005年国际游客旅游收入为23.9亿美元，占商品出口总额的7.6%；2006年国际游客旅游收入为30多亿美元，占商品出口总额的8%。

2007年1月至10月全国接待国外游客350万人次，同比增长17.8%，完成年计划的87.5%。仅10月份越南接待国外游客就达33.2万人次。同时，国外游客在越南的消费水平大幅度增长。其中，马来西亚游客消费同比增长57%，俄罗斯增长56%，意大利增长45%，荷兰增长44%，泰国增长38.5%，香港特别行政区、新西兰和法国增长43%。重点旅游区的宾馆客房入住率达80%以上，河内、胡志明、芽庄市和部分旅游中心的高级客房入住率接近100%。数据显示，越南2007年接待国际游客420万～440万人次（同比增长60万～80万人次）。

越南加紧实施2001～2010年旅游发展计划，以实现旅游事业GDP达到11%～15%的增长速度。同时，越南旅游行业与东盟各国旅游部门、湄公河次区域国家、亚洲—太平洋旅游协会、世界旅游组织等机构进行合作，并跟世界上60多个国家和地区的上千个旅行社建立合作伙伴关系。

三、电子商务发展速度迅猛

截至2006年底，越南互联网用户410万户，使用人数逾1500万人，占总人口的18%。约30%～50%政务服务通过互联网完成，50%～70%的企业通过电子商务的形式进行业务活动，50%～70%城镇劳动人口、5%～10%农村人口得以普及IT知识。

根据越南互联网中心（VNNIC）的统计数字显示，截至2007年5月底，越南互联网客户已有450万，同比增加96.2万户。上网人数达1616.9万人，同比增加326.5万人。使用互联网人数已占全国总人口19.46%，同比增长3.93%。越南互联网发展迅速，使用互联网人数比例已经高于泰国（12.52%）、中国（10.01%）和印尼（8.01%）。

近几年越南电子商务快速发展，网上交易渐趋活跃。企业之间的“B2B”、企业与个人之间的“B2C”和个人与个人之间的“C2C”电子交易平台，贸易机会和交易量都有很大增长，在为客户提供和寻找合作伙伴、开拓市场等方面发挥了积极作用。从越南工商部电子商务司对国内1100多家企业进行调查的结果来看，40%的企业已开设自己的网站，92%的企业开通网络链接，81%的企业使用宽带。

最近几年，越南政府高度重视对电子商务环境的建设扶持，并提出了十分明确的建设要求。根据越南工商部电子商务司主持撰写的《2006年至2010年阶段电子商务总体发展规划》，到2010年，所有业务都必须“上网”已经成为《规划》的一个重要目标。该文件提出对政府机关提供电子商务援助的各项业务和通过电子商务形式进行购买的要求。例如，到2010年，各政府机关必须将全部公务放到网上，其中优先实现的是：税务、海关、进出口手续、有关经营投资注册、各类专门行业的贸易许可证、解决商业争执等政务手续。

从实施情况看，电子政务在越南开展良好。以河内为例，该市从2002年开始将互联银行电子结算系统投入使用，至今已有94个成员参与。河内海关已应用电子海关保管，从而减少了每批进出口商品的通关时间。河内市商务局与越南商务部使用了互联网交易平台，通过该平台进行商品购销、会展登记介绍以及为外国代办处签发许可证。

目前越南制定除《2006年至2010年阶段电子商务发展总体计划》外的《电子交易法》、《贸易法（修改）》和《电子商务议定》等法律法规，为开展电子商务活动提供了法律保障。越南政府将继续推进电子商务的宣传、培训和普及工作，加强电子商务的国际合作，为迅速开发和应用各种新的交易类型创造有利条件。

（来源：周杰. 国际商报·中国—东盟商务周刊. 2008—03—18）

越南纺织业发展状况调查

2007年是越南加入世界贸易组织的第一年，越南的经济形势引起世人关注。尽管在2007年越南受到自然灾害与传染病疫的影响，造成巨大的生命财产损失，但越南社会经济依然保持快速发展的势头，国内生产总值增长速度为10年来最高水平，约713亿美元，比上年增长约8.44%，人均年收入约达835美元。

纺织服装业的迅速崛起为越南整体经济发展作出了巨大贡献，在越南加入世贸组织之前，纺织服装业就显示出蓬勃生机。

一、纺织服装业情况

从总体情况看，越南的工人素质相对较高，成本却比较低，适合发展服装加工业。将纺织行业（生产棉纱、面料、非服装类制成品）和服装行业进行比较，前者对于投资、技术等有更高的要求，因而越南的服装加工业发展水平和规模相对雄厚，而纺织行业相对薄弱。本土面料生产不能满足服装加工的需要，服装加工所需面料相当一大部分依赖进口。越南在近几年一直是全球最大的面料进口国之一和最大的服装出口国之一，形成了很典型的“加工厂”模式。

越南的纺织服装行业由国有公司、私有公司、行业组织三个层面构成，对行业影响能力较强的企业和组织包括：

1. 越南国家纺织品服装集团（The Viet Nam National Textile & Garment Group，简称VINATEX），是将所有国有纺织服装企业合并而成。从事生产、出口、进口、批发零售多种业务。VINATEX对行业的发展起到举足轻重的作用，政府通过对它的控制形成对全行业的控制。

2. 越南纺织品服装协会（Vietnam Textile & Apparel Association，简称VITAS），非国有非盈利行业组织，代表越南所有纺织品服装企业的利益。宗旨是促进越南纺织品服装出口，向政府部门及相关部门提出建议，在国内企业与国际充当桥梁纽带。

3. 服装、纺织品、刺绣和针织协会（Association of Garments，Textiles，Embroidery and Knitting，简称AGTEK），其会员占全越服装出口的20%，该协会在纺织服装工业领域影响很大，提供最新技术和咨询服务。

纺织服装产品是越南的支柱性出口产品，在国际市场具有竞争优势，以美国、欧盟、日本为主要出口市场，并向其他市场逐步发展，出口格局与中国基本相近。越南在加入世贸组织前，受到的进口国纺织品配额限制相对宽松，配额成本不高。在配额时代，中国的部分纺织服装企业在越南投资办厂、租赁厂房设备，把订单转移到越南生产并出口，以规避部分国家对中国严格的配额限制。

越南的产业逐步融合外资，积累经验，提高管理水平，规模不断扩大。为提高产品质量，满足国际买家的要求，VINATEX在2005年开始再投资4.8亿美元更换纺织机、编织机、洗染机、缝纫机及综合性工厂设备等。每年由工业部（Ministry of Industry）和Vitas主办，Vinatex和越南工商会（VCCI）协办的纺织服装展览会，吸引约250个国内外展商，约9000名专业买家到场参观。

从世界贸易组织公布的官方统计数据看，从2001年到2006年，越南进口的纺织纱线、织物及制品从12.9亿美元增加到31.3亿美元，增长了142%，在全球排名从21名升至10名左右，贸易额在全球占比从0.9%提升到1.4%。同期，越南的服装出口从18.7亿美元增加到48.4美元，增长了159%，在全球排名从第23位稳坐到第10位，贸易额在全球占比从1%提升到1.7%。

越南于2007年1月成为世贸组织成员，美越双方于2006年5月签署了一个协定，越南承诺在加入世贸组织后不再对纺织行业给予补贴，美国承诺越南加入世贸组织后，自动取消纺织品配额。配额取消后，美国随即启动进口监测系统，对自越南纺织服装产品进口进行监控。该体系有效期为2007年1月11日至本届政府任职期满。被纳入该监控体系的5类敏感商品分别为：长裤（trousers）、衬衫（shirts）、毛衫（sweaters）、内衣（underwear）和泳衣（swimwear）。监控目标为进口数量、金额和单价（按10位海关编码及类别统计）。美方每月发布监控数据，每半年对是否需要启动反倾销调查进行一次评估，并根据对监控数据的分析、国内相关方面的建议、贸易的改变或在美国商务部对国内纺织业的利益和结构有进一步认识后，对监控产品范围进行调整。若该系统监测到越南纺织服装产品超量进口、价格下跌，或发现越南政府有补贴等不公平贸易行为时，美国政府将会对进口的越南纺织服装产品采取反倾销或设限等措施。

2007年越南的纺织服装产品出口取得较快增长。越南政府公布的统计数据显示，2007年越出口纺织服装产品78亿美元，增长幅度超过30%。根据美国的进口统计，2007年美国进口越南服装产品近44亿美元，同比增长35%，占美国进口市场的5.9%，同比提高1.4个百分点。

二、行业发展战略

加入世贸组织为越南纺织服装业发展提供了难得机遇，除配额取消之外，行业享受到的最大好处是能够更方便地利用全球的资本、技术和管理经验，尽快与国际市场接轨。

越南加入世贸组织后的产业发展战略是：鼓励棉花、纱线、面料的生产，利用互补优势，建立主敷料进口分拨中心；增加投资，购置先进设备和技术，增加款型和设计能力，增加面料类型，提高管理水平；争取在2010年达到纺织服装产品出口100亿～120亿美元的目标，2020年达到出口250亿美元的目标。具体措施包括：

1. 2008～2010年，政府计划投资约30亿美元发展纺织服装业。计划1.8亿美元将投入到扩大原料供应，22.7亿美元用于纺织和印染，4.43亿美元用于服装生产项目，2亿美元用于贸易中心和人员培训。

2. VINATEX投资2670万美元建设5个新的棉花加工厂，以满足面料生产商对于原料不断增加的需求。

3. VINATEX和国家油气集团（PetroVietnam）在北海防市（northern Hai Phong）合作建设合成纤维工厂，投资2亿美元。

4. VINATEX正在实施一系列新的投资项目，对纺纱、梭织、针织到后整理进行纵向整合，同时将原料敷料配套供应、合成纤维生产等环节纳入其中，通过合资、合作方式扩大国际合作。纺织企业联合起来，形成工业园区，实现生产现代化和可持续发展。位于岘港市（Da Nang）的纺织集群已经完成第一期建设并投产。各个项目完成后，计划在2010年前将产能提高到3～4亿平方米的面料、1.9～2.5亿件服装。为达到该目标，VINATEX将对陈旧设备进行改良，提高产量和质量，适应国内和国际的发展水平。

5. Hoa Tho纺织品服装公司投资2566亿盾，新增纺纱能力4000吨/年。在兴安省（Hung Yen）建设纺织服装工业园，污水处理项目已经完成安装调试，针织厂的机器设备已经到位，PE/TC面料项目和后整理项目正在运行中。

6. Phong Phu纺织公司已经与美国ITG集团签署协议，将岘港市（Da Nang）的Hoa Khanh工业园合资建设为一个现代化纺织服装集群，总投资额达8000万美金。

7. 举办2009越南西贡面料服装博览会（The Vietnam Saigon Fabric & Garment Accessories Expo 2009）。展览会场馆为西贡会展中心（Saigon Exhibition & Convention Center，SECC），将于2008年8月落成，该中心有四个室内展览厅，总面积40000平方米，室外面积15000～20000平方米，一个2000座位会议中心，两个四星到五星级酒店。西贡面料服装博览会将成为越南最大的纺织服装展会。

（来源：中国商务部南宁特办．国际商报·中国—东盟商务周刊．2008—07—01）

越南农业及水产业的发展势头

越南是传统的农业国家，农业人口占总人口的75%，耕地及林地占总面积的60%。主要作物包括大米、咖啡、胡椒、腰果等。伴随着革新全面展开，越南农业取得了非凡成就。无论是农林渔所占国民产值的比重，还是进出口贸易商品结构，或者是全国劳动力结构分布，农林渔业不仅维系国计民生，同时也是越南商品走向世界的有力支持。

近年来，越南农业获得长足发展，越南大米、越南咖啡逐渐为人所熟知，国外对越南农产品需求日益增多，越南农产品出口形式看好。从2007年年底至

2008年年初，越南农产品出口额一直保持增长势头。

在越南农业中，大米占据最重要的地位，不仅维系国家粮食安全，解决广大农村地区人口的就业问题，为出口做出决定性的贡献。稻谷的种植面积占越南农业用地总面积的50%以上，解决了80%劳动者的就业问题。越南工商部统计数据显示，2007年全国稻谷总产量达到3590万吨，除国内消费和饲料用粮外，可供出口的稻谷850万吨（相当于大米467万吨）。

越南的土质、气候和雨量适宜多种经济作物生产，多年生经济作物有咖啡、橡胶、腰果、茶叶、胡椒等，一年生经济作物有甘蔗、大豆、花生、烟草、棉花、黄麻和蒲草等。经过多年的悉心经营，目前越南咖啡、橡胶、胡椒、腰果等经济作物产品已逐渐在世界市场上站稳脚跟，成为越南主力出口商品。

越南同时也是世界出口水产品的十大国家之一。其用有长达3260公里的海岸线及宽广的水域，对捕养水海产品创造十分有利的条件。越南水产行业产值占国民生产总值的4%，解决340万个就业岗位。20多年来，该行业增长速度在12%～20%之间。

一、大米

截至2007年，大米出口金额排名在石油、纺织品、鞋类产品之后，位居第四。越南可种植水稻的地区十分广泛，素有“越南粮仓”之称的湄公河三角洲、红河平原种植面积和产量在全国分居第一、二位。最新的数据表明，2007年全国稻谷总产量达3590万吨。越南农业和农村发展部预计2008年全国稻谷总产量将达3650万吨。

越南大米的主要出口市场是亚洲和非洲，其中菲律宾是大米最大的进口国，占越南大米出口的近一半，其次是马来西亚、南非、日本及印度尼西亚。

越南调整大米生产和出口战略，开始实行国家粮食安全机制，稻米生产除满足国内口粮需求外，大米出口量受到限制，每年为400万～500万吨。越南稻米生产战略开始转为不仅追求产量，而且实现产量的稳定以及质量的不断提高。

越南政府制定了2006年～2010年越南大米生产及出口政策：保证粮食安全，控制大米出口量；增产增收不增地；发展高产良田；减少大米消费，增加对其他粮食制品的消费。

在提高稻米产量的不断努力中，越南逐渐摸索出一条大力发展杂交水稻的高科技增产之路。越南优良杂交水稻品种研制缓慢，目前未能改变当地杂交水稻需求严重依赖进口的局面。越南自主研发出的杂交水稻已有十几种之多，但大部分仍处于试验生产阶段。据统计，越南冬播杂交水稻需求量的80%都依赖于进口。近年来，越南年均进口杂交水稻达到1.1万～1.4万吨，其中主要来自中国。越南杂交水稻稻种年产能力只有4000吨。越南稻农自1992年开始杂交水稻的种植，播种面积目前已增至60多万公顷，公顷均产量为6.4吨。越南农业与农村发展部认为，十多年来越南中央和地方政府虽大力投资扶持杂交水稻业发展，但收效不明显。目前当地正进一步加大杂交水稻的生产，以使2010年时可自给满足杂交水稻需求量的70%。

广西检验检疫部门的统计数据显示，近年来，越南多家进出口公司先后到中国订购水稻种子，其中博优903号、培杂山青两个杂交水稻品种最受欢迎。随着2005年7月中国—东盟自由贸易区“降税计划”的实施，中越农产品贸易的关税实现了大幅下降。

二、咖啡

咖啡是越南出口农产品中占最重要地位的产品之一，主要产于中部西原地区的多乐、林同、加莱和巴地头顿等省份，品种主要是ROBUSTA。越南的气候及环境条件符合咖啡的种植，咖啡品质好、产量高、生产升本也比较低。

越南咖啡主要也用于出口，出口金额约占总产量的95%。越南咖啡出口金额增长迅速，2006年达到12.17亿美元。2007年前9个月，出口量97.5万吨，刺激皮额14.7亿美元，同比增长45%和87%。越南已经跻身咖啡出口国前列，出口数量世界排名仅次于巴西位列第二，出口额仅次于巴西及哥伦比亚排名第三。主要出口市场是美国、欧洲及东盟各国。

三、胡椒

越南历来是一个香料出口大国，黑胡椒是香料中最重要的商品，目前越南黑胡椒的出口量已经位于世界第一位。越南胡椒产量的95%用于出口。2006年越南胡椒出口金额为1.9亿美元，2007年前6个月出口金额达到1.3亿美元。

胡椒的产地分布在越南南方的广南—岘港、多乐和坚江各省，北方的义安、河静和广治各省，其中坚江省是全国最大的胡椒产地。目前，越南有164家企业从事胡椒出口业务。

越南胡椒主要市场已经从上个世纪90年代的东盟各国转移到美国、欧盟、中东等，美国成为越南胡椒最大的进口国。2007年前8个月，越南出口美国胡椒2.1万吨，出口额超过8600万美元。其次为中国，越南已经向中国出口胡椒1.163万吨，出口额近4300万美元。

四、橡胶

越南是世界第四大橡胶生产国，仅次于泰国、印尼及马来西亚。越南橡胶出口量占总产量的90%，是越南出口农产品中最重要的出口商品之一。2006年，越南出口69.7万吨，总额达12.7亿美元，并首次进入出口额超10亿美元的商品行列2007年上半年，以出口橡胶5.36亿美元。据越南橡胶协会预测，2010年越南橡胶产量将比现在增加30%。近年来，天然橡胶需求量及价格涨幅较大，越南政府将扩大种植面积。

越南橡胶由于加工工艺发展较慢，出口橡胶大部分是未经加工的橡胶制品。但在与本地区的竞争中，越南橡胶借成本优势获得机会，近年来，无论是出口数量还是出口金额都获得了相当高的增长速度。越南橡胶已经出口到世界40多个国家和地区，其中中国是最大的市场。

五、腰果

越南腰果种植地区分别在南方的贝河、同奈、西宁、宁顺、西原地区及中部各省，其产量占世界腰果产量的一半以上，出口额居世界第一。

目前，越南腰果加工能力达30万吨/年，出口腰果仁9.6万吨/年。越南腰果已经畅销美国、荷兰、澳大利亚等40多个国家和地区。其中，40%的腰果出口美国，20%出口中国，20%出口欧洲，10%出口俄罗斯、日本及中东地区。

越南政府认为保持腰果产业的稳定发展，关键措施在于设法提高腰果的单产和质量，争取每公顷增产1000～2000公斤。为促进越南腰果业的发展，越南还制定了2010年腰果出口发展目标：2010年，越南计划实现腰果加工业工业化和自动化，腰果加工能力将达34万吨/年；通过培训提高农民的种植水平，加强产品卫生安全检查，开发新产品和建立产品品牌。

六、水产品

2007年前9个月，越南水产品出口279万吨，金额达27亿美元以上，同比增长9.79%。目前，越南有500家企业进行水产品加工，生产能力每天约为5000吨根据越南水产部的最新要求，水产业将集中采用安全饲养、卫生饲养模式和引导养殖人员实行产品质量管理标准，继续开放九龙江平原的渣鱼、巴沙鱼、虾养殖并打造重点生产地区的水产品品种品牌。

越南的水产业近十年来发展迅速，但目前还存在以下问题：第一，水产品加工能力严重滞后，影响越南水产品出口的数量；第二，越南科技水平相对落后，无法培育出自己所需要的种苗，目前越南的水产种苗主要依赖于捕捞或进口，直接关系到水产的种类和产量；第三，相对比较陈旧和落后的越南远洋捕捞设备影响远洋捕捞的发展和对远洋水产资源的开发；第四，部分水产品卫生检疫不合格影响了出口份额；第五，越南水产部门在国际水产品展览会和促销节上的宣传力度不够，在国际市场知名度不高。

在2007年1月16日召开的越南渔业部会议上，越南渔业部决定优先发展水产养殖业，保证到2010年，海鲜出口创收维持在50亿美元。越南渔业部门代表迫切希望政府和渔业部能够集中力量培育优质鱼苗，大力发展水产养殖业，停止小规模的私人水产品养殖场，保证给水产品加工企业提供更安全健康的原料，促进水产企业出口更优质的海鲜产品。与此同时，越南还在全国44个省市建立了负责管理检疫质量和卫生安全的小组进行严格监督，保证水产品的质量和卫生安全完全符合国际要求，提高水产质量和国际知名度，保证产品的出口价格稳定，逐步扩大出口市场。

近年来，越南已建立一批水产品生产和加工中心，越南政府正在加大对该领域的投资力度或引进外资建立规模更大的生产加工中心，以满足水产业发展的要求。根据越南至2010年水产出口发展计划，到2010年越南水产品出口额将达45亿美元，出口量为90万吨。到2010年越南水产出口市场所占比重为：日本占25%、美国占30%以上、欧盟占20%～22%、中国和中国香港占7%～9%，韩国占8%。

2007年，越南渔业部制定的水产品养殖业产量目标为180万吨，占越南渔业产量总体目标的1/3。越南水产部在《落实〈2010～2020年水产业发展总体规划〉的通知》提及，到2010年，全国捕鱼船将保持5万只，海产捕捞量为150万～180万吨；水产养殖量达200万吨，养殖面积110万～140万公顷；水产出口达40亿美元。到2010年越南水产品出口额将达50亿美元，出口量为90万吨。其中，楂鱼和巴沙鱼23万吨，虾22.5万吨，海鱼16万吨，鱿鱼和墨鱼7.5万吨，贝类产品4万吨等。预计到2010年越南水产品出口市场所占的比例为：日本占25%，美国占30%以上，欧盟占20%～22%，中国和中国香港占7%～9%，韩国占8%等。

中国对水产品的需求量大幅增加，其中仅冷冻水产品的需求量就将增长15%。目前在中越边境越南一侧的广宁省芒街口岸，越南水产品出口中国十分方便，每天从这里出口到中国的水产品平均达到了100吨。

中国是越南十分关注的水产品出口市场。根据中国—东盟“早期收获”计划，从2004年1月1日开始，越南降低了几乎所有对华农产品和水产品的出口关税。到2008年，越南把484种对华出口产品的关税降为零，履行其对中国—东盟全面经济合作中所有相关承诺。

（来源：周杰．国际商报·中国—东盟商务周刊．2008—03—11）

越南医疗设备的市场潜力

随着经济的发展，越南政府越来越重视对医疗机构的投入，但遭遇医疗设备研发生产水平低的发展

“瓶颈”。因原有基础较差的缘故，越南医疗器械设备生产力不足，尤其是物理治疗仪、外科激光功能康复设备等现代化程度高的医疗设备仅占国内医疗设备生产的5%，且技术性能远不如国外进口产品。

造成越南医疗设备需求缺口的原因：其一，近年来越南重视对医疗机构的资金投入，全面改善医疗设备、提高医疗水平，保障人民健康，但越南国内目前医疗设备的生产水平无法承担此任务；其二，越南各级医院设备大都属于20世纪80年代从美国、法国、日本进口的产品，目前已到了更新换代的时期，越南政府要求各大医院在规定期限内更新已使用多年的陈旧设备，以期全面提高越南医疗卫生建设水平。除此以外，越南制药行业从1996年起开始执行东盟GMP标准，要求所有制药企业逐步更新设备生产符合标准的药品，使得越南进口制药加工、包装设备需求剧增。

越南国家卫生部对优质的外国医疗设备，持鼓励及欢迎的态度。根据有关规定，约有40种医疗器械产品进口需越政府审批并由越南进口企业申请批文，其余品种不需审批即可自由开展贸易往来。为了减少对医疗设备的进口依赖，达到2010年越南国产医药设备满足国内60%需要的目标，政府仍会继续加大对医疗设备制造、生产课题的投入，推动高科技医疗设备的生产研发，在提高本国医疗设备水平的基础上逐步减少进口。

2005年，中国医疗器械出口额高达36.79亿美元，同比增长32.48%。近几年手术设备、制药设备、药品包装、内窥镜设备、医用试剂、康复仪器、耳鼻喉科治疗仪、齿科治疗仪、心脑电图仪、产科护理设备等医疗设备成为越南向中国企业主要采购的产品。中国医疗器械产品主要是通过参加越南国际医药制药、医疗器械展览会，到越南合资办厂等形式进入越南市场。在越南发展较好的中国医疗设备企业以上海企业为主，如上海医疗器械厂、上海天和制药机械等。

越南有中央级医院30多家，省（市）级以上医院近200家，县级以上医院2500多家。现有56家获准生产医疗设备的企业，批准生产和销售的医疗设备621种，主要是医院室内用品、手术室设备、一次性消费品和一些高科技医疗电子设备，如体外胆结石破碎机、X光机、胎儿心率诊听器、半导体激光电子针和心电图设备等，远不能满足越南医疗设备尤其是高级设备市场的需要。

（来源：叶辛. 国际商报·中国—东盟商务周刊. 2007—01—02）

越南水泥市场为中企提升合作空间

随着越南经济的快速发展，越南水泥的需求量以每年平均增长17.7%的速度攀升，水泥缺口很大，市场因而经常处于供不应求状态。

自21世纪初开始，越南国内生产的水泥就出现了严重的供不应求的现象，价格呈现骤增趋势。

近年来越南政府执行改革开放的政策，致力于实现快速、有效、持续的发展。2004年，越南全国水泥需求量为3800万吨，缺口近1800万吨。越南政府2005年投资建设了大约17家水泥厂，总投资额达到28亿美元。由于越南机械设备加工工艺陈旧、设备落后、规模小，并缺少机械设备加工所需要的图纸资料和材料，无法提供建设这批水泥厂所需的装备，越南急需进口水泥机械设备和通用设备。

此前越南主要从欧洲进口水泥机械，近年中国的机械设备成为越南进口的首选对象。由于水泥生产所需要的原料出现了供应不足的现象。原材料供不应求的现状迫使水泥行业进入高速发展周期。

在水泥需求量增加的同时，水泥价格也一路上扬。越南水泥总公司为解决此问题，要求其北部及南部地区的各水泥厂增加南部地区的水泥供应量，并与其他水泥厂配合生产，以维持水泥市场的稳定。越南水泥总公司还要求下属各水泥厂增加生产量，增加水泥原料进口量。

从2006年9月底起，越南水泥总公司在北方地区市场调整了水泥的销售价格，每袋水泥提价1000越盾，即每吨水泥提价20000越盾。

由于越南国内电价上涨7.6%，煤价上涨20%，加上运输价格上涨因素影响，2007年水泥价格至少每吨上调2万～3万盾。专家预测，自2007年开始到2010年，越南水泥价格将保持8%～10%的年增长。

越南从20世纪就开始酝酿全国水泥发展总体规划。2002年底，越南总理批准越南至2010年水泥发展规划及至2020年发展方向。越南将在2015年左右建立起现代化水泥工业：（1）2006年～2010年投资14亿美元，兴建7座水泥厂，总产量提高到4980万吨，达到国内市场供需基本平衡；（2）2011～2015年投资3.7亿美元，实现水泥总产量6280万吨，实现水泥出口。力争在2020年左右，将越南水泥工业发展成为具有现代技术、能充分与国外同类产品竞争的强大的工业部门。

为促进水泥工业的发展，越南还鼓励通过国内集资和多样化投资等形式发展水泥生产。

近年来，越南积极引进外资，与丹麦、法国、日本和俄罗斯等国及中国台湾地区合资设立水泥厂或进行技术合作，使国内水泥设计和技术的总体水平大幅提高。越南工业机械设备总公司也筹划引进年产120吨～140吨水泥项目提供成套设备。目前，越南年产100万吨以上的大型水泥厂有8家，最大的为黄石水泥厂，年产约220万吨，还有约40家立窑水泥厂，总产约300万吨。

包括日产5000吨熟料的福山水泥厂在内，越南在海防、广宁等地有四个大型水泥厂正在建设之中。另外在下龙湾、升龙、太原等地数个水泥厂在准备工程项目投标。此外，还有四个水泥厂建设项目在做可行性研究之中，及众多小厂需要技术改造和扩建。按照目前的发展速度，2010年越南将成为东南亚水泥产能和产量最大的国家。

由于越南水泥工业基础薄弱且资金缺乏，对中国水泥工业尚缺全面了解，越方有些地方急功近利，发展经济以牺牲环境为代价，引进中国几十条的立窑水泥生产线，产生中国技术落后的不良影响，给中国大型水泥装备进入越南市场造成一定程度的障碍。

由中非集团所属苏州中材中标承建的越南福山水泥公司日产5000吨新型干法水泥生产线，项目金额近8000万美元，不仅是中国水泥工业海外总承包工程的最大订单，也是越南水泥工业最大规模水泥生产线的建设项目。

越南水泥市场缺口大，石灰石资源丰富，矿山开采成本低，海岸线长，内陆河道纵横，原料和产品进出口便利，具备成为良好的国际水泥生产基地的要素。随着中国经济持续发展、资源成本提高和环保力度加大，越南有望成为中国的水泥熟料进口基地之一。

（来源：丁文健．国际商报·中国—东盟商务周刊．2007—06—05）

越南旅游业发展日趋市场化

越南自1986年改革开放以来，旅游业飞速发展，成为越南主要经济增长点和进一步融入世界的桥梁。越南政府高度重视旅游业的发展，制定出一系列有效可行的发展措施，并不断发展和完善旅游交通业、旅行社业和旅馆业，保障旅游业的稳定发展。

一、强化旅游业市场管理

越南政府采取一系列措施，加强对旅游业市场的管理，以全面提高旅游服务质量和推动旅游业的发展。

目前，越南全国有230家国际旅行社，1680多家国内旅行社。为加强对旅行社的管理，提高旅游服务质量，越南出台两项重要政策：一是整顿国有旅游公司，包括推行股份制；二是扩大国有、集体、私人、合资企业和外国独资企业等多种经济成分参与旅游业经营和开发的范围。这两项政策的实施将有助于创造良好的竞争环境，促使旅行社在竞争中加强管理，向游客提供优质服务，从而使越南旅游业的竞争力得到进一步提高。

越南重视对旅游业市场的监督和管理。越南现有3890家宾馆、饭店，其中1037家为国有宾馆。越南旅游管理部门对全国各宾馆、酒店和别墅保持经常性检查。越南旅游总局2007年对越南的两大旅游城市——全国最大城市胡志明市和首都河内市进行旅游监督检查，内容包括导游的业务水平及旅游风险担保等。当局已向从事国际旅游业务的每个旅行社提出必须达标的各项要求，其中包括制定良好的经营计划；拥有至少3名取得旅游专业资格证书的导游；在银行存有2.5亿越盾（1美元约合15500越盾）的游客旅行保证金，以确保对旅游投诉进行必要赔偿。与此同时，有关部门还采取措施，进一步严格控制专业导游证书的发放，并对违规经营处以高达1000万越盾的罚款。

二、培训旅游从业人员

为全面改善旅游服务，越南积极谋求国际合作，加强对旅游从业人员的培训。在加强对旅行社和导游规范管理的同时，越南旅游总局积极谋求来自国外的援助，加快旅游人才培养，为旅游业的快速发展提供必备人才。经多方努力，越南目前与欧盟达成一项旅游人才培训计划。这项为期5年的计划于2007年10月正式启动，欧盟提供1200万欧元的援助，计划为越南培养3975名高级导游、高级厨师及旅游管理人才。

三、旅游服务与消费

越南十分重视保持旅游服务设施的多样性，形成具有特色的旅游环境。越南政府强调，虽然政府不对各地宾馆和饭店的设计、建设及内部装饰作强制性规定，但有关部门应根据实际情况进行宏观控制。

取消旅游设施消费内外有别的做法，是越南为建设国际化旅游消费市场采取的重要步骤。越南财政部2007年8月宣布取消各地旅游消费设施对外国游客收取高价的做法，并规定了旅游景点的最高门票限价。

四、越南旅游业成长率世界排名第六

世界旅游观光协会（World Travel and Tourism Council）及牛津经济预测中心（Oxford Economic Forecasting）预估自2007年至2016年越南旅游业将增长7.5%，排名世界第六。蒙特内哥罗（Montenegro）连续三年排名第一，预计年增长率将为10.2%，中国及印度分居第二及第三。另罗马尼亚、克罗埃西亚（Croatia）、拉脱维亚、马尔代夫（Maldives）、阿尔巴尼亚及柬埔寨等国家旅游业亦有高成长率。

随着“用长远眼光来对待发展问题”口号的提出，越南在旅游方面也开始注意讲究社会效益与生态效益。在生活生产与生态保护相结合的生态旅游（Eco-tourism）方面，越南依靠自身丰富的旅游资源，尤其是巨大的生态旅游发展潜能，正在努力发展生态旅游这种新兴的旅游形式。

（来源：丁文健．国际商报·中国—东盟商务周刊．2007—05—08）

越南零售业市场吸引全球目光

越南的商品销售渠道40%通过传统集市，44%通过零售商，通过超市、贸易中心等现代销售网络仅占10%，产商直接销售占6%。

世界零售业巨头将越南作为有发展潜力和辐射功能的新兴市场来开发。

统计数字显示，目前已经在越南零售业市场抢占到一席之地或正在想方设法挤进越南市场的世界零售业巨头已为数不少，其中麦德龙、CASINO、百盛等公司已捷足先登。麦德龙已在越南兴建8个超市，法国的CASINO集团投资的BIGC超市和马来西亚百盛集团投资的百盛商场营业额的年均增长都在30%以上；家乐福、沃尔玛、欧尚、伊藤洋华堂等公司也将陆续登陆越南。另外，韩国最大的零售集团LOTTE HOPPING也结束与越方的合作谈判，在韩方占80%股份、越方占20%股份、合作期限50年的共识下，韩国将投资约1500万美元，双方合作的第一家零售商场2008年在胡志明市开张。

越南迅猛发展的经济为其国内零售业的发展提供了非常好的前提条件，2006年，越南的GDP增长率已达到8.4%。2006年11月7日越南正式成为世贸组织的第150个成员国，根据承诺，越南将逐步开放国内的零售业，外商可以合资企业的形式进入越南的零售业市场，且在2009年1月1日之后就可以在越南建立独资企业。

越南的零售业不仅具有巨大的发展潜力，同时也具备向其他东盟邻国市场辐射的能力。国际相关机构的调查数据显示，在全球最具吸引力的30个零售业投资市场中，目前越南排名第三，仅次于印度和俄罗斯，而且在今后4年中还将继续保持世界前列的地位。根据越南国家统计总局的数据，2007年1～7月，越南的人均消费支出为2929美元，同比增长23%。同时零售业和服务业的营业总额已达约2465.6亿美元，同比增长23%。其中商业增长22.4%，宾馆餐饮业21.5%，旅游业44.7%，其他行业35.7%。按经济成分划分：国营企业营业额同比减少7.8%，集体经济增长23.6%，个体经济27.2%，私营经济30.5%，合资企业28.5%。越南目前的总人口为8000万，其中有一半是30岁左右、喜欢购物消费的年轻人，2006年越南的人均消费比2005年增长16%。

近几年越南国内的零售企业有了长足的进步，有10家企业入选2007年亚太地区零售企业的500强，但与国际零售巨头相比，越南国内的零售企业实力仍然欠佳。越南国内的零售业规模小，网点布局分散且数量有限，集约化程度低，经营方式落后，仍以传统商店和集市为主。越南现有零售市场9000个，其中75%为农村集市，购物中心、超市、连锁店等现代零售载体和平台尚未形成规模，少量的现代商店、超市等也主要分布在胡志明、河内、海防等大中城市。在2005年越南全国商品零售总额中，传统商店占46%，农村集市占44%，购物中心和超市等仅占10%。

阻碍越南零售业进一步发展的另一原因是，同零售业密切相关的物流业发展相对滞后，越南迄今还没有正规专业的物流中心和商品配送中心，而且公路、铁路、港口、仓库等基础设施也比较落后。

（来源：人文．国际商报·中国—东盟商务周刊．2007—11—13）

商务资讯篇

东盟成中国广东钢材最大出口目的地

中国广州海关统计，2008年上半年，受中国国家宏观经济调控政策的影响，中国广东对东盟出口钢材26.3万吨，虽然比去年同期下降10.2%，但降幅比去年同期广东钢材出口降幅少25.5个百分点，占去年同期广东钢材出口量的26.4%。

近年来，广东抓住中国与东盟启动自由贸易区建设的时机，充分利用与东盟较近的人缘和地缘优势，迅速扩大钢材对东盟的出口。广东钢材对东盟市场的出口由入世前2001年的2万吨迅速增至2007年的52.9万吨，6年间增幅高达25.5倍，年均增长率达到72.6%。

广东钢材已覆盖除老挝外的所有东盟国家。在入世前，广东钢材只对新加坡、马来西亚、越南等几个东盟国家有少量出口，2008年上半年，广东钢材已经在东盟除老挝外的所有国家占据了相当的市场份额。其中，泰国已经成为广东在东盟最大的钢材出口市场，2008年上半年广东对泰国出口钢材6.7万吨，比去年同期大幅增长54.4%。

外商投资企业仍是广东钢材对东盟出口的主力军。2008年上半年，广东对东盟出口钢材的各种类型的企业中，只有外商投资企业凭借其制造优良的钢材品质，在出口方面仍取得了骄人的业绩，对东盟出口15万吨，比2007年同期大幅增长47.2%；而私营企业和国有企业受国家宏观调控政策的影响较大，2008年上半年分别对东盟出口钢材7.3万吨和3.4万吨，比去年同期分别大幅下降33.3%和52%，降幅较为明显。

（来源：李溯婉．第一财经日报．2008—07—24）

东南亚六国欲建跨境交易平台

东南亚六国的证券交易所正在商谈一项建立地区共同交易平台的计划，以使得各国投资者可以更方便地买卖该地区180家大型公司的股票，同时帮助吸引跨境和外国投资。

参与该计划的包括泰国、马来西亚、新加坡、越南、印度尼西亚和菲律宾证券交易所。同时，为了进一步加快东南亚地区总体的证券市场建设，这些国家正在帮助老挝和柬埔寨等国设立当地的首家证券交易所。

泰国证券交易所主席艾尤迪亚表示，上述6家证券交易所正进行商谈，考虑让每家证券交易所市值最大的30家公司加入一个联网的电子交易平台，从而为泰国国内投资者创造一个更加简便和廉价的投资渠道，使他们只需通过本地券商就能买卖150家优质外国公司的股票。

早在2007年下半年，有关东南亚六国建立共同交易所的计划就已开始酝酿。按照该计划，每个参与国的大型股票都可以在这个市场上交易，其中，买卖价格仍然由每家公司所在国家的货币来计算，交易下单也由公司所在国家来执行。

建立地区共同市场的目的是提高东南亚证券市场的吸引力，吸引外国投资者来参与，因为当地单个市场的规模还很小。

（来源：朱周良．上海证券报．2008—07—10）

中缅筹建跨境天然气管道

中石油集团在2008年6月20日晚与缅甸政府和大宇联合体在缅甸新首都内比都签署了缅甸海上A1、A3区块天然气销售和运输谅解备忘录。该谅解备忘录的签署标志着中缅天然气合作项目全面展开。

这是酝酿多年的中缅之间跨国能源管线网络中的重要组成部分。能源消费大国中国一直希望另辟蹊径，打通大西南通道，使之成为连接中国与世界产油国之间的桥梁——途经印度洋，由缅甸直通中国云南，以避免过分依赖太平洋，防止中国石油“生命线”权重过度集中于马六甲海峡。目前，中国进口原油的五分之四左右通过马六甲海峡运输，因而开辟新的石油通道关乎中国能源安全。

中石油表示，谅解备忘录的“大宇联合体”包括韩国大宇公司和印度公司等。“缅、中、韩、印等几方还签署了中缅韩印6方公司开展陆上天然气管道联合可行性研究的协议，以及6方委托中石油规划总院执行陆上天然气管道可行性研究的委托协议。”

在此番中缅天然气项目施展开之后，运送原油的中缅石油管道将更加受到瞩目。谋划中的中缅石油管道西起缅甸西海岸，途经缅甸第二大城市曼德勒，从瑞丽市进入中国境内，最后抵达昆明。作为配套项目，一座千万吨级的石油炼化基地将在昆明建设。

一旦此项目落地，中国云南的成品油供应将得到保障，并可辐射四川、重庆、贵州、广西等地。2007年12月2日，中石油与云南省政府就此已在北京签署框架协议。

（来源：李隽琼．北京晨报．2008—06—30）

第十二届中国国际投资贸易洽谈会将于2008年9月8日至11日在中国厦门举办

中国国际投资贸易洽谈会（简称“投洽会”）每年9月8～11日在中国厦门举行，此次第十二届投洽会以“引进来”和“走出去”为主题，以“突出全国性和国际性，突出投资洽谈和投资政策宣传，突出国家区域经济协调发展，突出对台经贸交流”为主要特色，是中国目前唯一以促进双向投资为目的的国际投资促进活动，也是唯一通过国际展览业协会（UFI）认证的全球规模最大的投资性展览会。投洽会主要内容包括：投资和贸易展览、国际投资论坛及系列投资热点问题研讨会和以项目对接会为载体的投资洽谈。投洽会不仅全面展示和介绍中国内地各省、自治区、直辖市和香港特别行政区、澳门特别行政区的投资环境、投资政策、招商项目和企业产品，同时也吸引了数十个国家和地区的投资促进机构纷纷前来参展并举办投资说明会、推介会。参加投洽会的境内外客商可以花最少的时间和精力全面考察中国各地和其他国家和地区的投资环境，从最直接的渠道获取最新的投资政策和投资资讯，在最广泛的范围内选择最合适的投资项目和投资合作伙伴。

（来源：中国驻文莱大使馆商务参赞处网．http://bn.mofcom.gov.cn/aarticle/sqfb/200806/20080605627845.html．2008—06—26）

第19届中国华东进出口商品交易会将于2009年3月在上海新国际博览中心举行

中国华东进出口商品交易会（简称“华交会”）是中国规模最大、客商最多、辐射面最广、成交额最高的区域性国际经贸盛会。由上海市、江苏省、浙江省、安徽省、福建省、江西省、山东省、南京市、宁波市9省市联合主办。每年3月1日在上海举行。

自1991年以来，华交会已成功举办了18届。第18届华交会有来自全世界145个国家和地区的逾1.9万名客商和国内6万余名专业客户到会洽谈，出口成交总额达36.78亿美元。有逾72万人次浏览了华交会网站。第18届华交会在上海新国际博览中心举行，展览面积达10.35万平方米，设标准摊位5346个，分4个专业展区（服装、家用纺织品、装饰礼品、日用消费品展区），参展企业3592家。境外展商分别来自美国、法国、意大利、加拿大、日本、韩国、中国香港和中国台湾等8个国家和地区。华交会展示的轻纺产品中，高新技术产品、名特产品占有较大的比例。

第19届华交会将于2009年3月在上海新国际博览中心举行。展览面积达10.35万平方米，标准展位5000余个。华交会以进出口贸易为主，还安排加工贸易和合资、合作等多种经济贸易洽谈。诚邀境内外客商参展、参观、洽谈。

（来源：中国驻文莱大使馆商务参赞处网．http://bn.mofcom.gov.cn/aarticle/sqfb/200806/20080605627769.html．2008—06—26）

中国广西与东盟非粮生物质能源合作前景广阔

中国广西与东盟国家之间在发展非粮生物质能源产业方面存在着良好的合作前景，有以下几个方面的优势：

一是气候优势。广西和东盟国家都属于热带和亚热带气候区，温暖、多雨和积温高的气候条件不仅造就了植物的多样性，而且极适宜和有利于生物质能源木薯和甘蔗等原料生产基地的建立和生产技术的推广。

二是地缘优势。广西地处中国—东盟结合部，有着优先和低成本利用东盟各国发展非粮生物质资源木薯和甘蔗的地缘优势。此外，发展非生物质能源产业可以在带动生物质原料种植业发展的同时，衍生系列相关行业，形成新产业。

三是经济优势。这里的经济优势指成本优势，主要体现在两个方面，一是广西和东盟国家是非粮原料生产地，就地进行非粮生物质能源的生产能够节省运输成本；二是用非粮原料生产生物质能源与用粮食生产生物质能源具有相对较低廉的成本，以木薯与玉米生产加工1吨燃料乙醇为例，前者的成本大约是后者的82.5%，每吨可节约成本17.5%。

四是技术优势。广西是中国最大的木薯产地和最大的甘蔗产地，种植面积和产量均占全国60%以上。种植木薯约600万亩，鲜木薯产量约780万吨。通过多年的实践与探索，广西在运用木薯和蔗渣生产生物质能源燃料——乙醇方面已经有了一定的经验和技术。而在生物质能源的另一项技术领域——民用沼气方面则已经取得了很好的效果和先进成熟的技术条件。通过向东盟国家转让这些技术，不仅能够为广西带来一定的经济效益，而且有利于解决和缓解东盟受益国家的能源紧张问题和和环境保护问题。

（来源：国际商报·中国—东盟商务周刊．2008—03—25）

昆曼公路让物流业面对新机遇

昆曼公路是中国—东盟自由贸易区建设计划的重要基础性项目，全长1807公里，其中，中国境内688公里、老挝境内229公里、泰国境内约890公里。昆曼公路起自云南昆明，经玉溪、普洱、景洪到达中（国）老（挝）边境的磨憨口岸，出境后经老挝会晒，止于泰国首都曼谷，并与马来西亚至新加坡高速公路相连接。

昆曼公路的建成通车为物流行业提供了良好的商业机会，昆曼公路建成后中国与东盟间1/4的贸易货值将通过这条公路进出，昆曼公路将成为中国与东盟实现经济对接最有力、最强劲的通道之一。

在2007年的“昆曼公路贸易物流政策研讨会”上，世界500强、德国著名的DHL公司驻昆首席代表曾表示，在云南布点就是看中在云南可以勾兑中国和东盟两大市场：从国内到国外，在国外DHL是行家里手，在国内很多大的企业需要DHL这样全球最专业的物流企业，所以云南这一块商机无限。

昆曼公路全线贯通后，给公路物流业带来的机遇将大于挑战，但公路物流企业要想抓住机遇发展，首先必须突破公路运输的成本瓶颈问题。

（来源：丁文健．国际商报·中国—东盟商务周刊．2008—03—25）

东盟拟在2008年内签订货物贸易协议

东盟各国已结束关于货物贸易的相关谈判，拟在2008年内签订东盟货物贸易协议（ATIGA）。

东盟贸易协议将取代1992年签署的东盟共同有效普惠关税协议。东盟货物贸易协议将取消所有贸易壁垒（关税、非关税），最大限度地为东盟地区货物自由贸易提供便利，为2015年建立东盟经济共同体发挥积极作用。

（来源：汪域．国际商报·中国—东盟商务周刊．2008—03—25）

中国南海区域经济合作构想出炉

中国南海区域经济合作国际研讨会于2008年3月在海口举行，来自中国、越南、菲律宾、新加坡、印度尼西亚、马来西亚、文莱等国家共约30名专家学者与会。

随着经济高速增长，中国近年来对东南亚的直接投资明显增长，最直接的受益国就是柬埔寨、老挝及越南。东南亚是亚洲重要地区，拥有五亿人口，而且具有无可限量的繁荣潜能和经济活力。

素有“亚洲地中海”之称的中国南海，是沟通两大洋和联系三大洲的海上枢纽；其丰富的海底宝藏，具有极大的开发价值。该地区约有陆地面积330万平方公里，人口近6亿，GDP总额1.7万亿美元，进出口总额近3万亿美元。

中国南海和周边地区蕴藏着丰富的自然资源，为各国经济发展提供持续性的动力；南海地区海上运输量占全世界海运总量的33%；区域交通发达，大小港口达数百个，可以为南海区域经济合作提供有利的条件。

（来源：杰文．国际商报·中国—东盟商务周刊．2008—03—11）

中国昆明深圳工业园将建东盟产业基地

2008年3月，总投资额约465亿元的27个项目在深圳签约，正式进入昆明深圳工业园。项目涉及科技园区的成片开发、信息产业、物流产业和其他制造业。

为共同推进昆明深圳工业园区发展，昆明和深圳都成立了专业的部门进行对口连接。同时，还成立了昆明深圳工业园区领导小组，负责项目的具体落实。从2008年起的5年内，昆明每年预算安排1亿元工业园区发展专项扶持资金，以贷款贴息、项目补贴等方式，用于工业园区基础设施建设、重大项目贷款贴息和软环境建设补助。

为进一步强化深圳（昆明）工业园区的区位优势，世界500强之一的泰国正大集团旗下正大兴业实业发展（深圳）有限公司将在工业园内投资建设东盟产业基地，吸引东南亚制造、生物制药、食品加工、电子科技等方面企业进入基地发展。该项目计划总投资100亿元人民币，其中外资（港币）计划投入40亿元至50亿元。

此外，深圳市电子商会也拟将整合以深圳地区为主导的产业集群，在昆明经济技术开发区内成立项目投资开发公司，在深圳工业园内进行成片开发。项目主要以投资LED照明、精密机床加工、软件园、光量子科学、物流及配套等项目为主导，同时建设相应的生活配套设施项目。项目总投资63亿元人民币，项目建成后每年工业产值将达60多亿元。

（来源：吉军．国际商报·中国—东盟商务周刊．2008—03—11）

中国广东自东盟进口大米锐减近四成

广东省是中国大米的主消费区之一，但省内大米供给相对有限，每年都需要从省外调入大批大米以满足生活及工业需求，其中也包括自国外进口大米。由于泰国进口香米口感好，品质佳，越来越受到逐渐富裕起来的广东人的青睐，消费需求量也日益增多。

海关统计显示，近年广东进口大米呈快速增长态势，进口量从2001年的2.5万吨猛增至2006年的62.8万吨，5年间迅猛增长24.1倍，年均增长率达到90.5%。

广东进口大米99.9%产自东盟，其中自泰国和越南分别进口39.1万吨和0.2万吨。去年广东自东盟进口大米均价达到470美元/吨，大幅上涨15.2%，主要受以下因素影响：

一是部分大米主产国产量下降，大米库存下降，供需出现缺口使国际市场大米价格居高不下。据美国农业部发布的供需数据显示，2006～2007年度巴西、缅甸和泰国的产量比上年有所下降；澳大利亚农业资源经济局数据显示，干旱导致其2007年收割的大米产量降幅超过一半。2007～2008年度，全球大米产量为4.2048亿吨，比上年度增长0.7%；全球大米消费量为4.2393亿吨，比上年度增长1.2%。全球大米产不足需，期末库存下降为7217万吨，比上年度减少346万吨，下降4.6%。

二是泰铢的大幅升值也使以美元标价的大米价格水涨船高。随着美元汇率的大幅下挫，一些东盟国家的货币对美元的汇率持续走强。自2005年7月中国实行汇率制度改革以来，泰铢汇率持续飙升，泰铢对美元的升值幅度高达32%。泰铢升幅过大导致国内生产成本激增，已经严重影响出口产业。大米作为泰国主要出口农产品，自然受到很大的冲击，涨价势在必然。与此同时，国际海运运价也大幅上涨，如从越南运往亚洲的运费平均每吨从16～17美元上涨到25～30美元，更进一步推高广东进口大米的价格。

三是大米的生产成本不断提高也使大米价格上涨。由于国际市场能源价格持续高位运行，使其下游的化肥及燃料油等大米生产要素价格持续上涨，使灌溉、施肥、收割、脱粒等生产成本提高，大米价格也随之上扬。2007年，国际大米价格强势上扬。其中，1～3月份持续上扬，4、5月份略有回调，6、7月份再度上升，8、9月份小幅盘整，10月份以来再度走强。从广东进口东盟大米均价看，2007年上半年进口均价基本维持在470美元/吨附近，9、10月略有回落至400美元/吨，但2007年底迅速攀升，至2007年12月已达到553美元/吨，创下年内月度进口大米均价的新高。

（来源：钟雁明. 国际商报·中国—东盟商务周刊. 2008—03—04）

广西钦州成为中国第六个保税港

2008年5月，继上海洋山、天津东疆和大连大窑湾、海南洋浦港、宁波保税港区之后，广西钦州港正式成为中国大陆的第六个保税港。3平方公里的吹填面积将连同7平方公里的固有陆地面积一起，搭建起10平方公里的钦州港保税区框架。

《广西北部湾经济区钦州保税港区总体规划》（以下简称《规划》）显示，保税港区选址于钦州港大榄坪工业区。其定位为，"用10～15年的时间，建设成为中国—东盟自由贸易区和泛北部湾区域最重要的国际航运中心、大西南地区最重要的对外开放门户"。

保税港区平均纵深约2.5公里，主要布局码头作业区、保税物流区、保税加工区和管理服务区4个功能区。深水岸线约4.6公里，规划建设集装箱泊位10个（8个10万吨级、2个5万吨级），设计年吞能力640万吨（折合6400万吨）。

钦州港与东盟各国相隔较近，以各国数个国家大港为例，距越南鸿基港120公里、海防港160公里、菲律宾马尼拉港836公里、新加坡港1338公里，与东盟各国开展贸易往来十分便利。

自2003年来，钦州港一直保持近100%的速度增长，目前中石油1000万吨炼油厂、金桂林浆纸、国投钦州燃煤电厂等重大项目即将投产，均是产值数百亿元的大项目，钦州港将进入高速增长期。

2007年广西与东盟双边贸易总额达29.1亿美元，占同期广西外贸进出口总值的31.4%，东盟连续8年成为广西第一大贸易伙伴。与此同时，2006年，西南地区通过广西北部湾港口的吞量超过3000万吨，其中集团箱吞吐量20.18万标箱。

《规划》显示，钦州保税港区的职能主要有以下几个方面：北部湾大西南对外开放的门户；泛北部湾地区重要的产业组织中心之一；国际物流中心的重要组成部分；国际航运中心的核心区；电气机械精密机械等产业为主的出口加工基地；西南地区的汽车进出口基地。主要发展国际中转、采购、配送、转口贸易和出口加工等业务。

钦州目前规划了138平方公里工业园区相配套保税港区，钦州港经济开发区已落户企业25家，建设投产16家，在建大工业项目9个，形成了以石化、能源、造纸、冶金、粮油加工为主的大型临海工业框架。到2010年，整个港区估计将形成2000亿～3000亿元工业产值。

作为加速钦州港报批保税港工作的衔接，广西北部湾投资开发有限公司日前与钦州政府签订合作协议：共同开发钦州港保税港区等5大项目基础设施建设，投资总金额达100亿元，且要求这5大项目的建设要在2010年完成。

保税港区范围内首期两个10万吨级深水泊位已于2007年5月开建；截至2008年11月底，10万吨级进港航道工程将累计完成投资8.1亿元，并于今年5月全线交工；连接保税港区的钦州港至大榄坪铁路已基本完成前期工作，计划于10月动工建设；直通保税港区的大榄坪二号路已开建，目前已基本建成。

（来源：吉军. 国际商报·中国—东盟商务周刊. 2008—02—19）

三大经济热点绽放机遇之花

印尼巴淡自由贸易区

巴淡自由贸易区距离世界第二大港——新加坡港仅20公里，地处马六甲海峡太平洋与印度洋国际航道，坐渡轮去新加坡仅需40分钟，每天从巴淡岛开往新加坡和马来西亚的高速渡轮有100多艘，岛上还建有机场。巴淡岛并非孤岛，它属于印尼廖内群岛的一部分，是印尼的一个旅游热点，距印尼苏门答腊岛也很近。

印尼政府选择巴淡岛建立自由贸易区，主要是看中了它邻近新加坡的优越地理位置。新加坡是东南亚经济发展水平最高的国家，是国际金融中心和航运中心。

巴淡自由贸易区实行税收优惠政策，免征进出口税、增值税、奢侈物品增值税。而在印尼其他地区，就享受不到这些优惠政策。

巴淡岛现有50多万人口，其中产业工人16万多人，已经成为一个工业中心和投资热点。经过多年的建设，外来投资的软硬环境都比较好。机场扩建工程完工后，将成为印尼与外国往来的交通枢纽。

马来西亚柔南经济特区

柔南经济特区位于亚洲大陆最南端、马来西亚与新加坡交界处的新山市附近，又称依斯干达发展特区。

柔南经济特区面积约2200平方公里，为新加坡的3倍多。对外资的优惠措施有外资控股比例的放宽、外国资金、外国劳力自由进入、免税、减税等，目前已吸引外资30亿美元以上。柔南经济特区拥有一个国际机场和两个港口，海陆空交通都很发达，与新加坡仅隔着一道新柔长堤。

马来西亚政府创办该特区主要是想利用其紧邻新加坡的优势，利用其廉价的土地和劳动力，吸引新加坡和其他国家的资金。该特区今后将着重发展高科技、房地产（吸引新加坡人来置业）、物流业。预计2025年前吸引上千亿美元的外资，建成一个国际化大都市。

菲律宾苏比克湾自由港

苏比克湾拥有亚洲一流的海港，曾是美国海军在海外的第二大军事基地，1992年归回菲律宾后，成为菲律宾经济发展的明珠。它位于吕宋岛，距菲律宾首都马尼拉仅110公里，世界上半数的集装箱船队都在这里停泊，还拥有国际机场。该港区是关税特惠区，投资者享受优惠关税税率，允许免税进口多种商品，外国投资都享受多种免税待遇，外汇管制也很宽松，允许外商在几乎所有领域都拥有100%的股权。港口的收费仅相当于菲律宾其他大港口的一半。对外商的签证和居住也提供多种便利。港区内还有1.2万公顷天然热带雨林，宜于开展旅游。韩国正在该港区投资10亿美元建设世界一流的大造船厂。

巴淡自由贸易区、柔南经济特区、苏比克湾自由港三个经济热点都是所在国家的主要对外开放“窗口”之一。它们的价值首先在于拥有广阔的腹地。巴淡岛的后面，是拥有两亿人口的印尼市场；柔南特区的后面，是东南亚第二经济强国马来西亚，还可延伸至整个中南半岛；苏比克湾自由港的后面，则是拥有将近9000万人口的菲律宾市场。

其次，它们都靠近特大经济中心城市。苏比克湾靠近菲律宾首都马尼拉。巴淡岛和柔南特区更是靠近新加坡这个国际金融中心和航运中心。这对它们的发展十分有利。例如，靠近新加坡为巴淡岛和柔南特区的商人提供了融资方面的便利。在巴淡岛和柔南投资经商，易于得到新加坡的辐射和带动。

此外，这些地区还具备投资建厂的优势：其所在国丰富而又廉价的资源、新加坡的海运优势等都有利于产品的生产和销售。而且巴淡和柔南靠近新加坡，有利于我国企业进入新加坡。同时，巴淡岛和苏比克湾还是旅游胜地，可将经商与旅游结合起来，开展商务旅游合作。

（来源：吉军．国际商报·中国—东盟商务周刊．2008—02—05）

新闻纸供大于求　东盟纸价大跌

马来西亚新闻纸价格在2006年中见顶后迄今下挫了9%，2007年及2008年新闻纸平均价格预计将达每公吨600美元。

全球新闻纸价格自去年6月攀上每公吨643美元（约2229令吉）后，目前已下降至每公吨587美元（约2035令吉），下滑幅度已超过9%。这主要是受北美洲新闻纸需求暴跌及亚洲新闻纸产量高涨影响。由于北美以外地区的新闻纸消费提高，新闻纸价格预计在2007年第3季触底，但北美新闻纸产量减少及成本提高很可能提高新闻纸价格。

全球约30%新闻纸由亚太区生产，其中60%来自中国及日本。

在马来西亚新闻纸价大跌的同时，中国广东的新闻纸对东盟出口量显著增长。近年来，中国广东着力于提高造纸技术和产品质量，新闻纸的出口也呈高速发展的良好态势。

2007年前2个月，广东出口新闻纸2万吨，比2006年同期增长2.6倍，其中对东盟出口4903吨，增幅达到12.6倍，广东新闻纸已超越印度成为继香港之后对东盟的第2大出口市场，并呈现以下主要特点：一是广东生产的新闻纸已经可以基本替代自东盟进口的新闻纸。东盟近年来一直是广东新闻纸的主要进口供应商，2001～2005年广东自东盟年均进口新闻纸达2.3万吨，但随着广东新闻纸产业的不断发展壮大，尤其是2005年下半年投产的几个高端新闻纸生产项目，使得目前珠江三角洲新闻纸在同类产品中质量已经接近或超过东盟国家的同等水平。2006年广东自东盟进口新闻纸锐减至270吨，2007年前2月则已无进口记录。与此相反，广东新闻纸对东盟出口却出现了迅猛增长的局面：2005年仅对东盟出口155吨，2006年则迅速突破万吨大关，达到1.1万吨。2007年前2月对东盟出口4903吨，价值264.1万美元，比2006年同期分别大幅增长12.6倍和14.6倍，继续保持强劲的增长势头。广东新闻纸开始批量进入东盟市场。

二是广东对东盟出口新闻纸均价呈逐年上升趋势。广东新闻纸近年对东盟出口迅速增长的同时，出口价也在上涨。2005年广东新闻纸对东盟出口均价为419美元/吨，2006年涨至533美元/吨，2007年前2月继续升至539美元/吨，比2006年同期上涨14.5%。广东新闻纸对东盟的出口呈现出良好的发展空间。

三是泰国和马来西亚成为广东新闻纸在东盟最大的销售市场。2007年前2月，广东对泰国出口新闻纸3122吨，是2006年同期的60倍，占广东新闻纸对东盟出口量的63.7%，已取代马来西亚成为广东新闻纸在东盟的最大出口市场。此外，2007年前2月，广东新闻纸对马来西亚出口1703吨，比2006年同期大幅增长8.3倍，占广东新闻纸对东盟出口量的34.7%，马来西亚是广东新闻纸在东盟的第2大市场。

（来源：陈令玉. 国际商报·中国—东盟商务周刊. 2007—06—19）

文莱外国游客数量大幅增长

文莱旅游局统计显示，2008年前4个月来文莱旅游人数相比2007年同期增长了42%，预计2008年游客人数可突破20万。文莱旅游局局长贾玛鲁丁表示，文莱发展旅游业优先考虑发展生态和运动旅游项目，其中传统文化观光以及高尔夫运动项目等对外国游客具有很大吸引力。

2008年中国来文莱旅游人数亦有大幅增长，2008年1～2月中国游客已占到来文莱游客总数的46.6%。

（来源：焦木. 广西日报. 2008—07—16）

文莱水泥市场竞争激烈

文莱水泥市场年需求量约27万吨。由于进口水泥价格优势明显，以及进口原材料涨价，BRUTRA工厂目前生产能力仅利用了50%，该工厂希望政府征收进口关税，保护国产水泥价格竞争力。BRUTRA工厂于1993年由文莱和印尼商人合资建立，设计加工能力为年产50万吨。2000年，德资HC Asia Holding GMBH公司（海德堡公司）购入BRUTRA 50%股权，并于2006年购入其余50%股权。为开拓文莱当地市场并方便管理经营，海德堡公司决定选择文莱PJ Corporation Sdn. Bhd公司为新合作伙伴。2008年6月3日该公司与PJ公司就BRUTRA工厂签署联营协议。在新协议中，PJ公司将占工厂30%股份。

（来源：中国驻文莱大使馆商务参赞处网. http://bn.mofcom.gov.cn/aarticle/jmxw/200806/20080605578954.html. 2008—06—04）

“吉林皓月牌”著名清真牛肉品牌进入文莱市场

中国吉林长春皓月集团与文莱Mulaut Abattoir清真食品公司加强合作，努力开拓文莱清真肉食品市场，“吉林皓月牌”牛肉产品最近获得文莱清真食品主管部门审批许可，首次进入文莱市场，销售情况良好。Mulaut Abattoir公司将进口更多中国产优质清真牛羊肉，并合作出口到其他伊斯兰国家和地区。

（来源：中国驻文莱大使馆商务参赞处网. http://bn.mofcom.gov.cn/aarticle/jmxw/200805/20080505564951.html. 2008—05—29）

文莱投入459公顷发展鱼虾业

文莱的水产养殖设备将是吸引本地和国外投资机构的一大亮点。一旦投入使用，文莱将能够从渔业的收入中得到巨大回报。这两个养殖地点的建设已经在进行中，覆盖面积达459公顷。在文莱Telisai地区，已经有40公顷的面积被指定用来养鱼，同时，也有大部分面积用来培育虾。预计Telisai渔业养殖点的产出量每年可达到5600吨。目标出口市场已经瞄准欧洲和中国。

（来源：南博网. http://info.caexpo.com/zixun/dongmmy/2008－04－29/37757.html. 2008—02—02）

中国手机悄然登陆文莱市场

在收入高、手机价格便宜的文莱，除了来自日本、芬兰及韩国的品牌手机，中国手机在2007年来，以多元功能、便宜的售价及可爱的外形，在各大品牌手机充斥的文莱市场成功打开市场。中国手机一般以两种方式进入文莱，一是文莱民众去中国旅游时，在当地购买，并带回文莱继续使用，第二种则是向在文莱市场走动的中国流动贩购买。在上述两种方式中，前者比例较少，而近年来，随着越来越多中国人通过各种管道进入文莱，并以流动的方式，在市面兜售中国各类商品，是中国手机“悄然”在文莱掀起风潮的原因。中国手机品牌众多，一般以功能全、外形美观可爱吸引消费者。据记者探悉所得，目前在文莱市面上流通的中国手机，大多必须具备以下几个功能，包括双卡、触屏、蓝牙及 MP3 播放器等。其中，双卡功能最能吸引文莱消费者。双卡是中国手机的特点，许多文莱民众购买中国手机，也是因为双卡服务的手机在文莱市场难求。另外，中国手机的便宜价格也是文莱民众购买的主要原因。

（来源：南博网．http://info. caexpo. com/zixun/dongmmy/2008—04—29/34503. html. 2007—12—26）

文莱面粉短缺

受国际市场小麦歉收影响，文莱市场上面粉供应不足，价格上涨，市场上面粉批发和零售价格已涨一倍以上，并导致相关食品价格跟随涨价。文莱面粉主要是从澳大利亚、新西兰和印度进口。2007 年澳大利亚、新西兰遭遇严重旱灾，小麦减产，出口量下降，印度也采取了限制小麦出口措施。文莱现已改由迪拜进口面粉。

（来源：中国驻文莱大使馆经济商务参赞处网站．http://bn. mofcom. gov. cn/aarticle/jmxw/200712/20071205305140. html. 2007—12—26）

文莱欲与中国北方企业开展贸易合作

2007 年 12 月 17 日晚，在中国文莱友好协会的晚宴中，文莱号召文莱企业界不仅要将目标放在中国南方，也要开拓中国北方的商机。文莱表示，中国文莱友好协会为文莱和中国的贸易往来提供很多机会，他最后强调，此前文莱主要与中国南方企业保持着长期的贸易合作，今后，文莱也应致力于开拓中国北方的商机。

（来源：南博网．http://info. caexpo. com/zixun/cafta/2008—04—29/33782. html. 2007—12—19）

文莱仍蕴藏大量未开发石油

由于受到技术限制，蕴藏在文莱深土的大量石油资源，迄今仍未完全开发。政府估计，未开发的深土原油，占国家石油资源三分之二。为了增加国家石油储存以应付长远需求，当局计划采用更先进的钻探开采技术开发深土原油，目前，进一步探勘深土原油的工作已在现有的陆地及岸外油田进行。地质探勘显示，目前已开发的岸外及陆地油田仍蕴藏丰富石油，这些原油深藏在现有钻探技术未能探及的极深土层。受限于开采技术，蕴藏在深土的大量原油迄今仍未能完全开采，此外，石油开采成本暴增，也导致石油开采商未能进一步开采深土原油。全球能源需求大增，预料带动文莱石油及天然气工业延续高增长步伐，一般预计，深海及超深海油田将是未来石油探勘及生产的焦点。文莱正等待适当时机开发新深海油田，目前，文莱一些油田已开采多年，更新油田，为现有配备进行新科技改装是当前急务。

（来源：南博网．http://info. caexpo. com/zixun/cafta/2008—04—29/33681. html. 2007—12—17）

文莱柴油需求量增长惊人

文莱柴油价格比其他汽油价格便宜 40%，造成许多开车人士对柴油的需求骤增。愈来愈多汽车以柴油引擎作为号召吸引客人购买新车，尤其是四轮驱动的越野车，有近 30%是柴油引擎的天下，而这情形有上升的趋势。2000 年文莱市会对柴油的总需求量为 108000 公吨油当量，到 2003 年，市场对柴油的需求升为 141000 公吨油当量。2003 年至 2006 年期间，文莱市场对柴油的需求更是以 31%的速度增长，在 2006 年达到 185000 公吨油当量之数。从 2003 年到 2006 年期间，其他油种如飞机燃油和其他汽车燃油都只有个位数（飞机燃油 1%成长率，其他汽油 4%成长率）的成长率。2000 年 108000 公吨油当量比较，2006 年的 185000 公吨耗量，增长近 80%。2006 年文莱的总燃油量（柴油、飞机燃油及其他汽油）有 484000 公吨油当量，比 2000 年的 384000 公吨油当量增加 26%。

（来源：南博网．http://info. caexpo. com/zixun/touzjh/2008—04—29/33223. html. 2007—12—04）

文莱甲醇论坛促商机

文莱经济发展局 2007 年 8 月 29 日在喜来登乌塔玛酒店就“甲醇给文莱中小企业带来的商机”举行了圆桌论坛。文莱经济发展局举行此次论坛的主要目的是在挖掘商机的同时提供更多的就业机会，因此吸引了众多中小企业者的参与。文莱经济发展局致力于推动中小企业的发展壮大，为它们提供了很多优惠政策和智力支持，鼓励其开拓新的产业。论坛由文莱经济发展局的代理主席拿督王德望主持，会上参与者就个人的管理经验和所在公司的发展规划展开了讨论。亚洲甲醇市场服务公司（Methanol Market Services Asia）运营总监 Mark Berggren 谈及甲醇的广泛应用，称其比汽油便宜、安全，是“产品的必要成分”，并指出“文莱应该探寻低成本高利润的发展之路。”

日本三菱瓦斯化学株式会社代表 Shinichi Tokuda 已经接手沙特阿拉伯和委内瑞拉的运作，准备在 SPARK 至少建立两个生产甲醇的工厂，并使它们单独上市。文莱甲醇公司的 Mohammad Reduan 表示希望 SPARK 可以发展为世界级的工业区，并希望能在甲醇生产领域找到投资商。

文莱甲醇公司计划在文莱的 Sungai Liang 工业区修建甲醇工厂，将来不但可以给文莱带来新的商机，还会有大批的雇员从中受益。文莱甲醇公司是由三菱瓦斯化学株式会社、文莱石油公司以及伊藤忠商事株式会社合资创办，文莱甲醇工厂由该公司出资建设，将于 2007 年底开始动工，预计 2010 年中可以投入使用。预计到 2010 年，甲醇将仅次于石油和天然气成为文莱的第三大工业。

（来源：南博网. http://info.caexpo.com/zixun/touzjh/2008—04—29/28254.html. 2007—08—31）

柬将成为东南亚投资新热点

自 2004 年起，欧盟、美国相继对中国及越南产品课以反倾销税之后，自行车、鞋类产业在中国内地及越南艰难发展。与此同时，柬埔寨仍然享有无海外关税壁垒及低劳动力成本的优势，柬埔寨政府应势积极开发曼哈顿（柴桢）经济特区，向前往中国及越南投资的国际厂商发出邀请，顺利化解了被课以反倾销税的产业危机，也为柬埔寨带来新的商机。

现阶段柬埔寨有几个重要的利好消息：2007 年年初，柬埔寨宣布该国的天然气、石油已经探明并开采，预计到 2010 年，它的石油开采收入将达 30 亿美元。同时，柬埔寨还发现了大量其他的天然矿产，包括铁砂、铁矿、黄金。

柬埔寨的基础建设仍然滞后，这为投资者创造了投资机会。例如，柬埔寨的电力设备不足。过去 90%的电力都是靠燃油提供，现在由于全球燃油价格一路飙升，这给柬埔寨一个非常有利的有关基础建设的投资机会。中国的企业在西哈努克港建设了一个 25 万千瓦的大型煤炭发电厂，投资金额超过 3 亿美金，每千瓦时卖给柬埔寨的电力公司的价格是 7 美分，相对于现在金边市区的电费便宜了近 13 美分。

柬埔寨月平均工资约 45 美元，低于中国的 100 美元及越南的 75 美元。为吸引外资，柬埔寨更在投资法令上给予许多优惠措施，包括：允许外资厂商租赁国有土地 70 年免税优惠、在曼哈顿（柴桢）经济特区内设厂可享有 7 年免税、并自获利年度开始起算，对于在特区投资的厂商服务管理，柬埔寨政府在特区内设立单一窗口提升厂商与政府单位联系效率，配合投资厂商制定各项优惠政策、建设基础设施，并在土地使用、能源供给、交通等各方面给予全方位协助。

投资柬埔寨具有三大优势：首先，在整个东南亚，柬埔寨具有的优势是充沛的劳动力、廉价的劳工、优良的劳工品质。其次，柬埔寨最大的特色是全球重要的经济体都给予它最大的优惠。柬埔寨除了是受国际贸易限制及反倾销影响最小的国家之外，柬埔寨曼哈顿（柴桢）经济特区所生产的产品享有销往欧盟、美国、加拿大、日本等 29 国优惠关税（GSP）及免配额优惠，产品销欧盟享有免关税的待遇。另外，到柬埔寨投资没有外汇管制。柬埔寨对任何外汇经营不设限，包括转账和国际结算。美元在柬埔寨可自由流通，并可自由汇入汇出。

（来源：丁文健，韩凯. 国际商报·中国—东盟商务周刊. 2008—06—24）

柬埔寨成中国纺企新投资乐土

由于受越南金融震荡的影响，原准备去越南投资的中国纺企，大多都已将脚步止于友谊关内，将目光转向越南隔壁的柬埔寨。

柬埔寨属于落后国家，美、欧、日等 28 个国家均给予柬埔寨普惠制待遇（GSP）；对于自柬埔寨进口纺织服装产品，美国给予较宽松的配额和减免征收进口关税、欧盟不设限、加拿大给予免征进口关税等优惠措施，吸引了以中国（含港、澳、台）为首的纺织服装出口受限国家和地区来柬埔寨投资。柬埔寨对外来企业的优惠政策，进驻企业将 9 年全税收，不用付欧美出口税，企业从中国进口的原料等不用支付进口税等。另外，在越南还须考虑配额问题，在柬埔寨则相当于没有限制。据计算，把以上因素加在一起，投资柬埔寨的企业将节省约 40%的成本。

（来源：南博网. http://info.caexpo.com/zixun/jingjqj/2008—06—19/47716.html. 2008—06—19）

中国电信计划进军柬埔寨

中国电信在柬埔寨推出电信服务，作为其向海外扩展计划的一部分。中国电信公司与越南军用运营商 Viettel 合作，已于 2008 年 5 月建成一个 3000 万美元的合资企业。中国电信表示已开始在越南和泰国进行投资，并计划投资除缅甸以外的每一个东南亚国家。据悉，Viettel 是一家由越南军队全资拥有的公司，在越南地区已成为主导的电信运营商，占据约 1/3 的移动电话市场。2006 年其成为越南第一个在海外投资的电信公司，与此同时在柬埔寨开始 VOIP 业务，接着扩展到移动电话、固定电话以及互联网业务。

（来源：南博网. http://info.caexpo.com/zixun/jingjqj/2008—06—19/47727.html. 2008—06—19）

柬埔寨涌商机　罗杰斯抢投资

柬埔寨努力筹募超过 60 亿美元的建设资金，私募基金和投资人罗杰斯抢进。

李奥帕资本（Leopard Capital）、柬埔寨投资开发基金（Cambodia Investment & Development）计划在

柬埔寨投资4.5亿美元，柬埔寨投资开发基金在投资方面，也寻求知名投资专家罗杰斯和“末日博士”麦嘉华的建议。

设在金边的李奥帕资本希望募集1亿美元资金，公司创办人柯雷顿说：“柬埔寨已经改变了很多，投资人终于了解这一点，大部分人对柬埔寨的认识都已经过时，柬埔寨已经出现明显的重大进步。”

柬埔寨总理洪森希望利用本国的石油与矿物资源，吸引外国投资，降低柬埔寨经济成长对成衣出口与观光旅游的依赖。洪森也希望把募得的资金投入银行、办公大楼、豪华旅馆、港口和其他计划的建设上。

李奥帕资本规划的第一项投资是在暹粒市，推动住宅营建案，这个案子一年很可能可以创造60%的投资报酬率，大约是这档基金内部初步估计的3倍。

柯雷顿过去的合伙人布林博和戈登正在募集1亿美元资金，希望在2008年内，成立柬埔寨绿宝石基金，投资柬埔寨观光、农业、金融机构、基础建设与房地产业。

柬埔寨投资开发基金表示，直到2010年，至少有60亿美元会投资柬埔寨石油与天然气、基础建设计划、不动产开发与农业中，世界最大的矿业公司澳大利亚必和必拓是打算争取柬埔寨铁矿砂、黄金和其他金属矿物的公司之一。

（来源：华商日报．2008—05—20）

柬埔寨欲寻求民间投资建水电站

柬埔寨寻求民间投资建设14座水电厂，需求资金额在32亿美元以上。

柬埔寨的投资机会包括水坝建设。14座各种尺寸水坝的装机容量估计最少为185万千瓦以上。其中4座水坝还承担灌溉任务，目前14座水坝除了两座之外，其他的还在研究阶段。拟议中建设的水坝只有一座位于湄公河，Sambor水坝工程分两阶段建设。政府消息表明，尽管Sambor水坝工程潜力很大，但只有在邻居老挝建成上游有争议的水电站，该工程才有实施的可能。

目前位于湄公河上的水坝的装置发电量比较小，水坝建成后装机容量将大为提高。其他坝址分布在柬埔寨国内的各个支流上。

柬埔寨快速发展的经济使电力供应难以支撑，许多农村地区无电可用，首都经常断电。

（来源：张维佳．中国电力新闻网．http://www.zdxw.com.cn/hqdl/200805/t20080515_229199.htm.2008—05—15）

柬埔寨制衣业逾六成的投资者来自中国

柬埔寨制衣业者协会的一份报告显示，柬埔寨制衣业97%的投资者来自国外，其中来自中国台湾、香港和大陆地区的投资者占到63%，其余来自马来西亚、韩国和新加坡等。

来自中国台湾、香港和大陆地区的投资者分别占到柬埔寨制衣业投资者总数的31%、25%和7%。来自马来西亚、韩国和新加坡的投资者则分别占到9%、7%和4%。

自20世纪90年代以来，制衣业一直是柬埔寨的支柱性产业之一，是最大的创汇行业。其年度出口额一度占到柬埔寨年出口总额的70%以上，同时创造了30多万个就业机会，被称为“柬埔寨经济发展的发动机”。

（来源：新华社．http://www.bbwnews.com.cn/html/2008—4—30/41831.shtml.2008—04—30）

柬埔寨建筑高潮引出新商机

近年来柬埔寨房地产大热，引发了一波建筑高潮，特别是已经或正在金边开工兴建的几十层高摩天大楼，都需要大量的钢材。柬埔寨全国现在还没有一个炼钢厂，所有的建筑钢材完全依赖进口。

（来源：南博网．http://info.caexpo.com/zixun/touzjh/2008—04—29/42699.html.2008—04—01）

柬埔寨未来12年需投入50亿美元建设交通网

柬埔寨公共工程和运输大臣孙占托表示，从2008年到2020年，柬埔寨至少需要50亿美元用于国家的交通网络建设。

孙占托2008年3月20日在一个交通建设研讨会上指出，未来12年，除了一些原有道路需要扩建外，政府还要新建通往农村地区、旅游地区和周边国家的道路。仅在2008年，就有3条省际国道开建。交通网络建设资金将由日本、韩国、中国和泰国以援助的方式提供给柬埔寨。

柬埔寨现有的交通网络主要由公路和内河组成。全国公路里程在1.5万公里以上，以金边为中心通向全国各地的国道共有7条。

（来源：新华网．http://news.xinhuanet.com/newscenter/2008—03/21/content_7832547.htm.2008—03—21）

中国广西企业要建柬埔寨最大木薯淀粉加工厂

2008年3月12日，由广西壮族自治区东兴市京华实业有限公司与柬埔寨联合木业投资有限公司合资兴建的柬埔寨联合生化科技有限公司木薯淀粉加工厂，正式落户柬埔寨磅湛省。项目预计总投资3000万美元，将建成柬埔寨最大的变性木薯淀粉加工基地。

（来源：南博网．http://info.caexpo.com/zixun/touzjh/2008－04－29/40969.html.2008—03—18）

柬埔寨橡胶加工业积极吸引外资

柬埔寨农业部橡胶园总局长利波拉指出，柬埔寨近年的橡胶种植面积大幅增加，2004～2007年，国内橡胶种植面积估计增加了1.4万公顷，其中2000公顷属于私营企业，而其余1.2万公顷属于家庭式小规模种植。

国内橡胶园主要分布在磅湛、桔井、拉达那基里、蒙多基里及部分西部和北部省份。

与邻国相比，柬埔寨橡胶种植面积和产量仍然偏低，目前政府正加大力度，努力推动国有橡胶园私营化和发展家庭式橡胶园。到2015年，柬埔寨国内橡胶种植面积预计将达14.7万公顷，其中国营、国家与私人合资的为5.2万公顷，以及家庭式和私营的种植面积约为9.5万公顷。

柬埔寨目前的橡胶种植面积依然有限，而且国内闲置了大片适合种植橡胶树的红土、灰土与沙土。据调查，目前空置的红土逾35万公顷，而灰土与沙土则有数十万公顷。

泰国2006年的橡胶种植面积达229万公顷，其中95%属于家庭式小规模种植，名副其实成为世界第一大橡胶种植与生产国。2006年的橡胶年产量超过300万吨，其中89%出口，其余11%则在国内消费及加工成其他产品。从橡胶工业直接或间接获益的泰国人达100万人，而2006年橡胶收益约为85亿美元，约占泰国全国生产总值的4.1%。

柬埔寨副总理宋安曾在第三届东盟橡胶大会上指出，柬埔寨的橡胶业存在相当大的潜力，不过目前未有机会发掘这些潜力。橡胶业潜力是拥有大片适种土地，其等待的机会是投资者的积极参与。柬埔寨未来将成为产油国之一，因此将会极大增加利用天然橡胶与石油生产合成橡胶的可能性，因而宋安曾总理希望投资商不要错失良机，赴柬投资橡胶业或设厂利用橡胶生产手套、轮胎、安全套之类的产品。

（来源：焦木．广西新闻网—广西日报．2007—06—29）

印尼计划在中国—东盟博览会达成千万美元交易额

印度尼西亚国家出口发展机构（131'EN）表示，印尼计划在中国—东盟投资与贸易展览会上达成1200万美元的交易额。

2004年印尼首次参加展览会时交易额仅为144万美元，到了2007年这一数字增至1070万美元，印尼希望在本届展览会上实现1200万美元的交易目标，同时向中国客商推广印尼产品，寻求投资。

印尼希望能提高其向中国出口以天然资源为基础的产品，如矿产品、农产品、海产品、手工艺品、旅游和工艺美术品等。

此外，印尼方面还将利用此次展览会的契机介绍本国高科技产业产品，并推出万隆市作为其旅游目的地国的形象代表。

（来源：博秘．国际商报・中国—东盟商务周刊．2008—07—08）

2008年印尼钢铁缺口达250万吨

印尼2008年对国产钢铁消费需求预计达750万吨，而该国产量约为500万吨，缺口250万吨。印尼消费钢铁最多的部门是电器工业和汽车工业，每年进口量达100万至150万吨。随着印尼近年来基础设施建设日益增加，建筑钢材进口也随之不断增加。印尼最大的国营钢铁企业喀拉喀托钢铁公司目前年产量为250万吨。政府计划年内售出其40%的股权，筹集资金2.75亿美元，用于扩大生产。

（来源：叶平凡．新华网．2008—06—16）

印尼钢厂将于2009年末投产

中国镍资源控股有限公司位于印尼的钢厂将于2009年末投产，初期年产能为100万吨。

印尼钢厂的产品将出口至东南亚和中东地区。中国镍资源于2007年5月斥资3.5亿美元购得一个名为SEAMineral的矿产采购公司，后者与印尼加里曼丹一家含镍铁矿签有为期14年的包销协议。上述交易使中国镍资源获得了约7000万吨含镍1%铁矿石。

（来源：南博网．http://info.caexpo.com/zixun/jingjqj/2008－06－18/47630.html.2008—06—25）

河北省电力公司开拓印尼电力基建市场

2008年5月14～23日，中国河北省电力公司要求河北电力勘测设计研究院、河北电建一公司、河北电建二公司联合组成考察团，以“河北电力”的名义，参加了在印尼首都雅加达举行的“2008年中国・印尼电力设备和技术展览会”，并对印尼电力市场进行了考察。印尼电力基建市场潜力巨大，对中国技术及装备制造有一定的认可度，在燃煤、燃气、地热、风电、垃圾及水力发电领域均有可靠的政策支持。2002年以来，印尼政局稳定，宏观经济保持年均5%以上的速度增长，对电力的需要日益增加，预计到2025年的电力年均需求增长率为7.1%。印尼在电力建设方面既缺资金又缺技术，因此积极鼓励私人部门和外资企业在符合印尼法律法规要求的情况下，更多地参与印尼电站项目的投资和开发，尤其是兴建独立电站项目。

（来源：中国电力网．http://www.chinapower.com.cn/newsarticle/1069/new1069589.asp.2008—06—18）

印尼眼镜市场潜力达6万亿盾

印尼工业部金属、机械、纺织及多种工业总司长安沙里·布卡里表示，大约40%即8千万印尼公民需要戴眼镜，他呼吁眼镜工业加快研发，以便能赢得国内高达6万亿盾（6.7亿美元）的眼镜市场。

（来源：中国驻文莱大使馆经济商务参赞处网站．http://id.mofcom.gov.cn/aarticle/bankbx/200806/20080605583805.html.2008—06—05）

印尼投资巨资进口纺织服装机械

印尼市场的纺织服装机械目前正处于淘汰换代时期，预计在2010年前需要投入近40亿欧元对设备进行更新。过去印尼从日本、德国和意大利进口，但价格昂贵；近年开始从中国大陆、中国台湾和印度进口纺织服装机械，质量和价格均适合印尼企业的需求。

现在已有200多家纺织服装企业向政府申请机械设备更新贷款，其总额达4兆盾；此外，一大批中小企业也希望更新生产设备，纺织服装机械在印尼的市场需求看好。

（来源：水沐．国际商报·中国—东盟商务周刊．2008—03—25）

印尼国油1.8亿美元订购中国油轮

2008年3月，印尼国油公司决定投资1.8亿美元向中国订购油轮。印尼国油公司为提高油气运输能力，计划投资2.13亿美元订购7艘油轮，除了2艘小吨位油轮在国内制造之外，其余5艘3万吨级的油轮将由中国浙江造船有限公司制造，总价值1.8亿美元，预计这些油轮都可在2011年之前完成。

印尼2006年的探明石油储量从2005年的86.3亿桶增加到了89.3亿桶。2004年印尼石油出口量的1.7887亿桶，2005年1.575亿桶，2005年每日净进口6.1万桶。现阶段印尼国油公司运油的船只有八成是租来的。印尼其他石油公司和国油公司一样，都需求通过添置新油轮，来增强公司运输能量，改善自家油轮及租赁油轮的对比值。

大量油轮的淘汰，也需要新的油轮填补空缺。在油轮安全方面，鉴于单壳油轮的失事率比双壳油轮高5倍，欧盟从2003年10月1日起禁止单壳油轮停靠。如果根据欧盟单壳油轮淘汰规则，截止到2010年，世界单壳油轮合计淘汰量要达到2100艘，估计总载重将达到13789.2万吨。

世界海运业发展，带动海运油轮等船只的需求增加；运输安全性更加被重视，部分老旧船型报废速度加快；加上中国造船业的竞争优势，在未来几年中国造船业前景广阔。

2007年6月中旬，印尼国油公司向中国江苏东方造船厂，定购2艘容量8.5万吨油轮，总价值6149万美元。2007年上半年，中国承接的造船订单飙升165%，使中国超越韩国成为全球最大的造船国。克拉克森（Clarkson）的数据显示中国上半年承接的订单达到4990万载重吨，而韩国为4280万载重吨。

由于全球需求旺盛，未来10～20年世界造船市场需求量看好。据预测，2006～2015年全球新船年均需求量在5000万载重吨左右，比过去10年间年均产量高20%以上，三大主力船型（散货、集装箱、油）需求旺盛。

中国政府长期以来鼓励国内船东在国内船厂建造船舶，并对船价的17%给予财政补贴，冲减造船总价。而为了支持造船厂建造大型油轮，中国财政将给造船厂提供全额贴息贷款。在政策的驱使下，中国国内船东的新建船舶大都在国内船厂建造。

早在2003年，发改委就提出要在2015年打造第一造船国，并在税收、融资等方面给予优惠和支持，以此为契机推进船舶工业战略性结构调整。政府已圈定三大造船基地，集中力量建设渤海湾、长江口、珠江口三大造船基地，希望到2010年形成以大型船舶工业集团为主体，以三大造船基地为依托，各类造船和配套企业协调发展的产业格局。

（来源：汪名立．国际商报·中国—东盟商务周刊．2008—02—26）

印尼：2009年前制造业都将受到推动

2009年印尼大选前政府将连续实现一系列工程项目，但据估计此期间不会出台诸如调高燃油价格的重大政策。该情况将自2008年起推动国内制造业发展，该增长2009年甚至有可能超过国内生产总值的增长速度。目前印尼政府证明其良好政绩的政治动机在实现其预定工程方面起到了重要作用。尽管离大选还有一年半，但工业增长的目标能够实现，并很有可能超过国内生产总值的增长。预计国内生产总值可达到6.3%～6.5%，而国内制造业则可达到7.7%。水泥、汽车、电子和交通工具等的需求量也将增长。

（来源：南博网．http://info.caexpo.com/zixun/dongmmy/2008—04—29/36683.html.2008—01—22）

印尼政府拟对40个油气区块进行招标

印尼政府将于今年对40个油气区块的开发进行招标，招标工作将在5月份和10月份分两个阶段进行。印尼能矿部官员表示，政府每年招标40个区块，今年招标的这40个区块东、西部各占一半，其中10个区块为深海油气田，部分区块是旧有的油气井。

（来源：国际商报·中国—东盟商务周刊. 2008—01—15）

印尼国家电力公司准备进口节能灯

如果由于需求高涨导致国内价格持续上涨，印尼国家电力公司将进口节能灯。但是印尼政府和印尼国家电力公司仍将继续努力使得节能灯的价格不再上涨。印尼国家电力公司总经理艾迪·韦迪沃诺表示，上述问题已在与副总统尤素福卡拉的会议中得出决定。在该会议中决定将努力使国内的节能灯价格不再继续上涨。如果继续上涨则将进行节能灯的进口。

艾迪·韦迪沃诺表示，由于明年印尼国家电力公司需要五千万节能灯，导致需求的上升和价格的上涨。据艾迪·韦迪沃诺估计，印尼国内节能灯的价格大约为一万五千盾。印尼国家电力公司准备五千万节能灯作为2008年节约电能的努力之一。为此，印尼国家电力公司需要大约一万亿盾资金。

印尼灯业企业家协会此前曾表达了满足节能灯需求的意愿，他们也要求印尼国家电力公司不要进口节能灯，因为本地的企业家能够以诱人的价格满足国内的节能灯需求。

（来源：南博网. http://info.caexpo.com/zixun/cafta/2008－04－29/33699.html. 2007—12—18）

印尼缺乏奶牛

印尼必须在未来三年内增加六万头奶牛，以保证50%的国内鲜牛奶供应量（每日四百万升）。印尼国家奶品委员会主席博迪亚那表示，政府必须分阶段每年进口种奶牛两万头，用以增加奶牛数量，提高印尼国内的鲜奶产量。博迪亚那2007年12月9日在全国奶品委员成立后表示，目前全印尼有奶牛35万头。由于没有私人经营的奶牛育种企业，此数量很难增加。目前的奶牛数量仅能满足30%的国内需求，剩余的需求要靠进口。

（来源：南博网. http://info.caexpo.com/zixun/cafta/2008－04－29/33220.html. 2007—12—10）

印尼市场呼唤“中国造”

印尼市场容量较大，自然资源丰富，许多原材料都是中国所需的。同时，印尼工业基础薄弱，科技水平较低，相当多的工业制成品依赖进口。而中国拥有比较完美的工业体系，科技水平较高，中国的机械、电子、车辆船舶、化工、烟草、服装、棉花、塑料、药品及医疗器械、通信器材等产品和成套设备，十分适合印尼市场需求，适合印尼民众的消费水平。据印尼成衣与装饰品进口协会（APGAI）主席称，其协会成员几乎都从中国进口成衣，以满足国内的需求。

印尼对生产工业和民用橡塑胶制品的橡塑胶加工机械需求迫切、前景看好。

印尼本国难以大批生产橡塑胶加工机械，主要依靠进口满足市场需求。印尼生产的各种橡塑胶加工机械的零件及原料也主要依靠进口，使用本地零组件与原料的比重仅在10%～30%之间。印尼政府十分鼓励橡塑胶加工机械产品的进口。中国凭借价格优势，经过多年的开拓，在印尼橡塑胶加工机械市场占据了一定的地位，已跻身于印尼十大橡塑胶加工机械产品供应国之列。其中，中国向印尼出口的射出成型机占印尼市场的第二位，押出机占第三位，其他橡塑胶加工机械也位居第三，市场占有率为8%。并且在印尼发生金融危机期间，各类橡塑胶加工机械进口大幅下降的情况下，中国却成为少数几个进口增长率呈正增长的供应国之一。

中国家电产品近来大量进入印尼市场，市场占有率上扬。其产品包括录像机、电视机以及VCD机等，其普及程度可以与当地生产的索尼、松下、三星、LG及菲利浦等相媲美。据印尼本地的日本及韩国制造商表示，短短两年内中国电子产品的市场占有率已达到10%～20%，让向来垄断市场的本地外资家电制造商始料未及。无论是电视机或VCD机，中国产品价格通常较日本及韩国品牌低30%～50%。

由于成衣业的快速发展，印尼缝纫机市场的拓展空间极其广阔，但当地制造工厂的表现却不尽人意，因而大量购进先进的进口缝纫机以扩大生产能力。2005年，中国在工业用缝纫机的市场占有率上排名第一，但平均单价最低，仅29.5美元；我国台湾地区排名第五，但平均单价高达99.7美元，仅次于中国香港地区的218.7美元。

印尼的钢铁、金属加工、自动控制工业基础薄弱，多数工具机均需仰赖进口。在金融危机后，印尼对进口机械的需求大量减少。2002年机械的进口略有改善，前三季度资本货物的进口金额已占总金额的16.22%，仅次于石油及天然气制品。

印尼华人较多，他们注重滋补养生之道，因此中草药在印尼较为盛行，消费量较大。草药植物同样广泛应用于食用、加工、药用等领域，部分还用来生产化妆品、调味品。据印尼草药种植物生产商和出口商协会称，印尼现有可加以培植的草药300余种，但由于没有给予高度重视和专业性培植加工，本国产量供不应求，很多草药须依赖进口，例如茴香、白豆蔻、葛缕子、猫须草、山奈等等。以茴香为例，印尼每年需进口3000公吨。甘草全部从中国进口，金额为21880美元，人参进口金额为710514美元，主要是从中国香港、意大利、中国、韩国，香港占36%。在其他的药材贸易中香港也起着相当的转口作用。另外，药材的进口税为5%，无需在卫生部注册。

中国在印尼承包过大量工程，是印尼主要工程承包国之一。据印尼主管部门介绍，印尼每年的承包工程国际发包额在100美元以上，涉及能源采矿、交通运输、通信等部门，中国所占份额仍然较小，国内企业应进一步加强印尼市场的开拓力度。

（来源：陈令玉. 国际商报·中国—东盟商务周刊. 2007—07—10）

印尼食糖产业凸显合作商机

虽然印尼每年的食糖产量都保持增长，但仍无法满足国内的消费需求，每年印尼都需要进口80万吨～90万吨食糖。预计2008年印尼国内的食糖消费量将达到367万吨，但国内的食糖产量仅能达到260万吨～270万吨左右，缺口仍将近100万吨。2009年印尼食糖产量将进一步增长至289万吨，但预计消费量也将增至375万吨。这就给印尼的食糖产业发展和投资者提供了极大的合作商机。目前印尼正寻求与阿拉伯投资者合作建造糖厂，投资方对在印尼投资设厂十分感兴趣。

进入2007年以来，印尼政府发放了大量进口许可证以弥补国内食糖供给缺口。据印尼国营PTPNX糖业公司分析师称，2007年印尼的食糖产量估计为235万吨，低于国内270万吨的消费需求。为满足国内食品和饮料行业不断增长的需求，预计今年的原糖进口量将由2006年的124万吨增长至152万吨。

由于糖类产品供应的不足，印尼各地的糖价都在持续上涨。印尼面粉与糖类商业协会的总秘书长Yanto Darma Gunawan表示，如果当地种植的糖依然不能收获的话，会使情况变得更糟，这种情况将一直持续到糖的收割季节。

针对食糖供不应求而出现的糖价上涨问题，印尼将考虑进口白糖。这对于印尼周边各产糖大国来说是一个巨大的商机，尤其是中国和东盟成员国，在《中国—东盟自由贸易区框架协议》下有更多的优势。

（来源：吉军. 国际商报·中国—东盟商务周刊. 2007—07—03）

中老合资南俄河第五水电站项目动工

位于老挝北部的南俄河第五水电站项目由中国水利水电建设集团公司和老挝电力公司（EDL）共同投资兴建，合作期为25年。合作期满后，电站的所有权将归老挝政府所有。

2008年4月28日，南俄河第五电力有限公司在万象东珍酒店举行了项目开工仪式。出席该仪式的有老挝副总理兼外长通伦·西苏里博士、中国水利水电建设集团公司董事长曾兴亮（音译）、老挝能源矿产部副部长宋本·拉撒松巴斯及老挝电力公司副总经理坎曼尼·印斯拉斯。

曾兴亮在开幕式上表示，自2004年老挝政府与中国水利水电建设集团公司签署双边谅解备忘录以来，该项目得到了老挝政府的大力支持。此次大坝建设的启动更是具有里程碑式的意义，标志各项相关建设任务开始紧锣密鼓地展开。

老挝南俄河第五水电站位于老挝琅博拉邦省和川圹省之间的山区，距首都万象约300公里。发电站装机容量为120兆瓦，年发电量达507吉瓦时，生产出来的电力将销售给老挝电力公司，供应国内电力市场。

项目建设工期为48个月，总投资达2亿美元，预计2011年9月投产发电。中国水利水电建设集团公司持有该项目85%的股份，余下的15%股份由老挝电力公司持有。老挝规划与投资部已于2007年4月9日向项目投资方颁发了投资许可证。

（来源：国际商报·中国—东盟商务周刊. 2008—06—17）

云南企业同老挝签订铜矿、铅锌矿开采项目合同

根据老挝总理签发的《关于批准国家投资计划部签订在丰沙里省约乌县拾家寨开采及出口铜矿、铅锌矿合同的委托书》（字第15号），中国云南普洱市江城玉溪双龙经贸有限公司与老挝国家投资计划部，于2008年2月29日在老挝首都万象举行了“关于合作开采丰沙里省约乌县拾家寨铜矿、铅锌矿项目”的签字仪式。

该项目是云南普洱市政府与老挝丰沙里省政府矿业合作框架协议下，继雷霆公司获得煤矿开采经营权后，签订的又一矿业合作项目。合同规定，该项目采矿区域10平方公里，开采年限5年，项目的实施将对进一步推进普洱市与老挝丰沙里省的经贸合作起到积极的推动作用。

（来源：南博网. http://info.caexpo.com/zixun/touzjh/2008－04－29/42112.html. 2008—04—09）

连接中国、老挝、泰国三国的国际大通道即将全面贯通

昆明至曼谷国际大通道中国境内路段全线贯通仪式在昆明举行。至此，连接中国、老挝、泰国三国的国际大通道即将全面贯通，公路客运全线所需时间可由现在的48小时缩短至20小时，从昆明到曼谷真正实现朝发夕至。

（来源：南博网. http://info.caexpo.com/zixun/touzjh/2008－04－29/41274.html.2008—03—21）

老挝将建东西经济走廊工业贸易区

根据第32号老挝总理授权令，2008年2月24日，老挝政府和太平洋溪流发展公司签署了老挝东西经济走廊工业贸易区建设协议。

在协议中，协议双方将合作开发建设位于沙湾拿吉省面积为211公顷的老挝东西经济走廊工业贸易区。按规划，该工业贸易区将建成集工业项目、贸易项目和服务项目，如棉纺厂、制鞋厂、制衣厂、塑料厂、电子配件厂、零售店、商贸中心、学校、医院、宾馆等在内的综合性工贸区。项目开发建设形式为BOT形式，承包期限为50年，初期投资1385.65万美元，其中老挝政府以土地入股，持30%股份，太平洋溪流公司以现金和实物入股，持70%。项目建成后将为老挝特别是沙湾拿吉省人民提供3万多个就业岗位。

（来源：中国云南商务厅网站. http://www.bofcom.gov.cn/bofcom/441925621925281792/20080411/189983.html.2008—04—11）

老挝资源丰富蕴藏投资商机

老挝是一个内陆国家，西部与缅甸、泰国和柬埔寨以湄公河为天然分界线，北部与中国有着约500公里的边界线。老挝地广人稀，矿产和能源资源丰富，经济发展潜力巨大，蕴藏着巨大的商机。

老挝水电和林业等自然资源丰富，矿产资源种类丰富，但目前尚未得到开发。老挝劳动力充足。老挝制定有《投资法》，实行保护和鼓励国外投资的政策，在投资和关税等方面对外国投资实行各种优惠政策。老挝已经成为东盟、东盟自由贸易区等地区和国际组织的成员，并正在积极准备加入世界贸易组织。

近年来，国外投资项目和金额不断增加，已占老挝全国总投资额的60%。统计数字显示，在1994年至2003年的10年中，老挝的外国投资总额为25.59亿美元，近3年来投资总额达到44.78亿美元。中国对老挝投资增长很快，据2005年的统计数字，投资老挝排名前五位的国家是泰国、越南、中国、法国和日本。外国投资项目集中的领域是电力、农业、开矿、轻工业和贸易等领域。中国企业目前投资老挝的主要领域是开矿、水电和农业种植，此外还有水泥、摩托车散件组装等。

目前老挝在投资环境和吸引外资方面仍存在一些不足。如，老挝是一个内陆国家，没有海岸线，经济基础薄弱，经济发展落后，交通、电力、供水、仓库等基础设施建设不足，政府在投资项目的立项方面所掌握的信息资源较少，无法向投资者提供详细的资料和信息，使得投资风险增大。老挝正采取措施，努力改善投资环境，以吸引更多的外来投资。

（来源：南博网. http://info.caexpo.com/zixun/cafta/2008－04－29/35261.html.2008—01—08）

SINOPEC润滑油马来西亚崭露头角

为进一步开拓东南亚市场，中国石化润滑油公司加大在马来西亚市场的开拓力度，提高SINOPEC润滑油在当地的知名度，通过强化中国石化润滑油航天品质形象，推动SINOPEC润滑油市场销售出现快速增长势头。

长期以来，中国石化润滑油公司对东南亚市场进行了有针对性的产品研发和市场开拓工作。马来西亚地处东南亚的中心，是东南亚乃至世界主要的海空航运必经之路。润滑油公司着眼为其交通运输、机械设备行业的设备更新换代提供具有中国航天品质的润滑产品及服务。今年1月12日，润滑油公司在吉隆坡召开了第一次市场推介会，共有130多名客商参加，后续市场反映良好。5月17日，润滑油公司在马来西亚槟城召开产品发布会，加快SINOPEC润滑油在马来西亚的推进速度，推介会现场气氛更加热烈，出席嘉宾有300多人。

中国石化润滑油公司正在积极制定进一步措施扩大推广成效，计划在马来西亚的市场占有率实现一个新的提升。

（来源：南博网. http://info.caexpo.com/zixun/jingjqj/2008－08－22/51692.html.2008—08—22）

马来西亚计划扩大种植番薯发展粮食生产

马来西亚计划扩大番薯等短期收获农作物的种植，以加强粮食生产，解决粮食自给自足问题。

马来西亚有关当局已在东海岸地区制定了一个1000公顷的农作物种植计划，种植更多短期收获农作物，其中包括在吉兰丹、丁加奴州200公顷土地上种植番薯。

马来西亚相关官员介绍，这些地区从今年年初就开始陆续种植了番薯新品种。第一阶段，种植200公

顷番薯的目标是在今后三四个月内，收获2400～4000吨番薯。

马来西亚农业和农用工业部长穆斯塔法·穆罕默德近日曾表示，番薯种植成本低，易生长，农业部将加强、扩大和鼓励番薯的种植，使之成为马来西亚除大米之外的主要粮食。

农业部门官员还表示，有关当局还将为番薯生产建立配套加工厂和销售渠道。

马来西亚农业主要注重发展经济价值较高的作物，如棕榈油等。目前其大米、水果等农产品有很大部分需要进口。

（来源：南博网．http://info. caexpo. com/zixun/jingjqj/2008－06－25/48091. html. 2008—08—20）

马来西亚加大木材投资力度

2008年7月，马来西亚种植与原产业部长陈华贵在出席马木材工业局成立35周年庆祝会上说，马来西亚木材产业市值预计达76亿马币，政府在2007年批准的木材领域投资额达8.8亿马币，占原产业总投资额的23%，其中本地投资4.9亿马币，占总投资额约56%，外来投资达3.9亿马币，占总投资额约44%。2007年马木材出口额226.5亿马币，在过去的10年间增长60%。2007年木材业为国内生产总值贡献率为2%，提供超过30万人的就业。

（来源：南博网．http://info. caexpo. com/zixun/jingjqj/2008－08－01/50523. html. 2008—07—31）

马来西亚暂不开放汽车市场

马来西亚国际贸易及工业部部长慕尤丁在出席2008年世贸组织贸易部长会议后表示，在全力履行WTO贸易承诺的同时，马来西亚并不急于放开本地的汽车领域。

慕尤丁指出，马来西亚汽车领域仍不够先进，并远远落后于很多发达国家，因此需要更多的时间和空间来追赶。在进一步开放汽车市场之前，政府会先确定马来西亚国产车企业（如国家汽车控股，Proton）已取得长期的竞争优势并成为出口主导的企业。

（来源：中国驻马来西亚大使馆经济商务参赞处网站．http://my. mofcom. gov. cn/aarticle/sqfb/200807/20080705684671. html. 2008—07—24）

马来西亚公司将建海湾首座燃煤电厂

2008年7月，阿联酋与马来西亚MMC公司签订价值2亿多美元协议以建设海湾地区首座燃煤电厂。

阿联酋有世界大约3.5%的天然气储藏，是世界第五大石油出口国。正如其他石油出口国一样，阿联酋缺乏天然气发电装置，目前正在寻找替代办法。

海湾地区有全世界大部分石油和天然气储藏，由于几乎没有煤，电力仍依靠进口。

因为电力需求旺盛，而天然气短缺。海湾国家沙特、阿曼和巴林都研究了建设燃煤发电厂的可行性。燃煤电厂比较经济，它比燃油发电便宜。这座装机100万千瓦的电厂将建设在阿联酋北部。

马来西亚公司MMC将自筹资金建设和运营燃煤电厂20年，在此期间部分利润将归阿治曼（Ajman）所有。整个建设工作需要40个月。通过进行可行性、技术和环境研究，电厂将建在阿治曼旅馆和旅游胜地附近。

阿联酋其他酋长也在寻找燃气发电的替代办法，如核电或太阳能。阿联酋2008年1月与石油大亨BP和矿业公司RioTinto签订建设20亿美元氢能发电厂协议，包括建设一座装机10万千瓦太阳能发电厂。迪拜正在进行氢燃料电厂的可行性研究工作，燃料是从煤中提炼的氢。阿联酋和阿曼的水泥制造者在燃气短缺时已经进口煤烧制水泥。

（来源：中国电力新闻网．http://www. in－en. com/power/html/power－1727172787215843. html. 2008—07—23）

能源上涨影响马来西亚陶瓷产业

由于能源费用高涨，从2008年7月1日开始马来西亚陶瓷制品的价格将增加20%～45%。同时来自马来西亚制造商（fmm）联盟的消息表明价格上升的陶瓷产品包括陶瓷模型、瓷砖、陶瓷碗筷、泥烟斗和洁具。

（来源：中国陶瓷网．http://www. ctaoci. com/html/2008－07－16/45540. html. 2008—07—15）

第二家园项目投资者可享受马政府特殊待遇

2008年第一季度，马来西亚第二家园项目累计批准381家，其10大来源国为：日本65家；英国55家；伊朗29家；中国28家；韩国28家；孟加拉23家；斯里兰卡22家；新加坡12家；美国12家；澳大利亚9家；其他为98家。

目前，马来西亚政府已批准219家代理公司从事该项目中介活动，真正投入运营的企业仅有52家。为吸引更多申请者，较大规模的中介公司不仅积极与各国旅游机构联手推介项目，也在酝酿推出一些促销配套措施，如与第二家园项目申请者签订子女本地入学和海外留学一揽子协议，或与本地投资银行联合，让第二家园项目的存款高于普通存款利率等。

世界各国符合条件的人士均可申请马来西亚第二家园项目，并可带上18岁以下家庭成员和一名女性家庭保姆在马来西亚长期居留。由于马来西亚第二家园项目的目的之一是吸引外资，因此在所有条件中，资金是最为重要的。具体规定如下：

1. 年满21岁没有犯罪记录的外国公民均可申请（马来西亚移民条例下不允许入境的人士和拥有马来西亚籍配偶的外籍人士除外）。

2. 有良好的健康状况，须持马来西亚当地医院医师出具的健康报告和马来西亚医疗保险单。

3. 提供能证明个人身份和资金情况的相关材料，包括个人身份证件、银行存款证明（不低于50万马币）、工资单、养老保险单等，并附上经过认证的中英文副本。

4. 在马来西亚银行任何一家银行（包括在马设立的外国银行）设立固定存款账户，并存入规定数额的现金：

——年龄在50岁以下申请者：

定期存款30万马币或相当于30万马币的美元存款；

——年龄在50岁以上申请者：

1. 定期存款15万马币或相当于15万马币的美元存款；

2. 出示每月1万马币以上的收入证明（除退休金以外，银行利息、物业收益等都可作为收入计算在内）。

需提交的材料和申请程序

（一）申请人须提供的资料

马来西亚第二家园项目的申请人必须向马政府授权的中介机构提供下列材料供政府部门审核：

1. 个人申请函，内容包括个人资料、陪同人员情况和在马来西亚生活的资金来源等；

2. 填写马来西亚政府IM12申请表，用来办理普通签证；

3. 填写马来西亚政府MM2H申请表，用来申请第二家园项目；

4. 最近3个月的银行记录和3个月的工资单（原件）；

5. 4张护照照片、3张彩色照片（3.5cm×5.0cm）；

6. 申请人护照所有页面复印件一套；

7. 其他的证明材料如身份证、结婚（未婚）证明及中英文公证材料。

曾担任重要职务的申请者，出具单位证明信、职位和就职年份等材料，将有助于申请成功。

（二）申请程序

1. 通过政府授权的中介公司提交基础资料，供马来西亚相关部门核准（马旅游部的旅游观光局和马内政部的移民局是两个主要负责部门）；

2. 获得核准后，在马办理体检、开设银行账户并按规定数额转款；

3. 提交转款单，体检单及其他相关材料，申请签证。

4. 抵达马来西亚6个月内办理相关证件和手续，享受应有待遇。

按照政府规定，第二家园项目的申请批准时间为45个工作日，一般情况下，整个过程需要3个月左右的时间。申请批准后6个月不办理入境手续者，申请自动失效。

可享受的待遇

申请成功者可享受马来西亚政府规定的如下待遇：

1. 可在马来西亚购置两栋（套）价格15万马币以上的永久产权（999年）房屋（折合人民币约33万元，超过两栋/套须经马来政府批准），用于家庭居住或长短期投资，并可以从马来西亚政府指定银行获得60%～80%的房屋按揭贷款（根据个体年龄和信用差异，贷款数额相差甚远，也有贷款完全失败的先例）。

个别州政府规定购房的价格有别：彭亨、马六甲、新山3州要求25万马币以上，沙捞越要求35万马币以上，其他均为15万马币以上。

2. 可免购买一辆本地生产或组装车，政府免征消费税、销售税和进口税；原自有车辆（限一辆）可带入马来西亚，免征上述税款（6个月内向马财政部、贸工部申请有效）。

马来西亚政府认可所有国家发出的国际驾照，持其他国家驾照者经本国驻当地使馆确认后，可换取马来西亚驾照。

3. 在马来西亚无限期居留。马来西亚的一般旅游签证期限是30天，而第二家园项目成功申请者可以得到10年有效期的多次入境签证，并可以永久续签。

4. 可以自由在国外设立账户，也可在马来西亚的任何一家银行存入其他币种，并可以自由转移到国外。任何币种的存款都可以享受利息，且无利息税；

5. 申请成功一年之后，6万马币继续存在银行，其他资金可从银行提取，用于买房置地、投资办厂、子女教育和医疗保险等。

6. 可以在马来西亚创业办厂，享受和马来西亚公民一样用工和税收政策。其间，所有境外收入不需纳税。除非移民局批准，申请者不可在马来西亚务工。

7. 父母年龄超过60岁的成功申请者，还可以带父母一同到马来西亚居住，父母可获得每次停留6个月期限的签证，并可在10年内不断更新。

8. 可随时申请终止第二家园项目，并可将所购房屋自由转卖，政府免收增值税。中介公司帮助办理相关终止手续。

（来源：郭思玲．国际商报·中国—东盟商务周刊．2008—06—24）

马来西亚公布优惠措施吸引外商投资经济特区

2008年7月14日，马来西亚总理巴达维宣布东海岸经济走廊计划的优惠措施。即时生效的优惠政策包括旅游业、制造业、石油化学业、农业及教育。

优惠政策包括，投资旅游业豁免10年税务及印花税；投资石油化学盈利可享有10年免税；投资制造业将从赚取盈利开始，免5年税收。

马来西亚政府还将豁免原料、零件、机器、备件、一次性用品及工具的入口税及路税。东海岸经济走廊会在不久后成为一个具有竞争力和进步的经济特区。

2007年10月底，巴达维宣布推出东海岸经济区计划。经济区涵盖了马来西亚半岛东海岸的吉兰丹、丁加奴和彭亨3个州以及柔佛州的丰盛港地区。

根据计划，马来西亚将在东海岸经济区内开发270个基础设施建设、旅游、教育、农业以及石油天然气项目，总投资计划达到1120亿马币。

马来西亚政府自2005年开始酝酿建立经济区的设想，目前已有柔佛南部经济区、北部经济走廊特区、东海岸经济区、东马经济区。

（来源：中国新闻网·云南新闻网. http://www. yn. chinanews. com. cn/html/dongmeng/20080616/60955. html. 2008—06—16）

马来西亚手绢市场趋于饱和发展空间有限

2008年5月6日，马来西亚以及来自其他国家的一些针织厂商表示，马来西亚手绢市场目前已趋于饱和，除非马来西亚人改变习惯，否则很难再有发展空间。

相关厂商当天在马来西亚南部柔佛州首府新山举行的国际手绢生产厂家大会上提及，世界目前手绢使用量正在下降，人们越来越倾向使用手纸巾，使用完后可以扔掉，而手绢需要洗涤和烫熨。马来西亚也不例外。

马来西亚最大的手绢生产厂家WINITEX公司表示，尽管如此，马来西亚仍然需要寻找途径推动手绢销售，因为使用手巾纸消耗大量的木材。马来西亚目前主要手绢使用者主要是40岁以上的男士。

日本最大的手绢零售商Nakimishi公司说，日本是目前世界上最大的手绢零售市场，年销售额约为10亿美元，其次是美国。

（来源：新华网. http://www. bcnq. com/news/20085/200851090548. html. 2008—05—10）

马来西亚向东盟开放服务领域

马来西亚国际贸易及工业部贸工部部长慕尤丁称，马来西亚已实施关税减免并在对东盟开放服务领域方面达到其承诺。

马来西亚已兑现它在东盟自由贸易区协定下的承诺，从2007年1月1日起，在10181项关税中，撤销81.42%的产品贸易关税。

“马来西亚也废除二十九种产品的进口准证限制，比如重型机械、起重机及叉车等”。慕尤丁在出席为期两天的东盟经济部长大会后指出，在服务领域，马来西亚已经按照减税时间表及时减免一些产品的税费。他表示，东盟国家必须加强东盟各国之间的商贸联系，特别是东盟国家中小企业的合作，因为东盟即将与中国、日本及韩国完成自由贸易协定的谈判。

（来源：赵胜玉. 中国新闻社. 2008—05—06）

马来西亚政府鼓励外商投资

2006年马来西亚很多本地银行已经注销自1997和1998年金融风暴所积累的长年呆账，银行业已经从当时造成的损害中得到恢复。2006年以来马来西亚经济发展的主要特点，是制造业保持高速增长、农业生产扭转负增长局面、服务业对经济增长的贡献提高。

2005年中国与马来西亚贸易总额为307亿美元，同比增长16.9%，2006年达到371亿美元，同比增长20.9%。在东盟10国中，马来西亚对中国贸易居于首位。中国继续保持马来西亚第四大出口市场地位，而在进口方面，中国超过新加坡成为马来西亚第三大进口来源地。

据马来西亚统计局资料，2006年，机电产品、塑料橡胶及其制品、动植物油及油脂、光学及医疗仪器、矿产品及木材及制品是马来西亚对华出口的主要商品，这六类产品的出口额合计占马来西亚对华出口总额的80%以上。

马来西亚资源丰富，是世界第一大锡出口国，橡胶产量、石油及天然气储藏量居世界前列。马来西亚公路和铁路主要干线贯穿马来半岛南北，航空业亦发达，加之良好的投资环境和投资政策，使马来西亚成为东南亚各国中一个颇受外资青睐的国家。

在马来西亚，消费者普遍认为中国商品物美价廉。因而中国的许多产品，包括日用品、机械设备、电子产品在马来西亚都有着很大的市场。在投资方面，马来西亚非常欢迎中国企业，尤其是高科技企业来马投资。马方希望在科技、生物工程领域、基础设施建设、农业、信息通信技术、教育、旅游等领域加强与中方合作。

马来西亚制造业增长前景看好，主要包括食品制造、饮料及香烟产品、纸产品、非金属矿产品、橡胶产品、工业化学、塑胶产品、石油产品、基本金属、铸造金属以及交通设备等。

（来源：南博网. http://www. caexpo. com/special/economy/Malaysia/1. html. 2008—03—04）

中马远洋渔业合作前景广阔

2008年3月，马来西亚农业部副部长莫哈末沙立表示，马来西亚欢迎有实力的中国公司来马来西亚投资，与马当地企业合作，进行远洋渔业开发。2008年1月23日，莫哈末沙立约见中国驻马来西亚使馆参赞高文宽，探讨两国合作进行远洋渔业合作开发等问题。马来西亚政府准备颁发部分远洋捕捞执照给予中马合资公司，以鼓励和支持双方在远洋渔业方面的合作。

马来西亚渔业资源丰富，年可持续捕量为119万吨，其中，“西马”部分约78万吨，其余为“东马”的可捕量。可捕的渔业品种繁多，据马来西亚政府调查估计了12海里和200海里间的中上层资源总生物量为51.02万吨，可捕量为25.51万吨，还不包含“西马”东岸的鲤鱼和金枪鱼可捕量估计为5万吨。

“东马”当地已经建立了码头、渔民及家属专用的生活居住区域，企业只要投入渔船、渔民和资金，就可以开展捕捞作业。另外，该海域没有禁渔期限，可以全年生产，且加工基地离捕捞区域比较近，可以就地加工。

目前，马来西亚有500余艘泰籍深海捕捞船只在该国海域开展渔业生产，而本国却只有不足100艘深海作业船只。中国企业拥有成熟的渔业生产技术和较强的实力，双方合作得到两国政府的支持。

随着中国近海捕捞资源的日趋衰退以及与周边国家海洋权益的划分，海洋捕捞业正面临产量下降、渔场缩小、效益滑坡的严峻形势，冲出国门发展远洋渔业已经成为实现捕捞业可持续发展的当务之急。

2007年5月，经中国和马来西亚两国相关部门批准，中国北海市远洋渔业发展有限公司同马来西亚安格渔业发展有限公司共同合作，在马来西亚海域进行渔业生产活动。

2007年11月，乐清市天祥远洋渔业开发有限公司和马来西亚兴发集团，合资开发马来西亚东马海域远洋渔业暨渔业加工园区建设项目，中国温州将在2010年前内筹集200艘大马力钢质渔轮，赴马来西亚东马海域从事捕捞作业。该项目将持续30年，概算资金6000万元，3年内前往马来西亚的渔民约2800人。项目实施三年后，预计每年可为国内创汇1亿美元。

近几年来，中国实施“走出去”战略，政府加强对远洋渔业支持力度，远洋渔业开发热潮正在全国范围内蓬勃兴起。

2006年，根据2001～2010年的《中国远洋渔业发展总体规划》和《国家计委关于发展远洋渔业有关问题的报告》，为加快远洋渔业发展，优化远洋渔业产业结构，中国对远洋渔业企业建造远洋渔船给予一定投资补助，其中：对超低温金枪鱼延绳钓船每艘补助建造资金的30%，对玻璃钢冷海水金枪鱼延绳钓船每艘补助建造资金的25%，对大型鱿鱼钓船每艘补助建造资金的20%。国家安排国债投资8308万元用于远洋渔船建造补助，投资重点是列入国家支持范围的远洋渔业企业。

2008年1月31日，中国中共中央、国务院2008年发布一号文件，其中再次提出支持发展远洋渔业：“推行水产健康养殖，强化水生生物资源养护，落实禁渔休渔制度，加强渔业安全基础设施建设，支持发展远洋渔业。”

2007年7月，河北将立法鼓励发展远洋渔业。对建造或者购买远洋渔船从事远洋捕捞生产的，应当给予扶持，以促进“走出去”战略的实施，参与省际和国际渔业资源的分享。2007年底，深圳市出台专门政策措施，大力扶持远洋渔业发展，并将其作为突破口，推动和促进整个海洋产业的发展。

（来源：汪名立．国际商报·中国—东盟商务周刊．2008—03—04）

中马商业论坛引领中马投资合作

2008年7月5日，主题为“成长的双边关系，拓展商业良机”的中马商业论坛在马来西亚柔南依斯干达经济特区所在地——新山举行，论坛由中马商务理事会联合柔州投资中心及亚洲策略与领导机构联合举办。

目前中国对马投资额为3000万美元，马来西亚对华投资额为3.2亿美元。中马两国自1974年建交以来，双边关系取得快速进展，近年来，经贸方面的往来尤其密切，2006年的双边贸易额更达到371亿美元的创新纪录，比2005年增长了21%。在两国经济快速发展的势头下，中马要在2010年前提早达到突破500亿美元的双边贸易总额目标，指日可待。

基于互利双赢的原则，中马经贸之间还是有许多可以互相协调与弥补的地方。目前，中马之间的投资数额存有极大落差，马来西亚企业家近几个月到中国投资的总额高达3.2亿美元，而中国企业在马来西亚的投资额却只有3000万美元，不足马来西亚商家在华投资额的十分之一。以中国2006年在全球贸易总额的1.7兆美元，与马来西亚的贸易额仅占2%，中马两国进一步合作的提升空间仍然很大。

在吸引中国企业前来投资方面，马来西亚政府应考虑借助马来西亚众多华商和华团组织，尤其是马中经贸总商会的经验和力量，让华商直接参与政府的招商活动，或由华商扮演搭建桥梁的角色。

马来西亚新近推介的柔佛州“依斯干达”南部经济区，占地2217平方公里，以中国经济特区的发展模式为学习对象，是中马企业界最能“开拓商业良机”的主要据点。

马来西亚正在积极争取东盟内主要投资目的地的地位，马来西亚政府将继续为投资者提供一个更加开放的投资环境。

（来源：丁一．国际商报·中国—东盟商务周刊．2007—07—12）

国际市场需求量大幅增长　缅甸扩大橡胶种植

橡胶是一种用途广泛的工业原料。随着全球经济的发展，国际市场上橡胶的需求量大幅增长，价格不断攀升。

近年来，缅甸凭借其适宜的气候和富饶的土地资源积极扩大橡胶种植，截至2007～2008财政年度末，全国种植橡胶90万英亩，生产橡胶8万吨。缅甸政府号召企业和农场主继续扩大橡胶种植，力争在2008～2009财政年度增加20万英亩种植面积。

（来源：中国商务部网站．http://mandalay.mofcom.gov.cn/aarticle/jmxw/200807/20080705688627.html．2008—07—25）

缅甸仍需大量化肥

缅甸农业公司负责人说：目前正值农业种植季节，虽然通过边境贸易从国外进口了大量化肥，但要提高农业生产还远远不足。

缅甸稻谷可种面积1900万英亩，如都使用化肥，共需要1900万袋，目前只有每英亩产量在100箩（1箩=40.9升）的稻田使用化肥，其他稻田配合使用自然肥料。

市场上50公斤装化肥每袋约24美元。进口化肥的边境口岸有木姐、毛垛、妙瓦底。2008年6月的第二周内缅甸仅从妙瓦底一个口岸就进口了价值1200万缅币（约1万多美元）的化肥。

（来源：中国驻缅甸大使馆经济商务参赞处网站．http://mm.mofcom.gov.cn/aarticle/jmxw/200807/20080705657159.html．2008—7—10）

中缅经贸合作开创新格局

据缅甸渔业局副处长吴丁腊介绍，目前中国是缅甸水产品的最大出口国，出口产品主要是海水鱼虾。从缅甸近10年水产品出口统计情况看，中国连续8年为缅甸最大的水产品出口国。

现阶段，缅甸盛产印度洋高质量鱼虾与中国市场大量需求形成了供求配对优势。缅甸拥有长达2700多公里的印度洋海岸线，水产品的年产量约为200多万吨，除国内需求外，可供出口的水产品达100多万吨。

中国对缅甸部分水产品免关税，也是促进缅甸水产品大量出口中国的因素之一。根据“早期收获计划”，缅甸的早期收获产品从2006年开始降税，至2009年取消全部关税。缅甸的早期收获产品包括活动物、肉类、鱼、乳制品、蔬菜和水果在内的596个品种，这意味着缅甸水产品出口中国较其他国家和地区成本更低，利润空间更大。

近年来，缅中两国在农村适用技术、农业投资和农产品开发等方面合作步伐加快，政府的高度重视和全力推动产生了积极效应，展示了良好的合作前景。

缅甸与中国在农业装备技术方面合作的空间巨大，缅甸农业机械主要以小型农机为主，包括手扶拖拉机、动力耕整机、割晒机、脱粒机等。缅甸国内农机生产主要以进口装配为主，目前已建成5条农机生产、加工、装配线，主要产品有动力耕整机、割晒机、旋耕机和脱粒机，主要部件包括柴油机、主轴、齿轮等都从中国进口，农机进口关税低，部分可以拿到零关税。

中国是工艺品消费大国。随着中国经济持续发展，人们越来越喜欢把特色工艺品作为使用、收集或馈赠的佳品，各类特色商品及工艺品在中国具有广阔的消费市场。

缅甸的宝石玉器、陶瓷、玻璃、青铜和木雕等商品以其精湛的工艺、浓郁的民族特色而驰名。蒲甘时代装饰寺塔用的陶饰板浮雕精美，木雕和各种玻璃器皿也颇有特色，尤其是与古塔相关的工艺品，因其丰富的内涵和悠久的历史而独树一帜。经历世代变迁，如今的缅甸手工艺品风采依然、独具特色，为世人所瞩目，也深受中国消费者的喜爱。

仅2007年1～10月，东盟国家出口中国的轻工工艺品总额累计达35.87亿美元，其中缅甸工艺品的出口占据了很大的份额。

（来源：博秘．国际商报·中国—东盟商务周刊．2008—06—24）

中粮集团在缅进行木薯示范种植

中国中粮集团与缅甸农业部合作，在缅甸农业部提供的仰光毛比镇区鸟那兵的MAS和MFE两个农场50英亩的土地以及缅甸私人企业提供的50英亩土地上进行木薯示范种植。该项目由中粮集团向缅方提供中国优质木薯种苗、对木薯种植进行指导和现场技术培训并承担种植的相关费用。中粮集团希望通过示范项目，带动缅甸开展大规模的木薯种植。

（来源：中国驻缅甸大使馆经济商务参赞处网站．http://mm.mofcom.gov.cn/aarticle/jmxw/200706/20070604797907.html．2007—06—20）

中国对缅甸鳗鲡需求量增加

缅甸鳗鲡主要出口到中国、泰国和新加坡。泰国和新加坡鳗鲡需求量保持在一般水平，而中国近来对鳗鲡需求量明显增加。2008 年 5 月通过木姐 105 码进入中国的鳗鲡只有 5 吨，而目前中国对鳗鲡的需求量仍在上升。目前鳗鲡价格按规格每吨 6600～7000 美元。

（来源：中国驻曼德勒总领事馆经济商务室网站. http://mandalay.mofcom.gov.cn/aarticle/sqfb/200806/20080605591754.html. 2008—06—12）

缅甸遭风暴　翡翠下半年预计将涨价

由于最大的翡翠出产国缅甸遭遇热带风暴袭击，专家预计受此影响，2008 年下半年翡翠零售价格将会上涨。但是目前北京经营珠宝首饰的大型市场的翡翠并没有因缅甸受灾而涨价。

中国珠宝首饰评估准则起草小组成员万謇女士表示，翡翠销售时间长，目前暂未受影响。但原定每年 6 月举办的缅甸翡翠原料拍卖会 2008 年将因灾推迟，会影响经销商进货，预计北京 2008 年下半年翡翠零售价格将会出现上涨。

（来源：范维. 产经网—中国矿业报. 2008—06—04）

中石油与韩国大宇国际签署缅甸合作项目谅解备忘录

2008 年 5 月 28 日，中国石油天然气集团公司与韩国大宇国际株式会社在北京签署缅甸合作项目谅解备忘录，后者牵头的财团拥有缅甸西海岸 SHWE, SHWEYHYU 及 MYA 三处天然气田的股份。

中石油集团 2007 年 1 月份与缅甸能源部签订生产分成合约，涉及缅甸西海岸三个深水区块的石油与天然气勘探项目。大宇国际牵头的财团则拥有缅甸西海岸 SHWE, SHWEYHYU 及 MYA 处天然气田的股份。

中国石油集团总经理蒋洁敏与韩国知识经济部部长李允镐出席签字仪式。出席签字仪式的还有中国石油集团副总经理廖水远、总经理助理汪东进和中国石油股份公司总工程师黄维和。

（来源：丁丁. 国际商报·中国—东盟商务周刊. 2008—06—03）

缅甸虾壳走俏中国市场

国际市场饲料用虾壳需求量每月以百吨计，中国和泰国是虾壳的主要进口国。从妙瓦底出口泰国的缅甸虾壳每吨 350 美元，从木姐 105 码出口到中国的缅甸虾壳每吨 330 美元，出口泰国虾壳价格比出口中国价格高，但中国需求量比泰国大。此外，孟加拉国也计划进口缅甸虾壳。

（来源：中国驻曼德勒总领事馆经济商务室网站. http://mandalay.mofcom.gov.cn/aarticle/sqfb/200805/20080505539405.html. 2008—05—19）

缅甸产品在中国有无限商机

农产品：互补性强

借助在中国广西南宁举行的中国—东盟博览会这一大舞台，越来越多的缅甸农产品企业大力开拓中国市场取得良好成效。

两国农产品贸易具有很强的互补性：缅甸出口的蔬菜和水果等农产品多为热带品种，而中国出口的产品多为季节性品种。在第四届中国—东盟博览会上，缅甸的农产品、水产品及林木产品等受到中国买家的特别欢迎。在与中国企业成交商品中，农产品所占比重最大。缅甸商家意识到，缅甸农产品企业进军中国市场将迎来无限商机。

《中国—东盟全面经济合作框架协议》对中国—东盟自由贸易区各国的部分产品实施“早期收获”计划，即有计划地提前降低产品特别是农产品的税率。随着中国—东盟自由贸易区建设进程的不断推进，这一特色优势使缅中贸易成本更低，缅甸农产品企业进军中国市场将获得越来越大的利润空间。

宝石玉器：备受青睐

缅甸海关总署统计，仅 2007 年 1～6 月，缅甸出口中国的珠宝产品达 443.99 万美元。特别是 2007 年 10 月，在中国南宁举办的第四届中国—东盟博览会上，缅甸采用独立包馆的形式，共设置了 116 个展位，集中展出的缅甸漆器、挂毯、肩包、曼德勒丝绸等各色特产展品。作为主打展品的宝石玉器和柚木，广受各国参会者好评，成为展会上最抢眼的亮点之一。

红木家具：需求旺盛

2004 年以来，通过一年一度的中国—东盟博览会，缅甸木材家具在中国的家具市场占据了重要地位。据缅甸海关总署统计，仅 2007 年 1～6 月，缅甸对中国的林产品出口总额就达到了 2313.1 万美元。

中国人对古香古色的红木家具有特殊的偏好。改革开放 30 年来，随着经济的飞速发展，人民生活水平有了很大提高，高档次的木材家具开始走进寻常百姓之家，极大地刺激了中国木材家具市场的发展。古韵悠长、文化内涵丰富、极具收藏价值且具有较大升值空间的红木家具，如黄花梨、紫檀、鸡翅木、南榆木等家具备受消费者青睐。

从2007年起，中国政府对木制家具进口实施零关税政策。这一举措再次激发了中国红木家具市场的进口需求。2007年1～10月，中国从东盟国家进口木材家具总额达9.06亿美元，同比增长15.08%；其中红木家具进口额为1.6亿美元，同比增长254.97%。仅2007年一年，红木家具总体平均涨幅超过50%。

有专家预测：今后10年，中国红木家具市场的进口需求量将以每年10%～15%的速度递增，作为中国在东南亚的重要贸易伙伴，同时也是世界木材家具出口大国的缅甸，将在中国家具市场大有作为。

（来源：杜蔚涛．广西新闻网—广西日报．2008—04—15）

缅甸与越南将加强经贸合作

2008年内，缅甸与越南将加强经贸合作，首先将在工业合作领域扩大投资。2008年中期，越南将首次到缅甸举办商品展销会。2006～2007财年，缅甸与越南的贸易额仅为7150万美元，计划2007～2008财年两国贸易额为1亿美元。截至目前，越南自缅甸进口的商品为橡胶、锡矿和部分林业产品。

由于越南和缅甸均为东盟组织成员国，双方保持着良好的关系，缅甸对越南贸易进一步开放，以促使越南商人将越南的商品更多的向缅甸出口。

2007年11月，越南总理阮晋勇与到访的缅甸总理登盛举行会谈时说，作为缅甸的友好邻邦和东盟成员国，越南十分关注当前缅甸的局势，并希望缅甸早日恢复稳定，以便集中力量进行国家建设与发展。阮晋勇表示，越南重视加强和发展与缅甸的友好合作关系，特别是在经贸、农业、油气和电信等领域的合作。越南随时准备待缅甸贸易进一步开放时向缅甸市场出口更多的越南商品。

此前，缅甸经济贸易部官员建议，设法谋求缅甸与越南之间互惠合作贸易额增加的途径。缅甸经贸部指出，越南是缅甸在东盟贸易伙伴中得力的贸易对象之一。

缅甸向越南出口的主要商品包括水产、农产品、木材及木制品和铜矿等，最多的为红铜，2004～2005年度内，已输销了价值600万美元的红铜，但玉米粒的输出，因政府有所限制，输销量减降。缅甸从越南进口的商品主要是：电器产品、日光灯（管）、化工产品和药品等。越南希望向缅甸出口更多的日用品，这是因为2005年1～8月，越南与缅甸双边贸易中，缅甸出现顺差达到了1200万美元。

（来源：国际商报·中国—东盟商务周刊．2008—03—11）

中国传统式红木家具亮相缅甸家具展受欢迎

第三届缅甸家具展2008年3月3日在仰光开幕。用缅甸红木制成的中国传统式家具成为本次展览的一道亮丽风景线，深受参观者的喜爱。

缅甸1992年颁布森林法后，加强了森林保护，禁止私营公司经营柚木原木出口，鼓励私营企业扩大木制品的加工出口。缅甸林业部长登昂在家具展开幕式上致词说，家具展表明缅甸可以制作增加附加值的高质量木制品。他敦促从事木业的缅甸企业家共同努力发展缅甸的林业，以促进国民经济的发展。

据缅甸官方统计数据，缅甸2006～2007年度出口柚木49万立方米，硬木90万立方米，创外汇5.22亿美元。在2007～2008年度的上半年里，缅甸木材出口创汇为2.68亿美元。随着加工技术和设计水平的提高，缅甸家具具有良好的出口前景。

（来源：新华网．http://big5.xinhuanet.com/gate/big5/news.xinhuanet.com/newscenter/2008—03/03/content_7710251.htm.2008—03—03）

缅甸液晶彩电热销

由于液晶（LCD）彩电与传统阴极射线管（CRT）彩电的价格差距缩小，很多人趋于选择稍贵一点的液晶彩电。

2007年初，索尼26英寸LCD彩电每台价格170万缅元，而2008年初只卖90万缅元，32英寸的价格也从260万缅元降到130万缅元。两种尺寸的LCD彩电降价幅度均在50%左右。同期，29英寸的CRT彩电价格从65万缅元降到56万缅元，降价幅度不足15%。同尺寸的彩电，LCD与CRT价格比从3倍降到2倍左右。目前因价格和尺寸原因，缅甸市场上32英寸彩电的卖得最好。

（来源：中国驻曼德勒总领馆经商室网站．http://mandalay.mofcom.gov.cn/aarticle/ztdy/200801/20080105365819.html.2008—02—02）

缅甸调整芒果出口计税价格

从2008年6月1日开始，缅甸商务部调整了通过边境口岸出口到中国的芒果计税价格。

原出口芒果不分档次，计税价格均为600美元/吨。为了扩大水果出口，缅方降低了芒果的计税价格。

调整后的计税价格为："圣德龙"555美元/吨；"瑞英达"350美元/吨；"秒焦"、"英桂"以及其他种类芒果250美元/吨。芒果出口征收税率为：10%。

（来源：中国商务部姐告边境贸易商务之窗．http://jiegaojkq.mofcom.gov.cn/aarticle/dongtai/

200707/20070704847210. html. 2007—07—03)

菲律宾将大米进口配额提高到240万吨

菲律宾政府将2008年大米进口配额提高到240万吨，旨在进一步提高国内大米库存。此前政府允许国家食品署2008年进口210万吨大米，填补国内供应缺口。因为国际大米价格高企来自政府的竞争激烈，在政府举行的大米配额竞价交易会上，国内贸易商没有多大的参与兴趣。

（来源：南博网. http://info. caexpo. com/zixun/jingjqj/2008－06－25/48130. html. 2008—06—25）

菲律宾软件公司拟加大在中国的扩张

菲律宾信息技术公司Gurango软件公司2008年5月27日表示，该公司2008年第一季度毛收入同比增长超过10倍，达到3700万比索（约86万美元），净利润则增加到6至7百万比索。该公司计划2008年将加大在中国和中东地区等菲律宾传统市场的扩张。

（来源：中国驻菲律宾大使馆经济商务参赞处网站. http://ph. mofcom. gov. cn/aarticle/jmxw/200805/20080505566234. html. 2008—05—30）

菲律宾面临水稻种子短缺状况

2008年上半年菲律宾水稻种子市场紧俏，菲律宾农民加快出售稻谷。面对可能出现的2009年留种不足问题，菲律宾农业部紧急决定，将认证种子的收购价从每公斤20比索提高到30比索。拜尔公司是菲律宾杂交稻种子的主要供应商，其种子生产主要集中在印度，而印度宣布禁止种子出口将导致菲律宾杂交稻种子面临短缺的危险。

（来源：南博网. http://info. caexpo. com/zixun/jingjqj/2008－05－28/46655. html. 2008—05—28）

中国与菲律宾2007年贸易量创新高

2007年菲律宾与中国的贸易量再创新纪录，高达306.2亿美元。

中菲两国间的双边贸易在2007年取得了显著的增长，比2000年的31.4亿美元增长了近10倍。2007年的贸易量超过了2005年既定的在2010年达到300亿美元的目标，两国间的双边贸易增长率高达至少35%，比过去7年的年平均增长率都要高。

从21世纪开始，两国间合作的增长趋势显著。直到2006年，贸易量创下234.1亿美元，是1975年两国刚建立外交关系时的360倍。

中国向菲律宾的出口包括电子产品、纺织品和服装、钢铁和轻工业产品等。另外，菲律宾向中国出口的80%都是电子产品。

（来源：南博网. http://info. caexpo. com/zixun/jingjqj/2008－05－16/46040. html. 2008—05—16）

中国批准菲律宾八家公司获准向中国出口芒果

中方批准菲律宾Fruitful收成公司、Mabuhay、Phil—Harvest、钻石星农产品公司、DHM、Wenatchee、Hilas、Marsman Drysdale食品公司等八家企业可从2008年5月起向中国出口芒果。

（来源：中国驻宿务总领事馆经济商务室网站. http://cebu. mofcom. gov. cn/aarticle/jmxw/200805/20080505527924. html. 2008—05—13）

菲服务外包业凸显竞争优势

菲律宾位于亚洲的中心，交通便利，在国际商务中是海运、空运的必经之路。菲律宾是东西商业交流的十字路口，也是进入东盟市场的重要关口，是当前世界经济发展最快的区域之一。

菲律宾经济属于出口导向型经济。第三产业在国民经济中地位突出，同时农业和制造业也占相当比重。20世纪60年代后期采取开放政策，积极吸引外资，经济发展取得显著成效。

菲律宾目前拥有2900万技术人员，其中IT及电脑科学专业人员7万名、工程师3.5万人、注册会计师10万人、商务管理人员10万名，拥有充足的人才资源。

菲律宾具有英语优势，全国72%的人能流利使用英语，技术人员熟悉国际水平的专业知识及用户服务标准，具备良好的业务能力及职业道德，容易与外包国沟通。据世界外包市场调查显示，菲律宾服务人员的英语表达和理解能力优于印度、爱尔兰等国家。

菲律宾普通劳动力成本为平均每月234美元，低于亚洲大多数国家，略高于印度、印尼；技术人员月薪在400～800美元之间；白领雇员平均工资水平仅为美国的14%，经营成本低廉。

菲律宾政府致力于信息产业的发展和商业外包服务，对外国投资采取鼓励政策。

目前在菲律宾寻求外包服务的国家主要有：美国、日本、韩国和欧洲国家。由于美国在菲律宾市场中，比例为60%～70%，美国在菲律宾遗留的军事基地现已改建为经济特区，如苏比克、克拉克自由港，区内留有完善的基础设施、通讯系统等，为美在此开展业务提供了便利。其次，菲律宾的教育体系采用了美国模式，在政治、经济、文化、法律、社会体制等方面都与美国相通，许多专业人员曾在美国接受过培训，他们精通英语，熟悉美国客户要求的专业知识，双方容易交流、达成合作。

菲律宾外包主要行业有专长呼叫中心、电脑软件开发、数据编译处理、动画制作、财务、人力资源、工程设计等，在软件外包中主要是提供低端技术性的服务。

菲律宾的呼叫中心在亚洲具绝对的竞争优势，调查显示，在英语运用、电讯基础设施、管理等方面均优于印度，经营成本低于印度。因此，美国、英国和亚洲邻国均有兴趣在菲律宾设立呼叫中心。

2000年，呼叫中心在菲律宾刚刚起步，几年来迅猛发展，年增长率超过100%，目前拥有46家呼叫中心，几乎全部设立在首都马尼拉，接线位由2000年的不足1000个发展到现在的2万多个，职员至少3万人。这些公司大部分是美国设立的，经营菲律宾几乎全部的国内呼叫业务，公司内的高级程序人员在美国接受培训，达到一定的专业水平，并通过美国安全保障法规定的专业考试，取得合格证书。菲律宾市场潜力巨大，在未来的5～7年里，有望发展成为亚太地区最大的呼叫中心市场。

菲律宾电脑软件开发发展已有20多年，拥有大批电脑程序专业人才，在国际上享有较高的声誉。目前有软件开发公司300多家，主要向南美、欧洲、日本、亚太等地区提供服务，涉及领域有：电信、银行、政府部门、学校等。

在动画设计方面，菲律宾人具有独特的艺术技巧，富于创造力，能很快地将他们的艺术成果以英语形式表达出来，他们对作品的故事情节也有很好的理解力。这些优势，使其在亚洲处于领先地位，已被世界公认是高品质动画出产国。加之随着英特网和电子商务的迅速普及，网络开发、电脑设计、广告等领域的动画制作需求越来越多，为菲律宾创造了更多机遇。该行业娱乐领域外包来源国有：美国、日本、韩国、澳大利亚、加拿大、法国；商务和教育领域来源国是：中国、马来西亚、泰国。

菲律宾在医疗服务方面具有世界级水平，曾向世界一流的医疗机构输送大量优秀的医学人才，他们以精湛的专业技术、良好的职业道德，在世界上赢得盛誉。菲律宾已意识到该行业市场潜力巨大，并已开始充分利用自身优势，积极开拓世界医疗服务市场。

医学数据编译在菲律宾是新兴行业，发展趋势显示出巨大潜力，将成为菲律宾服务行业的新亮点，为该国带来稳定的外汇收入。越来越多的美国公司已考虑在菲律宾设立服务机构，以应付前所未有的大量需求，目前已有28家编译公司，专家1500人。

（来源：丁文健．国际商报·中国—东盟商务周刊．2008—03—04）

2009年第十届世界华商大会将在菲律宾举行

第九届世界华商大会2007年9月17日晚在大阪闭幕。世界华商大会秘书处负责人、香港中华总商会会长霍震寰在闭幕式上宣布，第十届世界华商大会将由菲律宾华商联总会承办，于2009年11月在菲律宾马尼拉市举行。

前来参加第九届世界华商大会的菲律宾旅游部长杜拉诺在闭幕式上发表讲话，欢迎全球华商朋友前往菲律宾，接触了解菲律宾的文化，利用、享受菲律宾的旅游资源，并希望华商能扩大在菲律宾的投资。

世界华商大会评审委员会研究决定，从2007年起，每举办五届世界华商大会后，将由世界华商大会的创办地（新加坡、香港、泰国）之一举办一届。第十一届世界华商大会将在新加坡举行。

（来源：新华网．http://news.xinhuanet.com/newscenter/2007－09/17/content_6742696.htm．2007—09—17）

菲律宾锁定8大强竞争力行业

菲律宾国家竞争力理事会2007年7月15日宣称，面对持续上涨的商品价格和全球经济放缓，菲律宾若要保持经济稳步增长，必须大力发展8大具有较强竞争力的行业，分别为：旅游、电子、服务外包、医疗卫生疗养、物流、农业经济、矿业和汽车造船业。

（来源：中国驻菲律宾大使馆经济商务参赞处网站．http://ph.mofcom.gov.cn/aarticle/jmxw/200807/20080705668380.html．2007—07—16）

菲律宾玉米仍需进口

菲律宾第三大农作物——玉米的产量在2008年第二季度有望增长10%，达到119万吨。玉米产量增长的主要原因是价格的提高刺激农民扩大种植面积。

2006年菲律宾玉米产量达到610万吨，同比提高了11%，但仍不能满足国内需求。

菲律宾严重的洪涝灾害对玉米农作物造成严重损失，因此对谷类作物的需求还会增加。菲律宾农业部已经同意增加玉米和小麦进口配额。饲料厂和家禽牲畜厂准备进口玉米和小麦以弥补国内供给的严重短缺。

菲律宾政府于2007年3月批准进口30万吨玉米。为减少进口配额，政府大力鼓励农民种植杂交玉米，杂交玉米的产量是普通品种产量的五倍，每公顷可以达到5吨。2007年菲律宾玉米产量增长13.7%达到690万吨的目标。菲律宾政府计划扩充玉米种植面积，使种植面积达到130万公顷。菲律宾是以农业为主的国家，可耕作玉米面积310万公顷，但玉米产量较低，每年需进口玉米160多万吨。2005年菲律宾从中国引进杂交玉米种子，用以增加玉米产量。

一种具有争议性 Bt 品种玉米的种植在菲律宾增长趋势越来越明显。种植 Bt 品种玉米的农民平均生产产量比非 Bt 品种玉米产量要高 13%。这是一种基因改进的玉米，可以有效抵抗亚洲钻孔虫。由于 Bt 品种玉米种植原料成本过高，大部分农民放弃继续种植。该玉米种子比杂交玉米种子贵两倍，但杂交种子不会引发杆状菌，可以抵抗亚洲特有的害虫。

为了缓解国内饲料加工业的原料短缺，菲律宾财政部批准一项零关税进口 40 万吨玉米的计划。预计 2007 年菲律宾玉米进口量将从 2006 年的 70 万吨减少到 30 万吨，国内用量预计稳定在 680 万吨。预计玉米期末库存将从 2006 年的 93.1 万吨减少到 79.1 万吨。

（来源：陈梅水. 国际商报·中国—东盟商务周刊. 2007—07—03）

新加坡养殖军曹鱼首度面市

军曹鱼是一种在新加坡附近海面发现的细长条鱼，首次被新加坡一家渔场养殖，现正在收获面市，这使当地食客有机会品尝到全新的东西。

军曹鱼油滑多肉，鱼背褐灰色，两边有银带，吃起来比时下的蛇头鱼更加爽口。

新加坡农产品和兽医当局披露以往新加坡消费的军曹鱼是从越南进口的冰冻鱼，在超市售价为每千克 45 新加坡元。

（来源：第一食品网. http://spzx.foods1.com/show_536338.htm. 2008—07—29）

中国新加坡联手建米果项目

2008 年 7 月 19 日，中国和新加坡投资 10 亿元在河南鹤壁市建设的东制果年产 6 万吨米果项目开土奠基。该项目由中国鹤壁市东制果食品有限公司与安迪（新加坡）食品有限公司合作建设，总投资 10 亿元，占地 230 亩，建设 6 条生产线，总建筑面积 15 万平方米。该项目采用国际先进的低温膨化技术和生产设备，以糯米果、花生果为主要原料，加工生产鑫贝贝、米瓜子、海苔脆果等 100 多个系列米果产品，产品主要面向国内市场。

该项目建设周期为两年，计划在 2008 年年底两条生产线下线，达到日产 80 万吨的规模。2010 年上半年将有 4 条生产线下线，届时年产米果将达 6 万吨，预计年收入 30 亿元，年综合税收 1 亿元，将带动鹤壁市印刷包装、运输、农业产业化的进一步发展。

（来源：中新经贸合作网. http://www.csc.mofcom.gov.cn/csweb/csc/info/Article.jsp?a_no=139673&col_no=133. 2008—07—24）

中国猪肉类罐头在新加坡市场断货

由于中国原材料价格上涨和猪肉货源不足，新加坡市场上的中国猪肉类罐头出现断货，红烧排骨、五香肉丁、香菇肉酱、红烧猪脚、红烧猪肉等多种猪肉类罐头都从 2007 年开始断市。传统中元节福物配套中常见的猪肉类罐头，2008 年不得不用鱼类、水果类和斋类罐头代替。

据新加坡农粮局统计，2008 年上半年，新加坡自中国进口猪肉罐头 832 吨，仅为 2007 年同期进口量（3163 吨）的 1/4，远远不能满足市场需求，每当有少量进口罐头上市，很快被抢购一空。

一些新加坡罐头进口商表示已尝试从美国和巴西进口午餐肉，但口味独特的中国猪肉类罐头却很难找到替代品，只能期待来自中国的供应能够尽快恢复。

（来源：中国商务部网站食品土畜频道. http://cccfna.mofcom.gov.cn/aarticle/zhongyswhd/200808/20080805707201.html. 2008—07—09）

张家口首批鲜菜出口新加坡

2008 年 6 月 22 日，经张家口检验检疫局检验检疫合格，一批 3538 箱、2.6535 吨的结球生菜顺利发往新加坡。这是河北省张家口地区首次对新加坡出口鲜菜。

张家口是中国错季蔬菜生产的重要产区，而且以优良的品质、繁多的品种，受到国内外消费者的青睐。在张家口局的指导帮助下，张家口市积极开展出口蔬菜基地备案，按进口国标准组织生产，出口保鲜蔬菜成为张家口市的大宗出口农产品，且出口数量逐年增长、出口市场不断扩大。

（来源：第一食品网. http://spzx.foods1.com/show_506655.htm. 2008—06—26）

地震未挫外企投资信心　新加坡将加大在川投资

2008 年 5 月 30 日，新加坡国际企业发展局在四川省招商引资局举行了简短的捐赠仪式。新加坡是四川省第三大投资国，加上民间捐赠，新加坡向灾区的捐款合计已超过 1.5 亿元人民币。与会的诸多新加坡企业表示，地震并未影响他们的投资信心，新加坡企业将加大在四川的投资并参与灾后重建。

四川省招商局相关负责人透露，尽管四川发生了强大地震，但这并未影响投资者的信心。不仅以往的投资项目未有大的影响，也未出现迁移、撤资等状况，反而有更多的投资商主动表达想要以各种方式加入到四川灾后重建的愿望。

（来源：江玮、杨冬. 四川在线—华西都市报. 2008—06—02）

新加坡研发出超薄单片相机透镜

新加坡一家公司利用纳米技术，成功设计并制造出超薄单片相机透镜，透镜仅厚2.9毫米，直径相当于一枚硬币厚度。

由新加坡创新纳米系统私人有限公司推出的这种相机透镜除体积小外，还具备光学变焦和自动对焦功能，在拍摄远近不同的物体时，都能获得清晰效果。这种透镜的光学变焦可把拍摄对象放大两倍。与普通手机的内置相机相比，安装这种透镜的手机相机耗电量可减少约三分之一。除用于手机相机外，这种透镜还可望在电脑摄像头、条形码阅读器、闭路摄像机、汽车内置摄像头和医用内窥镜中使用。

（来源：新华网．http://news.xinhuanet.com/newscenter/2008－05/23/content_8234702.htm．2008—05—26）

新加坡中药进口商转型成工贸结合型企业

2007年，在中国对新加坡出口的中药类产品中，除中药材及饮片出口同比增长强劲外，植物提取物、中成药、保健品等加工类产品的出口均出现负增长。专家认为，新加坡原来一些单纯的中药进口商转型成了工贸结合型企业，这种现象值得中国相关企业关注。

新加坡深受中国传统养生保健文化的影响，因此对中药材和中药制品颇为推崇。新加坡有1000多家中药店，中药产品主要通过进口商、批发商和零售商进行销售。新加坡人口中77%都为华人，这些华人更是中药产品的忠实消费者。

新加坡是中国中药材及中成药传统的出口市场之一，其本土中药资源几近零。近5年来，中国出口到新加坡的中药类产品一直呈逐年上升态势，出口金额从2003年的2121万美元上升到2007年的2871万美元，5年间增长率达35%。每年出口金额同比均呈增势，2004年同比增幅为3.18%；2005年同比增幅为10.31%；2006年达13.56%；2007年增速放缓，同比增幅为4.69%。

2007年，在中国对新加坡出口的中药类产品中，除中药材及饮片同比增长强劲外，提取物、中成药、保健品出口均出现负增长；而且，在中国对外中药出口中，新加坡排到第9位，与2002年相比下降4位。据了解，目前新加坡有中药生产企业50余家，其中22家以生产为主，主要产品为中间体；其余近30家以加工为主，主要从事进口中药产品的分装、包装。在这些生产、加工企业中，一部分是由原来单纯的中药进口商转型而成的工贸结合型企业。目前新加坡市场所售卖的中成药中，有两成是由新加坡本土企业制造的。

2007年，虽然中国对新加坡中药出口增速放缓，但出口产品的结构和比重相对稳定。中药材及饮片一直是中国对新加坡出口中药类产品的主力，近年来处于小幅上升态势，从2003年的出口额1033万美元、所占比重48%，到2007年的出口额1556万美元、所占比重54%，中药材及饮片所占比重上升了6个百分点；2007年中成药对新加坡出口额为705万美元，占比为24%，除了比2003年增加3万美元外，与2004～2006年各年份相比平均减少135万美元，是中国对新加坡出口的中药类产品中减幅最大的品种；植物提取物出口545万美元，所占比重为18%，该产品从2003～2006年，出口金额同比一直处于逐年上升态势，年平均增长额约为100万美元，但是2007年比2006年同比下降5.4%（下降金额为32万美元）；2007年保健品出口66万美元，所占比重为2%，出口金额是2003年以来的最低。

中国与新加坡中药贸易以一般贸易为主，约占总贸易额的96%；保税仓库进出境贸易约占2%；来料加工装配贸易约占1%。

从中国各省市对新加坡出口中药的情况来看，2007年开展对新出口贸易的省市多达到55个，有3个省市对新加坡出口额达到250万美元以上：其中四川省出口额最大，达到501万美元，主要产品为中药材及饮片；广东省对新出口额排在第二位，达到401万美元，出口产品结构分配较好，中药材及饮片、中成药各占150万美元，提取物和保健品也各有出口；上海市位居第三，出口额达297万美元，其中中药材及饮片出口129万美元，提取物和中成药出口分别为82万美元和86万美元。浙江省对新出口额在200万美元以上。

四川省是中国中药材的主产地，而且中新合资企业较多，该省中药材对新加坡的出口基本由这些公司经营，如永兴隆（绵阳）医药保健品有限公司、四川绵阳万利兴企业有限公司、永泰隆四川绵阳医药保健制品公司等。基于地利、人和的优势，以及天然植物药在全球需求量的增加，四川省中药材对新加坡出口的优势还会继续并逐渐扩大。

中国出口新加坡的中成药，一直是名牌产品占主导地位，如漳州片仔癀医药股份有限公司、广州市医药进出口公司、厦门虎标医药有限公司、湖北民康制药有限公司、北京同仁堂股份有限公司等企业的产品。

此外，从出口企业来看，专业外贸进出口公司的经营份额明显缩水，品牌产品生产企业的出口强势进一步凸显。

（来源：中国医药报．2008—05—15）

新加坡官员呼吁新企业投资中国内陆城市

新加坡贸工部政务部长李奕贤近日表示，随着在中国沿海城市的经营成本上升，新加坡企业应该把眼光放远，考虑“深耕内地”，投资于经济发展水平逐渐提升、企业经营成本却相对较低的中国内陆城市。李奕贤看好信息技术、物流、教育等产业在中国的发展潜力，并提醒新加坡企业在进入中国时应加强与当地的合作，以便获得大型项目。苏州工业园区取得骄人成绩，是新中合作的示范性项目。迄今为止，新加坡企业在中国的投资项目多达1.6万个，投资总额约为330亿美元。

（来源：新华网．http://news.xinhuanet.com/newscenter/2008—05/01/content_8085950.htm.）

新加坡将对中国三种蔬菜实施新的检查计划

2008年4月21日，新加坡粮农与兽医局发布公告，鉴于对进口自马来西亚的西芹、羽衣、甘蓝所采取的强制检查计划（EEP）和进口自中国的菠菜所采取的强制监控计划（ESP）的检查结果是一致、满意的。因此，该局将从2008年5月2日起，采用monitory surveillance programme（MSP）检查计划替代之前的EEP和ESP计划。

（来源：第一食品网．http://spzx.foods1.com/show_446251.htm.2008—04—26）

新加坡携手中国发展资讯通信

2008年4月15日，“新加坡资讯通信中心”在上海启动。于当日举行的“电子政府高层论坛”上，新加坡和上海电子政府领域的专家分享建设整合电子政府系统、为市民创造更大便捷上的创见。同时，新加坡资讯通信发展管理局重申将致力推动新加坡与中国在资讯通信领域的合作，凭借其在利用资讯通信技术的优势和经验，开展与中国同行的技术和实践交流。

新加坡资讯通信中心（原新加坡高科之窗）将注重促进新中资讯通信企业的合作，其中包括开拓主要的市场细分，推动新加坡资讯通信企业进入极具竞争力的中国市场。

（来源：新华网上海频道．http://www.sh.xinhuanet.com/2008—04/17/content_13009714.htm.2008—04—17）

新加坡投资前景看好

新加坡经济发展局2008年3月发布了2007年度的投资报告。新加坡经济发展局（EDB）2007年吸引到制造业固定资产投资（FAI）首次突破百亿新元，大幅增加至161亿新元（约合115亿美元）；服务业商业总开支（TBS）为30亿新元，是20年来新高；而所提供的28600个就业机会，则是过去10年来最多的。这些投资项目去年共为新加坡经济取得116亿新元的总增值（VA）。

这些项目不仅帮助深度开发新加坡重要的产业群，尤其是清洁能源技术等新领域的发展，更反映了投资者对于新加坡坚定的信心。总体而言，制造业仍旧是新加坡经济增长的一个关键因素，新加坡也有实力继续吸引高端复杂制造项目，为居住在新加坡的人们提供高水准的工作机会。

经发局预测2008年将吸引190亿新元（约合135亿美元）的总固定资产投资和80亿新元的商业总开支，整体经济将取得140亿新元的总增值和增添1.9万个技能工作。

根据新交所统计，截至2007年9月共有130家中资企业在新交所上市（不包括香港的53家和台湾的19家），分别占新交所外国上市公司和上市公司总数的48.2%和17.7%，总市值485亿美元，占新交所上市公司总市值的9.1%。中远投资（新加坡）有限公司是最早在新上市（1993年1月1日）也是市值最大（约89亿美元）的中资企业。IPO融资额最大的中资企业是2007年4月18日上市的扬子江造船（约7亿美元）。

（来源：南博网．http://info.caexpo.com/zixun/touzjh/2008—04—29/40494.html.2008—03—12）

中国和新加坡签备忘录展开互动数字媒体技术合作

中国和新加坡2008年3月3日签订开展互动数字媒体技术研发合作的谅解备忘录，这标志着两国在相关领域的合作进入新阶段。

据新华社报道，签字仪式在新加坡新闻、通讯及艺术部举行，中国科技部副部长曹健林和新加坡新闻、通讯及艺术部常任秘书陈英杰分别代表两国政府在备忘录上签字。中国驻新加坡大使张小康出席了签字仪式。

曹健林在签字仪式上表示，谅解备忘录的签订将为两国在互动数字媒体技术研发领域的合作奠定坚实基础。中新在经贸、科技等领域的合作取得显著成效，两国科技合作面临新的发展契机。

陈英杰表示，新加坡认识到互动数字媒体技术研发及应用的重要性。拥有像中国科技部这样的强大伙伴，将有助于进一步加强新加坡的互动数字媒体实力。该谅解备忘录将为中新互动数字媒体企业的互利合作提供更多机会。

（来源：中国新闻网．http://www.chinanews.com.cn/it/itxw/news/2008/03—04/1180554.shtml.2008—03—04）

新加坡与中石化中化集团合作发展天然胶业务

新加坡好运（Goodpack）与中国石油化工（Sinopec）和中化集团（Sinochem）签订价值150万美元（212万新元）的合约，计划借助中国蓬勃发展的合成及天然橡胶市场发展业务。

根据合约，好运每个月将租赁约2000个中型储运箱（Intermediate Bulk Container）提供包装天然和合成橡胶的服务给这两家公司。

中化集团提供的服务具备三个优势。集团拥有广阔的网络，覆盖全球约60个国家；集团拥有158万个储运箱，可满足客户大量的需求；集团与客户建立长期合作关系，使用可循环的包装材料，代替木制箱子，储运箱能被循环使用，通过再循环帮助客户降低成本。中化集团每月生产3万个储运箱，计划在2010年底前拥有250万个储运箱。

（来源：中国驻新加坡大使馆经济商务参赞处网站处. http://sg.mofcom.gov.cn/aarticle/jians/200802/20080205373409.html.2008—02—21）

新加坡建筑业前景看好

新加坡建设局2007年11月份发表的文告指出，新加坡2007年的建筑需求介于190亿至220亿新元之间，2008年和2009年估计也会处在这个高水平。

新加坡政府决定将把一些定于2008年和2009年建设的公共工程，延后到2010年或以后进行，其总值至少有20亿新元。这将有助于减轻新加坡对建筑资源需求的压力，尤其是能减缓增长达20%至40%额外建筑工人的需求。延后建设的公共工程包括卫生部的全国戒瘾中心、樟宜监狱中心C座狱楼等。不过，为配合国家发展策略，适应经济持续蓬勃发展的需要，满足社会需求的基本公共建设工程如组屋建设等，将不受这项延后建设政策的影响。

另一方面，新加坡政府也将采取措施确保有足够的建筑工人供给。除加强建设局在外国劳工来源地的国外考核中心的考核能力，及扩大可接受的工地督工外国资格名单外，新加坡政府也放宽好几项人力政策，如豁免熟练外国工人需符合外国劳工配额的规定等，以使各个层面的外国劳工能更顺利地入境工作。新加坡建设局将密切注意人力供求状况，会在必要时进一步调整人力政策。业内人士认为，有多种因素表明2008年新加坡建筑业呈现乐观发展趋势，有关建筑业的工作量会更大。

（来源：南博网. http://info.caexpo.com/zixun/touzjh/2008-04-29/40494.html.2008—02—13）

中资企业赴新投资可享更优惠税率

自2008年开始，中资企业赴新加坡投资可享有更优惠的税率。为了避免新中投资者在两地被双重征税，同时也加强双边的经贸关系，新加坡国内税务局局长李金富和中国国家税务总局副局长士力早在2007年7月11日就已签署了双重征税和防止偷漏税修订协议，此项协议于2008年开始生效。

2008年开始生效的修订协议清楚列明新中两国对跨国经贸活动的征税权力。除了有助于促进两国之间的贸易、投资、技术及知识的交流，新税率也比旧协定规定的低。这意味着中国投资者到新加坡投资以及新加坡企业到中国投资时，将享受到更优惠的税率。

在修订协议下，企业股东（指的是拥有至少25%股本的股东）和普通股东需为股息与专利使用费所支支付的预扣税将分别从现有的7%和12%减至5%和10%、

此外，租用工业、商业和科学器材的专利使用费，也将从10%减至6%。对于脱售中国公司股票者，如果在脱售股票之前的12个月不曾拥有公司27%及以上的股本，就无须在中国缴税。

（来源：周杰. 国际商报·中国—东盟商务周刊. 2008—01—29）

中新签署QDII监管合作协议

中国银监会与新加坡金融管理局于2008年1月22日在北京就合格境内投资者（QDII）的合作签署了协议。根据该协议，中国的商业银行将能为客户提供一系列向新加坡股市和新加坡金融管理局授权或认可的基金投资的机会。

中国的QDII包括银行、基金经理和保险公司。中国目前有23家银行获QDII资格，获准用于海外投资的总金额为161亿美元。

此前，中国银监会已与香港证监会、英国金融监管机构签署了监管合作协议，以后还将与美、德、日开展相关监管合作。

（来源：国际商报·中国—东盟商务周刊. 2008—01—29）

新加坡看好中国岸外与海事业市场

中国岸外与海事领域的迅速扩展对新加坡岸外与海事业而言是把双面刃，既可被视为新加坡岸外与海事业者的额外竞争，也能为本地业者制造很多商机。

新加坡国际企业发展局基础建设与环境服务署署长谭宝錩表示，新加坡是世界领先的综合岸外与海事

中心之一，因此新加坡企业有能力与中方在岸外与海事业开展有效合作，合作领域主要包括：与中国公司在岸外建筑领域合作；在中国设立船厂；为中国的船厂提供器材和服务等。

（来源：中国驻新加坡大使馆经济商务参赞处网站. http://sg.mofcom.gov.cn/aarticle/zhengt/200801/20080105343004.html. 2008—01—21）

新加坡投资中国—东盟农业合作项目

第四届中国—东盟（亚细安）博览会秘书处表示，在中国—东盟自由贸易区十大重点合作领域之一的农业项目上，已经有新加坡公司开始投资开发农业项目，并取得初步成功。

中国—东盟（亚细安）博览会秘书处表示，新加坡威尔玛公司在广西防城港共同投资组建的“防城港大海粮油工业有限公司”，合作相当成功，成为2002年中国与东盟签署《中国与东盟农业合作谅解备忘录》后，令人瞩目的农业合作项目之一。

2002年，中国与东盟签署《中国与东盟农业合作谅解备忘录》，中国与东盟开展了全方位的农业交流与合作。农产品在中国和东盟的诸多降税计划中最早实行了“零关税”。

（来源：中国驻新加坡大使馆经济商务参赞处网站. http://sg.mofcom.gov.cn/aarticle/jians/200710/20071005153328.html. 2007—10—08）

泰国大豆进口将会增长

美国农业部发布的最新报告显示，2008～2009年度泰国大豆进口量可能达到170万吨，高于2007～2008年度的165万吨。

报告预计2008～2009年度泰国大豆加工量可能达到120万吨，略高于2007年的110万吨。豆粕产量从2007～2008年度的86.5万吨将增至94.5万吨。

（来源：冬萌. 广西新闻网—广西日报. 2008—07—03）

泰国水果将从广西进入中国市场

不久以后，从泰国进口中国的水果将不必再从海上“绕一个弯”，而是直接通过陆路从广西进入中国市场。2008年6月28日，中泰两国代表在凭祥口岸举行会谈，就以上问题达成初步意见。

28日，中国国家质检总局动植检司、广西检验检疫局和凭祥检验检疫局等中方代表，与泰国农业发展研究院、泰国水果出口商协会和泰国驻广州总领馆商务处的代表，在凭祥口岸举行了进口水果检验监管会谈。双方就泰国水果经老挝、越南，从凭祥陆路口岸入境运往中国的有关事宜进行了会晤，并达成初步意见，这为泰国水果从广西陆路口岸进入中国市场奠定了基础。

泰国素有“热带水果天堂”之称，特色水果包括红毛丹、山竹和榴莲等，中国和泰国等东盟国家的水果有季节上、品种上的互补性。当天的会谈中，中方代表介绍了广西检验检疫机构情况、东盟水果进口情况、中国对进口水果和其他农产品检验检疫的有关规定等，并对泰国进口水果进行风险分析，并提出检验监管意见。泰方代表们也介绍了泰国水果生产、采收、包装、检验流程、集装箱运输监管和出口中国的有关情况。

目前泰国水果要进入中国“国门”，要先取道香港，才到广州市场，而广西和全国其他地方经销的泰国水果全部从广州等地购进。这种海路运输方式不仅运输时间长，运费高，也不利于水果的保鲜。泰方代表认为，如果泰国水果经过老挝、越南等陆路运往中国，路程不到1500公里，比泰国国内从泰北到泰南的距离1800公里还要近。从陆路通道使用集装箱密闭方式运输水果，可极大减少运输成本和时间，又有利于水果的保鲜。为此，泰方对中方提出了经陆路口岸出口水果的要求。

根据双方协商的结果，泰国农业部、国家质检总局将签订泰国水果入境检验检疫协议。广西检验检疫局副局长董国富表示，广西检验检疫部门将加强与泰方有关部门的合作与交流，尤其是在进口泰国农产品、水果检验检疫等方面，并加强监管，做好疫情防范。在确保水果安全、卫生的前提下，促进泰国水果和其他更多的农产品进口，促进中泰两国进出口产品快速通关，从而推动两国进出口贸易发展和中国—东盟自由贸易区的建设。

（来源：龚文颖. 广西新闻网—南国早报. 2008—07—01）

泰国内液化石油气供不应求

泰国国内液化石油气（LPG）的使用量持续上升，2008年4月份的日使用量为1090万公斤，增长17.8%。国内产量无法满足市场需求，2008年4～5月共进口液化石油气6万吨。

泰国国内LPG价格约为18铢/公斤，远低于邻国超过40铢/公斤的售价。能源部已于3月起禁止出口LPG，并与海关等部门合作，严厉打击走私出口行为。为稳定LPG市场价格，泰能源部将从7月起实行分开定价，其中家用LPG保持原价，汽车及工业用LPG价格将陆续上调。

（来源：中国驻泰国大使馆经济商务参赞处网站. http://th.mofcom.gov.cn/aarticle/jmxw/200806/20080605605878.html. 2008—06—18）

泰国企业瞄准昆曼公路沿线商机

2008年4月9日，泰国北部8省和老挝北部6省共同举行了关于昆曼公路沿线贸易、投资、服务与运输等商机的企业论坛，并就贸易、投资、服务贸易、订单农业和旅游等商机进行深入讨论。近期，老泰两国企业又在泰国清莱府勐清县举行了相关经贸研讨会。会上，老挝工业贸易部经济司副司长坎蓬·赛皮笋表示，自从昆曼公路通车使用后，泰国企业纷纷到老挝波乔省、南塔省、沙耶武里省等省进行水电，玉米、黄豆种植与收购等项目投资。作为GMS交通网络的重要一部分，泰国企业认为昆曼公路老挝段具有众多商机。昆曼公路老挝段指从波乔省会晒县至磨丁（中老边境口岸）路段，全长300公里，由中国、泰国和亚行共同援建，于2008年3月31日正式通车使用。

（来源：中国驻老挝大使馆经济商务参赞处网站. http://la.mofcom.gov.cn/aarticle/jmxw/200806/20080605592427.html.2008—06—12）

泰出台新政策推广混合燃料汽车

2008年6月，泰国政府降低了E85混合燃料（指85%酒精和15%汽油的混合燃料）及其汽车产品的消费税和关税，以鼓励消费者使用这种混合燃料汽午，从而达到应对油价上涨、保护资源和节能环保的目的。新的政策将对于排量小于2000CC的E85汽车的消费税由30%降为25%，同时将在3年内免征E85汽车中国内不能生产的零部件的进口关税，E85燃料的消费税也从每升3.68泰铢降低到2.5795泰铢。

（来源：国际商报·中国—东盟商务周刊. 2008—06—10）

泰国将铺设3条天然气管道

泰国能源部部长普披隆2008年6月向内阁提议促进天然气的使用，降低油价高涨的影响。他建议，计划在全国铺设3条主要的天然气输送管道，总投资额达348.5亿株，同时在3年内普及天然气供应站。

（来源：国际商报·中国—东盟商务周刊. 2008—06—10）

颇具竞争力的泰国虾产业

泰国良好的热带海岸线为其虾养殖业的快速发展提供了优越的自然条件。因此，虾养殖业和虾产品加工业成为泰国重要的产业，其虾产品在国际市场上具有较大的竞争力，每年为泰国提供大量的就业机会和外汇收入。

泰国养殖虾的历史超过70年，在20世纪80年代中期，虾产量仍主要来自野生捕捞，80年代末虾的集约化养殖技术才在泰国沿海省份普及，泰国的虾产量开始快速增长。

虾类制品是泰国食品产业中出口金额最大的商品。20世纪60年代后期泰国虾制品开始对日本出口，以中国台湾地区天然虾作为加工原料。到了80年代后期，引进了中国台湾斑节对虾养殖技术，使斑节对虾养殖业迅速发展，保证了泰国虾类加工原料的充分供应。泰国养殖的斑节对虾，90%出口国际市场，主要进口国是美国、日本、欧盟、中国、加拿大等。

从2004年2月开始，泰国进出口银行对泰国虾出口进行风险担保，以减少泰国虾出口欧盟的风险。欲申请保险的出口商，所产虾必须符合进出口银行规定的品质标准，并直接向渔业厅担保的农场收购。进出口银行从货物装船开始直到通过检验或在港口保存不超过30天内提供担保。

泰国的养殖虾业今后发展的重点，将是改进养殖技术以减少对环境的影响，以及保持产业的可持续发展。泰国虾生产者协会正在与虾农及其他相关协会推动“在自然水域保护斑节对虾虾卵的计划”，该计划的目的是为了保持其自然水域斑节对虾虾卵的供给，以满足出口所需斑节对虾生产的需要。由于充足的自然资源和来自政府和私营部门的有力支持，今后几年泰国虾产量预计将会继续保持增长。

（来源：杨武. 广西新闻网—广西日报. http://cafair.gxnews.com.cn/staticpages/20071217/newgx4765ae1e—1326495.html.2007—12—17）

投资泰国农业前景乐观

泰国依靠地理位置优越、政治和经济环境稳定、国内市场容量大、政府重商、生产成本相对较低等优势成为吸引中国投资者的国家。泰国是传统的农业国家，享有“东南亚粮仓”的美名，而中国广西也是农业大省，双方在农业方面互补性较强，具有极大的合作空间。

泰国的耕地面积占土地总面积的38%，全国有80%的人口从事农业生产，占总劳动力人口的45%。泰国也是亚洲唯一的粮食净出口国和世界上主要粮食出口国之一。泰国的大米出口量在世界上已居第一位，木薯输出位居全球之冠，橡胶名列世界第三，玉米排名第四，鱼制产品出口在亚洲仅次于日本。在泰国的10大出口商品中，农产品占了6个，占出口总值的40%。由此可见，农业在泰国的经济发展中占有举足轻重的地位。

泰国政府于2002年推出新的投资政策，引导国内外投资者确定产业投资方向，农业被确定为优先促进的“目标行业”之一。新的投资政策强调，重视投资质量而不只求数量，重视知识和技术型投资；促进产业集群的发展；为投资者专门制定一揽子优惠政策。

农业和农业加工是泰国政府促进投资时优先考虑的行业，包括食品加工、农作物到动物饲养的多个部门。泰国在土地、水源、食品加工经验方面具有优势，这使得泰国成为亚洲最成功的食品出口国之一。泰国农业和农产品加工业的发展潜力很大，重点是从基础农业向高增值农业转变，提高产品质量，实现可持续发展。目前泰国重视的投资项目主要包括食品加工及相关产品，橡胶产品、生物技术及建立冷藏库、农产品贸易中心等。食品业包括的种类涉及植物繁殖和种子筛选，食品配料的生产，水果蔬菜保鲜，以及食品的初级及深加工。其中特别重视的项目包括利用先进技术进行肉类、水果蔬菜、粮食作物的加工和保鲜，生产奶制品、甜味剂（食糖除外）、利用水果、蔬菜及其他植物生产非酒精类饮料等。

泰国重视利用先进技术进行食品或食品配料生产及保鲜处理。在这个领域，政府特别强调加工新鲜仪器必须严格遵守标准，尤其对出口的海鲜、罐头及冷冻食品更加重视。因此，中国投资者应当考虑使用先进的生产技术，保证生产的各个环节都达到公众健康标准。

此外，每年在泰国举行的泰国亚洲食品展也为中国企业深入了解泰国的市场需求、消费倾向提供了良好的平台。

（来源：苏菲、罗惠娟．广西新闻网—广西日报．http://www.gxcic.net/news/ztbd/showshyj.asp?ID=47038．2007—08—30）

中国企业承包越南金瓯氮肥厂项目

2008年7月26日，越南金瓯氮肥厂项目正式动工兴建。该项目总投资9亿美元，由中国武汉设计院和中国机械进出口总公司组成的联合体中标，与业主签订了金瓯氮肥厂EPC合同，工期43个月。

金瓯氮肥厂占地面积52公顷，与金瓯第1电厂和第2电厂相连，使用世界先进生产设备，项目设计生产能力80万吨/年，原料将使用南海开采的天然气，输气管道342公里。

（来源：中国驻胡志明市总领事馆经济商务室网站．http://hochiminh.mofcom.gov.cn/aarticle/jmxw/200807/20080705690473.html．2008—07—28）

越南是世界最具吸引力的零售市场

美国市场研究机构A．T．Keaney的调查显示，在全球近30个新兴经济体中，越南的零售市场最具有投资吸引力，其投资吸引力世界排名由2007年第3位上升为第1位，超过印度和俄罗斯。目前，越南零售市场容量有200亿美元/年，2008年零售营业额将达543亿美元，同比增加了20.5%。

越南经济发展迅速，消费群体相对年轻，65岁以下人口达7900万，且过去7年中消费水平提高了75%，增长很快。因此，越南零售市场具有良好的发展前景。

根据加入世贸组织（WTO）的承诺，自2009年1月1日始，越南将全面开放零售市场，允许外商投资的分销服务公司从事各种合法进口商品和国产商品的佣金代理、批发和零售服务。目前，德国麦德龙（METRO）集团已在越南设立9家超市，法国卡西诺（CASINO）超市集团已在越南设立6家超市，马来西亚百盛（PARKSON）商业集团已在越南设立4家大型商场。零售市场全面开放后，将有更多的零售巨头在越南投资。国内零售企业将面临日趋激烈的竞争，需要联手打造大型零售集团，增强竞争力。目前，越南国内4家较有实力的零售企业富泰集团、河内商业总公司、西贡商业总公司、西贡合作社联盟已联合成立VDA商业投资股份公司，主营超市和连锁店，旨在巩固和扩大市场份额。

（来源：中国—越南经贸合作网．http://www.chinavietnam.gov.cn/cvweb/cvc/info/Article.jsp?a_no=139645&col_no=530．2008—07—24）

越南对32种商品和服务实行直接定价

越南政府对32种涉及国计民生的重要商品和服务实行直接管理和定价。其中，由国家直接管理价格的商品和服务共14种，包括：成品油、水泥、建筑钢材、液化气、化肥、大米、盐、糖、奶、人用药品、植保药品、畜用药品、饲料、运输费用；由国家定价的商品和服务共18种，包括：土地、水域、森林、所有权属于国家用于出租或出售的房子、所有权属于国家用作公益住房或公务用房的房子、电、国内航空运输服务、生活用水、由国家财政和社会保险支付费用的药品等。

越南政府平抑物价的主要措施包括：财政货币手段、调节供需、购进和出售国家储备商品、监控库存商品、实行价格登记和价格申报、公开价格信息等。当市场出现异常变化，对社会生活造成重大影响且时间至少超过30天时，政府将采取上述措施。

（来源：中国驻越南大使馆经济商务参赞处网站．http://vn.mofcom.gov.cn/aarticle/sqfb/200807/20080705673557.html．2008—07—23）

越南中药材资源潜力巨大

在越南河内参加第二届中国商品（越南）展的医药界代表表示，越南中药材资源丰富，是国内多种中成药的原料，中国制药企业可以考虑在越南建厂，开发利用当地资源，开拓当地医药市场。

第二届中国商品（越南）展由中国商业联合会和越南工贸部联合主办，吸引了100多家中国企业参展，涵盖医药、消费电子、小型机械和服装等多个行业。其中医药界有中国江西普正药业集团等生产中成药的公司和来自东北地区经营人参、灵芝等珍稀药材的中草药公司。

参加展会的医药界代表表示，三大因素吸引中国制药企业到越南投资。

首先，越南拥有丰富的中药材资源。越南气候温暖湿润，适合生长甘草、金银花、藿香、穿心莲、白头翁、益母草、南板蓝根等中药材，可以用来生产金莲花软胶囊，南板蓝根颗粒，小儿止咳糖浆等多个剂型和品种的药品。

其次，越南人民用药习惯与中国有相似之处，对中药有一定的认同感。近几年来，越南的经济发展速度在亚洲仅次于中国，排在第二位。越南人民的生活水平在不断提高的同时，也为国外投资者们提供了较大的市场空间，医药保健品行业就是其中之一。越南的药品价格整体偏高，进口国际跨国公司的高价西药在药品市场上占有相当比重。中国疗效好、价格合理的药品对于越南民众具有较强的吸引力，在越南拥有广阔的市场。

再次，越南本身的投资环境吸引外国企业。越南有稳定的政局；优越的地理位置，与中国有陆地边境相连，自身海岸线绵长，交通便利；劳动成本低廉；越南还是向东盟其他国家发展的桥头堡，对东盟国家出口关税低。据越南医药企业联合会会长董曰胜介绍，越南政府欢迎中国制药企业到越南投资，越南医药企业联合会愿意为有兴趣到越南投资的中国企业搭桥铺路，介绍合作伙伴。

（来源：新华社. http://www.gx.xinhuanet.com/dm/2008－07/19/content_13867771.htm. 2008—07—19）

越南个人电脑市场快速增长

有关机构调查结果显示，2008年第一季度越南个人电脑销售量为35.7万台，同比增长21%；手提电脑占到市场份额的19%。第一季度，除Dell、Toshiba和Nec电脑外，其他品牌电脑进口量下降；手提电脑进口同比增长65%，占消费终端电脑总量的15%。由于经济停滞，估计2008年下半年电脑市场增长速度比不上2007年，但仍保持积极向上的发展态势。特别是国外电脑减价，消费需求维持稳定，大量外资直接投入越南，也提高了人们对电脑的购买能力。

（来源：南博网. http://info.caexpo.com/zixun/jingjqj/2008－07－14/49270.html. 2008—07—14）

出口势头不减　越纺织业面临贷款难和劳力短缺困境

越南纺织品协会主席黎国恩2008年7月8日表示，2008年上半年，越南纺织品出口势头不减，但纺织产业却面临贷款难及劳动力紧缺两大问题。

黎国恩表示，08年前6个月，越南纺织品出口额为42亿美元，同比增长20%，完成全年计划的44.2%。目前越南各银行紧缩贷款的做法使纺织企业贷款遇到极大困难，贷款利率过高也压缩了企业赢利空间。同时，在通货膨胀率居高不下，工人收入严重缩水的情况下，纺织业工人停工休息的情况增多，造成劳动力紧缺。

（来源：新华网. http://news.xinhuanet.com/newscenter/2008－07/08/content_8512887.htm. 2008—07—08）

越南纺织服装业发展战略

加入世贸组织为越南纺织服装业发展提供了难得的机遇，除配额取消之外，行业享受到的最大好处是能够更方便地利用全球的资本、技术和管理经验，尽快与国际市场接轨。越南加入世贸组织后的产业发展战略是：鼓励棉花、纱线、面料的生产，利用互补优势，建立主敷料进口分拨中心；增加投资，购置先进设备和技术，增加款型和设计能力，增加面料类型，提高管理水平；争取在2010年达到纺织服装产品出口100～120亿美元的目标，2020年达到出口250亿美元的目标。具体措施包括：

1. 2008年到2010年间，政府计划投资约30亿美元发展纺织服装业。计划1.8亿美元将投入到扩大原料供应，22.7亿美元用于纺织和印染，4.43亿美元用于服装生产项目，2亿美元用于贸易中心和人员培训。

2. VINATEX投资2670万美元建设五个新的棉花加工厂，以满足面料生产商对于原料不断增加的需求。

3. VINATEX和国家油气集团（PetroVietnam）在北海防市（northern Hai Phong）合作建设合成纤维工厂，投资2亿美元。

4. VINATEX正在实施一系列新的投资项目（见表2），对纺纱、梭织、针织到后整理进行纵向整合，同时将原料敷料配套供应、合成纤维生产等环节纳入其中，通过合资、合作方式扩大国际合作。纺织企业联合起来，形成工业园区，实现生产现代化和可持续发展。位于岘港市（Da Nang）的纺织集群已经完成第一期建设并投产。各个项目完成后，计划在2010年前将产能提高到3到4亿平方米的面料、1.9到2.5亿件服装。为了达到这个目标，VINATEX将对陈旧设备进行改良，提高产量和质量，适应国内和国际的发展水平。

5. Hoa Tho纺织品服装公司投资2566亿盾，新增纺纱能力4000吨/年。在兴安省（Hung Yen）建设纺织服装工业园，污水处理项目已经完成安装调试，针织厂的机器设备已经到位，PE/TC面料项目和后整理项目正在运行中。

6. Phong Phu纺织公司已经与美国ITG集团签署协议，将岘港市（Da Nang）的Hoa Khanh工业园合资建设为一个现代化纺织服装集群，总投资额达8000万美金。

7. 举办2009越南西贡面料服装博览会（The Vietnam Saigon Fabric & Garment Accessories Expo 2009）。展览会场馆为西贡会展中心（Saigon Exhibition & Convention Center，SECC），将于2008年8月落成，该中心有四个室内展览厅，总面积40000平方米，室外面积15000～20000平方米，一个2000座位会议中心，两个4星到5星级酒店。西贡面料服装博览会将成为越南最大的纺织服装展会。

（来源：中国商务部南宁特办．国际商报·中国—东盟商务周刊．2008—07—01）

2010年越南橡胶产量将达52万吨

2007年越南天然橡胶出口居世界第四，仅次于泰国、印尼和马来西亚。目前越南90%的天然橡胶用于出口，仅有10%约5万吨在国内加工。

越南橡胶主要产地在其东南部地区（33.9万公顷）、西原地区（11.3万公顷）、北部地区（4.15万公顷）和中部沿海地区（6500公顷）。至2010年，越南橡胶种植面积将达70万公顷，年产量将达52万吨。

（来源：中国商务部网站．http://yzs.mofcom.gov.cn/aarticle/zcfb/200806/20080605603261.html．2008—06—17）

越南公布中国—东盟自由贸易区特别优惠进口关税

为进一步落实中国—东盟自由贸易区（CAFTA）降税承诺，越南财政部公布了特别优惠进口税表。

根据特别优惠进口税表，凡自CAFTA国家进口的鲜活动物、鱼及鳞甲类动物、肉及动物肉制品、牛奶及奶制品等商品进口税为0；茄子和茶叶为15%或30%；布匹为12%；胡椒为20%；服装及纺织品辅料为20%；饮料、酒和醋为30%等。

根据越南工贸部规定，享受特别优惠进口税的商品须由各出口国直接运输到越南，且符合CAFTA商品原产地要求，并具有E类原产地证明。

越南财政部称，从2008年1月1日起已向海关报关的并交纳了较高进口税的商品，若符合享受上述特别优惠进口税率，各企业可补交E类原产地证明和其他相关材料作为重新计税的依据，符合条件的将可获得退税。

（来源：南博网．http://big5.caexpo.com/gate/big5/info.caexpo.com/zixun/cafta/2008－06－05/47107.html．2008—06—05）

越南将大力促进纺织品生产和出口

近几年来，越南服装和纺织品出口呈现出迅猛增长态势。纺织服装业成为越南出口创汇的主要力量，全国纺织成衣总产量的80%以上供出口。自1993年开始出口纺织品，出口额连年增长，年均增长23.8%，遍及世界100多个国家和地区。

2008年越南采取扩大出口市场，提高产品竞争力和生产能力等措施，以促进纺织品的生产和出口。在拓展出口市场和提高产品竞争力的同时，越南还致力于提高纺织品的生产能力，以实现2006～2010年纺织品年均增长16%～18%的目标。

越南纺织业对纺织服装原料和设备的需求量不断增长使越南在今后几年预计将投资几十亿美元更换纺织服装生产设备。由于越南90%的机械设备需从国外进口，加上越南对进口缝制设备征收的关税较其他东南亚国家低，因此越南缝制机械市场潜力巨大。

蓬勃发展的越南纺织服装业吸引了越来越多的国外缝制企业抢滩市场，纷纷到越南寻找商机。越南本国的生产设备陈旧、技术落后、资金匮乏、市场缺口较大，为了能够生产出适合西方国家市场需求的服装产品，越南服装业必须进行设备升级，这正是中国纺织缝制机械产品进入越南市场的良机。国外缝制企业如Pegasus缝纫机公司于2001年在越南开设了代表处，日本“重机”和“兄弟”公司也在越南开设了代表处，但越南更喜欢中国物美价廉的产品。

目前，中国是越南缝制机械的最大供应国，中国的各种工业产品在价格、质量、服务等各个层面都比其他国家的同类产品更适合现阶段越南市场的需求，平均价格也更能被越南服装企业所接受。“中国制造”这一品牌现已被越南市场普遍接受，在当地相关行业均享有极高的知名度。我国缝机企业应该抓住这一机遇，扩大对越南市场的出口。

目前越南缝制机械市场容量远还没有饱和，中国生产的品牌产品在越南市场占有率将会很高。最近几年，中国出口越南的缝制设备增长很快，我国缝制机械制造厂商，特别是大中型缝制设备厂商也普遍看好越南市场。同时，越南政府将在河内和胡志明市分别建立一个纺织制衣原料及机械交易中心，越南方面迫切希望有更多的中国服装面料以及缝制机械生产企业进驻，并与越南服装、缝机企业建立长期的贸易合作关系、国产缝纫纺织设备出口越南仍有空间。

（来源：韩凯. 国际商报·中国—东盟商务周刊. 2008—05—13）

2020年越南将建成30个口岸经济区

越南政府已批准至2020年越南口岸经济区发展规划。届时，越南全国将有30个口岸经济区。根据上述规划，越南将加强9个口岸经济区的基础设施建设并制定相应的配套政策，具体为：芒街、老街、谅山、吊桥、白依、木牌、安江和同塔口岸经济区以及老保特别经济贸易区。规划称，至2020年越南与各邻国的边境商品和服务贸易总额将达420～430亿美元。

（来源：中国驻胡志明市总领事馆经济商务室网站. http://hochiminh.mofcom.gov.cn/aarticle/jmxw/200805/20080505515540.html. 2008—05—06）

越南继续采取金融紧缩政策

越南2008年继续采取从紧、主动、灵活和同步的金融政策。2008年一季度越南金融系统在保证结算、筹资和借贷中管理不善；商业银行可用资金缺乏，个别地方金融市场出现抬高利率以吸纳存款现象。银行资金结构不合理，短期筹资用于长期贷款比例过大，在股份商业银行比较普遍，而央行对此未能进行有效监管。

（来源：汪名立. 国际商报·中国—东盟商务周刊. 2008—04—29）

越南老街口岸经济区出台优惠政策

越南政府总理签署决定，对老街口岸经济区的有关政策作出具体规定。上述口岸经济区总面积为7971.8公顷。在区内各投资项目能享受最高的优惠政策，如贸易—工业区内投资项目的企业所得税为10%，优惠期为15年，自赢利起的头4年免征企业所得税，后9年减半征收；对在贸易—工业区内的装配、组装和销售的商品和服务或由境外和内地进入贸易—工业区内的商品和服务免征特别消费税（24座以下客车除外）。

（来源：中国驻胡志明市总领事馆经济商务室网站. http://hochiminh.mofcom.gov.cn/aarticle/jmxw/200803/20080305455442.html. 2008—04—03）

越南革新开放着力基础设施建设

基础设施是吸引外国投资的一个硬性指标，越南政府逐步加大对铁路、公路等基础设施的投入，加快建设步伐。

据统计，越南99%的乡、92.8%的村、93.3%的农村家庭已经通电；96.7%的乡、42.6%的村通柏油路或水泥路；教育方面，100%的乡建有小学，91.2%的乡建有初中，88.9%的乡建有幼儿园；医疗方面，99.3%的乡建有卫生站，89.2%的村配有卫生员。私营医疗卫生体系已初步形成，私营诊所广泛分布在农村地区；供排水方面，35.3%的乡有生活用水集中供应，12.5%的乡有集中排水系统，27%的乡有垃圾处理站；文化通信方面，29.7%的乡和43.7%的村建有文化站，95%的乡建有图书馆，92.7%的乡政府办公楼配有电脑，94.4%的乡政府办公楼配有电话，75%的乡配有连接各村的广播站。

相对于越南社会经济发展速度而言，其基础设施的建设相对滞后。2007年4月11日越南总理审批通过了重点交通基础设施项目建设目录。从2008年起到2020年，越南需要投资675.7亿美元建设交通网络。在2010年之前，主要建设包括北—南、河内—胡志明市、越中“两廊一圈”和重点经济区内的高速公路，建设云峰港和海防木门港国际集装箱中转港，以及后江入海口码头。2010年到2020年阶段，完成越中“两廊一圈”高速公路建设，建设从平阳省至林同省多乐高速公路。铁路方面，完成西原省内的铝矿运输线路。航空方面，建设同奈龙城国际机场。

越南的铁路网络包括6条干线和一些支线，总长3220公里，干线全长2700公里。随着铁路的升级，河内—胡志明市段全长1726公里铁路行程从1976年行程需72小时，到2006年已减至29小时。越南政府拟对现有南北铁路进一步提速，建成电气化铁路，同时拟利用日本提供的ODA贷款新建一条与旧线平行的标准轨高速铁路，同国际联运线相连，设计时速超过300公里，总投资约330亿美元，届时河内—胡志明市行程将缩减至10小时以内。

越南的公路总长13万多公里（其中1.4万公里国道，1.5万公里省道，其余是连接各县乡的公路）。柏油路、水泥路约占10%。2007年，越南南部后江省（Hau Giang）举行位清（Vi Thanh）至芹苴市（Can Tho）公路开工仪式。该公路全长47.35公里，路基宽23米，设计为4车道，路中间有隔离带，总投资为3万多亿越盾（约合1.89亿美元）。

越南交通部直接管辖的8大港口为广宁、海防、炉门、归仁、义安、芽庄、岘港和西贡港。据越南海港协会最新的统计，越南现有海港266个，其中有9个大港口。目前，越南港口还不具备停靠5万吨级以上船舶的条件。现有海港货物吞吐能力为1亿吨，实际装运量超过1.4亿吨。港口分布也不均衡，中部运能较为薄弱，仅占13%，而北方较强，占总货运能力的28%～30%。集装箱运输方面，南方占90%以上。

根据越南政府已审批的海港发展建设规划，越南将建设9个综合码头，3个国际港口和1个国际中转港。越南海港协会估计，基础设施建设总投资额约为60万亿盾（约40亿美元）。其中30亿美元投资中部，10亿美元（约占总投资额的25%）利用ODA款项，25%由财政承担，50%左右对国内外招商。

越南全国共有大小机场90个，其中15个为民用机场。3个国际机场分别为：内排机场（河内市）、岘港机场（岘港市）和新山一机场（胡志明市）。原用客机大多为苏联制造，近几年通过向西方公司购买和租用，正逐步由欧美机型所取代。

（来源：周杰. 国际商报·中国—东盟商务周刊. 2008—04—01）

越吸引外资保持增长态势

2007年上半年越南严格履行入世后市场开放的承诺，经营和投资环境继续得到改善，“吸金”之势仍保持强劲。越南计划投资部统计数据显示，2007年1～10月，越南直接吸收外国投资（FDI）112.65亿美元，同比增长36.4%，实际到位金额为37亿美元，同比增长18.7%。其中，新批外资项目1144个，协议投资额为97.53亿美元。截至2007年10月底，越南吸收外国投资有效项目8466个，协议投资额748亿美元，实际到位金额为310亿美元。

2007年上半年，世界各国和地区对越投资前三位分别为新加坡、韩国和中国台湾。前10月越南各省市吸收FDI的主要地区为：巴地头顿省（15%）、河内市（12%）、胡志明市（10.8%）和后江省（8.8%）。韩国在世界各国和地区对越投资排名中居首位，协议投资额17亿美元，占越南吸引外资总额的19%。新批外资项目主要集中的投资领域为：工业（53.8%）和服务业（占45.2%），其他为建筑业和农林渔业。

从统计数据来看，迄今已有76个国家和地区在越南投资。其中，亚洲占投资总额的67%，欧洲占29%，美洲占4%。主要投资领域是工业和建筑业，投资地点仍是大城市和重点经济地区最吸引国外投资商，投资方式则多以独资方式为主。

迄今已有76个国家和地区在越南投资。其中，亚洲占投资总额的67%，欧洲占29%，美洲占4%。截至2006年底，累计对越直接投资居前5位的国家和地区分别是台湾、日本、韩国、香港和新加坡，这5个国家和地区的投资额加起来，占外国对越直接投资总额的60.6%。

从投资领域来看，工业和建筑业吸收的外资最多，占外国对越投资项目的67.5%，占投资额的62.8%；其次为服务业，占外国对越投资项目的20.2%，占投资额的30.7%，其余的为农林渔业。

胡志明市、河内、巴地头顿、同奈、平阳省等是越南吸引外国直接投资的重点经济地区。从外商对越投资项目和投资金额来统计，胡志明市项目占30.19%，投资金额占23.4%；河内市项目占11.11%，投资金额占16.74%；同奈省项目占11.45%，投资金额占14.99%；平阳省项目占18.44%，投资金额占9.98%；巴地头顿省项目占2.05%，投资金额占7.61%。

越南政府下发了促进外商投资的15/2007/CT—TTg号文件。根据此文件，政府总理要求各部门、部委和省级人委会要及时落实好6项主要措施：规划工作、制定和实施法律政策、投资促进、劳动报酬、行政改革、克服基础设施建设薄弱的情况。

（来源：周杰. 国际商报·中国—东盟商务周刊. 2008—03—25）

越南入世以来进出口总额快速增加

2006年，越南商品出口总额为396亿美元，商品进口总额约为444.3亿美元。2007年是越南加入世贸组织的第一年，这一年为越南工业提供新的发展机遇，越南进出口贸易大幅增长。2007年越南商品进口总额达608.3亿美元，比2006年增长35%；出口总额达到484亿美元，增长21.5%，其中有10种产品的出口额已超过10亿美元。

按照入世后对国际的承诺，也是为了促进进出口贸易的增加，越南政府制定出一系列具体措施，尤其是在出口方面的措施。因为近几年来越南进口与出口发展不平衡，加大出口能更好地缩小国际贸易逆差，同时增加贸易量。

入世后，越南政府采取了一系列的措施，促进国际商品贸易的顺利进行，推动进出口贸易的发展。这些措施包括：进行海关手续简化和海关现代化改革；通过银行进行国际结算；与各对象国签署双边协议，互相承认动植物检疫和食品安全卫生标准；完善投资发展出口商品信贷政策，出口信贷要符合国家发展目标；逐步实施向出口金额稳定的商品和出口市场份额大的原料进口商提供贷款，首先在农产品领域实施等。

这些措施给越南进出口贸易创造了良好环境，打通了一个顺畅的通道。2007年上半年越南出口额约达97.75亿美元，同比增32.6%；6个月进口121.53亿美元，同比增38.5%。

在越南出口比重中，深加工产品、技术和知识含量高的产品逐渐增加，粗加工货物逐渐减少。入世后的压力使得越南出口货物结构发生积极的转变，加上进出口相关政策的革新，越南政府预计2008年出口金额达到586亿美元，比2007年增长22%。其中，农、林、水产品等货物出口金额达到106亿美元；矿产出口金额达到97美元；加工工业产品出口金额达到280亿美元；其他的产品金额努力达到100亿美元。

中国一直是越南重要的出口市场之一。越南驻中国商务参赞表示：越南政府将加大对中国市场的出口。中国市场需求日益增长，主要集中在热带农产品需求上。越南橡胶、木薯、腰果等水果蔬菜在中国南方的市场潜力也很大。其他商品在中国的销售量稳定增长。开拓中国市场需要注意中国对商品进出口政策的调整，如对7种粮食产品和3种化肥实行配额制；取消84种粮食和粮食加工品的退税和提高出口税政策，对越南企业对中国和其他市场出口商品有利。

中国市场对越南具有出口优势的商品像原油、煤炭、水产品、果蔬、木器、矿产、腰果、橡胶和农产品等有较大需求。

（来源：汪名立. 国际商报·中国—东盟商务周刊. 2008—03—18）

越纺织业成吸引外资热点

越南加工出口纺织服装的原料自给率低，纺织业总体竞争力不强，以及美国加强对越南纺织品反倾销调查，这些因素一定程度上也影响了越南纺织品的出口。但由于越南纺织业的劳动力素质较高，价格相对低廉，入世后越南的贸易环境不断改善，纺织服装业仍然是吸引外资的热门产业。

纺织品是越南重要的出口商品之一。越南年生产能力为每年10万吨100%棉纱及混纺纱、1500吨的缝纫及刺绣线、3000吨的腈纶、2.5亿平方米面料、5000万件的针织产品、8000万件的服装、1.5亿件毛巾。目前，越南服装业发展较快，而纺织业发展较慢，60支以上面料、辅料均需大量进口满足国内市场需求。

越南纺织协会称，截至2008年3月，越南纺织业累计吸引外商直接投资（FDI）54亿美元。中国台湾居各国和地区对越纺织业投资的第一位，协议金额约23亿美元，其次为韩国（16亿美元）和中国香港（4亿美元）。2007年越南纺织业新批FDI投资项目76个，协议金额为3.88亿美元。

2007年，越南纺织业吸引外商直接投资不多的原因为外国公司担心美国对来自越南的纺织品进一步维持监管机制，可能使越南的纺织品企业遭致反倾销调查。

为了提高生产效益，加快纺织业现代化步伐，越南政府加大投资力度来促进纺织业发展。其中，大型投资项目主要有：岘港市（Da Nang）和庆纺织印染项目、兴安省（Hung Yen）Pho Noi B项目、同奈省（Dong Nai）仁泽纺织工业项目和平阳省（Binh Duong）平安纺织工业项目等。

越南贸工部在2015～2020年越南纺织业发展战略（草案）中提出，2006～2010年，越南纺织品产量年均增幅为16%～18%，出口增幅为20%；2011～2020年产量增幅为12%～14%，出口增幅为15%。期间，整个纺织行业需投资近70亿美元。战略提出，越南将集中发展和提高纺织品出口竞争力，充分利用市场机遇，加大国产化水平。

越南纺织集团负责制定棉花种植发展计划，建立棉花喷灌种植区，提高越南棉花的产量和质量。纺织行业此前已公布3个化纤招商项目。此外，越南纺织集团计划在宁顺省、平顺省、多乐省、广义省和同奈省种植棉花，以便到2010年使棉田面积达到4.5万～5万公顷。

在越南加入世界贸易组织之后，第一个优势是向美国市场的出口将不再有配额限制，纺织和服装工业在许多市场上将具有平等的地位。此外，纺织和服装工业的基础设施将提高，这是因为在加入世界贸易组织之后，将吸引更多的外国投资。

（来源：国际商报·中国—东盟商务周刊. 2008—03—11）

中国农药出口越南商机良好

根据越南有关2010年化工发展计划及有关专家预测，目前越南化工产品市场对农药有相当大的需求，市场比重约为国际市场的0.5%，总销售量年增5万吨左右。在农药生产领域，越南将增加使用防治效果好、选择性强、生产及使用简便、易分解、毒性低的产品。同时，越南还将逐渐调整产品结构，减少杀虫剂比例，增加除草剂类产品以及家用和卫生检疫类的产品。

越南大约有3000多种作物虫害、几百种杂草，尤其是苍蝇、蚊子等虫害的肆虐，给中国农药生产企业提供了广泛的出口市场空间。每年不少中国生产的农药经越南运往老挝、柬埔寨等东南亚国家。这些国家都是传统农业国，农药工业发展滞后，主要依靠进口，市场潜力较大。

（来源：林琳、周展锋. 广西新闻网—广西日报，2008—02—13）

越南将扩大从华购电规模

越南工贸部称，为保障2008年经济增长达到8.5%～9%，2008年全国用电需求量约772亿度。

2008年越南将新增功率约2200MW的电能并入国家电网，电力总生产量将会在2007年的基础上增加15%，但越南的电力仍供不应求。越南电力集团（EVN）打算扩大从中国的电力进口规模，以满足越来越大的电力需求，将向中国购电34亿度。

EVN掌控越南全境的输电网，为了减轻越南北部省份的用电短缺问题，EVN称他们将会扩大从中国南方电网公司的电力进口规模。自2004年EVN开始从中国进口电力，中国利用中越边境省份云南的剩余电力供给越南。

面对电力供应日益紧张的局面，越南积极寻找解决途径，积极发展电力工业，加快发电厂的建设速度。

从2007年起到2010年，越南需要投资200亿美元来发展电力行业。据越南媒体报道，2008年越南电力集团将启动一大批电力项目。在全部项目中，有66个发电项目，5个决算项目，21个在建项目，11个开工项目，29个准备投资项目。还有57个500kV电网项目，175个200kV电网项目，421个100kV电网项目等。

此前，越南政府积极寻求国外援助，陆续出台了一系列投资优惠政策，并大力改善投资环境，希望以此吸引国外企业来越投资建厂。例如：外国投资企业可以将全部机械设备、办公用具以及原材料等运到越南，一律免关税；越南政府放宽外商投资比率的限制，容许外商在合资公司中持有高于50%的股权；允许外商独资企业投资建厂等。越南计划在2010年之前取消有关电力价格的限制，根据政府通过的电力价格计划，2008年每度电的平均零售价格会增加6%至890盾/度（5.5美分/度），并允许EVN将一些发电厂私有化和上市筹资。目前约有10个大的外国投资商向EVN申请投资发电厂。

（来源：汪名立．国际商报·中国—东盟商务周刊．2008—02—05）

越南对纺织品原敷料需求巨大

2007年越南纺织品出口额为77亿美元，同比增长32%。纺织品出口额已经超过原油，成为越南最大的出口产品。越南纺织品协会指出，为了支持77亿美元的纺织品出口，越南纺织品行业进口了50多亿美元的纺织品原敷料。2008年越南计划纺织品出口额达95亿美元，需进口约70亿美元的纺织品原敷料。

（来源：中国驻胡志明市总领事馆经济商务室网站．http://hochiminh.mofcom.gov.cn/aarticle/jmxw/200801/20080105320245.html.2008—01—09）

越南电力发展迅速仍供不应求

近年来，越南经济发展较为迅速，对电力的需求大大增加，特别是在越南2007年年初加入WTO后，对电力的需求日益上升。近5年来越南发电量年均增长12%～13%，仅2007年前6个月，越南电力行业发电量近274亿千瓦时，比2006年同期增长12.3%，尽管如此，越南电力仍供不应求。

面对电力供应日益紧张的局面，越南采取两大举措：一是加快发电厂的建设速度，到2010年以前，越南将完工20多个大型水电站、7个大型燃气热电站、6个大型燃煤热电站以及8个其他大型电站项目。二是出台了一系列投资优惠政策，并大力改善投资环境，希望以此吸引国外企业来越投资建厂，缓解电力供应压力。例如：外国投资企业可以将全部机械设备、办公用具以及原材料等运到越南，一律免关税；越南政府放宽外商投资比率的限制，容许外商在合资公司中持有高于50%的股权；允许外商独资企业投资建厂等。

（来源：中越机械网．http://www.cvmachine.com/space/html/07/n—281907.html.2007—12—29）

越南机械制造业面向国际求发展

从90%以上的机械设备依赖外国进口，到自力更生生产成套机械设备并让机械工业初成格局，越南机械制造业经历了10多年的发展。到目前，越南的机械行业已有很大转变，无论是投资、工艺创新、生产新产品，还是提高市场竞争力等方面，都从被动转向主动。近几年，越南国内机械行业年平均增长近40%，2006年越南机械行业总产值为756210亿盾。专家预测，到2020年越南主要工业行业发展规模将比2007年翻一番。其中，水泥工业将增长4倍，油气工业将增长1倍。机械行业如能根据其他行业的发展进行投资，生产产品，仅车辆一项，机械行业年产值就将达到50亿～60亿美元，出口10亿美元。

越南工业部认为，越南机械行业面临前所未有的发展机遇，如果有切合实际的政策机制，加上投资适当，将会有大的发展。特别是越南国内市场需求巨大，工业、农业、渔业、运输业、日用品生产等行业快速发展，都需要大量投资更新设备，以实现工业化和现代化。同时，机械行业也需要投资更新设备来提高自身能力。但越南工业部也表示，国家不会像以前那样对机械行业采取投资优惠和关税保护政策，机械行业必须寻找办法，进行深度投资，更新工艺技术，开发新产品，生产高质量产品，适应国内外市场的需要。

近期，越南机械制造企业协会努力推动国内机械制造业的发展，促成各项贸易促进计划的实施，为国内各机械制造企业与外国各企业、集团的合作和技术转让创造条件。2007年来，越南机械制造业协会已组织其59家成员企业多次赴国外进行贸易促进活动，足迹涉及中国、日本、欧洲等。通过市场考察和贸易促进活动，越南各机械制造企业已初步与外国企业签署了一些贸易合同。

（来源：黄海燕. 广西新闻网—广西日报. 2007—12—19）

越南制定2010年腰果出口发展目标

现阶段越南腰果加工能力达30万吨/年，出口腰果仁9.6万吨/年。2007年1～8月，全国收购腰果35万吨，进口腰果7万吨，2007年内计划再进口5万吨；腰果出口额3.99亿美元，同比增长27.8%，完成2007年计划的67%，

越南是世界上腰果主要出口国之一，腰果产品出口全球40多个国家和地区。其中，40%的腰果出口美国，20%出口中国，20%出口欧洲，10%出口俄罗斯、日本和中东地区。为促进腰果业的发展，越南制定了2010年腰果出口发展目标：2010年，越南计划实现腰果加工业的工业化和自动化，腰果加工能力将达34万吨/年；通过培训提高农民的腰果种植技术水平，加强产品卫生安全检查，开发新产品和建立产品品牌。

（来源：中国驻越南大使馆经济商务参赞处网站. http://vn.mofcom.gov.cn/aarticle/jmxw/200709/20070905103351.html. 2007—09—17）

中国成为越南木薯出口主要市场

越南贸工部称，今年上半年越南出口木薯150多万吨，金额2.3亿美元，同比分别增长41%和46%。

2001～2006年，越南木薯出口年均增长40%。2007年上半年，越南木薯出口中国达1.89亿美元，占越南木薯出口总额的80%。此外，越南木薯出口中国台湾地区为1000万美元，出口韩国为700万美元，出口菲律宾为620万美元。

2007年，越南全国种植木薯40多万公顷，主要集中在西原、南部东区和北部山区，年产量约700万吨。

（来源：中国驻胡志明市总领事馆经济商务室网站. http://hochiminh.mofcom.gov.cn/aarticle/jmxw/200709/20070905088986.html. 2007—09—12）

越南商品零售市场极具吸引力

越南工商会胡志明市分会副会长武秋恒（Vu Thu Hang）于2007年8月16日在胡志明市举行的“为越南商品零售业发展献计献策”研讨会上称，越南商品零售额为370亿美元，越南商品零售市场对零售商提供的机遇居印度、俄罗斯和中国之后。

近年来，越南商品零售额年均增长20%。预计到2010年，越南商品零售额将达530亿美元。目前，除一些国际大型零售集团进入越南外，越南国内也有一些零售企业，如越南Vinamilk、Copmart、Intimex和G7等正在加紧开拓零售市场。

（来源：中国驻胡志明市总领事馆经济商务室网站. http://hochiminh.mofcom.gov.cn/aarticle/jmxw/200708/20070805026597.html. 2007—08—27）

越南鼓励外国企业投资发展电力

越南总理阮晋勇批阅了2006～2015阶段和至2025年越南国家电力发展规划，鼓励国内外企业参加越南电力和电网项目建设。

根据规划，越南在2006～2015阶段，全国电力每年需要增加17%～20%，才能满足国内GDP年增长8.5%～9%的需求，为此，越南必须保障水力发电厂的建设速度，大力发展热电，合理发展气电，以及偏远边境地区的能源再造工程，同时主动与区域内其他各国交流电能。

（来源：中国驻越南大使馆经济商务参赞处网站. http://tzswj.mofcom.gov.cn/aarticle/f/200708/20070804961890.html. 2007—08—06）

越南电荒孕育商机

据海关统计，2007年1～5月，广东省对越南出口发电机及发电机组1502台，比去年同期大幅增长9.1倍。其中装有点燃式活塞发动机的发电机组出口1303台，比去年同期增长9.5倍。而同期全国对越南出口发电机及发电机组达7万台，比去年同期增长3.1倍。

近年，越南经济发展较为迅速，对电力的需求大大增加，特别是在越南今年年初加入WTO后，发展更为迅速，使电力供需矛盾更为突出。越南缺少发电厂，而且越南水力发电的所占比例接近40%，从而导致在出现旱灾的时候电力供应相对紧张。越南国家气象局的消息表示，目前，越南红河等主要河流水位下降至一个世纪以来的最低水平，而且估计干旱天气仍将持续。越南当局已于近月有计划地实施分区停电措施，但停电越来越频繁，导致不少工厂停止运作，影响生产。

2007年1～5月，中国对越南出口电力达6.8亿千瓦时，增长1.6倍，越南虽已加大向中国进口电力，但仍然是杯水车薪，缺电的工厂对中国发电机制造商而言是个巨大的商机。

（来源：傅学君. 国际商报·中国—东盟商务周刊. 2007—06—19）

企业案例篇

海尔集团的东南亚策略

海尔集团成立于1991年，其前身是青岛电冰箱厂，1984年引进德国利勃海尔电冰箱制造技术后始用海尔品牌。作为改革开放后最早走出去的民族企业之一，海尔先后经历了名牌战略阶段、多元化战略阶段、国际化战略阶段，成功实现了从“海尔的国际化”到“国际化的海尔”的转变，形成了由亚洲海尔、美国海尔、欧洲海尔、中东海尔组成的海外营销网络体系，海尔的国际化已经走入良性循环的轨道。

在亚洲，海尔的市场拓展起步于东南亚。在东南亚的投资是“海尔国际化”的重要一步，同时也为实现“国际化的海尔”奠定了坚实的基础，海尔首席执行官张瑞敏戏称：东南亚既是海尔的首块投资地，也是海尔进入欧美市场的最佳练兵地。海尔对于这块自己比较熟悉、地理位置和风俗习惯都相近的东南亚地区，小心经营，采取了与其他地区不同的营销策略，形成了独特的东南亚模式，并取得了非凡的业绩。

一、在东南亚练兵：渐进式的投资模式

海尔的战略目标是要创造世界性的名牌，要建成由世界各地本土化的海尔组成国际化的海尔。但对于这一远大目标，并不是每个企业都能顺利地实现。因为欧美市场是非常成熟的市场，也是世界上最难进入的市场。亚洲许多公司都在这个市场上栽了跟斗，如中国台湾的Acer过去10多年花了10多亿美元在美国推销其品牌，但最终因亏损严重而退出了美国市场。为了进军欧美市场，海尔必须积累国外生产的经验。在海尔看来，东南亚的许多国家受欧美影响最深。为此，海尔将跨国生产的第一步迈向了东南亚。

海尔是选取渐进式的投资模式进入东南亚的。所谓渐进式的投资模式是指企业分阶段的海外扩张方式，即遵循间接出口—直接出口—技术出口—直接投资（海外设厂）这样一个海外经营逐步深入的过程。海尔首先通过与东南亚当地的代理商合作，建立起自己的国际营销网络，并按照当地的营销方式来销售产品。然后，在该地区销售量达到一定规模后，达到建厂的盈亏平衡点时，才考虑在海外选址设厂，也就是所谓的“先有市场，后建工厂”原则。根据上述原则，1996年2月，经过洽谈和协商，海尔在印尼雅加达建立了境外的第一家以生产电冰箱为主的合资企业海尔—莎保罗（印度尼西亚）有限公司，占51%的股份，实现了首次跨国经营；1997年6月，菲律宾海尔LKG电器有限公司成立；1997年8月，马来西亚海尔工业（亚细亚）有限公司成立，海尔电器产品已经成功占领马来西亚17%的家用电器市场。

东南亚金融危机爆发后，欧、美、日、韩等家电行业纷纷撤出在东南亚的投资。而海尔不仅没有撤，反而抓住发达国家撤资后带来的机遇，加强了其在东南亚的投资与宣传，在马来西亚、菲律宾等国树立了大量巨型广告牌，极大地提升了海尔品牌知名度，也得到了当地人们的赞赏和市场的认可。在菲律宾，海尔冰箱一直保持着100%的开箱率和低于4%的返修率，打破了菲律宾市场被日美品牌垄断的局面；在马来西亚，海尔的销售量不断上升，2005年实现了6000万马币的销售额，预期2006年的目标销售额为1亿马币，海尔洗衣机、液晶电视、冰箱，空调将作为完成销售指标的四大主打产品，并逐步取代欧美、日韩在马来西亚的家电产品。

成功投资东南亚为海尔积累了宝贵的跨国经营的经验。1999年4月，美国南卡洲占地700余亩的海尔美国电冰箱有限公司破土动工，这无论是在中国还是美国都引起了极大的轰动。2000年3月，美国本土生产的海尔冰箱已经进入美国消费者的家庭。当海尔的产品在美国不断扩大时，海尔又加大了对东南亚的投资。这被人们总结为“先难后易”的原则，即凭借在美国市场创出的美誉，以高屋建瓴之势再次进攻东南亚发展中国家。2002年，海尔进入泰国，与泰国微星电子集团（DISTAR）合资成立了海尔家电（泰国）有限公司；2006年，海尔与泰国电信设备分销商TWZ公司、泰国投资控股公司Tiga有限公司和Makaranan有限公司合资成立在泰国的第二家合资公司——海尔电器（泰国）有限公司，

在泰国本土主要生产液晶电视，通讯产品和信息技术产品的屏幕。此外，海尔还准备将泰国建成在东盟的生产基地。目前，海尔在泰国已形成当地制造、设计、营销“三位一体”的成熟运作模式，进入泰国前5大连锁店在内的零售渠道，2004年仅出口额就达到500万美元以上，年增长率达到50%以上。此外海尔还在新加坡设立贸易公司，未来还计划将新加坡设立为海尔在亚洲的区域总部。可以看出，在东南亚的练兵场上，海尔市场的拓展已迈上快车道。

二、东方亮了再亮西方：产品多元化的进入模式

“东方不亮西方亮”，这句话曾被许多企业采取多元化经营的一种策略，意思时这边赔了那边补。但海尔却避开这种常规思维，探索出了一套“东方亮了再亮西方”的产品进入模式。海尔认为把自己最熟悉的行业做大、做好、做强，在此前提下进入与该行业相关的产品经营。比如，海尔最初是做冰箱的，所以在1984～1991年间把冰箱做到全国最好，然后再扩张到其他的家电行业。

海尔将这一理论成功运用到东南亚的产品投资策略中，并收到很好的效果。海尔在菲律宾以其技术非常成熟的冰箱和冷柜作为主打产品，同时还根据当地消费习惯不断设计出个性化的产品，如菲律宾消费者习惯把毛巾放在冷柜上，以便在使用冷柜过程中擦手，然而毛巾很容易从冷柜上掉下来，当海尔发现这以情况后，立刻为菲律宾用户开发出大手柄冷柜，这样毛巾很容易绑在手柄上。当冰箱在菲律宾市场站稳脚跟后，海尔才将其他系列的产品引入到菲律宾的消费市场上。在马来西亚，海尔以洗衣机作为突破口，当洗衣机获得马来西亚消费者青睐后，海尔才将液晶等离子电视、冰箱，空调等家电逐步推入马来西亚市场。在泰国，海尔首先亮出了彩电。2002年，一年一度的以高门槛闻名的POWER-BUY家电业博览会在泰国曼谷举行，海尔作为中国唯一参展的家电品牌，将彩电作为其重头戏，与东芝、松下、先锋、菲利浦等国际著名品牌同台竞展，获得了良好的效果，被业界称为“跳板”进入东南亚高档彩电市场，洗刷了中国家电在国外低档无名牌的国际耻辱。之后，海尔将冰箱、空调等带到了泰国市场，而且业绩不俗。

海尔的这种“亮了东方再亮西方”的产品多元化营销策略，是建立在海尔高质量的专业化生产基础之上。这种逐步的多元化不仅没有变成销售的陷阱，而且还成为海尔扩张东南亚的途径。

三、品牌至上：盛誉东南亚

在海尔人的心目中，创品牌、成名牌是至上高无上的。早在20世纪80年代末90年代初，当出口创汇之风还非常盛行之时，海尔却提出了“出口不为创汇而为创牌”。之后，张瑞敏又提出了“国门之内无名牌”的理念，带领海尔走上了做国际品牌、创世界名牌之路。品牌是高质量的载体，是高信誉的保证。为了让海尔这个牌子在东南亚各国响亮，海尔人费了不少的心思。

首先，把好质量关，满足当地消费者的多样化需求。马来西亚拥有众多世界著名的旅游城市，历来重视环保，海尔迅速在马来西亚推出了不用洗衣粉的“天然”洗衣机，并为马来西亚人定做新款。此外，海尔人还为菲律宾设计大手柄冷柜，为泰国人设计小屏幕前置AV端子彩电及AV立体声彩电等。如今，海尔以其在国内越来越稳固的市场地位和产品开发实力为依托，加上个性化的设计、高性价比的产品、人性化的服务越来越受到东南亚地区消费者的喜爱。

其次，注重当地的公益事业。海尔本着“真诚到永远”的品牌精神，一直致力于回馈当地社会。在泰国，海尔不仅创造直接就业机会500余个，还连续举办助学、助残等公益活动，为泰国人民献上一片爱心；海尔还为因受海啸灾害而失去家园的当地难民筹备举办捐助活动。再次，做足宣传，举行大型产品推介会，如2005年举行题为“龙行全球”的中国企业在马来西亚规模最大的推介会，在印尼高档购物中心举行新产品时尚发布会。这些不同形式的推介会充分体现海尔品牌“领跑时尚、领先科技”的品牌内涵，对提升海尔品牌在当地经销商和消费者中间的形象大有裨益。

此外，海尔还请当地明星作为形象代言人，赞助大型娱乐活动等。如请马来西亚十大歌星之一张觉隆作为在马来西亚海尔产品代言人，而真诚、健康、时尚、奋进、有爱心是张觉隆给马来西亚人民的形象；2006年，海尔还在中国香港、印度、韩国、马来西亚、泰国及新加坡启动海尔亚洲超级明星选拔赛，作为MTV亚洲大奖平板电视唯一赞助商，涉足大型娱乐活动，提升海尔的知名度。

海尔在东南亚创名牌的努力为海尔带来很高的荣誉和无限财富。当海尔刚进入菲律宾市场时，菲律宾前总统埃斯特拉达就对张瑞敏承诺要保证“海尔在菲律宾的利益”。2004年，海尔获得菲律宾每两年才评选一次“最佳冷柜品牌”奖，此次评选囊括了菲律宾市场上所有冷柜品牌，根据产品的质量服务、市场价格、民意调查以及对菲律宾顾客的幸福健康所作贡献四个方面进行测评，海尔唯一当选。国际著名的家电品牌如三洋等都曾获得过此项荣誉，这说明随着海尔国际化进程的不断推进，海尔已在东南亚市场与日、韩等“老牌劲旅”形成了分庭抗礼之势。2005年，泰国总理他信为表彰海尔对泰国的贡献，特授予张瑞敏“荣誉投资顾问”称号。此

外，海尔还多次荣登《远东经济评论》年度“亚洲企业200强”之中国企业综合领导力冠军。可见，海尔品牌至上的理念为海尔在东南亚赢得了一次又一次的美誉。

四、结语：创新是海尔前进的法宝

海尔从最初的一个濒临破产的电冰箱小厂发展到现在的一个横撞东南亚、直逼欧美市场的跨国型企业，离不开海尔价值观的支撑，而海尔价值观的核心就是不断创新。从管理模式、组织流程、观念变革、技术革新都离不开海尔人对创新的孜孜以求。正如美国经济学家迈克尔·波特所说：“创新是现代企业的灵魂。没有创新，一个企业就失去了长远发展的动力源泉。”看来，海尔不会缺乏这种动力，目前海尔平均每天会创造1.75个新产品，每天会创造2.8个专利，是中国家电企业在专利和新产品开发方面最多的企业。但海尔还不满足，认为这距离在国际市场上家电品牌的第一竞争力还有差距，海尔将继续自主创新。

2005年底，海尔在战略上发生根本变化，宣布进入全球化品牌战略阶段，也就是要让海尔品牌成为在全球能够名列前茅的一个世界名牌。2006年是海尔进入全球化品牌战略阶段的第一年。在东南亚市场上，发展战略的转移促使海尔加快了自主创新的步伐。2006年3月，海尔在马来西亚吉隆坡展出“世界第一台天然洗洗衣机”，这种不用洗衣粉的洗衣机，首次披上中国家电自主品牌的身份，融合32项技术专利于一身，凭借独有的健康、环保、节能等优势，立刻引起了人们极大的关注，马来西亚、新加坡、印尼、泰国最大的经销商现场与海尔签约，买断首批4万台不用洗衣粉洗衣机在当地的独家经销权。东南亚市场上“天然机”的成功上市为海尔奏响了全球化创牌的号角，一大批具有自主知识产权的创新产品，成为海尔集团实施全球化品牌战略的最有利的武器。

将来，随着中国“走出去”战略的深入实施和中国—东盟自由贸易区的顺利进展，中国企业在东南亚投资的外部环境越来越便利，海尔在东南亚的市场扩展如同其广告词一样“风光无限”，“让我们一起飞得更高”。

（来源：李皖南. 新华网东盟频道. http://www.gx.xinhuanet.com/newscenter/2007－11/06/content_11595272_1.htm. 2007—11—06）

TCL闯东盟

“精耕”东盟、“远征”俄国、“扎根”印度、“布局”南美，TCL出师海外，连战告捷，来自“新兴市场”的彩电销售额，成为TCL集团增长最快的利润中心——2004年，电视销量同比增长41%，销售收入同比增长43%；集团全球彩电销量为1716万台，其中海外销售约占一半：“全球总销量”、“海外销量”两项指标双双名列国内第一。TCL计划3至5年内力争跃至“新兴市场”彩电占有率第一。

一、品牌就是财富

TCL集团公司副总裁、海外事业本部总裁易春雨说：“TCL的海外之路本来就是一个摸索的过程，既没有成熟的理论指导，也没有现成的经验可以借鉴，只能凭着我们的品牌、勇气和智慧，摸着石头过海”

1998年，位于广东省惠州市的TCL集团总裁李东生带队踏上越南，迈出了TCL进入新兴国家市场的第一步。

TCL越南彩电厂车间一角

TCL开拓海外市场第一站选点越南，基于以下考虑：越南政局稳定，与中国相邻，习俗相近，人均收入较低，发展潜力巨大。当时，越南电视机的产能已达300万台，而市场需求量仅60多万台。日本、韩国彩电几乎占了当地90%以上市场份额，索尼、三星和LG等品牌的影响如日中天。

初出国门的TCL经销人员不畏强手，7年来屡败屡战，百折不挠，凭150万美元启动资金，撬开越南家电市场的门缝，并占据了当地20%的市场份额，年销量均保持50%以上增速，改写了日韩品牌“独霸天下”的格局。

TCL集团公司副总裁、海外事业本部总裁易春雨是开拓越南市场的先锋。他描述当时的情形是“市场变化莫测，情感跌宕起伏”。TCL进入越南之前，康佳彩电刚在越南市场败退，大家心里压力很大。而越南人对中国产品存有偏见和误解，认为中国货质次价低，对日韩产品的忠诚度很高，甚至把摩托车直称为“HONDA”。在这种情况下，TCL还肩负着为中国产品“正名”的重任——多一台质量有保证的TCL电视机进入越南家庭，中国产品的信誉度就增多一分。

当时，TCL越南公司采取了几项对策——产品研发上，开发适合越南市场的超强接收、防雷等彩电功能；生产上，强化品质控制，形成了较好的口碑；服务上，提出"三年免费保修，终身维护"的承诺；策略上，采取农村包围城市的做法，以各国际品牌不愿去、不屑去的边远市场作为突破口。

没有样品，TCL员工们就拿着宣传册到处磨嘴皮；没有汽车，他们就骑着摩托车四处出击；没有销售网络，他们就做起一手收钱一手交货的原始交易；语言不通，他们入乡随俗学起越南语，千方百计拉近与消费者的距离。现任越南公司总经理的邓伟文回忆起当年"扎硬营、打死仗"的征战经历，仍有一种满足感："那时，每卖出一台机，对我们来说都是一个胜利——TCL的胜利，中国产品的胜利！"

几个回合下来，TCL在与日韩品牌的对垒中，终于实现了"蚂蚁"扳倒"大象"的目标，在东盟市场撕开了一道"缺口"。

二、文化聚集能量

TCL印尼公司总经理钟云光说："中国人的智慧，是千百年来中华文化精髓的积淀。这是许多外国企业所无法比拟的。只要我们按照经济规律，很好地发挥这些智慧，就一定能够取得成功"

企业竞争最终是企业文化的竞争。中国企业能在东盟站稳脚跟，多数是较好地发挥了中国文化与本土文化相结合的优势。TCL选择东盟作为产品跨出国门的练兵场，其中一个重要原因是看中东盟与中国的人缘、文化渊源关系。

"选择东南亚，一方面是它离中国较近，在支持方面比较容易做到位。而且，东南亚有一个华人经济圈，这对中国企业拓展业务有帮助。另外，东南亚国家文化受中国文化影响较深，中国企业切入比较容易，中国人比较容易融入当地社会。"不少TCL资深员工都这样总结。

TCL印尼公司的起步虽然稍晚于越南、菲律宾、香港和新加坡等地分公司，但在TCL的全球版图中，印尼公司被定位为东南亚板块中最大规模的一个公司。因为印尼有200万平方公里的广阔地域，2.2亿的庞大人口、355万台的彩电和空调市场容量，是国际家电巨头角逐的地方之一。

2002年6月，原任TCL香港分公司总经理的钟云光被调来印尼，主持TCL印尼公司工作。他带领几个同样年轻的人，赤手空拳在印尼打天下，硬是把TCL的"大旗"插在这片陌生的国土上。

钟云光对"文化"的独特作用深信不疑："中国人出国闯天下的武器，一是靠勤奋，二是靠智慧。中国人的智慧，是千百年来中华文化精髓的积淀。这是有些外国企业所无法比拟的。只要我们按照经济规律，很好地发挥这些智慧，就一定能够取得成功。"

印尼是全世界华人最多的国家，有1600万之多，其中绝大多数为来自福建、潮汕、梅州的第三、第四代移民。华人充分运用自己天生精明的生意头脑，掌控着印尼80%的批发、零售渠道，在商业中占绝对主导地位。TCL印尼公司将这个庞大社群视为最大的资源。职员、制造端和销售端合作伙伴以及销售渠道都以华人为主，中国的资金、专业技术、产品与华人的商业智慧相得益彰。

在TCL海外分公司当中，当地员工占到了3/4，不少高管、主管也是当地人。TCL总结了海外用人之道时，首先强调找对适合的人，即找到对中国产品有好感，熟悉中国文化的人。其次要学会尊重人，尊重员工的习惯、想法和理念。在此基础上的激励才有效。最后是要给员工发展空间。在TCL，没有日韩企业常有的"天花板"，本地人才有充分施展才华的空间。TCL越南公司培养了一大批本地化的员工，大部分中层管理干部由越南籍员工担任。他们随着企业的发展不断的成长与成熟，成为TCL越南公司一笔巨大的财富。

三、服务彰显魅力

TCL泰国分公司总经理曾春新："在市场如鱼得水的企业，没有一个是售后服务环节缺位的"。

TCL在海外销售的产品都是根据当地特点而定的。根据当地文化习俗、气候特征等不断改进产品模式。比如，越南潮湿酷热，俄罗斯寒冷而干燥，两地人对彩电要求就不一样。中国的产品直接拿过去无法销售，必须就地改装。

朝气蓬勃的TCL越南公司当地员工

TCL非常注重服务。有一次，一位TCL中方主管到离河内500公里以外的坚江省乡镇拜访客户，一位农民想买彩电，但犹豫不决，不知什么牌子好。这位主管给他讲明了TCL的服务政策，并带着技术员花了1个多小时来到农民家里，帮忙架天线、搞调试。半个小时后，TCL电视机出现了清晰的图像和声音。朴实的农民感激之余为TCL做起了“义务推销”，该村近半农户购买了TCL彩电。

TCL在越南市场奉行“精耕细作”策略：首推“3年免费保修，终身维修”服务承诺，每个城市设立24小时热线电话，一有投诉立即应对；针对越南气候特征，推出超强防雷彩电；成立TCL越南青年基金会，每年组织越南优秀青年团员代表到中国学习考察等等。

长期以来，中国企业有重销售、轻服务的倾向，只管多卖产品，少管售后服务。这种认识误区导致一些中国产品在东盟市场劳而无功，或前功尽弃。10年前，中国啤酒几乎占领了越南人的餐桌，甚至成为越南国宴用酒。如今，越南市场已经难觅中国啤酒踪影。

在市场如鱼得水的企业，没有一个是售后服务环节缺位的。当然，与各国际竞争品牌比较，TCL还存在较大差距，可以说不是一个重量级的对手。要缩小差距、超越对手，关键是速度与创新。TCL必须比竞争对手反应更快，以创新来引领市场，包括管理创新、技术创新、产品创新、服务创新、思路创新等。

TCL“走出去”有两条路径：一是通过购并外国品牌进入欧美发达国家市场，二是用自有品牌开发新兴市场。俄罗斯、印度、东盟、澳大利亚、墨西哥、南非等，这些有着巨大增长潜力的市场，被TCL集团统称为“新兴市场”。

（刘泰山、翁淑贤、张翼鹏、吴宁．华南新闻．2005—12—02）

格力走进东盟越南 第三个海外空调基地建成

格力电器是我国目前唯一一家国有控股的空调专业制造企业，拥有珠海、重庆、合肥、巴西、巴基斯坦、越南六大生产基地。2005年，格力空调年产销量突破1000万套，第一次问鼎家用空调世界冠军宝座，并于2006年产销量1500万套、2007年产销量1800万套连续三年蝉联世界第一。目前，格力空调产量的30%出口海外市场，在意大利、西班牙等西欧地区格力空调的市场占有率已经超过30%。

2008年5月，格力电器正式对外宣布，经过一年多时间的精心筹备，格力空调越南生产基地的厂房建设、生产设备安装调试及人员培训工作已基本完成，第一台在越南生产的“格力”牌空调于2008年4月中旬正式下线。

据了解，这是继格力在南美巴西、南亚巴基斯坦建厂之后，在海外建立的第三个空调生产基地。

坚持“先有市场，后有工厂”

作为上市公司，肩负着保护国家和投资者利益的重任，为此，格力电器对“走出去”一直坚持审慎的态度，坚持“先有市场，后有工厂”的国际化战略，根据国际市场的需要在合适的地区建立格力空调生产基地。

格力电器总裁董明珠表示，企业“走出去”能否成功取决于是否能创造最多的财富和利润，是否能持续获得消费者的认可，在有市场需求的情况下再考虑投资建厂，是稳健而明智的做法。

格力空调自1999年进入越南市场，经过多年的努力，在当地经销商和消费者中建立了良好的口碑，是越南市场主流空调品牌之一。

据了解，越南生产基地位于越南胡志明市著名的新加坡工业园区内，总占地面积约1.1万平方米，全部生产“格力”品牌的家用空调产品，年产量规模10万台（套），是目前越南年产规模最大的空调生产基地之一。

业内人士表示，格力越南生产基地的设立，将进一步巩固格力家用空调在国际市场的龙头地位。

坚持自主品牌出口，定位中高端

自主品牌不仅仅是产品的符号表现，也是一个国家民族工业的脊梁，更是一个民族人文底蕴的载体和再现，如人们提起GE就不由自主联想到美国，而索尼更是日本的代名词。

市场调查反馈，格力与一些中国企业依靠低价走市场的做法不同的是，格力空调在国际化的征途中，一直坚持自主品牌出口为主的发展战略和高品质产品、优质服务的市场定位，目前格力在很多国家已成为百姓喜爱的品牌之一。

目前，“格力”牌空调已经出口到世界80多个国家和地区，在巴西、俄罗斯等多个国家，“格力”已经是当地的第二大空调品牌。

坚持技术领先和品质卓越，诚信取天下

“企业的国际化，其实是技术的国际领先，是品质的国际领先。”格力电器总裁董明珠如是说，“对于国际化，我们不能有投机心理，必须做到诚信，这样才能长久。”

在格力电器，科研的投入不是按“销售收入的百分之几”来预算的，而是根据企业未来发展的实际需要，“按需分配”，是中国家电业科研投入最高的企业。

据了解，格力电器除了设有常规的空调技术研发部门，还成立了业内独一无二的三个基础性研究院——制冷技术研究院、机电技术研究院和家电技术研究院，专门从事空调未来技术的研究与开发。

目前，格力电器在国内外拥有技术专利1400多项，其中发明专利300多项，先后打破了美日企业在数码一拖多、离心式大型中央空调、正弦波直流变频技术等多领域的技术垄断，并在某些技术领域如超低温制热，走在了世界的前列。

（来源：腾讯网站. http://tech. qq. com/a/20080512/000264. htm. 2005—05—12）

“华旗资讯”在新加坡成功营销的经验

华旗资讯（新加坡）有限公司成立于2003年10月18日，作为第一家入驻中国科技部火炬中心（新加坡）的高新技术民营企业，华旗资讯以新加坡作为正式进军国际市场的基地，找准定位，在半年的时间里，“aigo爱国者”、MP3随身听产品，已经成为新加坡市场MP3随身听产品的主流品牌，受到新加坡消费者的喜爱。同时，也得到新加坡政府的肯定，新加坡经济发展局主席张铭坚先生在“中资企业（新加坡）协会成立五周年”活动的致词中，称赞华旗资讯是中国高科技民营企业在新加坡的成功代表。

北京华旗资讯数码科技有限公司是一家1993年创立于北京中关村的高新技术民营企业，共有员工1200余人，拥有高素质的软硬件产品专业研发和技术人员200余人和完整的营销体系。2003年公司营业额达到16亿元人民币，产品远销北美、欧洲、东南亚等地区。旗下“aigo爱国者”移动存储产品全球市场销量第一，中国国内市场销量连续三年遥遥领先，“aigo爱国者”MP3随身听产品2002年入市，仅一年即超过众多韩国品牌，荣登中国国内市场销量冠军宝座。作为中国移动存储、数码和DIY领域的厂商，华旗资讯的业务广泛涉及计算机软硬件产品的研发、推广和服务等多个领域，旗下的“aigo爱国者”移动存储、显示器、数码、机箱和光磁等系列产品已成为了相关领域的代表产品。

一、选准突破口——把新加坡作为国产MP3进军国际市场的基地

华旗资讯（新加坡）有限公司是北京华旗资讯数码科技有限公司在海外设立的第一家公司。2003年8月1日，在由中国科技部火炬中心、北京市海淀区政府以及新加坡经济发展局联合举办的“环球企都（新加坡）2003”推介会上，华旗资讯了解到我国政府已与新加坡政府达成共识，将在新加坡设立中国科技火炬中心，新加坡政府将运用亲商的政策、国际化的经验、优秀的人才等各种资源鼓励和帮助中国科技企业国际化。

经过对新加坡的实地考察，华旗资讯切身感受到新加坡作为亚太地区的金融中心、物流中心和IT业的中心，是企业进军国际的战略要地；新加坡华语和英语双语的语言环境，让中国企业如鱼得水；新加坡发达的制造业为企业的长远发展提供了条件。新加坡当地大批高素质的具有国际市场营销经验的人才，使中国企业可以将新加坡作为进军国际市场的人才培养基地。更为重要的是，通过对新加坡当地IT市场的考察，发现在新加坡将要遇到的竞争对手，几乎与在中国所面对的对手完全一样，这更坚定了华旗资讯将新加坡、将东南亚作为和国际品牌全面竞争的第二战场的决心。鉴于上述考虑，2003年10月18日，在中国驻新加坡大使馆的帮助下，华旗资讯不失时机的成为第一家入驻中国科技部火炬中心（新加坡）的企业。

二、树立“aigo爱国者”的品牌形象

华旗资讯作为中国IT业的核心企业之一，一开始就把新加坡定位在追求“中国品牌”在国际市场战略地位的基地。华旗资讯（新加坡）有限公司董事经理吴野在受访时表示，将“aigo爱国者”建设成为令国人骄傲的国际品牌，是华旗资讯追求的目标。现在“中国制造”的产品遍及全球的每一个角落，然而全球著名的“中国品牌”却屈指可数，因此，“aigo爱国者”的国际化之路，也是一条树立“中国品牌”的国际化形象之路。

华旗资讯来到新加坡之初，利用新加坡传媒业比较发达的条件，积极与媒体沟通，加大对外宣传的力度，他们在新加坡本地最具权威的电脑杂志“hardware magazine”和其网站上、在新加坡发行量最大的英文报纸《The Straits Times》、《Today》等报纸杂志和网站上刊登广告，2004年春节期间，华旗资讯还在新加坡著名旅游景点“鱼尾狮”公园，积极进行品牌的宣传，“爱国者”品牌的旗帜飘扬在“新加坡河”和“鱼尾狮”的周围。新加坡《联合早报》、《The Straits Times》、《Business Times》等报刊，CNBC、新传媒“U”频道等电视媒体都对华旗资讯的国际化和“爱国者”MP3等产品成功进入到新加坡市场进行了专题报道。通过这些报道，树立了华旗资讯优秀企业的形象，扩大了其产品的影响。

三、采取“高质优价”的营销策略

如何在竞争激烈的新加坡IT市场中占据一席之地，在与国际品牌的竞争中立于不败之地，华旗资讯的“aigo爱国者”产品采用了“高质优价”策略，即“aigo爱国者”产品拥有一流的国际品质和服务，价格与国际大牌的同类产品相比却相对低15%～20%。

“aigo爱国者”的产品有几十条产品线，选择什么样的产品首先进入新加坡，什么产品能最快让新加坡的消费者接受和喜爱？华旗资讯在经过对市场

的充分研究后，选择了MP3随身听产品，作为进入新加坡市场的打头阵产品。原因是：首先，“爱国者”MP3随身听产品，在国内已经取得了巨大成功，市场占有率及用户喜爱度已远远超过日本和韩国的品牌，是中国市场的第一品牌；二是，在“爱国者”MP3进入新加坡之前，新加坡市场MP3随身听产品的主流品牌主要是来自日本和韩国，我们有此类产品在国内市场超过他们的经验；三是，在2003年SARS过后，数码随身娱乐等产品的需求越来越大，MP3随身听产品在新加坡市场的需求量正在急速的增长；四是，“aigo爱国者”产品拥有一流的国际品质和服务，而我们的价格可以比韩国同类产品低15%～20%。

由于准确的市场定位和推行“高质优价”的策略，短短几个月的时间，“爱国者”产品在新加坡迅速打开了市场。其中，华旗资讯推出的“潜水艇”型号“aigo”数码音乐随身听唱机，就在本地市场获得良好反应，得到了广泛的认同，目前，“aigo爱国者”MP3随身听产品，已经成为新加坡市场MP3随身听产品的主流品牌。

四、在立足新加坡市场的同时，积极开拓周边市场

东南亚国家的商家普遍以新加坡市场的发展方向为参照，能在新加坡市场立足的产品，往往被认为是新技术的发展方向和潮流，对东南亚地区有着市场先导、示范和辐射作用。因此，做好新加坡本地市场，就间接地打开了周边国家的市场之门。马来西亚、印尼、菲律宾、泰国的代理商，看到华旗资讯在新加坡市场的成功登陆，都主动找上门来，在充分了解华旗资讯产品的基础上，表示要与华旗资讯进行合作。目前，华旗资讯在巩固新加坡作为走向国际市场基地的基础上，积极与各方商谈合作事宜。

五、坚持“先人后事”的原则

走出国门之后，如何解决不熟悉国际市场规则，不熟悉国际市场营销手段，不熟悉先进的管理方法等一系列问题，是摆在每一个刚刚踏上国际化之路的企业前面的拦路虎。华旗资讯运用的是“先人后事”的方法来解决这个难题。首先，选派好企业负责人，华旗资讯（新加坡）有限公司中方人员只有两人，他们都经过高等教育，懂外语，董事经理吴野长期在集团的产品、研发、市场和销售部门工作，精通本领域的业务；其次，充分利用新加坡当地具有大批高素质的国际市场营销经验的人才优势，通过各种方式，聘请到一批曾经在索尼、创新科技等国际知名企业有丰富工作经验的职业经理人，经过交流、实践以及理念的沟通和融合，使这些职业经理人把自己的事业同“aigo爱国者”的事业融合在一起，成为“aigo”的事业经理人。实践证明，这样做起到了事半功倍的效果。

“高质优价”的“aigo爱国者”产品在新加坡市场，越来越受到了经销商和消费者的广泛喜爱，华旗资讯也在把新加坡作为走向国际市场的基地上迈出了坚实的一步。

据了解，近期，华旗资讯将在新加坡推出一系列新产品，不只有“随身听”系列，还将有“随身看”系列和让人能“尽情拍”的产品。这些产品充分展示了“aigo”表达的“自主科技、自由生活”的风格，将会受到本地消费者的喜爱。

华旗资讯作为我国一家高科技领域的民营企业，在进入新加坡市场只有半年的时间取得的成功经验，为我国高、新技术产品行业走向国际市场提供了有益的借鉴。

（来源：中国驻新加坡大使馆经济商务参赞处网站．http://sg. mofcom. gov. cn/aarticle/yuyan/200403/20040300202558. html. 2004—03—31）

中兴通讯：“接入”东南亚

中兴通讯股份有限公司（以下简称“中兴通讯”）是在成立于1985年的深圳中兴半导体有限公司基础之上发展而来的，是国内以国有资本控股的从事通信系统设备研制的第一家公众股份有限公司。作为我国改革开放大潮初起之际的民族企业，中兴通讯从诞生之日起就担负着振兴民族通信产业的使命。20多年来，中兴通讯经过不断的创新和变革，如今已发展成为我国最大的通信制造业的上市公司和综合性的电信设备及服务提供商，产品从最初单一的小程控交换机扩展到如今的无线产品、网络产品、终端产品（手机）三大产品系列，并向国际电信运营业务拓展。

国际市场是中兴通讯的战略市场，早在1995年，中兴通讯就启动了国际化战略，成为国际市场成长最快的中国通信设备厂商，被誉为中国高科技企业最早实践“走出去”战略的标杆。在总结成功经验时，中兴通讯董事长侯为贵笑称：中兴在外国市场的资源投入和战略部署上基本上满足“二八定律”，也就是80%投入发展中国家，20%投入发达国家。东南亚市场则是中兴通讯国际化战略中的重中之重。

一、“接入”之路：逐层推进发展战略

中兴通讯的最终战略目标是打造全球范围的中兴通讯品牌，建设世界级的卓越企业。中兴并不像其他一些跨国企业以并购东道国当地企业迅速完成国际化，而是坚持自我发展，逐步推进。董事长侯为贵在2005年中兴通讯成立20周年媒体发布会上说，中兴通讯的首要目标是确保企业“健康”发展，做到了这

一点，企业就可以自然而然“长大”。因此，有人将中兴的国际化战略总结为“稳打稳扎、步步为营”。

中兴“接入”东南亚之路亦“固守此道”，在东南亚逐层推进：首先派业务代表到当地熟悉情况，了解运营商需求，并搭好和东道国通讯部门的“桥梁”和设立代表处，向当地外贸公司、项目公司探路。在开始了简单的设备出口后，中兴便开始承接当地通信工程和提供通讯网络综合解决方案，逐层推进它的市场战略目标。可以说，有目的地、有秩序地进行产品出口、工程承包、合资生产、合作运营是中兴尝试“接入”东南亚市场的主要思路。

在这一战略思想的指导下，中兴在其决定走向国际化的第二年即1996年就开始了其对东南亚市场的探路之行。首先于1996—1997年间出口交换机到马来西亚、印尼等地，并于1998年通过交换和访问产品开始了泰国之旅，之后通过不断向泰国出口各种通信设备和进行规模化运营，承建多个大型工程项目，举办通讯技术展，直至在泰国设立分公司，慢慢站稳泰国市场。在越南，中兴通讯2001年就开始对越南的河内到老街、河内到同登、河内到太原等越南北部地区三条铁路干线通信进行可行性研究，终于在2005年11月的越南铁路公司通信建设项目招标中，力挫群雄，成功赢得了价值6600万美元的综合性网络建设商用合同。按照合同，中兴通讯的交换、传输、接入网、数字调度等产品将全面服务于越南北部地区铁路通信系统的现代化改造。这被认为是迄今为止中国通信企业在海外市场所获得的最大交通通信项目之一，中国通信设备制造企业也因此再次成功大规模进入东南亚市场。

中兴通讯在东南亚市场不仅展示着作为传统意义上的电信设备提供商的优势，而且还表现了作为电信运营商的实力。促成这一角色的转换则是在2000年后。当2000年开始的“电信寒流”突袭全球时，各大电信设备制造商纷纷从东南亚市场撤资“避寒”。中兴趁机抓紧机遇采摘“果实”，占领市场空隙。中兴通讯在东南亚市场上涉足电信领域同样采取了稳健的方式，即首先与当地较大的国有运营商合作、参股，在取得了良好的市场信誉后，再全面进入包括中小运营商、私有运营商在内的整个电信市场。这可以从以下一系列的例证中窥出一斑：

在越南市场上，2003年中兴通讯与越南第二大电信运营商（VPT）合作，承建覆盖胡志明市部分地区及Dong Na省的CDMA2000 1X一期网络；2004年8月，继续承建越南南部13个省市的CDMA2000网络；2005年4月，中兴通讯又与VPT签订了覆盖胡志明市的450MHz CDMA2000 1xEV-DO商用网络项目合同，该网络因成为越南首张3GCDMA2000网络而受到注目。此外，中兴通讯还积极参与缅甸通讯合作，初步完成缅甸移动电话系统改造；2004年，中兴与印尼电信公司（Indosat）签订项目总金额为4760万美元的商务合同；2006年5月中兴与印尼电信运营商金光集团（SMG）签署合作协议，投入2亿美元建设CDMA2000网络，并占51%股份，获得控股权；2004年与菲律宾第二大固网运营商（Digtel）签订交换网络建设并投资10亿美元建设菲律宾南部的电信项目；2004年9月又与新加坡电信（Singtel）达成业务协议，为其提供全新彩铃增值业务；2005年3月，为新加坡知名移动和国际长途电话运营商（MobileOne）提供智能网系统……

这一桩桩大手笔的投资标志着中兴通讯成功进入东南亚电信市场，国际电信联盟（International Telecommunications Union）在其报告中禁不住赞赏“中兴通讯是当今全球电信市场发展最快的设备供应商之一”。如今，中兴通讯在东南亚各国都建立有销售代表处，并于2005年将新加坡设为其在亚太的区域总部，全面负责在亚太包括东南亚地区的通讯设备供应和电信运行业务。至此，中兴通讯在东南亚市场可算是全面“接入运行”。

二、“接入”之术：自主创新铸造核心技术

中兴通讯成功“接入”东南亚靠的是什么？国际电信联盟将中兴通讯在海外市场获得成功的原因归结为三点：第一，中兴通讯具备三种关键能力，即有能力提供高性能、符合国际标准的技术，有能力利用自身具备的设计优势体现出经验的财富，有能力将创新的解决方案运用到实践当中；第二，中兴通讯的产品线齐备，决定了其国际化路线的多样性；第三，中兴通讯非常重视新技术及产品的研发。

的确，作为一个高科技型企业，技术始终是中兴的核心竞争力。中兴人明白，固守阵地只能等待淘汰，只有自主创新，拥有核心技术，才能在这个“技术为王”的通信领域生存下去。为此，中兴通讯每年将拿出公司收入的10%用于研发，坚持核心技术的自主创新，并鼓励员工要立足于对全球市场分析及发展预测，注重长远规划与整体布局，保持与市场的同步增进。此外，为使研发触角伸到市场一线，中兴通讯要求骨干研发人员花50%的时间去接触市场，以做到“研发平台前移”。

在对技术和创新不断孜孜追求的过程中，中兴通讯推出了一代又一代的通信产品，在如今最为热门的3G、下一代网络（NGN）、网络电视（IPTV）、数字集群（GOTA）等这些全球通信产业最前沿的技术领域方面，中兴通讯已达到了全球领先水平。其中的数字集群（GOTA，Global Open Trunking Architecture）拥有100多项自主专利技术，是世界上首个基于CDMA2000平台的数字集群产品，能平滑过渡到3G无线通信网络，已成为改变国际集群市场格局的主流数字集群技术之一，这也是首次由中国企业发布

具有自主知识产权的数字集群通信体系。

核心技术的获取使得中兴在东南亚市场上如鱼得水。2004年12月，在刚刚通过国家技术鉴定后，中兴通讯就迅速将GOTA技术迅速应用到马来西亚市场，与马来西亚最大的集群通信运营商Electcoms签约，布置马来西亚全国GOTA数字集群网络，首期覆盖马来西亚首都吉隆坡、第二大城市槟城、雪兰峨州、新山市等经济发达地区。这是中国企业自主研发的数字集群系统在海外首次全国规模的应用，标志着继CDMA、GSM等移动通信产品后，国产数字集群通信产品也已开始走出国门。此后在泰国、印尼、菲律宾、越南等多个国家，中兴通讯也已开始与当地运营商合作，开通了GOTA网络。凭借良好的地缘优势和巨大投入，中兴通讯还将基于2G、2.5G和3G的移动通信、光通信、下一代网络、数据通信和终端产品等全系列产品大规模应用到越南、马来西亚、越南、新加坡、菲律宾、泰国等国家市场。核心技术的拥有与商业应用为中兴驰骋东南亚打足了底气，这无疑对提高中兴对东南亚市场的占有率起着重要的推动作用。

三、“接入”之魂：实现自主品牌国际化

如前所述，中兴通讯从诞生之日起就肩负着振兴民族通讯产业的使命。在20多年的发展历程中，中兴通讯时时不忘这一重任。目前，“打造全球范围的中兴通讯品牌、建设世界级的卓越企业”已成为中兴通讯的最终战略目标。然而，要在短时间内实现这一目标是并非易事，通讯领域中国自主品牌的建立也不是一朝一夕的。与微软、IBM、英特尔、摩托罗拉、思科、朗讯等国际一流企业比起来，中兴自知在市场份额、技术专利、组网经验等方面还有一段路要走，但这并不妨碍中兴向这一目标踏步迈进的雄心。

品牌永远是一个企业最有力的无形资产，它需要有足够的核心价值来支撑。东南亚市场恰为中兴提升品牌、与国际名企近距离比拼提供了一个良好的舞台。在这个舞台上，中兴的战略思想并不仅仅局限于一名优秀的“玩家”，它还要成为游戏规则的制定者，这是保持“游戏玩家”优势的重要砝码。在“接入”东南亚市场的过程中，中兴通讯已顺利加入3GPP、3GPP2、ITU等40多个国际标准化组织，并获得NGN、3G终端、信息安全、网关及光传输等多个领域的国际标准起草权和编辑者席位，成为标准制定领域一股不容小视的中国力量。

品牌塑造除了建立在独立自主的创新能力和核心技术基础之上，还需要加强宣传攻势和树立品牌的社会形象。为此，中兴在新加坡和泰国不断地举办或参加各种通讯技术展，如在2006年的亚洲电信展上，中兴以“让世界融合”(Making The World Converge)为主题亮相新加坡，向世人展示中兴电信运营的技术实力和“因您而变”服务理念。印度洋地震海啸发生后，中兴通讯在第一时间向东南亚受灾国捐赠总价值250万美元的救灾通信设备，这些设备都在救灾工作中发挥了巨大作用。2006年，当泰国遭遇了50年来最严重的洪涝和泥石流灾害、通信等基础设施遭到损毁、通信供给能力严重不足时，中兴通讯迅速调度了CDMA应急通信车赶赴泰国灾区进行支援，快速运用GOTA数字集群系统为其提供应急通信服务，受到了当地人民的好评。诸如类似众多的公益活动为中兴融入当地、树立国际化的品牌形象起着很大的推动作用。

随着中国—东盟自由贸易区的建设进程的不断推进，以及中国与东南亚各国交流的不断深入，必将为中兴最终融入东南亚创造更好的大环境，而这样的融入又将奠成中兴梦想、成为实现中兴自主品牌国际化的坚实阶梯。

（来源：新华网东西东盟频道．http://www.gx.xinhuanet.com/newscenter/2007－11/06/content_11595314.htm.2007—11—06）

华为3G享誉马来西亚完成HSDPA覆盖

2006年5月27日，马来西亚两年一度的国家级体坛盛会——第十一届全国运动会（“SUKMA”）在马来西亚吉打州隆重开幕。当地近10家电视台和数十家平面媒体赶赴现场鼎力报道，来自泰国、文莱、新加坡、印尼等国家的1000万人关注了此次盛事。

2006年的盛会与往年相比更让人振奋的是，当地最大的移动通信公司Celcom的10万多3G用户第一次可以通过手机实时观看精彩赛事，真正实现了期待已久的移动宽带梦想。作为Celcom主要的3G设备供应商，华为出色地完成了对本届盛会所有体育场馆的HSDPA网络覆盖。

一、上千个WCDMA新一代基站规模服务Celcom

2006年2月，马来西亚移动运营商Celcom宣布选择华为承建其二期3G网络扩容项目。通过3G扩容，Celcom的3G网络覆盖、3G业务都迈上一个新的台阶。根据合同，华为将部署上千个WCDMA新一代基站，支持Celcom为其用户提供高速数据业务HSDPA服务。目前，华为的WCDMA新一代基站系统已成功覆盖新山、槟城、马六甲等马来西亚主要的经济发达城市。

Celcom成立于1988年，是马来西亚最富经验和排名第一位的移动通信供应商，一直致力于为马来西亚移动用户提供先进的移动通信产品和服务，拥有全国居民区97%的最大网络覆盖，用户总数超过700万，3G用户已超过10万，其母公司马来西亚电信集

团（“TM”）为马来西亚第一大电信运营商，也是东南亚最早获得3G牌照的跨国运营商。早在2004年10月，华为即与Celcom签订合同，为其部署第一期3G网络。而在一期项目实施过程中，华为所表现出来的优异的网络性能、专业的服务以及快速的设备交付能力是Celcom选择华为进行其二期网络扩容建设的重要原因。

SUKMA是马来西亚体坛两年一度的盛会。由于马来西亚是一个多种族多宗教信仰的国家，并且在东南亚各国有着显著的影响力，因此从筹备整个赛事到参与比赛项目，SUKMA也起着团结各种族以及加强同周边国家外交、旅游的作用，每次盛会都会吸引马来西亚本国同周边国家的10家电视台和数十家平面媒体鼎力报道，SUKMA因而亦成为各方展示最新资讯及科技的最佳机会。今年，Celcom选择了借此机会展示自己最新推出的HSDPA高速数据业务。

Celcom希望能够在运动会期间对13个体育场馆进行HSDPA网络覆盖，以此为其3G用户提供手机观看精彩实时赛事的服务，而这13个体育馆恰好处于华为的项目实施区域。为及时完美地呈现本届盛会，Celcom希望能在开赛之前完成对所有体育场馆的网络覆盖工作。此时距离全运会开幕仅有1周时间，面对客户提出的要求，华为是否能够接受这次挑战？

此次SUKMA的各项赛事在吉打州各个主要城市的13个体育场馆举行，其中包括马来西亚的旅游胜地兰卡威（Langkawi）岛。各比赛场馆分布距离远，网络覆盖地域分散，无疑对网络的铺设工作形成了巨大的挑战，隔山隔海更增加了工程实施的难度。同时，这样一个公众关注的盛会自然对网络质量格外关注，而大量用户聚集的体育场馆对于网络的容量和处理能力也提出了很高的要求。

如果能够成功部署，对于客户的品牌和业务推广都将是一次不可多得的宣传机遇。虽然对于华为来讲在如此紧张的时间内部署如此高标准严要求的HSDPA网络存在很大的挑战，但是，客户的需求是高于一切的目标，华为的项目实施人员立刻进行了紧张的项目分析。

二、一周完成所有场馆的HSDPA覆盖

为保障工程的顺利实施，华为项目组与Celcom并肩齐手，建立了高效的沟通渠道，及时了解、快速响应客户需求，并针对覆盖地域分布广这个难点集中突破。项目组根据整体项目进度需求制定了精确到天的项目进度计划，充分考虑到各产品、各场馆间的时间差，最大限度地并行开展任务，缩短工期，实践证明正是精确的进度计划使得各产品之间工程进展无缝连接，避免了由于各工程进展不一致造成的工期延误。

在工程实施过程中，项目组全体人员共同努力，不但有针对性地制定出了各馆点的工程实施方案，而且在工期非常紧张的情况下，针对外购件推迟到货的问题，采用并行、赶工并增加必要资源等办法，确保了各馆点全部按期完成验收测试，并保证了所有的业务割接一次成功。

项目技术复杂、地域跨度大。面对这种复杂的局面，项目组成员团结一致，与Celcom有效互动，很好地保证了各个场点的稳步实施。为了保证项目的顺利实施，项目组在项目实施前，就对存在风险进行分类，并针对影响大、概率高的风险制定了规避方案。项目实施过程中，通过有效的项目分析会议，不断分辨出可能存在的新风险，制定合理的预防方案。为了保证项目在承诺的时间内完成，项目组每天定期在内部召开进度分析会，和相关人员、部门协调配和，保证项目的准确进度。对于馆点众多、实施管理的难度大等困难，项目组的市场部、研发部和技术服务部等各个部门，经过充分协商和配合，进行了有效解决。同时，华为快速的响应机制有效解决了工程实施中遇到的各种困难，全面保证了网络质量和工程按期交付。

华为采用WCDMA新一代基站进行网络部署。由于采用高效DPD＋Doherty技术的数字集成功放，华为新一代基站效率达到33％，是传统基站功放的3～4倍，节省电费32％；支持全性能HSDPA，提高系统频谱效率和码资源效率，有效地增加网络带宽和容量；集成度高，性能优异，支持最大15HS-PDSCH码/CELL，峰值速率可以达到14.4Mbit/s；多载波技术实现软件平滑扩容，加快了网络部署周期；开放机构更有利于降低建网成本。WCDMA新一代基站性能好，可靠性高，极大缩短了网络部署的调测时间。

（来源：刘启成．通信世界．2006—11—22）

夏新手机如何成功进入新加坡市场

一、新加坡手机市场情况

新加坡是世界上人均手机普及率最高的国家之一，据一项调查显示，新加坡手机用户已超过310万个，手机用户占人口的普及率超过75％。

新加坡移动电话市场由新电信（Sintel），第一通（MobileOne）和星和（StarHub）三家移动通讯网络服务公司经营，所有的手机用户都是属于三者之一。商店手机销售通常都与这三家公司的服务合同连带销售，目前，新加坡手机市场月销售量约10万台，其中三大运营商通过捆绑销售控制了80％以上的市场份额。长期以来市场上普遍销售和人们普遍使用的前三位的手机品牌是Nokia，Sony-Erixsson，Samsung。

二、找准定位，立足新加坡，成功进入东南亚手机市场

夏新电子有限公司是我国著名手机制造企业，2002年销售收入45亿人民币，净利润人民币6亿8千万。在国内取得良好的销售业绩的同时，近年来，夏新开始积极走向国际化。2002年10月与新加坡宏昌科技私人有限公司合资在新加坡注册成立了夏新电子（东南亚）公司。

2003年，夏新手机立足新加坡，找准市场定位，依靠夏新自主研发的A8和A6系列手机产品的独特性，成功登陆了新加坡手机市场，取得了月销售1200台高端手机的佳绩（平均零售价格高于400新元折合1880元人民币），有超过40家核心零售店销售其产品，其产品在新加坡手机市场初步站稳了脚跟。

夏新电子在竞争激烈的新加坡手机市场能够占有一席之地，靠的是准确的市场定位和营销策略。

新加坡人均GDP已达到发达国家水平，产品消费档次要求高。另外，新加坡年轻手机用户比例相对较高，他们追求时尚和新颖，因而新加坡人对新一代产品需求人数很多，加上随着高新技术的迅速发展，产品本身更新换代也加快，因此新加坡虽然手机订户市场已近饱和，但正因为如此其换机市场却很大。

基于上述考虑，夏新一开始便把自己的产品定位在中高端市场，重点推广高端产品，树立高端品牌形象，而非一味追求低端路线，大打价格战。其开始投放市场的彩屏A8、A6手机系列，都是在同类产品中具有领先水平，因此，进入市场后很快受到运营商和消费者的认可。

在立足新加坡市场的同时，积极开拓周边市场。东南亚国家的商家普遍以新加坡市场的发展方向为参照，能在新加坡市场立足的产品，往往被认为是新技术的发展方向和潮流，对东南亚地区有着市场先导、示范和辐射作用。因此，做好新加坡本地市场，就间接地打开了周边国家的市场之门。2004年年初马来西亚、印尼和泰国的代理商，看到夏新手机在新加坡市场的成功登陆，都主动找上门来，在充分了解夏新产品的高端定位以及独特的运营模式后，很快确定与夏新开展长期合作。目前，夏新手机的低端产品已成功进入上述国家的市场，以适应当地的消费水平。

三、夏新手机在新加坡的广告策略

由于我国手机进入新加坡市场较晚，影响力还不大，为尽快打开局面，夏新进行了一系列广告宣传活动。

产品上市初期，夏新在当地华文和英文报纸上刊登大量产品介绍的文章和通栏广告，突出夏新产品的领先设计和高科技含量，给经销商以上柜销售的信心。

利用当地合资方的关系，积极参与新加坡有影响力的活动，提升品牌的知名度。夏新首席赞助了2002年新加坡“总理杯”高尔夫赛，其产品引起吴作栋总理的极大兴趣，通过媒体的报道，取得了较好的反响和广告效应；针对年轻消费群体，参与赞助明星演唱会，同时，推出配套的促销活动，获得了较好的效果。夏新赞助了2003年3月的“动力火车VS S. H. E的双啸演唱会”和8月的“苏永康演唱会”，在活动期间均取得了三倍于平时的销售。

上述活动的开展，不仅提高了其产品的影响力和销售，还引起新加坡最大电信公司——新电信的注意，日前，夏新与新电信就夏新新产品进入新电信捆绑销售领域进行了初步协商，为最终进入这一领域打下了基础。

夏新电子手机成功进入新加坡和东南亚市场，一定程度上扭转了市场上对“中国造＝便宜货＋质量差”的偏见，更好地打造出“名牌，中国造”的品牌形象，为我国高、新技术产品行业走向国际市场提供了有益的借鉴。

（来源：中国驻新加坡大使馆经济商务参赞处网站．http://sg. mofcom. gov. cn/aarticle/yuyan/200310/20031000140143. html. 2003—10—28）

广西玉柴集团着力开拓东南亚市场

“广西北部湾经济区规划获国家批准实施，对广西加快发展是难得的大好机遇，对玉柴来说，也是千载难逢的好机会。”广西玉柴集团董事长晏平表示，玉柴集团要积极融入北部湾经济区，以卓越的品质进发世界，打造玉柴航母，使“玉柴机器”成为世界知名品牌，把玉柴建设成为大型跨国企业集团。

一、卓越品质铸造民族品牌

创建于1951年的广西玉柴机器集团，坐落在具有“千年古州，岭南都会”美称的广西玉林市。现拥有37家全资、控股、参股子公司，员工18000人，总资产119亿元，是全球最大的独立柴油发动机生产基地、中国最大的中小型工程机械生产出口基地，被誉为“中国绿色动力之都”。玉柴集团秉承“绿色发展、和谐共赢”的核心理念，在产品品质上追求“卓越”。先后获得“中国动力第一品牌”、“中国名牌产品”、“中国驰名商标”、“中国用户满意产品”、“中国质量管理奖”、“中国十大诚信企业”等国家级荣誉。

玉柴集团核心业务包括柴油发动机、工程机械、物流机电、汽车零部件、汽车化工和专用汽车等六大板块。具有年产销各型柴油发动机60万台、中小型工程机械1万台的实力，占据国内高档柴油机半壁江山，位居中国道路运输企业前三甲。多年来，荣登中

国企业500强、中国品牌500强、中国机械500强、中国汽车零部件百强企业排行榜前列。

玉柴积聚了享誉海内外的高水平研发团队。2007年成立行业首家企业工程研究院，确立“创造世界一流工程研究院”的目标。玉柴拥有国家级企业技术中心、国家认可试验室、企业博士后科研工作站、广西动力人才小高地等平台；与美国、德国、清华大学、上海交通大学等40多家国内外著名科研机构合作，建立产品研发工作站，形成以自主研发技术为核心、以欧美技术为支撑的先进研发平台。近年来，集团获得两项国家“863”高科技研究课题；参与多项国家行业标准拟订；率先向市场推出了具有自主知识产权的国3、国4、国5柴油发动机和轿柴发动机；摘获广西唯一“自主创新成就奖”；是广西和行业专利申报受理授权最多的单位。

近几年玉柴以年均超过30%以上的大规模高增长速度发展，2007年实现销售收入突破180亿元，生产经营再创新高，连续七年居于行业领先地位。玉柴集团经营业务已经延伸到亚、欧、美、非、大洋洲，设立有30多个海内外办事处、40多家分公司、1000多家配送中心、专卖店、2000多家终端服务网点。形成与客户共赢的市场观，依托YCSS服务信息管理系统和36个坐席的呼叫中心，实施主动跟踪服务，实现40公里服务半径，配件专卖网络保证24小时到位，向海内外用户提供最专业、最快捷、最满意的销售服务。

二、“国际玉柴” 做强做大永续发展

从1964年发动机出口越南、新加坡等国开始，玉柴发动机海外出口已有44年的历史，然而在国际市场上长期无法做大，出口量占总销量比例仅为5%。2004年，玉柴调整战略，寻求与国内整车厂合作联手拓展海外市场，但这种配套出口方式受制于供方。玉柴再次调整战略，海外经营采用办事处＋商务代表市场开发模式，从商务、产品、服务、技术等各方面进行，对每个国家、每个客户都形成可操作的工作方案，广泛开展‘一国一案’、‘一户一策’的海外销售、服务网络建设。

2006年，玉柴初尝国际化道路的甜头，发动机出口量达到8000多台；玉柴于上世纪90年代开始自营出口的小型挖掘机的出口量也大幅增长，已占总销量的27.6%，出口网络覆盖加拿大、美国、巴拿马、俄罗斯、芬兰等地，顺利进入了中国工程机械产品最难进入的欧美市场并占有了相当的份额。

2007年，玉柴在海外50个国家注册玉柴商标，并在国内内燃机行业中首家获得了国家质检总局颁发的产品‘出口免验证书’，取得了走向国际市场的金牌通行证，大大方便了产品出口。在柴油机出口取得了历史性突破的同时，玉柴挖掘机远销欧美、大洋洲等5大洲约30多个国家和地区，拥有70多个国外代理商，内外销比例已达1∶1，在国外市场具有一定的知名度。2007年玉柴出口柴油机29566台（含配套出口），出口金额超过1亿美元，出口量同比增长高达269%。海外市场保有量超过5万台，国际化道路取得重大突破。

2008年，玉柴以“卓越品质，国际玉柴”为国际化主题，提出了海外市场拓展的目标：2008年实现发动机出口5万台，2009年达7.5万台，2010年达10万台，占玉柴总销量的35%。在2010年前，玉柴将以亚洲、非洲、拉美地区和东欧为目标市场，重点突破东南亚，争取在2到3年内实现出口量占全年销量和销售额的10%～20%；2010～2015年，逐步地、有计划地进入北美、西欧等发达国家市场；实现发动机年出口量达30万台，占年度总销量的30%。

玉柴集团董事长晏平介绍，2008年玉柴将成立海外事业部，2009年建立海外子公司。市场开发上采取海外办事处＋商务代表的模式，配套出口、自营出口和代理出口相结合。同时，创新海外服务模式，解决售后服务这个海外市场最瓶颈问题，形成全球市场竞争优势：一方面建立玉柴自己独立的服务代理网络，全面推行代理服务模式，在海外建设覆盖范围广、服务能力强的代理服务网络，提高顾客满意度；另一方面在海外服务标准上要逐步与国际标准接轨。到2010年，将把海外办事处增加到20家，海外商务代表达到80人以上，海外经销商增加到60家。

三、重点开拓东南亚市场 服务东盟

“2010年前重点突破东南亚，以东盟国家为目标市场，以越南、印尼、泰国办事处为中心跳板，创新营销模式，市场开拓采取‘一国一案’、‘一户一策’，从商务、产品、服务、技术等方面推进，对每个国家、每个客户都形成可操作的工作方案。玉柴将全面推行代理服务模式，在东盟国家建设覆盖范围广、服务能力强的代理服务网络。”

晏平称，玉柴专门制定了泛北部湾区域发展战略，玉柴发动机要在5年内以点带面，全面进入泛北部湾区域，争取2～3年实现整体出口量达到全年销量和销售额的10%～20%；工程机械力争5年内成为泛北部湾挖掘机市场霸主；物流国际网络5年内成形。

自1997年玉柴在越南设立了第一家海外办事处后，又相继在马来西亚、泰国设立办事处，并在东盟各国派驻有服务工程师。目前，东盟各国均有玉柴产品进入，发动机的市场总保有量在20000台以上。

在越南，玉柴产品主要集中在货车市场。在越南轻卡市场上，玉柴发动机4108系列产品表现优异，有很高的知名度。玉柴6M重型发动机也已开始批量进入越南市场。在印尼，玉柴发电用单机和船机出口

量保持稳定增长。在马来西亚和菲律宾，玉柴的发动机被广泛使用于多个城市的公交车辆。在泰国，玉柴与多家当地企业合作开展 CNG 发动机业务，玉柴 CNG 发动机在泰国市场具有广泛的合作前景。

随着中国—东盟自由贸易区的建设进程的不断推进，玉柴产品必将能为东盟各国经济的发展提供更加强劲的动力。

（来源：西贡解放日报，2008—04—02）

百盛——平稳中求创新

自中国—东盟自由贸易区 2005 年 7 月正式启动以来已经有两年多的时间。中国与整个东盟地区之间的经贸合作日趋频繁，富饶广阔的东盟地区已经成为中国最重要的贸易伙伴之一。随着中国—东盟之间《中国—东盟全面经济合作框架协议服务贸易协议》的签定，双方之间的经贸合作进一步得到加强，这个涵盖世界上最广阔地域和最多人口的自由贸易区域的前景不可限量。

事实上在此之前，许多来自东盟国家企业的中国之旅已经走过了十几个年头，来自东盟的投资所带来的影响早已悄无声息的渗透进中国的每个角落。在中国缓缓开启改革开放的大门之初，一些具有战略眼光的东南亚企业就以自己地域的优势和相似的文化背景率先进入了中国市场。与那些欧美的跨国公司相比，他们更具有更敏锐的文化触觉，同时也不缺乏符合国际标准的管理经验。经过多年艰辛的努力，他们中的佼佼者终于在竞争激烈的中国市场上开辟出了自己的天地。百盛集团便是其中的杰出典范之一。作为中国百盛集团的北方区首席运营官，刘敬锻先生就亲身经历了这样的过程。回首那段时光，除了感慨之外，他也深深体会到百盛在中国的成功来之不易。

一、百盛引发中国零售业革命

在众多东盟国家来华投资的企业中，百盛无疑是一个在中国消费者中拥有广泛影响力的品牌。作为马来西亚的金狮集团旗下的连锁百货集团，百盛 1994 年就率先来到中国，以开创性的勇气着手打造百盛帝国。经过 13 年的努力，到今天，百盛已经拥有了 40 家百货连锁商店。以门面规模和自主投资的标准来衡量，排除那些大型的专营连锁超市，中国百盛目前已经雄踞中国外资各大连锁百货零售集团之首。

2007 年是马来西亚独立 50 周年的庆典之年，而百盛集团在中国的战略也正在经历着重大的调整。13 年前，中国百盛就是从北京复兴门百盛中国总部开始的。

百盛在准备进入中国的时候下了很大的决心，光是谈判的过程就整整经历了 2 年的时间。由于那个时候外资在中国还比较少见，相关的很多规则都要经过仔细探讨。在 1993 年底经过 100 天的紧张筹备之后，1994 年初，百盛终于在北京复兴门开设了第一家零售门面店。百盛北京复兴门店的开放式销售模式和远远超过同行业的店面装饰，在当时是非常具有震撼力的，在百货零售业界掀起了一场革命。在 20 世纪 90 年代中期，那种极具视觉冲击的陈列方式和高价格的商品都让人咂舌，但仅仅过了几年，消费者便认同了百盛的经营模式，并真心爱上了百盛，百盛的零售的方式也成为同行竞相模仿的范本。

在强手如林的中国市场上，百盛从来都不惧怕竞争，百盛出身于马来西亚的华人企业，与中国消费者在文化认知度上有相当的默契，而且，百盛进入中国市场很早，经过多年的摸索，百盛会比其他外资公司更熟悉中国市场，也更了解中国消费者的需求。欧美的百货公司普遍对中国市场比较陌生，适应中国的市场还需要时间，在企业经营运作上肯定不如百盛这样游刃有余。

未来 5 年，省会级城市都将可以看到百盛的购物中心，人口超过 100 万以上的城市，都将纳入百盛的市场发展计划。百货零售行业要找准自己的市场空间，只有那些能够掌握市场消费需求、最大程度的让顾客满意的新型百货业态才能够获得发展。

二、审慎与坚持成就了百盛

百盛刚刚决定进入中国的时候经过慎重而周密的权衡，但一经决定，百盛就坚定不移地把自己的中国战略进行到底。在中国百盛起步之初，由于中国和世界上的许多通用规则还没有完全接轨，在谈判的过程当中经历了许多波折。由于那时中国与外商合作没有太多经验，也没有现成的规律可以遵循，更需要双方逐步协调。十几年的努力没有白费，百盛目前在中国已经有了非常好的业绩。但百盛在中国刚刚开始的确面临着重重困难，那时的百盛在经营上有很多让人看不懂的地方。十几年前，中国所有的商场都还是采取柜台式销售，许多人完全不能接受开放式的销售模式，百盛许多现在看起来司空见惯的经营模式在那时都遭到了质疑。但百盛在这一点上坚持了自己的做法，并在探索中随时解决出现的问题。因为百盛相信中国经济的发展潜力；也相信中国顾客的消费观念会有很大的改观。这样的信念支撑着那些早期来到中国的百盛员工以最大的耐心和最大的热情投入工作。

另外一方面，因为社会和生活背景的某些差异，百盛在中国的工作作风也体现出许多和本土的不同之处。在初期的时候，很多来自马来西亚的员工和管理层都不太适应在中国的合作方式。就是在反复的磨合与讨论中，百盛集团找到了真正适合中国实际情况的经营办法，在与本地员工的长期合作中建立起了相互的信任和友谊。经过对比世界先进水平的零售业经营模式，百盛不但成为中国第一家开架售货的百货商店，而且在以后的十几年间，百盛还有很多零售业界的创举。初期的几年非常辛苦，但是经过坚持与创新，加上不断的学习，还是使百盛的中国事业得到很大的拓展。

市场需要培育，消费者的习惯需要加以培养，百盛的一系列大胆尝试也需要过人的勇气。当百盛的消费人群形成规模之后，管理层决定在顶楼开设餐厅以方便顾客用餐。由于从前没有这样的先例，这个项目一经提出就遭到了许多人的反对，认为不符合中国顾客的消费习惯。但消费者的习惯可以慢慢改变，只要有人购物，那么一定就有消费的机会存在。于是百盛复兴门店成为北京第一个在顶层开设餐厅的百货公司，提升了百盛复兴门店的功能性和收入，并成为同行业的又一个创举。到了现在，百盛可以说是以自己的成绩证明了一切。

百盛在开拓中国市场的时候坚持慎重的原则。百盛在中国的业务按地域分为7个大区，在每个区域中都有专门的负责人来运作百盛的地方事务。百盛追求的是渐进式的平稳的发展、坚持稳扎稳打的战略要求。正是不急躁冒进，耐心的培育市场这些原则，才成就了今天的百盛。平稳的发展让百盛的业绩水平在近年来一直保持着良好的态势。

中国经济的高速发展态势是百盛的机遇，中国的大中型城市的经济平均涨幅是令人振奋的，那里正是百盛的重要市场。

百盛同时注意到近几年来，在中国的二、三级的城市也出现了这样的趋势。人们购买力的水平在飞速提高，百盛也希望可以开拓这样的地区。百盛将慎重的选择拓展的城市和地点，百盛的下一步战略重点将是中国的中部地区。

百盛对于中国的市场成长是非常有信心的。中国有600多个城市，而百盛只在20多个城市有业务，百货零售业的市场空间不言而喻。目前在中国像北京，上海这样的城市，整体消费观念已经非常成熟。基于中国的人口数量非常大，特定消费群的绝对数量惊人这一特点，百盛的经营策略也做出了相应的调整。百盛在未来的商品门类将更加趋向于高端化，以迎合中国年轻又时尚的消费需求。以北京为例，作为整个中国的消费中心之一，不但有相当多的人可以消费相对贵重的商品，而且全国的消费者也都在向北京流动。中国人的消费观念趋于理性和成熟的今天，也正是百盛收获的时候，百盛一直非常准确的把握着中国消费者的脉搏。

三、创新是百盛的长期战略

经过在中国市场上的多年拼搏，百盛可以说已经吃透了中国市场的消费习惯。市场的形式是瞬息万变的，百盛对于市场上任何新的趋势都非常关注，在今天的中国百货零售行业中，要想生存下去，唯有坚持创新的机制，不断的创新是百盛在中国市场上始终立于不败之地的法宝之一。由于中国经济的持续增长，为了满足消费者的需求和维持百盛的品牌形象，百盛在北京的复兴门店将继续向高端品牌靠拢，百盛的业务种类也会随之增加。

保持高档次的品牌形象是百盛赢得消费者的重要策略之一。在当年进入中国的时候，百盛就是以中高档品牌形象示人的。当时业界的同行都认为百盛的价格太高，对百盛不抱期待，认为百盛在中国不会长久。但是百盛的品牌战略却取得了巨大的成功。现在整个中国都知道百盛的定位，十几年间这种固化的品牌形象已经延伸到中国各地，在中国的白领阶层拥有众多的支持者，百盛的品牌战略非常适合中国的消费模式。

及时洞察到消费者的需求一直是百盛所擅长的，也是百盛制定创新策略的风向标。百盛的营销模式就是根据消费者潜在的需求给他们相应的期待。

作为在中国市场摸爬滚打十几年的百货零售业商家，百盛非常懂得购物文化的深刻内涵。销售本身是过程，而其背后的销售文化才是百盛最关注的。百盛的口号——潮流焦点在百盛——就很好的体现了这层意思。在新店的发展中，百盛大胆与中方伙伴合作。采取灵活的合作方式，百盛的战略始终谨慎而坚决。

目前中国国内百货店越开越多，人均拥有的百货营业面积越来越大，如何能保持消费者持续的注意，是目前百盛迫切要做的工作。

四、中马经贸合作的先行者

许多年来，中国百盛一直奉行务实与低调的原则，并不刻意强调自己的马来西亚背景，而是始终坚持以服务消费者为己任。

现在百盛可以骄傲地说，在马来西亚投资中国的企业当中，百盛是非常成功的一个。而且，中国在改革开放之后与马来西亚的经贸交流可以说自百盛开始。当时马来西亚的前总理马哈蒂尔就亲自见证了百盛进入中国的签约仪式。

中国和马来西亚的贸易每一年都有很高的增长，中国目前的产品在品质上和设计上都很受东南亚地区的欢迎。中国的一些大企业如海尔、联想、奇瑞汽车等也早已在马来西亚打开了市场。

中国与东盟之间刚刚展开的服务贸易行业也有非常大的发展前景，服务行业的资产就是人才，而国际上的人才正在向充满着吸引力的中国流动。

今天的百盛集团，并没有放慢自己的脚步。无论未来的百盛集团如何发展变化，都会始终秉承着为消费者提供最满意的服务、提供最优质、优雅的商品、提供最舒适的购物环境的宗旨。百盛在中国消费者心目中已成为时尚和优质的代名词。

（来源：钱大亮、周杰．在线国际商报网站．http://ibdaily.mofcom.gov.cn/show.asp?id=153934．2007—03—20）

用奉献精神打造“百年正大”

自正大集团1979年进入中国以来，经过20多年坚持不懈的努力和和奋斗，今天的正大已经成为在华投资规模最大、项目最多、金额最高的外商投资企业之一。回顾正大在中国的发展历程，其中透出坚韧恒久的力量。时至今日，正大所驰骋的战场也不仅仅局限于泰国、中国、东南亚，而是整个世界。作为世界农牧产业巨头之一的正大集团，每一个举动都会在世界的各个角落引起反应。

1921年，在曼谷的唐人街上，一家名为“正大庄”的小店铺悄无声息的开张了。这是一家由华侨经营的种子专营店，所有者是来自中国广东的谢易初、谢少飞两兄弟。在那个年代，东南亚各国的华人所经营的小生意其实并不少，但最终壮大成为世界级企业的却凤毛麟角。除了华人与生俱来的勤勉和经营天赋之外，谢氏兄弟的“正大庄”在刚刚起步的时候就把诚信摆在了首位，这是一种真挚朴素的情怀，也是经营上最基本的操守。也许谢氏兄弟没有想到，日后的正大集团把这种美德发挥到了极致，最终成为业界难以企及的境界。正大以她博大的胸襟，向新的领域不断迈进。

所有在中国的外资企业当中，正大是最具有中国情结的一个。20多年来，正大几乎见证了中国改革开放的全部过程。与其他看重在中国经济腾飞过程中获取利益的外企不同，正大不但与中国的经济共同发展，也与中国共同体验在改革开放过程中的辛苦与波折。正大集团在承担起自己历史责任，同时秉承坚韧的华商精神，对于中国的市场倾注的是满腔的热忱和无私的奉献。

正大集团是华侨报国投资的典范，正大集团来自泰国，是东盟国家中对华投资的先行者，在中国—东盟自由贸易区合作日益深化的今天，已经在中国市场上拼搏了20多年的正大集团，具有丰富的实践经验和企业文化积淀，这是正大另外一笔宝贵的财富。

一、诚信是正大的精神之源

正大在中国的历程，并非是一帆风顺，但正大对在中国的事业始终是一腔热诚。正大深信中国市场的潜力，对中国的感情也最深厚。“诚信”是正大在起步时就确立的经营准则。在“正大庄”的时代，顾客就知道“正大庄”的种子是最优良的，“正大庄”所售卖的种子，在包装上一定要注明有效期是到什么时候，对种子品质的要求也极其严格。“正大庄”所经营的种子广泛为泰国的农民所信赖，正大庄的生意也就蒸蒸日上。

在正大公司后来的发展历程当中，“正大庄的种子最优良”成为正大集团最为宝贵的一笔精神财富。这一理念在其后的80多年中一直贯彻到今天。如今的正大，上至集团的董事长，下至每个普通员工，都将“诚信”摆在第一位，品质就是生命已经成为正大人的共识。

此后，不断发展的正大文化又提炼出了人所共知的“利国、利民、利企业”“三利”原则，诚信和品质是正大最根本的经营理念，不管从怎样薄弱的基础做起，只要遵循以上的原则，都有可能做大做强，而且其内涵可以拓展得更加广阔。如今，正大带着这样的理念在海外扩展，在中国为广大农户实现“三利”的原则受到中国各界的欢迎。正大所涉及的所有生意都体现了这样的境界。正大最让人熟悉的标志就是她那外方内圆的企业标识，外方代表正大的原则，而内圆则是正大的策略，圆在内方在外，则代表着尽管正大的策略灵活多变，但始终被置于原则之下，在正大的准则中，策略不可以超越原则。

正大在中国的“诚”同样表现在自己的行动上，正大进入中国不是简单的为了牟利。正大的第一代第二代领导人怀着奉献社会的情怀，始终坚定不移。在正大进入中国之初，当时中国各方面的条件非常不好，但正大从来没有动摇过。在1989年，因为中国投资前景的不明朗，许多在华外资纷纷撤走，唯独正大以积极的态度继续在中国发展。时逢正大在吉林的德大项目合作即将开始，正大按时签署了协议。正大所面临的另外一次考验是在1997年东南亚金融危机的时候，当时东南亚很多国家都被冲击，泰国更是首当其冲，正大在泰国的本土机构面临十分严峻的情况，几乎出乎所有人的意料，谢国民董事长所做出的决策是卖掉他泰国的部分公司，而全力支持在中国的产业。在今天中国已经是连锁超市诸强之一的易初莲花超市，当时在泰国已经形成了一定的规模，但是在当时谢国民先生还是毅然做出了卖掉在其泰国的易初莲花的决定。不管发生怎样的变化，正大在中国的立场始终如一。

在正大发展壮大的历史上，正大现任董事长谢国民先生真正实现了正大的大发展，他所倡导的发展战略体现了他的心胸和眼光，那就是：要把全世界的资源都当作正大的资源；把全世界的市场都看作正大的市场；把全世界的人才都看作正大的人才。正大要把全世界的资金都看做是正大的资金，充分利用各种资源，企业才能够站在全新的高度上。谢国民先生的战略眼光是常人所不具备的，正大在中国的长足发展，靠的就是这样的胸怀和眼光。

在进入中国之后近30年的时间里，正大在中国的发展过程可以说是一步一个脚印。从进入中国的那一天起，正大就怀着一定要给中国带来最先进技术、产品、和先进管理经验的信念。正大在中国和泰国的主业都是饲料，在1979年正大从中国深圳起步的时候，中国还没有成规模的饲料生产，正大就引进当时世界上最先进的饲料生产技术，给中国农业带来了巨大的效益。

刚刚改革开放的中国，在养鸡养猪方面一直没有形成产业化，是正大集团带动了中国相当多的地区实现了养猪养鸡的产业化，其产生的规模和效益和从前相比得到了大大的提高，为中国实现农业的现代化做出了特殊的贡献。

正大集团为中国带来的产品和技术都是世界上最先进的，虽然正大也来自并不十分发达的泰国，但是作为世界级的大型农牧产业巨头，正大为中国带来的从来都不是落后的东西，正大善于以灵活多变的策略来适应中国不同发展程度的地区，这一切都让正大在中国成为最具竞争力的农牧企业。

中国的经济正以前所未有的速度增长，不断的刷新一个又一个纪录。这样的成长速度对许多东盟的企业充满了吸引力，对于那些东南亚想进入中国的企业来说，中国是一个极具诱惑又充满了挑战的市场。中国—东盟自由贸易区的建成和其诱人的发展前景给这些企业提供了更多机会，但想在中国争得一席之地，需要出非常多的努力。

东南亚的企业要想在中国市场上生存，本身需要具备一技之长，就是竞争力。随着中国商业领域各项制度的健全和规范，所谓关系的作用在中国越来越小，全凭企业自身的竞争力。多数东盟国家的企业在高科技领域并不十分擅长，而且，相比较于发达国家和地区，东南亚的企业在全球化方面比较弱，但正大跳出了这样的圈子，正大的人才来源于全世界，所以才具有现在这样强大的竞争力。东盟企业的一个显著特点是灵活机动，比如许多东南亚企业是代理比较先进的其他国家和地区的产品和技术，借助其他的力量在中国市场上抓住了机会。

二、奉献是正大的立足之本

在正大的理念中，行善始终是正大的使命之一。同时，行善也是正大人的向往，是正大人强大的精神动力。正大的无私奉献让正大人感到真正的骄傲。建立在爱心之上的品牌塑造始终是正大的第一选择，热心公益的品牌形象对于正大企业文化的凝聚有相当重要的影响。正大第一个在中国成功的策划案例，而且延续至今的综艺节目就是《正大综艺》，《正大综艺》是正大集团延续了17年的战略。正大也在公益方面展示正大的社会责任感，在正大的经营理念中，正大的文化一直与善、施舍、爱心密切相关，这些品质和理念与佛教文化同源。正大在中国的捐赠，比如教育，救灾，大学的设施，扶贫的项目也是正大始终在致力关注的回馈活动。

正大在公益活动方面虽然向社会各界累计捐款达3亿元人民币之多，但却始终保持低调的作风，从不对外渲染。当然，让正大投入最多关怀的还是农民，在扶农助农的新农村建设方面，正大将有更大的造血计划，正大集团正在与国家开发银行洽谈1000亿人民币规模的新农村建设项目，双方的合作将在资金、市场、技术等方面进行。其协议规划将在5到10年的时间内完成。正大除了青海和西藏，在中国有两百多家的企业，有城市和农村两个方面的网络，这些资源使正大有条件帮助中国农民摆脱贫困，正大真诚的希望中国的农民能够富裕起来。这样的新农村建设计划也符合谢国民董事长的理念，那就是正大将会真诚的帮助那些真正需要帮助的人。

20世纪90年代，中国在海外投资企业还是以国企居多，生意的模式比较单一，那时在泰国的中国公司业务以进出口贸易为主，很多公司没有实体，在开展业务上是不利的因素。另外一些中国公司也涉及房地产生意，但在1997年金融风暴来临之后也都很难维持下去，现在看来，当时整个中国企业在泰国的经营方向上有偏差，其中一些可以归咎为中国企业早期海外的投资习惯。另外，在泰国当地的合作伙伴的信用和实力也是需要加以注意的，近两年来，在中国—东盟国家自由贸易区飞速发展的背景下，中国的经济实力已经不可同日而语，中国企业在泰国的前景还是非常广阔的，尤其是在我们国家所擅长的领域，例如外包工程的发展更加不可限量。

目前中国对东盟的投资热潮已经开始形成规模，在政府的主导下，“走出去”的战略水平正在稳步提高，对泰国的投资时机也已经相当成熟。最关键的方面是，中国在海外市场上的企业体制发生了重大变化，以目前中国企业在泰国的投资领域来看，除了从前的领域，目前中国比较擅长的领域还有电子行业、通讯行业、加工行业等。另外，在能源和资源领域的开发、战略物资的开发、橡胶、棕油、木材以及海产和养殖的项目也都大有可为。对中国企业前往泰国的投资前景持乐观态度，但在合作伙伴的选择上还是应该尽量寻找有实力和信誉的那些企业，比如正大就可以成为中国企业在泰国非常好的合作的伙伴。

正大在中国的成功有一个非常重要的因素，那就是正大不遗余力的推进本土化的人才策略，目前，正大在中国的员工绝大部分来自中国，这也是中国企业在海外投资需要注意的地方，尽可能的实现企业本土化，有利于企业在当地的生存和发展。

（来源：钱大亮. 在线国际商报网站. http://ibdaily.mofcom.gov.cn/show.asp?id=155808. 2007—04—10）

国旅三管齐下瞄准东盟市场

2007年7月1日中国—东盟自贸区《中国—东盟全面经济合作框架协议服务贸易协议》正式生效，东盟各国的旅游服务贸易市场对我国全面开放，根据入世协议我国取消对外商投资旅行社设立分支机构的限制，旅游业市场对外全面开放，同时，自贸区各国旅游资源极为丰富，在此背景下旅游贸易依然令人关注。

从 1993 年中国旅行社业的有限度开放起，外资旅行社进入的限制逐步降低，“狼来了”的呼声高涨。国内外资旅行社的正面较量的序幕悄然拉开，国内旅行社又将如何面临机遇和挑战？

目前，中国规模最大、实力最强的旅行社企业集团——中国国际旅行社总社（CITS）（下称国旅）经过 50 多年的发展，成为国内旅游业第一品牌。

一、巩固核心竞争力，“与狼共舞”

旅游业从来不缺少竞争，外资旅行社运作体系等先进的理念是值得中国学习。在激烈竞争下，提高的是整个旅游业的服务质量。

无论是国内企业之间的竞争还是过内外旅行社的竞争，做强自己才能立于不败之地。国旅的核心竞争力首先是品牌优势。“中国国旅、CITS”已成为品牌价值高、主营业务突出、在国内外享有盛誉的品牌，品牌价值 103.64 亿元，居旅游业第一。品牌的背后是服务质量，“游客是朋友”是国旅和新的服务理念。

其次，国旅总社是国旅集团的核心企业，集团成员遍布全国 149 个大中小城市，在境外 10 多个国家和地区有 14 家公司，拥有一个覆盖面广、关系密切的销售、接待网络。

第三，国旅有一个高水平的专业人才队伍，更重要的是他们是在中国的旅游业环境下成熟的人才，他们充分了解国内的旅游市场，相对外资更加‘本土化’。”他还强调国旅做人做事的态度，“诚实、公平、务实、执行、高效、专业、创新、奉献”。国旅提出的这 16 个字工作方针，逐步向集约化、精细化方向发展。经过半个多世纪积累和锤炼的国旅企业文化，不仅激励着国旅人，也把国旅人团结在一起。

二、寻找时机“走出去”，厚积薄发

开放是双向的，中国在取消对外商投资旅行社设立分支机构的限制的同时，也取消了国内资旅行社设立分支机构的限制，并鼓励有实力的旅游企业“走出去”，鼓励有条件、有实力的国内旅游企业到国外投资。

在国内旅游行业经营比较分散，竞争日益激烈的形式下，集团化发展是大势所趋。国旅 2003 年底开始重组的征途，重组的最终目的是做强，不是做大；做大不一定有竞争力。

目前，国旅已经基本完成对旗下企业的资产重组，并对国旅进行股份化改制，积极推进整体上市。

国旅强调要延伸产品系列，向上、下游资源融入和开发，即在整合旅游资源的同时，在产业链上延伸，达到做大做强的目的。早在 2001 年，国旅就有加大对当时 13 家境外公司的投资力度，并扩大境外公司的市场覆盖面的想法。

三、完善电子商务平台，与时俱进

随着网络技术的进步，网上查询和预订已成为广大旅游爱好者所喜爱的消费方式。为了方便游客咨询预订，国旅把发展电子商务业务作为网络化战略的重要内容之一。

成立于 2 年前的 24 小时双语服务中心，专门处理在线和电话的咨询预订等工作。这套国旅自主研发的“一站式”呼叫中心解决方案，把入境游、出境游和国内游三方面的产品放到网上，实现了机票、酒店网上预订业务，还实现了出境游、国内游、签证、国际列车、国际轮渡、三峡游船、旅游包机等 10 多类产品的网上咨询和销售。

在此之前，接入前台的电话要按照国内游、出境游等不同的类别分拨到相应的部门，再在各部门处理和解决，客人就要转换在不同部门之间，一个电话几乎不可能很好的处理和处理所有问题。

而现在，通过双语服务中心，任何电话和网络在线咨询都能在第一时间得到处理和解决。北京某报曾以电话咨询的形式调查六家旅行社服务水平，国旅总社“全天候耐心热情服务”表现最佳。

国旅人以“与狼共舞”的自信、厚积薄发的姿态和与时俱进的思维，融入经营、管理和资本的运作之中，打造出中国旅游企业第一品牌。在国旅办公楼的墙壁上贴着国旅人工作方针的 16 个大字，不只是让国旅人铭记于心，也是向世人展示着国旅的风采。

（来源：汪名立. 在线国际商报网站. http://ib-daily.mofcom.gov.cn/show.asp? id＝165819. 2007—08—07）

中国烟草走出去
红塔集团收购老挝烟厂 61%股权

最早将烟草传到中国的东南亚如今变成了中国烟草的“第二工厂”。2008 年 7 月 28 日，由云南红塔集团控股的老挝寮中好运烟草有限公司更名为老挝寮中红塔好运烟草有限公司（下称寮中红塔），红塔集团的卷烟品牌 Marble 开始在老挝落地生产。至此，中国已有不下三家烟草企业在东南亚投资设厂。

更名后的寮中红塔由红塔集团控股 61%。在老挝举行的更名及新品发布会上，红塔集团总裁李穗明表示，按照红塔集团国际市场发展规划，老挝将作为红塔未来拓展东南亚市场区域的重要生产基地和原料种植基地。

“具体而言，寮中红塔的定位是东南亚烟叶种植基地：烟叶种植数量和品质除满足自有生产需求外，

富余数量将形成对红塔集团的互补；海外生产厂的烟丝供应基地，可保证香港红塔、罗马尼亚、越南、南美等海外生产厂的烟丝供应；东南亚市场卷烟跨国销售的生产基地，借助老挝东盟成员国贸易的关税优惠，为集团在东南亚各国的销售网络提供卷烟成品。”

老挝寮中好运烟草有限公司曾是海南烟草的境外企业，2002 年，红塔集团参股海南烟草后实现控股，寮中好运烟草也成为红塔集团的参股企业。2007 年底，通过增资控股，红塔集团将寮中好运烟草一举揽入怀中。

除了老挝，中国烟草企业也涉足东南亚其他国家。据广东中烟办公室科长孙茂勇向记者介绍，早在 1993 年，广州卷烟一厂与柬埔寨亚细安国际有限公司在柬埔寨合资设立威尼顿集团公司，由广烟一厂控股。目前，该公司卷烟已占到柬埔寨市场容量的四分之一。

缅甸则被红云集团捷足先登。也是在 1993 年，曲靖卷烟厂在缅甸掸邦第一特区果敢建立了果敢卷烟厂，注册资金人民币 430 万元，由第一特区主席彭家声、曲靖烟厂和香港天成（太平洋）有限公司出资组建，年生产能力 1 万箱。2005 年，果敢卷烟厂投资主体变更为红云集团。

新华社长期从事烟草研究的经济分析师徐云波说，如果加上中越、中缅边境上的小烟厂，那中国在东南亚投资设厂的烟草企业就多了。到目前为止，中国烟草每年在东南亚的产销量难以准确统计。

事实上，红塔集团收购老挝烟厂只是今年中国烟草“走出去”的一步。

记者从中国烟草总公司颁发的《关于 2008 年中国卷烟拓展国际市场工作安排的意见》中看到，随着“走出去”战略从一般贸易向境外实体运作转变，广东中烟要继续加大对威尼顿集团的生产经营，为真正成为中国烟草在东南亚的生产基地奠定基础。云南中烟要加强和印尼盐仓公司的合作，中国烟草国际有限公司要组织相关省级工业公司，就合作品牌及合作模式等与菲律宾福川公司签署相关协议。至于缅甸市场，云南中烟和中国烟草总公司重庆市公司清理整合果敢烟厂和缅甸邦康厂，尽早向缅甸腹地挺进。

除了将东南亚作为中国烟草的一大生产基地外，中国烟草总公司还要求国内烟草企业积极向欧洲、中东、蒙古、香港等进军，不排除和跨国烟草公司及境外有实力的经销商合作。今年，中国境外卷烟企业生产和销售卷烟要实现 120 亿支（24 万箱）以上，比 2007 年增长 20%，力争占今年中国卷烟国际贸易总量的 44%，初步建立起有效的境外卷烟企业销售网络。

（来源：文静．21 世纪经济报道．2008—08—01）

广西农垦：走进东南亚

广西农垦集团始建于 1951 年，是广西壮族自治区人民政府直属的规模化生产、产业化经营、集团化管理的大型企业集团，现已形成了以蔗糖、剑麻制品、木薯淀粉、畜牧水产、茶叶、亚热带水果蔬菜等为主导的现代农业产业集群，以明阳产业园区、农垦柳州新兴机动车零配件工业区、农垦北部湾产业园区、农垦西江产业园区为代表的食品生化加工、机动车零配件、机电设备制造、有色金属加工、陶瓷建材加工、仓储物流以及农产品加工等产业集群。广西农垦近年来不断加强和扩大对外开放，拓宽对外经济合作和交流的领域，积极稳妥实施以东盟国家为重点的“走出去”战略，取得了喜人的成绩，与东盟国家的合作呈现出蓬勃生机。

一、借助平台：收获丰硕经贸成果

从 2004 年起，广西农垦已经连续四年作为中国—东盟博览会战略合作伙伴，借助该平台，取得了丰硕的经贸成果。在首届博览会上，广西农垦与马来西亚东方资本集团签订了投资三十亿元人民币的合同，建设中国—东盟风情园，与泰国九属会馆建立了战略合作伙伴关系，与印尼、新加坡企业也达成相关合作协议。在第一、第二届博览会期间，广西农垦以国家支持的五个重大园区项目为载体，签订项目合同资金 260 多亿元。第四届博览会期间，广西农垦共组织和参加了 28 场次商务和经贸活动，与重要客商进行高规格会谈 8 批次，安排客商考察 280 人次，在博览会上签约项目金额达 188.5 亿元。

从第一届博览会开始，广西农垦就是博览会的战略合作伙伴，一直以独立组团、独立展区参加博览会，两次获得了博览会组委会授予的“中国—东盟博览会投资促进活动组织奖”荣誉称号。一年一度的博览会，为广西农垦与东盟国家的合作提供了广阔的平台，广西农垦抓住中国东盟合作这一历史性机遇，依托资源与产业优势“引进来”、“走出去”，与新加坡、越南、马来西亚、泰国、柬埔寨、缅甸等东盟国家的经贸往来日益频繁。一方面，加快了与东盟相关产业的优势整合，比如与新加坡裕廊顾问公司、新加坡制造商协会、新加坡中华总商会、马来西亚中小型工业中心等签订了战略合作协议，利用东盟国家资源参与农垦经济建设。另一方面，加快了“走出去”的步伐，加大境外项目投资力度，除了在委内瑞拉、俄罗斯进行项目投资外，投资重点集中在东盟国家。目前，广西农垦已与东盟 10 国建立合作与贸易关系，并正在逐步扩大与深化。

除参展外，2007 年 10 月，广西农垦成功举办了

“第二届广西农垦合作发展论坛暨项目签约仪式”，此次会议盛况空前，签约项目42个，累计签约项目投资金额达188.5亿元，比去年增长109.44%。其中招商引资项目31个，项目合同协议资金152.4亿元。走出去及对外合作项目11个，项目涉及总投资额36.1亿元人民币，5个项目列入博览会统一举行的签约仪式。项目涉及工业区开发、旅游房地产开发、工业制造业、生物化工、新能源开发、农产品加工、农业种植、技术合作与交流等领域，合作方包括国内各省、港台地区及东南亚的新加坡、印度尼西亚、菲律宾、柬埔寨、老挝、缅甸、马来西亚等国。此外，广西农垦还成功举办了“新加坡—广西农垦投资促进座谈会”和“广西农垦海峡两岸示范园区研讨会”两场专题活动。

二、“走出去”项目：赢得东南亚市场

广西农垦主要“走出去”项目如下：

1. 境外木薯种植与加工项目。木薯淀粉业是广西农垦的支柱产业之一，下属的广西明阳生化科技股份有限公司是高新技术企业、农业产业化国家重点龙头企业和国家扶贫龙头企业。依托明阳生化，广西农垦在越南、菲律宾、柬埔寨、老挝、印尼策划实施木薯种植与加工项目。

广西农垦—越南归仁木薯产业项目由广西农垦明阳生化股份有限公司与越南康洋工业公司合作，一期计划投资1500万美元在越南平定省归仁市仁会工业区B区内建设年产30万吨木薯干片仓储基地和一座年产10万吨木薯变性淀粉厂；二期计划投资1000万美元在越南19号公路沿线共同开发10万公顷木薯原料种植基地；三期计划条件成熟后投资4500万美元在越南平定省或嘉莱省共同投资建设年规模10万吨木薯乙醇厂。项目将充分利用越南、柬埔寨、老挝三国丰富的待开发土地资源和木薯产业基础，打造广西农垦越、柬、老“一区一港一线三国”境外资源开发的战略布局，成为广西农垦境外资源开发的桥头堡，带动多元化产业的开发，辐射东盟各国市场。目前一期项目“越南归仁仁会10万吨木薯干法变性淀粉、30万吨木薯干片仓储项目”已通过广西壮族自治区发改委核准，并将于近期启动。

广西农垦—越南木薯种植基地及加工项目，总投资6500万美元。一期建设投资500万美元，在越南南部建立40万亩木薯原料基地和木薯产业加工区，包括一个年产10万吨木薯干片加工项目，一个年产5万吨木薯淀粉加工厂和一个年产10万吨木薯乙醇酒精厂。

广西农垦—菲律宾木薯种植基地及加工项目，将在5年内在当地发展种植木薯5万公顷，待条件成熟后建设木薯燃料乙醇加工项目，利用政府间贷款投资3.5亿美元在菲律宾建设5个年产20万吨的木薯燃料乙醇加工厂，满足当地燃料乙醇的市场需求。

广西农垦—柬埔寨木薯种植基地及加工项目，项目将结合广西农垦的木薯种植加工优势及柬方的土地资源优势，投资700万美元合作在柬埔寨建设30000公顷的木薯原料基地和配套的木薯干片和木薯淀粉加工厂。

刘志勇局长（中）与印尼农业协会会谈时双方人员合影（来源：广西农垦信息网）

广西农垦—印尼木薯种植基地及加工项目，计划种植三个基地共10万公顷的高产良种木薯，并建设20万吨的木薯变性淀粉加工厂和燃料乙醇加工厂。

2. 境外剑麻种植与加工项目。剑麻种植加工是广西农垦的核心产业之一，广西农垦剑麻集团是全国最大的剑麻加工企业，广西农业产业化重点龙头企业，具有剑麻种植加工方面的优势。依托剑麻集团，广西农垦在缅甸策划实施剑麻种植及加工项目。

中缅剑麻替代种植合作项目。广西剑麻集团通过筛选适宜在缅甸北部种植的优质剑麻及木薯品种，与缅甸娃达国际贸易有限公司等合作拟在缅甸北部开发1万公顷优质剑麻和1万公顷优质木薯生产基地，项目总投资12382.93万美元。项目采取滚动分期实施，计划首期开发种植2000公顷优质剑麻示范生产基地，投资1382.93万美元。第一批35万株剑麻苗和60吨木薯种苗已运往缅甸项目地成功种植，广西剑麻集团的技术人员目前已在缅甸开展工作。

3. 境外糖业种植与加工项目。糖业种植加工是广西农垦的核心产业之一，广西农垦糖业集团是全国三大糖业之一，是全国农业产业化重点龙头企业，是中国目前唯一一家规模化生产精制糖的企业，具有甘蔗种植和蔗糖加工方面的优势。依托糖业集团，农垦在菲律宾、印尼和越南策划实施糖业种植及加工项目。

广西农垦与菲律宾合作建设糖厂项目。项目由广西农垦糖业集团股份有限公司与菲律宾泛亚食品饮料公司合作，在菲律宾种植2万公顷甘蔗及建设日处理甘蔗10000吨的机制糖加工厂和日产600吨的精炼糖厂。项目总投资约为9.2亿元人民币。

广西农垦与印尼、越南合作建设甘蔗种基地和并购糖厂的项目前期工作已经基本完成。目前进入项目合同签约阶段。

4. 境外经贸园区项目。中国广西一印尼沃诺吉利经贸合作区2007年10月通过国家商务部竞标，成为国家批准的中国十大境外国家级经贸合作区之一，由广西农垦在印尼中爪哇省沃诺吉利县独立建设。合作区总规划面积200公顷，园区基础设施建设总投资3.94亿元，合作区充分开发利用印尼丰富的木薯原料资源，发挥广西农垦产业、技术和组织优势，以木薯深加工为主导、并延伸到生物制药、饲料、纸制品、食品、建材、农机制造等产业的上下游产业链。计划在3年时间，实现50家企业入园，投资额超过20亿元的合作区开发建设目标，基本完成合作区的各项基础设施和入园企业项目建设，完成总投资额约24亿元人民币，投产后实现工业总产值60亿元人民币。该项目将于2008年年底正式开工建设。

5. 境外海水养殖等方面的合作项目。广西农垦分别与越南河内进出口总公司、越南安义股份有限公司、越南广宁第二水产出口股份公司、胡志明市农业总公司在亚热带水果加工、水产养殖、产品贸易和技术合作等方面达成合作协议，一期利用对虾养殖的技术优势，对越南提供优质种苗和技术服务，首批虾苗已培育成功。同时，还与文莱方面达成了在文莱合作进行水产养殖、种植水果蔬菜的协议，各项协议都在逐步落实之中。

广西农垦利用“走出去”项目，逐渐开拓并赢得了东南亚农垦市场。为国内企业开拓东南亚市场作了榜样。

除了“走出去”项目之外，广西农垦还充分发挥自己产品和资源等优势，积极扩大与东盟10国的产品贸易，把农垦的大批食糖、剑麻制品、淀粉、茶叶、生猪及畜牧产品、水产品、水果等产品，陆续出口到东盟10国。同时，吸纳大批东盟国家的资源性初级产品进入广西农垦，利用广西农垦的技术、设备进行再加工、深加工，然后再把产品返销回东盟各国。

东盟国家资源、产业发展程度和结构各不相同，十分有利于发挥各自的比较优势，广西农垦与东盟合作，实现了优势互补、互利共赢和联动发展。目前，广西农垦与东盟10国均建立了经贸与合作关系，农垦经济的外向度不断增强。

（来源：广西农垦集团提供）

“运德—山德大巴”激活跨国运输

——广西运德汽车运输集团有限公司拓展越南市场纪实

由中国广西运德汽车运输集团有限公司和越南谅山汽车运输公司合资兴办的山德公司主要在越南经营客运、货运、汽车修理、汽车整车和零配件销售、驾驶和修理技术培训等业务。作为广西的明星企业，运德集团在强化区内优势的同时，敏锐关注着国际市场，通过与越方合办企业，不仅拓展了企业运营的市场空间，同时也构建了广西同越南经济合作的桥梁和纽带。

“走出去”锁定越南市场

早在20世纪80年代末，运德集团公司就开始积极与越南同行接触，谋求开通中越跨国运输。2000年1月18日，公司第一条跨国客运班线——中国凭祥—越南谅山的开通，奏响了运德与越南运输企业“联姻”的序曲。

在中国—东盟自由贸易区建设以及在建的中国通往东南亚国际大通道的综合立体交通运输体系中，以南宁为中心向外辐射的运德集团辖内的经营网点都处于中国—东盟自由贸易区这一国际黄金通道上。南宁拥有连接中国华南、西南、华中以及东南沿海发达地区、港澳地区通往越南乃至东盟其他国家的高等级公路网中心的区位优势，为运德“走出去”提供了广阔的空间和平台。为此，运德公司在中国“入世”之际对企业的发展战略进行了重大调整，并在中国与东盟签署建立“中国—东盟自由贸易区”协议后正式启动了“走出去”的计划。经过3年多的不懈努力和艰苦谈判，运德集团在2004年8月终于获准在越南合资设立山德公司，2005年8月山德公司开业。在当年的第二届中国—东盟博览会开幕前夕，运德集团与山德公司以关口接驳联运的方式率先开通南宁一河内跨国旅游客运班线，以最直接、最具体、最实际的方式在全国乃至东盟各国的客商面前闪亮登场，成为博览会期间的一大亮点，也一炮打响了“运德”和“山德”的企业品牌。

“三确保”形成运营优势

跨国投资、海外经营与国内经营最大的区别在于法律、政策、人文、风俗及消费习惯、市场特点上存在着差异，是“入乡随俗”还是“简单复制国内”，成了跨国公司在经营管理中必须面对和解决的问题。

通过对越南客运市场的调研，运德集团决策者认为，经过多年的经营和发展，集团自身在客运经营管理方面积累了丰富的经验，客运业态水平、服务水平已达到较高水准，与越方相比处于领先地位。运德集团具有的先进客运运营模式，可以成为企业进军越南公路客运市场的竞争优势，使企业成功拓展越南公路客运的高端市场。在找准了进入越南市场的切入点后，运德集团选择了“中国资金+中国管理+越南市场”的运作模式。在这一模式中，特别受到当地人肯定和认同的是其“融入当地”的重要特色：在山德公司30名员工中，只有3名管理人员由中方派出，其余均为越南人。山德公司严密的管理和高效的运营则鲜明体现在其“三个确保”上：

（1）确保高档次：以现金出资方式购买中国高档次客车在越南经营，确保运营车辆的高档次。由于山德公司所选择的带有大型行李仓的高档次客车有效地解决了越南客车人货混装、旅客行李多空间小的问题，因此深受中国、越南和其他东盟国家以及欧美等国家旅客的欢迎，有意识地选择山德公司的客车。

（2）确保高品质：全面导入运德的直达快班服务管理模式，对在国际班线上工作的司乘人员，无论是中国段还是越南段的人员都执行统一的服务规范、服务标准和服务流程，统一着装，乘务员能用中越两国语言为旅客提供服务，将微笑服务、知识型服务提升到导游化服务，并提出将南宁—河内班线打造为集团第一条跨国精品线、黄金线的口号，确保了运德式的快班服务在国内外的统一品质。目前，这种先进、现代的服务模式已被旅客和市场接受。

（3）确保高密度：山德公司成立之初，中越两国的交通现状是公路运输不通、南宁至河内飞机停运，火车运营时间长，且不是天天发班，两国客商出行极不方便。为此，运德和山德公司牢牢把握住了这一交通“真空期”的发展机遇，以“天天发班”、“运游结合”、“全程直达”的模式运作国际班线，以高密度争取旅客，逐步打开市场。随着企业知名度、美誉度的提高，2006年下半年，运德—山德联手开发的跨国旅游客运班线又新增了北海—河内、南宁—海防2条固定班线。跨国班线的班次则由最初的每天1个班次增加到每天4班次，上座率日均达70%以上，2007年1～5月的跨国班线客运量较上年同期增长了170%。这些班线已成为连接中越两国最便捷、最经济的出行路线，其中南宁—河内跨国旅游客运班车全程运行（包括旅客出入境过关时间）只需6个小时。

从开业至2007年5月，运德—山德联营的跨国旅游客运班线共运送旅客10.74万人次，其中越南籍旅客占70%左右，其他非越南籍外国旅客占5%左右。从2006年起，山德公司完成的客运周转量、客运量在谅山同行中均名列前茅。

运德—山德跨国班线的运营极大方便了中外人士在中越之间的跨国来往，树立了让人津津乐道的高档优质的公路客运服务品牌形象，同时也获得了越方合作伙伴的首肯。越南谅山山德汽车运输联营公司副董事长、谅山汽车运输股份公司董事长阮辉本表示，谅山汽运公司与运德集团合作非常及时。越南已经加入世贸组织，交通的大发展急需引进资金、技术和管理经验。作为越中联营公司，山德公司不仅为越南客运市场带来了高档客车，缓解了越南运力紧张的状况，更给越南客运企业带来了先进的管理手段，特别是为越南与广西的企业开展合作提供了有益的尝试和成功的经验。

“融入当地”是成功“走出去”的关键

广西运德集团通过精心谋划和多年的努力，在越南运输市场成功立足。对更多将要或是已经走出去的企业来说，运德集团的经验值得借鉴。

大多数企业在走出国门时，尚不具备重要的品牌优势和成熟的运营网络，要在当地站稳脚跟，除了努力提升企业竞争实力外，尽快适应所在国家或地区的文化、法律、规则、管理，积极主动融入当地，则成为要解决的关键问题。

运德集团根据自身在客运经营管理方面所积累的丰富经验，自身的客运业态水平、服务水平与越方相比处于领先地位，确立了企业进入越南公路客运市场的差异化竞争优势，以合作开办联营公司的方式，开拓越南客运市场。作为联营企业，山德公司只有3名中方管理人员，其他工作岗位如司机和乘务人员等都聘用当地人，从而既解决了当地的就业问题，也使公司获得越南方面的认同和接受，成功地开拓了当地市场。

如果说两年来的运营让运德集团开拓了越南客运市场，那么成功的市场延伸则成了运德集团的另一个收获：旅游、货运、快件服务都成为运德集团在越南已经开始经营和考虑进一步拓展的业务。运德集团旗下的运德国旅积极开辟中越跨国旅游线路，并与越南河内、下龙的旅游公司达成了合作协议，在相互组织客源、安排车辆、做好接待等方面开展了合作，实现了双方共赢。

运德的经验对广西的政府和企业都有很强的启迪作用。对政府来说，通过对成功走出去企业的分析，可以让政府在鼓励企业走出去时，提供更具针对性的政策和服务。在资金上扶持的同时，政府可以强化对东盟国家产业政策的研究，为企业走出去提供更多的信息等服务，并进一步密切与走出去企业的联系和互动。对走出去的企业来说，尽管走出去的方式多种多样，但具备长远发展眼光，把握机遇，让自身的优势在国外市场充分体现并融入当地，则是企业成功走出去必不可少的要素。正是具备了这些要素，运德集团才真正实现了走得出去，立得稳固，赢得胜势。

（来源：伍建青、杨民．广西日报．2007—08—10）

经商实务篇

中国公民赴东盟十国签证须知

文莱签证须知

目前文莱驻华使馆不办理个人旅游签证，可办团体旅游签证，每团不少于5人，其中1人为导游。如个人办商务、探亲签证，需提供文方邀请信及文移民局批准函。自2003年4月起，签证申请人还需提供健康证明，官方代表团只需文方政府邀请信。办理签证时需填写申请表1张、交相片1张、签证费80元。签证需时3个工作日，有效期3个月，入境时移民局盖14天停留章。

一、商务签证

（一）签证规则及条件

签证官有权要求任何申请人面谈或补充其他材料，申请人需无条件配合。

（二）因公护照申请商务签证：

1. 所需时间：需提前一周申请签证。

2. 要求项目：照会或公函上应注明访问目的和停留时间；提供邀请函原件及护照复印件两份；申请人无论持何种护照，均需填写签证申请表两张、照片两张；3人以上填名单表一份。

3. 签证情况：文方发给3个月有效的一次入境签证。

4. 注意事项：公函上国名须写全称“文莱达鲁萨兰国”。

（三）签证资料

1. 2寸彩色证件近照2张（白底）。

2. 有效期9个月以上的护照原件、同时应提供两张护照（含首页）复印件。

3. 往返飞机票原件和复印件。

4. 文莱公司的邀请函：列明被邀请人的姓名、国籍、护照号码、出生日期、职位、赴文的目的以及拟在文莱停留天数。

5. 国内公司的英文派遣函：列明被派遣人的姓名、国籍、护照号码、出生日期、职位、赴文的目的以及在文期间的具体地址。

6. 申请人必须提供本人身份证复印件及申请人本人所出具的英文委托书。

7. 填写个人资料表。

二、其他签证

（一）短期签证

先由文莱的担保人向文移民局申请批准函，凭文方邀请信、批准函及往返机票到文莱驻华使馆申请签证。申请时需填写申请表一张、交相片一张。

（二）工作签证

雇主先向文莱劳工局申请配额，向文政府交纳1800文元的保证金，再向文莱移民局申请批准函。当事人凭批准函和本人的健康证明到文莱驻华使馆申请工作签证。

（三）落地（旅游）签证

来不及事先办妥签证的中国公民，可申办落地签证，具体手续为：由文莱担保人向文政府移民局申请批准函，将批准函原件邮寄或传真给拟来文莱的中国公民，中国公民抵达文莱国际机场后凭该批准函原件或传真件、护照和回程机票在移民局机场柜台办理落地签证，签证费20文元。

（四）过境签证

持有前往第三国有效签证和联程机票（亚洲航空除外）的中国公民，可在文莱机场移民局柜台办理在文停留不超过72小时的过境签证。

（来源：http://www.fmprc.gov.cn/chn/wjb/zzjg/yzs/gjlb/1313/1313x3/t162779.htm. 2004—09—29）

柬埔寨签证须知

一、签证类别

（一）短期商务访问签证

柬方发给两个月有效一次入境签证，有时也发两次入境签证。

申请签证所需的材料：

1. 照会或公函上应注明访问目的及停留时间。

2. 提供邀请函，内容包括邀请者的姓名、电话号码。

3. 持因公普通护照者，需填写签证申请表格4张，交照片4张（持外交、公务护照者免填表格、免交照片）。

4. 使领馆有权在个别情况下要求申请人提供其他资料。

（二）过境签证

凡经柬赴第三国者，持联程机票，不出机场且停留不超过24小时，可免办签证。否则，应申办过境签证。柬方发给两个月有效过境签证。

（三）旅游签证

1. 签证种类：1个月1次往返。

2. 最长停留时间：30天。

3. 所需资料：提供有效期在半年以上的护照原件及2张2寸白底彩照。

（四）商务签证

1. 有效期限：1个月1次往返。

2. 最长停留时间：30天。

3. 所需资料：提供有效期在半年以上护照原件及2张2寸白底彩照。

（五）落地签证

前往越南和柬埔寨，在办理越南签证后，柬埔寨可以办理落地签证（不超过1个月时间内）。东盟国家间只要办理一个国家的一般领事馆签证后，对散客而言，其他东盟国家就可以做落地签。

二、申请签证的材料

申请人必须按签证类别的不同准备相应的资料，使领馆签证处可能会要求申请人提供其他需要补充的任何材料的原件或复印件。

全部材料备齐递交后同样有被拒签的可能。

（来源：http://www.fmprc.gov.cn/chn/wjb/zzjg/yzs/gjlb/1241/1241x3/t275465.htm. 2006—10—10）

印度尼西亚签证须知

一、访问签证条例

（一）访问签证是签发给为下述目的而访问印尼的外国公民：

1. 政府官方访问，包括政府对政府的访问、个人对政府的访问、国际组织对印尼政府的访问或国外私人组织、个体对印尼政府的访问；

2. 旅游访问，包括不同的旅游活动，如：旅游特定的地方；前来开发特定的旅游资源；管理或带领旅游团队来印尼旅游等；

3. 社会文化访问，包括社会文化活动，如：拜访印尼的亲属或亲戚；拜访相关的社团组织；教育、艺术或体育组织之间的互换访问；

4. 商务访问，可以从事下述商业活动：

讨论业务范围内的一些问题；

现场考察并进行商品的进出口业务；

外国公司和印尼本地公司商讨关于产品和资金问题；

和潜在的印尼合作伙伴商讨投资范围内的产品的市场前景；

参加国际演出或展览；

发表演说或受相关机构、组织、部门的邀请，参加社会、文化或政府领域的非商务性的研讨会；

参加设立于印尼的总部或办事处会议；

受相关机构、组织、部门的邀请，参加新闻报道等；

为了提高产品的设计和质量水平、前来进行咨询、指导、或培训和技术革新，或更进一步的产品市场方面的工作；

检查印尼的分公司业务；

处理特殊情况；

进行售后服务；

安装维修设备；

研讨会上发表演讲；

非永久性的建筑工作；

举办表演、展览；

医疗方面的活动；

举行专业体育活动；

在位于印尼水域、领海、大陆架或印尼经济专属区内的船只上从事一些安装方面的工作；

为外国雇员进行设备或仪器操作示范。

（二）对于那些缘于特殊目的或目标而需要经常访问印尼的外国公民，可以签发多次往返签证。

1. 签证申请表格；

2. 中方、印尼方担保信（印尼方担保人可以是印尼境内的个人、公司、团体、组织机构或政府机关）；

3. 有效护照的复印件；2寸彩色正面免冠护照相片2张，交付签证及传真费；

4. 根据不同签证类型所需提供的其他资料。

二、有效期

自签发之日起90天内有效，如果外国公民在签证的有效期内没有使用该签证，则他必须申请新的签证。

（一）落地过境签证的有效期

1. 自准入印尼之日起14天内有效；

2. 在印尼逗留期间，有效的落地过境签证其效力等同于过境许可；

3. 在14天的有效期内，如果由于不可抗拒的原因导致外国公民不能继续他的行程，移民分局可以签发一个保持过境状态的许可证，其有效期为自落地过境签证失效之日起14天内有效，但持落地过境签证的外国公民，自进入印尼国境之日起，最长逗留时间不得超过60天。

（二）访问签证的有效期

自准入印尼之日起60天内有效。可以延期；

在印尼逗留期间、外国公民所持的有效访问签证与访问许可等效。

（来源：http://www.fmprc.gov.cn/chn/wjb/zzjg/yzs/gjlb/1333/1333x3/t274088.htm.2006—09—28）

老挝签证须知

老挝签证分为旅游签证、商业签证和参观者签证3种。

一、旅游签证

想到老挝旅行的外国人必须向老挝大使馆申请签证。

一般情况下可以获得1份为期15天的单式签证，该签证可以再延长15天时间。

办理旅游签证时间一般为10～20天，现在两三天就可以批。以前外国旅游者到外省游览必须事先申请通行证，现在旅游者可以到老挝全国各地游览。

办理此签证需3张照片。

二、商业签证

打算进行市场调研的商务人员应先申请一份单式签证，接着再申办一张为期3个月的商业签证（也叫多式签证），该签证可再延长3个月。

一旦外国投资者的工厂建成和动工，外商则可获得1份6个月到1年的签证。

办理商业签证时，还需要一封将与老挝合作的公司的邀请信，以及3张照片。

三、参观者签证

需要办理为期30天的单式签证，如果需要可以再延长30天。

申请时需要一封老挝朋友或亲戚的担保书，此人将向老挝内务部移民局提交适当文件，老挝外交部将通知使馆是否给予签证。

申请人需向在老挝的担保人提供申请人的姓名、出生日期、地址、护照号码，以及与护照照片相同大小的6张照片。

办理参观者签证所需材料：护照原件、1张护照照片、签证申请表1份（可以通过传真索取后复印）；

办理时间：3个工作日；

签证逗留期限：15天，可以在老挝续签。

（来源：http://www.fmprc.gov.cn/chn/wjb/zzjg/yzs/gjlb/1246/1246x3/t275463.htm.2006—10—10）

马来西亚签证须知

中国公民赴马来西亚应在境外办妥签证，未办妥签证，从泰国或新加坡入境的中国旅游散客，可在入境口岸申办口岸签证。中国赴马的旅行团可以办理口岸团体签证，但马方接待旅行社必须事先获得马移民总局授权并已经备案。为鼓励旅游，经第三国飞抵马彭亨州刁曼岛的旅客，如能出示有效回程机票可以申请落地签证。

一、签证种类

（一）普通签证

发给以旅游、探亲访友和商务活动为目的的中国公民。有效期3个月，停留期30天。普通签证不能延期，除非因健康原因、航班问题而不能及时回国，可凭有关医院和航空公司出具证明信函到移民局延期签证。

（二）工作和学生签证

在马来西亚工作或学习需由马公司或学校首先向移民局申请，获准后，由马移民局通知申请人所在地区的使领馆颁发普通签证。有关人员来马后，再到移民厅换成相应种类的长期签证。就读马大学的，长期签证通常由学校到移民局总部申请，就读高中及以下学校的，由自己向所在州的移民厅申请办理。

（三）探亲签证

来马探亲最长可停留6个月。一般由在马工作、学习、居住的亲属事先向马移民局申请，亦可持普通签证到马后再更换探亲签证。申请此类签证要求提供的文件较多，如亲属关系证明、在马工作、学习及收入证明等。

（四）旅游签证

适用人群：到马来西亚旅游的个人或团体；

停留期限：14天；

要求：申请表、护照照片（3月内近照）1张，至少6个月的护照有效期，团体还要交1份团员名单及行程安排，个人需有以马来西亚为目的地的机票作证明，并是本人申请。

（五）落地签证

适用人群：在指定机场和出口处到达的旅游团；

停留期限：14 天；

要求：旅行团人数大于两人（包括两人）且有第三国签证，此外，要有马来西亚地接旅行社向吉隆坡移民局总部提交表格并负责旅行团全程旅游。

二、签证办理

办理单位：马来西亚驻华大使馆、马来西亚驻各地总领事馆；

护照要求：有效期需超过 6 个月，并至少有 1 页空白签证页；

办理时间：原则上为 3 个工作日内；

办理所需资料：护照及复印件、护照照片两张，并在照片后签名、填写签证申请表、机票预订单及复印件等。

以上文字材料，需翻译成英文或马来语，用 A4 纸打印或复印。

签证有效期：3 个月。

（来源：http://www.fmprc.gov.cn/chn/wjb/zzjg/yzs/gjlb/1256/1256x3/t275332.htm.2006—10—09）

缅甸签证须知

中国公民进入缅甸，持外交、公务护照可免办签证。凡持因公普通护照和因私护照来缅甸都需办理有效签证。缅甸驻北京大使馆和驻云南昆明的总领馆及驻香港总领馆受理办理签证的业务。目前中国云南省已经与缅甸在旅游方面实现了互免签证，旅游者可以到当地的旅行社办理通行证。

一、签证

缅甸签发之签证，有旅游、商务、长期商务多次签证等多种，而旅游签证又分个人（FIT）和团体（GROUP）两种，其差别是，个人签证在入海关时须以官价兑换 300 美金的缅币，团体客人则须由旅行社按行程先汇团费入缅；至于商务签证须有缅甸注册之公司提出邀请函（保证书）方可申请，多次签证则签给有投资事实者。

办理旅游签证进入缅甸可停留 28 天。因公或商务来缅可申办商务签证，停留期限不等。逾期滞留每超 1 日罚款 3 美金。凡停留超过 1 月的，离境时，需在移民局或机场移民局处办理离境手续（DEPARTURE FORM）。旅游签证不能办理延期。

在缅停留超过 3 个月需办理外侨证，延期签证需交费，分 1 个月、3 个月和 1 年。

旅缅华侨持中国护照出境前需在缅移民局办理回缅签证（RE-ENTRY VISA）。

二、商务签证

凡持商务签证在缅长期经商，需办理以下手续：

（一）劳动卡（LABOUR CARD）

根据缅甸政府规定，外国人在缅甸长期经商若需办理签证延期，首先要办理劳动卡。办理劳动卡需要以一个当地合法注册登记的公司雇员身份到缅甸劳动部办理劳动卡，需提供相片并交费。

（二）办理签证延期（VISA EXTENSION）、逗留许可（STAY PERMIT）

办理劳动卡后，办理签证延期及逗留许可同样要当地合法注册登记公司出具证明，到商务部办理手续，然后再到缅甸移民局办理签证延期及逗留许可，一般一次可延期 3 个月到 1 年不等，签证逾期，每日罚款 3 美元，也需提供相片并交费。

（三）办理外侨登记证（F. R. C.）

凡到缅甸后居住时间超过 3 个月者，均需提前到国家移民局办理外侨登记证，需提供相片并交费。超期未办者将被罚款。凡到缅甸后 1 个月内申请办理外侨证的外籍经商者只需交纳 9 美元，超过 1 个月后换取者需交 18 美元。

（四）离境表（DEPARTURE FORM）

凡到缅甸居住超过 1 个月者，离境前需到缅甸移民局办理离境表。长居住者，需向移民局交回外侨登记证，并领到 2 张离境表，其中 1 张离开时交机场移民局，另 1 张下一次回缅甸时，再到移民局换回原有的外侨登记证。回到缅甸 1 个月内换证交 6 美元，超过 1 个月需交 12 美元。

（五）办理往返签证

往返签证有多次往返签证和一次往返签证。多次往返签证有效期一般有 3 个月、半年和 1 年 3 种。一次往返签证有效期一般为 1 个月。

在缅注册的外资合资公司董事可申请 6 个月或 1 年有效期的多次往返签证。一般外国经商人员可申请 3 个月有效期的多次往返签证。多次往返签证不分有效期长短，收费均为 180 美元。一次性往返签证收费 54 美元。

三、旅游证

持旅游证来缅只能陆路来陆路返，持证者可在缅逗留 28 天，只能在规定的地区旅游。

（来源：http://www.fmprc.gov.cn/chn/wjb/zzjg/yzs/gjlb/1271/1271x3/t274267.htm.2006—09—29）

菲律宾签证须知

菲律宾的签证根据投资法可分为申请签证、特殊法律规定的相应签证、投资人签证三大类，在三大类签证类型中又分为若干小类，具体规定如下：

一、根据投资法可申请签证类型

（一）短期访问或观光签证

一般来说，外国游客只要出示回程票即可进入菲律宾境内，而无需在驻外大使馆或领事馆申请签证（根据第408号《行政命令》称为无签证入境权）。上述游客一般允许停留21天（香港特别行政区护照只能滞留7天）。

如果游客持香港身份证进入菲律宾，进境前需要申请观光护照。

游客在驻外菲律宾大使馆或领事馆申请的临时访问签证有效期一般为59天，但中华人民共和国与香港特别行政区护照持有人允许的逗留时间要稍短。

希望延长停留时间的外国人必须获得移民局的批准。

（二）工作授权签证

1. 入境前雇聘签证

入境前雇聘签证属于工作授权签证，在公司中将担任行政、技术、管理或高度机密职务1年以上5年以下的外国人可以根据《申请菲律宾移民法》第9（g）节的规定申请入境前雇聘签证。［以下简称9（g）签证］

申请要求：

（1）请求人单位的邀请函；

（2）填好并经过公证的申请表；

（3）2×2照片，贴在申请表上；

（4）如果是股份有限公司，要提供公司章程，议事程序，请求人的证券交易委员会注册证书；如果是独资经营公司，要提交贸工部商号注册证书与填好并被贸工部受理的商号注册证书申请表；

（5）劳动与就业部颁发的外国人就业许可证（AEP）；

（6）申请人的所得税申报表与纳税证明；

（7）为申请人的服务而签订的合同或协议，包括服务期限、会收到的准确补偿与其他福利；

（8）申请人的履历；

（9）请求人对申请者的担保；

（10）人力资源主任、人事官员关于请求人要聘用的外籍人数的证明；

（11）注明有准入身份与最新停留时间的申请人护照副件；

（12）其他有助于评估申请的证明资料；

（13）注明申请人是否有配偶与未满21岁的未婚子女陪同；

（14）受抚养的配偶与子女的结婚证或出生证明；

（15）配偶与未满21岁的未婚子女的护照副件；

申请签证程序：

（1）在劳动就业部领取外国人就业许可证时，申请公司必须提供足够证据证明该工作在菲律宾没人愿意从事与胜任，且该外国人的任职将有益公众利益，否则移民局不会批准9（g）签证申请。

（2）外国人已经获得外国人就业许可证，如果仍未获得9（g）签证的申请，他可以申请有效期为3个月的临时工作证。

（3）申请9（g）签证的整个过程大约要两到八周。在投资署与菲律宾经济区署注册的公司以及世界前1000强公司工作的申请人的申请优先。

（4）9（g）签证在外国人就业许可证与劳动合同的期限（取两者中较短者）内一直有效。

（5）发给家属的9（g）签证与申请人的签证有效期相同。

2. 条约商人签证

条约商人签证属于工作授权签证的一种。

申请条件：

如果外国投资者是与菲律宾达成互惠协定（条约商人或投资商方面）的国家的公民，则有权以条约商人或条约投资商的身份进入菲律宾。目前只有美国、日本与德国的国民有权获得该签证。

3. 其他工作授权方式签证

作为正常就业或商业签证的补充，临时访问者或游客可申请特种工作证(SWP)或临时工作证(PPW)。

（1）特种工作证

①申请条件

使用观光签证进入菲律宾打算从事职务或经商的外国人，可以申请特种工作证（SWP）。符合申请特种工作证的人有：

只在限定的时间内竞赛的职业运动员；

入境提供临时性特种服务、具有特殊与突出才能，但没有入境内雇佣合同的外国人；

参加有观众买票的演出的艺人与其他演员（含：主要进行非竞争性临时服务或进行非竞争性培训、可分类为临时工人或实习生的外国人；获得授权寻找隐藏的宝藏的外国人；要在菲律宾拍摄的电影与电视制作人员；在菲律宾从业的外国记者。

②申请要求

请求人公司的邀请函；

护照与有效签证的复印件；

个人履历；

公司的证券交易委员会注册证书，公司章程与议事程序复印件；

请求人公司的担保；

公司的所得税申报表；

经核准无误、注明了准确的工资的合同副件。

（2）临时工作证

①申请条件

已由雇主提出申请、与当地实体签订了合同，希望申请正常工作签证［如符合《菲律宾移民法》第9（d）与9（g）节规定的条约商人与入境前雇聘签证］的外国人，在尚未签发正常工作签证时，可以申请临时工作证。

②申请要求

请求人公司的邀请函；

护照与有效签证的复印件；

个人履历；

盖有“已收讫”印章的正常工作签证（即条约商人与入境前雇聘签订）申请复印件；

公司的证券交易委员会注册证书，公司章程与议事程序复印件；

请求人公司的担保；

公司的所得税申报表；

雇佣合同、由劳动就业部颁发的就业证书和外国人就业许可证（AEP）。

(3) 根据《菲律宾移民法》第47（a）（2）节申请特种非移民签证

司法大臣（以前是总统）出于公众利益或国家政策方面的考虑而批准后，即可签发本签证。

例如，涉及公众利益的行业有从事石油勘探、发电、基础设施与在菲律宾经济区署与投资署注册的公司。

二、特殊法律规定的相应签证

（一）特种多次入境签证

1. 符合条件者

（1）在获得菲律宾中央银行许可并依照第1034号《总统令》经营的外国银行境外单位工作的外国员工；

（2）菲律宾政府根据第8756号《共和国法案》正式认可的地区总部或地区经营总部的外籍员工，指批准作为非移民入境的公司主管人员，如果有受抚养的配偶与未满21岁的未婚子女随同，应颁发此证。多次出境签证的有效期为1～3年，可以再延长相同时间，免予外侨登记。

2. 要求

（1）延长外国银行境外银行单位的外籍人员的特种多次入境签证，需提供：

外国银行或境外银行单位的邀请函；

填好并经过公证的通用申请表；

贴在申请表上的2×2照片；

如果申请人已在国内，提供盖有移民局准入印章的护照的复印件；

证券交易委员会注册证书；

中央银行颁发给外国银行经营境外银行单位的授权证复印件；

注明准确工资与委任聘用时间的雇佣合同复印件；

外国银行负责官员的宣誓证明（证明内容包含：申请人是该银行的员工，将任职设立在菲律宾的境外银行单位；外国银行将以外币支付在菲律宾工作的申请人的工资）。

（2）更改跨国公司地区总部或地区经营总部外籍员工的身份，需提供：

请求人公司申请书的原件；

填好并经过公认的通用申请表；

贴在申请表上的2×2照片；

如果申请人已在国内，提供盖有移民局准入印章和显示有效居留期的护照复印件；

注明准确工资与委任聘用时间的雇佣合同复印件；

申请人的所得税申报表与缴纳凭证；

证券交易委员会证明其在过去的一年汇入了最少50000美元的汇款的证明；

宣誓证明：经营执照仍然有效适用、自录用起，该员工最少已获得相当于12000.00美元的工资收入。

3. 申请时间

申请上述签证的办理时间为3天。

三、投资人签证

（一）特种投资常驻签证

特种投资常驻签证属于投资人签证的一种。特种投资常驻签证（SIRV）授予持证人多次入境居留的权利，直到结束投资。特种投资常驻签证由移民局与投资署联合签发。

1. 申请特种投资常驻签证时，投资人需汇最少75000美元到菲律宾国内，并投资在相应的经济活动中。

特种投资常驻签证持证人可带配偶和21岁以下的未婚子女，而无需增加存款。如果申请人有家属随同，应提交家属在菲律宾出生的证明或经过距申请人在国外居住处最近的菲律宾大使馆、领事馆鉴定的出生证或者户口簿。

2. 申请程序

填好并经过公证的申请表，贴近照；

安全调查，由申请人国家或居住地有资格提供申请人犯罪记录的中央政府机构提供，并交菲律宾大使馆或国家调查局（NBI）国际刑警组织认证，注明申请人没有犯罪记录；

国家情报协调署（NICA）应在收到移民局背书后的5个工作日内签发初始安全调查，并在批准试用签证后三个月内签发一份更加详细的涵盖菲律宾武装部队与菲律宾国家警察的证明。如果存在不良记录，特种投资常驻签证将可能被撤销；

提出申请后的6个月内上述调查应持续有效；

健康证明，由卫生部（DOH）、任何一家政府医院或卫生机构、或者申请人国家内得到许可和公认的医疗中心、实验室或类似部门签发，证明申请人身体与精神健康；

提出申请后的6个月内上述证明应持续有效；

经宣誓的开户银行证明，由菲律宾公认的开户银行的正式授权官员按规定的格式出具，证明申请者在上述银行汇入外汇和折算成菲律宾比索及其金额，如果汇款是通过非公认的代理银行汇入，汇款总额应立即转至公认的银行；

根据有关法律法规的规定，只有获得移民局授权的银行才能充当开户银行（菲律宾地产银行与菲律宾发展银行）；

在任何情况下，存款不得在提出申请1年以前汇入；

菲律宾比索定期存款证明的复印件（定期为30天以上）；

定期存款证明的原件应交开户银行保管；

经申请人祖国国内的菲律宾领事馆、大使馆或申请人祖国在菲律宾的大使馆鉴定的出生证明、户籍、户口簿；

必要时，提供结婚证。结婚证应经申请人祖国国内的菲律宾领事馆、大使馆或申请人祖国在菲律宾的大使馆认证。

4. 在菲律宾大使馆、领事馆提出申请的程序

申请人向菲律宾大使馆、领事馆提交申请表与其他资料。

大使馆、领事馆批复申请资料并交给投资署评估。

投资署审查资料。如资料完整，批准申请并由外交部领事办公室回传相关驻外菲律宾大使馆、领事馆，签发试用期为6个月的试用多次入境签证。

5. 在投资署提交申请的程序

申请人向投资署提交申请表以及包括护照原件在内的其他资料；

投资署评估提交的资料；

如果资料完整，投资署批准申请资料，并交移民局签发试用期为6个月的试用多次入境签证；

修改不确定停留期的签证时须提交投资证明。

6. 办理时间：10个工作日。

（二）旅游项目与旅游业投资者特种投资常驻签证

旅游项目与旅游业投资者特种投资常驻签证是特种投资常驻签证的另外一种形式，适用与旅游相关的项目和旅游公司。

外国投资者投资由旅游部确定的合格旅游相关项目或旅游公司，且投资额最少达到50000.00美元，有权申请特种投资常驻签证。

（三）特种苏比克投资签证

在苏比克自由港（SBF）持续投资达到250000.00美元的投资者可以申请苏比克自由港的永久性居留签证。只要签证的持有人保持投资，该签证将持续有效。

（四）特种克拉克投资签证

在克拉克经济特区持续投资，且投资额保持250000.00美元的投资者可以申请该签证。只要签证的持有人保持投资，该签证将持续有效。

四、签证涉及部门具体要求

（一）移民局的要求

移民局申请表；

经签名的保证书；

替补信息表，指定替补与替补培训课程；

护照（复印件）；

秘书的证明（对于由选举产生的官员）；

担保（如有家属）；

组织图；

申请者的履历。

（二）菲律宾经济区署的要求

公司到菲律宾经济区的邀请函；

申请人护照的复印件；

秘书出具的证明、就业证明或雇聘服务合同；

申请人的履历。

（三）司法部的要求

司法部（DOJ）申请表；

移民局、菲律宾经济区署注册证书及其条款；

护照（复印件）；

秘书的证明（对于由选举产生的官员）或雇佣合同（对于非选举产生的）；

原担保证明；

如果有配偶随同，须出示结婚证；

如果有子女随同，须出示他们的出生证明；

（四）办理程序

申请人的雇主在相应的政府机构（如移民局、菲律宾经济区署，农业部）申请聘用外国人的授权；

相应的政府机构在提交给司法部（DOJ）的申请上背书；

司法部（DOJ）批准申请，并将转交给移民局执行；

（来源：http://www.fmprc.gov.cn/chn/wjb/zzjg/yzs/gjlb/1231/1231x3/t162782.htm. 2004—09—29）

新加坡签证须知

一、商务签证

申请商务签证需提供以下材料，若有必要使馆有权要求申请者提供其他材料。

1. 申请者的护照有效期至少6个月（从出国日期开始计算）并至少有1张空白签证页。

2. 每个申请者需用英文填写一份 14 表格（原件），申请者须附两张 2 寸彩色近照（1 张贴在 14 表格上，另一张供扫描用），照片必须符合下列要求：3 个月内的近照，照片尺寸为 35mm（宽），45mm（长），无白边；正面免冠（按特殊宗教或风俗要求戴帽或配饰者，帽子和配饰不得遮盖申请者面部特征），面部尺寸为 25mm（宽），35mm（长）；白色背景。

3. 由新加坡注册公司用英文填写完整的介绍信（即 V39A 表格）原件一份。介绍信上必须注有新加坡注册公司的地址、电话和传真号码。

4. 填写完整的 V52 表格原件一份，需注明申请者的姓名，所在公司及访问目的、日期，该表格须由新加坡注册公司签发。

5. 由新加坡会计与企业管制局（www. acra. gov. sg）出具的新加坡公司的最新商业注册简况的打印件，该简况内容的打印日期距递交日期不得超过 6 个月。

6. 如本人不能亲自到使馆申请签证，则需出具委托书，委托书中须注明被委托人的姓名及身份证号码（中英文均可）。

7. 由新加坡政府机构、大学邀请或是出席在新加坡召开的展览会、大型会议等的申请者，无需出具 39A 表格、V52 表格和商业注册简况，申请者只需递交该机构或组织签发给申请者的邀请函。

8. 签证办理过程需要 3 个工作日。

二、观光签证

申请观光签证需本人亲自到使馆办理，以下情况除外：

未满 16 岁的申请者可由父母代办，但必须出具能证明其关系的出生公证书或户口本（原件及复印件）；申请者如已退休，可委托他人办理（需出具注明被委托人的姓名及身份证号码的委托书）；如申请人由新加坡公民或永久居民作担保，请参照第 5 条办理。

申请观光签证须提供以下材料，必要时使馆有权要求申请人提供其他材料：

1. 申请者护照有效期至少 6 个月（从出国日期开始计算）并至少有一张空白签证页。

2. 一份用英文填写的 14 表格（表格第 1、2 页每一项都要填写，第 3 页必须由申请者本人签字并注明申请日期）。申请者须附两张 2 寸彩色近照，请将一张彩照粘贴在 14 表格上而另一张彩照是供扫描。照片必须符合下列要求：3 个月内的近照，照片尺寸为 35mm（宽），45mm（长），无白边；正面免冠（按特殊宗教或风俗要求戴帽或配饰者，帽子和配饰不得遮盖申请者面部特征），面部尺寸为 25mm（宽），35mm（长），白色背景。

3. 申请者公司出具的同意其休假并说明申请者在该公司任职时间、职务及工资的信函。信函所用信笺需注明公司的名称、地址、电话号码及传真号码。信笺需加盖公章。

4. 申请人如没有工作，需提供户口本原件和复印件各一份。原件被审查后将退还给申请人。申请人还可提供相关文件以证明其如期返回中国，如银行存款证明有足够的资金。

5. 如申请人由在华的新加坡公民或新加坡永久居民作担保，则无需按上第 3、4 条规定办理。但需担保人亲自到使馆递交申请，并提供填好的 V39A 表格及担保人身份证复印件。

6. 观光签证自签发之日起一般 5 周内有效。签证持有人可在 5 周之内多次进出新加坡。由新加坡移民和关卡局官员决定每次停留天数，最多不超过 30 天。

7. 签证办理过程为三个工作日。

8. 申请人有可能在申请被批准前要求缴纳人民币 5100 元每人的担保金。使馆将在受理申请的第二个工作日通知申请人交纳担保金。申请人需在申请表左上方注明其家庭号码或手机号码。

三、担保金交纳须知

被要求交纳担保金的申请者将在其递交申请表的第二个工作日由使馆通知其办理交纳手续。

申请者需领取一份四联的进账单（送款单上需填写本人姓名、存款日期、身份证号码及联系电话）到中国银行总行一层 16—18 号柜台存入担保金人民币 5100 元后，持经银行盖章的进账单首联和第三联（回单和收账通知）和填写完整并有申请者亲自签名的担保函到使馆再次办理签证。上述手续办理完毕后于第二个工作日领取签证。

观光签证到期后，不得继续在新加坡停留；

不可以在新加坡谋求长期居留；

不可打工（有偿或无偿）、经商或参与其他专业活动及不利于新加坡安全的活动；

不可吸毒、走私或贩卖毒品；

违反上述规定者将被没收担保金人民币 5100 元。

四、担保金退款须知

当您进入新加坡时，请主动出示护照及旅游签证卡。在您离境时新加坡边防检查站官员会收回签证卡并在护照上加盖出境章。如签证卡未被收回，请主动交给边防检查站官员。

担保金只有在本使馆收到移民与关卡局的通知后方能退还。申请者在离开新加坡后 1 个月可打电话咨询，得到确认后可预约领取担保金的时间。领取担保金的时间为每月的 5 日至 25 日。

在指定时间到使馆领取现金支票，再到中国银行总行一层 19～24 号柜台兑现。

若申请者不能亲自办理担保金退还手续，申请者可出具委托书，并附上被委托人身份证复印件。被委托人凭委托书、申请者护照复印件及担保金收据到使馆办理手续。

若申请者在签证有效期内未前往新加坡，本人需持护照、签证卡、收据及本人写的解释信到使馆，确认后方能预约时间领取担保金。

若收据遗失，申请者必须提交公安局丢失证明或相关公证书予以证明。

若未交回签证卡或使馆未得到移民与关卡局退款授权，申请人将担保金收据、护照首页及有入境、离境章的签证页复印，并送交到本使馆。大使馆在接到退款申请后致函移民与关卡局查询。这需要两个月以上的时间。

（来源：http://www.fmprc.gov.cn/chn/wjb/zzjg/yzs/gjlb/1323/1323x3/t162789.htm.2004—09—29）

泰国签证须知

一、旅游签证

填写旅游签证申请表一式一份，申请表必须本人签名，2寸近照1张，申请者本人单位或街道办事处的英文担保信原件（内容包括：申请者姓名、赴泰目的、在泰停留期、该信必须担保申请者按期返回中国，使用印有该单位抬头的信纸打印，并附有该单位的地址及电话，此信还必须加盖单位公章，负责人签字及签字人的姓名和职务），出示已经确认的往返机票，并递交该票的复印件一份，护照和护照复印件一份。此签证可以在泰国停留60天。（小孩未满16周岁需提供中英文的关系公证书原件及复印件）。

二、非移民签证

凡赴泰为联系业务、出席会议、参加培训和进行学术交流不超过90天者需办此类签证。申请者需递交如下材料：

填写签证申请表一式四份，申请表必须本人签名，2寸近照4张；

泰国有关部门单位负责人署名的邀请信原件，并注明申请人在泰居留的时间和邀请单位的营业执照复印件（含公司股东登记证），上述材料均需另外加盖公司印章，并由公司法人代表签名方有效，署名法人代表需提供其身份证复印件，身份证复印件亦须本人亲笔签名；

申请者的工作单位致泰国驻上海总领事馆的英文照会信原件，确认申请人为本单位人员及其赴泰目的；在泰停留时间，保证其在照会信注明的期限内离泰，该英文照会必须加盖公章并有负责人署名，出示已经确认的往返机票，并递交该票的复印件1份，护照和护照复印件1份。

三、过境签证

凡目的地是第三国仅从泰国过境者，或者从第三国经泰国返回中国者需办此类签证。在申请过境签证时，需递交如下材料：

填写过境签证申请表一式三份，申请表必须本人签名，2寸近照3张，前往第三国的有效签证或者入该国国境不需要国境签证的证明；

出示已经确认的机票，该机票必须注明飞往泰国和第三国的日期或者从第三国途经泰国回中国的日期，并递交该机票的复印件1份，护照和护照复印件1份，银行存款证明或者可兑付票证（旅行支票，信用卡等），其所有金额足以满足申请者在泰国所需，并递交复印件1份。

备注：签证申请需要两个工作日，且护照有效期在半年以上。

（来源：许家康、古小松主编.《中国—东盟年鉴》.线装书局出版社2007年版）

越南签证须知

根据1992年3月15日中越关于互免签证的协定，中国公民持有效外交、公务、因公普通护照及其使用同一本护照的偕行人入境、出境或者过境越南时免办签证，停留期为30天，如需要延期，须由越方接待单位提出申请，在越南公安部出入境管理局办理。

中国公民持有效普通护照入境、出境或过境越南须事先办理签证。越南驻华大使馆、越南驻广州总领事馆及越南驻昆明总领事馆都可为中国公民签发赴越签证。签证种类分为旅游、商务两种，中国公民可本人前往使领馆办理，或委托旅游公司代办。

中国公民赴越南，持外交、公务与因公普通护照免签证。持因私护照需向越南驻华大使馆申请签证。

探亲人士可申请单程或多程签证。单程入境签证通常停留期不超过3个月，但个别情况可再延期3个月。多程签证有效期则可达1年，并可再延期1年。

在越南单程或双程过境者，经申请可获有效期最多为15天的过境签证。在越南领土逗留不超过72小时，不离开过境者住区的过境者，免除过境签证。

赴越南持有国家合作与投资委员会发给的投资许可证或经营许可证的外国人，则可获多次出入境有效签证，期限自3个月至1年，依在越南的工作性质而定。申请来越南探讨贸易投资可能性，而没有越南有关单位邀请或接待的，以及留学、治病、旅游、探亲等的，当事人可委托越南各组织（越境工商会、投资咨询劳务公司、有经营国际旅游许可证的公司）或者在越南常住的亲属（父母、夫妻、子女、亲兄弟），向内务部出入境管理局申请入境许可，至少在入境前15天申请。

想到越南旅游的外国人，必须按照要求和统一式样，填报入境签证申请书3份，并附上3张近照。1份附有相片的申请书寄到就近的越南驻外国领事馆，其余2份及相片，游客随身携带，入越南境时交给当地的旅游机关。

暂住越南外国人的签证需要延期，应由本人或越南主管机关，向所在地出入境管理处或管理局书面申请，附上护照和越南常住证。

如签证期满，而暂住期限未满，签证无需延期。如签证和暂住也已期满，需要再住的只需办理暂住延期。暂住证可以延期，每次不超过12个月。

入境越南的外国人向口岸公安站出示护照或代护照证件和入出境证后，立即获发暂住证。在口岸签发的暂住证有效期与入境许可证有效期相适应，自签发之日起不超过12个月。

商务签证可通过越南的某个贸易公司提出申请，旅游签证则可在驻任何国家的越南大使馆或泰国和越南各旅行社办签证（越南已授权国外旅游机构代办赴越旅游签证业务）。

用传真办签证，要提供姓名、出生日期、地点、籍贯、家庭地址、职业、护照号码、逗留时间和入境地点。河内发出的签证可允许在越南境内任意活动，胡志明市发出的签证则只许在胡志明市内活动。

（来源：http://www.fmprc.gov.cn/chn/wjb/zzjg/yzs/gjlb/1338/1338x3/t162828.htm. 2004—09—29）

东盟商标指南

东南亚商标指南

东南亚各国都有自己悠久的历史，且都是新兴国家。今天的东南亚是当今世界经济发展最有活力和潜力的地区之一。在未来新的世界政治和经济格局中，东南亚在政治和经济上的作用与战略地位将更加重要。

东南亚品牌保卫策略

商标是企业品牌的无形资产，是品牌所有权的唯一法律凭证，商标所有权关系到企业和品牌的生死存亡、兴衰成败，历来是企业争夺的宝贵资源，因为知名商标的无形资产比企业有形资产更有价值。

企业开拓东南亚市场，需要先了解东南亚的商标保卫策略，不仅要保卫商标商誉，更要预防其他企业在东南亚抢先注册其商标，以免痛失进军东南亚的机会。

东南亚商标防御策略

企业有必要定下明确的东南亚发展计划，建立一套适合自己的商标防御体系，最好的商标保护措施就是针对东南亚目标市场，委托当地专业事务所，以逐一注册的方式申请海外商标，同时也注册相关分类。

目前，东南亚成员国执行的是国际分类尼斯协定(Nice Agreement)。《商标注册用商品与服务国际分类尼斯协定》于1957年6月15日在法国尼斯签订，1961年4月8日生效、尼斯协定主要规定商品与服务分类法，将商品分为34大类，服务项目分为11大类，为商标检索和商标管理提供了很大的方便，申请商标注册时，应按商品与服务分类表的分类，确定使用商标的商品或服务类别。

在东南亚注册商标，不同国家有不同的法律规定，风俗和禁忌也是注册时需要考虑的，企业很难了解所有东南亚国家的法律规定，去各国申请，可以委托专门的中介机构办理。

世界多数国家均设置“商标注册异议公告”程序。商标事务所定期追踪目标国家的商标注册公告，一旦发现有雷同或近似商标，便可提出异议。被异议人应当在接到通知后答辩，否则被异议人的申请作废。

东南亚商标反抢策略

如果商标已被海外注册，那就只得利用各种手段尽力挽回，最直接的方式是依靠法律，“保护工业产权巴黎公约”第六条规定：“商标所有人的代理商或代表人，未经商标所有人授权而以自己的明文申请注册商标，该所有人有权对所申请的商标提出异议或请求撤销。”如果企业能够提供商标的原始凭证及公证材料，被抢注企业是有可能依靠法律夺回商标的。

法律手段往往又是最耗费成本的。搜集证据及委托律师所需的费用已经非常高，而法律程序又往往一拖经年，致使企业坐失市场发展。最心照不宣的挽回手段是商标谈判。抢注者的动机不外乎一个“利”字，如果企业可以坐下来与抢注者谈判，未尝不会得到一个兼顾市场和效益的周全之策。

假使企业无法通过谈判拿回自己的商标，又无心力应对法律程序，那就只有换标了。

东南亚商标打假策略

做好商标打假工作。东南亚有许多小型公司以假冒为生，恶意使用与名牌相似的商标。要预防商标相似事件，只能及时进行打假。首先要建立一个庞大的反假冒商标情报网络。发动所有业务人员密切关注市场上的假冒商标产品。此外，大型展销会也是假冒商标泛滥的场所，应当派专人调查，一旦发现假冒商标产品，要及时保留证据，然后借助政府有关机构和法律的力量，对假冒商标企业进行严厉打击。

东南亚商标保护制度

目前，世界各国主要有两种商标确认制度：使用优先制与注册优先制。使用优先制是依据商标的原始凭证认定权利人，此原则在东南亚范围内适用于马来西亚、菲律宾、新加坡、柬埔寨、泰国、缅甸、印尼、文莱等。注册优先制乃依据商标在该国的注册记录确定权利人，此原则在东南亚范围内适用于越南、老挝。针对此2种商标确认制度，不同企业可采取不同的商标保护策略。

一般情况下，中小企业取得了一定的国内业务，偶有产品销往东南亚，但产品在国内外均不具备领导市场的能力，自身商标还是一种起“区别”作用的标识，此时，企业可不急于在东南亚注册，特别是在使用优先制国家，只需委托当地商标事务所监察企业海外潜在市场的商标注册情况，同时保留商标原始凭证，如广告、发票、合同、公证材料、报关单等。

市场领先企业的产品在国内市场已成为主流，伴有较大数额出口业务，其商标在“区别标识”作用之外亦具备了“价值增值”功能，此时，企业应该开始考虑“马德里商标注册”（以下简称“马德里体系”），以抵御商标被所带来的损失。

马德里体系是注册人仅提交一件申请即可确保其商标在多国受保护的国际条约体系，包括“商标国际注册马德里协定”和“马德里议定书”两部分。该体系的优点在于：费用较低，注册费用只包括“基础注册费”、“指定国家注册费”、“本国商标主管机关费用”三部分；节省时间，申请人从提交商标国际注册申请书予商标局之日算起，一般6个月左右即可取得世界知识产权组织（WIPO）国际局颁发的商标国际注册证明；手续简单，申请人向本国商标局递交一份申请，即可指定众多国家进行申请保护，后期变更名称或地址、续展等手续也均可以通过单一程序办理。

马德里体系既保护自身品牌，又不过分增加企业经营费用，在注册优先制国家尤其适用。而对于非马德里体系成员国，企业可根据自身需要，采取逐一注册方式或继续委托国内事务所监察，同时妥善保存有自身的商标原始凭证，已备解决可能纠纷之用。

（来源：骆俊宏编著.《东南亚商标注册》. 马来西亚大将出版社2007年版）

文莱商标指南

依据文莱的商标法律，商标的释意为任何能够代表及区分事业体的物品或服务的明显可见标志。要注册一个商标，有关商标必须是新颖独特的；同时，有关商标也没有与其他商标类似或会引起混淆。

在文莱，形状、颜色和包装又可以注册，该国的法律也有保护著名商标的条例。在文莱，使用商标的第一人可向有关当局注册。文莱的商标分类根据国际分类法，文莱也接受服务商标的注册。此外，文莱也提供多元分类、个别分类和综合分类的申请。

在旧法律下，商标注册后的有效日期为7年，更新可沿用至14年。在新法律下，于2000年6月1日或以后更新的商标，有效期为10年；2000年6月1日以前更新的商标则继续享有14年的有效期。

文莱的新商标法律——1999年紧急（商标）条规于2000年6月1日生效。这个以1994年英国商标法令为基础的新条规取代了原有仿照英国1938年商标法的商标法令。新商标法律接受服务商标的注册申请；废除AB部注册制度，成为单一注册簿注册制度；

文莱目前是世界贸易组织（WTO）的成员，已加入世界知识产权组织（WIPO），但尚未加入《商标国际注册马德里协定》等有关商标保护的国际条约。

文莱商标制度

商标的构成要素：文字、图形、记号足以与他人之商品或服务相区别者，即谓商标，其中含商品之形状或包装、颜色即立体商标，不含声音、气味、味道等非视觉上的商标。有关商标必须是新颖独特的；同时，有关商标也没有和其他商标有任何的类似或会引起混淆。

种类：商品商标、服务商标。

主体：商标的拥有者，不管是个人、还是合伙或公司都可以申请注册商标。但欲于文莱申请商标注册者须在当地设有营业所或住所。

注册商标的期限：在旧法律下，商标注册后的有效日期为7年，更新可沿用至14年。在新法律下，于2000年6月1日或以后更新的商标有效期为10年；在2000年6月1日以前更新的商标则继续享有14年的有效期。

异议制度：对审定商标之异议改由法院就双方提供之证据及书面资料判定是否成立；利害关系人因权利人未使用该商标而欲申请撤销该注册者，须向法院提出申请。

商标移转或授权：商标有移转或授权等情形，应向当局办理移转或授权登记。倘若商标所有权人拒绝处理侵害案件，被授权人于通知商标所有权人相关侵害起两个月内，得以自行进行侵害诉讼程序。

商标侵害行为：商标侵害行为包括：将他人之商标使用于相同或近似之商品的；将他人于文莱当地已拥有商誉之商标，使用于相同、近似或其他任何之商品的；将他人于巴黎公约联盟成员国或世界贸易组织成员承认的驰名商标，使用于相同、近似或其他任何商品的。

商标侵害的救济方式：商标侵害的救济方式包括：要求禁止令；要求损失赔偿或相当之利赔偿；要求侵害人消掉或除去相关侵害标示；针对无法消掉或除去侵害标示之物品，要求侵害人销毁；要求交出侵害物品等。

（来源：骆俊宏编著.《东南亚商标注册》. 马来西亚大将出版社 2007 年版）

柬埔寨商标指南

在柬埔寨，商标的定义是能够将自然人、法人或其他组织的商品及服务与他人的商品或服务区别开的可视标志。信件、文字、名称、签名、图案、品牌、字母、数字、标题、颜色组合，以及上述要素的结合，均可以作为商标，申请注册。申请注册的商标应当有显著特征，便于识别。

柬埔寨商标法于 2000 年制定，但商标注册工作在此之前已开展。

柬埔寨还没有加入 WTO，是 WIPO 的成员，于 1989 年加入了巴黎公约，但尚未加入马德里协定及其议定书。

柬埔寨商标制度

商标的构成要素：单词、字母、数字、图形或照片、徽章、颜色或者颜色组合、商品的容器或外包装的形状（不能仅是为了获得某种功能的形状），以及上述要素的组合等。

商标的种类：包括商品商标、服务商标、集体商标和立体商标。

商标的主体：商标的拥有者，不管是个人、还是合伙或公司都可以申请注册商标。

注册商标的期限：为 10 年，期满可以续展，每次 10 年。

商标的使用要求：每 5 年向知识产权主管当局报告使用或未使用情况，没有报告的，该商标将被取消。

禁止注册的商标：误导公众；公用标志；商品或服务的特征，如性质、质量或数量等；商品的形状或组成部分；违反道德、秩序、习惯或法律；未经所有人的同意；与已经注册的商标相同或相似等。

使用优先制：柬埔寨是执行使用优先制国家，凭商标的原始凭证认定权利人。

申请程序

搜查——申请注册的商标不得与他人先取得的合法权利冲突，有鉴于此，搜查及收集资料是第一个必然步骤，也是重要的第一步，这将有助于避免与他人的专利相似。

申请——申请者必须提呈指定的委托书、商标样式、服务及商品列表、第一次注册号码和日期、国家及申请日。

注册——注册需时至少两个月，有效期从申请日起生效。

保障有效期和续展——注册商标的有效期为申请日起 10 年。有效期满前可申请续展。

（来源：骆俊宏编著.《东南亚商标注册》. 马来西亚大将出版社 2007 年版）

印度尼西亚商标指南

在印尼，商标运用的宗旨是识别及鉴定自然人、法人或其他组织对其生产、制造、加工、拣选或经销的商品或提供的服务使用的产权。任何能够将自然人、法人或者其他组织的商品及服务，与他人的商品及服务区别的可视标志，包括文字、图形、字母、数字、标志、标签及书信，或上述要素的组合，均可以作为商标申请注册。申请注册的商标应当具有特色，即拥有显著的特征，可与他人的商品及服务识别。

印度尼西亚最新修订的商标法于 2001 年 8 月 1 日开始施行，取代 1961 年印度尼西亚商标法。

目前，印度尼西亚是 WTO 成员，于 1979 年加入 WIPO，1950 年加入了巴黎公约，尚未加入马德里协定及其议定书。

印度尼西亚商标制度

商标的构成要素：单词、字母、数字、图形或照片、徽章、颜色或者颜色组合、商品的容器或外包装的形状（不能仅是为了获得某种功能的形状），以及上述要素的组合等。

种类：商品商标、服务商标、集体商标和立体商标。

主体：商标的拥有者，不管是个人、还是合伙或公司都可以申请注册商标。

注册商标的期限：商标权的期限 10 年，期满可以续展，每次 10 年。关于商标的续展，旧商标法规定续展申请应于商标专用期满日前，1 年起至半年内提出。目前则放宽于专用期满日前一年起至期满日止为之，更便利了当事人。

优先权：关于优先权，旧商标法规定，主张优先权之商标申请案，未于 3 个月内补齐优先权文件，则被认定失效。目前之商标法则规定，未于 3 个月内补齐优先权文件之商标申请案，则依非主张优先权之申请案进行审查。可见新法的规定更为合理。

商标争议：商标撤销争议案应向商业法院提起，

亦可通过仲裁程序解决商标纠纷。另外，第三人提出异议的时间则由公告日起6个月缩短为3个月。

使用优先制：印度尼西亚是使用优先制国家，凭商标的原始凭证认定权利人。

申请程序

搜查及收集资料——申请注册的商标应当有显著特征，有便于识别，并不得与他人在先前取得的合法权利相冲突，也不得以不正当手段抢先注册他人已经使用并有一定影响力的商标。因此，申请注册的商标，应当与他人在同一种商品服务或类似商品服务已注册的或初步审查的商标不相同或者不相似。有鉴于此，搜查及收集资料是第一个必然步骤，也是重要的第一步，这将有助于避免与他人的商标相似。

申请注册——决定本身的商标后，所有申请者必须提呈所需文件给有关部门：委任书、标志样本、一些申请专利权的授权文件。

审查——提呈上述文件给商标标志单位后，有关单位将依据法定程序审查，申请者有两个月的时间修正相关申请文件。一旦有申请文件符合所有法定需求，该单位将会发出申请日期。此外，该单位发出申请日期后，将在9个月内审查。

公告——有关单位会将所有商标申请发布在官方商标公告上，为期3个月。

异议——若有人对有关商标申请提出异议，必须提出反对有关商标注册的有利文件，包括该商标与他人先取得的合法商标冲突、存在共同点或存有违反法令的意味。一旦呈交反对信件后，反方必须在两个月内提交有利的反对文件、该单位将会重新审查有关上商标申请，所需时间约两个月。

注册——一旦完成所有程序，包括反方反对的案件调查完结，有关单位将会向申请者收取注册费用，然后发出注册文凭。有关申请注册程序需费时1～18个月，生效期从其申请日开始。

保障——一旦商标成功获得注册，该商标将受商标法令保障，有效保护期为10年。有关保护期将视申请者是否更新手续而定。

（来源：骆俊宏编著.《东南亚商标注册》. 马来西亚大将出版社2007年版）

老挝商标指南

在老挝，商标的定义是能够将自然人、法人或其他组织的商品及服务与他人的商品或服务区别开的可视标志。信件、文字、名称、签名、图案、品牌、字母、数字、标题、颜色组合，以及上述要素的结合，均可以作为商标，申请注册。申请注册的商标应当有显著特征，便于识别。

老挝的商标法制定于1994年，从1995年1月起实施。

老挝还没有加入WTO，尚未加入马德里协定及其议定书，于1995年加入WIPO，1998年加入巴黎公约。

老挝商标制度

商标的构成要素：单词、字母、数字、图形或照片、徽章以及上述要素的组合等。

种类：商品商标、服务商标、集体商标和立体商标。

主体：商标的拥有者，不管是个人、还是合伙或公司都可以申请注册商标。

注册商标的期限：为10年，期满可以续展，每次10年。

优先注册权：老挝是“注册优先制”国家，依据商标在该国的注册纪录确定权利人。老挝采取先申请制，即当两个或以上的申请人就同一件商标申请注册时，商标应当授予最先提出申请的人。

禁止注册的商标：没有显著性，即不能区别商品或服务的来源；商标有违国家的文化精神或公共秩序；误导公众，特别是关于产地标记、商品或服务的特征等；商标相同于、或系模仿于、或组成于老挝的军旗、军徽、国家的文化或历史遗迹、国家名称或其简称、政府间组织的名称，检验检疫标记，以及与驰名商标相同或近似的商标。

合格商标注册申请

商标持有者是唯一可提出申请注册的人士。若申请者不在老挝居住或经营生意，必须委托老挝商标注册代理代为申请。

申请程序

搜查及收集资料——申请注册的商标不得与他人先取得的合法权利冲突。有鉴于此，搜查及收集资料是第一个必然步骤，也是重要的第一步，这将有助于避免与他人的专利相似。

申请——申请者必须提呈指定的委托书、商标样式、服务及商品列表和优先权文件。

注册——注册需时至少两个月，有效期从申请日起生效。

保障有效期和续展——注册商标的有效期为申请日起10年。有效期满前可申请续展。

（来源：骆俊宏编著.《东南亚商标注册》. 马来西亚大将出版社2007年版）

马来西亚商标指南

马来西亚商标法制定于1976年。服务业的商标注册在马来西亚起步较晚，是在1997年12月1日开始实施。但随着服务业在马来西亚经济活动中扮演着日渐重要的角色，服务业的商标注册已愈受重视。

2000年修订的商标法于2001年8月起实施，取消了A、B的注册簿制度，保护驰名商标，增加海关执法措施。

目前，马来西亚是WTO成员，于1989年加入WIPO和巴黎公约，尚未加入马德里协定及其议定书。

马来西亚商标制度

商标的构成要素：单词、字母、数字、图形或照片、徽章、颜色或者颜色组合、商品的容器或外包装的形状（不能仅是为了获得某种功能的形状），以及上述要素的组合等。种类包括商品商标、服务商标。

主体：商标的拥有者，不管是个人、还是合伙或公司都可以申请注册商标。但欲于马来西亚申请商标注册者须在当地设有营业所或住所。

注册商标的期限：自申请日算起，有效期为10年。注册商标有效期满后，需要继续使用的，应当在期满前3个月内申请续展注册，每次续展注册的有效期为10年。

负责管理商标单位：国内贸易与消费人事务部（贸消部）属下的商标局。其负责管理商标注册、转让注册、续展注册、变更、补证、评审及其他有关事项。商标局也负责刊登《商标公告》于宪报（GAZETTE）上，刊载注册商标及有关注册事项。

使用优先制：马来西亚是使用优先制国家，凭商标的原始凭证认定权利人。

商标注册的先决条件

一个商标使用的文字、图样或组合，都应当有显著特征，易于辨别，方可被商标注册官批准。此外，附带下列文字图形的商标不会被接受注册：

与马来西亚或他国的国家名称、国旗、国家元首、军旗、国徽相同或近似；

与“红十字”、“红新月”的标志、名称相同或近似；

直接表示商品服务的素质、主要原料、功能、用途、数量或其他特点；

夸大宣传并带有欺骗性；

有害于社会道德风尚或这有其他不良影响。

如果同一商品服务中，有两个以上的申请人以相同或相似的商标申请，马来西亚基本上采取先注册先得的原则，即商标属于该商标的首先注册人所有。

商标注册的申请、审查、核准等手续

商标注册申请人，必须是有法人资格的个人、合作单位或依法登记并能独立承担法律责任的公司。从1997年12月1日起，任何外国人想在马来西亚注册商标，都必须经过商标注册官指定的商标代理人（trade mark agent）申请。

申请商标注册应该依据1997年商标条文（Trademark Regulation 1997）公布的商品分类表，按类别申请。每一份商标注册申请，应向商标局呈交商标注册申请书（TM5）5份、商标图样5份和宣誓书（statutory declaration）1份。商标图样必须清晰，图样的长和宽应不大于5厘米，不小于两厘米。

商标注册的申请日期以商标局收到申请书的日期为准。申请手续完整并按照规定填写申请书者，商标局将配发申请编号；手续不完整或不按照规定填写申请书的，申请将被退回。

商标局审查编定申请号码的申请，然后将初步审定的商标刊登在“商标公告”；被驳回申请的，商标局则会向申请人发出驳回通告。

若要对商标局初步审定并公告的商标提出异议，异议人应当将异议书寄送商标局，异议书须写明“商标公告”刊登该商标的期号及初步审定号。商标局将异议呈交被异议人，限期答辩，并根据当事人陈述的事实和理由裁定。当事人对商标局的异议裁定不服时，可以提出上诉。

商标局一旦核准商标注册申请，将发出商标注册证（certificate of registration）及公告。

注册商标的转让和使用许可

若有意转让注册商标，转让人和受转让人应当共同向商标局提出申请。他们必须向商标局呈交商标注册证、转让注册商标申请书（即TM15）和转让合同。转让申请经商标局核对后，原有商标注册证将加注发还，并予以公告。

商标注册人也可以通过签订商标使用合同，允许他人使用其注册商标。在这里，许可人应当监督被许可者使用注册商标的商品质量，而被许可者也应当保证使用该注册商标的商品品质。商标使用许可合同应当呈报商标局备案。

注册商标专用权的保护

注册商标的专用权，是以核准注册的商标与核定使用的商品为限。侵犯注册商标的行为包括了：未经注册商标拥有人许可，在同一种商品服务或类似的商品服务使用相同或者近似商标；擅自制造或销售他人注册商标标志；给他人注册商标专用权其他损害。

侵犯他人注册商标者，除了必须赔偿侵权人的损失，并受罚款外，也可以由贸消部依据标签法令（Trade Description Act）追究刑事责任。

（来源：骆俊宏编著.《东南亚商标注册》. 马来西亚大将出版社2007年版）

缅甸商标指南

商标在缅甸是属于普通法概念上的保护，没有针对注册的法律体系，缅甸商标体系实际上是一种登记制度，而不是由某个政府部门授予的专用权。

目前，缅甸是WTO成员，于2007年加入WIPO，尚未加入巴黎公约、马德里协定及其议定书。

缅甸商标制度

商标的构成要素：单词、字母、数字、图形或照片、徽章、颜色或者颜色组合、商品的容器或外包装的形状（不能仅是为了获得某种功能的形状），以及上述要素的组合等。

商标使用优先制：缅甸采用使用优先制，注册纯为抵制他人仿冒之依据。因此，曾经使用过的特有品牌或标签是否构成商标并不重要，因为制造商可以通过使用，受到法律的保护，这是普通法在打击假冒行为方面的特有优势，而在其他建立了商标注册制度的国家往往需要通过反不正当竞争法来实现。缅甸商标专用权是自首次使用商标起，至商标专用权人允许他人使用该商标止。

保障期限：商标权的注册期限3年，期满可以续展，每次3年。

使用优先制：缅甸是执行使用优先制国家，凭商标的原始凭证认定权利人。

申报程序

呈报业主身份——业主在申请商标时必须呈报身份。

申请商标的授权律师——外国业主若要申请商标注册，必须提名申请商标的授权律师，该授权律师将赋有在公证人前执行签署呈报文件的权利。有关文件必须在邻近的大使馆签署执行。

注册——当地执法局将申请注册登记于契约及保证登记簿上。当局将发布临时注册号码予申请者，而真正的批准程序则需时2～3个星期。

公告——业主有权力在获得注册批准后，选择是否在当地报纸公告，这是为了避免有关商标受侵犯。

保障——商标注册受法令3年保障。

（来源：骆俊宏编著.《东南亚商标注册》. 马来西亚大将出版社2007年版）

菲律宾商标指南

商标在菲律宾商标法令的定义是识别有关持有者对或其他组织对其生产、制造、加工、拣选或经销的商品或所提供服务使用的产权及关系。包括文字、图形、字母、数字、标志、标签及书信，或以及上述要素的组合，均可以作为商标申请注册。菲律宾是专利权合作条约的成员国之一。

菲律宾商标法令是采用“先到先得”的方式，来决定谁是商标申请的优先者。

菲律宾于1997年7月制定有知识产权法典与商标规则，自1998年1月起施行。

菲律宾是WTO成员，于1980年加入WIPO，1965年加入了巴黎公约，尚未加入马德里协定。

菲律宾商标制度

商标的构成要素：单词、字母、数字、图形或照片、徽章、颜色或者颜色组合、商品的容器或外包装的形状（不能仅是为了获得某种功能的形状），以及上述要素的组合等。若申请彩色商标则必须确切指明色彩。

种类：商品商标、服务商标。

主体：商标的拥有者，不管是个人、还是合伙或公司都可以申请注册商标。但欲于菲律宾申请商标注册者须在当地设有营业所或住所。

注册商标的期限：自申请日算起，有效期为10年。注册商标有效期满后，需要继续使用的，应当在期满前6个月内申请续展注册，每次续展注册的有效期为10年。

若连续5年未使用，将丧失商标专用权。相关事项：1998年修订的新商标法则规定申请人必须于提出申请3年内提供实际使用宣誓书及证明，否则商标局将会撤销此件申请案。

对注册商标撤销之规定：商标注册5年之内；或者是在注册期间此注册商标变成缺乏显著性；申请人放弃专用权；商标注册以不正当方式取得商标名称，使消费者对商品之产地或服务（服务标章）产生误认；在3年内无正当理由而不使用该商标。

使用优先制：菲律宾是执行使用优先制国家，凭商标的原始凭证认定权利人。

申请程序

搜查及收集资料——申请注册的商标应当有显著特征，有利于识别，并不得与他人先取得的合法权力相冲突。搜查及收集资料是第一个必然步骤，也是重要的第一步，以避免与他人的商标有相似之虞。

申请——所有申请者必须提呈以下文件：申请者

的名字与地址；申请者的国籍；申请者现今住址；若申请者是法人实体，阐明有关的法人实体身份；列出欲申请注册的商品名单。

审查——审查期为提呈日期后的 12 至 18 个月。

公告——有关当局将在申请后 12～24 个月，公告有关的申请及发出允许通知，申请者必须在获得允许通知后的两个月内，缴付申请注册费用，之后当局会将有关申请刊登在公报上 6～8 个月，以接受有关方面的异议。

异议——反方必须在公报刊登的 30 天内提出异议，并提呈有利的证明性文件。

发出申请批准通知——若在公报刊登时期内未接获任何的反对，当局将会在发出允许通知后的三个月内批准有关申请。

注册——有关当局一旦接获申请者的注册费用，将会在 5～7 个月内发出注册准证，注册时间共需时 18～24 个月。

（来源：骆俊宏编著.《东南亚商标注册》. 马来西亚大将出版社 2007 年版）

新加坡商标指南

新加坡是巴黎公约及世界贸易组织的成员国之一，申请者可直接向该国申请，也可以按照马德里议定书，提交国际申请并指定新加坡申请。若商标注册申请人自其商标在外国第一次申请日起 6 个月内，又在新加坡就相同商品以同一商标申请商标注册，依照该外国同新加坡签订的协议或者共同参加的国际条约，或者按照相互承认优先权的原则，可以享有优先权。

新加坡商标法制定于 1998 年，自 1999 年 1 月起施行。

新加坡是 WTO 成员，于 1990 年加入 WIPO，1995 年加入巴黎公约，2000 年加入马德里协定议定书。

新加坡商标制度

商标的构成要素：单词、字母、数字、图形或照片、徽章、颜色或者颜色组合、商品的容器或外包装的形状（不能仅是为了获得某种功能的形状），以及上述要素的组合等。新加坡也接受非视觉性商标如声音、嗅味商标。

种类：商品商标、服务商标。

主体：商标的拥有者，不管是个人、还是合伙或公司都可以申请注册商标。但欲在新加坡申请商标，注册者须在当地设有营业所或住所。

注册商标的期限：自申请日算起，注册商标的有效期为 10 年。注册商标有效期满后，需要继续使用的，应当在期满前 6 个月内申请续展注册，每次续展注册的有效期为 10 年。

商标注册管理部门：新加坡知识产权署属下的商标注册处。

使用优先制：新加坡是执行使用优先制国家，凭商标的原始凭证认定权利人。

申请程序

自然人、法人和其他组织均可申请注册商品商标或服务商标。集体商标可以团体、协会或其他组织名义申请注册。证明商标可由对某种商品或服务具有监督能力的组织申请、若有关商标有商业用途，个人、公司及商业集团皆可申请注册。申请人若并不是在新加坡居住或拥有生意，可提名新加坡商标注册代理代为申请。

搜查及收集资料——申请注册的商标应当有显著特征，以便于识别，并不得与他人先取得的合法权利相冲突。有鉴于此，搜查及收集资料是第一个必然的步骤，也是重要的第一步，这将有利于避免与他人的专利相似。另外，申请者也应当前往新加坡知识产权局了解及检查已注册的商标。

申请——申请者必须提呈指定的文件及申请书、注册费、使用商标的商品或服务的类别和名称、商标的详细解说、商标图样等。申请者也必须提呈使用商标的商品或服务的立体样本，或可以图形代表。若单一图形无法呈现商品的真实面貌，申请者必须提供多角度的观察图形。若商标有颜色，申请时必须提供正确的色彩商标。

审查——新加坡知识产权局收到注册商标申请后，将进行审查，确保不会与之前的注册商标出现相同之处，申请者获得审查报告后，可检查以确定该申请商标是否获允许注册。

公告——有关商标申请会公布在商标杂志上，反方可以在公告后两个月内提出异议。

异议——提出异议的反方可来自大众或者第三者，他们持有同样的合法注册商标的权力。

注册——若异议不成立或没有任何一方提出异议，有关商标将获准注册，新加坡知识产权局将会发出注册证书。

保障有效期和续展——注册商标有效期为申请日起 10 年。有效期满前可申请续展，每次续展可再获 10 年有效期。

执行策略——商标注册通过后，若有人认为该商标侵犯法律程序或伪造，可向法庭提出民事行动，要求禁令或索取赔偿。

（来源：骆俊宏编著.《东南亚商标注册》. 马来西亚大将出版社 2007 年版）

泰国商标指南

依据泰国商标法令，商标包括肖像、图画、设计发明、品牌、名字、文字、声明文件、书信、数字、签名、颜色混合、图像元素或其他结合上述元素的作品。商标分为可注册及不可注册。若欲申请注册，有关商标需有以下特点：

未普遍化或未多人认识的名字或原本姓氏，或指定法令赋予的法律名字，又或是具有个人风格的商号，并且不直接与商品价值有联系；

有关文字及文件不得与商品品质有直接关系，也不得与发表的地理名称有关；

具有个人风格的综合颜色及原创书信、数字或文字；

申请者、商业业主或其他赋予权限人士的签名；

申请者或其他赋予权限人士的肖像，或已去世先贤的肖像；

发明物。

泰国商标法颁布于1991年，最近一次修订是2000年，修订后商标法于2000年6月起实施。

泰国是WTO成员，于1989年加入WIPO，尚未加入巴黎公约、马德里协定及其议定书。

泰国商标制度

商标的构成要素：泰国商标法对商标注册和商标保护进行了规定，并将商标定义为用于说明商品所属的符号，包括立体商标和颜色商标。

种类：商品商标、服务商标，集体商标、证明商标。

主体：商标的拥有者，不管是个人、还是合伙或公司都可以申请注册商标。在泰国申请商标注册须在当地设有营业所或住所。

注册商标的期限：自申请日算起，注册商标的有效期为10年。注册商标有效期满后，需要继续使用的，应当在期满前3个月内申请续展注册，每次续展注册的有效期为10年。

商标侵权处罚措施：对非法使用注册商标的行为，包括买卖行为，可进行刑事起诉，处以拘留不超过一年或罚款20,000铢的惩罚，甚至两罚并施。

任何伪造他人注册商标的行为，或任何买卖伪造商标的行为都会被处以入狱不超过四年，或罚款不超过40,000铢的惩罚，甚至两罚并施。

使用优先制：泰国是使用优先制国家，凭商标的原始凭证认定权利人。

申请条件

商标不可印有皇室或官方的事物，包括武器、皇冠、泰国或其他国家的国旗，也不可印有国王、王后及王室继承人的人像、签名、名字、文字和文件。商标不可印有红十字，因这涉及公众的和平及道德理念。申请注册的商标不得与其他已注册的商标形似或模棱两可。

泰国是国际条约成员国，已在外国注册的商标可在泰国申请注册。申请者需至少6个月前在外国注册有关商标，并具备以下资格：

拥有泰国公民或法定人物资格，在泰国拥有商业总部；

拥有任何一个国际条约成员国的国民资格；

拥有已申请优先权国家的国民资格，或于泰国拥有商业总部；

在泰国或国际条约其他成员国拥有商业住址。

申请程序

搜查及收集资料——申请注册的商标应当有显著特征，以便于识别，并不得与他人先取得的合法权利相冲突。有鉴于此，搜查及收集资料是第一个必然的步骤，也是重要的第一步，这将有利于避免与他人的商标相似。

申请——

必须由业主或其代理（在泰国拥有固定商业住址）申请；

律师或（业务或法律事物上的）代理人的申请文件；

欲申请注册的商品服务的详细介绍（每项皆详细解说）；

注册商标的摹写；

优先权文件的复印版本。

审查——审查官将审查有关申请，需时6～8个月。

公告——若所申请的商标属可注册商标，有关当局将于官方商标杂志上公布该商标的注册申请；

异议——公布90天后，若没有人提出异议，有关商标将被批准注册。

注册——申请者在获得通知书后的30天内必须缴费注册，商标注册共需时12～18个月。

保障及更新——商标获得批准注册后，将受法令保护10年，由申请日期开始生效，并允许在往后的每10年申请更新。所有的申请者必须在商标期满前90天提出申请。

（来源：骆俊宏编著.《东南亚商标注册》. 马来西亚大将出版社2007年版）

越南商标指南

在越南，商标的定义是：能够将自然人、法人或者其他组织的商品及服务，与他人的商品或服务区别的可视标志。信件、文字、名称、签名、图案、品牌、字母、数字、标题、颜色组合，以及上述要素的结合，均可以作为商标注册申请。申请注册的商标应当有显著特征，便于识别。

商标法于1996年7月1日起实行。

越南是WIPO、巴黎公约及马德里协定成员。

越南商标制度

商标的构成要素：单词、字母、数字、图形或照片、徽章、颜色或者颜色组合、商品的容器或外包装的形状（不能仅是为了获得某种功能的形状），以及上述要素的组合等。

种类：商品商标、服务商标。

主体：商标的拥有者，不管是个人、还是合伙或公司都可以申请注册商标。但欲在越南申请商标注册，须在当地设有营业所或住所。

注册商标的期限：自申请日算起，注册商标的有效期为10年。注册商标有效期满后，需要继续使用的，应当在期满前6个月申请续展注册，每次续展注册的有效期为10年。

多类申请及商品分类：以自然人或者法人直接向越南国家知识产权局提出申请，允许多类申请，商品分类实行尼斯协定，分为45类。

商标使用：注册商标必须使用。如果在注册后连续五年未使用，有可能会被申请撤销。

商标转让及许可：商标申请或注册商标均可转让。注册商标的转让必须登记，才有法律效力。商标申请的转让只有在注册后才能登记。只有注册商标才能许可。许可合同必须登记。

注册优先制：越南是“注册优先制”国家，依据商标在该国的注册记录确定权利人。

申请注册的商标需符合以下的条件

必须具有特色；

不属一般的商标；

不可与他人已注册的商标相似；

不可以地理或姓氏命名；

不可存有欺骗性质或带来混淆；

不可具有诽谤性和攻击性；

不可直接提及商品的种类及性质。

合格商标注册申请

商标的持有者是唯一可申请注册的人士。若申请者没有于越南居住或经营生意，则必须委托越南籍商标注册代理申请。

申请程序

搜查及收集资料——申请注册的商标应当有显著特征，以便于识别，并不得与他人先取得的合法权利相冲突。有鉴于此，搜查及收集资料是第一个必然的步骤，也是重要的第一步，这将有利于避免与他人的专利相似。

申请——申请者必须提呈指定的文件及申请书，包括委托书、申请注册商标样本、商品及服务列表、优先权文件。

审查——正式的审查官会在申请日后3个月内审查。申请者可在两个月内要求纠正有关申请文件。

公告——有关商标申请会公布在宪报上。

独立审查——独立的审查官会在宪报公布后的6个月内审查。

注册——若完成所有步骤，有关商标将获准注册。申请注册时间需至少12个月，从申请日开始生效。

保障有效期和续展——注册商标有效期，自申请日起10年。有效期满前可申请续展，每次续展可再获10年有效期，可获无限期续展。

执行策略——商标注册通过后，若有人指出该商标侵犯法律程序或伪造，商标持有者可提出控诉，并要求非法盗用者赔偿。

（来源：骆俊宏编著．《东南亚商标注册》．马来西亚大将出版社2007年版）

中国—东盟检验检疫

文莱检验检疫

一、文莱的检验检疫机构

文莱检验检疫工作主要由工业及初级产品部负责。

文莱工业及初级产品部的宗旨是致力于多元化的、竞争的和可持续发展的经济建设；主要任务是通过发展、促进贸易和工业竞争，促使企业家保持强劲动力，以加速经济的可持续发展和多元化。

进出口农产品主管部门，即农业司和渔业司负责文莱农产品（动植物）和渔业产品的出入境检验检疫工作。

二、植物及其产品的进口

所有植物及其产品，包括蔬菜和水果，根据《农业有害生物和植物法（1984年修订版）》第43章第24节第（Ⅰ）第（F）款的要求进行管理。

在入境口岸的检验检疫

申请人必须在入境口岸申报检疫。

进口商必须在入境口岸申请检验检疫，并提供以下单证：

1. 农业司签发的入境许可证；

2. 出口国家的植物检疫证书；

3. 所有的蔬菜水果必须进行适当的包装，加贴标签，标签上必须标明入境许可证上所注的成分信息。

三、植物及其产品的出口

植物及其产品的出口商需提供以下单证：

1. 农业司植物检疫机构所签发的植检证书；

2. 进口国主管部门签发的进境许可证。

四、动物及其产品的进口

（一）进口法规

进口动物的生产商要遵守文莱法律第 47 章第 91 和 92 节《动物检疫及疫情防控规定》。

1. 禁止进口的产品；

2. 需要处理及查验的动物的定义；

3. 进口产品的检验规定。

（二）活动物的进境要求

进境活动物及其产品必须在出入境口岸申报出入境检疫，并需提供以下单证：

1. 文莱农业司的进境许可证；

2. 出口国官方兽医在货物装运前 7 天内签发的兽医证书；

3. 其他相关证书。

（三）对水牛、家畜、山羊和其他养殖户和屠宰户的熏蒸要求

申请人必须：

1. 根据公司法注册；

2. 在农业司注册；

3. 有证据证明财务状况良好，能够完成进口交易；

4. 有容纳动物的适当设施；

5. 如果是准备进行屠宰的动物，要有适当的屠宰设施；

6. 能够为动物提供充足的喂养条件；

7. 有运输动物的适当条件。

五、动物及其产品的过境运输

申请人（法人或自然人）必须具备以下条件：

1. 文莱农业部的许可证；

2. 货物原产国签发的健康证书；

3. 目的国的进口许可证或相关证明；

4. 当地海关的许可；

5. 配合农业司的抽查检验。

注：Halal（清真食品）产品的过境运输由海关管辖，委员会负责进口许可。

六、鱼类的进出口和过境运输

按《渔业法》及其条例的 61 章规定由渔业司进行管理。

进口鱼类产品的要求是：

1. 进口许可证，由渔业司签发；

2. 原产地证；

3. 货物健康证；

4. 入境口岸检验检疫。

出口鱼类产品的要求是：

1. 出口许可证，由渔业司签发；

2. 原产地证；

3. 货物健康证。

在文莱，有 8 个官方的动植物及其产品的检疫点，如下表所示：

地区	位置	口岸类别
BRUNEI-MUARA	INTERNATIONAL AIRPORT	空港
	MUARA PORT	海港
	SERASA FERRY TERMINAL	海港
	KUALA LURAH	陆地
	PUTAT	海港
BELAIT	SUNGAI TUJOH	陆地
TEMBURONG	IMMIGRATION LABU	陆地
	IMMIGRATION PUNI	陆地

七、联系方式

关于文莱进出口动植物及其产品检疫要求的查询，可与以下机构联系：

动物检疫单位和植物检疫单位

农业的总部，工业及初级产品部农业司

电话号码：＋6732380144

传　真：＋6732382226

电子邮箱：info@agriculture. gov. bn

工业及初级产品部渔业司

BB 3510，文莱

电话号码：＋6732383067/＋6732382963

传　真：＋6732382069

电子邮件：fishlicensing@brunet. bn

（来源：谢柱军编著.《中国与东盟检验检疫报检通关业务》. 广西民族出版社 2007 年版）

柬埔寨检验检疫

一、动植物检验检疫

2004 年 10 月起，柬埔寨成为 WTO 的新成员。对《实施卫生与植物卫生措施协定》，柬埔寨要求工作组给予其过渡期，时间为入世到 2008 年 1 月 1 日，

使柬埔寨获得并使用技术援助，以全面实施协定规定的义务。

（一）动植物、林业、野生动植物和渔产品检验的相关法律法规

1. 质量管理和产品安全及服务法（Reach Kram No. NS/RKM/0600/001/01，21. 07. 00 颁布）；

2. 林业法（Reach Kram No. NS/RKM/0802/016，31. 08. 02 颁布）；

3. 渔业法（Reach Kram No. NS/RKM/0506/011，21. 05. 06 颁布）；

4. 次法令第 64 号《关于柬埔寨全境国际边境检验办公室，双边国境核查点，边境地区核查点和海港核查点的决定及其管理》（2001 年 7 月 9 日）；

5. 次法令第 69 号《关于农业原料的标准和管理》（1998 年 10 月 28 日）；

6. 次法令第 15 号《植物卫生检验》（2003 年 3 月 13 日）；

7. 次法令第 16 号《动物和动物源性产品的检验》（2003 年 3 月 13 日）；

8. 次法令第 21 号《通过风险管理便利贸易》（2006 年 3 月 1 日）。

国际法：CITES 濒危野生动植物物种国际贸易公约。

（二）职能和组织机构设置

农林渔业部（MAFF）负责柬埔寨的动植物检验检疫工作，职能如下：

1. 控制农业生产中使用的原料的质量，制定使用方法和使用指南；

2. 开展植物卫生检验和 IPPC 规定的其他职责；

3. 保护公众健康，防止与动物和动物产品的直接或间接接触引起疾病跨境传染；

4. 控制牲畜的进出口；

5. 控制农业投入，即化肥、农业、种子、兽药，饲料和饲料添加剂。

（三）农林渔业部实施出入境检验检疫的负责机构如下：

1. DAALI：农艺和农地改进司；

2. DAHP：动物卫生和生产司；

3. DAL：农业立法司。

（四）高级部际协调组

高级部际协调组由柬埔寨王国政府负责海关和税收司（CED）的代表主持，成员包括海关和税收司，柬埔寨进出口检验和反欺诈司（CamControl），商务部（MOC）的其他部门，卫生部（MOH），农林渔业部（MAFF），工业部，矿业能源部（MIME）和所有其他部门的高级代表。

MOC，MOH，MAFF 和 MIME 全面负责在不同的时间制定具体商品或产品的政策，并由柬埔寨王国政府审定颁布。这些部门负责确保这些产品满足国际义务，符合国家有关相关法律法规，并对实现这些目标进行风险管理。这些机构为这些商品建立明确的以风险为基础的筛选标准。

（五）检验过程时的进口要求

1. 植物和植物产品。

需要进行植物检疫（PQ）的进口货物应满足下列要求：

（1）必须附有出口国植物检疫主管机构签发的植物卫生证书，并适用 1951 年国际植物保护公约规定的模式；

（2）必须没有植物检疫性病虫害或柬埔寨王国的其他危险病虫害，否则在投入市场之前必须经过检疫处理；

（3）植物卫生措施可以适用于柬埔寨出口的特定进口国要求的货物。

2. 货物

需检疫的植物原料为：

（1）没有经过非疫病认证的植物、植物部分、植物产品、农产品；

（2）包装材料或者木箱，托盘或其他运输和储存工具；

（3）土壤或附着于根或植物部分的土壤；

（4）活的或死的昆虫或有益组织；

（5）非植物源性但可能为昆虫提供生活环境的其他物体。

（来源：谢柱军编著.《中国与东盟检验检疫报检通关业务》. 广西民族出版社 2007 年版）

印度尼西亚检验检疫

印尼的检验检疫机构包括卫生检疫机构和动植物检疫机构。其中，印尼农业部农业检疫局属于印尼农业部管辖，为农业部的二层机构。

农业检疫局的主要工作是对动植物进行检疫，对出入境动物及动物产品、植物和植物产品及其国内运输过程的生物安全进行监管。

其主要职能为：

1. 制定动植物检疫、动物及动物产品、植物及植物产品以及国内运输的生物安全保障政策；

2. 制定动植物检疫技术和方法；

3. 建立检疫信息系统和信息服务；

4. 对动植物实施检疫措施，对动物及动物产品、植物和植物产品及其国内运输过程实施生物安全监管；

5. 组织实施各种管理措施。

一、印尼实施动植物检疫的宗旨

1. 保护植物、动物和人类；

2. 促进出口（出口认证）；

3. 保护生物安全。

二、根据国际标准和法规制定的检疫措施

卫生和植物卫生检疫（SPS协定）

1. 卫生检疫。

（动物和动物产品）OIE国际兽医组织

2. 植物检疫。

（植物和植物产品）IPPC国际植物保护公约

3. 食品法典。

（1）生物；

（2）化学；

（3）物理；

（4）Halal（清真食品）。

（来源：谢柱军编著.《中国与东盟检验检疫报检通关业务》. 广西民族出版社2007年版）

老挝检验检疫

老挝政府把出入境检验检疫工作摆在比较突出的位置，特别是对食品安全工作非常重视。

一、出入境检验检疫法律法规概况

宪法第25条（2003年5月28日）规定了健康保护的通则，这为食品安全和相关活动提供了法律依据。

议会制定的法律条款也为食品安全提供了法律依据：

1. 国会于2000年3月23日通过了《药品和医疗产品法》（No. 01/NA），并于2000年3月由国家元首颁布实施；

2.《食品法》（No. 04/04）于2004年5月15日由国会通过，于2004年6月14日由国家元首37号令颁布实施；

3.《农业法》（No. 198/98）于1998年10月10日由国会通过，于1998年11月6日由国家元首105号令颁布实施；

4.《卫生、疾病预防与健康法》（No. 04/01）于2001年4月10日由国会通过，于2001年4月23日由国家元首49号令颁布实施；

5.《环境保护法》（No. 02/99）于1999年4月3日由国会通过，于1999年4月26日由国家元首9号令颁布实施；

6.《水与水资源法》（No. 02/96）于1996年10月11日由国会通过，于1996年11月2日由国家元首126号令颁布实施；

7.《加工工业法》（No. 01/99）于1999年4月3日由国会通过，于1999年4月26日由国家元首10号令颁布实施；

8.《商业法》（No. 05/94）于1994年7月18日由国会通过，于1994年8月13日由国家元首42号令颁布实施。

二、药品法规

为执行《药品和医疗产品法》制定了一系列医药条例，如：

1.《药品零售条例》；

2.《药品捐赠条例》；

3.《化妆品质量保证条例》；

4.《药品注册条例》；

5.《药品及医疗产品广告管理条例》；

6.《药品生产条例》；

7.《禁止药品列表》；

8.《关于50项进口药品的全息图标签的说明》；

9.《国家药品列表》；

10.《良好药品规范指数》；

11.《批发规范指数》。

三、食品法规

基于《食品法》，目前老挝正在制订足够的适当条例来执行食品法通则，如：

1.《瓶装饮用水条例》

2.《安全食品生产和进出口条例》

3.《饮用水和家庭用水标准决议》

四、相关农业法律文本

《农业法》为农业活动和生产提供了全面的法律框架。根据通则（第一章），农业的定义包括耕地、饲养动物、水产养殖和用于国际或国内工业加工的原材料。该法涉及的范围比较广，强调了推广农业、保护土地和环境。

五、相关工业加工法律文本

《工业加工法》涵盖所有货物，包括食品。食品饮料的加工活动列入了工业加工活动列表。该法的目标是规范产品加工（指经过工业处理和经济运营的产品）。工业商务部的职责是领导实施《工业加工法》，并与其他部委和机构进行协调。

六、相关卫生法律文本

为解决制造假冒伪劣药品的问题，加强利益相关者之间的合作与协调，老挝于2006年8月中旬召开第6次全国食品药品大会。来自各省卫生主管部门、各省医院、中心医院，及卫生部所有司局和其他部委的代表参加了此次会议的与会者。会议决议发展如下战略框架。

1. 药品问题

（1）提高检查员的知识水平，完善坚持设备和工具，在全国范围内加强食药监督网络建设；

（2）对医药业单位定期检查；

(3) 依照所有相关法律，严格执行对违法者的制裁和惩罚；

(4) 严禁非注册药的分销；

(5) 在所有医院推广良好医院药品规范；

(6) 在各省建立实验室网络；

(7) 改善和评定现有法律法规；

(8) 提高入境卫生检疫人员的知识水平；

(9) 其他。

2. 食品问题

(1) 改善和评定食品生产法、食品进出口法和罐装饮用水法；

(2) 加强执行食品法律法规；

(3) 严格执行对违法者的制裁和惩罚；

(4) 改善食品安全管理的组织和运转体系；

(5) 应用 HACCP 和 GMP 标准，提高食品工业水平；

6) 改善全国食品实验室网络；

7) 为食品问题的监测和检验提供所有必要的工具和预算；

8) 其他。

七、出入境检验检疫的最新动态

在大湄公河次区域合作（GMS）的框架下，老挝人民民主共和国通过并同意在泰国春梅和老挝 Wang Tao 执行《初步实施“柬埔寨，中国，老挝，缅甸，泰国和越南政府之间的关于跨境货物和人员运输便利化协议”及“三个附件”的备忘录》。其中，三个附件分别为：

附件 1：《单一窗口检验（SWI）和“一站式”检验（SSI）程序》

附件 2：《开放边境点程序》

附件 3：《Chong Mek—Wang Tao 跨境点优先跨境通关的易腐货物清单 List Of Perishable Goods for priority Border Crossing Clearance for the Cross—Border Movement through the Chong Mek—Wang Tao border crossing Points》

（来源：谢柱军编著.《中国与东盟检验检疫报检通关业务》. 广西民族出版社 2007 年版）

马来西亚检验检疫

马来西亚对检疫工作非常重视，因为农业是马来西亚第三大支柱产业，从检疫的角度来看，检疫的重要性主要包括食品安全，也是为了保护马来西亚的自然资源。有一部很特别的检疫法律是控制一种真菌的进口。这种真菌存在普遍于南美洲，应防止它进入东南亚地区，危害相关产业。

马来西亚的体系：关于动植物、水产品都是由马来西亚农业产业部负责。农业与农机部也是马来西亚唯一一个负责农产品方面的部门。

马来西亚的检验检疫执法是由农业部下属的农业司负责，目前主要的法律法规有 1976 年《植物检疫法》，主要控制植物上的有害生物；1981 年的植物检疫管理办法；1985 年的《渔业法》，这是渔业司的法律依据，其包括马来西亚的水生动物的保护；还有《关于进出口渔业产品管理办法》，控制植物、植物产品成长媒介等。此外，马来西亚有不同的州，每个州都有自己的法律。甚至兽医司也有自己的相关法律。马来西亚东部的法律法规依据是 1962 年制定的沙巴动物条例。《农业法》于 1974 年颁布，主要是对生产厂商及农药的分销进行管理，而且是进行有机生产，以保证不危害人类。

目前马来西亚没有口蹄疫或者说大部分区域都是非疫区，例如疯牛病等。依据《动物法》，这些疾病得到很好的控制。马来西亚检验检疫的法律法规除了《植物检疫法》以外，还有《海关令》、《野生物种公约》等。尽管有诸多的法规，但是还存在一些濒临灭种的物种被非法走私的现象。

目前，为打击这些走私行为，马来西亚兽医司设有检疫与出口管理处，主要是针对进出口鸟类运输进行检验检疫。

马来西亚设有很多检查站，但其目前的法规在控制走私方面存在一定的挑战。

进出口家禽家畜的入境点和检疫站数量

入境点	马来半岛	Sabah	沙捞越
空港	2	4	4
海港	4	3	2
内陆/内河	10	8	7
检疫站	5	5	3

进出口活鱼的入境点和检疫站数量

入境点	马来半岛	Sabah	沙捞越
空港	5	3	3
海港	6	3	4
内陆/内河	2	3	—
检疫站	7	1	1

进出口植物及植物产品的检疫站数量

入境点	马来半岛	Sabah	沙捞越
空港	12	4	4
海港	26	7	4
内陆/内河	11	1	4
邮政	3	1	1
检疫站	1	1	3

2006 年 12 月，中国与马来西亚的第二次 SPS 磋商会议在吉隆坡召开。中马双方就市场转入检疫处理、法规程序等进行交流。中国已接受 7 种马来西亚

水果进口。马来西亚也在考虑中国水果对马来西亚出口的问题。

（来源：谢柱军编著.《中国与东盟检验检疫报检通关业务》. 广西民族出版社 2007 年版）

缅甸检验检疫

缅甸是 WTO 成员，遵守有关的法律和法规以符合国际标准的要求和 SPS 措施。为此，诸如调查、诊断和现有病虫害名单和病虫害风险分析是实施 SPS 措施的基本前提条件。

虽然检验检疫问题是最重要的技术要求之一，但是不应该成为中国与东盟之间的技术性贸易壁垒。因此，中国与东盟为了相互利益协调检疫措施是十分必要的。在缅甸，直接与贸易密切相关的主要三个方面：农业和林业；动物卫生和畜牧业；渔业的检疫措施。

一、农业

缅甸是一个农业国家，缅甸的经济主要依靠农业。缅甸国土总面积为 6800 万公顷，其中耕地面积占 1000 万公顷。种植的主要农作物有水稻（占 650 万公顷）、芝麻（占 130 万公顷）、落花生（占 50 万公顷）、豆类（占 150 万公顷）、葵花籽（占 12 万公顷）、棉花（占 14 万公顷）。

过去，缅甸向周边国家和一些西方国家出口的主要农产品是大米。1980 年前，由缅甸应用研究处负责签发植物卫生证书。1979 年缅甸在联合国粮农组织和联合国开发署的技术协助下开始建立植物保护处，负责签发植物卫生证书。

二、植物保护处（PPD）的职责

植物保护处（简称植保处）是缅甸农业与灌溉部下属的缅甸农业服务局的一个处。植保处有 3 个方面的职责：

1. 综合病虫害管理（IPM）；
2. 植物检疫（PQ）；
3. 农业分析实验室（PAL）。

1989 年以来，植保处的植物检疫科负责植物检疫程序。由于 1914 年颁布的“昆虫与病虫害法”不再适用，缅甸联邦政府于 1993 年 6 月 16 日颁布《植物疫病检疫法》。

三、检验检疫和农业管理体系

缅甸位于东盟的北部，是从海上进入中国、印度和孟加拉国的入口处。由于地理位置的缘故，缅甸位于东盟地区防预检疫性有害生物的最前沿，已开始在延毗邻国家的边境建立检疫站。目前，缅甸在边境地区设有 8 个检疫站、两个国际机场。

缅甸设立检验检疫站情况一览表

序号	入境/站	州/区	边境	时间
1	Muse	Northern 州	东北部是中国	1996 年 7 月
2	Tachilate	Eastern Shan 州	东部是泰国	1996 年 7 月
3	Kawthaung	Taninthayi 区	南部是泰国	1996 年 7 月
4	Tamu	Sagaing 区	西北部是印度	1996 年 7 月
5	Maungdaw	Rachine 区	西部是孟加拉国	1996 年 7 月
6	Lwegye	Kachin 州	东北部是中国	1999 年 3 月
7	Myawaddy	Kayin 州	东南部是泰国	1999 年 3 月
8	Reed	Chin 州	西北部是印度	2006 年 3 月
9	仰光国际机场	仰光处		1995 年 8 月
10	Mandalay 国际机场	Mandalay 处		2001 年 9 月

缅甸与中国接壤的 Muse 区检疫办设立于 1996 年，2000 年前可以签发出口植物和植物产品的植物卫生证书。2005 后，恢复签发植物卫生证书。

1. 设备和基础设施建设

植保处的植物病理科和昆虫科

自 2006 年以来，缅甸按照 WTO 的要求对一些重要的经济作物开展有害生物监测计划。在澳大利亚的项目资助下和 CLMV 国家一起进行标本采集、有害生物和疫病识别以及数据搜集等工作。

2. 检疫证书

植保处依照植物病虫害检疫法负责签发植物卫生证书和进口证书。植物卫生证书由仰光的总部、塔木和缪斯（MUSE）办事处签发。

3. 植物检疫

最近缅甸根据 WTO 的要求已经开始采用电子证书用于植物检疫，开始采用国际植物卫生措施标准（ISPMs）第 15 条关于木质包装材料的标准，用于出口到欧洲国家和韩国的一些集装箱检验。目前，缅甸需要建立出口作物生产的非疫区，同时，需要在大湄公河流域和周边国家引入一站式检验的相关程序。

4. 植物检疫活动

出口商品的植物卫生证书、从国外进口的植物和植物产品的进口证书由植保处的植物检疫科签发。缅甸农业服务局植保处对负责进出口商品的管理的人员进行教育培训。

5. 通过因特网和网站查询植物卫生信息

植保处可以登陆因特网，但是目前网站尚未开通。未来植物卫生信息必须向有关部门提供。目前通过电子邮件提出要求可以得到植物卫生信息的回复。缅甸拟建立广泛区域的国家植物卫生数据库网络以连接植保处总部和各边境检验口岸、国际机场和港口。

四、进出口证书行政管理程序

1. 进口

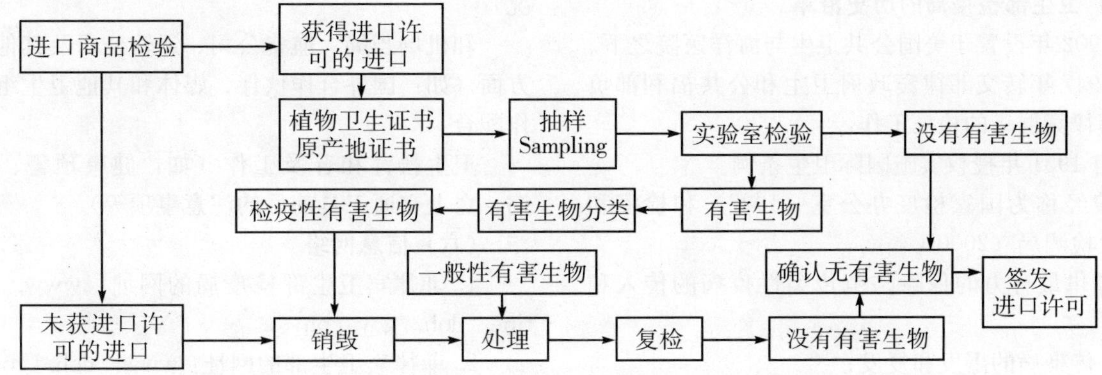

2. 农产品和林业产品的出口

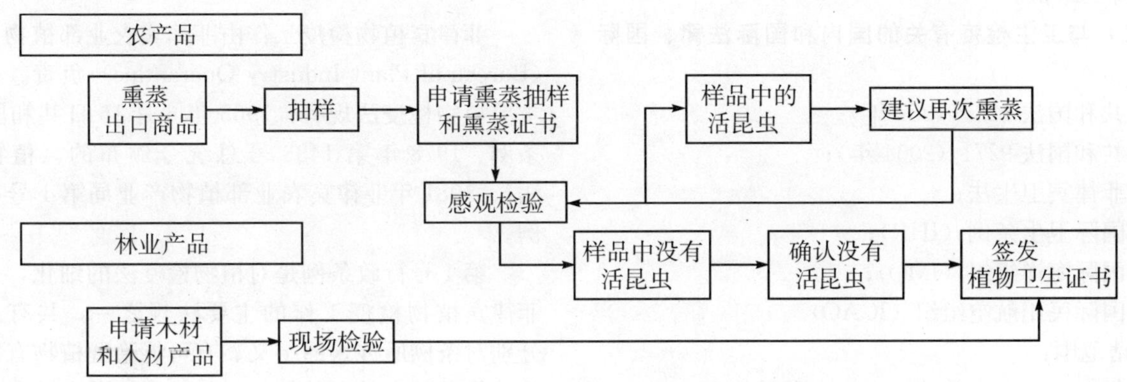

五、现行法律法规

主要有1914年发布的《昆虫和有害生物法》以及1993年颁布的《植物病害检疫法》。1993年6月16日缅甸联邦政府颁布了新的植物病虫害检疫法《植物病害检疫法》，该法经联合国粮农组织审议，由新西兰项目资助的法律专家确认符合WTO/SPS的国际标准。

六、国际合作

植保处是缅甸的国家植物保护组织（NPPO）。缅甸是国际植保公约（IPPC）的签字国，植保处按照国际植物卫生措施国际标准尽最大努力落实WTO/SPS措施。

植保处的农药分析实验室（PAL）分析食品安全和卫生相关的农药残留、毒素和重金属。植保处的植物检疫科负责检验和签发植物卫生证书、植物和植物产品的进口证书。

签发植物卫生证书和进口证书的电子证书由新西兰国际开发署（NZAID）技术援助项目于2002年12月启动，继东盟能力评估项目下的国际植物措施标准制定项目后开始。NZAID还为2000～2003年的植物卫生能力开发领域提供技术援助。新西兰资助行的湄公河流域植物卫生能力建设项目第二期正在进行中。

澳大利亚国际开发署资助的卫生和植物卫生能力建设项目（2005～2007年）已完成。澳大利亚资助的澳大利亚—东盟开发合作项目（AADCP）加强东盟植物卫生项目正在进行。

国家植物保护组织名称

负责人：Myo Myint（先生）

副总经理：Deputy General Manager

办公室地址：植保处

缅甸农业服务局，

农业与灌溉部

Bayintnaung Road，West Gyogone，

Insein P. O 11011，仰光，缅甸

电　话：95—1—644214，95—1—640975，95—1—640344

传　真：95—1—644019

电子邮件：ppmas. moai@mptmail. net. mm

（来源：谢柱军编著.《中国与东盟检验检疫报检通关业务》. 广西民族出版社2007年版）

菲律宾检验检疫

菲律宾的检验检疫工作由不同的部门主管。商品检验工作由商务部主管。卫生检疫和动植物检疫工作分别由卫生部和农业部负责。

一、卫生检疫

菲律宾的卫生检疫工作由菲律宾公共卫生部检疫局主管。

（一）卫生部检疫局的历史沿革

1. 1902 年设置于美国公共卫生与海洋医院之下。

2. 1947 年转交菲律宾政府卫生和公共福利部负责整个菲律宾群岛的检疫工作。

3. 自 1951 年授权实施国际卫生条例。

4. 曾经称为国家检疫办公室（1987）和检疫和国际卫生检测局（2000）。

5. 提供最有力的保障防范传染性疫病的传入和传播

（1）传染病的爆发和复发；

（2）国际关注的公共卫生突发事件对旅行和贸易的影响降到最低。

（二）与卫生检疫有关的国内和国际法律、国际组织

1. 共和国法 123（1957 年）；

2. 共和国法 9271（2004 年）；

3. 菲律宾卫生法；

4. 国际卫生条例（IHR）；

5. 国际海洋组织（IMO）；

6. 国际民用航空组织（ICAO）。

管辖范围：

1. 与卫生安全有关的口岸和空港的管理；

2. 检查入境和出境的船舶和航空器；

3. 监测卫生条件、货物、旅客、机组和船上工作人员以及所有携带的物品；

4. 签发检疫证书和卫生单据等。

（三）卫生检疫的组织结构

1. 行政管理处

主要职能：预算、会计、供应、维护、记录、人力资源。

2. 国际卫生检测处

主要职能：监测、媒介控制（如啮齿动物、蚊子、熏蒸）、研究。

3. 医疗服务处

主要职能：免疫、体检、实验室检查、隔离（隔离区）、HACCP。

4. 口岸和空港卫生服务处

主要职能：空港服务、海港服务、卫生教育和普及（岛屿之间船舶卫生）。

职责：

（1）国际运输工具的检验（远洋船舶和航空器）；

（2）提供疫病预防措施（接种免疫）；

（3）外国人为了移民和通关目的的体检；

（4）传染病预防，媒介控制，口岸卫生；

（5）卫生教育和普及；

（6）食品安全（GMP—HACCP）

（五）口岸和港口的检疫活动

对所有国际航班和传播入境的旅客进行检查（如：卫生健康申报表，通过温度扫描仪检查发热情况）

和机场当局、航空公司、运输公司及其他各有关方面（如：国外合作伙伴、媒体和其他卫生组织）协作配合

卫生教育和普及工作（如：健康预警、旅行咨询、登上交通工具前后的注意事项等）

（六）信息网络

1. 菲律宾卫生部检疫局的网址：www. quarantine. doh. gov. ph

2. 菲律宾卫生部的网址：www. doh. gov. ph

二、植物检疫

菲律宾植物检疫工作由菲律宾农业部植物产业局（Bureau of Plant Industry Quarantine）负责。菲律宾主要植物检疫法规有：1965 年 6 月 16 日共和国 1296 条例、1978 年第 1433 号总统令颁布的《植物检疫法》、1981 年菲律宾农业部植物产业局第 1 号行政条例。

第 1 号行政条例是对植物检疫法的细化，是指导菲律宾植物检疫工作的主要法规之一，共有 16 条，分别对条例所涉入的定义、有可能隐匿植物有害生物的植物及其产品和其他材料的进口、潜在的有害动物进口、商品运输、疫区、运输工具的入境与通关、植物检疫费用、加班、植物检疫官员的权利和义务、协作单位、免责条款、罚则等进行了具体的规定。以下是主要的几个方面的规定：

（一）定义

1. 植物，指活的植物及其某个部位，包括种子、插条、根茎、种球和谷粒、接穗、叶片、根、幼芽和其他繁殖材料。

2. 植物产品，指所有来自植物的产品，无论是天然状态还是已加工的状态，它们有可能携带植物有害生物。

3. 潜在的有害动物，指对农作物有害的动物，如昆虫、猴子、啮齿类动物、蝙蝠、雀科动物、兔子、蜗牛和其他可能危害农作物的动物。

4. 植物有害生物，指任何能够对植物及其产品造成危害的或潜在危害的植物、动物和病源体。

（二）有可能隐匿植物有害生物的植物及其产品和其他材料的进口

菲律宾也对进境植物及其产品实行检疫许可制度。要求“进口许可证”的进口货物有：

1. 活植物；

2. 苗木（包括用于繁殖材料的营养部分）；

3. 用于栽种的种子和坚果；

4. 根据特殊的检疫规定，已宣布为禁止进口或限制进口的新鲜水果、蔬菜和其他植物产品，已知它们是某些有害生物的寄主或它们来自受限制的地区；

5. 纯培养的真菌、细菌、病毒、线虫和其他植

物致病材料；

6. 蘑菇（包括菌丝）；

7. 作为豆料根瘤菌种的藻类、根瘤菌；

8. 用于分离生物体的土壤和植物材料；其他植物。

感染有害生物的进口植物、植物产品和其他材料应当进行货物的检疫处理、销毁或退货，由此而产生的费用由进口商承担。

禁止入境的包装物应当在植物检疫机关的监督下转移并销毁，由引此产生的费用由进口商承担。收费标准是：10 公斤以下 10 比索，每增加 1 公斤加收 20 分钱。

（三）潜在的有害动物进口

一般情况下，对农作物有害的动物，如昆虫、猴子、啮齿类动物、蝙蝠、雀科动物、兔子、蜗牛和其他可能危害农作物的动物是不允许进口的。但如有合理要求需要限量进口时，应向农业产业局局长提交检疫申请表（BPI“Q” No. 5），经局长批准后签发进口许可证（BPI“Q” No. 6），一份正本四份副本，其中，正本交入境口岸植物检疫官，第一联副本交原产国发运人，第二联副本由植物产业局直接交入境口岸海关，第三联副本用于存档，第四联副本交港务部门。申请许可证，要交纳相当于货物发票金额的保证金，保证金的最低金额是 100 比索。

（四）植物检疫证单

菲律宾植物检疫证单共有 10 种，分别为 BPI“Q”格式 1 至 10，其中 BPI 代表菲律宾植物产业局，Q 代表检疫。格式 1、3、5、7、8、10 为申请表，格式 2、4、6 为许可证，格式 9 为转口植物检疫证书。BPI“Q”格式 10 用于出口，其余申请表用于进口。除了不受限制的植物及其产品之外，其余所有的植物及其产品的进出境均需要提供植物检疫证书。

（五）收费

植物产业局每签发一份许可证收费 5 比索或 50 比索，视不同格式的许可证而定。禁止进境物和走私物品的销毁费用是：20 公斤以下的，至少收取 20 比索销毁费用；超过 20 公斤的，至少每 20 公斤收取 20 比索。

法律规定检疫官员和熏蒸人员的加班费为每小时 9 比索，工人或辅助人员的加班费为每小时 7 比索。误餐补贴为每餐 14 比索。在马尼拉和其他城市的交通补贴为每人每次 14 比索，省内的以当地通常补贴为准。检疫官员需要使用交通工具时，可以租用，货主凭发票支付交通费。住宿补贴每夜最高不超过 5 比索。同时，法律还规定货主可以依据公平的原则或通过签订协议获得植物检疫官员的额外服务，支付相应的报酬。

加班时间为双休日、节假日和工作日内的非工作时间。

免交植物检疫及相关费用的物货或物品是：政府机构、国有公司或国有控股公司的进出口货物、向经注册的赈灾组织或社会服务发展部批准成立的慈善机构的捐献物品、国外政府驻菲使馆、国家经济发展局为经济发展而提出的经总统宣布豁免的。但是，植物检疫人员的加班费不能免收。

（六）入境口岸

菲律宾规定，因研究需要引进的植物、种质交换、DNA 组合有机物等，要从规定的口岸进境，具体是 MALATE、马尼拉的 P. Q. S. 植物检疫机构中心。其他植物和植物产品，可以从任何口岸出入境。

（七）具体植物及其产品的检疫要求

菲律宾的禁止进境物品清单是动态的，由农业主管部门进行调整。对于具体的物品而言，主要有以下规定：

1. 植物；

2. 球茎、块茎；

3. 种子；

4. 水果、蔬菜；

5. 切花/观赏枝条；

6. 木材、树皮（禁止干的、未经加工的竹子进境）；

7. 包装物（不允许用草包装商品）；

8. 土壤；

9. 谷物；

10. 其他。

允许进口的谷物都需要提供植物检疫证书方能进境。

（来源：谢柱军编著.《中国与东盟检验检疫报检通关业务》. 广西民族出版社 2007 年版）

新加坡检验检疫

新加坡的检验检疫机构主要是兽医局（AVA）及其下设的植物卫生中心、兽医公共卫生中心等。新加坡兽医局负责进出口检验检疫的管理，确保充足的安全食品的供应，保护动植物的卫生，促进新加坡的农业贸易。

一、兽医局主要履行以下职责：

1. 动植物和食品来源的检验和认可、审批；

2. 动植物和食品的进出口审批和检验；

3. 动物和植物的检疫；

4. 风险评估和食品安全、动物卫生和植物卫生标准的制定；

5. 食物携带的危害物质以及动植物疫病和病虫害的监测；

6. 提供动植物疫病、食品病毒和污染物的诊断和分析服务；

7. 推动良好农业和制造规范以及食品工业的食品安全保障体系；

8. 通过签发卫生证书和各种出口质量保证计划的管理促进贸易。

二、法律法规

1. 动物和禽类法

(1) 目的：动物卫生和福利；

(2) 活动物、动物产品和兽医生物产品的进出口；

(3) 动物检疫；

(4) 疫病控制；

(5) 兽医和兽医中心的执照许可管理；

(6) 动物福利和虐待。

2. 植物控制法

(1) 目的：食品安全和植物卫生；

(2) 新鲜水果蔬菜的进口和转运；

(3) 植物和植物产品的进出口；

(4) 农业病虫害的控制；

(5) 新加坡农业用农药的注册；

(6) 新加坡植物养殖用农药的管理。

3. 饲料法

(1) 目的：动物和禽类饲料的控制；

(2) 动物饲料的进口；

(3) 动物饲料的生产；

(4) 禁止在动物饲料中使用特定药品。

4. 肉类和鱼类法

(1) 目的：食品安全；

(2) 肉类和水产品的进出口；

(3) 食用肉类的屠宰；

(4) 肉类和鱼类产品的生产；

(5) 肉类和鱼类产品的冷藏；

(6) 肉类产品的运输；

(7) 批发的肉类和鱼类产品。

5. 食品销售法

(1) 目的：食品安全和公平贸易；

(2) 加工食品和食品用具的进口；

(3) 添加剂的使用；

(4) 允许和禁止使用的食品成分；

(5) 食品标识，包括日期标注；

(6) 加工食品的生产。

6. 动物、植物和食品的进口

(1) 动物卫生、植物卫生和食品安全；

(2) 以源头风险和产品风险为依据；

(3) 可能要求对源头的认可；

(4) 可能要求卫生证书；

(5) 进口检验和抽样查验；

(6) 有些动物需要隔离检疫（如：狗、猫、马、野生动物、昆虫）。

7. 动物、植物和食品的出口

(1) 动物卫生、植物卫生和食品安全；

(2) 必要时签发卫生证书；

(3) 出口检验和抽样查验；

(4) 出口计划，基于质量保障（观赏鱼、观赏植物、木质包装材料）。

三、兽医局的下属机构

1. 动植物卫生中心

(1) 为国家检测计划提供支持的实验室诊断以预防重要的动植物疫病传入新加坡；

(2) 三级动物生物安全实验室；

(3) 植物隔离设施；

(4) 专业的兽医、微生物学家、分子生物学家和实验室技术人员；

(5) 获得 ISO/IEC17025“校准和检测实验室能力通用要求”的认可；

(6) 水生动物卫生；

(7) 细菌；

(8) 病理；

(9) 动植物病毒；

(10) 植物真菌；

(11) 线虫；

(12) 昆虫学。

2. 兽医公共卫生中心

(1) 农业食品兽医局的食品分析实验室；

(2) 检测疫病、食物中毒和变质生物、有害化学成分、毒素和经济欺诈；

(3) 国际认可的程序和标准以及一流的技术；

(4) 获得 ISO/IEC17025（校准和检测实验室能力通用要求）的认可；

(5) 化学污染；

(6) 营养成分，食品添加剂和防腐剂；

(7) 药物残留；

(8) 食品微生物；

(9) 食物寄生虫；

(10) 食品感观质量；

(11) 食物毒素；

(12) 分子生物学和转寄因分析。

（来源：谢柱军编著.《中国与东盟检验检疫报检通关业务》. 广西民族出版社 2007 年版）

泰国检验检疫

在检验检疫方面，泰国非常重视食品安全问题，已建立较为严密的食品安全体系，成立了专门的农产品与食品管理机构对全国农产品与食品的生产、进出口进行管理，进行农产品与食品认证。

一、国家政策

1. 发展食品安全控制体系
2. 制定符合国际标准的农产品与食品标准

二、食品安全有关的部门

主要部门是农业与合作部，其他相关部门有卫生部、工业部、商务部、财政部，各部委根据有关法律法规共同负责食品安全控制。

三、食品安全有关的检验检疫法规

1.《食品法，1979》；

2.《工业产品标准法，1968》；

3.《进出口商品管理法，1979》；

4.《渔业法，1947》；

5.《危险品法，1992》；

6.《植物多样性保护法，1999》；

7.《对泰出口或经泰国转口动物及动物胴体的部级法规 2001》；

8.《动物流行病法，1956》；

9.《动物饲料质量控制法，1982》。

食物供应链中每一环节都有食品安全的责任，供应链如下图所示。

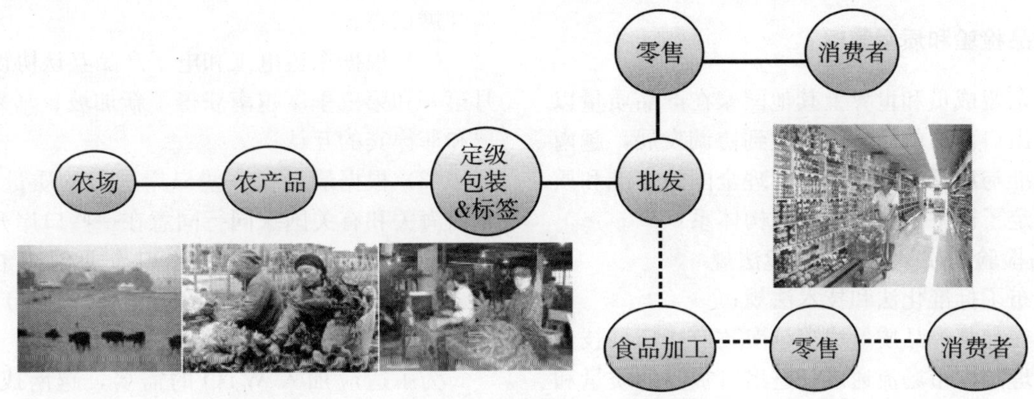

四、食品安全在泰国的发展历史

1. 农产品与食品被认为是一种工业产品，其标准由工业部（TISI）制定；

2. 食品出口飙升要求政府各部门的管理应统一、协调；

3. 2001 年，在农业部内成立了 ACFS（农产品与食品标准司），管理农产品与食品的生产标准。

五、农产品与食品标准制定原则

泰国政府在制定农产品与食品标准时遵循以下准则：

1. 以科学为基础，保证食品供应的质量与安全；
2. 食品安全应建立在风险评估的基础上；
3. 适当时，与国际标准相一致；
4. 透明度、公众听证。

六、产品与食品的认证标志

为了保障食品安全，泰国积极开展农产品与食品认证。

不同商品的检验与认证所对应的有关主管部门：

部门	
·制定标准	—ACFS 局
·农作物	—农业司
·对虾，虾与海产品	—渔业司
·禽类，猪和牛	—畜牧开发司
·实验室检测	—农业司
	—渔业司
	—畜牧开发司
	—政府所有的中心实验室
	—药物科学司
	—经认证的私人公司
·食品加工	—农业司
GMP/HACCP/FD	—渔业司
	—畜牧开发司
	—食药局
	—经认证的私人公司

出口认证

·一般来讲，检验检疫与认证应符合进口国的要求

·由政府主管部门认证

·相互承认安排（MRA），事先认可的生产企业或生产区域

未来的工作

·农产品与食品标准将为强制性

·每一个食物链都有连续性的管理

·面对国内消费者进行的产品检疫

·政府具有咨询与执法的作用

检验与认证工作由民间机构实施，政府对其进行认可。

（来源：谢柱军编著.《中国与东盟检验检疫报检通关业务》.广西民族出版社2007年版）

越南检验检疫

越南政府一直高度重视进口产品质量的检验，从而为企业创造最佳的条件。

一、商品检验和质量管理

为了与东盟成员和世界上其他国家在产品质量以及国内和进出口商品的质量管理达到协调发展，越南由科技部标准与质量管理局负责管理全国的标准和质量工作，制定了以下法律法规和机构体系：

1. 商品检验和质量管理的法律法规

（1）发布了标准化法和技术法规；

（2）正在起草产品质量法。越南政府指定科技部负责统一管理国内市场流通以及进出口货物的质量和标识；负责协调其他相关部门组织对口岸货物和市场的产品质量进行检验和检测；

（3）发布由专门的管理部门负责特殊商品的产品质量国家管理职责分工的法规；

（4）政府发布了与东盟成员国协调一致的法定质量检验的国内和进口产品目录，检验的依据是与国际标准相协调的越南国家标准；

（5）发布相关部门适用的进口商品检验的规章；

（6）有关部门正在制定各自职责范围内的特定商品的技术法规。

2. 检验机构体系

（1）中央政府层级：目前几乎所有技术性的部门都设置了质量管理司，如：

①邮政电信和信息技术质量管理司（隶属邮政和电信部）；

②产品质量控制司（隶属科技部标准和质量局）；

③越南注册司，道路建设检验和质量管理司（隶属交通部）；

④国家渔业检验质量保证和兽医司（隶属农业部）；

⑤食品安全管理司，药物管理司，卫生和艾滋病防预司（隶属卫生部）；

⑥植物保护司，兽医司（隶属农业和农村发展部）；

⑦建设质量控制和管理局（隶属建设部）；

⑧考试司（隶属教育和培训部）。

（2）省级口岸：由相关部门负责对进口产品进行质量控制工作。

3. 进口产品控制

进口产品质量控制采取了以下方式：

（1）采用标准声明；

（2）产品合格声明；

（3）产品合格认证。

属于前文提到的《法检目录》的进口产品：须在口岸提供由指定的国内机构和批准的国外机构签发的产品合格证书。

对于双边或多边互认协议中规定的相互承认检验/检测结果的：

（1）中国和越南已经承诺对摩托车零件的质量检验开展试点；

（2）根据东盟电工和电子产品互认协议2006年4月第一和第三季度越南获得了新加坡、马来西亚、印尼和菲律宾的互认；

（3）根据最近在一些口岸进行的质量检验审批，越南海关和有关国家同行同意在一些口岸开展通关和质量检验一站式服务为进出口企业创造了有利的条件。这一质量检验的成功经验值得广泛推广。

4. 关于WTO/TBT协议的执行

为了适应加入WTO的需要，越南成立了TBT办公室并已开始运作。TBT办公室在发展进口产品技术标准与WTO规则相吻合方面提供建议，在技术标准、食品安全和卫生标准上实施新的管理方式，以适应全球经济一体化和进口产品关税减免方面的需要。

越南的TBT办公室实际上就是TBT咨询点，由总理批准成立。2005年5月26日，越南总理已审定了关于TBT协议的444/Q—TTg项目，形成114/2005/Q—TTg决议。在此协议下，成立了TBT咨询点，建立了TBT通报机制，并在全国64个省12个部委建立相应的组织机构系统。

二、检疫工作

越南的检疫工作分别由农业农村发展部、卫生部、渔业部等部门负责。

1. 植物检疫工作

与植物检疫有关的法规有：《越南社会主义共和国植物检疫和植物保护法》和《越南社会主义共和国植物检疫条例》。

《越南社会主义共和国植物检疫和植物保护法》颁布于2001年7月25日，自2002年1月1日起施行，共有7章45条，规定的内容分别为总则、植物有害生物的防治、植物检疫、农业管理、国家植物检疫和植物保护管理机构、奖励和惩处、条款施行等。

《越南社会主义共和国植物检疫条例》对植物检疫工作进行了更为详细的规定，共分为6章33条，内容分别为：总则、入境植物检疫、出境植物检疫、境内植物检疫、检疫物的熏蒸和除害处理等。

越南规定，货主及其代理人应于属植物检疫范围内的货物及随身携带和托运的行李入境24小时内向最近的植物检疫机关申报，同时为检疫人员提供查验、取样的便利条件，如：打开、关闭运输工具、仓库、货物包装及提供人力等。植物检疫机关应在接到货主报检后24小时内，查验、复查货物并开具植物检疫单，特殊情况下超过24小时才能完成工作的，应向货主通报有关情况。

法律规定，越南海关有责任配合植物检疫机关对货物进行查验、检疫、监督管理等工作。有关货物的货主或其代理人办完植物检疫手续后，才能办理海关手续，反映植物检疫工作内容的植物检疫证书，应随海关申报单一起向海关报关。各有关单位（港务、海关、邮电、公安、边 防部队、市场管理等）在自己的职权范围内，有责任配合植物检疫机关查验、截留、没收、扣留违反植物检疫规定的货物。

法律赋予越南农业与农村发展部确定并布越南实施植物检疫对象名录和越南植物检疫范围的权利。

2. 卫生检疫工作

越南的卫生检疫工作由卫生部负责。卫生部在全国各出入境口岸均设有卫生检疫机构，按照《国际卫生检疫条例》和越南的国内卫生检疫法规行使卫生检疫的职权。

3. 动物检疫工作

越南的动物检疫工作由农业与农村发展部负责。此项工作由其下属机构动物检疫局负责。渔业检疫属于另一个部门管理。

（来源：谢柱军编著.《中国与东盟检验检疫报检通关业务》.广西民族出版社2007年版）

中国公民赴东盟十国须知

中国公民赴文莱须知

一、特别提醒

文莱实行“马来—伊斯兰—君主制”三位一体的政治制度，政局稳定、民族和睦，治安状况良好，基本无自然灾害和大的流行疾病，被誉为“和平之邦”。中国与文莱于1991年建交以来，两国睦邻友好合作关系不断得到巩固和发展。在文莱工作和生活，需要注意的有关事项如下：

（一）文莱是一个历史悠久的伊斯兰君主国，马来族人（占全国人口的66%）信奉伊斯兰教，严守教规，崇尚礼仪。为表示对文莱传统和宗教习俗的尊重，外国人在文莱应该注意以下几点：

1. 文莱全国禁酒，所有酒店、餐厅和娱乐场所均不售酒，任何人不得在公共场合饮酒。但17岁以上的非穆斯林（包括外国游客）每次入境文莱可免税携带2瓶烈性酒和12罐啤酒。

2. 文莱禁止随地吐痰和乱扔垃圾、烟蒂，违者罚款50至500文元。

3. 不能用食指指人或物，而要把四指并拢轻握成拳，大拇指紧贴在食指上，招呼人或出租车时也不能用食指，要挥动整个手掌。

4. 在正式场合，不要跷二郎腿或两脚交叉。左手被认为是不洁的，在接送物品时要用右手。

5. 不少马来人不愿与异性握手，所以，除非他（她）们先伸出手来，不要主动与他（她）们握手。

6. 不要用手去摸马来人的头部和后背，马来人认为此举将带来灾祸。

7. 参观清真寺要脱鞋以示尊重，女士要穿清真寺提供的黑色长袍，不要从正在做祷告的教徒面前走过，非穆斯林不能踩清真寺内做祷告用的地毯。

8. 赠送给马来人的礼物和纪念品不应有人物、动物图案。

9. 除王室人员外，其他人正式场合都忌穿黄色。女士在正式活动或公共场合一般穿长衣长裙，不能穿低胸、露背、透明、衩高、紧身的衣服。男士一般场合可着长袖衫和西裤，正式场合穿西服或巴迪衫（马来民族服装）。

10. 在公共场合，边走边吃东西被认为是不礼貌的。斋月期间，穆斯林从日出后到日落前不吃食物，非穆斯林不宜在他们面前吃任何食物。

11. 拜访文莱官员或到文莱人家中做客，如主人以茶点招待，最好能吃一点，如果不想吃，最好用右手轻触一下盘子，以示谢意。到文莱人家做客，进门前要脱鞋。

12. 不要在公共场所大声喧哗。上海话“阿拉”与伊斯兰教的“真主”谐音，上海的旅客不要在公共场所说“阿拉”二字。

（二）文莱是法制社会，对各种违法犯罪行为处罚严厉。有关规定如下：

1. 非法居留：不超过90天者，处以6个月以下监禁，或4000文元以下罚款；超过90天者，处以3个月以上2年以下监禁，并处3鞭鞭刑。

2. 非法入境：处3个月以上2年以下监禁、3鞭以上鞭刑。

3. 从事色情活动：处500～5000文元罚款并处1年以下监禁。

4. 非法兜售物品：处2000文元以下罚款，并处6个月以下监禁。

5. 5人以上有政治目的的聚会属于非法聚会，警察可扣留有关人员24小时进行调查。

6. 酗酒闹事：处6个月以上2年以下监禁，并处1鞭鞭刑。

7. 走私：处4万文元以下罚款，2年以上监禁。

8. 根据文莱法律，非法拥有枪械和贩毒可判死刑。

二、签证、入境与海关

（一）签证

持中华人民共和国外交、公务护照的中国公民，在文莱逗留不超过14天，免办签证。

中国公民访文前最好事先在文莱驻外外交和领事机构办妥入境签证，所持护照有效期不少于6个月，且有空白签证页。（有关签证须知详见《中国公民赴东盟十国签证须知》）

（二）海关

入境者均需向海关申报所携带的物品，每人可免税携带香烟200支，17岁以上的非穆斯林可免税携带2瓶烈性酒及12罐啤酒。严禁携大麻、海洛因等毒品和与伊斯兰教义相违背的任何物品入境。

三、安全形势与治安状况

目前文莱政局稳定，没有突出的政治、宗教问题和社会、民族矛盾，社会秩序良好，犯罪率较低，社会治安状况良好。

四、常见疾病与医疗状况

文莱尚未发现禽流感，但2006年初曾发现多宗手足口病病例，后均治愈。文莱没有百日咳、破伤风、小儿麻痹、脑炎等传染病。自1969年以来也未发现疟疾，1987年被世界卫生组织列入无疟疾区。

文莱仅有一家综合性医院和一家心脏病专科医院，除此之外还有一些私人诊所。当地药店品种比较齐全，质量较好，购药比较方便。

文莱保险公司接受在文工作的外国人投保医疗保险。

五、当地的风俗与法规

文莱的伊斯兰宗教色彩和马来民族传统均较浓厚，形成了注重和谐、委婉、谦恭的马来文化和风俗习惯，基本特征为：重视社会、族群、人际关系的和谐，不采取过激行动；重视礼节和传统，循规蹈矩，礼节繁多。

文莱第一部宪法颁布于1959年9月，后多次修宪。文莱的司法体系是以英国习惯法为基础建立起来的，司法享有独立权。文莱还设有伊斯兰教法庭，专门审理穆斯林的宗教案件。

六、物价与供应

当地有几家规模较大的商场和超市，商品比较丰富，大部分日常用品均可买到。文莱绝大部分商品都依靠进口，物价水平较高，一般为中国的2～3倍。当地货币为文莱元，与新加坡币等值，与人民币比价约为1∶5。

七、交通与出行

首都斯里巴加湾市（BandarSeriBegawan），面积15.8平方公里，人口约6万。

气候：属热带雨林气候，全年高温多雨，分旱季和雨季。每年11月至次年2月是雨季，12月雨量最大。每年3～10月是旱季。年降雨量为2500～3500毫米。最高气温一般为33度，最低为24度，平均气温28度，平均湿度为82%。

文莱基础设施比较完善，道路交通便利，主要交通工具是私家车（全国平均每3个人拥有2辆汽车）。出租车及公共汽车服务不发达。全国有二十多家旅行社可提供租车服务。文莱行车右方向驾驶，左行，多数道路没有人行道和自行车道，车速较快，游客过马路时要格外小心。

文莱国际机场距离市中心约10公里。文莱皇家航空公司每周4个航班直飞上海、6个航班直飞香港。也可乘其他航空公司航班经新加坡、吉隆坡或曼谷转机到国内各大城市。

如遇飞机延误，航空公司不作任何经济赔偿，只安排食宿，并根据飞机及航班状况尽快安排旅客前往目的地。

主要旅游景点有：文莱王室陈列馆（RoyalRegalia）、文莱博物馆（BruneiMuseum）、赛福鼎清真寺（SultanOmarAliSaifuddienMosque）、哈桑纳尔·博尔基亚清真寺（Jame'AsrHassanilBolkiahMosque）、水村（KampungAyer）、艺术与手工艺品中心（TheArtsandHandicraftCentre）、杰鲁东公园（JerudongPark）和淡布隆热带雨林自然保护区（UluTemburongNationalPark）等。

主要星级宾馆有：帝国饭店（TheEmpireHotel & CountryClub）、喜来登酒店（SheratonUtamaHotel）、丽坤国际酒店（TheRizqunInternationalHotel）、兰花园酒店（OrchidGardenHotel）、泓景酒店（RiverviewHotel）和文莱饭店（BruneiHotel）。

文莱餐饮多种多样，有中餐、西餐、印度餐、马来餐、泰餐等风味餐厅，也有麦当劳、必胜客等快餐，绝大部分为清真餐厅。主要中餐馆有：帝国饭店丽宫餐厅（LiGongRestaurantoftheEmpireHotel）、帝皇阁（Emperor'sCourt）、皇朝餐厅（DynastyRestaurant）、莲花餐厅（I-LotusRestaurant）、麒麟阁（KirinCourt）、好彩大酒楼（LuckyRestaurant）、丰满楼（PhongMunRestaurant）、美香园（SeriKemayanRestaurant）等。

八、工作与学习

（一）文莱大学是全国唯一的综合性大学，成立于1985年10月28日。设有教育、商业管理、医学、机械、管理与行政研究、科学和伊斯兰教等7个院系。学制4年。设10种学士学位，教育、教育管理两种硕士学位和石油专业博士学位。文莱苏丹为文莱大学的校长。2006年的在校学生总数为2800人，教师300人。文莱大学网站：http://www.ubd.edu.bn/。

（二）目前，在文莱工作的中国公民主要有商人、技术人员、教师、医护人员、中餐服务人员和服装厂工人等。在文工作期间，须遵守文莱法律，尊重当地习俗、礼仪。

（三）申请工作许可的手续和注意事项：

1. 由雇主持有关材料向文劳工局申请工作准证。

2. 雇主按聘请人数量向政府交纳保证金，标准为1800文元/人。

3. 雇主到移民局申领工作签证批准函后，当事人到文莱驻华使馆申办签证。

4. 当事人抵文后1个月内须通过雇主办理居留等相关手续。否则将被处以2年监禁和5000文元罚款。

5. 肺结核、艾滋病、性病、乙肝、羊痫疯、精神病等疾病患者和吸毒者将被遣返回国。

九、移民及国籍政策

（一）文莱是限制移民的高福利国家。根据文莱《国籍法》规定，在文莱出生或已在文莱居留20年以上，通晓马来语，尊重马来风俗的永久居民可申请参加入籍考试。父母有一方是文莱公民的可申请加入文莱国籍。

文莱不承认双重国籍，取得国籍前须首先放弃外国国籍。

（二）属下列情形之一者，可申请永久居留权：

1. 外国女子与文莱公民或永久居民结婚，在文连续居住5年以上的；或外国男子娶文莱女子为妻，在文连续居住15年以上的；

2. 在文莱出生的外国人，在文连续居住5年以上的；或在外国出生，在文连续居住15年以上的；

3. 在文莱投资50万文元以上，对文社会有贡献人士。

（来源：中华人民共和国外交部网站. http://www. fmprc. gov. en/chn/wjb/zzjg/yzs/gilb/1313/1313x3/t162779. htm. 2004—09—28）

中国公民赴柬埔寨须知

一、特别提醒

柬埔寨经济发展水平较低，经济和社会法律制度还不健全，常有涉及中国公民的劳务和经济纠纷、抢劫、诈骗案件发生。该国艾滋病病毒携带者比率较高，官方统计数字表明，有2.7%的成年人是艾滋病病毒携带者。

二、签证、入境与海关

中国公民赴柬须事先向柬埔寨驻华使领馆申请签证，目前柬方在中国上海、广州、重庆、昆明和香港设有总领馆。

赴柬签证有效期一般为3个月，入境时柬埔寨移民局在护照上盖有带停留期的入境章，请注意查看，以免签证过期被罚款。根据移民局规定，外国人入境后，如果签证过期，每天罚款5美元。根据来柬目的，一般分为旅游签证和商务签证。外国人亦可在柬埔寨金边国际机场申办落地签证。

旅游签证（E签证）一般允许在柬停留1个月，且停留期不能超过签证有效期，可申请延期，但不能改变签证种类。商务签证（T签证）一般允许在柬停留1～3个月，入境后可通过当地旅行社向柬埔寨移民局申请半年或一年的长期居留签证。

入境时须填写入、出境卡、海关申报单，不得携带违禁品入境，不得随身携带大量美钞出境（一般可携带3000美元以下）。（有关签证须知详见《中国公民赴东南亚十国签证须知》）。

三、安全形势与治安状况

国家政局总体稳定，社会治安状况不佳，常有抢劫和偷盗案件发生。

四、常见疾病与医疗状况

据世界卫生组织统计，柬埔寨2005年确诊人感染禽流感病例有4人，死亡4人；2006年确诊人感染禽流感病例有2人，死亡2人；当地常见多发疾病有肝炎、肺结核、登革热、疟疾和肠伤寒、急性腹泻等。当地医疗条件较差，药品品种有限且价格较贵；医疗保险业务尚处于起步阶段。

五、当地的风俗与法规

佛教是国教，佛教徒占全国人口85%以上，其中绝大部分信奉小乘佛教。寺院遍及全国，僧王及僧侣普遍受到尊重。通常，男子无论社会地位高低，一生都要出家一次，但可随时还俗。进佛寺参观时，要衣着整洁，免冠脱鞋。忌用手摸人头顶。

全国通行合什礼，即以两手掌合并立于胸前，稍微俯首，指尖高度视对方身份而定，对方身份较高，指尖高度越高。社交场合也行握手礼。

柬埔寨人衣着较朴素，很多人光脚或穿拖鞋，在社交及正式场合则较为讲究。民族传统服装主要有：纱笼、筒裙、凤尾裙、水布等。柬埔寨人喜爱宫廷古典舞蹈和传统戏剧，民间舞蹈及民间音乐也很流行。

当地百姓以食米饭为主，喜吃辛辣食物如辣椒、葱、姜、蒜、薄荷等，还喜吃生菜和腌鱼等。进餐时多用筷子或刀叉，农村还保持手抓饭的习惯。

传统住房多为竹木结构的高脚屋，距地面二米左右，上面住人，下面拴牲口，放杂物或停放车辆。城市建筑物具有多种风格。

除国际性节日外，当地主要节日有柬历新年（公历 4 月 13～15 日）、御耕节（公历 4 月底或 5 月初，国王、王后或王子、公主在王室的农田象征性耕地播种，以祈祷风调雨顺，五谷丰登）、国王生日（5 月 14 日）、亡人节（9 月下旬，供奉祖先）、立宪日（9 月 24 日）、巴黎协定日（10 月 23 日）、独立节（11 月 9 日）、送水节（11 月 10～12 日，标志着雨季结束，赛龙舟、拜月，祈祷来年丰收）。

六、物价与供应

柬埔寨是落后的农业国，属世界上最不发达国家之一。由于本国制造及加工业落后，多数日用消费品需从中国或其他邻国进口，当地一般日用消费品价格较贵。当地货币名称为瑞尔（RIEL），汇率由市场调节，货币比值时有波动，以 2006 年 7 月为准，1 美元约合 4010 瑞尔，1 元人民币约 501.25 瑞尔。美元可在市场自由流通。柬埔寨全国人口为 1340 万，其中首都金边市人口约 130 万。由于当地普通民众收入低，加之市场狭小，日常物品供应种类及数量较少。

如赴柬短期停留或旅游，可携带日常必备及防治蚊虫叮咬类药品，以备急需。

七、交通与出行

国内交通以公路和内河运输为主。主要交通线集中于中部平原地区以及洞里萨湖流域。北部和南部山区交通闭塞。城市主要交通工具为汽车和摩托车。当地道路狭窄及路况较差，民众交通安全意识淡薄，交通事故发生率较高。

中柬两国之间交通便利。北京（经停广州）和上海市每天都有民航班机往返金边，一周内有数班民航飞机往返于金边与香港之间。自金边市区赴国际机场约 10 公里，主要交通方式为汽车及摩托车出租（俗称摩的）。暹粒市国际机场离暹粒市区车程约 15 分钟，由金边至暹粒每日有 6 个国内往返航班，新加坡、马来西亚、老挝和曼谷、胡志明市、中国的南宁市也有直飞暹粒市的国际航班。

柬埔寨旅游旺季为每年 7 月至次年 2 月。主要旅游城市为金边市、暹粒市和西哈努克港。暹粒是世界七大奇迹之一的吴哥古迹所在地，主要景点有吴哥窟（又称小吴哥）、吴哥城（即大吴哥）、巴戎寺、周萨神殿、达波龙寺及女王宫等。金边市及暹粒市拥有数家五星级宾馆及各种档次的酒店，当地中餐馆较为普遍。

出行特别提醒：由于当地交通秩序不佳及社会治安问题，出行请注意人身及随身携带物品安全。

（来源：中华人民共和国外交部网站. http://www.fmprc.gov.cn/chn/wjb/zzjg/yzs/gjlb/1241/1241x3/t275465.htm.2006—10—10）

中国公民赴印度尼西亚须知

一、特别提醒

2004 年苏希洛总统执政后，印尼政府加大了反恐力度，一部分恐怖分子相继落网，恐怖活动受到一定程度遏制。但少数地区恐怖袭击事件和种族宗教冲突事件仍时有发生。

印尼的禽流感防控形势较为严峻。截至 2006 年 7 月，印尼 27 个省都有发生禽流感的报告，死亡病例已达 43 例。前往印尼应特别注意饮食卫生，尽量避免前往可能会接触禽类的处所。

印尼雅加达、泗水、日惹、万隆、棉兰、巴厘岛等主要大中城市和地区旅游资源丰富，交通旅游设施完备，是理想的休闲旅游目的地。但值得注意的是，印尼地处环太平洋地震带，地震、海啸等地质灾害较为频繁。日惹（爪哇岛中部城市）在 2006 年 5 月 27 日发生强烈地震后，一些旅游景点和设施严重受损。苏门答腊岛西南部、爪哇岛南部易受地震海啸影响，7 月 17 日爪哇岛南部遭受地震海啸袭击，损失惨重。中国公民赴印尼旅游宜参加旅游团，尽量避免前往爪哇岛南部、苏门答腊岛西南部印度洋沿岸及未开发地区做探险旅行。

在印尼海关入境时，个别移民官员收取额外费用。中国公民遇到上述情况，可视情妥善处理。如受到不公正待遇，可与中国驻印尼使领馆联系以寻求协助。

二、签证、入境与海关

（一）签证申请

自 2005 年 8 月起，印尼政府开放对中国（大陆）公民赴印尼的落地签证（VISA ON ARRIVAL）申请。申请者可持个人有效因私护照和往返机票在雅加达、泗水、棉兰、巴厘岛等国际机场的专设柜台办理。落地签证分为停留期 7 天与 30 天两种，签证费分别为 10 美元和 25 美元。持落地签证者在印尼期间只可进行旅游观光、探亲访友，不得进行经商活动，期满亦不可延长。除此之外，中国公民赴印尼均须事先在印尼驻华使馆或驻广州总领事馆获得相应签证。为了避免出入境时遇到不必要的麻烦，建议持新护照（无任何出境记录）的中国公民离境前在印尼驻华使领馆办妥签证后再前往印尼。（有关签证须知详见《中国公民赴东南亚十国签证须知》）

（二）入境及海关规定

外国非外交人员出入机场、港口等国际口岸，随身及托运行李必须接受海关检查。

外国游客随身携带的日常生活必需品总价值不超过250美元/人的货物（乘务员所带货物总价值不超过50美元/人）（包括200支香烟或50支雪茄或200克烟叶；1升含酒精饮料；适量的香水）享受免税待遇，外国游客自用的照相机、摄像机、卡带式录音机、望远镜、运动器械、笔记本电脑、手机或其他类似设备需申报，离境时须带回。

外国游客入境时须填写海关申报表申报自己的物品，包括数量、种类、价值等。没有需要报关物品的走绿色通道，有需要报关物品的走红色通道。

海关官员有权对经过绿色通道乘客的物品进行开包检查。如开包检查发现所带物品数量超过规定限制，海关有权对其超出部分进行没收和销毁。

此外，由于时有中国公民持旅游签证在印尼从事小商品买卖等与签证不符的活动，如入境时携带过多日常生活用品易引起机场移民官员的疑虑，相关物品可能会被没收。

三、安全形势与治安状况

印尼社会治安总体情况尚好，民众较为温和。首都雅加达治安较好，但由于贫困和失业现象严重，在一些老旧街区社会问题仍较为突出，社会闲杂人员聚集，时常发生偷盗、抢劫等案件。建议避免前往偏僻的地点，夜间减少外出。

四、常见疾病与医疗状况

印尼医疗费用较高。登革热、伤寒、疟疾、痢疾等热带传染病、流行病在印尼较为常见，印尼医院对此类病症具有较为丰富的治疗经验。

印尼私立医院医疗条件一般较公立医院先进与完备，但收费较高。此外，雅加达、泗水、巴厘岛等地还有一些中医诊所。在印尼旅行遭遇急、重症请及时前往当地医院就医，若参加团组旅行可要求旅行社予以协助，若私人旅行亦可通过当地朋友或电话查询台咨询，或向中国驻印尼使领馆求助。

印尼的药品以进口为主，常规药品均有销售，按粒计价，普遍较贵。建议游客自备治疗感冒、腹泻、降压、防暑等常用药。

印尼保险公司数目众多，保险业正处于发展期。雅加达、巴厘岛等主要城市及其景点均开办有旅游保险业务，SOS等跨国保险公司可以提供旅行、就业、医疗等保险服务。

五、当地风俗与法规

印尼有2.17亿人口（2004统计），是世界第四大人口大国，有100多个民族，约87%的居民信奉伊斯兰教，是世界上穆斯林人口最多的国家，6.1%的人口信奉基督教新教，3.6%信奉天主教，其余信奉印度教、佛教和原始拜物教等。

印度尼西亚人大多信奉伊斯兰教，忌讳用左手传递东西或食物。认为使用左手是极不礼貌的。他们十分忌讳有人摸他们孩子的头部，认为这是缺乏教养和污辱人的举止。爪哇岛上的人最忌讳有人吹口哨，认为这是一种下流举止，并会招来幽灵。此外，印尼人对乌龟特别忌讳，认为乌龟是一种令人厌恶的低级动物。伊斯兰教徒禁食猪肉和使用猪肉制品，不饮酒。

印尼人比较注重互送名片，初次相识，客人就应把自己的名片送给主人。印尼人与初次交往的客人一般不愿意谈论当地政治和外国援助等问题。印度尼西亚爪哇男人，平时习惯身裹沙笼。外出或参加庆典时，总要在腰间挂着一把精致漂亮的“格里斯”（即短剑），相信格里斯可辟邪驱秽。印度尼西亚巴厘岛上的妇女搬运物品不习惯肩挑手提，而是把各种物品叠放成塔状，用一个托盘顶在头上。印度尼西亚人偏爱茉莉花，并把茉莉花视为纯洁和友谊的象征。

六、物价与供应

2004年10月燃油价格大幅度提高后，印尼物价有所提高，但物资供应基本满足需求。首都雅加达、泗水等大中城市物价水平较高，常用物品供应充足；中小及偏远城市物价稍低，但由于生产、运输、调配等方面的问题，物资偶尔出现短缺。如需日常生活用品，建议到家乐福（Carrefour）等正规的大中型超市选购。

印尼盾（RUPIAH）为印尼法定货币，按间接汇率计算，一元人民币约兑换1100印尼盾。银行、酒店、外币兑换处等金融机构接受美元、欧元等国际通用货币兑换印尼盾，但对旧版或有褶皱的外币现钞如美金等会收取一定的“检验费”，破损严重的则拒收，目前还不提供人民币直接兑换印尼盾的服务。

七、交通与出行

中国与印尼有多条航线相连，包括中国国航、南航、印尼鹰航（Garuda Indonesia）、巴达维亚（Batavia Air）等在内的多家航空公司运营北京、厦门、上海、广州至雅加达的直达航班，同时亦可选择从香港、新加坡搭乘国泰、华航、新航等航空公司的班机转赴印尼雅加达等地。

作为群岛国家，印尼各岛之间一般有广阔的水域相隔，岛际交通须乘船或飞机，经营印尼国内航线的航空公司包括印尼鹰航、巴达维亚、亚航（Air Asia）、亚当（Adam）和鸽航（Merpati）等。岛内城际交通以航空和公路为主。铁路交通仅限于爪哇岛和苏门答腊岛。自首都雅加达至万隆、三宝垄、泗水等城市间开行有定期列车。

雅加达苏加诺—哈达国际机场是东南亚的重要机场，距雅加达市中心约30公里。机场高速路与市区环城高速路相连，路况较好。除机场大巴外，蓝鸟、银鸟等大型出租汽车公司在机场设有营业柜台，可以为旅客提供叫车服务，且相对安全，但会收取一定的手续费。目前机场和市区间尚无地铁和公交线路。

印尼车辆靠左侧行驶。雅加达、泗水、万隆、棉兰等主要城市交通拥堵状况严重。如在雅加达乘坐出租车宜乘坐蓝鸟（Blue Bird）、银鸟（Silver Bird）等正规公司的出租车，其他交通工具条件较差且时有治安案件发生。除飞机外，自雅加达至万隆等爪哇岛主要城市可视情况选乘列车中设施较好、安全性较高的“公务舱”（Executive Class）。乘出租车或到饭馆就餐，均需准备一定数量的小费。

印尼大部地区属热带雨林气候，具有温度高、降雨多、风力小、湿度大的特征。年平均气温摄氏25～27度。各月气温变化很小，没有寒暑季节之分。平原地区气温较高，首都雅加达年平均气温为摄氏26度。全境年平均降水量一般在2000毫米以上，雅加达年平均降水量为1800毫米。努沙登加拉群岛降水较少，是全国较干燥的地区。降水的季节分布也不一致。马鲁古群岛终年多雨，其他地区大部分由于季风影响，每年可分为旱、雨两季。

登革热、伤寒、疟疾等为常见病。赴印尼旅行应特别注意预防蚊虫叮咬，应注意携带花露水等驱蚊止痒用品。为确保饮食卫生，尽量避免食用路边小摊的冷饮、食品，以免发生腹泻。

八、工作与学习

中国公民欲到印尼工作，须事先向印尼驻中国大使馆或驻广州总领事馆申请相应类别的工作签证，以及通过担保人（雇主）办妥印尼劳工部工作准证，并在抵达印尼后在规定时间内办理临时居留等相关手续。另外，印尼移民法不允许外国公民在工作期间更换雇主（担保人），除非经原担保人书面同意，由新担保人（新雇主）在移民局办妥变更手续，同时该外国公民必须出境重新办理工作签证后再次入境，才可为新的担保人（雇主）工作。

中国学生赴印尼留学分为公费和自费两种。公费留学多数为两国政府的留学生交流项目，以学习印尼语为主，申请程序可向国家留学基金管理委员会咨询。自费留学请自行向印尼有关学校咨询并申请。

九、移民及国籍政策

根据印尼政府颁布的《2006年印度尼西亚共和国国籍法》，印尼不承认双重国籍，只有限制地赋予父母一方为中国公民的子女在年满18岁或结婚前，享受拥有双重国籍的权利。年满18岁或结婚时，必须选籍，只能拥有单一国籍。中国公民如欲加入印尼国籍，除与印尼公民结婚外，须满足在印尼境内合法连续居住满5年或合法不连续居住满10年；有固定职业或收入；未被处以1年或1年以上有期徒刑；通晓印尼语；身体与智力健康等条件的前提下提出书面申请，报印尼有关部门审核批准。中国公民在与印尼公民合法结婚后，可向印尼有关部门官员提出声明成为印尼公民。双方的婚生未成年子女将自动获得印尼国籍，但当其年满18岁或结婚时，则须选择是否继续保留印尼国籍。中国公民在加入印尼国籍时自动丧失中国国籍。

中国公民如需在印尼长期居住，除在赴印尼前获得与在印尼所从事工作相符的签证外，还须在抵达印尼后尽快到当地的移民管理部门办理居留证。该居留证分为短期和长期两种：在抵达印尼的前5年内只能申请为期1年的短期居留证，5年后则可申请为期5年的长期居留证。居留证须在旧证有效期满之前申请新证。

（来源：中华人民共和国外交部网站. http://www.fmprc.gov.cn/chn/wjb/zzjg/yzs/gjlb/1333/1333x3/t274088.htm.2006—09—28）

中国公民赴老挝须知

一、特别提醒

《中老边界制度条约》规定，持《中老边境通行证》的中国公民只能到老挝的丰沙里省、南塔省、乌多姆赛省和波乔省，超越上述地区的必须持护照前往，否则老方将按非法入境处罚。但常有一些不法分子以在老挝有工程和高工资、包办证件（中华人民共和国出入境证）、包买车票等诱骗中国公民来老挝务工，致使一些不明真相的人上当受骗，到老挝后无工可做，证件过期，造成非法滞留而被拘留或罚款；有些个体经营者未按老方规定办理三证（暂住证、工作许可、营业执照），有些虽办有三证但因违规异地经商而被罚款、扣押护照甚至拘留。

二、签证、海关

持外交、公务、普通公务护照前往老挝免办签证。持因私普通护照须办签证，一次入出境的商务、旅游签证可在老挝停留30天（签证期满可到老挝移民局申请延期），过境签证停留期7天。申请签证可到北京老挝驻华大使馆或老挝驻昆明总领事馆申请。获取签证进入老挝后，必须按所申请的签证种类从事相应的活动，否则将被视为非法活动并予处罚。老挝海关限每人携带5000美元现金或同等币值现钞出境，超出5000美元的须得到老挝外汇管理局的许可，否则将视情节轻重处以50%的罚款或全部没收。（有关

签证须知详见《中国公民赴东盟十国签证须知》)

三、安全形势与治安状况

老挝国内治安状况总体良好，但偶尔也有偷盗、抢劫现象。

四、常见疾病与医疗状况

老挝医疗条件较落后。老挝的常见病主要有肝炎、痢疾，每年5～11月雨季期间常有登革热和疟疾（通过蚊子传染）。建议赴老挝经商旅游时携带防蚊用品和常用药。

五、物价和供应

老挝物资供应相对匮乏，物价相对较高，但一般生活用品在老挝均可买到。老挝货币名称为基普(KIP)，1美元兑换约9500基普、1元人民币兑换约1200基普。

六、交通、出行、住宿

老挝属热带、亚热带季风气候，年平均温度为26摄氏度，分雨季（5～10月）和旱季（11月至次年4月）。老挝国际航班主要有：万象－曼谷、万象－昆明、万象－河内、万象－金边、万象－暹粒（柬）、万象－清迈（泰）、琅勃拉邦－清迈、琅勃拉邦－曼谷、琅勃拉邦－河内。每周一、二、四、六有中国东方航空公司航班往返于昆明－万象，每周三、五、日有老挝航班往返于万象—昆明。万象瓦岱国际机场距市区约7公里。主要旅游城市有首都万象（著名景点有塔銮、凯旋门公园）、琅勃拉邦市（被列为世界文化遗产）、占巴塞省［著名景点有被列为世界文化遗产的瓦普寺及孔帕平瀑布（位于湄公河老挝－柬埔寨交界处）］。老挝的旅游旺季为11月至次年4月，老挝佛历新年（公历4月，又名泼水节）会吸引大批国外游客。首都万象的主要酒店有：寮巴莎酒店(LAO PLAZA HOTEL)、东珍酒店（Don Chan Palace Hotel)、NOVOTEL酒店、澜沧饭店（LAN XANGHotel)、安康酒店（ANGKAM Hotel)。酒店标准间一般在60美元至100美元不等。

七、当地风俗

老挝85%的居民信奉小乘佛教。忌讳用手摸儿童的头。重要节日有：老挝新年，公历4月13－15日或14 16日)、塔銮节（公历11月）国庆节（12月2日)。老挝人的穿着已逐步国际化，但具有老挝特色的民族服装也得到保留，妇女一般穿筒裙。饮食以糯米为主。

八、国籍政策

老挝不承认双重国籍，在老挝定居10年以上，懂老挝语，了解老挝文化，遵守老挝法律，尊重老挝风俗习惯的，可申请加入老挝国籍。

九、工作与学习

中国公民在老挝主要从事工程承包和个体经商。工作必须通过公司担保并分别到移民局和劳动部办理暂住证（ID卡)、工作许可和多次往返签证，如非法务工将被依法拘留或罚款。

位于首都万象市郊的老挝国立大学是老挝一所重要的综合性大学，前身为老挝东都师范学院，设8个院系。目前在校生1万余名，教师1千余名。该大学的网页为：http://canpub.com/nuol/

（来源：中华人民共和国外交部网站．http://www.fmprc.gov.cn/chn/wjb/zzjg/yzs/gilb/1246/1246x3/t275463.htm.2006—10—10)

中国公民赴马来西亚须知

一、特别提醒

马来西亚政局稳定，社会和经济发展状况良好。在马旅行、学习、工作以及生活较为方便和安全。但从近年来中国公民在马发生的问题和马媒体公布的情况看，特别应注意以下事项：

1. 对中国游客而言，摩托车匪抢劫、持械抢劫、出租车司机对乘客暴力收取高额车费等问题较为突出。中国公民到马应注意自我保护，如遇突发事件可向警方报案或与中国驻马使领馆联系。

2. 马普通签证（Social Visa）30天有效，一般不能延期，逾期未出境者将面临坐牢或严厉的经济处罚。入境者如因特殊原因未能按时出境，应自己前往马移民局办理签证延期手续，不要委托他人办理，避免上当受骗。

3. 马普通签证主要发给赴马旅游、经商、探亲人员，持马普通签证在马打工、贩卖小商品是非法的，一旦发现将受到制裁。

4. 赴马人员最好携带1000美元左右的现金或能提供在马支付费用的公司或人员名单。马移民官员对中国游客，特别对30岁以下入境的女性散客审核较为严格，如入境者在短期内来往马多次，或不能提供来马可信的理由，很可能被原机遣返。

二、签证、入境与海关

中国公民赴马来西亚应在境外办妥签证，未办妥签证，从泰国或新加坡入境马的中国旅游散客，可在入境口岸申办口岸签证。中国赴马的旅行团可以办理口岸团体签证，但马方接待旅行社必须事先获得马移民总局授权并已经备案。为鼓励旅游，经第三国飞抵

马彭亨州刁曼岛的旅客，如能出示有效回程机票可以申请落地签证。（有关签证须知详见《中国公民赴东盟十国签证须知》）

三、安全形势与治安情况

马来西亚治安情况相对而言较为安全，但近年来治安情况有下降之势。马政府对此十分重视，正在加强治理，但距社会安宁，出行无忧尚有时日。因此，中国公民到马应注意自我保护，妥善看管个人财物和重要证件，勿在公共场合展露钱财，以防不测。

1. 提防摩托骑士抢包。马来西亚有相当数量的摩托车。摩托车并无专用车道，在汽车中间来往穿梭，速度极快，在路边人行道上行走的游客稍不留神，其手拎或肩背皮包有可能被不法之徒猛力掠夺。由于抢夺速度快、力量大，游人很容易发生危险。建议赴马旅客在公共场所行走时，尽量不要使用带子较长的提包，行走时将包置于离路较远的一侧，选择人员较多的地段通过。

2. 不要轻易相信他人。持普通签证来马的旅客不可轻信本地非法代理蛊惑，非法滞留在马找工作。根据马法律规定，持普通签证者是不能在马工作，一旦被警方发现，有可能被抓送监狱或扣留营，落得工作未找到，有家不能回，枉花大笔中介费，在马吃住艰难的悲惨处境。

3. 避免去偏僻地方旅游。外出旅游最好结伴同行，路过人迹较少的地下通道、车库、高楼楼梯或过街天桥时要保持警觉，注意周围行人，以免遇险无助。

4. 妥善管理好个人旅行证件，不要将护照交给他人保管。贵重财物最好分散携带。

5. 增强自我保护意识，做到处变不惊，灵活机智地处理问题。如果发生意外，在能自救的情况下应在第一时间到警察局报案或设法与使领馆联系。

四、常见疾病与医疗条件

马来西亚属热带气候，旅客除注意防晒，还应留意饮食卫生，否则易患腹泻和消化道疾病。蚊虫较多，旅客外出旅游，可涂抹防虫药物亦可穿轻薄透气的长裤长衫，防止蚊虫叮咬，否则，患上疟疾和登革热的机会相对较高。旅客赴马应自备一些治疗热带疾病的药物，如治疗发烧、腹泻、肿痛等药物，以供应急之需。马来西亚各州属均设有国立医院和私立医院，诊所也较普遍。医疗人员素质较高，设备较先进。如遇高烧不退，腹泻不止等病症应及时就医，以免延误病情，带来严重后果。外国公民在马的治疗费用比马公民略高，但不昂贵。

马来西亚保险公司一般不为短期来访旅客办理保险，旅客最好在国内办好有关旅行保险，以防不测。

五、当地的风俗与法规

马来西亚为君主立宪制国家，主要由马来族、华族和印度族三大民族组成。马来人90%以上信仰伊斯兰教，华人多信仰佛教和道教，印度人则信仰印度教。马宪法中明文规定伊斯兰教为马官方宗教。马来西亚的穆斯林多属逊尼派。华人与印度人的风俗习惯与祖籍国基本相同。马来人的风俗习惯十分独特。

（一）称呼

马来人没有固定的姓，所以在称呼他们时并不以他们的姓作为称呼。马来人的名字可分两个部分，第一个部分是他们的名字，中间隔着“bin”或“binti”，有时会省略。第二个部分是他们父亲的名字。男士：中间就用“bin”（音为宾），而女士则用“binti”（音为宾迪）。

在非正式的场合，对小辈较为亲昵的称呼为Adik或dik（音为阿碟或碟），意为弟弟或妹妹，名字则可省略。对年级较大的男士可称为Pakcik（音为巴气），意为伯父，女士为Makcik（音为妈气），意为伯母。

在日常场合，用Encik（音为：恩杰）加名称呼男性，意为某某先生，用Cik（音为：杰）加名称呼女性，意为某某女士。

在较为正式的场合，用Tuan（端）加名，来尊称男士，用Puan（布弯）加名，来尊称女士。此外，对有封号的人可直接尊称其封号或封号加姓名。如Datuk（拿督）、Tan Sri（丹斯里）等。

（二）见面礼

传统的马来人见面礼十分独特。他们在见面时会用双手握住对方的双手互相摩擦，然后将右手往心窝点一点。对不相熟的女士则不可随便伸手要求握手，男子应该向女子点头或稍行鞠躬礼，并且主动致以口头问候。但现在西式的握手问好在马来西亚是最普遍的见面礼，不论用在马来人、华人或印度人都可通用无阻。

（三）进餐

马来人忌食猪肉、饮酒。在马来餐厅用餐时若看到餐桌上有一个大大的水壶时，别误以为是装着饮用水的茶壶，其实里面的水是用来洗手用的。一般马来人都是用右手抓饭来吃，所以用餐前及用餐后洗手是马来人餐桌上的礼节。

（四）拜访

在马来西亚，除非主人允许，否则不管是到访马来人、华人或印度人的家，都需在入门前先脱鞋子。到马来人家做客，如果主人安排坐在地板上的垫子上，男性应盘腿而坐，女性则应把腿偏向左边而坐。

（五）衣着

马来人男女传统礼服分别是：男士为无领上衣，下着长裤，腰围短纱笼，头戴“宋谷”无边帽，脚穿皮鞋。女士礼服也为上衣和纱笼，衣宽如袍，头披单色鲜艳纱巾。在马来西亚除皇室成员外，一般不穿黄色衣饰。目前打工族为了工作穿着方便，一般着轻便的西服，只在工余在家或探亲访友或在重大节日时，才着传统服装。在各种正式场合，男士着装除民族服装或西服外，可穿长袖巴迪衫。巴迪衫是一种蜡染花布做成的长袖上衣，质地薄而凉爽，现已渐渐取代传统的马来礼服，成为马来西亚"国服"。

（六）参观清真寺

马来穆斯林每天都祈祷五次。清真寺是穆斯林举行宗教仪式的地方，对外开放时，女士需穿长袍及戴头巾，否则将被拒之门外。在参观清真寺时必须衣着整齐，女性不可穿着暴露出手臂或腿部的衣着。在进入参观清前必须把鞋子脱去。

（七）其他禁忌或礼节

不可用食指指人，若要指示方向，只能用拇指。与马来人打招呼、握手、馈献礼品或接物时不可用左手。若用左手接物或打招呼，是对他们不敬的举止。马来人忌讳别人触摸其头部，除了教师或宗教仪式外，任何人都不可随意触摸别人的头部。不要把脚底展露在他人面前，用脚底对着人是对别人的侮辱。

六、物价与供应

马来西亚货币单位林吉特（Ringgit，货币符号RM），俗称马币。1美元≈3.7马币。机场、饭店以及购物中心都设有外币兑换中心，人民币可兑换成马币。信用卡广为接受，但目前国内银联卡尚不能在马消费或提现。马物资供应齐全，物价水平比中国高一些，特别是日常用品比中国物价水平高两倍，但名牌产品比中国便宜。

在马旅游期间，如急需国内亲友汇款解困，可以通过国内邮局的西联国际汇款（Western Union）服务，将钱汇来马来西亚，凭个人有效证件、汇款金额数目和汇款监控号码（Money Transfer Control Number）前往当地银行（RHB Bank和Bumiputra Commerce Bank）或邮局（Post Office）取钱。

注意：汇款限额根据马来西亚兑付限额规定和中国外汇管理政策的规定执行。

七、交通与出行

马来西亚主要城市有：吉隆坡（Kuala Lumpur）、槟城（Pulau Pinang）、古晋（Kuching）、亚庇（Kota Kinabalu）、怡保（Ipoh）和马六甲（Melacca）。中国国际航空公司、中国南方航空公司、中国东方航空公司、厦门航空公司、深圳航空公司，以及马来西亚航空公司和亚洲航空公司，每周有多班飞往吉隆坡、槟城、古晋和亚庇的航班。马国内主要城市间亦有定期航班。

吉隆坡国际机场（KLIA）到吉隆坡市区70多公里，往返可搭乘机场出租车（Airport Limo & Taxi Service）和轻快铁（KLIA Express）。从机场搭乘出租车：须先在大厅出口处的柜台办理，说明目的地并交钱买票，到吉隆坡市区约70马币左右，搭乘出租车约用时1小时左右。从机场乘轻快铁抵达吉隆坡市区中心车站（KL Sentral）用时28分钟，车票35马币。乘客抵达市区中心站后可换乘市内轻快铁或出租车前往他地。

马来西亚交通为左行。车速快，机动车辆一般不避让行人。行人过马路时，须走规定的人行道、地道或过街天桥。

马来西亚的旅游资源丰富，旅游景点众多，淡旺季不明显。旅客前往较多的景点有：吉隆坡、云顶、槟城、马六甲、浮罗交怡岛、刁曼岛、热浪岛、邦咯岛等。

八、工作与学习

中国公民赴马来西亚工作和学习应通过正当渠道申请。正常程序为：由马方具有合法经营权的公司或学校提前向移民局等主管部门申请职位，职位批准后，由移民局通知中国公民所在地使领馆颁发短期普通签证。申请人抵马后，再将普通签证换成工作或学生签证。马政府目前只允许中国专业人士来马工作，其他劳务市场如建筑及服务行业并未对中国公民开放。中国公民应提高警惕防止被非法中介欺骗，以免造成巨大经济和精神损失。马方警察及移民局等部门处理中国非法劳务工问题比较严厉，抓扣后会提交法庭审理，并交送监狱或扣留营。

九、移民及国籍政策

马来西亚不承认双重国籍。马对外国公民入籍限制较严格。中马公民通婚后，中国公民一般不能加入马国籍，但可由其配偶申请在马的长期居留签证。中马公民通婚后所生的子女，如其父亲是马公民，所生子女具有马国籍；如女方是马公民，所生子女出生地在马的可申请加入马国籍，出生在外国，较难加入马国籍。

（来源：中华人民共和国外交部网站．http://www.fmprc.gov.cn/chn/wjb/zzjg/yzs/gilb/1256/1256x3/t275332.htm.2006—10—09）

中国公民赴缅甸须知

一、特别提醒

中国公民赴缅甸旅游、探亲、经商、学习等应先前往北京的缅甸驻中国大使馆、驻昆明总领馆或驻香港总领馆办妥缅甸签证。

总体来说，缅甸大中城市社会治安状况良好，恶性犯罪案件不多，但在缅甸北部少数民族武装控制地区目前局势比较混乱，中国公民如赴缅甸旅游、经商应尽量避免前往。

近年来，有些中国公民未经许可擅自入缅伐木、淘金、捕鱼或赌博等，这些均属违法行为，受到缅甸法律的制裁。

目前，缅甸有些地区为敏感地区，缅甸政府限制外国人进入，如出产玉石的帕敢和出产宝石的抹谷均为缅政府划定的禁区，中国公民不要擅自前往。

中国公民在缅甸遇到危险或人身伤害时应在当地及时报警，用法律武器保护自己，并就近向中国使馆和驻曼德勒总领馆求助。

近年来，有不少中国公民在缅甸因签证超期时间太长交不起罚款而无法回国。根据缅甸移民局的规定，签证停留期超期三个月内罚款 3 美金/天，超期三个月后罚款 5 美金/天。签证停留期超期是违法行为，使馆提醒旅缅中国公民要注意自己护照上缅甸签证的停留期限，在超期前及时延期，以免给自己带来不必要的损失。

另外，在缅甸出生的中国小孩必须在出生后一个月内凭出生证和父母的护照、结婚证到中国使馆申办护照，然后及时去缅移民局办理居留许可。出生超过一个月未办居留许可者则按签证停留期超期罚款。

近年来，少数中国公民赴缅甸旅游时，因在市场上购买了未加工的玉石毛坯并试图带出境，被缅甸海关扣留甚至被捕。根据缅甸政府规定，玉石属于国家矿业资源，外国人来缅旅游可在缅正规市场上购买玉石制品（如手镯、挂件、工艺品等），并需要向卖方索要美元正规发票。如在黑市上购买玉石毛坯并带出境是违法行为。到缅甸旅游的中国公民在购买玉石纪念品时，一定要去正规市场购买成品，不可在黑市购买玉石原石并带出境，以免触犯缅甸法律。

由于中缅边境地区缅境一侧多数地段在缅甸政府管辖能力之外，当地有些人为牟取暴利，非法开设赌场，不少中国公民从边境入缅参赌，近年与赌场有关的绑架，勒索，甚至杀人案时有发生，经常有人因欠赌债被赌场扣押而遭遇生命危险。因此大使馆郑重提醒中国公民绝不可冒险入缅境参赌。

二、签证、入境与海关

中国公民进入缅甸，持外交、公务护照可免办签证。凡持因公普通护照和因私护照来缅甸都需办理有效签证。缅甸驻北京大使馆和驻云南昆明的总领馆及驻香港总领馆受理办理签证的业务。目前缅甸较常用的签证种类为旅游签证和商务签证，其中旅游签证一般在缅甸可停留 28 天，不可延期；商务签证一般可在缅甸停留 70 天，可否延期则视情况而定。在缅停留超过 3 个月需办理外侨证，分 1 个月、3 个月和 1 年。（有关签证须知详见《中国公民赴东盟十国签证须知》）

根据缅甸海关的规定，入境时携带两千美元以上者需向海关申报，离境时不可超过入境时所申报的美元金额，否则一旦被查出将被没收。近来，有些中国公司人员试图携带数额较大的美元出境，被海关查出后予以没收，给当事人造成巨大损失。乘航班来缅甸在抵达仰光国际机场或曼德勒国际机场时，需提供填好的入境卡和健康情况卡，另需向海关提交申报单。如实申报所携带的外汇和需申报的物品。游客可免税携带 500 克瓶装酒和 200 支香烟。海关对客人携带的行李一般要开包检查，对违反规定未申报的物品会没收。携带外汇出关需附海关申报单，访客不能将任何专业通讯器材携带入境。

在缅旅游应注意保存好个人护照等证件，如护照遗失后应立即报警并报告使领馆补办。在缅甸旅游可使用美元或缅币。在边境地区和仰光的一些旅游商品店也接受人民币，游客购买珠宝、首饰要向店铺索要政府纳税发票，以供出关时备查。

三、安全形势与治安状况

缅甸的治安情况总体较好，民风淳朴，很少发生重大刑事犯罪案件。2005 年 5 月至今，在仰光发生过 3 起爆炸案，案发地多在商场等人员较集中的地方。中国公民赴缅期间，如遇有预警信息，应尽量避免前往人员集中的地方，如商场、展销会等。

缅甸法律中有不少条款一经有人告发，警方就有权将被告拘留，虽然规定拘留时间不超过 48 小时，但警方也可以调查案情需要为由，延长拘留时间。中国旅缅公民应适应缅甸社会的大环境，从思想上接受当地一些规则和习惯，不可硬套用国内的做法，而且尽量避免与缅甸当地商人发生矛盾，即使发生矛盾须尽量通过协商解决。

如果被警方拘押，因语言不通致使中国公民无法向警方解释案情，还会造成误解甚至冤情。当事人应在被拘押后在警局请求打电话给能懂得中缅文的朋友或熟人充当临时翻译。然后立刻同使领馆取得联系，使领馆将立刻派领事官员前往探视，协助解决问题。

四、常见疾病与医疗状况

缅甸地处热带，气候炎热潮湿，为热带病多发地区，由于经济落后，饮食卫生条件较差，肝炎、肠道病也较普遍。缅甸医院分公立与私立，公立医院价格便宜，但药物缺乏，私立医院条件较好，就诊、药物费用相对较高，普遍高于中国国营医院。缅甸没有实行医疗保险制度。

建议中国公民赴缅前注射肝炎、黄热病疫苗，携带防蚊虫药物及防疟疾、肠道病药品。缅官方迄今没有大规模禽流感疫情报告。

五、当地风俗与法规

缅甸为佛教国家，寺庙林立，僧侣众多，旅游景点也多为佛教圣地。外国人在缅应注意尊重当地宗教习惯，进入寺庙必须脱鞋脱袜，女士着短裙将被谢绝入内。对僧尼应予礼让。

每年4月是缅甸新年即泼水节，泼水节期间外国人可与当地人一道上街泼水相互祝福，但一定要注意尊重当地风俗习惯，不可向僧尼、老年人和警察、邮递员等执行公务人员泼水。

六、物价与供应

缅甸大城市物价基本与中国国内持平。基本生活物品在超市、商场均可买到。缅币汇率浮动较大，1人民币可兑换170缅币左右。缅甸禁止私人买卖外汇，建议不要自行在黑市兑换当地货币，可通过旅行社、酒店兑换。

赴缅旅游观光者可携带少量防晒、防蚊虫物品和防暑、肠道病药品，每年5月至10月期间赴缅可携带雨具。

七、交通与出行

从中国到缅甸旅行，主要有两条空中线路，一是经昆明飞仰光或曼德勒，二是经曼谷飞仰光。陆路主要从滇缅边界口岸进入缅甸。

缅甸主要旅行城市有仰光、曼德勒、蒲甘、东枝等城市以及维莎、羌达和鹣布里海滩。仰光、曼德勒、蒲甘、东枝以及额布里海滩有飞机可以抵达，仰光—曼德勒也有火车，其余交通工具主要是靠长途汽车。缅甸主要旅游景点，在仰光有大金塔、和平塔、佛指舍利塔、玉佛寺等，在曼德勒有皇宫、曼德勒山等，另外蒲甘王朝的佛塔，额布里海滩等都很有特色。在仰光、曼德勒均有四星级宾馆，其余城市只有三星以下宾馆。维莎、羌达海滩旅馆设施较为简陋，但环境安静，海水洁净，没有污染，自然舒适。

在主要城市均有中餐馆，如在仰光喜多娜、商贸大厦两个四星级宾馆里均有中餐厅，其余还有好好食家、福满楼、王府饭店等中餐馆。在曼德勒也有许多中餐馆，但在缅甸的海滩景点却很难找到专门的中餐馆。

八、工作与学习

（一）工作

中国人在缅甸主要从事贸易和服务行业。贸易方面主要经营出口缅土特产、水产、豆类、茶叶、木材、橡胶、宝石、玉石等，进口建材、水泥、钢材、石蜡、日用品、药品、服装、家用电器、机电产品、汽车等。服务行业主要包括超市、食品店、药店、百货店、黄金珠宝店和餐馆等。近年来，旅缅华人经济获得较快发展，一些较有实力的华商已开始转向酒店、房地产、建筑、交通运输和旅游等行业。

中国人申请到缅甸工作，必须有受聘公司的邀请函，说明从事的具体职业，缅甸驻中国大使馆或总领馆会根据具体情况发给1年、半年和3个月不等的工作签证，如果需要继续工作则由受聘公司向移民局申请再延期。特别需要注意的是：缅甸政府对申请工作签证种类有严格限制，如以厨师身份申请工作签证，就只能当厨师不能干别的职业。签证到期必须及时延期，否则会被罚款。

（二）学习

1. 高等院校。2005年底缅甸共有高等院校156所，分属有关部委管理。其中教育部64所、科技部56所、卫生部14所、国防部5所、合作社部5所，其他如文化部、边境地区少数民族发展部、农业与水利灌溉部、林业部、畜牧与水产部、宗教部、公务员选拔与培训委员会、交通部等共36所。

教育部下属较著名的高校有：仰光大学、德贡大学、曼德勒大学、蒙芽大学、实兑大学、马圭大学、东枝大学、勃生大学、密枝那大学、毛淡棉大学和仰光外国语大学等。缅甸目前各类学校尚没有自己的网站，相关信息可通过教育部网站查询。网址：http://www.myanmar-education.edu.mm

2. 申请赴缅留学的渠道和方式。申请赴缅留学主要有两个渠道和方式。一是通过中国国家留学基金管理委员会申请，由国家留学基金管理委员会专家委员会评审后，通过中国使馆向缅教育部门提交申请材料，纳入两国教育交流互换奖学金生序列，国家留学基金资助赴缅的人数由国家留学基金管理委员会确定；另一种方式是由派出单位和个人通过缅驻华使领馆申请，并提交申请材料，纳入自费留学序列。

自费赴缅留学，缅方收取学费1800美元/年。缅甸一学年分为三个学期，每年9月份第4周星期一开学。自费申请赴缅留学，须最迟于6月底前向仰光外国语大学递交申请，申请材料应包括：仰光外国语大学统一印制的申请表、两封推荐信、经过官方证明的申请人学历学位证书、大学毕业证书（或同等学力）复印件（附英文翻译件）、个人简历等。

专科班学制2年，全部考试合格颁发证书。学士学位班学制3年，修完2880学时，全部考试合格授予学士学位证书。

缅甸目前只接受缅甸语言文化和历史方向的外国留学生，招收的学校仅仰光大学、仰光外国语大学、曼德勒外国语大学3所。其中又以仰光外国语大学居多。

3. 关于赴缅留学的特别提醒。缅甸是佛教国家，必须尊重当地的风俗习惯，缅甸高校管理严格，必须遵守各项规章制度，不容许课外打工。

九、移民及国籍政策

根据1982年《缅甸公民法》规定，缅甸公民分为“缅甸公民”、“客籍公民”、“准入籍公民”和“外侨”。任何公民不得兼当其他国公民。

缅甸公民：自缅历1185年或公历1823年之前，就居住在缅甸国境内的克钦、克耶、吉仁、钦、缅、汶、若开、掸等土族公民即为缅甸公民。任何公民不因与外侨通婚而自然失去公民的身份，任何外侨不因与公民通婚而自然得到公民的身份。任何公民如果永远离开国境或加入了外国籍，或申请加入外籍取得了外国护照或类似的证件，其人就中止公民的身份。

客籍公民：根据1948年缅甸联邦公民法令，符合所规定的条件和资格的申请者，获得中央小组（中央小组构成：内政部部长——主席，国防部部长——成员，外交部部长——成员）批准即为客籍公民。中央小组批准为客籍公民者，应亲自到内政部所规定的机构作书面宣誓；愿忠实于国家，愿遵守法令，并认识了解国民应有的责任和权利。

准入籍公民：1948年元月4日之前已在缅甸居住者，或该居民之子女，可以根据尚未申请之理由，以确凿的证据，向中央小组申请成为准入籍公民。在国内、外出生的下列公民之子女，允许申请领取准入籍公民证：1.公民与外侨之子女；2.客籍公民与准入籍公民之子女；3.客籍公民与外侨之子女；4.两位父母都为准入籍公民之子女；5.准入籍公民与外侨之子女。

外侨：是指出生并长期居留在缅甸的外国侨民。外侨年满18岁可以申请准入籍公民身份，如获批准本人必须到内政部规定的机构以书面宣誓本人愿放弃外侨身份，愿忠于国家，愿遵守国家法令，愿承当指定的责任和认识明白享受权。

目前，缅甸没有移民方面的法律规定。

（来源：中华人民共和国外交部网站．http://www.fmprc.gov.cn/chn/wjb/zzjg/yzs/gilb/1271/1271x3/t274267.htm.2006—09—29）

中国公民赴菲律宾须知

一、签证须知

中国公民赴菲需申请入境或过境签证。

由菲方授权的旅行社接待的中国旅游团，可在阿基诺、苏比克、克拉克、佬渥、宿务、达沃和三宝颜国际机场申请停留期为7～14天的落地签证。

持香港特区护照、BNO护照、澳门特区护照或澳葡护照来菲者，7天之内免签。

持台湾“护照”、香港DI（Document of Identity）、CI（Certificates of Identity）或旅行证来菲者，应申请菲方签证。（有关签证须知详见《中国公民赴东盟十国签证须知》）

二、入境须知

（一）毒品走私者将被判处死刑；

（二）对于从事零售买卖的，菲移民局将罚款55,000.00比索并将驱逐出境。

三、海关须知

非法进口严禁物品（武器、爆炸物等）、管制物品（无线电收发机、光盘、录像带等）和控制物品（麻醉剂、化学物、没有医生药方的处方药等），无论数量多少，均违反菲律宾海关法。

严禁携带植物、植物产品、肉类、肉产品、鸟类、蜗牛以及其他活动物和动物产品。

未经菲律宾中央银行批准，任何入出境旅客带入或带出超过1万比索的纸币、硬币、在菲律宾银行提取的支票或其他汇票，均违法，并可能导致上述被没收，且被处以民事处罚或刑事起诉。携带外币不违法。

四、医疗条件

菲律宾医疗条件发展不均衡，医院大多数为私立医院，首都马尼拉地区较发达，有马加智医疗中心（Makati Medical Center）、崇仁总医院（Chinese General Hospital）等，而各省医疗条件则较落后。重症病人一般都需要送到马尼拉的医院治疗，有关费用亦由病人支付。

五、治安状况

菲律宾治安状况较差，绑架案件经常发生。一些恐怖分子或分裂分子经常在南部地区制造爆炸案，首都马尼拉也时有爆炸发生。如遇紧急情况，应保持冷静，尽快与使馆取得联系。

六、交通安全和外出旅行注意事项

菲律宾城市公共交通系统较落后，主要以出租车和“吉布尼”（当地的一种个体出租车，路线固定，可同时载十几人）为主。首都马尼拉市有轻轨铁路。省际旅行以航空为主。

外出旅行应结伴而行，带好防蚊驱虫药品和必要联系电话，尽量避免去南部。

七、紧急联系电话

菲律宾报警电话：117

菲国警情报部值班室：7266863

菲国警情报部外联处：7253849

中国驻菲律宾大使馆：303－7019、0917－8972695

八、常遇问题的法律咨询意见和建议

逾期居留、居留手续不完备、从事与签证种类不符的行为等都违反菲律宾移民法，将有可能被拘捕、罚款并遣返。

菲律宾移民局遣返手续通常为：由移民局检察官提起行政诉讼，经局长委员会审理后，签发遣返令，通常对当事人处以55000.00比索的罚款后遣返回国。该过程少则数周，多则数月。如有律师协助，或申请自愿遣返，可缩短时间。

九、气候及自然灾害状况

菲律宾属热带海洋性气候，高温多雨，湿度大，台风多。年均气温27℃，年降水量2000～3000毫米。

十、国籍政策

根据菲律宾《双重国籍法》，在菲律宾本土出生但已加入其他国籍的菲律宾人在宣誓效忠后，可保留或重新获得菲律宾国籍。

（来源：中华人民共和国外交部网站. http://www. fmprc. gov. cn/chn/wjb/zzjg/yzs/gilb/1231/1231x3/t162782. htm. 2004—09—29）

中国公民赴新加坡须知

一、新加坡签证须知

新加坡驻华使领馆包括驻北京大使馆、驻上海总领馆、驻厦门总领馆（及厦门总领馆驻广州领事办公室）和驻香港总领馆。（有关签证须知详见《中国公民赴东盟十国签证须知》）

二、新加坡出入境须知

（一）入境

几乎所有抵离新加坡的飞机都使用新加坡樟宜国际机场。机场内购物中心、餐厅、医疗、饭店、桑拿等设施一应齐全。北京直飞新加坡约6.5小时。当飞机下降可看到新加坡港内的油轮时，就是快要在机场着陆了。飞机降落在樟宜国际机场大厅二层，从这里乘扶梯到一楼的入境检查站。新加坡过去对留长发、蓄胡须的人拒绝入境，现在只要不过分基本没问题。入境时要向移民局出示护照、签证以及在机上填妥的入/出境卡片。移民局在护照上加盖“允许停留14天”的印章，并将入/出境卡的出境卡交还旅客后，入境手续就算办完。移民局偶尔也会要求旅客出示出境机票，并询问入境目的、停留期间等有关问题。

入境检查结束后，就来到免税店。通常免税店只适应于出境者，但新加坡是个自由港，入境者也可以购买免税品。免税店之后，就是行李提取处。在中央大厅有几条行李传送带，在相应传送带处提取行李。提取行李后，就可以过海关了。办完海关手续后，便到了抵达大厅，也算来到了新加坡。抵达大厅的中心是信息中心，两侧有饭店咨询及汽车出租台。

（二）出境

樟宜国际机场离港大厅设在二层，办理登机手续就在这里。不同的航空公司在不同的柜台。飞机起飞前通常提前2小时办理登机手续。樟宜机场的机场费为15新元，通常已包括在机票内。办理登机手续时，旅客可提出自己希望乘坐的座位。交运托运行李、拿到登机牌后，登机手续就算完成。

此后为出境检查。在离境检查口出示护照及出境卡，移民局盖上出境章就算完成。出境检查结束后，旅客到所要搭乘的航班候机室等候登机。离港大厅内设有免税店、礼品店、书店等商店。飞机起飞前一般提前30分钟开始登机。

三、海关规定

货币：新加坡海关对携带入境的外币没有最高限额。

（一）课税品

酒类（包括葡萄酒、啤酒、麦酒、黑啤酒）；

烟草（包括香烟、雪茄）；

皮包、钱包；

人造珠宝；

巧克力、糖果；

面包、饼干、蛋糕；

（二）免税品

电器制品；

化妆品；

相机、钟表；

珠宝、宝石、贵重金属；

鞋；

艺术创作品、玩具；

（三）免税许可范围

1.游客携带下列物品入境不需付税：

个人用品；

食品如巧克力、饼干、蛋糕等，但价值不得超过新币50元；

2.年满18岁而且不是从马来西亚入境，携带下列物品免税：

烈酒1升；

酒1升；

啤酒、麦酒或黑啤酒1升；

上述免课税品只限个人消费，禁止转售或赠与。如携带入境的物品超出免税范围，超出部分将被课税。转机过境旅客如携带过量物品，其超出免税范围的部分须存放海关，并自负保管费。

另外，携带入境的酒类、香烟的标签、盒面及包装上不得有“新加坡免税品”（SINGAPOREDUTYNOTPAID）字样。香烟包装上有E标志的也不得带入，条装香烟由空运、陆运或海运方式入境都必须付税，免税香烟只售给出境旅客。

（四）其他禁止、管制、限制品

管制药物、精神镇定剂；

鞭炮；

手枪、左轮手枪式打火机；

玩具硬币、纸钞；

盗版刊物、录影带、碟片、录音带；

濒危野生动物及其制品；

淫秽文章、出版品；

危险、叛国物品；

下列物品须有进口许可或有关单位的许可证明：

物品	有关单位	电话
动物、鸟类及其制品	新加坡原产局	63257625
火药、爆裂物、防弹衣、玩具枪、手机等武器	新加坡警察局	68381764
非空白之录音带与录影带、报纸、书、杂志	新加坡新闻与艺术部	62707988
影片、录音带、碟片	新加坡电影检查局	67347348
药物与毒品	新加坡药物管制局	63255637
无线电通讯器材、玩具无线对讲机	新加坡电讯局	18003236538

带入的药品须为新加坡法律所允许的项目，特别是安眠药、镇定剂需有医生处方，证明为旅客随身必备药。

四、新加坡治安状况

最新调查显示，新加坡是受犯罪团伙影响最小的地区，且警察工作效率高、贪污罪案少，因而是全球最安全的经商地。该调查是由总部设在日内瓦的世界经济论坛（WEF）于2002年底展开的，共涉及59个国家，其中包括美国、英国、日本、加拿大，以及南美洲、欧洲和亚洲的诸多国家。受访的世界各地商业界人士一致认为，新加坡有安全的经商环境，刑事犯罪及贪污罪案几乎没有，这是因为新加坡有严厉的内部治安法令。根据新加坡内部治安法令和刑事法，新加坡警察有权扣留危害国家安全与社会稳定的政治犯及私会党徒，有效地阻吓了犯罪的发生。

五、新加坡移民政策

新加坡长期推行自由经济体系，广纳人才，欢迎世界各地的企业家和专业人才来新加坡定居，接收新移民的条件越来越宽。同样地，由于新加坡是双语系国家，华人占其人口的绝大多数，加上中国在地理上比欧、美更近，因此越来越多的中国人把新加坡作为移民的理想之地。移民新加坡大致有以下5种途径。

1. 投资移民。据新加坡政府有关规定，外国人投资150万元新币，可直接申请成为新加坡永久居民。该计划主要针对外国企业家，目的是吸引更多的企业家来新加坡投资。投资者必须先注册有限公司，然后呈交投资计划书和有关文件。投资金以存款方式存在新加坡政府，投资项目至少须经营5年。投资者的家庭成员，包括配偶和21岁以下子女，可直接申请成为永久居民。父母可申请长期亲属签证在新加坡居住。如父母、岳父母需同时申请永久居民，每增加一人，存款需增加30万新币。子女超过21岁，需另外申请，批准机会也很大。

2. 技术移民。新加坡政府欢迎世界各国人才精英来新加坡就业定居。大学学历以上人士、专业技术人才可申请成为新加坡永久居民。首先需由当地公司雇用，获得就业准证（EP)。准证持有人可向移民局递交永久居民申请，批准后成为永久居民（PR)。从申请到批复一般需3～6个月时间。

3. 结婚移民。根据新加坡有关规定，与新加坡公民或永久居民结婚的外国人，均有资格申请成为永久居民，但移民局将视具体个案审批。需指出的是，近年来有以假结婚骗取永久居民身份者被检举，永久居民身份被取消。

4. 特殊移民。海外艺术人才（艺术、摄影、舞蹈、音乐、戏剧、文学、电影等）经过新加坡国家艺术理事会评估，通过推荐可向移民局申请成为永久居民。申请人需提交详细的个人履历及证明材料（相集、报刊报道等)。

5. 自雇移民。雇用自己而达到移民的目的。申请人可先注册一家公司，然后以董事的身份向移民局申请就业准证，也可先以开办公司的名义申请，移民局批准就业准证申请后再注册公司，公司注册后，经移民局核实发出就业准证。获就业准证6个月后，可申请永久居民权。

新加坡永久居民享有的权利：

申请租用或购买政府居屋（购买限已有配偶者)；

子女享受与公民子女相同的教育待遇；

配偶及21岁以下子女可直接申请成为永久居民；

父母可申请家属准证在新加坡长期居留；

成为永久居民2年以上，方可申请新加坡公民。

六、中国公民常遇问题

新加坡就业准证种类

（一）**工作准证**

新加坡人力工作准证司根据《雇用外国劳工法令》负责外国劳工的就业，月薪超过2000新元的外国劳工，须向工作准证司申请工作准证（WORK-PERMIT），亦称“R准证”。新加坡永久居民不需工作准证。工作准证持有人的就业情况，受到劳工税和各行业的客工数量限制等方面的制约。新加坡就业准证分P准证和Q准证两种。

（二）**就业准证**

就业准证分“P”准证和“Q”准证两种。

1. P准证发给具有被承认的专业资格、月薪超过3500新元的专业人士。P准证又分为P1和P2准证，P1准证发给月薪超过7000新元的专业人士。P2准证发给月薪在3500～7000新元的专业人士。

2. Q准证发给具有被承认的资格、月薪超过2000新元的人士。Q准证也分Q1和Q2两种。Q1准证发给月薪超过2000新元、低于3500新元，持有承认学历的人士。对不完全符合Q1准证资格的人士，当局只在特殊情况下发Q2准证。

（三）**工作时间与假期**

新加坡人一般每天工作8小时，每周工作44小时。超时应至少按工资的1.5倍计发。雇员在公司服务的第一年有7天年假，之后每连续在公司服务12个月，就有1天的额外年假，以14天为限。每年有11天的带薪公共假期。法律规定的其他带薪福利包括：

1. 病假：一般为14天，但雇员必须已服务6个月。申请病假时必须出示由诊所或医院出具的医生证明。

2. 怜悯假：雇主一般会给亲人去世的雇员至少3天的怜悯假。

3. 婚假：通常3天。

4. 产假：如女雇员服务已超过180天，每次生产可得到8周的产假。有些公司也给男雇员3天的父亲假。

5. 工伤索赔：如果工人在工作中受伤，可通过以下两种渠道之一申请索赔：通过新加坡政府人力部根据《工伤索赔法令》索赔，或委托律师根据《民法》索赔。

根据新加坡《工伤索赔法令》，各类雇主必须为工人投保工伤赔偿保险，以确保工业意外发生后，工人可以根据该法令向人力部申请赔偿。发生工业意外后，雇主必须安排工人去医院检查治疗，同时也必须在规定的期限内将意外通知人力部或保险公司。如果雇主不按规定及时将意外报告人力部或保险公司，工人应该向新加坡人力部反映，请其督促公司尽快申报。

根据《工伤赔偿法令》或《民法》申请索赔的主要差别是，在《工伤赔偿法令》下，无论导致工伤的原因在雇主还是在工人，工人都会得到赔偿。而在《民法》下，只有导致工伤的原因在雇主时，工人才有可能得到赔偿。如果导致工伤的原因在于工人，工人不但不能得到赔偿，而且还要支付有关律师费用。

（来源：中华人民共和国外交部网站. http://www. fmprc. gov. cn/chn/wjb/zzjg/yzs/gilb/1323/1323x3/t162789. htm. 2004—09—29）

中国公民赴泰国须知

一、泰国基本情况

天气：泰国属热带季风气候，炎热潮湿。热季为每年3～5月，雨季为每年6～9月，凉季为10月到翌年2月。每年平均气温28℃，年温差较小。

衣着：全年可穿着夏季服装，喜欢游泳者可自备泳衣及拖鞋，晚间天气较凉，需要准备长袖外套。

时差：比北京时间晚1小时。

语言：一般为泰语和潮州话，英语在酒店等适用。

饮水：泰国习惯在饮料加冰块，酒店自来水不能引用。

日用品：多数酒店不配备牙膏、牙刷及拖鞋，请自备。

药物：请带一些常用的药物及紧急医疗用品，以备不时之需。

电压：220伏特。

货币：泰国货币单位为铢（Baht），100人民币约兑换泰铢450铢。

安全提示：不要随意帮他人携带或存放任何物品，以免因藏违禁品被检控。在环境卫生较差的地区时，应选择煮熟的食物及包装饮料。夜间避免单独外出，请切记将贵重物品如证件、现金、旅行支票、信用卡、机票、相机等小心随身携带，切勿收藏在行李箱内或留在车中、酒店房间或公共地方。

二、出国前的准备

选择信誉良好的合法旅行社，建议不要参加低团费旅游团，以免到达泰国后，导游安排购物或强行推销自费行程，产生纠纷。了解行程内容（行程中的住宿、交通、餐点、自费行程的选择及安排）。要求旅行社派领有执业证书的领队带团，并要求旅行社安排合格安全的交通工具及旅游活动。参加旅行前说明旅行细节并与旅行社签订旅游契约，同时可向旅行社索取代收转付收据以维护自身权益。自备常用药品或外用药膏，避免携带粉状药物，以免被误认为毒品，孕妇、年长者或健康状况不良者，宜有家人随行，且应先到医院索取附有中文说明的英文诊断书备用。途中如身体不适，不能随便吃别人的药，宜告知领队安排就医。出国前应将行程、国外住宿旅馆电话号码及所参加的旅行社联络电话告知家人，如是个人自助旅行，亦应随时与家人保持联系。携带数张照片备用，另将机票、护照、签证、结汇收据、信用卡等证件影印一份，并且与正本分开携带，以备挂失，或申请补发。

三、出入境有关规定

入境所需证件为有效期至少为6个月的护照、出入境卡（正联入境时收、副联出境时收），出入境卡须用英文填写，其中姓名需用大写字母。

办理入境手续，将出入境卡夹在护照中经移民官员办理入境手续后，到航站取出托运行李，然后拿海关申报单（如需要）到海关检查处接受检查后出海关。旅游者可以带入的免税物品包括香烟200支，酒1公斤。

办理出境手续，每人交付机场税500铢。泰国移民局收去出境卡，并办理离境手续，在护照上加盖出境章。接受安全检查。泰国出境携带泰币不得超过5万铢。

泰国出入境规定较严，游客赴泰国短期观光旅游，须持有泰国大使馆签发的签证。在泰国观光旅游期间，随时要接受移民官员的检查，如超过签证期限，每超过一天被罚款泰币200铢，但最高罚金不得超过2万铢。

所有宗教性和国家文物一律禁止进行交易。旅客携带古董和佛像出境必须事先向泰国国家艺术厅申请批准证。任何商人在泰国逗留期间所赚取的收入必须缴付所得税。所有色情物品、毒品或武器一律禁止出口，违法者会受到严厉处罚。

在泰国博物馆组、野生动物保护组、海关署、泰国政府旅游局、泰国大使馆、领事馆或海外代表办事处，都可索取关于外汇管制及管制项目规定的手册，并了解购买哪些物品，在离境前需向泰国海关的政府机构申请核准。

根据泰国有关规定，允许携带入境免税品数量为：1公斤的甜酒或烈酒，50支雪茄，250克烟丝或200支香烟，5卷胶卷或3卷电影胶片；动植物不准携带入境。旅客可从免税商店购买1公斤酒、200支烟以及一架照相机、一架摄影机和个人佩戴的珠宝饰品出境。

有关规定以泰国官方公告为准。

四、交通注意事项

1. 行车走路靠左行，并遵守交通规则。
2. 搭车旅行时，随时注意自己放置财物的位置。
3. 搭乘出租车时先记下车号，以便能迅速找回遗忘在车内的物品。
4. 在巴士内及公共场所，要特别留意扒手会故意来挤撞你，使您分心后再下手偷窃。
5. 随时携带饭店的名片，万一迷失方向时可用。
6. 避免单独在宁静的街道或是荒凉的地区步行。

五、购物注意事项

不携带太多现金，尽量使用信用卡、旅行支票，同一物品用信用卡付款时宜一次结清，使用信用卡时，应先确认收据上之金额，再予签字。注意保管钱包及贵重物品。即使在照相时，或上洗手间，亦应随身携带，皮包拉链拉好，皮包背在胸前为宜，旅行包、背包虽然便利，却常是小偷偷窃的对象。货比三家不吃亏，购买高价物品时，宜多比较，因为大多物品在购买后不能退货，购买时记得索取完整的收据。购买的珠宝宜随身携带，不以邮寄方式出境，珠宝及蓝宝石在泰国是有分级制的，购买后应向商店索取购买证明。不接受陌生人所提供的游览及自由采购等服务。选择各地的百货公司购物，价格合理且可获品质保证。尊重泰国特殊的宗教信仰，但亦要预防以宗教信仰之由被迫购物。不消费或购买受保护的野生动物及其制品。

六、参加水上活动须知

从事水上活动如游泳、水上摩托艇和快艇、水上跳伞、潜水等注意事项：

参加水上活动宜结伴同行，并了解活动场地是否合法及器材是否正当使用和操作，听从专业教练指导，潜水装备不能替代游泳能力，不会游泳者，不要尝试。事先了解地形、潮汐、海流、风向、温度、出入水点等因素，如上面因素不适合水上活动时，则不要勉强参加。参加外岛的活动行程，宜要求旅行社安排合法的交通船，严格遵守穿救生衣的规定，且应全程穿着，如未提供救生衣，则应主动要求。乘坐游艇及水上摩托艇，不跨越安全海域，不在水上摩托艇、快艇、降落伞等水上活动范围区内游泳。注意活动区域之安全标示、救援设备及救生人员设置地点。应注意自己的身体状况，有心脏病、高血压、感冒、发烧、饮酒、及餐后，不参加水上活动及潜水，感觉身体疲倦、寒冷时，应立即离水上岸。避免长时间浸在水中及暴晒在阳光下，亦不长时间憋气潜水、头晕导致溺毙；潜入水里时不使用耳塞，因压力会使耳塞冲击耳膜造成伤害。潜水时勿以头部先入水，并应携带漂浮装备。乘坐游艇前宜先了解游艇的载客量，如有超载应拒乘，搭乘时不集中甲板一方，以免船身失去平衡。对于旅行社安排行程之外的各种水上活动，参加前应谨慎评估其安全性及自身的身体状况。

（来源：许家康、古小松主编.《中国—东盟年鉴》. 线装书局出版社2007年版）

中国公民赴越南须知

一、签证须知

根据1992年3月15日中越关于互免签证的协

定，中国公民持有效外交、公务、因公普通护照及其使用同一本护照的偕行人入境、出境或者过境越南时免办签证，停留期为30天，如需要延期，须由越方接待单位提出申请，在越南公安部出入境管理局办理。

中国公民持有效普通护照入境、出境或过境越南须事先办理签证。越南驻华大使馆、越南驻广州总领事馆及越南驻昆明总领事馆都可为中国公民签发赴越签证。签证种类分为旅游、商务两种，中国公民可本人前往使领馆办理，或委托旅游公司代办。（有关签证须知详见《中国公民赴东盟十国签证须知》）

二、入境须知

中国公民入境越南时，需要在入境口岸填写一式两联的入出境申报单（英越文），其内容包括入境、海关、动植物检疫等内容，第一联（白色）由越南边境口岸存留，第二联（黄色）入境者保存，以备出境时检查。

入境越南后，一般须在48小时内向留宿地附近的公安机关申报居留。如入住旅店，则由店方负责代为申报。故旅客入住时，一般应将护照或其他旅行证件交由店方保管。

三、海关规定

越南海关规定，入境时如携带3000美元以上（2万元人民币或其他等值货币）、300克以上黄金等必须申报，否则出境时，超出部分将被越南海关没收。国内团组出访，如团费交由专人携带，入境时应申报，或者分散保管，否则，出境时超出3000美元部分将被越海关没收。外国人出境越南时可免税携带香烟200支、雪茄烟50支、烟草250克、酒类1升。

越南海关禁止入境者携带易燃、易爆、易腐蚀、剧毒、放射性、有异味物品、各种黄色书刊、影碟、未经检疫的动植物及武器等入境。

四、医疗条件和医疗保险须知

越南医疗条件近年来不断获得改善。国家公务员、政府工作人员、大公司企业及涉外劳务人员都购买医疗保险，在合同医院看治病。外国人在越南看病一般要到大城市的大医院，例如河内市的越法国际医院、越德医院和白梅医院，胡志明市的大水镬医院等。

五、治安状况

越南总体政局稳定，治安状况良好，但也存在一些偷盗现象，应注意事项：

（一）在出入旅店、市场或其他公共场所时，注意保管好自己的钱包、手机、手表、首饰等，防止不良青年骑摩托车进行抢劫作案。

（二）不要在观光景点让小童擦皮鞋，不要在街道旁、商店外选购流动商贩的货物，防范在周围有他们的同伙偷窃财物。

（三）发现钱财、证件被盗窃或其他意外时应立即与越南导游一起在第一时间到附近的公安值班点报案。

六、交通安全和外出旅行注意事项

越南河内、胡志明市等城市主要交通工具主要为摩托车，因此在越南应注意交通安全，特别是过马路时，最好选择有红绿灯的路口过马路。

在越南期间应去正规酒店或饭店就餐，若在路边大排档或小餐馆就餐时，应注意尽量不吃生冷食品，喝啤酒或饮料时，不要加冰块。

七、涉及中国人常遇问题的有关法律咨询意见和建议

近年来，随着两国人员交往的日益频繁，中越两国公民通婚也有所增加，如中国公民与越南人结婚，按照越南涉外婚姻法，应办理以下手续：

1. 在出生地办理出生公证和未婚公证。

2. 将上述两公证在中国外交部及越南驻华使领馆认证。

3. 前往中国驻越使领馆办理不持异议公证书。

4. 前往越南婚姻登记机关——司法部门与越南人登记。

八、气候及自然灾害状况

越南位于中南半岛东部，地处北回归线以南，属热带季风性气候，高温多雨，年平均气温24度左右，平均年降水量1800毫米～2000毫米。越南北方分春、夏、秋、冬四季，年平均气温23～25度，气候干燥多雾，北方1～3月常小雨连绵。南方雨、旱季分明，大部分地区5～10月为雨季，雨季多有大雨和暴雨；11月至次年4月为旱季。

越南每年7～11月为台风多发季节，一些沿海城市如海防、岘港等受台风影响较重。南部湄公河三角洲每年雨季都会出现洪水，给当地人民生产生活带来严重影响。越中部地区每年5～8月有来自西面干热的内陆风（老挝风），这种热风所到之处，气温可升至40度，成为当地一大灾害。

九、国籍政策

越南国籍法规定，越南政府不承认双重国籍，如他国公民加入越南国籍必须退出原国籍，越南公民加入其他国籍同时即丧失越南国籍。

（来源：中华人民共和国外交部网站．http://www.fmprc.gov.cn/chn/wjb/zzjg/yzs/gjlb/1338/1338x3/t162828.htm．2004—09—29）

区域合作篇

中国—东盟自由贸易区

概述

建立中国—东盟自由贸易区的设想于2000年在新加坡召开的领导人会议期间提出。领导人会晤期间，东盟方面提出中国加入WTO对东盟影响的关注，中国方面提出就中国—东盟之间建立自由贸易区的可行性进行研究。随即成立的中国—东盟经济合作专家组经过研究，向领导人提出了建立中国—东盟紧密经济伙伴关系的建议，其中包括建立中国—东盟自由贸易区，该建议被双方领导人采纳。

到2000年，中国与东盟之间的贸易额达到395亿美元，东盟在中国的商品贸易市场上的份额提高到8.3%，为中国的第五大贸易伙伴，中国在东盟的对外贸易中的份额提高到3.9%，为东盟的第六大贸易伙伴。中国和东盟共有17亿人口，目前国内生产总值为2万亿美元，对外贸易额1.7万亿美元。据全球贸易分析模型（GTAP）计算，如果在中国与东盟之间建立自由贸易区，可以使东盟向中国的投资增加48%，使东盟的GDP增加0.9个百分点；使中国向东盟的出口增加55%，使中国的GDP增加0.2个百分点。中国—东盟自由贸易区不仅可以增加区内贸易，而且会促进外部对区内的投资以及区内本身的投资，从发展区内的角度来看，中国对东盟国家的投资会大大增加。

中国—东盟自由贸易区，是中国与东盟共同协议构建的所有货物贸易取消关税和非关税壁垒，实现涵盖众多部门的服务贸易自由化，建立开放和竞争的投资机制，便利和促进中国与东盟相互投资的贸易区，即指在中国与东盟10国之间构建的自由贸易区，即“10+1”。“CAFTA”是中国—东盟自由贸易区China—Asean Free Trade Area的英文简称。

中国—东盟自由贸易区的建设将会参考东盟自由贸易区的方式。东盟自由贸易区计划始于1992年，原计划用15年时间完成。自由贸易区的建设是通过落实“共同有效优惠关税”计划（CEPT）进行的。建立东盟自由贸易区的时间表一再提前，开放的项目一再扩大。1994年，东盟决定把CEPT完成的时间由15年缩短为10年，即从2008年提前到2003年，规定被列入“暂时排除项目单”的商品2000年到期失效，并使CEPT扩展到未加工的农产品。1998年东盟决定把实施CEPT的时间再提前一年，即到2002年，6个老成员国承诺到2000年把85%的CEPT关税降到0%～5%，2000年把CEPT关税比例提高到90%，2002年提高到100%。新成员中，越南到2003年、老挝和缅甸到2005年实现目标。东盟还制定了“东盟投资区”建设计划，规定东盟老成员到2003年，新成员到2010年完成计划目标。东盟自由贸易区的建设既包括关税减让，也包括非关税削减。为了扫除削减非关税障碍，东盟制定“流转商品便利化框架协议”、“相互承认安排框架协议”等。

中国和东盟之间存在很强的互补性，同时也存在一些相互竞争性很强的产品，因此，在如何安排“敏感产品”的开放，如何保护弱势产品，即如何达到双方互利双赢，还有不少难题需要解决。尤其近几年来，东盟因为金融危机的影响经济陷入困境，经济增长放慢，外资流入减少，使新竞争性产品能力的形成缓慢。而中国避免了金融危机，经济继续保持增长，外资继续大量流入，形成了许多新的具有竞争性的产品，中国与东盟之间出现了新的竞争不平衡的局面，东盟对中国竞争的担心增加。最终东盟还是同意与中国建立自由贸易区，根本原因在于东盟不仅看到了竞争压力的一面，同时也看到了机会的一面。一个拥有13亿人口、经济持续发展的一个大市场，对东盟来说意义是非常重大的。

中国和东盟宣布建立自由贸易区有利于东亚合作进程，成为加快东亚一体化的一个有利因素。从积极的方面来说，可以设想它将可能起到三个方面的效应：一是中国和东盟先行在一个大的范围内建成自由贸易区，把其他国家吸引进来；二是激励其他国家采取更积极的步骤加快与东盟建立自由贸易区；三是推动整个东亚地区自由贸易区建设的步伐，从而激励东亚领导人及早对“东亚合作展望小组”关于建立东亚自由贸易区的建议做出决定，提出落实规划并开始实施进程。

提 出

2000年9月，在新加坡举行的第四次东盟与中国（10+1）领导人会议上，时任中国国务院总理朱镕基提出建立中国—东盟自由贸易区的建议，得到东盟有关领导人的积极响应。2001年11月，在文莱举行的东盟首脑会议期间，中国和10个东盟成员国宣布在未来10年内建成中国—东盟自由贸易区的目标。2002年11月4日，第六次东盟与中国领导人会议在柬埔寨首都金边举行。时任中国国务院总理朱镕基和东盟10国领导人签署了《中国与东盟全面经济合作框架协议》，宣布2010年建成中国—东盟自由贸易区，启动中国—东盟自由贸易区的进程。

目 标

第一，用10年的时间完成所有关税和非关税的削减，消除双方之间存在的关税及非关税壁垒。第二，建立一个综合框架，包含市场一体化的一系列措施，如投资促进、贸易便利化以及和谐的贸易及投资规则与标准。

重要性

建立中国—东盟自由贸易区，是中国和东盟合作历程中历史性的一步。它充分反映了双方领导人加强睦邻友好关系的良好愿望，也体现了中国和东盟之间不断加强的经济联系，是中国与东盟关系发展中新的里程碑。建成后的中国—东盟自由贸易区，将会创造一个拥有18亿消费者、近2万亿美元国内生产总值、1.2万亿美元贸易总量的经济区。按人口算，其将是世界上最大的自由贸易区；从经济规模上看，其将是仅次于欧盟和北美自由贸易区的全球第三大自由贸易区。由中国和东盟10国共创的世界第三大自由贸易区，是发展中国家组成的最大的自由贸易区。

内容框架

由于中国和东盟成员国经济发展水平差距巨大，所处的经济发展阶段各不相同，合作的目标和承受的能力也不尽相同，加上实行的社会制度有所不同，因此，考虑到各国的实际情况，为了兼顾各成员国的利益，中国—东盟自由贸易区关税减让的时间表安排是一个复杂的过程，自由贸易区合作的领域也不仅限于货物贸易自由化，还将扩大到其他领域。中国—东盟自由贸易区的内容可大致概括为以下几方面：

第一，货物贸易关税的减让，分正常类和敏感类。中国—东盟自由贸易区目前存在两个关税时间表：一是中国加入WTO后，关税将按WTO的规则逐渐降低，而在2007年之前，东盟七个成员国（新加坡、马来西亚、印尼、菲律宾、文莱、泰国和缅甸）是WTO成员国，中国与东盟WTO成员国于2003年7月1日实行WTO最惠国关税率。《中国—东盟全面经济合作框架协议》规定中国与非WTO东盟成员国也于2003年7月1日实施WTO最惠国关税率。二是根据《中国—东盟全面经济合作框架协议》的规定，2010年中国和原东盟六国建立自由贸易区，而与东盟新成员国建成的时间是2015年。

中国—东盟自由贸易区的货物贸易关税减让分为正常类和敏感类。

正常类：经各方同意各自实施的最惠国关税税率依照特定的减让表和税率逐步削减或取消，对于中国与原东盟六国，实施期从2005年1月1日到2010年，对于东盟新成员国，实施期从2005年1月1日到2015年。

敏感类：一方根据自身安排纳入敏感类的产品，应依照相互同意的最终税率和最终时间削减或取消，而敏感产品的数量应在各缔约方相互同意的基础上设定一个上限。

由于各成员国经济发展情况不同，中国与东盟各国有不同的关税减让时间表。泰国率先提出与中国进行果蔬零关税贸易，双方已同意于2003年10月1日起将双方的果蔬关税减至0%。越南也提出提前享受果蔬的零关税待遇。同样，其他东盟国家也会根据本国与中国经济的发展情况提出不同的关税减让方案。

第二，早期收获。中国—东盟自由贸易区的关税减让也根据双方的具体情况，分行业制定减税时间表。《中国—东盟全面经济合作框架协议》对中国—东盟自由贸易区的“早期收获”作了规定，产品范围包括活动物、肉及食用杂碎、鱼、乳品、其他动物产品、活树、食用蔬菜、食用水果及坚果。关税减让时间最迟在2004年初开始下调农产品的关税，并于2006年取消全部农产品关税。

第三，逐步取消非关税壁垒（措施），简化和协调关税程序，但仍保留各自对非成员国的贸易保护政策。非关税壁垒（措施）包括但不限于对任何产品的进口或者对任何产品的出口或出口销售采取的数量限制或禁止，缺乏科学依据的动植物卫生检疫措施以及技术性贸易壁垒。

第四，实施有效的贸易便捷化措施，包括但不限于简化海关程序和制定相互认证安排。

第五，逐步实现涵盖众多部门的服务贸易自由化。

第六，中国—东盟自由贸易区对东盟新成员国给予特殊和差别待遇及灵活性。2001年，中国宣布向老挝、柬埔寨和缅甸提供特殊优惠关税待遇，给予非WTO东盟成员国享受WTO最惠国关税税率，以增加从这些国家的商品进口量。2002年11月，中国还宣布免除老挝、柬埔寨、缅甸等国家的全部或部分债务。为推进建立中国—东盟自由贸易区，双方已经落实一些具体的合作项目，中方出资500万美元资助湄公河通航问题，中方愿以援助的方式承建昆明—曼谷公路老挝境内三分之一路段。中方对建设泛亚铁路继续持积极的态度，表示只要东盟最后确定选线方案，中方将尽快启动境内相关线路的修建或改造。

第七，建立中国—东盟自由贸易区，除了货物贸易自由化外，中国与东盟的合作还扩大到金融、旅游、投资、农业、人力资源开发、中小企业、产业合作、知识产权、环境保护、林业及其产品、能源及次区域开发等领域。在2001年东盟和中国“10+1”首脑会议上，双方领导人确定了中国与东盟在新世纪重点加强五个领域的合作：农业、信息及通讯技术、人力资源开发、投资和湄公河流域开发。

农业合作。农业在中国与东盟国家中均占有十分重要的地位，双方在农业技术、农作物品种、农产品加工、农产品市场等方面存在十分明显的互补性。双方签署了《中国与东盟农业中长期合作谅解备忘录》，双方在农业方面的技术培训与合作开展顺利。

金融合作。1997年东南亚金融危机后，中国与东盟有关国家签订了《清迈倡议》。2001年12月和2002年3月、6月，中国分别同泰国、日本、韩国签署了双边货币互换协议。中国与其他东盟国家也就双边货币互换协议开始接触。中国与东盟举办各种研讨会和培训班，以加强金融方面的合作。

投资合作。加强投资领域的合作，创造透明、自由和竞争的投资机制，提供投资保护，便利和促进中国—东盟自由贸易区的投资。

信息技术合作。中国积极支持并参加“电子东盟”建设，将加大对东盟人员信息技术的培训力度，积极参加东盟国家信息通讯基础设施的建设。中国与东盟将签署《中国与东盟信息产业中长期合作谅解备忘录》。中方举办多期培训班，为东盟培训信息技术方面的人才。

人力资源开发合作。自宣布加强中国与东盟在人力资源开发方面的合作以来，中方向中国—东盟合作基金出资500万美元，举办了通讯技术与管理、人员交流、地震学、社会保障、农药管理、商务信息网、农业技术、交通管理技术、艾滋病实验室、媒体等研讨会和培训班，效果良好。

旅游合作。中国和东盟都积极发展旅游业。目前，东盟10国均已成为中国公民出国旅游目的地国。中国还与泰国、新加坡、菲律宾、越南、缅甸等东盟国家分别签署了政府旅游合作协定或旅游合作谅解备忘录。2002年1月23～25日，第一次东盟和中、日、韩“10+3”旅游部长会议在印尼日惹召开，标志着在“10+3”框架下的旅游合作正式启动。

非传统安全领域的合作。中国与东盟除了加强以经济为重点的合作外，还拓展非传统安全领域的合作，如打击跨国犯罪、禁毒、防治艾滋病、环境保护、打击恐怖主义等领域。中国已与缅甸、泰国、越南、柬埔寨、老挝和联合国禁毒署共同建立了六国七方禁毒合作机制，与东盟签署了《东盟和中国禁毒合作行动计划》，与缅甸、老挝、泰国举行了四国禁毒合作部长会议，在禁毒技术和人员培训、替代种植等方面，中国给予了东盟北部国家大力支持。在打击跨国犯罪方面，中国提出中国与东盟目前可重点建立高效的情报交流机制，并加强执法人员的交流和培训。2002年5月，中方在东盟地区论坛上提交了《关于加强非传统安全领域合作的中方立场文件》。2002年11月，在柬埔寨金边召开的东盟与中国“10+1”首脑会议上，将反对恐怖主义与地区安全纳入中国与东盟合作议题。

2003年上半年，面对SARS的挑战，中国与东盟国家加强了合作。双方于2003年4月26日在马来西亚吉隆坡召开的东盟和中国、日本、韩国“10+3”卫生部长会议，4月29日在泰国曼谷召开的东盟和中国首脑特别会议上，分别发表了《东盟与中、日、韩卫生部长会议关于SARS的联合声明》和《中华人民共和国与东盟国家领导人特别会议联合声明》，双方决定就防治SARS和重振地区经济与信心进一步加强合作。SARS的挑战使中国—东盟自由贸易区的合作进一步扩大到医疗卫生以及应对突发事件等领域。

第八，中国—东盟自由贸易区的标准将以东盟自由贸易区为基础，与WTO倡导的贸易自由化宗旨和目标相一致（如便利和促进对与贸易有关的知识产权进行有效和充分的保护），同时，它在市场开放程度上比WTO更进一步。

此外，中国—东盟自由贸易区的谈判内容还包括原产地原则，配额外税率的处理，补贴、反补贴措施及反倾销措施的各项规定等。

（来源：新桂网 http://www.gl.gxnews.com.cn/news/20051018/2005zlhb/203645.htm. 2005—10—18）

发展进程

1997年12月，中国和东盟领导人在首次东盟—中国领导人非正式会议上确定了建立睦邻互信伙伴关系的方针。为扩大双方的经贸交往，时任中国国务院总理朱镕基1999年在马尼拉召开的第三次中国—东盟领导人会议上提出，中国愿加强与东盟自由贸易区的联系，这一提议得到东盟国家的积极回应。2000年11月，时任中国国务院总理朱镕基在新加坡举行的第四次中国—东盟领导人会议上首次提出建立中国—东盟自由贸易区的构想，并建议在中国—东盟经济贸易合作联合委员会框架下成立中国—东盟经济合作专家组，就中国与东盟建立自由贸易关系的可行性进行研究。

2001年3月，中国—东盟经济合作专家组在中国—东盟经济贸易合作联合委员会框架下正式成立。专家组围绕中国加入世界贸易组织的影响及中国与东盟建立自由贸易关系两个议题进行了充分研究后，建议中国和东盟用10年时间建立自由贸易区。这一建议经过中国—东盟高官会和经济部长会议的认可后，于2001年11月在文莱举行的第五次中国—东盟领导人会议上正式宣布。

2002年11月，第六次中国—东盟领导人会议在柬埔寨首都金边举行，时任中国国务院总理朱镕基和东盟10国领导人签署了《中国—东盟全面经济合作框架协议》，决定到2010年建成中国—东盟自由贸易区。这标志着中国—东盟建立自由贸易区的进程正式启动。

1995～2002年，中国与东盟双边贸易额年均增长15%。

2003年，中国与东盟双边贸易额达到了历史性的782亿美元。比2002年增长42.9%。

2004年1月1日，中国—东盟自由贸易区早期收获计划实施，下调农产品的关税，到2006年，约600项农产品的关税降为零。

2004年10月30日，在第十次东盟首脑会议举行，在中国总理温家宝和东盟10国领导人见证下，中国与东盟签署了《中国—东盟全面经济合作框架协议货物贸易协议》，时任中国商务部部长薄熙来与东盟10国经济部长共同签署了《中国—东盟全面经济合作框架协议争端解决机制》。这标志着中国—东盟建设自由贸易区进程的全面启动进入实质性执行阶段。东盟并在协议中承认中国的市场经济地位。

2007年11月20日，国务院总理温家宝在新加坡出席第十一次中国与东盟领导人会议。（来源：新华社）

2005年4月，中国国家主席胡锦涛访问文莱、印尼和菲律宾时提出，到2010年，中国和东盟双边贸易额达到2000亿美元。

2005年7月20日，中国—东盟自由贸易区《中国—东盟全面经济合作框架协议货物贸易协议》降税计划开始实施，中国和东盟的7000种产品在大幅降低关税、免配额以及其他市场准入条件进一步改善的情况下，更加顺畅地进入对方市场，这有利于东盟国家的产品扩大对中国市场出口，也有助于中国企业以更低成本从东盟进口原材料、零部件和设备。

2005年7月中国—东盟自贸区《中国—东盟全面经济合作框架协议货物贸易协议》实施以来，中国对东盟各国已减免了5375种产品的关税，平均税率从9.9%降到5.8%。同时，东盟各国对中国的平均关税也有不同程度的降低。

2006年，中国与东盟贸易额达1608.4亿美元，同比增长23.4%，其中中国进口895.3亿美元，增长19.4%；出口713.1亿美元，增长28.8%。

2007年1月14日，中国与东盟10国签署了中国—东盟自贸区《中国—东盟全面经济合作框架协议服务贸易协议》。这是中国—东盟经贸合作领域的又一重大成果，标志着中国—东盟自贸区建设向前迈出关键的一步。

2007年7月1日，中国—东盟自由贸易区《中国—东盟全面经济合作框架协议服务贸易协议》开始正式实施。

2007年1～7月，双边贸易额达1097.7亿美元，同比增长27.5%，其中中国进口587.7亿美元，增长22.4%；出口510.0亿美元，增长34.0%。

到2010年，中国—东盟自由贸易区建成后，东盟对中国的出口将增长48%，中国对东盟的出口将增长55%，对东盟和中国国内生产总值的增长贡献将分别达到0.9%（约合54亿美元）和0.3%（约合22亿美元）。

（来源：国际商报、新华网、广西壮族自治区人民政府门户网站）

大湄公河次区域合作

背景

大湄公河次区域经济合作（GREAT MEKONG SUBREGION COOPERATION，简称GMS）是由亚洲开发银行于1992年根据银行成立时制定的宗旨，和其章程中关于促进银行发展中国家成员间合作的授权，并为贯彻银行于1991年通过的中期发展框架性计划，经与湄公河沿岸中、柬、老、泰、缅、越等六国进行一系列磋商后发起的项目。在1991年至1995年间亚洲开发银行根据六国政府的要求，进行了两次比较大规模的大湄公河次区域经济合作可行性研究（称为可行性研究第一阶段和可行性研究第二阶段）。这两次研究得到了包括中国中央政府、云南省政府在内的六国政府的全力支持和配合。最后框架性报告得出大湄公河次区域经济合作是大势所趋，人心所向的结论，这为未来直至今天的合作奠定了坚实的基础。

大湄公河次区域的范围以及依据：亚行把促进亚太地区发展中国家之间的合作定名为区域经济合作，为此在亚太区域经济合作框架下的中、柬、老、缅、泰、越之间的合作定名为次区域经济合作。除柬、老、缅、泰、越之外，中国指的是中国云南省。大湄公河次区域的界定有以下八个方面的理由：

大湄公河次区域经济合作第三次领导人会议在老挝首都万象开幕。中国国务院总理温家宝（右三）同与会领导人和亚行行长合影

1. 共同拥有湄公河。湄公河在六国的经济生活中占有重要地位。六国都需要在湄公河开发利用方面加强合作；

2. 六国除泰国外均属转型经济；

3. 六国都推进对外开放；

4. 六国都是资源富集地区，在合理使用低廉劳动力来进行开发方面各国相互间有巨大互补关系；

5. 各国边贸日趋繁荣；

6. 基础设施极为落后，其中中国云南省和老挝无出海口；

7. 六国发展资金极度匮缺；

8. 六国文化背景极为相似。

大湄公河次区域经济合作部长级会议：大湄公河次区域经济合作项目启动后，为保证相关的投融资计划与亚行按成员国组成董事会决定重大投融资事项的体制相衔接并讨论和决定大湄公河次区域经济合作的重大问题，大湄公河次区域经济合作部长级会议应运而生。

位 置

大湄公河次区域涉及澜沧江—湄公河流域内的中国、缅甸、老挝、泰国、柬埔寨、越南，面积256.86万平方公里，总人口约3.2亿，连接中国和东南亚、南亚地区，地理位置十分重要。

贯穿大湄公河次区域的澜沧江—湄公河是亚洲一条重要的国际河流，中国境内段称为澜沧江，中国境外段称为湄公河。澜沧江—湄公河发源于中国青藏高原唐古拉山，自北向南流经中国青海、西藏、云南三省区和缅甸、老挝、泰国、柬埔寨、越南五国，于越南胡志明市附近注入南中国海，全长4880公里。

合作目标

加强经济联系，消除贫困，促进发展

主要机制

亚洲开发银行大湄公河次区域合作（GREAT MEKONG SUBREGION COOPERATION，简称 GMS）

亚洲开发银行大湄公河次区域合作项目自1992年起开始实施，经过初期规划、项目选择，现已进入项目实施阶段。亚洲开发银行大湄公河次区域合作范围，包括湄公河流域老挝、缅甸、柬埔寨、泰国、越南五国和中国云南省，涉及7个合作领域，即：交通、能源、电讯、环境、旅游、人力资源开发以及贸易与投资。该合作机制分为两个层次，其一是部长级会议，自1992年起每年一次。其二是司局级高官会议和各领域的论坛（交通、能源、电讯）和工作组会议（环境、旅游、贸易与投资），每年分别举行会议，并向部长级会议报告。

亚洲开发银行大湄公河次区域合作是湄公河开发三个国际合作机制中起步较早，并取得实质性进展的机制。自1992年起，亚洲开发银行为湄公河流域国家的基础设施建设累计提供贷款7.7亿美元，帮助融资2.3亿美元，已经在运输和能源领域完成了9个项目。截至2001年，亚洲开发银行共向大湄公河次区域开发项目提供32个、累计2500万美元的技术援助。亚行除向湄公河开发项目提供技术援助外，还利用自身的影响和担保作用，呼吁西方发达国家尤其是私人投资者为这些备选项目提供融资。湄公河沿岸各国政府也十分重视亚洲开发银行大湄公河次区域合作项目。目前亚洲开发银行大湄公河次区域合作的重点是加强次区域的基础设施建设和有关贸易投资政策等软环境建设。

东盟—湄公河流域开发合作（ASEAN—MEKONG BASIN DEVELOPMENT COOPERATION，简称 AMBDC）

东盟—湄公河流域开发合作于1996年6月在马来西亚首都吉隆坡举行首次部长级会议。根据会议通过的框架协定，部长级会议将至少每年举行一次，两次部长级会议期间由成员国选派司局级官员举行指导委员会会议，为部长级会议做准备并提供政策建议。同时确定基础设施建设、投资贸易、农业、矿产资源开发、工业及中小企业发展、旅游、人力资源开发和科学技术等八大合作领域。东盟—湄公河流域开发合作第一次部长级会议确定由东盟7国加湄公河沿岸国老挝、缅甸、柬埔寨和中国为该合作机制的核心国。随着老挝、缅甸和柬埔寨三国相继加入东盟，日本和韩国也应邀加入东盟—湄公河流域开发合作之后，东盟—湄公河流域开发合作组织核心实际上就是东盟10国加中、日、韩3国的区域合作格局。

东盟—湄公河流域开发合作第一次部长级会议开过后不久，受亚洲金融危机的影响，部长级会议因此中断，从1997年起至1999年连续三年没有举行。直到2000年，随着亚洲各国逐渐摆脱金融危机的阴影，第二届东盟—湄公河流域开发合作部长级会议于2000年7月初在越南首都河内召开，会议根据日本和韩国政府的申请，讨论了吸收日韩为东盟—湄公河流域开发合作核心成员的问题。东盟—湄公河流域开发合作第三届部长会议于2001年10月8～9日在泰国清莱举行。此后，东盟—湄公河流域开发合作的主席国将在各核心成员之间轮任。

湄公河委员会（MEKONG RIVER COMMISSION，简称 MRC）

新湄公河委员会（MRC）是在 1957 年成立的湄公河下游调查协调委员会（老湄公河委员会）的基础上产生的。1995 年 4 月，湄公河下游泰国、老挝、柬埔寨和越南四国在泰国清莱签署了《湄公河流域可持续发展合作协定》，承认“湄公河流域和相关的自然资源及环境，是沿岸所有国家争取经济和社会富足以及提高本国人民生活水平的具有巨大价值的自然资产。”四个国家决定在湄公河流域开发和管理的一切领域，包括河流资源、河上航运、洪水控制、渔业、农业、发电及环境保护等所有可能产生跨越国界影响的领域进行合作。

依照协定建立的新湄公河委员会（MEKONG RIVER COMMISSION），取代原来的湄公河临时委员会。新湄公河委员会的职责范围并不限于调查和协调湄公河下游水资源的综合开发，而是根据可持续发展思想，强调对整个湄公河的水和相关资源以及全流域的综合开发制定计划并实施管理。新湄公河委员会由三个常设机构组成：即理事会、联合委员会和秘书处。理事会由每个成员国派一名级别不低于司长级官员组成，每年至少举行两次会议。秘书处负责为联合委员会和理事会提供技术和行政服务，其工作在首席执行官（CEO）的领导下进行，而首席执行官的任免则由理事会决定。湄公河委员会各成员国还成立了本国负责该国的湄公河开发和协调任务的机构。新湄公河委员会自成立之日起，就邀请上游的两个国家中国和缅甸加入该组织，并于 1996 年开始与两国定期举行对话会，迄今已举行过 6 次对话会。

（来源：云南电子政务门户网站：http://www.ynnic.gov.cn/yunnan,china/76844872044118016/20050625/379410/.html. 2005—06—25）

领导人会议

领导人会议是大湄公河次区域经济合作的最高决策机构，每三年召开一次，各成员国按照国名字母顺序轮流主办。

2002 年 11 月 3 日，首次领导人会议在柬埔寨首都金边举行。与会六国领导人总结了过去 10 年取得的成就和成功经验，确认未来 10 年的合作前景及承诺，进一步加强六国伙伴关系。时任中国国务院总理朱镕基出席会议并作了主旨发言，敦促湄公河各国加强合作，发挥各自优势，加快经济增长步伐。会议批准了《次区域发展未来十年战略框架》，使次区域合作进入了一个新阶段。会议还发表了联合宣言并决定，从 2002 年起在成员国轮流举行一次大湄公河次区域领导人会议。会后，有关国家签署了《大湄公河次区域便利运输协定》谅解备忘录、《大湄公河次区域便利运输协定》中方加入书和《大湄公河次区域政府间电力贸易协定》。

2005 年 7 月 4～5 日，大湄公河次区域经济合作第二次领导人会议在中国昆明举行，温家宝总理主持会议，并在会议开幕式上发表讲话。会议围绕“加强伙伴关系，实现共同繁荣”的主题，进行深入讨论并达成广泛共识，确立了以“相互尊重、平等协商、注重实效、循序渐进”为主要内容的合作指导原则，并发表了《昆明宣言》。与会六国领导人签署便利客货运输、动物疫病防控、信息高速公路建设和电力贸易等多项合作文件，批准贸易投资便利化战略行动框架和生物多样性保护走廊建设等多项合作倡议。

2008 年 3 月 30～31 日，大湄公河次区域经济合作第三次领导人会议在老挝万象举行，六国领导人围绕“加强联系性、提升竞争力”的主题，就加强基础设施互联互通，贸易运输便利化，构建伙伴关系、促进经贸投资，开发人力资源、增强竞争力，可持续的环境管理，次区域合作与发展伙伴关系等六大方面的合作构想交换意见。温家宝总理在会上就加强次区域合作阐述中方倡议主张。与会各国领导人签署《领导人宣言》，指出大湄公河次区域经济合作面临的机遇与挑战以及未来行动的方向，提出 2008～2012 年大湄公河次区域经济合作发展行动计划。与会领导人还签署《实施次区域跨国电力贸易路线图谅解备忘录》以及《经济走廊可持续与均衡发展谅解备忘录》等一系列合作文件。

进 展

最近 16 年来，大湄公河次区域已经成为世界上发展最快和东亚一体化速度最快的地区之一，年平均经济增长速度超过 6%，在基础设施建设和经贸领域均取得显著的突破和进展。

GMS 经济走廊的发展分为三个阶段：交通走廊建设阶段、物流走廊建设阶段、经济走廊建设阶段。2007 年沿南北、东西、南部走廊城市间的铁路、公路、水运等基础设施建设已初具规模，交通状况等得到明显改善。

大湄公河次区域经济合作以项目为主导，根据区域内成员的实际需要提供资金和技术支持。2008 年 3 月 21 日，合作重点项目之一的昆明—曼谷公路（昆曼公路）中国路段全线贯通。作为连接东南亚、南亚国家的 4 条陆路通道之一，昆曼公路对于完善区域路网结构，优化地区投资环境，促进区域经济交流，推动各国经济社会全面发展具有重要意义。

自合作机制启动以来，各国围绕基础设施建设、跨境贸易与投资、私营部门参与、人力资源开发、环境保护和自然资源可持续利用五大战略重点加强合作，取得显著成果。

截至2007年底，在次区域经济合作框架内，在交通、能源、电信、环境、农业、人力资源开发、旅游、贸易便利化与投资九大领域共开展180个合作项目，其中投资项目达34个，总投资达98.7亿美元，技术援助项目146个，涉及资金1.66亿美元。

大湄公河次区域其他各国都是中国的友好邻邦，与中国的传统友谊源远流长。中国历来重视参与大湄公河次区域经济合作，不断推进与次区域各国的睦邻友好关系。自2005年大湄公河次区域经济合作第二次领导人会议以来，中国政府进一步大力推进次区域经济合作，并在各种协调机制中发挥着积极作用，取得丰硕的成果。

中国与大湄公河次区域其他国家之间双边贸易持续保持良好发展势头，贸易结构逐步改善，双边投资额也有较快增长。2007年，中国与柬埔寨、老挝、缅甸、泰国、越南贸易额分别为9.33亿美元、2.49亿美元、20.57亿美元、346.38亿美元和151.15亿美元，比2004年分别增长193.6%、218.4%、179.7%、199.7%和224.2%。

中国在次区域其他五国积极开展的劳务承包和设计咨询的合同额和营业额逐年上升。中国还以合作或独资等方式参与柬埔寨、泰国、越南的经贸合作区开发建设，促进了当地的经济发展。在交通、能源、电信、环境、农业、人力资源开发、旅游、贸易便利化与投资等领域，中国援建南北经济走廊老挝段、建设中国南方电网220千伏、110千伏送电通道项目、援建了柬老缅三国境内信息高速公路工程、率先提出并大力推动生物多样性保护走廊项目、艾滋病防控试点项目，并积极落实大湄公河次区域经济合作旅游发展战略。中国与次区域其他各国合作不断拓展和深化。

中国签署《大湄公河次区域便利货物及人员跨境运输协定》及其附件和议定书；积极参与泛亚铁路合作，组织开展泛亚铁路境内和境外段调研；利用中国政府对外援助资金，先后完成柬埔寨和缅甸境内路段的勘探工作；与泛亚铁路东、中、西3个方案相对应的中国境内段项目均列入中国的《中长期铁路网规划》和《铁路“十一五”规划》。

在贸易投资和农业领域，中国制订并已开始正式实施《贸易投资便利化战略行动框架》中国行动计划；2007年4月中国主办首届大湄公河次区域经济合作农业部长会议，而由中国政府牵头组织建设和管理的“大湄公河次区域农业信息网”也于当月开通运行，为次区域各国农业信息交流提供一个重要平台。

国际关注

在国际政治多极化、世界经济全球化和区域化迅速发展的推动下，澜沧江—湄公河次区域国际合作成为亚太地区经济、贸易及投资的新热点。自亚洲开发银行倡导大湄公河次区域合作以来，西方发达国家以及东盟对该地区合作都高度重视，纷纷参与到该区域合作中来。

日本一直是湄公河开发的重要捐助国，20世纪80年代末，日本在向东南亚大举推出直接投资的同时，也对湄公河流域进行大量调查研究。日本外务省先后主导并召开“印支综合开发论坛”，日本经团联海外咨询企业协会对澜沧江—湄公河全流域经济、社会、投资、贸易、产业进行大量研究，形成日本参与湄公河开发合作的一整套计划。同时，日本还积极要求参加东盟—湄公河流域开发合作机制，并已获准成为该合作机制的核心国。20世纪70年代以前，美国曾较多地参与湄公河的开发。越战结束后，美国的直接参与有所减少，主要是通过国际机构和跨国公司发挥影响。欧洲及其他西方国家大部分是通过官方的开发援助和直接投资，捐助开发和研究等方式参与澜沧江—湄公河的开发合作。如澳大利亚、新西兰、瑞典等国积极参与湄公河开发，以官方开发援助和人力资源开发为主。英法等国在多极化的推动下，重点的投资、捐助和合作主要集中在原旧殖民地国家。欧盟及其他欧洲国家以亚欧首脑会议为契机，对湄公河开发也有一定兴趣，已在“共同合作湄公河开发计划”方面达成共识，表示积极支持开发合作。

东盟近年来也越来越重视湄公河流域开发合作。1995年，第五次东盟首脑会确定东盟走向21世纪的战略发展目标，决定加快东盟经济政治一体化的进程，并将“东盟自由贸易区”计划从2008年提早到2003年实现。为实现10国“大东盟”计划，东盟积极地介入湄公河开发计划，考虑到东盟的几个新盟员是该地区经济较不发达的国家，经济、社会、政治、法律制度及历史文化背景与原东盟成员国之间有较大差异和距离，考虑到这一地区与中国的密切关系，1996年6月在吉隆坡召开东盟—湄公河流域开发合作第一次部长级会议，通过《东盟—湄公河流域开发合作基本框架》，以提高湄公河流域国家的经济水平，加速将湄公河沿岸国如老挝、缅甸和柬埔寨纳入东盟的轨道；同时，也将“东盟—湄公河流域开发合作”作为东盟与中国经济合作关系的重要组成部分。

泛北部湾经济合作论坛

2006年环北部湾经济合作论坛概况

背景

2002年11月中国与东盟在柬埔寨金边签署《中国—东盟全面经济合作框架协议》，2005年中国与东盟双边贸易额突破1000亿美元，东盟成为中国第5大贸易伙伴、第5大出口市场和第4大进口来源地，双边投资贸易合作具有极大的增长空间与发展潜力。

2004年5月中越两国总理会商提出建设“两廊一圈”，即南宁—河内—海防、昆明—河内—海防经济走廊和环北部湾经济圈的设想。这一重大战略构想已得到两国政府的认同。从区域经济发展水平和次区域合作态势出发，环北部湾是一个大北部湾概念，新加坡、马来西亚、菲律宾、文莱、印尼也属于这个范围，有可能最终形成一个中国—东盟自由贸易区（CAFTA）新的增长极。该区域既是中国与东盟的结合部，又是泛珠三角区域和中国—东盟自由贸易区交汇点，还是中国西南地区最便捷的出海口及参与国际区域合作的一个前沿地带，区域内拥有诸多大中城市，自然资源丰富，人力资源充足，基础设施发达，工业配套设施齐备，市场与经济腹地广阔。推进环北部湾区域经济和其他领域的合作，对于我国发展与东盟国家的睦邻友好关系，深化国际国内区域合作，加快推进中国—东盟自由贸易区建设，培育中国区域增长格局的新亮点有重要意义。

宗 旨

论坛将以促进环北部湾区域合作发展为宗旨，搭建一个长期性的、开放式的研究、交流、探讨和宣传的平台，促进中、越、新、马、菲、文、印在环北部湾区域合作机制、资源开发、产业协作等领域的交流，并积极推动在国家及省区政府层面形成中国—东盟自由贸易区框架下的“环北部湾合作委员会”的次区域合作机制，为中国—东盟自由贸易区的推进注入新的元素。

定 位

国家部门与地方相结合

环北部湾合作既是区域战略，也是国家战略；既是国内发展战略，也是对外开放战略；既是国内合作战略，也是国际合作战略。国家有关部门参与指导研究至关重要。

国际与国内相结合

环北部湾区域的发展问题不仅仅是国内区域战略格局的一部分，更是中国—东盟自由贸易区框架下的次区域合作，需要周边国家和地区以及亚洲开发银行、世界银行、联合国开发计划署（UNDP）、联合国工业发展组织（UNDIO）等国际组织的积极参与。

核心区域与辐射区域相结合

环北部湾区域的可持续发展、跨越式发展还需要更多的发达国家和地区参与进来。作为开放式的论坛，积极吸收云南、重庆、西藏、青海、贵州、四川、湖南以及东盟所有其他国家，日本、韩国、港台等东亚发达国家和地区的代表以观察员的身份参加论坛。

主 题

共建中国—东盟新增长极

主要议题

专题一：环北部湾区域合作的未来发展

专题二：环北部湾区域合作机制的建立与途径

专题三：环北部湾区域发展战略选择

组 织

主办单位：

国务院西部地区开发领导小组办公室

中国财政部

中国人民银行

国务院发展研究中心

人民日报社

亚洲开发银行

广西壮族自治区人民政府

承办单位：

北部湾（广西）经济区规划建设管理委员会办公室

综合开发研究院（中国·深圳）

国家发改委宏观经济研究院

商务部国际贸易经济合作研究院

广西壮族自治区发改委

广西壮族自治区商务厅

广西壮族自治区财政厅

协办单位：

新加坡、马来西亚、越南、菲律宾、印尼、文莱六国的重要研究机构

广东省政府发展研究中心

中国（海南）改革发展研究院（CIRD）

2007泛北部湾经济合作论坛概况

提出与构想

首届泛北部湾合作论坛提出了构建泛北部湾经济合作区，将中国与越南的环北部湾经济合作延伸到隔海相邻的马来西亚、新加坡、印尼、菲律宾和文莱等东盟中临近北部湾的国家，通过积极推动泛北部湾经济合作，逐步提升为中国与东盟之间一个新的次区域合作项目，再加上已经形成的大湄公河次区域合作以及以交通干线为依托的南宁—新加坡经济走廊，构建中国—东盟“一轴两翼”区域经济合作新格局。推动泛北部湾合作的构想得到中国国家领导人的充分肯定和积极支持，也得到东盟有关国家领导人的积极回应，在第三届中国—东盟商务与投资峰会和第十次中

国与东盟领导人会议上，温家宝总理两次代表中国政府正式提出要“积极探讨泛北部湾经济合作的可行性”的倡议。

关于北部湾及环北部湾经济合作

中国地理概念的“北部湾”是指北部湾海域的广东省雷州半岛、海南省西部、广西壮族自治区南部沿海和越南的北部沿海地区。

根据2003年10月8日签署的《中华人民共和国与东盟国家领导人联合宣言》关于“中方将加大对‘东盟一体化倡议’的投入，支持各项次区域合作，包括文莱、印尼、马来西亚、菲律宾的东盟东部增长区、东西走廊计划和柬埔寨、老挝、越南三国的‘增长三角’在内的次区域合作，东盟也准备参与中国的西部大开发”的精神，环北部湾经济合作论坛将中国、越南、新加坡、马来西亚、菲律宾、文莱、印度尼西亚入到环北部湾次区域经济合作范畴，携手共建中国—东盟新的增长极，因此，这里的“环北部湾”实际是“泛北部湾”概念。

背景

随着经济全球化的迅速发展和区域经济一体化趋势的不断加强，中国与东盟战略伙伴关系日益密切，中国—东盟自由贸易区建设顺利推进，泛北部湾地区作为中国与东盟跨海联结的纽带，以其独特的地理位置、丰富的自然资源、良好的合作基础和广泛的发展前景，日益受到各方的关注，在共赢发展的基础上，推动该区域合作与开发的要求也日益迫切。

《中国—东盟全面经济合作框架协议》签署，启动了中国与东盟自由贸易区建设进程，推动双方经济合作向新的广度和深度扩展。《中华人民共和国与东盟国家领导人联合宣言》指出，中方支持东盟各项次区域合作。《南海各方行为宣言》促进了有关国家海上合作的加快实施等，为这一区域的合作与发展创造了良好的宏观环境。

意义

全面推动泛北部湾区域经济合作，顺应了经济全球化和区域经济一体化的趋势，符合中国—东盟一系列协定、宣言和领导人共识，符合泛北部湾各国当前和长远利益。有利于推进海上东盟建设，实现陆地合作与海上合作的结合，合力提升本地区的整体竞争力；有利于扩大区域市场和经济发展的空间，创造新的、更多的经济增长点；有利于共同吸纳与更合理地运用国际资本和外部资源，促进在更高水平、更深层次上的国际经贸合作，推动东亚整体合作的深入发展；有利于形成有效的经济合作平台，促进相关国家加强沟通，消除障碍，实现互利共赢。

范围

泛北部湾经济合作区的构建，依据地缘经济概念，将环北部湾经济合作延伸，涵盖中国、越南、马来西亚、新加坡、印度尼西亚、菲律宾和文莱等有关国家。

主要内容和目标

加强交通、环保、信息等基础设施建设，逐步带动产业合作与发展；加强物流、金融、旅游、文化、公共卫生等方面的合作，促进临海工业和海洋产业的发展；加强产业对接与分工，促进相互贸易与投资，联合开发海上资源；加快服务贸易自由化进程，促进中小企业发展以及它们对地区经济的参与，形成一批各具特色的港口群、产业群和城市群，成为太平洋西岸的新增长带。

需要共同推进的工作

深入系统研究，提出区域重大基础设施建设、产业布局、重点区域发展的战略规划，引导和促进区域合作健康发展；建立有效机制，提升合作层次；采取便利措施，促进人员、货物、资本等快速便捷流动；优选合作项目，在港口基础设施、口岸合作、物流、资源开发、旅游等方面优先推进，在此基础上扩大相互投资，加强产业合作。

宗旨

泛北部湾经济合作论坛以共建中国—东盟新增长极为宗旨，共同推进泛北部湾经济合作，构建中国—东盟“一轴两翼”区域合作新格局。本次论坛采取主题演讲与专题讨论相结合，深入探讨泛北部湾合作的方向、内容和重点，进一步强化中国与泛北部湾国家在交通、港口、物流、旅游和金融等领域的交流合作，积极探索和推动中国—东盟合作框架下泛北部湾次区域合作机制，不断丰富和拓展中国—东盟全面合作关系。

主 题

共建中国—东盟新增长极——新平台、新机遇、新发展

主要议题

泛北部湾经济合作与中国—东盟自由贸易区建设

泛北部湾合作的机制、路径、产业发展与金融支撑

泛北部湾交通、港口、物流和旅游合作

组织机构

主办单位：

国务院西部地区开发领导小组办公室

财政部

交通部

商务部

中国人民银行

国家旅游局

国务院发展研究中心

人民日报社

国家开发银行

亚洲开发银行

广西壮族自治区人民政府

承办单位：

北部湾（广西）经济区规划建设管理委员会办公室

综合开发研究院（中国·深圳）

国家开发银行广西分行

广西壮族自治区发展和改革委员会

广西壮族自治区财政厅

广西壮族自治区交通厅

广西壮族自治区商务厅

广西壮族自治区旅游局

进 展

2006年以来，泛北部湾经济合作取得了积极进展。中国和东盟各国交通部长共同发表了《中国—东盟港口与发展合作联合声明》，签署了《中国—东盟海运协定》和《中国与东盟航空合作框架》；南宁—新加坡经济走廊的公路、铁路正在加快完善；广西北海至越南下龙湾等旅游航线已开通，泛北部湾海上旅游航线正在加快推进；农林渔业、海洋、能源等产业的合作已经开展。经贸关系迅猛发展。2007年，中国与东盟贸易总额达到2025.5亿美元，同比增长25.9%，提前三年实现双方领导人提出的贸易目标。其中，中国与泛北部湾区域七国的贸易额达1992.7亿美元，增长25.8%，占中国与东盟贸易总额的98.4%。2007年，广西与泛北部湾区域七国外贸进出口总值达28.8亿美元，比2006年增长58.4%。东盟国家在广西投资合同金额同比增长3.5倍，实际到位金额同比增长超过5倍。东盟连续8年成为广西第一大贸易伙伴。

活动篇

中国—东盟博览会

概　况

中国—东盟博览会是由中国国务院总理温家宝倡议，由中国和东盟10国经贸主管部门及东盟秘书处共同主办，广西壮族自治区人民政府承办的国家级、国际性经贸交流盛会，每年在广西南宁举办。博览会以“促进中国—东盟自由贸易区建设、共享合作与发展机遇”为宗旨，涵盖商品贸易、投资合作和服务贸易三大内容，是中国与东盟扩大商贸合作的新平台。

2005年，中国—东盟博览会被评为中国十大知名品牌展会，博览会常设机构——中国—东盟博览会秘书处荣获中国会展业特别贡献奖。

2006年，中国—东盟博览会荣获“2006年中国十大最具影响力的政府主导型展会”称号。

2007年，中国—东盟博览会获得“2007年中国十大最具影响力的国家级品牌展会”称号。

会徽

凝　聚

作者的设计灵感源自“10＋1”概念。

十一条彩带分别代表着美丽的中国和旖旎的东盟十国。

合作的平台凝聚人心、汇聚人气。中国与东盟十国的朋友相聚在南宁，以中国—东盟博览会为平台，通过广泛深入的交流与合作，实现优势互补、共同发展的美好愿望。

凝聚产生力量。中国—东盟博览会将是国际盛会，我们带着美好的期盼与憧憬，与东盟各国朋友携手并肩，抒写梦想，挥洒欢乐，分享荣耀。

绽　放

美丽的花瓣，像无数双欢迎的手臂。这不仅体现了中华民族好客的传统，也表达了广西各族人民待客的诚意。

盛开的朱槿，标志着中国—东盟博览会这个盛大聚会的开放与包容，寓意发展空间永无止境。

同时，作者巧妙地运用了现代艺术手法，将南宁的市花朱槿与广西标志性建筑——南宁国际会展中心有机地结合起来，传递出中国—东盟博览会举办地的信息，表达了广西4800万人民，将作为十几亿中国人的代表，向世界敞开博大的胸怀。

繁　荣

繁花似锦。11片花瓣间铺满了光荣与梦想，预示着中国与东盟十国人民互利合作、共享繁荣美好的未来。

作者将中国传统的书法绘画艺术与现代设计手段相融合，缤纷的色调，流畅的线条，演绎着一个区域的活力、变革与发展，弹奏出这片热土的激越情怀。

东盟十国中多数国家毗邻海洋，中国—东盟博览会举办地——广西亦具沿海优势。因此，会徽以蓝色为主色调，意在体现中国—东盟博览会将奏响和平进步的人类赞歌，弘扬“10＋1”各国人民的民族智慧。

会歌

中国—东盟博览会会歌——“相聚到永久”

中国—东盟博览会会歌“相聚到永久”综合性强，兼具传统与时尚感，易于传唱。歌名和歌词内容切合博览会主题，尤其是“相聚”和“永久”，既概括了博览会的内容、特点，又涵盖了人们友谊、合作、发展、繁荣的美好愿望。

会歌歌词：

再大的城市也装不下
双眼的眺望　梦想的宽广
共同的梦想才能拥有
不熄的信念和力量

再高的山峰不能阻挡
坚强的拥抱　超越的渴望
广阔的天空才能书写
腾飞的希望和辉煌
相聚到永久
风雨并肩走
共患难　我们手牵手
永远是朋友
相聚到永久
风雨并肩走
看东方我们同声唱
我们永远是朋友

吉祥物

吉祥物“合合”以独产于广西的珍稀动物“白头叶猴”为创作原型。“合合”形象活泼、可爱，富有人情味，构思新颖，用笔灵动洗练，用色单纯明快。“合合”寓意“合作、融合”，反映了中国—东盟博览会“合作与发展”的宗旨。“合合”又是“和平、和气”之“和”的谐音，体现了中国与东盟建立和平与繁荣的战略合作伙伴关系的内涵。它不仅具备中国文化和广西的特色文化底蕴，同时兼容东盟国家等不同的文化背景，充分体现了中国—东盟博览会的主题。

缘 起

2003 年 10 月 8 日，中国国务院总理温家宝在第七次中国与东盟（10＋1）领导人会议上倡议，从 2004 年起每年在中国南宁举办中国—东盟博览会，同期举办中国—东盟商务与投资峰会。这一倡议得到了各国领导人的积极响应，并写入了会后发表的主席声明。

背 景

纵观世界经济的发展形势，区域经济一体化与经济全球化已成为当今世界经济发展的两大潮流。中国同东盟领导人审时度势，高瞻远瞩地作出了建立中国—盟自由贸易区的重大战略决策。

2002 年 11 月，在柬埔寨金边召开的第六次中国—东盟“10＋1”领导人会议上，中国—东盟领导人签署了《中国—东盟全面经济合作框架协定》，共同启动了中国—东盟自由贸易区的建设进程。

根据《中国—东盟全面经济合作框架协议》，2004 年 1 月 1 日，中国—东盟自由贸易区的先期成果“早期收获计划”开始实施。

2004 年 11 月，中国和东盟签署了《中国—东盟全面经济合作框架协议货物贸易协议》和《中国—东盟全面经济合作框架协议争端解决机制协议》，标志着中国—东盟自由贸易区建设进入了全面启动的实施阶段。

2005 年 7 月，《中国—东盟全面经济合作框架协议货物贸易协议》实施，中国与东盟对 7000 种商品互相开始降税。自 2007 年起，又进行了第二阶段降税。中国降低了 5375 种产品的关税，对东盟的平均关税由 8.1％下降为 5.8％。东盟各国对中国的平均关税也有不同程度的降低。到 2010 年，中国和东盟老成员国的绝大多数产品关税将降为 0％，自由贸易区将正式建成。中国与东盟四个新成员国（柬埔寨、老挝、缅甸、越南）则在 2015 年将双方绝大多数产品的关税降为零。

2007 年 7 月，中国—东盟自由贸易区《中国—东盟全面经济合作框架协议服务贸易协议》实施，标志着中国—东盟自由贸易区的建设向前迈出了关键的一步，为如期全面建成自贸区奠定了更为坚实的基础。

中国—东盟自由贸易区建成后，将成为一个涵盖 18.5 亿人口、3 万亿美元国内生产总值、2.5 万亿美元贸易总额的世界第三大自由贸易区，也是人口最多的自由贸易区、发展中国家之间最大的自由贸易区。

中国—东盟博览会以中国—东盟自由贸易区为依托。自贸区建设的成果为博览会持续发展提供了内在的市场动力。同时，博览会为企业分享自贸区建设成果，进一步开拓市场，提供了平台。

定 位

中国—东盟博览会以促进中国—东盟自由贸易区建设，共享合作与发展机遇为宗旨，围绕《中国—东盟全面经济合作框架协议》以双向互利为原则，以自由贸易区内的经贸合作为重点，面向全球开放，为各国商家共同发展提供新的机遇。

内 容

商品贸易、投资合作、服务贸易、高层论坛、文化交流

特 色

1. 进口与出口相结合，以进口为特色，强调对东盟市场开放，做东盟商品进入中国的桥梁。

2. 投资与引资相结合，以中国企业“走出去”为特色，做中国企业投资东盟的平台。

3. 商品贸易与服务贸易相结合，以旅游服务和中小企业技术创新成果转让为切入点，培育中国与东盟经贸合作的新增长点。

4. 展会结合，相得益彰。中国—东盟商务与投资峰会和中国—东盟博览会同期举办，二者有机结合，相互促进。

5. 经贸盛会与外交舞台。中国—东盟博览会既是一次经贸盛会，又是一次多边国际活动，充分体现了中国与东盟睦邻友好、建立面向和平与繁荣的战略合作伙伴关系的宗旨和意图，务实地推动了中国与东盟国家区域经济合作的深入发展。

6. 经贸活动与文化交流相结合。中国—东盟博览会期间同时举办“风情东南亚”晚会、“南宁国际

民歌艺术节”开幕晚会、“中华情”晚会、高尔夫名人赛、“网球之友”名人赛、时装节、美食节等，五彩纷呈的文化体育活动穿插其间。

组织机构

主办单位：
中国商务部
文莱工业和初级资源部
柬埔寨商业部
印度尼西亚贸易部
老挝工业贸易部
马来西亚国际贸易和工业部
缅甸商务部
菲律宾贸易和工业部
新加坡贸易和工业部
泰国商业部
越南工业贸易部
东盟秘书处

承办单位：
广西壮族自治区人民政府

协办方：
中国科学技术部
中国交通运输部
中国国家旅游局
中国国际贸易促进委员会
香港贸易发展局

国内外支持商协会：
文莱中华商会
文中友协
柬埔寨总商会
柬埔寨成衣厂商协会
柬埔寨中国商会
柬埔寨港澳侨商总会
印尼工商会馆中国委员会
印尼中华总商会
印尼—中国经济社会与文化合作协会
老挝国家工商会
马来西亚中国经济贸易总商会
马来西亚制造商联合会
马中友好协会
马来西亚中华工商联合会
缅甸联邦工商会
缅甸林木产品商协会
缅甸豆类商协会
缅甸渔业协会
缅甸工业联合会
菲华商联总会
新加坡中华总商会
新加坡工商联合总会
新加坡制造商联合会
新加坡中国商会
新加坡中小企业工会
泰国中华总商会
泰国工商总会
泰中商务委员会
越南工商会
中国纺织品进出口商会
中国轻工工艺进出口商会
中国五矿化工进出口商会
中国食品土畜进出口商会
中国机电产品进出口商会
中国医药保健品进出口商会
中国对外承包工程商会
中国食品和包装机械工业协会

常设机构

中国—东盟博览会秘书处

主要负责：

中国—东盟博览会的总体规划和重大活动的组织实施；

统筹和组织实施中国—东盟博览会境内外招商招展，展会的展区规划、现场管理与服务；

展馆租赁、展位经营、广告赞助以及中国—东盟博览会专有品牌资源的管理和经营；

中国—东盟博览会的整体形象设计和宣传推介工作等。

中国—东盟博览会秘书处内设综合协调部、研究发展部、招商招展部、展览管理部、对外联络部、宣传推介部、会议接待部、经营开发部、人力资源部、财务会计部等十个职能部。

出席领导

前四届博览会共有中国和东盟国家 23 位领导人出席，体现了 11 国政府共同推进中国和东盟经贸合作的政治意愿，也体现了对中国—东盟博览会这一个合作平台的高度重视和充分肯定。

第一届·2004 年
中共中央政治局委员、国务院副总理吴仪
柬埔寨首相洪森
老挝总理本扬
缅甸总理梭温
泰国副总理披尼
越南副总理范家谦

第二届·2005 年
中共中央政治局常委、国家副主席曾庆红

老挝国家副主席朱马里
柬埔寨首相洪森
缅甸总理梭温
泰国第一副总理颂奇
越南常务副总理阮晋勇

马来西亚总理巴达维
缅甸总理梭温
新加坡总理李显龙
泰国总理素拉育
越南总理阮晋勇

第三届·2006年
中共中央政治局常委、国务院总理温家宝
东盟轮值主席国菲律宾总统阿罗约
文莱苏丹哈桑纳尔
柬埔寨首相洪森
印度尼西亚总统苏希洛
老挝总理波松

第四届·2007年
中共中央政治局委员、国务院副总理曾培炎
文莱王储穆赫塔迪·比拉
柬埔寨首相洪森
老挝总理波松
越南总理阮晋勇

成果与主题

成 果

历届中国—东盟博览会成果表

项目	第一届	第二届	第三届	第四届	合计
总展位数	2506 个	3300 个，(+31.8%)	3663 个，(+11%)	3400 个，(−7%)	12869 个
东盟展位数	626 个	696 个，(+11.2%)	837 个，(+20.3%)	1124 个，(+35%)	3283 个
东盟展位占比	25%	21%，(−4%)	23%，(+2%)	33%，(+10%)	26%
参展企业总数	1505 家	2000 家	2000 家	1908 家，(−4.6%)	7413 家
其中：东盟企业数	275 家	330 家，(+20%)	356 家，(+7.9%)	667 家，(+87.4%)	1628 家
参展参会客商人数	18000 人	25000 人，(+38.9%)	38900 人，(+55.6%)	41600 人，(+7%)	12.35 万人
境外采购商人数	4000 人	6000 人，(+50%)	7000 人，(+16.7%)	7500 人，(+6.3%)	24500 人
贸易成交	10.8 亿美元	11.5 亿美元，(+6.5%)	12.7 亿美元，(+10.4%)	14.2 亿美元，(12.1%)	49.2 亿美元
国际合作项目签约额	49.68 亿美元	52.9 亿美元，(+6.5%)	58.5 亿美元，(+10.6%)	61.5 亿美元，(5.3%)	222.6 亿美元
国内合作项目签约额	485.4 亿元	501.8 亿元，(+3.4%)	553.7 亿元，(+10.3%)	582.1 亿元，(5.1%)	2203 亿元

首届中国—东盟博览会共设展位 2506 个，参展企业 1505 家，参展参会客商、采购商 1.8 万人，其中境外采购商 4000 人，参展产品涉及机械设备、家用电器、电子信息、汽车及配件、五金矿产、建筑材料、农产品、医药保健、化工原料、轻工工艺、服装纺织等 11 个行业，共 210 类。东盟 10 国及境外其他国家和地区共使用展位 757 个，占原设展位数的 42.9%。累计贸易成交总额 10.84 亿美元，其中，出口 8.75 亿美元，进口 1.10 亿美元，国内贸易 0.99 亿美元。博览会期间，共举办 26 场投资、引资项目推介会，签订涉外投资项目 129 个，总投资 49.68 亿美元，签订国内合作项目 102 个，总投资 485.4 亿元人民币。

第二届博览会共设展位 3300 个，参展企业 2000 家，参展参会客商、采购商 2.5 万人，其中境外采购商 6000 人，参展产品涉及机械设备、电子电器、轻工工艺、五金建材、农产品和食品 5 大类 170 种商品。东盟 10 国及其他国家、地区共使用展位 782 个，占室内展位数的 27.4%。累计贸易成交总额 11.5 亿美元，同比增长 6%，其中，出口 8.2 亿美元，进口 1.7 亿美元，国内贸易 1.6 亿美元。博览会期间，共举行了 28 场投资促进活动，两场签约仪式。共签订涉外投资合作项目 126 个，总投资 52.9 亿美元，同比增长 5.9%；签订国内合作项目 263 个，总投资

501.8亿元人民币，同比增长5.5%。

第三届博览会的境内外报名参展企业2500家，申请展位4269个，实际安排参展企业2000家，使用展位3663个，总展位比上届增加363个，参展商7971人，专业观众3.1万人，专业观众比上届增长32%，其中境外8900人，比上届增长38%。东盟及其他国家（地区）展位1000个，占总展位数的比例提高到近三分之一。博览会期间，共举办推介会和专场商贸配对活动46场，签约国际经济合作项目132个，总投资58.5亿美元，比上届增长10.5%。签约国内经济合作项目301个，总投资553.7亿元，比上届增长10.4%。

第四届博览会共设展位3400个，参展企业1908家，参展商8181人，比上届增长3.6%；专业观众33480人，比上届增长8%，其中境外观众比上届增长6.3%。本届博览会东盟10国使用展位1124个，占总展位数的33%，同比增长35%。博览会期间，共举办26场投资推介活动，共签订国际经济合作项目182个，总投资额61.5亿美元，比上届增长5.3%。在182个国际经济合作项目中，超亿美元项目18个，比上届多4个。本届博览会共签订“走出去”项目59个，比去年增加19个，总投资额15.8亿美元。

主题

中国—东盟博览会从第四届开始，每届选择一个重点合作领域作为主题，以推动中国—东盟合作的更快发展。第四届中国—东盟博览会把港口合作作为主题，在第四届博览会上亮相的11国的“魅力之城”均为港口或港口城市。

中国—东盟港口发展与合作论坛

目前国际贸易的90%通过港口物流来实现，大吨位远距离的物流非海洋运输莫属。世界航运中心正在往东亚地区转移，中国和东盟一些港口的规模在世界上已经占有重要位置，但必须进一步提升港口的竞争力。选择港口合作作为第四届中国—东盟博览会的主题，并以港口合作推动中国—东盟交通合作的发展，这对于推动中国—东盟港口发展和合作，以适应21世纪沿海经济发展的要求，对于推进泛北部湾区域经济合作和广西沿海港口建设等，都具有重要的意义。

中国与东盟长期以来良好的经贸往来和不断发展的交通合作，尤其是港口合作已经成为双方合作的重点，这是第四届中国—东盟博览会将港口合作作为主题的主要依据。中国—东盟港口合作的内容主要包括港口发展规划、设计、建设与发展政策，港口物流服务、港口信息科技和港口国际海上便利化运输等。第四届中国—东盟博览会通过港口合作这一主题，使中国与东盟上述方面的合作得到了更好的交流与深化。

中国和东盟已经确立了十大重点合作领域。中国—东盟博览会有责任有义务关注这些重点领域并开拓更加广阔的渠道和舞台，以更快地促进这些领域的合作。从目前中国与东盟共同发展的需要来看，交通是十大合作领域中非常重要的一项。

举办港口论坛，除了对中国—东盟自由贸易区的建设和对未来中国—东盟交通合作将起到重要的推动作用之外，也为中国—东盟博览会的持续发展找到了一条新的思路，由此博览会的发展也有了一个新的支撑点和发挥作用的新领域。换言之，扩大合作领域、突出合作主题应成为博览会今后发展的方向。

东盟10国普遍支持第四届中国—东盟博览会推出的港口主题。在第四届博览会召开之前，出席在南宁举行的博览会高官会议的东盟各国高官，对推出重点领域的合作怀有浓厚兴趣，纷纷表示与本国交通部密切配合，推动港口、港务集团前来参加第四届博览会的系列港口主题活动。而在2007年10月28日开幕的“中国—东盟港口发展与合作论坛”上，出席论坛的中国和东盟10国交通部长，主要港口城市市长，港务集团负责人，国际码头投资经营商，主要航运企业、物流服务、修造船企业的代表等450人共聚一堂，围绕“加强区域合作，促进共同发展”等议题深入交流，建议从共同研究制订中国—东盟中长期交通合作规划、共同研究中国—东盟港口合作机制、共同支持相互参与港口建设和经营、继续支持港口人员的培训和技术交流、加强泛北部湾经济圈港口合作等五个方面开展港口间更深层次的合作，以保障和推动中国—东盟经济贸易的发展，论坛通过了《中国—东盟港口发展与合作联合声明（南宁共识）》。

泛北部湾合作战略的提出，也是第四届博览会举办港口论坛的一个重要原因。在泛北部湾合作的推进过程中，交通处于重要位置，港口的发展与合作尤为重要。推动泛北部湾国家之间港口合作，是泛北部湾合作的一个重要目标。在2007年10月28日港口论坛上提出加强合作的五个方面建议中，加强泛北部湾经济圈港口合作就是其中的一项重要内容，论坛发布了《泛北部湾港口群合作研究报告》。11国港口间加强合作，对广西沿海港口建设将是一个有力的带动。在中国—东盟自由贸易区建设中，广西具有得天独厚的地理位置优势，广西港口的潜力很大，如果广西的港口能与泛北区域内的其他港口形成服务网络，比如与新加坡港、香港等港口，以及与马来西亚、越南、印尼的港口开通航线，广西的沿海港口就一定能够比较迅速地发展起来。同时，作为中国西南云贵川渝四省市外贸进出口的重要通道，广西沿海港口也存在着巨大的增长空间。通过与东盟国家港口的合作和与西南各省市的合作，广西完全有可能成为中国和东盟间一个重要的海运通道。2007 年 5 月自治区代表团出访东盟国家，其中一个重要内容就是推动港口之间的合作。

（来源：中国—东盟博览会官方网站. http://www.caexpo.org/gb/zhuanti/4threview/critique_07/t20071114_76144.html. 2007—11—14）

中国—东盟商务与投资峰会

概 况

背 景

2003 年 10 月 8 日，中国国务院总理温家宝在第七次中国与东盟（10＋1）领导人会议上倡议，从 2004 年起每年举办一次中国—东盟商务与投资峰会。

这一倡议作为中国推动中国—东盟自由贸易区建设的一项实际行动，得到了东盟国家领导人的积极响应，并写入会后发表的主席声明。

中国—东盟商务与投资峰会与中国—东盟博览会同期举办，已成功举办四届。

11 国领导人出席中国—东盟建立对话关系 15 周年纪念峰会

会 徽

十一道彩色弧线的组合，仿佛一双充满力量的翅膀，象征着中国与东盟 10 国的诚挚协作，共谋发展；仿佛两张充满希望的风帆，象征着中国与东盟各国在商务与投资峰会这一东风的强劲助推下，迎接着新的机遇与挑战；它又像天边绚丽夺目的彩虹，昭示了饱含激情的澎湃商机与热力四射的光明前景。

宗 旨

中国—东盟商务与投资峰会以推动中国与东盟国家全面经济合作与中国—东盟自由贸易区建设为目标，为中国和东盟 10 国的政府官员、企业界和学术界人士建立起宣传经贸政策与推介合作项目、开展多向互动与信息交流的合作平台，为各国采购商、生产商和投资商提供更多的商业机会，向各国政府表达商界意愿，促进政策制定与经贸合作，推动中国与东盟经济合作的全面发展。

组织机构

主办机构：
中华人民共和国商务部
中国国际贸易促进委员会
中国广西壮族自治区人民政府

协办机构：
东盟工商会
中国—东盟商务理事会
东盟 10 国国家工商会

承办机构：
中国—东盟商务与投资峰会秘书处

常设机构：
名称：中国—东盟商务与投资峰会秘书处
地址：中国广西南宁市东葛路 3 号
邮编：530022
网址：http://www.cabiforum.org
邮箱：cabi@cabiforum.org
境内联系电话：0771—2801173 2809149
传真：0771—2809149
境外联系电话：86－771－2800607 2618812
传真：86－771－2800607

（来源：中国—东盟商务与投资峰会网站. http://www.cabiforum.org/）

第一届中国—东盟商务与投资峰会

时 间

2004 年 11 月 3 日至 4 日

主 题

促进互利合作 谋求共同发展

出席领导

时任中国国务院副总理吴仪、柬埔寨首相洪森、时任老挝总理本杨、时任缅甸总理梭温、时任泰国副总理披尼、时任越南国家副总理范家谦、时任东盟秘书长王景荣。

首届中国—东盟商务与投资峰会

领导发言

柬埔寨首相洪森：五大优先领域引领中柬经贸合作

柬埔寨首相洪森在中国—东盟商务与投资峰会上说：柬埔寨欢迎中国企业来柬投资，中国与柬埔寨的经贸合作可以从农业、信息通讯、人力资源开发、双向投资和湄公河流域开发等五个领域优先展开。过去几年，中国与东盟的经贸往来取得了很大进展，双方在贸易关系中表现出了高度互补性。随着经济的快速发展，中国将会从东盟进口更多的商品和货物，提高中国人民的生活水平，同时，也会有效地刺激东南亚旅游业的发展。

东盟可以从中国的发展中受益，东盟决心进一步加强与中国的经贸关系。目前，中国与东盟自由贸易区下的“早期收获计划”已经取得很大收益，经贸合作在中国和东盟之间蓬勃发展，中国已成为东盟的第五大出口国和第四大进口来源地。《中国—东盟全面经济合作框架协议》于2003年11月签署，这一协议及相应谅解备忘录为加强中柬双方合作和经贸往来奠定了法律基础。柬埔寨作为东盟的成员国之一，已经享受到了来自中国的很多优惠待遇，包括对297项产品的减税政策。

柬埔寨欢迎中国与东盟各国政府关于在2010年前取消货物贸易关税的决定。到2010年中国—东盟自由贸易区建成时，将会形成一个约20亿人口的大区域，中国与东盟双方将发展更为紧密的关系。柬埔寨加入世界贸易组织以及随后的一系列措施将会带来更多的投资机遇，希望中国与柬埔寨加强经贸方面的紧密合作，欢迎更多的中国企业到柬埔寨投资，这也是促进东南亚地区发展的重要途径。

中国在促进本地区经济发展中正在发挥日益重要的作用，在下一个十年中，中柬两国将建立更为开放、更为紧密的合作关系。而中国—东盟自由贸易区的建立将使更多的私有部门从中受益。

吴仪就加强中国与东盟合作提出三点建议

时任中国国务院副总理吴仪在中国—东盟商务与投资峰会上就加强中国与东盟合作提出了三点建议：中国与东盟应该把握机遇、加强合作；双方的合作应广泛参与，增添活力；合作中应各方协调促进，提升层次。

吴仪在峰会上发表了题为“加强互利合作，实现共同繁荣”的演讲。吴仪表示，中国与东盟各国是友好邻邦，近年来，中国与东盟国家的友好关系进一步发展，双方已形成了“政治上相互尊重、经济上相互促进、安全上相互信任”的良好关系。中国还与东盟宣布建立面向和平与繁荣的战略伙伴关系，成为东盟的第一个战略伙伴。

东盟领导人呼吁加快中国—东盟自由贸易区建设

时任老挝总理本杨说，多年来，中国与东盟的经济合作不断取得成就，在贸易、投资等方面每年都保持强劲的发展势头。此次中国—东盟商务与投资峰会是推进中国与东盟各国业已存在的贸易与投资关系的一个很好的机会。首届中国—东盟博览会是具有重要意义的盛会，它表明中国与东盟今后将在经贸和投资方面开展更密切的合作。

时任缅甸总理梭温在峰会上表示，区域经济一体化已经成为一种趋势。中国经济发展强劲，东南亚则有5亿人口，国内生产总值也与中国差不多。东盟和中国需要加强经贸合作，不断增强彼此的竞争力。东盟和中国地域接近并有着紧密的文化纽带。中国经济开放为东盟提供了巨大市场。东盟国家将致力于早日建成东盟—中国自由贸易区。缅中两国已在农业、基础设施、自然资源开发、机械、纺织、油、气、电信、人力资源等领域开展了广泛合作，缅方有信心继续推进这些合作。缅甸投资机会巨大，农业、水产品、林业、旅游等行业都有巨大潜力。

时任泰国副总理披尼说，中国已成为世界经济的重要成员，赢得了各国投资者的信心。中国在实施与东盟的互利合作方面已经取得很大成就，中国经济在过去10年中得到很快发展，我们认为这是对市场经济模式的成功运用，是值得我们学习的。东盟自由贸易区已给成员国带来巨大利益。东盟与中国在很多领域都具有高度互补性。我们能够找到发展的新领域，如加强市场准入，在互利基础上鼓励双方投资等。双方还应在教育科技领域加大投资，提升双方经济实力。

第二届中国—东盟商务与投资峰会

时 间

2005年10月19日至20日

主 题

中国与东盟国家市场的开放及开发

出席领导

时任缅甸总理梭温、时任老挝国家副主席朱马里·赛雅贡、时任泰国第一副总理颂奇、越南常务副总理阮晋勇，时任中国商务部部长薄熙来、中国贸促会会长万季飞、时任广西壮族自治区党委书记曹伯纯、时任广西壮族自治区主席陆兵、时任东盟秘书处秘书长王景荣。

第二届中国—东盟商务与投资峰会开幕式

领导发言部分摘录

时任广西壮族自治区人民政府主席陆兵：本届峰会高扬开放开发市场的主题，对于促进中国与东盟相互开放市场，有效开发市场，共享降税商机，加快中国—东盟自由贸易区建设进程，必将产生积极的推动作用。

自从中国与东盟提出建立自由贸易区以来，尤其是今年7月自由贸易区降税计划实施以来，双方市场开放开发的力度明显加大。广西是连接中国与东盟两大市场的中心枢纽，对推动自由贸易区建设和降税计划的实施具有不可替代的作用。去年首届博览会和峰会的成功举办，把广西与东盟的开放开发推向了一个新阶段。目前，广西与东盟的经贸合作在不断深化，规模在迅速扩大，领域在全面拓展，东盟已经成为广西最主要的贸易伙伴。

广西的发展离不开东盟，东盟的繁荣也与广西密切相关。当前广西经济社会正处于历史上发展的最好时期，开放开发的势头很好。我们真诚的期望能够进一步加强与东盟各国的全面经济合作，相互开放开发市场，以大开放促进大合作，以大合作促进大开发，以大开发促进大发展。

我建议通过以下方面共同努力：

一、共同把中国—东盟博览会和中国—东盟商务与投资峰会办得更好。

二、共同建好中国—东盟国际商务区。

三、共同促进经贸合作、产业开发和相互投资。

四、共同探索促进物流、人流、资金流的便利化措施。

五、共同探索完善政府间的合作机制。

相互开放开发市场是中国和东盟各国人民的共同心愿，也是区域经济一体化加速发展的大势所趋。让我们全面配合自由贸易降税进程，深入开放开发双方市场，共享合作发展机遇，实现共同繁荣。

最后，我衷心地祝愿本次峰会取得圆满成功！谢谢各位。

中国国际贸易促进委员会会长万季飞：今天，我们很高兴再次相聚在美丽的广西南宁，举办第二届中国—东盟商务与投资峰会。峰会由中国商务部、中国国际贸易促进委员会、广西壮族自治区人民政府共同主办。去年的首届峰会取得了圆满成功，峰会为中国与东盟政界、商界加强交流与理解，共同探讨地区合作与发展大计，提供了很好的平台。

今天，东盟各国政府领导人和东盟秘书长出席峰会开幕式并将发表重要演讲。同时，我们也对参加峰会和各国部长和省长出席今天的开幕式表示热烈的欢迎和衷心的感谢。

组织中国—东盟商务与投资峰会，我们一直得到了东盟各国商协会和东盟工商会的大力支持和良好的合作，在此，我要特别感谢在座的各位会长出席并率各国商务代表团参加峰会各项活动。

中国和东盟国家政府领导人、政府高官、商协会和企业领导人相聚一堂，共同探讨“中国与东盟国家：市场的开放及开发”这一话题，共同促进中国—东盟自由贸易区的建设，共同展望中国与东盟未来合作前景，有助于加强相互沟通与了解、增进互信与合作，为中国与东盟经贸关系的进一步发展，为本地区的和平与繁荣做出积极的贡献。

在此，我预祝第二届中国—东盟商务与投资峰会取得圆满成功，祝各位嘉宾、代表在南宁过得愉快。

时任中国商务部部长薄熙来：大家下午好，今天上午第二届中国—东盟博览会刚刚开幕，第二届中国—东盟商务与投资峰会即将开幕，我代表博览会组委会和商务部向大家致以热烈的问候。本届博览会，曾庆红及泰国、缅甸、越南等国领导人出席，今年四月，胡锦涛主席访问东盟的时候提出到2010年中国与东盟双方贸易额要达到2000亿美元，届时，中国与盟自由贸易区也将发展到较完善的程度。东盟领导人表示愿意加强双方合作，积极发展与中国的经贸联系。加强中国与东盟的经贸合作，符合双方的共同利益。我们相信有各国领导的积极推动，有各企业的参与，中国与东盟的未来更加美好。

时任泰国第一副总理颂奇：2005是中国全国人民代表大会成立50周年的日子，这是中国发展的一个里程碑。对全世界来说，中国正作为一个经济的强国崛起，这对世界其他国家有着深远的影响。中国的发展意味着亚洲其他的经济体必须有新的审视，但这不意味着要把中国视为强敌。

作为中国的邻国，东盟各国与中国有很多共同点，也有相互补充的不同点。我们人民的联系来源于历史悠久的民间交往，中国有一句话“五百年前是一家”，这是中国与东盟交往的纽带。现在中国与东盟的经济交流实际了优势互补。自货区的建立非常顺利，到2010年将成为拥有18亿人口的自贸区。我们必须建立以满足个体需求和整体区域发展的、致力于实现本地区的可持续发展的同盟关系。我们的交往不应停留在表面上，我们的交往必须建立在各个层面上。

我们需要加强人员交往和活动，通过这些，我相信可以加强彼此之间的互信。

对泰国来说，我们一直积极推进东盟内部和中国与东盟的合作。我们有独特的地理优势，泰国愿意成为中国与东盟贸易合作的枢纽。

如果我们把我们的实力进行整合和优势互补，亚洲的崛起会成为现实。

衷心的感谢和祝贺博览会的组织和顺利召开。

第三届中国—东盟商务与投资峰会

时 间

2006年10月31日至11月3日

第三届中国—东盟商务与投资峰会

主 题

共同的需要，共同的未来

出席领导

中国国务院总理温家宝、菲律宾总统阿罗约、文莱苏丹博尔基亚、柬埔寨首相洪森、印度尼西亚总统苏希洛、老挝总理波松、马来西亚总理巴达维、时任缅甸总理梭温、新加坡总理李显龙、时任泰国总理素拉育、越南总理阮晋勇。

国务院总理温家宝在第三届中国—东盟商务与投资峰会上

领导发言

在第三届中国—东盟博览会 第三届中国—东盟商务与投资峰会闭幕新闻发布会上的讲话

中国—东盟博览会组委会副主任兼秘书长
中国—东盟商务与投资峰会组委会副主任兼秘书长
广西壮族自治区党委常委、自治区副主席
李金早

新闻界的朋友们，女士们，先生们：

下午好！在中国和东盟10国政府及有关部门的共同努力下，在11国企业的积极参与下，历时四天的第三届中国—东盟博览会（以下简称“博览会”）就要闭幕了。第三届中国—东盟商务与投资峰会（以下简称“商务与投资峰会”）已经在10月31日成功举行。

第三届博览会和商务与投资峰会作为推进中国—东盟自贸区建设的重要平台，与中国—东盟建立对话关系15周年纪念峰会同期举办。中国国务院总理温家宝、菲律宾总统阿罗约、文莱苏丹哈桑纳尔、柬埔寨首相洪森、印尼总统苏希洛、老挝总理波松、马来西亚总理巴达维、缅甸总理梭温、新加坡总理李显龙、泰国总理素拉育、越南总理阮晋勇和东盟秘书长王景荣出席博览会和商务与投资峰会。本届博览会和商务与投资峰会意义重大，影响深远，达到了预期效果。

一、博览会和商务与投资峰会盛况空前，成效显著

本届博览会和商务与投资峰会具有以下几个特

点。

（一）展会规格高，规模大

中国与东盟的国家元首、政府首脑出席本届博览会和商务与投资峰会，充分体现了11国政府对博览会和商务与投资峰会的高度重视。在本届博览会开幕式上，中国总理温家宝致辞并宣布开幕。东盟轮值主席国首脑菲律宾总统阿罗约致辞。11国领导人共同为博览会开幕，并巡视展馆。在商务与投资峰会开幕式上，温家宝总理发表主旨演讲，阿罗约总统发表演讲。缅甸总理梭温、马来西亚总理巴达维、老挝总理波松先后在专题对话和闭幕式上发表演讲。11国外交部长、商务部长以及东盟秘书长出席了博览会和商务与投资峰会。出席展会的中外部长级贵宾达到235人，比上届增加1.21倍。

本届博览会和商务与投资峰会在前两届基础上规模又有了新的扩大。境内外报名参展企业2500家，申请展位4269个。实际安排参展企业2000家，使用展位3663个，其中室内标准展位2853个；室外展览面积7290平方米，折合展位810个；总展位比上届增加363个。本届博览会参展商7971人，专业观众3.3万多人。商务与投资峰会参会代表2000人。

（二）中方主办部门高度重视，投入人力指导办展办会

作为中国商务部重点主办的四大展会之一，中国—东盟博览会从一开始就得到了中国商务部的有力领导。商务部部长薄熙来亲自审定第三届博览会的工作方案，主持第三届中国—东盟博览会开幕式并致辞。商务部派出由10多个司局工作人员组成的工作组到广西指导工作，指导组织参展商和采购商，组织国内省市重大项目到博览会签约，协调中国驻东盟国家经商处与东盟国家共办方动员当地商家企业参展参会，使中国—东盟博览会真正成为国家级的国际经贸交流盛会。

作为举办地，广西壮族自治区党委、政府高度重视，举全区之力做好第三届中国—东盟博览会、第三届中国—东盟商务与投资峰会以及同期举办的中国—东盟建立对话关系15周年纪念峰会的承办工作。刘奇葆书记、陆兵主席多次作出明确指示，“三会”广西领导小组认真开展工作，全区各市、各部门积极响应，热情参与，南宁市为会议的顺利召开投入大量的人力和物力，做了大量的基础工作，付出了艰辛的努力，得到与会宾客的好评。

（三）经贸成效取得新突破

截至11月3日下午4时，累计贸易成交总额12.7亿美元，同比增长10.2%，再创新高。出口10.28亿美元，进口0.75亿美元，国内贸易1.67亿美元；其中，机械设备6.35亿美元，电子电器1.54亿美元，建筑材料0.68亿美元，农资、农产品及食品1.54亿美元，其他商品2.59亿美元。

本届博览会签约国际经济合作项目132个，总投资58.5亿美元，比上届增长10.5%。“走出去”成为亮点，共签订中国对东盟投资合作项目40个，总投资25.6亿美元。主要项目包括：中国深圳国际经济技术合作公司与越南签订广宁纺织工业区项目；上海建工（集团）总公司与柬埔寨签订路桥项目；中国水利电力对外公司与老挝签订水电开发项目。

本届博览会上签约国内经济合作项目301个，总投资553.7亿元，比上届增长10.4%。其中，投资额超亿元的项目有75个，占签约项目总额的51.2%。

本届博览会把邀请采购商作为重点。共向符合条件的国内外约70万家企业发出参会邀请，发邀企业的数量比第二届增加近2倍。采取各种务实有效的措施，提高了采购商报名参会的反馈率，开幕前就有近6000家有效采购商报名参会，并第一次在展前收到了采购清单。积极组织中国进口企业和商业流通企业到会洽谈和采购，共有400多家大中型流通企业共2500多人参会，包括浙江、广东、江苏、福建、山东等上百家大型超市、连锁百货企业。通过以上措施，本届博览会到会专业观众达到3.3万人，比上届增长32%，其中境外参会人员达8900人，比上届增长38%，数量和质量明显提高；采购商所属行业进一步向重点引导的参展行业集中，基本达到了与参展商专业对口、数量匹配。

博览会期间共举办推介会和专场商贸配对活动40场，内容涉及机械、建材、农业等行业和国际经济合作、物流、法律、检验检疫、旅游、教育、城市管理等领域。首次为东盟采购商举办了6场国别和行业的商品采购洽谈会，为东盟国家开拓中国市场提供了务实有效的配对服务。根据博览会的商品贸易专题设置和双方优先合作领域，举办了中国—东盟电力物资采购说明会暨中国电力行业四新产品说明会、国际汽车及零部件发展论坛、建材家居市场发展论坛、农垦合作论坛、亚洲地区合作社经贸合作磋商会暨中国—东盟合作社合作发展论坛、中国—东盟市场法律说明会等。以上商务专场活动吸引了东盟以及国内客商近9000人参与，为企业提供了互通信息、相互交流、寻求合作的平台，提高了贸易配对的效果。

（四）与东盟共办共赢迈上新台阶

东盟及其他国家（地区）展位1000个，占总展位数的比例提高到近1/3。本届博览会首次出现了东盟国家使用独立展厅作为本国专用商品馆，充分显示了东盟国家对博览会的日益重视。马来西亚、越南分别包用独立展厅集中展示本国优势产品。中国和东盟10国经贸部长出席和见证了“中国—东盟重大项目签约仪式”，显示了11国政府对共同促进中国与东盟之间相互投资、深化互利合作的高度重视。

博览会加强与东盟10国共办部门的合作，进一步明确了共办目标。博览会和商务与投资峰会分别邀

请东盟10国的29家主要商协会和国家工商会作为协办单位，形成了广泛参与、共办共赢的合作机制。

（五）商务与投资峰会形式新颖，交流深入

本届商务与投资峰会，中国和东盟10国领导人、东盟秘书长、经贸部长、商协会会长和企业代表2000多人汇聚一堂，围绕“共同的需要，共同的未来”主题展开研讨，共同回顾中国—东盟建立对话关系15周年所取得的辉煌成就，描绘中国—东盟自由贸易区的美好未来。

11国领导人出席开幕式，温家宝总理发表主旨演讲，提出了推动中国—东盟经贸合作的五点建议，阿罗约总统发表演讲。15位政府高官、工商界领袖、企业家发表演讲。中国与东盟工商界在会议上签署了“关于增强互利合作共同行动计划”。

本届商务与投资峰会在会议形式进行了创新，邀请国家领导人、政府高官、工商界领袖和企业精英同台演讲，增强对话和互动效果。商务与峰会已成为各方围绕自贸区建设，发表演讲，交流意见的重要平台，对自贸区的建设和发展产生积极的推动作用。

（六）安保工作措施周密，保障有力

安保部门制定周密细致的安全保卫方案。国家公安部领导亲临广西指导工作。广大公安民警和武警官兵付出了艰辛的劳动，周密部署，精心组织，确保了与会中外国家领导人、参会嘉宾和客商的安全。各活动场所秩序良好，交通顺畅，“三会一节”各项活动顺利进行。在确保安全的同时，积极改进安保方式，为参会客商和市民群众提供便利。科学设计交通组织和调度，缩短交通管制时间，缩小管制范围；采取无缝转场措施，方便与会人员及时参加各项活动；展馆安检通道实行人性化管理，加快了客商和观众通过时间。本届的安保工作做到了既安全又便利，既紧张高效又自然舒畅。

（七）各场活动组织有序，衔接顺畅

博览会既有政治、外交活动，也有经贸、文化活动。各项活动转场衔接复杂，仅31日上午就有博览会和商务与投资峰会两场开幕式。我们突出重点，精心策划，做好整体设计，抓好细节和衔接，反复演练。由于会前准备充分，会期顺利实现了各项重大活动的转场，各项活动安排组织有序，衔接顺畅。

（八）海内外媒体高度关注，报道广泛深入

博览会和商务与投资峰会受到了海内外媒体的广泛关注。通过电视、广播、报纸、杂志、网络等媒体进行全方位、立体式、多角度的报道，极大地提高了博览会和商务与投资峰会的知名度。据不完全统计，共有215家海内外媒体的1356名记者到会采访，媒体数比上届增加14%。10月28日至11月3日，仅“三会”新闻中心就接待海内外记者533人次。据统计，进驻中心工作的新闻媒体共有89家，其中外国媒体43家，包括美联社、路透社、共同社、法新社、日本《读卖新闻》、日本NHK以及《马来西亚星报》、越南国家电视台等东盟国家主要媒体；国内媒体46家，尤其是新华社和中央电视台，派出阵容庞大的工作队伍进驻新闻中心开辟专区昼夜工作。到新闻中心工作的东盟及其它国外媒体比往年占到50%。

对“三会”的新闻报道，无论是数量还是质量都较以往有明显提高。据不完全统计，与会记者发稿总数6800多篇（条），中外媒体关于博览会和峰会报道的网页多达1.8万页。中央电视台和东盟国家主流电视台均对会议的重大活动进行了现场直播。同时，广西电视台还正在对今天的新闻发布会进行现场直播。

（九）配套服务明显改善，水平提高

今年，举办地广西和南宁市加大投入，改造机场、宾馆酒店、道路桥梁、会议场馆等相关基础设施，改进软硬件服务，提高服务能力、质量和水平。

交通服务进一步完善。开通南宁往返东盟各国的临时直航包机40多个，增开香港、广州到南宁的接驳航班60多个；建立机场快速通关机制，提高客商入出境的通关效率；会期开通了重要活动现场与各宾馆间的穿梭巴士或点对点巴士，方便客商参加活动。

宾馆接待进一步改善。南宁市新建一批高档宾馆，新增客房2700多间；在涉外宾馆设立服务小组；加强对服务人员的培训，突出个性化服务；进一步完善外汇兑换、信用卡结算和消费等服务。

展览现场服务进一步规范。成立现场综合服务小组，设立“一站式”现场服务点，为客商快速提供“一条龙”服务；调减了服务提供商的收费标准；安排了150多处服务功能区（点），增加了中外采购商洽谈区、中外商协会联合洽谈区、翻译服务中心等新的服务平台；展览洽谈环境进一步优化。

证件办理效率进一步提高。增加宾馆办证点，减少办证环节，加大办证能力，缩短现场办证时间，得到参展客商的普遍好评。

改进对记者的服务。划出专门区域设置了设施齐备、配套完善的新闻中心，增设翻译人员，为东盟国家记者提供了英语和相应语种的翻译服务。增开记者下榻宾馆到展馆的巴士，方便了记者采访与报道。

二、第三届博览会和商务与投资峰会将对深化中国与东盟合作产生重要影响

（一）推动了中国与东盟的实质性合作

博览会已经成为中国与东盟经贸合作的重要平台，务实推动了双方在贸易、投资、科技、旅游等各领域的合作。从商品贸易和投资专题来看，首届博览会贸易成交10.8亿美元，国际合作项目签约49.7亿美元，第二届博览会贸易成交11.5亿美元，国际合作项目签约52.9亿美元，第三届博览会贸易成交比上届增长10.2%，国际合作项目签约比上届增长10.5%。博览会经贸合作成果不断扩大，体现出通过

这一平台中国与东盟的企业和人民都获得了实实在在的利益，双方在各领域实质性合作不断深化，取得了显著的实际效果。

（二）促进了中国与东盟的互利共赢

11国共同主办的性质，决定了博览会必须反映11国的共同需求和利益、实现11国共赢。博览会一直努力探索互利共赢的新型合作道路，在促进中国企业通过博览会获利的同时，更致力于为东盟企业开拓中国市场，吸引中国资金和技术创造更多的条件，提供更多机会。本届博览会提高了东盟国家展位比重，优先为参展的东盟国家企业和项目开展经贸配对，双方的互利共赢不断深化，东盟企业贸易成交比上届提高20.6%。正如广西壮族自治区主席陆兵在博览会开幕式致辞中所阐述的“博览会的成功举办，为中国与东盟搭建了全面合作的大平台，互利合作的道路越走越宽广，年年有进步、岁岁呈辉煌”。

（三）推动了中国与东盟的和谐发展

博览会和商务与投资峰会始终洋溢着和谐、合作的氛围。温家宝总理在中国—东盟纪念峰会的发言中指出，“中国与东盟的关系树立了国家之间和谐共处、共同发展的典范”。博览会始终把推动区域的和谐发展作为一项重要的工作，在招商招展中，还注意面向东盟中经济比较发达的国家，也注意推动老挝、柬埔寨、缅甸等东盟国家中目前经济发展水平还不高的国家参展，使这些国家的企业也能通过博览会找到商机和发展的机会。三届博览会期间，老挝、柬埔寨和缅甸参展规模始终保持在东盟国家的平均水平，并且都举行了投资贸易推介会。在商务与投资峰会以及各项活动组织和安排上，我们始终注意体现和谐、友好。菲律宾总统阿罗约表示，通过这次南宁之行，真正体会到了“和谐”的氛围。

（四）进一步明晰了中国与东盟今后合作的努力方向

在中国—东盟纪念峰会、博览会和商务与投资峰会上，中国和东盟各国领导人对双方今后的合作与发展提出了明确的方向。温家宝总理在博览会开幕式致辞中强调，“要紧紧抓住机遇，积极进取，努力实现到2010年双边贸易额超过2000亿美元的目标，把双边经贸合作提升到一个新的水平。”他在商务与投资峰会开幕式致辞中提出要“努力建设高质量的中国—东盟自由贸易区。”马来西亚总理巴达维在商务与投资峰会演讲中表示，要利用好中国与东盟各国的经济互补性，共同建设具有18亿人口的大市场。菲律宾总统在博览会开幕式致辞中指出“举办博览会能让我们有更大的决心推进建设中国和东盟之间的自由贸易区，从而推进地区一体化”。博览会的展示内容不仅有商品贸易，也有旅游、工程承包、教育等服务贸易，本届博览会签约项目中物流、软件开发等生产性服务项目大幅增长，体现了双方今后合作发展的方向，展现了双方合作的美好前景。

三、关于第四届博览会和商务与投资峰会

还有一个小时，第三届中国—东盟博览会和第三届中国—东盟商务与投资峰会将要成为历史。我们很快就要面对第四届中国—东盟博览会和第四届中国—东盟商务与投资峰会。经过与各有关方面磋商，尤其是在刚刚结束的中国—东盟博览会高官会议上，中国和东盟10国共同主办部门形成了共识，一致同意第四届中国—东盟博览会于2007年1月20～23日在广西南宁举行，第四届中国—东盟商务与投资峰会也将同期举行。

第四届中国—东盟商务与投资峰会在内容上将紧扣中国与东盟经贸合作的重点，优选专题，加强对话与交流，进一步促进中国—东盟自由贸易区建设进程。

女士们、先生们，

中国—东盟博览会和中国—东盟商务与投资峰会是温家宝总理亲自倡议，同时得到东盟10国领导人积极响应而举办的。今年温家宝总理和东盟国家元首、政府首脑又亲临博览会和商务与投资峰会，这是对我们极大的鼓舞和鞭策。我们要以此为契机，不断办好博览会和商务与投资峰会，为发展广西、服务全国、服务东盟做出实实在在的努力。

三年来，博览会和商务与投资峰会一年上一个新台阶，中国和东盟10国政府及社会各界对博览会给予了高度重视和大力支持。借此机会，我们向11国政府表示衷心的感谢！向中国商务部、外交部、贸促会、公安部等国家部委以及东盟10国共办部门、组展单位和参与博览会安保、接待、宣传等有关工作的同志们表示衷心的感谢！向全力支持、参与中国—东盟建立对话关系15周年纪念峰会、第三届中国—东盟博览会、第三届中国—东盟商务与投资峰会的全区人民表示衷心感谢！向参与博览会和商务与投资峰会报道的新闻界朋友们表示衷心感谢！我们相信，在我们的共同努力下，博览会和商务与投资峰会一定会越办越好，为深化中国与东盟的战略伙伴关系作出新的贡献！

现在我宣布：第三届中国—东盟博览会胜利闭幕！

（来源：广西日报．2006—11—04 第二版）

第四届中国—东盟商务与投资峰会

时 间

2007年10月28日至10月31日

主 题

创新合作——加快提升区域增长力

出席领导

时任中国国务院副总理曾培炎、文莱王储穆赫塔迪·比拉、柬埔寨首相洪森、老挝总理波松、越南总理阮晋勇和时任东盟秘书长王景荣。

领导发言

在第四届中国—东盟博览会、第四届中国—东盟商务与投资峰会新闻发布会上的讲话

（2007年10月31日）

中国—东盟博览会组委会副主任兼秘书长
中国—东盟商务与投资峰会组委会副主任兼秘书长
广西壮族自治区党委常委、自治区副主席
李金早

女士们，先生们，
新闻界的朋友们：

历时四天的第四届中国—东盟博览会、中国—东盟商务与投资峰会就要闭幕了。在中国和东盟各国政府、企业等各方面的共同努力下，本届博览会、商务峰会取得圆满成功，达到了预期效果。

中国国务院副总理曾培炎和文莱王储穆赫塔迪·比拉、柬埔寨首相洪森、老挝总理波松、越南总理阮晋勇等四国领导人出席本届博览会、商务峰会。曾培炎副总理出席博览会开幕式并宣布开幕，在商务峰会开幕式上作主旨演讲。在商务峰会上，文莱王储穆赫塔迪·比拉、老挝总理波松、越南总理阮晋勇发表演讲，广西壮族自治区党委书记刘奇葆致辞。在博览会开幕式上，文莱王储穆赫塔迪·比拉、广西壮族自治区主席陆兵、中国商务部副部长高虎城、世界银行副行长乔伊·普曼菲致辞。出席“两会”的部长级贵宾183人，其中中国68人，东盟和其他国家115人。

第四届中国—东盟商务与投资峰会

受博览会组委会、商务峰会组委会的委托，我向新闻界的朋友们介绍第四届博览会、第四届商务峰会的有关情况。

一、第四届中国—东盟博览会、中国—东盟商务与投资峰会取得了新的成效，办会办展更加专业、更加务实、更加成熟

本届博览会设展位3400个，参展企业1908家，参展商8281人，比上届增长4.9%，展位供不应求。本届博览会专业观众33480人，比上届增长8%。其中，境外专业观众比上届增长6.3%。商务峰会参会代表1400余人。本届博览会、商务峰会在经贸成效、办展水平、影响力三个方面有了进一步提高：

（一）经贸成效进一步提高

本届博览会务实推动了中国与东盟的经贸合作。在贸易方面，截至10月31日16时，本届博览会累计交易总额14.2亿美元，同比增长12.1%。其中，机械设备6.5亿美元，建筑材料1.4亿美元，电子电器1亿美元，农产品和食品1.5亿美元，五金化工1.3亿美元。

商协会参展取得良好成效。食品加工与包装协会连续四年参展，展位数逐年提高。今年70%的食品加工与包装机械企业通过博览会拿到了订单，找到了合作伙伴。

东盟企业经贸成效大幅提高。本届博览会东盟10国使用展位1124个，占总展位数的33%，同比增长35%。印尼、马来西亚、缅甸、泰国、越南5个东盟国家包用独立展馆展示本国商品。本届博览会东盟国家贸易成交量比上届进一步提高，达到3亿美元，同比增长2倍多。这次博览会上第一次出现了东盟商品单笔成交额过亿美元的合同，即泰国香米出口到深圳的一个合同，交易额达到1.1亿美元。

在投资合作方面，本届博览会举行了26场投资推介活动，共签订国际经济合作项目182个，总投资额61.5亿美元，比上届增长5.3%。签约项目规模更大，在182个国际经济合作项目中，超亿美元项目18个，比上届多4个。制造业项目比重增加，分别占国际合作项目的46.2%，占中国国内合作项目的59.4%。“走出去”项目成为新亮点。本届博览会共签订“走出去”项目59个，比去年增加19个，总投资额15.8亿美元。

第四届博览会有效地促进了多层次、多领域的经贸合作：

一是促进了东盟国家之间的经贸合作，促进了中国与东盟的经贸合作，为提前两年实现中国与东盟领导人确定的2010年双边贸易额突破2000亿美元的目标作出了重要贡献。

二是服务了中国各省市、自治区与东盟的经贸合作。中国有38个省市派出代表团参加本届博览会。重庆、宁夏、湖南、河北等省市在会期举办投资项目推介会，深化了中国中西部省市与东盟的交流与合作。

三是促进了举办地广西的招商引资和对外开放。本届博览会，广西贸易成交4.3亿美元，签约引进外资项目81个，投资额32.4亿美元；“走出去”项目18个，投资额3.7亿美元，大幅度超过去年。广西国内签约投资合作项目138个，投资额582.1亿元人

民币，比上届增长5.1%。

（二）办展办会水平进一步提高

展会筹备充分，现场活动有条不紊，循序进行，各项工作更加从容、更加有计划、更加有效率。

展会硬件设施进一步完善，现场服务流程进一步简化、流畅，服务价格比上届降低10%以上；微笑服务受到好评；海关、检验检疫等通关便利化服务进一步改善；直航包机服务进一步改进，宾馆服务水平进一步提高；证件办理进一步简化、高效，基本做到人到证到；专业观众的邀请和组织工作力度更大，更有成效，到会专业观众素质明显提高。贸易预配对和项目撮合的力度加强。现场协调效率进一步提高。

第四届商务峰会致力于创新，更加务实，获得圆满成功。出席本届商务峰会的国际组织代表、商协会代表和工商界精英共有1400余人。商务峰会围绕“创新合作——加快提升区域增长力”这一主题和“服务贸易：新领域，新商机”、“深化金融合作，便利贸易投资”两个议题进行了深入研讨，就推动服务贸易合作和深化金融合作，保障金融安全达成共识。

（三）国际影响力进一步提高

随着博览会平台作用的日益凸显，一系列与推进中国—东盟自由贸易区建设相关的高规格专业论坛和会议纷纷在博览会期间同期举办。本届博览会期间举办的“中国—东盟港口发展与合作论坛”、“中国—东盟质检部长会议”、“2007海外华商相聚中国—东盟博览会暨广西商机介绍会”、“中国—东盟妇女交流活动”、“中国—东盟林业合作论坛”、“中国—东盟社会发展与减贫论坛”、“中国—东盟电力合作与发展论坛”、“中国—东盟自由贸易区法律事务论坛”以及“亚欧首脑会议高官会”等九个部长级专业性论坛和“南宁国际民歌艺术节”都取得了圆满成功。

本届博览会、商务峰会得到区域内外的关注和积极参与。世界银行副行长乔伊·普曼菲出席博览会开幕式并致辞，这是首次邀请次区域外国际机构代表在开幕式上致辞。联合国开发计划署、国际港口协会等国际组织、专业机构有关负责人参加了会期论坛。本届博览会有49家商协会参会。其中，中国商协会34家、东盟商协会15家。还有日本、印度、澳大利亚以及欧洲等国家和地区的采购商834人到会，超过去年。

中外媒体积极到会报道，进一步扩大了博览会、商务峰会的知名度和影响力。在中宣部、国务院新闻办的指导和支持下，今年到会的中外记者总共1106人，其中东盟国家媒体及行业媒体比例大为提高。直接向博览会秘书处报名参加会期采访活动的东盟国家媒体记者，由去年的24家增至46家；到会的电力、港口、机械等与博览会专题设置相吻合的行业媒体今年达到21家。据不完全统计，从10月25日至10月31日上午，《人民日报》、新华社、《光明日报》、《经济日报》、中央人民广播电台、中央电视台、中国国际广播电台、《中国日报》、中国新闻社等中央媒体以及广西媒体（含网站和部分行业媒体）刊发有关“两会一节九论坛”新闻稿件11622篇（条、幅），港澳媒体233篇（条、幅），外国媒体213篇（条）。

本届博览会受到了多方面的高度评价，许多展商反映本届博览会到会的采购商明显增加，参展产品档次更高、针对性更强，经贸配对活动安排有序，成效明显。文莱王储比拉在博览会开幕致辞中说，中国—东盟博览会现在是东盟日历上一个非常重要的日子，它为企业家们提供了一个宝贵的机会进行专业会谈。香港贸发局总裁林天福在参观后认为，现在中国—东盟博览会更加专业、更加务实、更加成熟，作为一个国际经贸展会，刚办四年就达到这么高的水平，实在让人感到惊奇。

二、突出五大特色，不断完善办展办会机制

在国内外大型展会林立的形势下，我们发挥优势，突出特色，致力于推进中国—东盟自由贸易区合作的重要平台。

（一）推出主题国活动，进一步深化共办共赢

博览会由11国共办，东盟国家的积极参与是博览会长期共办共赢的基础。今年我们推出了主题国活动，每届由一个东盟国家出任主题国。本届由文莱出任主题国，中方对文莱出任主题国予以高度重视和特别的礼遇安排。中国国务院副总理曾培炎与文莱王储共同出席文莱“魅力之城”展区的开馆仪式。文莱在南宁举办了民俗风情表演等丰富多彩的主题国活动。在机场高速公路、会展中心附近的中心市区街道设置宣传文莱的旗帜、广告牌等，成为本届博览会的一个亮点。这样，确保每届都有东盟国家领导人轮流出席，进一步调动东盟国家共办的积极性，使博览会共办机制得以持续运作，常办常新。

（二）突出港口合作主题，务实推进重点领域合作

从第四届博览会开始，围绕中国与东盟双方确定的农业、信息产业、人力资源开发、相互投资、湄公河流域开发合作、交通、能源、文化、旅游和公共卫生等十大重点合作领域，每届确定一个重点主题，举办相关活动，推动务实合作。第四届博览会在中国交通部的支持下，举办中国—东盟港口发展与合作论坛。中国和东盟10国交通部长、主要港口城市市长、港务集团负责人出席论坛，国际码头投资经营商、主要航运企业、物流服务商、修造船企业等参会交流，促进了区域港口合作发展。博览会务实推动了重点领域合作。

论坛以“加强区域合作，促进共同发展”为主题，围绕多个专业议题，深入交流，通过了《中国—东盟港口发展与合作联合声明（南宁共识）》、发布了

《泛北部湾港口群合作研究报告》。与会代表还到广西北部湾港口进行了考察，对广西北部湾港口的区位优势及其在泛北部湾经济合作中的作用表示高度认同。

博览会“魅力之城”展区成功展示了11国港口城市的发展商机。港口物流展区集中展示了一批港口物流的知名企业，受到参会客商的广泛关注。

（三）展览专业化更强，努力实现经贸成效新突破

博览会突出展览专业化，以客户为中心，加强对企业的服务。采取了“综合性专题展”的招商措施，根据前三届成交情况和市场需求情况，确定食品加工和包装机械、电力设备、建筑材料、农产品食品、木材家具、轻工工艺共6个行业作为重点，以专题展的方式招商招展，做好配对服务。

专业观众的邀请和组织工作力度更大，更有成效，到会专业观众素质明显提高。到会采购企业数量多，规模大。世界500强企业家乐福、沃尔玛、特易购都派出了高层和采购代表参会。还加大了中国采购商的组织力度，上海光明、豫园集团等中国知名食品企业到会采购，青岛市继上届之后，继续组织橡胶、棕榈油采购团到会。

博览会通过官方网站和具有100多万份中国与东盟企业数据的客商数据库，更有针对性地邀请采购商，更有效地做好商贸配对。仅向食品包装行业的采购商就发出4万份邀请函。博览会开幕前，就提前完成了设备、电子电器、农产品和食品、机械、建材、矿产品、汽车配件、轻工工艺等行业的1308家参展商与375家采购商的会前贸易配对服务。

会期共举办了30多场配对活动，特别是围绕建材、机械等推出多场参展商讲坛，客商踊跃参与，取得了积极的经贸成效，越南—中国投资经营论坛举办当天就签订6亿美元的合同。客商普遍认为，本届博览会配对服务更有针对性，配对成功率更高。

（四）开幕式与布展设计紧扣主题，体现博览会特色

本届博览会开幕式在前三届的基础上继续延伸“合作之水”的概念，又出新意，富于文化内涵。以“合作之舟”、“海上丝绸新路”、“共推加速器”、“扬帆前进”和“魅力海港”为创意元素，体现“同舟共进，扬帆远航”的主题，将中国与东盟国家友好合作的历史与现实展现出来，描绘了一幅充满勃勃商机的中国—东盟自由贸易区建设新蓝图。柬埔寨首相洪森、越南总理阮晋勇等东盟国家领导人给予高度评价，认为每一届博览会的开幕式都能够很好体现中国与东盟合作的丰富内涵，而且不断创新，非常有创意。

本届博览会有多个东盟国家采取了整体特装，得到中外政要和企业家的称赞。展馆整体形象设计充分采用了与港口内容相关的形象如船、航标灯塔等作为布展设计元素，充分营造出第四届博览会港口合作的主题氛围，取得了良好效果。

（五）“两会一节九论坛”同期举办，搭建多领域多层次交流平台

中国—东盟博览会已成为服务东盟、服务全国的重要交流合作平台。从第二届博览会起，推出了“魅力之城”专题，至今共推介了中国和东盟36个城市，使双方的合作从国家层面延伸到城市之间。邀请了东盟和中国37家商协会作为博览会的支持商协会，促进了商协组织之间的交流。与上海、天津、浙江、江苏、重庆、厦门签订了博览会特别合作备忘录，建立了特别合作伙伴关系。中国各省市在积极支持博览会各项工作的同时也通过博览会深化与东盟的合作。

会期举办的论坛和会议取得了很大的成果。中国—东盟质检部长会议，通过了《南宁联合宣言》并就中国与东盟关于加强卫生与植物卫生合作的谅解备忘录达成一致，标志着中国—东盟质检部长磋商机制正式启动。2007海外华商相聚中国—东盟博览会暨广西商机介绍会，当天就有18家广西企业与海外华商签约，签约金额3.86亿美元，对于深化双方的经贸合作具有里程碑式的意义。其他各论坛和会议都取得了积极成效，进一步促进了多领域多层次交流合作。

中国各省和东盟各国家、各地方之间进行了全面的交流，广西与湖南、贵州签订了加强省区合作框架协议，举行了广西与柬埔寨波罗勉省、印尼巴布亚省举行了缔结友好省区签字仪式，中国—东盟博览会作为区域合作交流平台的作用进一步凸显。

东盟秘书长王景荣认为，广西把博览会的概念进行拓展，纳入新内容，为东盟带来了商机。中国—东盟博览会已成为深化各方合作、推进自贸区建设日趋成熟的重要平台。

三、关于第五届中国—东盟博览会的初步考虑

在筹办第四届中国—东盟博览会的同时，我们对第五届博览会的有关问题进行了专题研究，在充分听取了东盟和中国国内各组展单位、专业观众、商协会等各方面意见的基础上，进行了调研和分析，形成了第五届博览会有关安排的初步考虑。第五届博览会将于明年10月20～23日在南宁举行。规模为3400个展位，保留第四届博览会的四个专题，即商品贸易专题、投资合作专题、农村适用技术专题、“魅力之城”专题。

第五届博览会将突出持续发展和进一步提高经贸成效，继续巩固中国与东盟交流合作的平台。推进共办共赢，继续采取和完善主题国机制。不断提高经贸成效，积极提高对企业的吸引力。继续服务好重点领域合作，深化主题内容。

女士们、先生们，中国—东盟博览会和中国—东盟商务与投资峰会即将迈过四届历程，“两会”一届

比一届有特色，一届比一届有成效，一届比一届有影响。这一成绩的取得，是中国和东盟10国政府、企业和社会各界给予高度重视和大力支持的结果。借此机会，我谨代表中国—东盟博览会组委会、中国—东盟商务与投资峰会组委会、举办地向11国政府表示衷心的感谢！向中国商务部、外交部、贸促会、公安部、交通部和东盟10国经贸主管部门，向组展单位和参与博览会安保、接待、宣传等有关工作的人员表示衷心感谢！向全力支持、参与博览会、商务峰会筹办工作的全区人民表示衷心感谢！向关心和报道博览会、商务峰会的新闻界朋友们表示衷心感谢！我们相信，在各方面的共同努力下，博览会和商务峰会一定会办得更有特色，更有实效，为推动中国—东盟自由贸易区建设，深化中国与东盟的战略伙伴关系作出新的贡献！

现在我宣布：第四届中国—东盟博览会胜利闭幕！

（来源：中国—东盟博览会官方网站. http://www.caexpo.org/gb/zhuanti/4threview/speak_07/t20071210_76085.html. 2007—12—10）

会议论坛

首届中国—东盟质检部长会议

2007年10月28日下午，由中国国家质检总局与东盟秘书处联合举办的第一届中国—东盟质检部长会议在广西南宁正式开幕，会议的主题是"进出口食品安全管理与合作，保护消费者权益"。

第一届中国—东盟质检部长会议上李长江作报告

中国国务院副总理曾培炎、时任东盟秘书处秘书长王景荣出席开幕式并致辞。中国—东盟质检部长会议中方主席、时任中国国家质检总局局长李长江主持开幕式，质检总局副局长魏传忠代表中方作了主旨发言。广西壮族自治区党委书记、广西壮族自治区人大常委会主任刘奇葆，广西壮族自治区副主席杨道喜，中国国务院办公厅、商务部、发改委等有关部门的领导，缅甸驻华大使吴登伦，印尼驻华大使苏决界，东盟10国卫生、农业等部门的官员出席了开幕式。

曾培炎在致辞中指出，加强中国—东盟质检合作，事关这一地区18亿人口的福祉，事关中国和东盟经济贸易健康发展。第一届中国—东盟质检部长会议的召开，标志着中国—东盟质检部长级磋商合作机制正式启动，对于解决各国普遍关注的产品质量和食品安全问题、防止动植物疫情跨境传播、深入推进中国—东盟自贸区建设、保障中国及东盟各国经济贸易快速健康发展、维护各国生物安全，都将发挥重要作用。

曾培炎表示，自中国—东盟建立对话关系以来，为配合双方加强合作的总体战略，中国和东盟各成员国在质检领域开展了一系列富有成效的双边合作，与各国分别建立了高层质检合作机制，加强了质检的协商与对话，签订了40多项双边质检合作协议，并与东南亚国家联盟加强了检验检疫、原产地规则、标准化、质检能力建设和人员培训等合作。这于推动双方关系进一步深化、促进区域经济发展、保障消费者权益作出了积极贡献。

曾培炎强调，促进产品质量提高、确保产品质量安全，是一个永恒的主题，是政府、企业的不懈追求，是全世界的共同责任。中国和东盟各国应当进一步加强质检领域的全面务实合作，完善对话与合作机制，积极推进法规、标准、信息及管理经验、先进技术等方面的沟通与交流，落实能力建设、人员培训等项目。我们主张，对国际贸易中出现的产品质量和食品安全纠纷，应着眼于维护友好合作大局，本着相互理解和相互尊重的态度，通过协商对话、沟通交流，分享管理经验，协调有关行动，妥善处理问题，共同推动中国—东盟经贸合作关系长期、健康、稳定地向前发展。

王景荣在致辞中表示，食品安全已经成为全球消费者和贸易领域所关心的关键问题。对于东盟来说，食品安全是东盟经济一体化进程中农业和卫生领域的重要问题。多年来，为确保本地区安全、卫生、优质食品更加自由地流通，东盟各国一直共同致力于完善食品控制体系和流程。东盟的食品和农产品符合国家标准对于提升国际市场竞争力至关重要。东盟一贯以质量与标准相符、保障食品安全和食品农产品贸易证书规范化为工作重心。此次会议是东盟和中国正式建立东盟与中国部长级磋商与合作机制、研究建立东盟与中国进出口食品安全合作机制、加强食品安全主管部门间合作和推进确保食品农产品质量与安全共同行动的契机。

此次会议是为促进中国—东盟战略伙伴关系发展，落实国务院总理温家宝于2007年年初在菲律宾宿务举行的"10+1"领导人会议上提出的建立中国—东盟部长级质检磋商合作机制，并于2007年在华举办首次质检部长级磋商会议的建议而举行的。会议以"强化进出口食品安全管理与合作 保护消费者权益”为主题，与会代表将本着分享管理经验、谋划未来合作，以更有效地保护消费者权益、促进中国—东盟经贸关系和中国—东盟战略伙伴关系的健康发展这一宗旨展开交流和讨论。会议还将审议通过并发布《南宁联合声明》。

魏传忠在主旨发言中系统回顾和评述了中国—东盟质检合作情况，介绍了中国食品安全法律法规、标准和管理体制、食品农产品认证认可体系、当前工作重点和发展战略，中国—东盟食品安全合作现状，并就加强中国—东盟食品安全合作提出了八点倡议：一是进一步加强在食品安全领域的合作与交流，共同承担保证食品安全的责任；二是积极推进各方在食品安全法律法规、标准、信息方面的交流，增加法律法规、标准和信息方面的透明度，增进相互理解与互信；三是增加食品安全管理和技术人员的互访和交流，共同提高食品安全管理和技术保障水平；四是各自指定联络点，及时相互通报相关的食品安全信息；五是建立通报机制，任何一方对其他各方的食品采取新的安全卫生措施前，都通过联络点事先通报；六是担负起食品安全监管责任，确保相互出口食品的安全；七是打击非法食品贸易，防范蓄意制造食品安全事件的行为；八是每两年召开一次司局级进出口食品安全磋商会议。

东盟秘书处副秘书长尼古拉斯在代表东盟方作主旨发言中也回顾和评述了双方的质检合作情况，介绍了东盟食品安全管理与法规。对于中方提出的加强中国—东盟食品安全八项倡议，东盟秘书处给予了积极回应，并同时提出了东盟方面关于加强中国—东盟食品安全合作的设想。

出席此次会议的代表共140多人。东盟出席会议的代表分别来自10个成员国的23个主管部门、5个驻华外交机构和东盟秘书处等29个单位，其中部级官员23位。中国代表团由外交部、农业部、商务部、卫生部、国家质检总局、国务院法制办、国家食药局等7个部门、自治区政府、25个出入境检验检疫机构和质量技术监督机构，以及中国香港特别行政区食物与卫生局和澳门特别行政区民政总署的代表组成。

10月29日，为期2天的首届中国—东盟质检部长会议在南宁市圆满落下帷幕。会议讨论通过了《南宁联合声明》，并就在11月举行的中国—东盟领导人会议期间正式签署中国与东盟《关于加强卫生与植物卫生合作的谅解备忘录》达成一致。

根据联合声明，双方将担负起食品安全监管责任，确保相互提供食品的安全，对在各自领土内出现有关其他各方的食品安全问题的报道，及时进行核实和澄清，避免对消费者的误导。各国还将加强合作，打击非法食品贸易，防范蓄意制造食品安全事件的行为。

联合声明还决定，为促进各方在食品安全领域的合作，将至少每两年召开一次由各方主管进出口食品安全事务的司局级官员参加的会议。

中国—东盟妇女友好交流招待会

2007年10月27日晚，中国全国妇联在西园饭店举办中国—东盟妇女友好交流招待会，宴请参加中国—东盟博览会的中国及东盟各国女企业家、知名企业家夫人，在南宁的东盟各国女专家学者，参加东盟与中日韩社会性别意识主流化培训班的各国嘉宾等。中国国务院妇儿工委副主任、全国妇联副主席、书记处第一书记黄晴宜，全国妇联副主席、书记处书记赵少华，广西壮族自治区党委常委、组织部部长陈际瓦，广西壮族自治区人大常委会副主任袁凤兰等出席招待会。

2007年中国—东盟妇女友好交流招待会

黄晴宜在招待会上讲话，对各国嘉宾朋友表示热烈欢迎。她高度评价中国与东盟妇女友好交流的优良传统，并指出，中国与东盟各国的交流与合作已经迈入从双边扩展到多边的新阶段，进一步推动妇女间开展务实的交流与合作是中国和东盟各国共同面临的课题和责任。中国—东盟妇女培训中心正式揭牌成立，为中国与东盟各国妇女的交流合作提供了新的平台。全国妇联愿与东盟各国妇女组织开展内容丰富、形式多样、互惠互利的合作，不断推动妇女之间开展务实的交流，建立互利、互补、互助的新型合作关系，共同推进中国—东盟妇女事业的发展，不断深化中国—东盟战略伙伴关系。

黄晴宜向中外来宾介绍了中国妇女参与经济建设的有关情况，尤其是改革开放以来，中国女性经营管理者队伍迅速崛起，为中国经济的发展和社会的进步作出了重要贡献。希望中国女企业家与东盟各国女企业家加强合作，共享全球资源，在国际市场的竞争中获得更快的成长。

陈际瓦代表自治区党委、政府对各国嘉宾朋友表示热烈欢迎，并希望通过本次招待会为中国与东盟各国妇女搭建交流信息、寻找商机、促进合作的平台，进一步加深了解、增进友谊、扩大交流。

陈际瓦说，广西与东盟传统友谊源远流长，各领域合作日益密切。特别是近年来广西主动融入大湄公河次区域合作，泛北部湾经济合作等区域和次区域经济一体化，以中国—东盟博览会为契机，积极推动与东盟各国在各领域的交流，加快了对外开放力度和经济发展步伐。在推进区域资源优化配置，形成区域经济发展合力，增强区域整体竞争力，营造区域和平、稳定和繁荣中的作用日益凸显。陈际瓦表示，广西将继续发挥区位优势，以中国—东盟博览会为平台，为进一步深化中国与东盟各国妇女友好交流，促进双方互利共赢，搭好平台，做好服务。

招待会由赵少华主持，东盟国家妇女代表老挝国家妇联副主席凯姆陈·佛姆森格萨万女士在会上致词。

中国—东盟林业合作论坛

2007年10月30～31日，由中国国家林业局和广西壮族自治区政府联合举办，广西壮族自治区林业局和中国—东盟博览会秘书处承办的中国—东盟林业合作论坛在南宁举行。

中国—东盟林业合作论坛

此次论坛是中国首次与东盟国家举行的多边林业外事活动，论坛得到了国家林业局领导、东盟国家官员、自治区领导以及所有与会人员的高度评价。论坛紧扣时代主题，突出林业特色，创意新颖务实，内涵十分丰富。其意义有三：一是搭建了合作平台，拓宽了合作领域。本次论坛有中国与东盟国家林业方面部长级领导人的会晤，有各国工商界、学术界精英的对话交流，企业之间经贸洽谈，通过了有历史意义的《中国—东盟林业合作南宁宣言》。二是增进了双方了解，促进了林业开放。论坛通过有关领导致辞、大会研讨、主题演讲、商务洽谈、实地参观等多种形式，互通信息，交流经验，更新观念，促进中国与东盟国家林业的互动、交流，提高彼此对外开放水平，为今后中国与东盟在林业经贸往来，形成特色互补产业，共同加强边境地区森林资源保护等方面提供了新的机遇。三是展现了广西形象，推动了林业发展。论坛的成功举办，充分展示了广西林业的良好形象，提高全区林业在国内外同行中的美誉度，特别是国内外数十家新闻媒体的报道，使广西林业在海内外的知名度和影响力大大提高，进一步拓展了广西与东盟国家以及外省林业合作的深度和广度。

中国—东盟林业合作论坛有三大特点。一是嘉宾云集，盛况空前。此次论坛是中国与东盟国家林业交流的一次盛会，东盟10国中有8个国家参加论坛，其中6个国家有副部级官员带队。东盟秘书处一名副秘书长出席开幕式，有关官员全程参加论坛。国际林业研究中心也派专家参加论坛。国家林业局李育材副局长及有关司局长参加论坛，国内11个省市林业部门和10余家国内外知名林业企业派代表团参加了论坛。自治区领导马铁山、林灿、孙瑜、邓浦东，区直有关单位负责人，各市林业部门主要负责人，区林业局各处、室、站和直属单位主要负责人参加了论坛。20余家海内外媒体派出50多名记者参与了论坛宣传报道。本次论坛参与部门之多，人数之众，规格之高，影响之广，要求之严，国际色彩之浓在广西林业乃至中国林业发展史上都是前所未有的。二是主题鲜明，内容丰富。本次论坛以中国—东盟林业合作与可持续发展为主题，包括中国—东盟林业投资与林产品贸易合作、非木材林产品在东南亚国家的利用与发展、林业科技合作等三个议题。论坛主题贴近当前中国与东盟林业合作与交流的实际，内容丰富务实，引起了与会者的强烈反响和共鸣。最后共同通过了《中国—东盟林业合作南宁倡议》，表达了希望不断加强往来，密切联系，继续巩固双方良好扎实的合作基础，开辟更广阔的合作空间的良好愿望。三是媒体关注，宣传面广。论坛组委会多次专题研究论坛宣传报道工作，对新闻宣传工作进行了精心策划，制定了周密细致的宣传方案。论坛召开前，在中国绿色时报和广西日报推出了“中国—东盟林业合作论坛”倒计时栏，并以专访等多种形式整版刊登了论坛的有关情况。在新华网广西频道制作专题网页。同时，还编印了广西林业情况画册、林业招商项目册，东盟国家林业简介，中国与东盟林业法规汇编等资料，制作了有关的宣传光碟，赠送宾客和有关媒体，进一步扩大了论坛在海内外的影响力。在论坛举办期间，邀请了新华社、《人民日报》、中央电视台、香港《大公报》、《中国绿色时报》、《广西日报》等20余家海内外新闻单位派记者参与报道，形成了报纸、杂志、电台、电视台、网络构成的立体宣传格局。据不完全统计，海内外媒体共刊（播）发有关本次论坛活动的新闻稿70多篇（条），专版专题4个，图片50多张，网上点击量达百万人次。

广西壮族自治区林业局王力生组长，陈湘文副局长，副巡视员肖超，参加论坛工作的全体工作人员以及局机关的所有同志参加100多人了总结会。

中国—东盟社会发展与减贫论坛

2007年10月30日，由中国国务院扶贫办、广西壮族自治区人民政府共同主办的“中国—东盟社会发展与减贫论坛”在南宁开幕。

中国国务院扶贫办主任范小建，广西壮族自治区政协主席马庆生等出席论坛，广西壮族自治区党委常委、纪委书记，广西壮族自治区扶贫开发领导小组副组长马铁山主持论坛开幕式。

中国—东盟社会发展与减贫论坛

范小建在开幕式的致辞中表示，目前，中国政府正进一步加强与有关国家和国际组织的合作，致力于寻求建设更加具有可持续性的经济增长机制、制定更加协调的全球减贫战略、建立更加广泛的反贫困战略伙伴关系，共同提升发展能力和扶贫成效。

东盟秘书处副秘书长尼古拉斯表示，这次论坛的举办将推进区域社会发展与减贫交流合作，东盟秘书处愿意与各国加强合作，一同努力搭建更好的扶贫工作交流平台。

柬埔寨发展规划部国务秘书欧·奥哈特表示，柬埔寨将更多地借鉴中国和东盟其他国家的扶贫经验，努力使人民摆脱贫困。

联合国开发计划署代表处副国别主任麦瑞德·米尔表示，中国的扶贫经验为世界发展和减贫事业作出了贡献，非常值得各国学习和借鉴，扶贫工作不仅需要政府积极推进，更需要全社会的广泛参与和支持，这样才能早日实现联合国提出的“千年发展目标”。

广西壮族自治区副主席孙瑜表示，广西扶贫开发工作取得了历史性的成就，今后将在推进中国与东盟扶贫交流与合作中发挥应有的积极作用。

来自中国、文莱、柬埔寨、印度尼西亚、老挝、马来西亚、缅甸、菲律宾、新加坡、泰国、越南以及东盟秘书处的代表，就各国社会发展与减贫领域的成就与经验，推进联合国千年发展目标的进展与挑战等问题发表了演讲。

中国和东盟各国主管扶贫工作的高级官员、扶贫机构负责人、社会发展和减贫领域的专家学者、著名企业家以及各相关国际机构代表参加了开幕式。

2007年10月31日，首届中国—东盟社会发展与减贫论坛闭幕，来自中国与东盟十国的扶贫官员联合发表了《南宁倡议》。《倡议》称将建立中国—东盟社会发展与减贫论坛机制，与国际组织建立减贫合作，加强东盟发展中国家与中国减贫的能力建设。

对东盟各国和中国而言，减贫是国家工业化、现代化战略体系当中的一个重要组成部分，应以经济增长和结构优化为基础，以公共服务和社会保障体系建立健全为保障，辅之以专项减贫干预措施和救助救济服务，促进国家稳步持久协调发展，使各种社会群体均衡享受经济增长和社会发展的收益，实现共同繁荣进步。

《倡议》提出，各国政策制定者将进一步建立健全市场体系，完善机制，扩大公共投资，推动基础产业稳步发展；加强公共服务体系建设，逐步建立社会保障体系；建立协作机制并辅之以适当的引导政策，广泛动员社会力量参与扶贫，发挥其在减贫资源筹集、扶贫机制完善和发展项目资源利用监督与效果评估等领域的重要作用。

《倡议》还提出，建立适应东盟各发展中国家与中国减贫和社会发展实际需要的国际协作框架。建立中国—东盟社会发展与减贫论坛机制，每一年度确定一个主题，展开针对该主题领域理论知识、研究方法、政策信息等方面的集中研讨。推进国别之间减贫与社会发展交流协作，并与国际组织建立合作网络，组织理论知识、政策传播、项目实施机制、贫困监控和减贫项目效果评估等方面的专项培训，加强东盟发展中国家与中国减贫的能力建设。

该论坛是2006年9月在中国北京召开的《东盟与中日韩区域扶贫高层研讨会》后的一项重要后续行动。论坛研讨及其形成的成果，将进一步促进推动中国与东盟国家减贫和社会发展的需求、政策信息以及问题和挑战的交流，必将对东盟各发展中国家和中国的减贫与社会发展事业产生积极的影响。

中国—东盟电力合作与发展论坛

2007年10月28日下午，由中国电力企业联合会、中国国际贸易促进委员会电力行业委员会、中国—东盟博览会秘书处共同主办的中国—东盟电力合作与发展论坛在南宁锦华大酒店隆重举行。

中国国家电力监管委员会主席尤权、东盟秘书处副秘书长尼古拉斯·坦迪·达蒙、广西壮族自治区副主席孙瑜、中国南方电网有限责任公司副总经理祁达才先后在开幕式上致辞。中国电力企业联合会理事长赵希正，柬埔寨工业、矿产和能源部部长克劳特·兰迪在开幕式上作了主题演讲。自治区政协副主席林国强出席开幕式。

中国—东盟电力发展与合作论坛

论坛以中国—东盟各国电力市场情况、东盟各国电力投资需求现状和相关法规介绍，以及电力新技术与新产品、中国—东盟电力拟在建项目发布为主要内容，以主题报告、高峰对话、联谊交流、商务配对、参观展览为形式，旨在促进中国—东盟电力企业在资源、运营、设计、建设、技术、装备、人才与劳务等领域开展合作，为双方交流与合作搭建平台。

本次论坛内容丰富，有介绍鼓励和支持企业“走出去”与“引进来”的相关政策和措施的发言，介绍区域或国别的投资环境、投资机会、产业政策及法律法规专题演讲，有中国企业“走出去”的经验交流，有电力新项目介绍和新技术交流等。

中国与东盟在能源合作方面具有明显互补性，东盟国家巨大的电力缺口带来了技术设备和工程设计、建设方面的强大需求，而作为中国优势产业的电力工业在设计、工程建设、设备制造、运营管理等方面都具有一定优势。以不断扩大的市场为导向，用前瞻性、战略性眼光去开拓和积极培育国际性区域市场，面向东盟的电力工业开发与合作，将成为继“西电东送”之后中国电力业第二次发展机遇。

尤权在致辞中说，改革开放以来，中国国民经济持续快速发展，电力工业取得了举世瞩目的成绩。中国发电装机从 1978 年的 5712 万千瓦增加到 2006 年年底的 6.22 亿千瓦，发电装机和发电量已经连续十年位列世界第二位。电力工业的持续快速发展也有力地带动了中国电力设备制造业的发展与进步，中国电力工业技术装备水平和制造能力进入了一个崭新的发展阶段。

中国电力的快速发展得益于电力市场化改革。改革开放以来，特别是 2002 年以来，随着我国经济体制改革的不断深入，电力体制改革稳步推进，取得了重大进展。电力工业实现了从政企合一到政企分开、从垄断经营到市场竞争，从垂直一体到垂直分离的历史性转变。电力改革极大地解放了电力工业生产力，促进了电力工业持续快速发展，基本解决了长期制约我国经济社会发展的缺电问题。今后，我们将继续按照中国政府确定的改革方向和目标，坚定不移地推进电力改革，加快电力发展，为经济社会发展提供安全可靠的电力保障。

电力监管是电力市场化改革的产物，是市场经济条件下政府管理电力的重要方式和手段。2003 年 3 月，中国国家电力监管委员会正式组建成立，按照国务院颁布的《电力监管条例》行使行政执法职能，统一履行全国电力监管职责。四年来，电监会坚持把促进发展、确保安全作为电力监管的根本要求，坚持把依法依规、公平公正、高效透明作为电力监管的基本原则，坚持把深化电力体制改革作为完善职能、推进工作的主要方式，坚持把健全体系、完善制度作为电力监管的重要保障，坚持把培育市场和监管市场作为电力监管的主要手段和主要内容，坚持把中国实际和国外先进监管经验相结合作为探索电力监管的基本理念，认真履行电力监管职责，实现了电力监管事业的良好开局和稳步发展。今后中国电监会将在总结几年来电力监管实践经验的基础上，积极借鉴东盟国家和发达市场经济国家的监管经验，进一步探索开展电力监管工作的有效途径，完善监管体制，不断提高电力监管工作成效，为促进电力科学发展发挥更大的作用。

本次中国—东盟电力合作与发展论坛是第四届中国—东盟博览会、第四届中国—东盟商务与投资峰会、南宁国际民歌艺术节和中国—东盟港口发展与合作论坛等“两会一节九论坛”重要活动之一。

在南宁期间，尤权于 10 月 27 日考察了广西电网公司，听取了南方电网公司董事长袁懋振和广西电网公司总经理余建国的汇报。他强调，广西电网公司乃至整个南网公司这几年的发展取得了可喜的成绩，同时也面临着更大的发展压力，要进一步优化结构，加快电网建设速度，以满足地方经济发展对电力的需求；要努力在安全管理上下大工夫，制定应急措施，避免出现安全事故，避免出现大的损失；要进一步加强服务意识，切实承担起社会责任，加强与地方政府的联系和沟通，为地方经济发展作出应有的贡献。

中国—东盟服务贸易论坛

以“服务贸易：新领域 新商机”为中心议题的中国—东盟服务贸易论坛，2007 年 10 月 28 日在南宁举行。来自中国与东盟十国的专家、学者、官员以及参加第四届中国—东盟博览会以及投资峰会的客商、参展商逾千人参加了本次论坛。

论坛紧扣中国—东盟自由贸易区建设进程，围绕 2007 年 1 月签订的中国—东盟自贸区《中国—东盟全面经济合作框架协议服务贸易协议》，探讨如何深化中国—东盟区域的服务贸易合作，探索开展服务贸易的各类前瞻性问题。

中国—东盟自由贸易区的建设正在向纵深发展。《中国—东盟全面经济合作框架协议货物贸易协议》的实施，促进了中国与东盟贸易额的持续增长，而《中国—东盟全面经济合作框架协议服务贸易协议》的签订，标志着中国—东盟自贸区建设向前迈出关键的一步，开放了中国—东盟服务贸易市场，为全面建成自贸区奠定了基础，中国与东盟之间的经贸合作进入一个新的历史阶段。中国将在对世贸组织承诺的基础上，在建筑、环保、运输、体育和商务等5个服务部门26个分部门向东盟国家作出新的市场开放承诺，东盟也将分别在金融、电信、教育、旅游、建筑、医疗等行业向中国作出市场开放承诺。这使得中国与东盟形成更加紧密的关系、更加开放的市场，直接惠及中国—东盟区域千千万万的工商企业，在区域经济合作中产生更多新的领域和新的商机。

服务贸易是今后一段时间内中国与东盟双方企业合作的一个非常重要的内容。中国与东盟商务与投资峰会组委会希望通过举办服务贸易这个专题论坛介绍服务贸易协议的相关内容以及存在的商机，更多、更好地促进双方企业重视区域内的服务贸易合作，积极探索提升合作水平。

近年来，中国与东盟经贸合作发展迅猛。2007年1月，中国和东盟国家正式签署《中国—东盟全面经济合作框架协议服务贸易协议》，进一步开放了中国—东盟服务贸易市场，极大地促进了中国—东盟自由贸易区的建设进程。同时，双方在地区货币互换、债券市场建设等方面的合作也不断深化，金融投资力度不断加强。

中国—东盟商务与投资峰会创办于2004年，以推动中国与东盟国家全面经济合作与中国—东盟自由贸易区建设为目标，是中国和东盟10国政府官员、企业界和学术界人士宣传经贸政策与推介合作项目、开展多向互动与信息交流的合作平台。

第四届中国—东盟商务与投资峰会将举办服务贸易专题论坛和金融专题论坛。在服务贸易专题论坛上，与会人员将围绕《中国—东盟全面经济合作框架协议服务贸易协议》探讨如何深化中国和东盟服务贸易合作，探索开展服务贸易的各类前瞻性问题；在金融专题论坛上，将围绕“中国金融业的开放及国际化”、“利用出口信用保险促进与东盟国家贸易发展”等议题展开讨论。

目前，中国与东盟已互为第四大贸易伙伴。2006年，中国与东盟贸易达到1608.4亿美元，预计2008年有望突破2000亿美元。

海外华商相聚中国—东盟博览会暨广西商机介绍会

2007年10月29日上午，2007海外华商相聚中国—东盟博览会暨广西商机介绍会在绿城南宁举行。来自世界30多个国家和地区的200多位海外重点华商代表共同商讨发展商机。中国国务院侨务办公室主任李海峰，时任广西壮族自治区主席陆兵，广西壮族自治区党委常委、组织部部长陈际瓦，广西壮族自治区人大常委会副主任甘幼玶，广西壮族自治区政协副主席章崇任等出席了商机介绍会，会议由陈际瓦主持。

2007海外华商相聚中国—东盟博览会暨广西商机介绍会

李海峰在致辞中表示，中国—东盟博览会已成功举办三届，日渐成为推动中国—东盟区域经济合作的最重要合作平台之一，对于加快中国—东盟自由贸易区的建设进程，搭建起中国与东盟各国乃至世界其他国家和地区交流合作的舞台，推动广西经济跨越式发展，都有着重大而深远的影响。同时，为推动华侨华人参与中国经济建设，实现事业更大发展发挥了桥梁作用。为积极参与、充分利用中国—东盟博览会这个平台，充分发挥海外华侨华人尤其是东盟华商的资源优势，促进广西的引资引智和对外开放工作，推动泛北部湾经济合作和广西北部湾经济区的全面开放开发，国务院侨务办公室、广西壮族自治区人民政府决定共同主办2007海外华商相聚中国—东盟博览会暨广西商机介绍会。此次活动是在中国—东盟博览会大背景下特别为海外华商量身定做的一个合作交流平台。本届商机介绍会旨在顺应全球和中国经济发展大势，通过宣传介绍广西经济发展政策和机遇，为海外华商投资中国特别是广西北部湾经济区牵线搭桥，促进交流，共谋发展。举办此次活动是推进海外华商深入参与中国经济建设，促进区域经济协调发展的一次新尝试。

陆兵对海外华商们的到来表示热烈的欢迎，并向华商们介绍了广西的区位优势、政策优势和资源优势。陆兵表示，东盟国家华侨华人数量众多，经济实力雄厚，是带动和促进中国与东盟间投资和贸易的重要力量，也是推动广西进入自由贸易区建设不可或缺的桥梁和纽带。广西作为中国主要的侨乡，积极推动与海外侨胞在经济、科技等领域的交流与合作，为本地区保持经济增长，促进亚太地区共同繁荣与发展有着义不容辞的责任。2007海外华商相聚中国—东盟博览会暨广西商机介绍会的召开，为华商们更深入地了解广西的发展规划和吸引外资的最新政策，研讨合作商机，为广西政府、商界与海外华商之间建立更直接的交流渠道，为推动东盟华商与广西长期友好合作搭建了一个良好的平台。2007海外华商相聚中国—东盟博览会暨广西商机介绍会以“新广西新商机新发展”为主题，致力于以崭新的广西，推出新的机遇，共谋新的发展。当前，广西正在全方位对外开放，希望广西与海外华商能在更广泛的领域加强合作，促进共同发展，同时，希望海外华商充分借助中国—东盟博览会这个平台，全面拓展与广西与东盟各国的经贸往来和交流合作。

华商代表、世茂集团董事局主席许荣茂在会上也作了发言。华商们表示，广西有良好的基础设施，区位优势独特，人才及劳动力资源丰富，特别是近年来中国—东盟博览会的成功举办，让广西举世瞩目，与世界各国特别是东盟各国之间的联系日益广泛和深入，广西北部湾经济区的开放开发更是风生水起，有着巨大的商机。海外华商们愿意与广西建立多方面的合作关系，促进广西经济社会建设的快速发展。

商机介绍会上，自治区招商局、自治区北部湾办、桂林市及贺州市分别向海外华商们介绍了广西投资环境、产业导向、招商重点项目及北部湾（广西）开发建设等情况，欢迎华商们到广西来寻找商机、合作交流、共谋发展。商机介绍会上还举行了项目签约仪式，共签订了18个侨资项目，投资金额达3.8亿美元，其中桂林高新区与新加坡狮城控股有限公司签订的五星级酒店及商业综合项目和来宾市与印尼油田技术开发有限公司签订的甘蔗造纸项目投资额分别达到了6895万美元和6667万美元。

大事记

2007年1～12月

1月

1日　中国—东盟自由贸易区《中国—东盟全面经济合作框架协议货物贸易协议》生效，中国扩大降税产品的范围和幅度，降低5375种产品的关税，对东盟关税水平降到5.8%。

11日　中国外交部长李肇星在菲律宾宿务出席了中国—东盟外长会议和东盟与中日韩外长工作午餐会。在中国—东盟外长会议上，李肇星与东盟各国外长积极评价一年来中国与东盟友好合作取得的新进展，认为中国—东盟纪念峰会的成功举行巩固和提升了中国—东盟战略伙伴关系。

13日　第12届东南亚国家联盟（东盟）峰会在菲律宾中部城市宿务正式开幕，东盟10个成员国的领导人及东盟秘书长出席会议。菲律宾总统阿罗约在致辞中表示，希望峰会能够推动东盟建设一个“关爱和共享的大家庭”。同时，此次会议还着重讨论起草东盟宪章和东盟对外关系问题。此外，东盟峰会还将通过有关能源领域合作与安全以及海外劳工安全和福利等问题的文件。

14日　第十次中国—东盟（10＋1）领导人会议在菲律宾宿务举行，中国总理温家宝和东盟10国领导人签署了《中国—东盟全面经济合作框架协议服务贸易协议》，协议于2007年7月生效。

14日　第十次东盟与中日韩领导人会议（“10＋3”）于14日在菲律宾宿务举行。中国国务院总理温家宝出席了会议。会议由东盟轮值主席国菲律宾总统阿罗约主持。中国总理温家宝在会上发表题为《共建和平、繁荣的和谐东亚》的讲话。各国领导人积极响应温家宝提出的构建和谐东亚的主张和加强“10＋3”合作的倡议，表示应进一步规划今后的“10＋3”合作，扎实推进贸易、金融、能源、科技、人力资源开发、基础设施建设和非传统安全等领域的合作，鼓励各国之间的人文交流。

15日　第二届东亚峰会在菲律宾中部城市宿务开幕。东盟10国、中国、澳大利亚、新西兰、日本、韩国和印度的国家元首或政府首脑出席会议。中国国务院总理温家宝发表重要讲话，就进一步加强东亚合作提出原则倡议。

15日　中国国务院总理温家宝在马尼拉总统府与菲律宾总统阿罗约举行会谈。双方对中菲关系给予高度评价，表示愿采取更加积极的举措，推动中菲关系不断深入发展。会谈中，双方就双边关系发展达成10点共识。

15～16日　中国国家总理温家宝对菲律宾进行正式访问，期间中菲两国发表联合声明。双方宣布，《中华人民共和国政府和菲律宾共和国政府关于扩大和深化双边经济贸易合作的框架协定》正式签署，中菲双边经贸合作将在未来10年不断加强。双方将进一步推动在农业、渔业、公共工程与基础设施、住房、矿业、能源、制造业、纺织与服装、工业园与经济开发区、旅游、远程教育、集装箱检查设备和贸易促进等方面的合作。

16日　中国国务院总理温家宝在马尼拉分别会见菲律宾参议长维拉和众议长德贝内西亚。温家宝表示，中方将坚定地奉行“与邻为善、以邻为伴”的周边外交方针，与菲方增进互信，加强合作，推动两国关系不断向前发展。温家宝指出，立法机构的交往是中菲关系的重要组成部分，对增强相互了解、促进双方合作发挥着重要作用。中方重视同菲参、众两院进一步加强友好交往与合作，为推动两国关系的发展作出更大贡献。维拉和德贝内西亚一致表示，菲中两国在诸多领域保持着良好合作，政党和议会交往密切。在实现发展的道路上，菲律宾愿与中国相互交流，相互借鉴，携手并进。菲议会将继续坚定支持菲中关系的发展。

19日　从老泰友谊大桥到万象市塔那亮的老挝历史上首条铁路正式奠基。老挝政府总理与泰国政府副总理以及两国政府的高级官员出席奠基仪式。2004年3月，老挝政府正式与泰国政府签订由泰国政府提供的1.97亿泰铢无偿援助和贷款协议。这条铁路是新加坡—昆明泛亚铁路网的重要组成部分，对改善老挝交通以及促进老挝与周边国家的贸易具有重要意义。

18～20日　中国政府代表团团长、外交部副部长武大伟同越南政府代表团团长、外交部副部长武勇在南宁举行中越第十三轮政府级边界谈判。双方回顾和总结了中越第十二轮政府级边界谈判以来的工作进展，并对下一阶段工作做出具体安排。双方一致同意：加快推进陆地边界勘界立碑进程，确保按照两国领导人达成的共识，最迟于2008年完成全部勘界立碑工作；保持海上问题谈判势头，认真研究和积极商谈共同开发，扎实推进海上低敏感领域合作，继续落实好中越菲三方协议；稳步推进北部湾湾口外海域划界和共同开发谈判；加强北部湾务实合作，切实维护北部湾正常渔业生产秩序；共同保持边境地区稳定，为边界谈判创造有利条件。

22日　中国国家副主席曾庆红在人民大会堂会见到访的泰国陆军总司令颂提。曾庆红表示，泰国是中国的友好邻邦和重要合作伙伴。中国政府高度重视同泰国的关系，愿一如既往地推动中泰友好关系不断向前发展，为造福两国人民和促进本地区的和平与发展作贡献。颂提表示，泰国政府和军队高度重视对华关系，将继续致力于与中国发展在各领域的战略性合作。

26～27日　中国商务部外国投资管理司李志群司长率服务外包考察团访问新加坡，商务部、信息产业部、财政部、科技部、国家税务总局等中央部委有关司局领导以及上海、成都、深圳、西安、大连等服务外包基地城市及园区和企业负责人共20人随团访问和考察。

1月26～2月2日　第26届东盟旅游论坛在新加坡举行，论坛主题是："加强合作—迈向和平、繁荣与进步"，为东盟10个成员国提供加强日后旅游合作的平台。

2月

2日　由中国—东盟博览会秘书处、广西壮族自治区商务厅、外交办、北部湾经济区规划建设管理委员会办公室、招商局等部门组成的商务考察组前往马来西亚、新加坡、印度尼西亚、越南等国开展前期筹备工作，取得了初步成效。商务考察组还实地考察了马来西亚巴生港北港、槟城港，新加坡港，印度尼西亚雅加达丹绒不碌港、泗水丹绒配拉港等港口及城市，为进一步推介和筹备第四届中国—东盟博览会的各项活动打下基础。

5日　越南国家主席阮明哲代表越南共产党、越南党中央和越南人民对老挝人民民主共和国进行正式友好访问。此次访问使彼此间的信任得到巩固和加强，越南和老挝两国干部为促进发展友好、团结，特别是两党、两国政府和两国人民间的全面合作关系作出贡献，也就是交换经验、加强合作、发展经济的机会。

5日　新加坡准备完全开放邮政业，允许其他公司提供本地及国际邮政服务。

2月27～3月1日　应泰王国政府邀请，中国国务委员唐家璇于2007年2月27日至3月1日对泰王国进行工作访问。访问期间，唐家璇国务委员会见了泰国国王普密蓬·阿杜德、总理素拉育·朱拉暖、枢密院主席炳·廷素拉暖、立法议会主席米猜·雷初攀、枢密院大臣西提·沙卫西拉、前总理川·立派和差瓦利·永猜育。唐家璇与泰方就加强中泰友好合作关系和共同关心的问题交换了意见，并取得广泛共识。此外，唐家璇还出席了中国政府向泰国王山地计划提供800万元人民币无偿援助的互换照会仪式。

28日　中国十届全国人大常委会第26次会议经过表决，决定批准中国、越南和老挝关于确定三国国界交界点的条约。

2月29～3月3日　为期4天的东盟有关防控制禽流感疫情论坛会议在马来西亚举行。来自东盟各成员国和各国际组织的69名代表出席了论坛。东盟各国如印尼和越南已经生产出达到国际标准的禽流感疫苗。

3月

1～2日　由中国国家质检总局主办、深圳检验检疫局承办的中国与东盟国家水生动物进出口安全研讨会在深圳召开。来自新加坡、泰国等9个东盟成员国的代表，以及国家质检总局、农业部和检验检疫部门的官员和技术专家共30多人参加了此次研讨会，交流并磋商建立双边或多边检验检疫保障及合作机制，促进地区间水生动物贸易的健康发展。

6日　由柬埔寨银行协会主办，东盟银行业者协会协办的"柬、老、缅和越南投资与项目融资机会"研讨会在柬埔寨王家酒店正式开幕。柬埔寨政府国务兼财经部长吉春、国家银行行长谢振都、东盟秘书长王景荣、柬银行协会主席方侨生，以及来自上述四国的银行业者出席了会议。此次研讨会为以上四国在金融领域提供交流观点和经验的机会，同时也提供从东盟较为发达的国家中学习成功经验的机会。此外，研讨会也有助于四国相互传递项目融资新措施，以加速国家和区域经济发展，加强国与国，以及私人领域间的合作关系。

7日　中国5家企业与印尼国家电力公司签署总值35亿美元的蒸气发电站工程合同，用以解决印尼爪哇岛的电力危机。

22日　越南龙江集团所属河江机电股份公司（EMC）与中国南京汽车集团所属跃进（YIEC）汽车进出口公司在越南河内市签署汽车合作协议。根据合作协议，中国南京汽车集团将投资EMC生产经营各类运输车、5吨以下轻型自动装卸货车以及经营各类重型运输车、专用汽车和旅游车等。越南EMC同时也与中国机械设备进出口总公司在能源和开矿等重工业领域建立了战略伙伴关系。

22～25日　"中国长春投资与贸易展洽会"在菲律宾宿务举行，此次展洽会采用展与销相结合，贸易与投资相结合的方式举办，重点推介长春市的农业种植，同时开展旅游合作、房地产开发、城市建设、产品合作开发、工业生产、养殖等招商引资和境外投资洽谈，举办中非企业间经贸交流活动。

25日　中国外交部长李肇星在北京与越南副总理兼外交部长范家谦举行会谈。双方就落实两国领导人达成的各项共识，进一步发展双边关系等深入交换了意见，一致同意将采取积极措施，共同推动中越睦邻友好关系向前发展。范家谦重申越方坚持奉行一个中国政策，李肇星对此表示赞赏。

25日　中国国务委员唐家璇在北京饭店会见越南副总理兼外长范家谦。唐家璇表示，在双方共同努力下，中越关系不断取得新的进展。中国共产党和政府高度重视中越关系，愿与越方共同努力，认真落实两党总书记2006年互访达成的一系列重要共识，加强两国在政治、经济、文化、社会等各领域合作，推动中越关系发展到新的高度。范家谦表示，双方领导人已为两国关系的发展指明了方向，越方愿与中方一道，全面扩大和深化各领域交流与合作，推动中越睦邻友好合作关系不断向前发展。

26日　中国国家总理温家宝在人民大会堂会见越南副总理兼外交部长范家谦。温家宝表示，中方高度重视中越关系，坚定致力于两国间的友好交往与合作，希望双方认真落实两国领导人达成的各项共识，增进政治互信，深化经贸合作，推动中越关系全面深入发展。范家谦强调越方愿与中方一道，努力推动两国关系不断向前发展。

26日　缅甸国家和平与发展委员会主席丹瑞在首都内比都会见中国国务委员唐家璇。双方在友好的气氛中就发展中缅友好合作关系交换了意见。唐家璇表示，在中缅双方共同努力下，中缅关系保持健康、稳定发展势头。

4月

2日　中国国务委员唐家璇会见到访的泰国公主诗琳通。唐家璇积极评价诗琳通多年来为促进两国在文化、教育等领域的交流合作，增进中泰两国人民友好作出的重要贡献。唐家璇说，中国政府重视发展中泰关系，在双方共同努力下，两国在各个领域的互利互惠合作取得了丰硕成果。中方对两国关系的发展前景充满信心。

9日　中国全国人大常委会委员长吴邦国在人民大会堂与率团到访的越南国会主席阮富仲举行会谈，双方在友好的气氛中就双边关系、议会交往和共同关心的其他重大问题深入地交换了意见，达成重要共识。吴邦国表示，中越两国人民有着长期友好交往的历史。中方愿同越方一道，着重从以下两个方面共同努力：一是深化务实合作，抓好大宗商品贸易，加快“两廊一圈”建设进程，加强大项目合作和地区、企业间的合作，实现共同发展。二是增进政治互信，妥善处理边界领土问题，落实好有关协定，共同维护南海稳定。阮富仲表示越南党、政府和人民都将全力以赴发展越中传统友谊和全面友好关系。越南国会将进一步加强与中国全国人大的友好合作，学习中国在立法和监督等方面的经验，共同推进越中友好关系全面向前发展。

10日　中国中共中央总书记、国家主席胡锦涛在人民大会堂会见越南国会主席阮富仲。胡锦涛高度评价近年来中越两党两国关系发展取得的成就。胡锦涛表示中方愿与越方一道，遵循长期稳定、面向未来、睦邻友好、全面合作的指导方针，进一步增进相互理解和信任；认真落实双方已签署的各项合作文件，抓好重大合作项目的实施，保持双边贸易快速增长，全面推进各领域务实合作；妥善处理陆地和海上边界问题，共同维护边境地区和平；进一步加强多边领域合作，密切在国际和地区事务中的协调与配合，使中越睦邻友好与全面合作结出更加丰硕的成果，以造福两国人民和亚洲人民。阮富仲表示，越中两国是有着悠久传统友谊的社会主义国家，越方高度重视发展和深化这种友好关系。越南党、政府和国会都将一如既往地在十六字方针的指引下，与中方一道，把两国的全面友好合作关系推向新的高度。

21日　中国全国人大常委会委员长吴邦国在海南博鳌分别会见出席博鳌亚洲论坛2007年年会的菲律宾总统阿罗约。吴邦国表示，中菲关系处于历史最好时期。稳步推进中、菲、越三方南海合作，有利于促进南海地区的和平、稳定与发展。中方愿与菲、越一道，推动三方南海共同开发早日取得实质性成果。阿罗约赞同吴邦国对两国关系的积极评价，并表示菲中关系正经历着黄金发展阶段。两国政治互信不断增强，全方位务实合作日益拓展，两国领导人签署的双边合作协议正在顺利实施。双方在南海的合作已进入第二阶段，为今后合作打下良好基础。菲方愿进一步加强与中方在政治、安全、经贸、资源等领域的互利合作、推动两国关系全面、深入发展。

24日　中国国家外交部部长助理崔天凯等出席第十三次中国—东盟高官磋商会议。中国—东盟高官磋商是中国与东盟合作的重要工作机制之一，轮流在中国和东盟国家举行，主要讨论中国—东盟关系以及共同关心的国际和地区问题。

5月

9～23日　广西壮族自治区党委书记刘奇葆率广西代表团对越南、印度尼西亚、菲律宾、新加坡等东盟四国进行为期15天的访问，同日出访的代表团还将由自治区党委常委、自治区副主席李金早率领，访问马来西亚。

15～18日　越南社会主义共和国国家主席阮明哲应中国国家主席胡锦涛邀请，对中国进行国事访问。

18日　由中国贸促会和越南工商会联合主办的中国—越南企业论坛在北京举行，中越两国企业在会上签订了发电、通讯、基础设施建设等领域的9个项目合作文件，合同金额超过20亿美元。越南国家主席阮明哲出席并发表主旨演讲，逾500位中越企业家与会。

18日　中国外交部长杨洁篪在北京会见了陪同越南国家主席阮明哲访华的越南副总理兼外长范家谦。

24日　首次中国—东盟新闻部长会议在印度尼西亚的雅加达举行，中印双方就加强中国与东盟新闻合作广泛交换了意见。

25日　中国商务部在北海召开第四届中国—东盟博览会筹备工作会议，标志着第四届中国—东盟博览会招商招展工作全面展开。为进一步突出共办特点，继续保持博览会的政治外交规格，完善可持续发展的机制，从第四届博览会起推出主题国机制，每届邀请1～2个东盟国家作为主题国，在会期举办"国家主题日"活动。

28～31日　广西壮族自治区主席陆兵率团访问柬埔寨。访柬期间，陆兵主席分别拜会洪森首相、索安副首相兼内阁办公大臣，与占浦拉西国务兼商业大臣进行工作会谈，并出席广西援柬农业培训学校的交接仪式，访问取得圆满成功。张金凤大使参加了上述活动。

6月

1日　韩国和东盟9个成员国签署的韩—东盟自由贸易协定（FTA），从越南、缅甸、新加坡、马来西亚、印尼等5个国家开始生效。由于东盟成员国中，文莱、菲律宾、柬埔寨和老挝等4个国家的国内程序尚未结束，因而协定生效时间延迟。

5～6日　第五届东盟华商投资西南项目推介会暨亚太华商论坛在云南省昆明市举行。东盟华商投资西南项目推介会暨亚太华商论坛由中国国务院侨务办公室和云南省人民政府主办，是吸引东盟华商投资西南地区的重要平台。报名参加此次东盟华商投资西南项目推介会暨亚太华商论坛的海外华商人数比2006年增加30%，主要来自新加坡、马来西亚、印度尼西亚、菲律宾、缅甸、老挝、柬埔寨、日本、澳大利亚等国的中华总商会等著名侨团及香港地区部分商会。

6日　"中国—东盟港口发展与合作论坛"议题论证会在北京举行。论证会由中国物流与采购联合会和中国—东盟博览会秘书处联合举办，会议由中国物流与采购联合会副会长兼秘书长崔忠付主持，中国—东盟博览会秘书处副秘书长、广西国际博览事务局副局长农融以及商务部、交通部、上海组合港管委会、国家发改委综合运输研究所、交通部水运研究院、中国外经贸企业协会、上海海事大学等单位的专家出席了论证会。

6～7日　菲律宾共和国总统格罗丽亚·马卡帕加尔·阿罗约对中国成都和重庆进行考察访问。

6～10日　印度尼西亚共和国副总统尤素夫·卡拉，应中国国家副主席曾庆红邀请，对中国进行正式访问。

17～19日　菲律宾共和国外交部长阿尔韦托·罗慕洛，应中国国家外交部长杨洁篪邀请，对中国进行正式访问。

6月30日～7月5日　中国外交部长杨洁篪，应印度尼西亚外长哈桑邀请，对印度尼西亚进行正式访问。

7月

1日　中国与东盟10国签署的《中国—东盟自由贸易区全面经济合作框架协议服务贸易协议》开始生效。中国与东盟各国将开始履行各自承诺，相互开放第一批承诺的服务行业。

9～13日　马来西亚外交部长达图·斯里·赛义德·哈密德·阿尔巴，应中国外交部长杨洁篪邀请，对中国进行正式访问。

18～19日　第二届中国—东盟信息高速公路工作组会议在文莱举行。来自东盟各国和中国的政府官员以及企业代表参加了此次会议。中国信息产业部和文莱信息通讯技术委员会（AITI）共同主持会议。会议的主要目的是讨论中国—东盟信息高速公路项目的可行性研究报告。中国信息产业部规划司副司长钱庭硕表示，通讯基础设施是经济发展的一个重要催化剂，中国—东盟信息高速公路项目一旦建成并投入运营，将进一步推动中国和东盟各国的社会经济发展。

26日　"2007泛北部湾经济合作论坛"在广西南宁开幕，主题为"共建中国—东盟新增长极：新平台、新机遇、新发展"。论坛设有3个议题：泛北部湾经济合作与中国—东盟自由贸易区建设，泛北部湾合作的机制、路径、产业发展与金融支撑，泛北部湾交通、港口、物流和旅游合作。

30日　第40届东盟外长会议在马尼拉开幕。东盟轮值主席菲律宾总统阿罗约在开幕致辞中表示，东南亚各国的文化多样性是建设东盟共同体的力量源泉而非障碍，她对在2015年建成东盟共同体充满信心。东盟10国外长、东盟秘书处秘书长王景荣和阿罗约总统共同出席了在菲律宾国际会议中心举行的开幕式，已申请加入东盟的东帝汶代表列席会议。

7月31日～8月2日　中国国家外交部长杨洁篪应菲律宾外长罗慕洛邀请，出席在菲律宾马尼拉举行的东盟与中日韩（10＋3）外长会、东亚峰会（EAS）外长工作午餐会、东盟与对话国外长工作午餐会（PMC）和东盟地区论坛（ARF）外长会。

8月

2～5日　"中国与东盟区域航空运输安排第二次会谈"在中国厦门召开。此次会谈由中国民航总局国际司副司长柳芳与东盟本届轮值主席国——印尼代表共同主持。参会人员包括中国与东盟10国的民航局及东盟秘书处经济一体化与财政局高级官员、双方航空公司代表共45人。在为期3天的会谈中，代表们就“中国与东盟区域航空运输协议”、“区域航空运输安排的形式、框架以及未来发展方向、合作领域”等问题展开具体讨论。

6日　“东盟思想库论坛”在新加坡举行。东盟秘书处秘书长王景荣在会上介绍了第40届东盟外长会议上《东盟宪章》草案的讨论所取得的进展、东盟共同体建设的蓝图、东盟与对话伙伴合作的进展等。此次论坛的主题为“东盟40年：成就与挑战”。与会者们就东盟40年来取得的成就、当前与未来面临的挑战、区域经济一体化与竞争、《东盟宪章》的目标与条款、区域安全、环境、能源和气候变化等问题进行研讨。

7日　东盟成立40周年。为祝贺东盟成立40周年，中国国家外交部新闻发言人刘建超表示，中方将一如既往地支持东盟一体化进程和在地区合作中的主导作用，将双方战略伙伴关系不断推向前进。

13日　“中国—东盟自由贸易区新商机座谈会”在中国山东济南召开。”中国与东盟国家在资源禀赋、产业结构等方面各具特色，互补性强，经贸合作潜力大，中国的机电产品、日用品、承包工程等在东盟国家拥有很强的性价比优势。

16日　泰国商业部部长格盖与老挝工贸部部长共同签署两国经贸合作计划，拟在2010年使双方贸易额比2006年翻一番，老挝对泰国的出口额比2006年增长3倍（包括老挝向泰国出口电力总值），并鼓励泰国投资者赴老挝投资。此外，双方还将合作举办两国边境20个府的商品展销会，其中泰方11府，老方9府。

22～28日　老挝政府总理波松·布帕万应中国国务院总理温家宝邀请，对中国进行正式访问。

25～26日　第六次中国—东盟（10＋1）和第十次东盟—中日韩经贸部长会议（10＋3）在菲律宾首都马尼拉召开，中国商务部长薄熙来率团出席会议。会议期间，薄熙来先后与菲贸工部长法维拉、财长特维斯、交通通讯部长门多萨，印尼贸易部长冯慧兰，澳大利亚贸易部长特拉斯，越南工贸部长武辉煌等会见，就双边经贸关系问题深入交换了意见。

30日　越南总理阮晋勇签署至2020年越中边境地区建设规划第1151号决定。该决定自公布之日起，15天后生效。

9月

5日　中国中共中央政治局常委、中央书记处书记、国家副主席曾庆红在人民大会堂与越共中央政治局委员、中央书记处常务书记张晋创举行了会谈。

5日　中国全国政协主席贾庆林在人民大会堂会见印尼人民协商会议主席希达亚特。全国政协秘书长郑万通等参加了会见。

5～6日　中国—东盟海事磋商机制第三次会议在山东青岛开幕，来自东盟成员国、东盟秘书处、中国以及中国香港特别行政区的43名代表出席此次会议。会议共10项议程：审议和通过会议议程、中国—东盟海事合作进展报告、国际海事组织（IMO）成员国审核机制、航行安全（包括内水/内河运输）、港口国监督、海上应急反应/搜寻与救助、IMO目标型船舶建造标准、其他事项、下届会议时间和地点、审议和通过会议纪要。中国—东盟海事磋商机制的建立是中国与东盟确立睦邻伙伴关系的结果，这一机制的建立，旨在促进中国与东盟各国的海事当局在海事领域的进一步合作与交流，加强沟通，共同协商，互相支持。

6日　中国国务院总理温家宝在大连会见出席夏季达沃斯年会的新加坡国务资政吴作栋。双方积极评价中新关系的良好发展，一致同意继续拓展合作，搞好生态城市建设和辽宁长兴岛开发等新的合作项目，使其既有经济效益，又能够可持续发展，发挥好示范作用。

8日　中国国家主席胡锦涛在悉尼会见印度尼西亚总统苏希洛。胡锦涛表示，近年来，中国和印度尼西亚关系保持健康快速发展的势头，双方政治互信不断增强，高层对话机制顺利启动，经贸合作不断扩大，安全合作不断深化，在地区和国际事务中保持着紧密沟通和配合。胡锦涛指出，中国重视巩固和发展同印度尼西亚长期稳定、睦邻互信、互利互惠的战略伙伴关系，愿同印度尼西亚一道努力，不断推进各领域合作。

9日　中国国家主席胡锦涛在悉尼会见菲律宾总统阿罗约。胡锦涛表示，中国和菲律宾近年来保持经常性高层互访，政治互信不断增强，各领域互利合作成效显著。深化中菲战略性合作符合两国和两国人民的共同利益，也有利于本地区的和平、稳定、繁荣。中方愿同菲方保持密切合作，进一步推动两国战略性合作向前发展。阿罗约表示，菲律宾政府和人民珍视中国政府和人民的友好情谊。中国所提供的帮助在菲律宾优先发展领域发挥了重要作用。菲方对此深表感谢。

13日　中国外交部长杨洁篪与国务委员唐家璇分别会见到访的缅甸国家和平与发展委员会主席丹瑞的特使、缅甸外长吴年温。双方就双边关系和共同关心的问题深入交换了意见。

13日　第三届“中国—东盟法律合作与发展高层论坛”在重庆开幕，来自中国和东盟10国的法学法律界的200多位代表，共同探讨中国—东盟自由贸易区建设和各国法制建设过程中的热点、难点问题。

25日　中国商务部长薄熙来和印尼贸易部长冯慧兰在

上海共同主持召开中国—印尼经贸联委会第九次会议。中国外交部、海关总署、国家质检总局等部门和上海、宁夏等地方，印尼外交部、工业部、财政部、经济统筹部、公共工程部、农业部等部门的代表及两国有关企业参加了会议。

10月

22日　越南在河内举行第12届国会第二次会议，会期26天，讨论中央政府、最高人民法院和最高人民检察院提交的约30项报告。会议表决通过7项法律和一项决定，即《个人所得税法》、《产品、商品质量法》、《反家庭暴力法》、《防治传染病法》、《化工法》、《特赦法》、《司法援助法》和《关于起草第12届国会和2008年法律和法律令的决定》等。

28日　第四届中国—东盟博览会在广西南宁开幕。中国国务院副总理曾培炎和文莱王储比拉、柬埔寨首相洪森、老挝总理波松、越南总理阮晋勇以及东盟其他国家政府官员出席了开幕式。中国—东盟博览会为期4天，设商品贸易、投资合作、农村适用技术、魅力之城四个专题。共设展位3400个，参展企业1908家，其中，东盟10国及其他国家、地区使用展位1132个，占总展位数的33%。印度尼西亚、马来西亚、缅甸、泰国、越南5个东盟国家包用独立展馆展示本国商品。

28日　第四届中国—东盟商务与投资峰会在南宁开幕。会议的主题是“创新合作——加快提升区域增长力”。中国国务院副总理曾培炎和东盟10国领导人出席第四届中国—东盟商务与投资峰会的开幕式。开幕式上，文莱王储穆赫塔迪·比拉、老挝总理波松、越南总理阮晋勇和中国国务院副总理曾培炎先后发表主旨讲演。曾培炎表示，中国与东盟共拥有18亿人口，双方经济互补性强，又都处于快速发展阶段，合作的前景十分广阔。中国和东盟十国应当抓住难得的历史机遇，进一步开拓合作领域、提高合作水平。对此他提出四点建议：第一，落实重点项目；第二，扩大相互投资；第三，开拓领域合作；第四，深化次区域合作。

28日　由中国国家质检总局与东盟秘书处联合举办的第一届中国—东盟质检部长会议在广西南宁开幕。中国国务院副总理曾培炎、东盟秘书处秘书王景荣出席开幕式。第一届中国—东盟质检部长会议的召开，标志着中国—东盟质检部长磋商合作机制正式启动，对于解决各国普遍关注的产品质量和食品安全问题、防止动植物疫情跨境传播、深入推进中国—东盟贸易区建设、保障中国及东盟各国经济贸易快速健康发展、维护各国生物安全，将发挥重要作用。

28日　中国　东盟服务贸易论坛在广西南宁举行，论坛以“服务贸易：新领域新商机”为中心议题。来自中国与东盟10国的专家、学者、官员以及参加第四届中国—东盟博览会以及中国—东盟商务与投资峰会的客商、参展商逾千人参加了此次论坛。论坛紧扣中国—东盟自由贸易区建设进程，围绕2007年1月签订的中国—东盟自由贸易区《中国—东盟全面经济合作框架协议服务贸易协议》，探讨如何深化中国—东盟区域的服务贸易合作，探索开展服务贸易的各类前瞻性问题。

28～29日　中国—东盟电力合作与发展论坛在广西南宁举行，中国和东盟国家部长级高官和电力行业人士约300人参加。此次中国—东盟电力合作与发展论坛为中国与东盟国家的电力合作搭建了良好的沟通与交流平台，较好地体现了合作与发展的主题和宗旨。来自各国的代表均表达了加强中国与东盟之间、东盟国家之间电力合作的愿望，对进一步拓展和加深中国—东盟电力合作起到了十分积极的推动作用。

28～29日　中国—东盟港口发展与合作论坛在广西南宁举行。中国和东盟10国的交通部长出席论坛开幕式并发表演讲。此次论坛的主题是“加强区域合作，促进共同发展。”论坛研讨部分分两个议题展开：一是国际航运业对区域港口合作和物流业的促进；二是港口及港口城市发展战略与投融资。

29日　出席第四届中国—东盟博览会的老挝总理波松在广西南宁会见了广西壮族自治区党委书记刘奇葆。两人就双边的教育合作及产业合作达成了许多共识。

30日　第四届中国—东盟自由贸易区法律论坛在广西南宁举行。来自中国及东盟各国的政界、司法、立法、仲裁、商界的官员、专家、学者等近120人，围绕“合作发展与法律服务”主题，展开了全面和有针对性的探讨。

30～31日　首届中国—东盟林业论坛在广西南宁举行，中国和东盟各国林业主管部门官员、国内外知名林业专家学者、国内外林业企业代表及其他嘉宾共300余人参加此次论坛，论坛以中国—东盟林业合作与可持续发展为主题，致力于推进中国与东盟各国在林业投资、商贸、科技合作和森林资源保护方面和交流与合作。

10月31日～11月5日　第二届中国—东盟媒体论坛在“东南亚多民族文化交融地”之一的西双版纳举行，中国香港《文汇报》、台湾《中国时报》以及东盟各国媒体首脑与中国内地媒体负责人参加了此次论坛，论坛以“弘扬民族文化，推动区域发展”为主题，共论媒体合纵联合大势。通过此次论坛，各国时局动态、文化、外经贸等热点话题成为媒体间的“共享资源”，这是全球一体化以及中国—东盟自由贸易区（CAFTA）建设提速下，媒体间作出的应对之举。

11月

7～8日　中国—东盟人才资源开发合作论坛在广西南宁举行。中国国家人事部副部长王晓初，广西壮族自治区党委常委、组织部部长陈际瓦，广西壮族自治区副主席陈武出席论坛并发表讲话。来自东盟各成员国政府人事行政部门官员代表、专家学者和知名企业家出席论坛。论坛围绕“人才资源开发与区域经济发展”这一主题展开，中国与东盟各国政府人事行政部门官员以及与会专家还就“区域经济合作与人才资源开发战略”、“公共人事行政管理与创新”、“中国—东盟人才资源开发合作”等议题展开交流与探讨。

8日　第二届中国—东盟文化产业论坛在广西南宁举行，来自中国、东盟和韩国的250余名政府文化官员、专家学者以及企业代表参加了论坛。论坛以“交流合作、互利共赢”为主题，与会人士围绕文化产业资源的保护开发和合理利用、中国—东盟自由贸易区框架下文化产业合作与发展前景等议题展开探讨和交流。中国与东盟国家可以在平等、合作、互利的原则和基础上开展文化产业项目合作，使文化交流与合作更加务实而有成效，达到互利共赢的目的。

20日　第十一次中国与东盟领导人会议在新加坡举行。中国国家总理温家宝在会上提出新的合作倡议，重申中方继续支持东盟一体化建设，支持东盟在地区合作中发挥主导作用。他还同东盟国家领导人回顾过去一年来双方合作的新进展，就巩固和加强互利合作交换看法。

12月

2～4日　中国外交部副部长武大伟率团访问马来西亚。期间，武大伟副外长会见马外长赛义德，并与马外交部秘书长拉斯丹举行两国第十一轮外交磋商。中马双方就双边关系以及共同关心的国际、地区问题交换了意见，并达成广泛的共识。双方对中马关系近年来取得的全面发展感到满意，并一致同意要共同努力，推动各领域合作进一步发展。中国驻马大使程永华参加了会见和磋商。

8日　马来西亚总理巴达维在总理官邸会见正在马来西亚进行正式访问的中国外交部长杨洁篪。

杨洁篪表示，近年来，中马全面战略性关系取得重要进展。两国各层次交往频繁，经贸合作成效显著。中马合作前景广阔，中方愿同马方一道，保持两国高层交往，抓紧制定战略性合作行动计划，在投资、基础设施建设等方面开展务实合作，拓展科技、教育、文化交流，保持在国际和地区事务中的良好协调与配合，不断推进两国关系深入发展。

巴达维表示，马中关系发展迅速，两国各领域合作成果显著。马来西亚珍视同中国的战略关系，坚定奉行一个中国政策，支持中国在台湾问题上的立场。

9日　老挝国家主席朱马里和总理波松在万象分别会见正在老挝进行正式访问的中国外交部长杨洁篪。

杨洁篪在当天下午与朱马里的会见中表示，在两党、两国领导人的亲切关怀和指导下，中老两国加强了传统友好与全面合作，在国际、地区事务中相互支持与配合，维护了两国人民的根本利益。中方将根据两国领导人达成的共识，同老方一道努力，推动两国关系不断发展，更好地造福两国人民，促进本地区的和平、稳定和发展。

当天上午，波松也会见了杨洁篪。双方积极评价两国关系并着重就经贸合作交换了看法。下午，杨洁篪和老挝副总理兼外长通伦举行了会谈。

13日　中泰建交32周年学术研讨会在云南师范大学举行，中泰双方官员、学者及有关代表参加了此次会议。中泰两国自1975年建交至今，一直保持着稳定发展的良好态势。此次会议由泰国驻昆明总领事馆和云南师范大学合作举办，来自泰国外交部、泰国国王秘书长办公室等300余人参与会议。会议旨在加强中泰文化人才交流和学术探讨，增进两国的政治、经济、文化交往。

17日　中国驻泰王国特命全权大使张九桓与泰王国文化部部长坤仁凯西·诗阿伦女士代表两国政府共同签署《中华人民共和国政府和泰王国政府关于互设文化中心及其地位的协议》。根据该协议，两国将在平等互利的基础上在驻在国互设文化中心。文化中心为非营利性机构，享有独立法人资格，并按照驻在国法律和法规开展活动，积极促进两国在文化、艺术、教育、传播、视听、社会科学和其他相关领域的合作。

18～20日　中国—东盟电视合作峰会在云南昆明举行，主题为“加强中国与东盟各国之间的电视交流合作，促进各方共同发展”。中国—东盟电视合作峰会正式通过《2007年中国—东盟电视合作峰会共同宣言》。《宣言》强调在落实中国与东盟面向和平与繁荣的战略伙伴关系的总体计划过程中，加强电视合作有利于增进中国和东盟各国人民的相互了解和友谊的发展，促进中国与东盟各国的和平与繁荣。加强电视合作，有利于文化多样性的发展，对中国和东盟各国的电视产业发展具有重要的战略意义。

20日　中国驻菲律宾大使宋涛在官邸分别会见菲华体育总会和菲律宾中国商会代表。在会见菲华体育总会代表时，宋涛充分肯定菲华体育总会多年来积极开展有益健康、形式多样的体育、文娱活动，为促进菲律宾体育运动水平，增进中菲两国的体育交流和加强在菲两岸同胞的互动作出的贡献，并对该会长期以来坚持一个中国立场，积极促进中国和平统一大业表示衷心的感谢。

2008年1～6月

1月

9日　中国全国人大常委会委员长吴邦国在人民大会堂会见菲律宾众议长德贝内西亚。吴邦国说，中菲关系全面深入发展，已进入战略合作的新阶段。两国高层往来密切，政治互信进一步增强，经贸合作势头良好，防务合作取得新进展，民间交流不断扩大。德贝内西亚说，中国经济的快速发展为亚洲国家经济发展带来了重要机遇。菲中关系在双方共同努力下已经进入黄金时期。菲律宾众议院重视发展与中国全国人大的友好合作，愿进一步发挥自身优势，为两国关系发展作出新的贡献。

10日　中国国务院总理温家宝在中南海紫光阁会见菲

律宾众议长德贝内西亚。温家宝对中菲关系给予了积极评价，认为当前中菲关系发展势头很好，政治互信不断加深，各领域合作成效显著。目前双方正在积极制定战略性合作共同行动计划，这是两国着眼于长远关系的一项重要举措，必将进一步促进双方在各领域的合作。

21日　中国国务委员唐家璇在中南海紫光阁会见缅甸总理特使、外交部副部长吴貌敏。吴貌敏通报了当前缅甸局势，表示缅甸正致力于实现国内民族和解、加快推动民主进程。唐家璇表示，中国关注缅甸局势，真诚希望缅甸政治稳定，经济发展，人民安居乐业。在此之前，外交部副部长王毅与吴貌敏举行了会谈，就共同关心的问题深入交换了意见。

22日　中国国务院总理温家宝在中南海紫光阁会见出席中越双边合作指导委员会第二次会议的越南副总理兼外长范家谦。双方就双边关系和共同关心的问题交换了意见。会见时国务委员唐家璇在座。

24日　中国外交部长杨洁篪在外交部会见越南副总理兼外长范家谦。双方就中越关系深入交换意见，同意加强外交部间沟通与合作，落实好两国领导人就发展双边关系和各领域合作达成的重要共识，将中越关系推向更高水平。双方还就共同关心的国际和地区问题交换了意见。

2月

1日　柬埔寨国王西哈莫尼、柬埔寨首相洪森分别会见到访的中国外交部长杨洁篪。西哈莫尼说，柬中友好源远流长，柬埔寨人民对中国人民怀有深厚的友好感情。洪森说，在两国几代领导人的精心培育下，柬中友好互信全面加强，双边合作取得丰硕成果，两国关系不断迈上新台阶。

2日　文莱苏丹博尔基亚在王宫会见到访的中国外交部长杨洁篪。文莱苏丹表示，文中友谊源远流长，两国人民之间有着长期友好交往。近年来，双方高层往来频繁，经贸、人文等领域合作不断扩大。文莱王室及政府高度重视对华关系，视文中关系为最重要的双边关系之一。文方愿继续保持和发展文中之间的良好关系，进一步加强双方在能源、农业、基础设施、旅游等领域的交流与合作，推动两国关系不断深入发展。文莱苏丹重申文方坚定奉行一个中国政策。

24日　中国全国人大常委会委员长吴邦国、国务院总理温家宝在人民大会堂分别会见老挝国会主席通辛。吴邦国在会见时说，中老两国有着传统友谊，双方政治上相互信任、相互支持，发展睦邻友好与全面合作符合两国人民的根本利益。他指出，良好的政治关系应当推动经贸领域的务实合作。中方愿与老方一道，深化在基础设施、农业等领域的互利合作，扩大企业合作，加强人员交流与培训，为两国人民造福。

26～28日　第十四次中国—东盟高官磋商在文莱首都斯里巴加湾市举行。中国外交部部长助理吴红波、东盟10国外交部高官或代表及东盟副秘书长出席会议。会议回顾了一年来中国—东盟关系取得的进展，重点讨论了推进落实去年中国—东盟领导人会议共识，深化面向和平与繁荣的战略伙伴关系的思路和举措。双方还就各自发展情况、东亚合作以及双方共同关心的国际和地区问题深入交换了意见。

此外，有关各方还就共同推进落实《南海各方行为宣言》后续行动交换了看法。

29日　应老挝总理波松·布帕万的邀请，中国国务院总理温家宝乘专机抵达万象，开始对老挝进行工作访问，并出席将于30日至31日在万象举行的大湄公河次区域经济合作第三次领导人会议。

30日　中国国务院总理温家宝在万象会见老挝国家主席朱马里。温家宝指出，中老两国长期以来相互支持，真诚合作，结下了深厚的友谊，是好邻居、好朋友、好同志、好伙伴。老挝党和政府坚定奉行一个中国政策，支持中国统一大业，我们对此表示高度赞赏。

31日　大湄公河次区域经济合作（GMS）第三次领导人会议在老挝万象举行，中国国务院总理温家宝、柬埔寨首相洪森、老挝总理波松、缅甸总理登盛、泰国总理沙玛、越南总理阮晋勇出席了会议，波松主持会议。在友好、务实和建设性的气氛中，各国领导人围绕加强联系性、提升竞争力、增强大家庭意识的主题深入交换意见，达成广泛共识。

31日　中国国务院总理温家宝在万象会见亚洲开发银行行长黑田东彦。温家宝说，长期以来，亚行为推动本地区和大湄公河次区域的扶贫和发展作出了重要贡献。当前，国际经济中的不确定因素和潜在风险增多，加强亚洲区域经济合作显得尤为重要。实现以人为本的发展、互利共赢的发展和可持续的发展，是次区域各国的共同愿望。希望亚行为此提供更有力的资金和技术支持，中方也愿拓展与亚行的合作，共同促进本地区经济持续稳定增长。

3月

14日　老挝矿产能源部和越南工贸部在河内签署合作纪要，2008～2020年由越南在老投资兴建31个水电站项目，发电总功率5000MW。对于越南关注的矿产开发项目，老方表示将尽快对赴老投资的越南企业颁发开采许可证。

24日　中国全国人大常委会委员长吴邦国、国务院总理温家宝在人民大会堂分别会见老挝国会主席通辛。

26日　第二届“菲律宾发展论坛”在菲律宾克拉克开幕。菲律宾总统阿罗约、副总统卡斯特罗等政要及世界银行（WB）、亚洲开发银行（ADB）、国际货币基金组织（IMF）、欧盟、日本、韩国等主要对菲援助国和国际金融机构以及私营部门出席。

26～28日　第十四次中国—东盟高官磋商在文莱首都斯里巴加湾市举行。中国外交部部长助理吴红波、东盟10国外交部高官或代表及东盟副秘书长出席会议。

30日　中国国务院总理温家宝在老挝万象会见泰国总理沙玛。温家宝说，中泰是亲密友好邻邦，双边关系经受住了时间和国际风云变幻的考验，始终保持着健康稳定的发展势头。双方政治上高度互信，经济上互利合作，民间往来密切，"中泰一家亲"深入人心。在新形势下，中方愿同泰方一道，加强战略协作，全面推进务实合作，造福于两国人民，共同促进地区和平与发展。

30日　大湄公河次区域领导人与工商界代表对话会在老挝首都万象举行。中国国务院总理温家宝、柬埔寨首相洪森、老挝总理波松、缅甸总理登盛、泰国总理沙玛、越南总理阮晋勇和亚洲开发银行行长黑田东彦共同出席，会议由波松主持。

30日　中国国务院总理温家宝在万象会见老挝国家主席朱马里。温家宝说，中老两国长期以来相互支持，真诚合作，结下了深厚的友谊，是好邻居、好朋友、好同志、好伙伴。老挝党和政府坚定奉行一个中国政策，支持中国统一大业，我们对此表示高度赞赏。

30日　中国国务院总理温家宝在万象与老挝总理波松举行会谈。双方在亲切友好的气氛中就加强中老睦邻友好与全面合作关系达成广泛共识。

31日　大湄公河次区域经济合作（GMS）第三次领导人会议在老挝万象举行，中国国务院总理温家宝、柬埔寨首相洪森、老挝总理波松、缅甸总理登盛、泰国总理沙玛、越南总理阮晋勇出席了会议，波松主持会议。在友好、务实和建设性的气氛中，各国领导人围绕加强联系性、提升竞争力、增强大家庭意识的主题深入交换意见，达成广泛共识。

3月31日～4月4日　第十二届东盟财长会议及其他相关会议在越南中部的岘港市举行。本次会议将就发展资本市场和金融服务市场开放及关税合作等诸多金融问题进行讨论。

4月

2日　中国国务委员戴秉国会见到访的泰国公主诗琳通。戴秉国代表中国政府欢迎诗琳通第25次访华，对诗琳通多年来为增进中泰两国人民友谊所做出的重要贡献给予高度评价。戴秉国说，中泰是好朋友、好邻居、好伙伴。建交33年来，中泰关系始终保持健康稳定的发展势头，两国互利互惠的多领域合作为两国人民带来了切实利益。"中泰一家亲"已深植于两国人民心中。

12日　中国国家主席胡锦涛在海南博鳌举行的博鳌亚洲论坛2008年年会开幕式上发表题为《坚持改革开放 推进合作共赢》的演讲。他表示，博鳌亚洲论坛成立以来，为增进亚洲各国人民的相互了解和友谊，为推进亚洲各国和企业界的沟通和合作，发挥了积极作用。我们为论坛的发展和取得的成绩感到由衷的高兴。

14日　中国国家副主席习近平在人民大会堂会见到访的泰国外长诺帕敦。习近平表示，中泰关系非常好，无论国际风云如何变幻，推进中泰友好合作始终是两国国内各界的共识。中方高度重视中泰关系，愿与泰方共同努力，推动两国战略性合作全面深入发展。诺帕敦表示，泰国高度重视发展对华友好，坚定奉行一个中国政策。台湾和西藏问题都是中国内政，其他国家不应干涉。泰方愿与中方共同推进泰中战略性合作，实现共同发展。习近平还向诺帕敦介绍了中国国内发展情况。

24日　越南共产党中央委员会总书记农德孟和越南总理阮晋勇在首都河内会见到访的中国外交部长杨洁篪。农德孟说，越南对中国改革开放30年来取得的巨大发展感到由衷高兴，相信中国一定能实现中共十七大确定的目标，在建设中国特色社会主义的伟大事业中取得更大成就。越方对越中关系感到满意。越中是近邻，共同的理想和目标将两国紧密相连，两国应在"长期稳定、面向未来、睦邻友好、全面合作"的方针指引下，将双边关系提高到新水平，让两国世世代代友好下去。

5月

5日　中国国家主席胡锦涛就缅甸部分地区遭受强台风袭击并造成重大人员伤亡和财产损失向缅甸国家和平与发展委员会主席丹瑞发去慰问电。胡锦涛表示，中缅是友好邻邦。中方将向缅救灾重建工作提供帮助。相信在以丹瑞主席为首的缅甸和平与发展委员会领导下，缅甸人民一定能够尽快克服台风灾害造成的损失，早日恢复正常的生产和生活。

中国国务院总理温家宝就缅甸部分地区遭受强台风袭击并造成重大人员伤亡和财产损失致电缅甸联邦政府总理登盛，向缅甸政府和人民表示深切同情和诚挚慰问。温家宝表示，相信缅甸政府和人民一定能够尽快克服台风灾害造成的损失，早日恢复正常的生产和生活。

17日　中国外交部长杨洁篪在钓鱼台国宾馆与到访的新加坡外长杨荣文举行会谈。杨荣文代表新加坡政府和人民对四川省遭受重大地震灾害再次表示慰问，表示新方愿进一步向中方提供救灾帮助。杨荣文对新中关系予以积极评价，并预祝北京奥运会圆满成功。

杨洁篪感谢新方提供救援队和救灾物资，强调中国政府和人民万众一心，众志成城，一定能够夺取抗震救灾斗争的胜利。杨洁篪表示，中新关系已步入快速、稳定、成熟的发展轨道，中方愿同新方共同努力，把两国关系推向更高水平。

17日　中国外交部长杨洁篪在钓鱼台国宾馆会见过境的印尼外长哈桑。哈桑代表印尼政府对中国四川省遭受重大地震灾害表示同情和慰问。杨洁篪对此表示感谢，强调在中国政府的坚强领导下，全国人民正全力以赴抗震救灾，一定能战胜这场严重自然灾害，重建家园。双方积极评价中印尼战略伙伴关系，表示将共同努力，推动各领域合作不断走向深入。双方还就缅甸问题交换了意见，重申两国将继续为缅甸救灾和重建提供援助，为缅甸问题的妥善解决作出积极努力。

25日　中国外交部长杨洁篪在缅甸仰光分别会见缅甸总理登盛和联合国秘书长潘基文。杨洁篪代表中国政府对缅甸因强热带风暴袭击造成重大生命和财产损失再次表示沉痛哀悼和深切慰问，对缅甸政府和人民不畏艰险、团结奋斗的坚强意志和精神表示敬佩。

25日　东盟—联合国关于缅甸风暴灾害国际认捐大会在缅甸仰光举行。中国外交部长杨洁篪出席会议并发表讲话。杨洁篪首先代表中国政府和人民再次向遭受风暴灾害的缅甸人民致以最深切的慰问。他说，强热带风暴突袭缅甸，造成重大人员伤亡和财产损失，正在全力以赴抗震救灾的中国人民对缅甸人民的痛苦感同身受。缅甸风暴灾害发生后，中国政府向缅提供了紧急援助，及时派遣医疗队到缅协助救灾。这充分体现了中国人民对缅甸人民的深情厚谊。

30日　中国中共中央总书记、国家主席胡锦涛在人民大会堂与越南共产党中央委员会总书记农德孟举行会谈。双方高度评价两党两国关系取得的新进展，一致同意，在“长期稳定、面向未来、睦邻友好、全面合作”十六字方针和做“好邻居、好朋友、好同志、好伙伴”精神指导下，为发展中越全面战略合作伙伴关系而共同努力。

6月

1日　中国中共中央政治局常委、全国政协主席贾庆林在钓鱼台国宾馆会见越共中央总书记农德孟。

贾庆林积极评价中越关系近年来的新进展和农德孟此次访华取得的成果。他表示，中越友好已经给两国人民带来许多实实在在的利益。中共中央总书记、国家主席胡锦涛与农德孟总书记举行了成功会谈，就发展中越全面战略合作伙伴关系达成广泛共识，这标志着中越传统友好进入了一个新的发展阶段。中方愿认真落实这些共识，推动两党两国关系在新的形势下取得新的发展。

13日　何亚非部长助理会见泰国驻华大使马纳塔。马纳塔转交了泰国政府捐赠的50万美元和在华泰国人捐赠的25.52万人民币，表示希望上述捐款能够帮助四川地震灾区人民重建家园。何代表中国政府表示感谢。

30日　中国国务院总理温家宝在人民大会堂与泰国总理沙玛举行会谈。双方一致同意推动两国友好合作关系取得更大发展。温家宝表示，中方愿与泰方一道，在新形势下发扬光大中泰传统友谊，共享发展机遇，携手应对挑战，更好地造福两国人民。

沙玛表示，非常高兴在两国建交33周年之际访华。33年来，两国各方面合作发展顺利，泰方对双边关系感到满意，相信中国政府和人民一定能战胜地震灾害，重建美好家园，并祝愿北京奥运会圆满成功。

数据统计篇

2006年中国对东南亚国家联盟非金融类直接投资流量和存量情况表

国家（地区）	流量（万美元）		存量（万美元）	
	2005年	2006年	2005年末	2006年末
文莱	150	—	190	190
缅甸	1154	1264	2359	16312
柬埔寨	515	981	7684	10366
印度尼西亚	1184	5694	14093	22551
老挝	2058	4804	3287	9607
马来西亚	5672	751	18683	19696
菲律宾	451	930	1935	2185
新加坡	2033	13215	32548	46801
泰国	477	1584	21918	23267
越南	2077	4352	22918	25363
合计	15771	33575	125615	176338

数据来源：中国投资指南网．http://www.fdi.gov.cn/pub/FDI/dwtz/dwtztj/t20071206_88107.htm.2007—12—06

印度尼西亚主要经济指标统计及预测

年份	2002	2003	2004	2005	2006	2007
GDP（亿美元）	2 001.1	2 347.7	2 543.0	2 869.7	3 644.6	4 128.9
人均GDP（美元）	865.1	999.5	1 066.5	1 190.0	1 480.0	1 660.0
实际GDP增长率（%）	4.4	4.7	5.1	5.7	5.5	6.2
通货膨胀（%）	11.9	6.8	6.1	10.5	13.1	6.5
商品出口（FOB）（亿美元）	591.7	641.1	707.7	868.3	1 030.3	1 130.2
商品进口（FOB）（亿美元）	356.5	395.5	506.2	692.7	735.0	819.9
经常账户余额（亿美元）	78.2	81.1	15.6	3.1	69.4	71.3
国际储备（亿美元）	320.5	362.5	363.0	345.8	427.8	464.0
外债总额（亿美元）	1 322.1	1 369.1	1 406.5	1 394.3	1.283.3	1 268.6
已付债务率（%）	24.7	25.7	23.9	15.3	19.4	11.7
汇率（美元/印尼盾）	9 311.19	8 577.13	8 938.85	9 704.74	9 159.32	8 964.30

注：2007年数据为预测值

数据来源：中国出口信用保险公司编．《国家风险分析报告2007》．中国金融出版社2007年版

老挝主要经济指标统计及预测

年份	2002	2003	2004	2005	2006	2007
GDP（亿美元）	18.3	19.2	25.1	28.7	34.7	39.4
人均GDP增长率（%）	331	340	434	485	572	635
实际GDP增长率（%）	5.9	5.8	6.9	7.3	7.2	6.8
通货膨胀率（%）	10.6	15.5	10.5	7.2	5.9	5.5
商品出口（FOB）（亿美元）	2.8	3.6	3.4	4.8	5.9	6.8
商品进口（FOB）（亿美元）	4.3	5.2	5.1	8.1	10.9	13.1
经常账户余额（亿美元）	−0.3	−1.1	−0.6	−2.2	−3.8	−5.2
国际储备（亿美元）	1.9	2.1	2.3	2.1	3.2	3.8
外债总额（亿美元）	12.8	13.8	19.6	22.1	16.0	—
已付偿债率（%）	8.9	6.8	9.4	12.0	12.0	—
汇率（美元/基普）	10056.33	10569.04	10585.54	10655.17	10235.00	10351.00

注：2007年数据为预测值

数据来源：中国出口信用保险公司编.《国家风险分析报告2007》. 中国金融出版社2007年版

缅甸主要经济指标统计及预测

年份	2002	2003	2004	2005	2006	2007
GDP（亿美元）	58.0	80.4	99.8	89.0	93.3	117.2
人均GDP（美元）	119	163	200	176	182	227
实际GDP增长率（%）	5.3	−2.6	0.2	5.2	3.0	3.3
通货膨胀率（%）	57.1	36.6	4.5	9.4	19.6	29.6
失业率（%）	4.7	5.3	5.2	5.0	5.3	5.2
商品出口（FOB）（亿美元）	24.2	27.1	29.3	45.6	55.5	65.9
商品进口（FOB）（亿美元）	20.2	19.1	20.0	17.5	20.6	23.8
经常账户余额（亿美元）	1.0	−0.2	1.1	10.8	15.0	19.3
国际储备（亿美元）	4.8	5.6	6.8	7.8	12.5	17.6
外债总额（亿美元）	65.8	73.2	72.4	66.5	68.7	72.9
已付偿债率（%）	3.8	4.0	3.8	2.1	2.0	1.8
汇率（美元/缅元）	970.00	960.00	910.00	1095.00	1280.00	1335.00

注：2007年数据为预测值

数据来源：中国出口信用保险公司编.《国家风险分析报告2007》. 中国金融出版社2007年版

菲律宾主要经济指标统计及预测

年份	2002	2003	2004	2005	2006	2007
GDP（亿美元）	768.139	769.335	869.301	987.176	1175.623	1406.46
人均GDP（美元）	926	941	1010	1120	1310	1540
实际GDP增长率（%）	4.4	4.9	6.4	4.9	5.4	6.0
通货膨胀率（%）	3.0	3.5	6.0	7.7	6.3	2.9
商品出口（FOB）（亿美元）	344	353.4	387.9	402.6	461.6	494.4
商品进口（FOB）（亿美元）	399.3	411.9	444.8	480.4	531.1	558.6
经常账户余额（亿美元）	- 2.8	2.9	16.3	19.6	50.2	68.2
国际储蓄（亿美元）	163.7	170.6	162.3	184.9	229.7	269.5
外债总额（亿美元）	599.1	625.9	609.2	615.3	624.4	623.2
已付偿债率（%）	21	19.3	19.6	16.1	14.4	13.7
汇率（美元/比索）	51.6	54.2	56	55.1	51.3	46.9

注：2007为预测值

数据来源：中国出口信用保险公司编.《国家风险分析报告2007》. 中国金融出版社2007年版

新加坡主要经济指标统计及预测

年份	2002	2003	2004	2005	2006	2007
GDP（亿美元）	880.7	923.5	1074.0	1166.9	1321.6	1460.9
人均 GDP（美元）	21089	22061	25340	26876	29474	32506
实际 GDP 增长率（%）	4.2	3.1	8.8	6.6	7.9	4.5
通货膨胀率（%）	−0.4	0.5	1.7	0.5	1.0	1.6
商品出口（FOB）（亿美元）	1407.8	1617.4	2010.3	2322.6	2896.8	3319.7
商品进口（FOB）（亿美元）	1219.6	1321.7	1681.0	1943.7	2446.7	2704.0
经常账户余额（亿美元）	119.2	223.2	263.2	322.1	415.2	380.0
国际储备（亿美元）	822.2	962.5	1125.8	1161.7	1362.6	1477.3
外债总额（亿美元）	206.6	222.1	236.4	237.7	243.6	255.0
已付偿债率（%）	14.7	13.7	11.7	10.2	8.4	—
汇率（美元/新加坡元）	1.79	1.71	1.69	1.66	1.59	1.53

注：2007 年数据为预测值

数据来源：中国出口信用保险公司编.《国家风险分析报告 2007》. 中国金融出版社 2007 年版

泰国主要经济指标统计及预测

年份	2002	2003	2004	2005	2006	2007
GDP（亿美元）	1268.8	1426.4	1613.5	1762.2	2063.4	2394.7
人均 GDP（美元）	1998	2229	2480	2690	3130	3600
实际 GDP 增长率（%）	5.3	7.1	6.3	4.5	5	4.2
通货膨胀率（%）	0.5	1.8	2.8	4.5	4.6	2.6
商品出口（FOB）（亿美元）	660.9	780.8	949.8	1092	1282.1	1399.7
商品进口（FOB）（亿美元）	570.1	669.1	841.9	1060	1134	1221
经常账户余额（亿美元）	70.2	79.5	68.6	−36.7	71.9	50.5
国际储备（亿美元）	389.2	421.5	498.3	520.7	669.8	736.3
外债总额（亿美元）	593.7	517.8	512.3	522.7	599.4	582.8
已付偿债率（%）	22.9	15.3	10.5	14.5	8.7	7.6
汇率（美元/泰铢）	42.96	41.49	40.22	40.22	37.88	34.88

注：2007 年数据为预测值

数据来源：中国出口信用保险公司编.《国家风险分析报告 2007》. 中国金融出版社 2007 年版

越南主要经济指标统计及预测

年份	2002	2003	2004	2005	2006	2007
GDP（亿美元）	350.6	395.5	453.0	528.3	606.6	681.4
人均 GDP（美元）	435.2	484.6	547.9	630.7	715.0	793.0
实际 GDP 增长率（%）	7.1	7.3	7.8	8.4	8.2	7.2
通货膨胀率（%）	3.8	3.1	7.8	8.3	7.4	6.7
商品出口（FOB）（亿美元）	167.1	201.5	264.9	324.4	396.9	473.6
商品进口（FOB）（亿美元）	177.6	227.3	287.7	332.8	399.5	486.0
经常账户余额（亿美元）	−6.0	−19.3	−9.6	2.2	5.9	−4.4
国际储备（亿美元）	42.3	63.6	71.9	92.2	111.9	140.8
外债总额（亿美元）	133.4	158.5	178.3	202.0	218.5	242.3
已付偿债率（%）	6.0	3.4	2.6	2.6	2.4	2.2
汇率（美元/越南盾）	15279.50	15509.58	15740.00	15858.92	15983.00	16150.00

注：2007 年数据为预测值

数据来源：中国出口信用保险公司编.《国家风险分析报告 2007》. 中国金融出版社 2007 年版

2006～2007 年中国与东盟进出口总值表

单位：美元

类别／国家	中国从各国进口		中国对各国出口		2007 年比 2006 年增减	
	2006 年	2007 年	2006 年	2007 年	进口（%）	出口（%）
文莱	215,312,114	246,077,331	99,629,763	112,679,440	14.29	13.1
缅甸	252,649,704	378,140,015	1,207,417,933	1,699,699,895	49.67	40.77
柬埔寨	35,091,355	51,065,879	697,764,757	882,927,627	45.52	26.54
印度尼西亚	9,605,743,215	12,395,077,625	9,482,885,869	12,673,656,940	29.04	33.65
老挝	49,646,755	85,918,978	168,716,852	177,936,831	73.06	5.46
马来西亚	23,572,434,340	28,697,050,876	13,537,073,744	17,699,258,947	21.74	30.75
菲律宾	17,674,561,008	23,117,839,305	5,738,134,533	7,497,920,872	30.8	30.67
新加坡	17,672,615,941	17,523,684,113	23,185,291,430	29,794,459,987	−0.84	28.51
泰国	17,962,428,351	22,664,690,699	9,764,064,739	11,973,428,110	26.18	22.63
越南	2,486,076	3,226,281	7,463,355	11,891,297	29.77	59.33

数据来源：海关总署—海关统计资讯网 www.hgtj.cn

中国与文莱进出口商品构成表（2007）

单位：美元

商品构成	出口	进口	2007 年比 2006 年增减（%）	
			出口	进口
总　值	112,679,440	246,077,331	13.1	14.29
第一类活动物；动物产品	569,519	30,792	49.51	−99.08
02 章　肉及食用杂碎	520,570	—	60.96	—
03 章　鱼、甲壳动物、软体动物及其他水生无脊椎动物	9,933	30,792	−67.65	−99.08
04 章　乳品；蛋品；天然蜂蜜；其他食用动物产品	39,016	—	45.55	—
第二类　植物产品	1,918,553	—	49.6	—
06 章　活树及其他活植物；鳞茎、根及类似品；插花及装饰用簇叶	52,794	—	284.54	—
07 章　食用蔬菜、根及块茎	1,275,761	—	42.11	—
08 章　食用水果及坚果；甜瓜或柑桔属水果的果皮	264,548	—	137.81	—
09 章　咖啡、茶、马黛茶及调味香料	317,264	—	28.32	—
12 章　含油子仁及果实；杂项子仁及果实；工业用或药用植物；稻草、秸秆及饲料	2,856	—	−62.29	—
13 章　虫胶；树胶、树脂及其他植物液、汁	5,330	—	11.97	—
第三类　动、植物油、脂及其分解产品；精制的食用油脂；动、植物蜡	69,916	—	51.19	—
15 章　动、植物油、脂及其分解产品；精制的食用油脂；动、植物蜡	69,916	—	51.19	—
第四类　食品；饮料、酒及醋；烟草、烟草及烟草代用品的制品	2,749,119	1,100	27.6	166.34

商品构成	出口	进口	2007年比2006年增减（%）	
			出口	进口
16章　肉、鱼、甲壳动物、软体动物及其他水生无脊椎动物的制品	449,970	—	－5.34	—
17章　糖及糖食	49,909	—	－15.44	—
18章　可可及可可制品	42,841	—	—	—
19章　谷物、粮食粉、淀粉或乳的制品；糕饼点心	231,760	—	25.01	—
20章　蔬菜、水果、坚果或植物其他部分的制品	1,209,277	—	18.07	—
21章　杂项食品	422,485	—	35.58	—
22章　饮料、酒及醋	37,862	1,100	－42.29	—
23章　食品工业的残渣及废料；配制的动物饲料	305,015	—	816.51	—
第五类　矿产品	3,216,420	244,067,858	－0.2	15.19
25章　盐；硫磺；泥土及石料；石膏料、石灰及水泥	2,117,107	—	0.06	—
26章　矿砂、矿渣及矿灰	—	519,894	—	750.58
27章　矿物燃料、矿物油及其蒸馏产品；沥青物质；矿物蜡	1,099,313	243,547,964	－0.69	14.97
第六类　化学工业及其相关工业的产品	3,414,905	—	17.27	—
28章　无机化学品；贵金属、稀土金属、放射性元素及其同位素的有机及无机化合物	449,503	—	－17.42	—
29章　有机化学品	1,701,536	—	18.09	—
30章　药品	32,222	—	－70.43	—
31章　肥料	197,601	—	—	—
32章　鞣料浸膏及染料浸膏；鞣酸及其衍生物；染料、颜料及其他着色料；油漆及清漆；油灰及其他类似胶粘剂；墨水、油墨	64,665	—	69.65	—
33章　精油及香膏；芳香料制品及化妆盥洗品	3,037	—	－96.67	—
34章　肥皂、有机表面活性剂、洗涤剂、润滑剂、人造蜡、调制蜡、光洁剂、蜡烛及类似品、塑型用膏、“牙科用蜡”及牙科用熟石膏制剂	364,442	—	7.15	—
35章　蛋白类物质；改性淀粉；胶；酶	255,464	—	1,857.73	—
36章　炸药；烟火制品；火柴；引火合金；易燃材料制品	197,439	—	－34.48	—
37章　照相及电影用品	6,401	—	—	—
38章　杂项化学产品	142,595	—	320.67	—
第七类　塑料及其制品；橡胶及其制品	4,387,250	59,732	－10.46	1,696.45
39章　塑料及其制品	1,798,030	59,732	－35.2	1,696.45
40章　橡胶及其制品	2,589,220	—	21.83	—
第八类　生皮、皮革、毛皮及其制品；鞍具及挽具；旅行用品、手提包及类似品；动物肠线（蚕胶丝除外）制品	247,243	—	－70.14	—
41章　生皮（毛皮除外）及皮革	17,438	—	—	—
42章　皮革制品；鞍具及挽具；旅行用品、手提包及类似容器；动物肠线（蚕胶丝除外）制品	229,805	—	－72.25	—
第九类　木及木制品；木炭；软木及软木制品；稻草、秸秆、针茅或其他编结材料制品；篮筐及柳条编结品	1,035,114	13,838	2.51	1,619.01

商品构成	出口	进口	2007年比2006年增减（%）	
			出口	进口
44章　木及木制品；木炭	927,916	13,838	−7.1	1,619.01
45章　软木及软木制品	6,085		−23.49	
46章　稻草、秸秆、针茅或其他编结材料制品；篮筐及柳条编结品	101,113	—	3,239.27	—
第十类　木浆及其他纤维状纤维素浆；纸及纸板的废碎品；纸、纸板及其制品	591,066	1,576,829	−28.45	2,816.81
47章　木浆及其他纤维状纤维素浆；纸及纸板的废碎品	—	1,576,754	—	3,023.52
48章　纸及纸板；纸浆、纸或纸板制品	310,709	—	−35	—
49章　书籍、报纸、印刷图画及其他印刷品；手稿、打字稿及设计图纸	280,357	75	−19.44	−97.7
第十一类　纺织原料及纺织制品	11,544,957	24,162	−18.12	−19.4
50章　蚕丝	237,669	—	381.36	—
52章　棉花	117,417	—	923.24	—
53章　其他植物纺织纤维；纸纱线及其机织物				
54章　化学纤维长丝	1,334,789	—	−26.16	—
55章　化学纤维短纤	117,396	—	−35.21	—
56章　絮胎、毡呢及无纺织物；特种纱线；线、绳、索、缆及其制品	78,491	—	−42.13	—
57章　地毯及纺织材料的其他铺地制品	597,478	—	40.49	—
58章　特种机织物；簇绒织物；花边；装饰毯；装饰带；刺绣品	139,994	—	−57.29	—
59章　浸渍、涂布、包覆或层压的纺织物；工业用纺织制品	36,770	—	14.14	—
60章　针织物及钩编织物	5,720,878	5,777	−26.55	−80.18
61章　针织或钩编的服装及衣着附件	1,840,604	—	−27.06	—
62章　非针织或非钩编的服装及衣着附件	676,650	—	137.96	—
63章　其他纺织制成品；成套物品；旧衣着及旧纺织品；碎织物	646,821	18,385	21.53	—
第十二类　鞋、帽、伞、杖、鞭及其零件；已加工的羽毛及其制品；人造花；人发制品	457,741	107	−31.19	—
64章　鞋靴、护腿和类似品及其零件	269,698	—	−18.41	—
65章　帽类及其零件	50,628	107	−17.89	—
66章　雨伞、阳伞、手杖、鞭子、马鞭及其零件	80,654	—	−31.43	—
67章　已加工羽毛、羽绒及其制品；人造花；人发制品	56,761	—	−63.46	—
第十三类　石料、石膏、水泥、石棉、云母及类似材料的制品；陶瓷产品；玻璃及其制品	7,130,761	—	−10.84	—
68章　石料、石膏、水泥、石棉、云母及类似材料的制品	1,136,865	—	−44.15	—
69章　陶瓷产品	4,890,126	—	11.86	—
70章　玻璃及其制品	1,103,770	—	−30.6	—
第十四类　天然或养殖珍珠、宝石或半宝石、贵金属、包贵金属及其制品；仿首饰；硬币	776,065	—	1,429.28	—

商品构成	出口	进口	2007年比2006年增减（%）	
			出口	进口
71章　天然或养殖珍珠、宝石或半宝石、贵金属、包贵金属及其制品；仿首饰；硬币	776,065	—	1,429.28	—
第十五类　贱金属及其制品	32,778,562	180	4	—
72章　钢铁	20,215,295	—	−6.05	—
73章　钢铁制品	8,030,278	180	10.29	—
74章　铜及其制品	270,098	—	293.09	—
76章　铝及其制品	3,524,307	—	112.51	—
78章　铅及其制品	8,990	—	491.84	—
79章　锌及其制品	6,716	—	—	—
80章　锡及其制品	2,925	—	−53.19	—
82章　贱金属工具、器具、利口器、餐匙、餐叉及其零件	308,432	—	−13.79	—
83章　贱金属杂项制品	411,521	—	−34.33	—
第十六类　机器、机械器具、电气设备及其零件；录音机及放声机、电视图像、声音的录制和重放设备及其零件、附件	28,476,975	295,059	34.41	11,051.13
84章　核反应堆、锅炉、机械器具及零件	9,756,455	290,400	39.81	—
85章　电机、电气设备及其零件；录音机及放声机、电视图像、声音的录制和重放设备及其零件、附件	18,720,520	4,659	31.76	76.08
第十七类　车辆、航空器、船舶及有关运输设备	9,306,707	—	176.29	—
86章　铁道及电车道机车、车辆及其零件；铁道及电车道轨道固定装置及其零件、附件；各种机械（包括电动机械）交通信号设备	448,484	—	4,691.50	—
87章　车辆及其零件、附件，但铁道及电车道车辆除外	8,194,300	—	143.95	—
88章　航空器、航天器及其零件	10,715	—	—	—
89章　船舶及浮动结构体	653,208	—	—	—
第十八类　光学、照相、电影、计量、检验、医疗或外科用仪器及设备、精密仪器及设备；钟表；乐器；上述物品的零件、附件	354,473	7,524	117.46	—
90章　光学、照相、电影、计量、检验、医疗或外科用仪器及设备、精密仪器及设备；上述物品的零件、附件	323,306	7,524	112.08	—
91章　钟表及其零件	3,127	—	—	—
92章　乐器及其零件、附件	28,040	—	165.38	—
第二十类　杂项制品	3,651,914	150	21.05	—
94章　家具；寝具、褥垫、弹簧床垫、软坐垫及类似的填充制品；未列名灯具及照明装置；发光标志、发光名牌及类似品；活动房屋	2,921,335	—	29.02	—
95章　玩具、游戏品、运动用品及其零件、附件	462,134	133	59.6	—
96章　杂项制品	268,445	17	−42.03	—
第二十一类艺术品、收藏品及古物	2,180	—	—	—
97章　艺术品、收藏品及古物	2,180	—	—	—

数据来源：海关总署—海关统计资讯网 www.hgtj.cn

中国与柬埔寨进出口商品构成表（2007）

单位：美元

商品构成	出口	进口	2007年比2006年增减（%）	
			出口	进口
总　值	882,927,627	51,065,879	26.54	45.52
第一类　活动物；动物产品	650	2,199,242	−97.64	−5.41
01章　活动物	—	1,027,520	—	−25.12
03章　鱼、甲壳动物、软体动物及其他水生无脊椎动物	—	1,171,722	—	22.97
04章　乳品；蛋品；天然蜂蜜；其他食用动物产品	650	—	−96	—
05章　其他动物产品	—	—	—	—
第二类　植物产品	1,287,606	60,484	320.09	−52.88
06章　活树及其他活植物；鳞茎、根及类似品；插花及装饰用簇叶	3,587	—	—	—
07章　食用蔬菜、根及块茎	116,558	—	2,612	—
08章　食用水果及坚果；甜瓜或柑桔属水果的果皮	142,965	—	94	—
11章　制粉工业产品；麦芽；淀粉；菊粉；面筋	798,244	—	—	—
12章　含油子仁及果实；杂项子仁及果实；工业用或药用植物；稻草、秸秆及饲料	226,252	52,267	14	−56.66
13章　虫胶；树胶、树脂及其他植物液、汁	—	8,217	—	276.24
第三类　动、植物油、脂及其分解产品；精制的食用油脂；动、植物蜡	63,395	—	42	—
15章　动、植物油、脂及其分解产品；精制的食用油脂；动、植物蜡	63,395	—	42	—
第四类　食品；饮料、酒及醋；烟草、烟草及烟草代用品的制品	18,532,869	117,056	10	−48.82
16章　肉、鱼、甲壳动物、软体动物及其他水生无脊椎动物的制品	196,564	98,785	−94	−49.49
17章　糖及糖食	1,006,237	—	−3	—
19章　谷物、粮食粉、淀粉或乳的制品；糕饼点心	333,699	—	−46	—
20章　蔬菜、水果、坚果或植物其他部分的制品	1,129,048	18,271	54	−44.56
21章　杂项食品	511,375	—	97	—
22章　饮料、酒及醋	8,225,341	—	29	—
23章　食品工业的残渣及废料；配制的动物饲料	7,520	—	—	—
24章　烟草、烟草及烟草代用品的制品	7,123,085	—	55	—
第五类　矿产品	3,959,414	11,654	−35	1,715.26
25章　盐；硫磺；泥土及石料；石膏料、石灰及水泥	686,732	7,876	78	1,126.79
26章　矿砂、矿渣及矿灰	17,940	3,753	−71	—
27章　矿物燃料、矿物油及其蒸馏产品；沥青物质；矿物蜡	3,254,742	25	−43	—
第六类　化学工业及其相关工业的产品	19,130,733	1,864,153	32	298.97
28章　无机化学品；贵金属、稀土金属、放射性元素及其同位素的有机及无机化合物	1,167,962	—	103	—

商品构成	出口	进口	2007年比2006年增减（%）	
			出口	进口
29章 有机化学品	3,050,151	—	−19	—
30章 药品	8,533,984	6,426	25	274.91
31章 肥料	274,915	—	105	—
32章 鞣料浸膏及染料浸膏；鞣酸及其衍生物；染料、颜料及其他着色料；油漆及清漆；油灰及其他类似胶粘剂；墨水、油墨	643,945	—	28	—
33章 精油及香膏；芳香料制品及化妆盥洗品	2,494,592	1,857,727	159	299.06
34章 肥皂、有机表面活性剂、洗涤剂、润滑剂、人造蜡、调制蜡、光洁剂、蜡烛及类似品、塑型用膏、"牙科用蜡"及牙科用熟石膏制剂	767,543	—	52	—
35章 蛋白类物质；改性淀粉；胶；酶	572,832	—	38	—
36章 炸药；烟火制品；火柴；引火合金；易燃材料制品	332,330	—	—	—
37章 照相及电影用品	340,358	—	−2	—
38章 杂项化学产品	952,121	—	92	—
第七类 塑料及其制品；橡胶及其制品	13,052,521	11,032,697	49	26.47
39章 塑料及其制品	8,662,612	18,551	52.53	−34.66
40章 橡胶及其制品	4,389,909	11,014,146	43	26.67
第八类 生皮、皮革、毛皮及其制品；鞍具及挽具；旅行用品、手提包及类似品；动物肠线（蚕胶丝除外）制品	2,675,462	2,660	−49	−33.4
41章 生皮（毛皮除外）及皮革	2,028,739	2,163	−58	−45.84
42章 皮革制品；鞍具及挽具；旅行用品、手提包及类似容器；动物肠线（蚕胶丝除外）制品	453,937	497	13	—
43章 毛皮、人造毛皮及其制品	192,786	—	—	—
第九类 木及木制品；木炭；软木及软木制品；稻草、秸秆、针茅或其他编结材料制品；篮筐及柳条编结品	669,174	24,077,893	104	99.69
44章 木及木制品；木炭	668,699	24,077,893	106	99.69
45章 软木及软木制品	475	—	—	—
第十类 木浆及其他纤维状纤维素浆；纸及纸板的废碎品；纸、纸板及其制品	8,628,687	16,912	55	21.74
47章 木浆及其他纤维状纤维素浆；纸及纸板的废碎品	24,798	—	436	—
48章 纸及纸板；纸浆、纸或纸板制品	8,291,573	12,958	57.61	−4.62
49章 书籍、报纸、印刷图画及其他印刷品；手稿、打字稿及设计图纸	312,316	3,954	0	1,187.95
第十一类 纺织原料及纺织制品	530,038,747	11,225,915	14	3.93
50章 蚕丝	655,799	—	94	—
51章 羊毛、动物细毛或粗毛；马毛纱线及其机织物	3,201,623	18,746	68	—
52章 棉花	127,321,749	4,780,598	11	−29.3
53章 其他植物纺织纤维；纸纱线及其机织物	3,206,582	70,023	−1	1,466.51
54章 化学纤维长丝	26,389,582	117,705	−3	22.96
55章 化学纤维短纤	50,525,986	7,172	0	−26.9

商品构成	出口	进口	2007年比2006年增减（%）	
			出口	进口
56章 絮胎、毡呢及无纺织物；特种纱线；线、绳、索、缆及其制品	3,574,994	9,989	47	346.94
57章 地毯及纺织材料的其他铺地制品	352,413	—	181	—
58章 特种机织物；簇绒织物；花边；装饰毯；装饰带；刺绣品	26,170,447	16,928	28	−64.02
59章 浸渍、涂布、包覆或层压的纺织物；工业用纺织制品	2,460,666	—	21	—
60章 针织物及钩编织物	252,061,482	387,121	21	209.95
61章 针织或钩编的服装及衣着附件	30,422,232	3,659,138	10	169.28
62章 非针织或非钩编的服装及衣着附件	1,791,708	806,207	34	−51.8
63章 其他纺织制成品；成套物品；旧衣着及旧纺织品；碎织物	1,903,484	1,352,288	−42	86.95
第十二类 鞋、帽、伞、杖、鞭及其零件；已加工的羽毛及其制品；人造花；人发制品	5,069,500	299,534	−26	109
64章 鞋靴、护腿和类似品及其零件	4,310,963	287,763	−32	100.78
65章 帽类及其零件	558,814	445	121	—
66章 雨伞、阳伞、手杖、鞭子、马鞭及其零件	89,898	—	−40	—
67章 已加工羽毛、羽绒及其制品；人造花；人发制品	109,825	11,326	−8	—
第十三类 石料、石膏、水泥、石棉、云母及类似材料的制品；陶瓷产品；玻璃及其制品	36,752,003	2,710	28	—
68章 石料、石膏、水泥、石棉、云母及类似材料的制品	3,504,549	—	215	—
69章 陶瓷产品	29,106,944	2,710	19	—
70章 玻璃及其制品	4,140,510	—	38	—
第十四类 天然或养殖珍珠、宝石或半宝石、贵金属、包贵金属及其制品；仿首饰；硬币	190,373	1,418	255	132.46
71章 天然或养殖珍珠、宝石或半宝石、贵金属、包贵金属及其制品；仿首饰；硬币	190,373	1,418	255	132.46
第十五类 贱金属及其制品	41,415,012	—	62	—
72章 钢铁	14,444,289	—	51	—
73章 钢铁制品	18,316,694	—	138	—
74章 铜及其制品	633,844	—	205	—
76章 铝及其制品	3,146,535	—	−30	—
79章 锌及其制品	19,160	—	−3	—
80章 锡及其制品	103	—	—	—
82章 贱金属工具、器具、利口器、餐匙、餐叉及其零件	2,324,455	—	18	—
83章 贱金属杂项制品	2,529,932	—	49.39	—
第十六类 机器、机械器具、电气设备及其零件；录音机及放声机、电视图像、声音的录制和重放设备及其零件、附件	140,569,243	8,435	57	−70.72
84章 核反应堆、锅炉、机械器具及零件	66,146,034	—	24	—

商品构成	出口	进口	2007年比2006年增减（%）	
			出口	进口
85章　电机、电气设备及其零件；录音机及放声机、电视图像、声音的录制和重放设备及其零件、附件	74,423,209	8,435	105	−66.74
第十七类　车辆、航空器、船舶及有关运输设备	49,179,907	862	219	−60.42
86章　铁道及电车道机车、车辆及其零件；铁道及电车道轨道固定装置及其零件、附件；各种机械（包括电动机械）交通信号设备	99,908	—	—	—
87章　车辆及其零件、附件，但铁道及电车道车辆除外	21,655,562	862	62	−60.42
88章　航空器、航天器及其零件	—	—	—	—
89章　船舶及浮动结构体	27,424,437	—	1,227	—
第十八类　光学、照相、电影、计量、检验、医疗或外科用仪器及设备、精密仪器及设备；钟表；乐器；上述物品的零件、附件	1,942,545	732	−50.44	62.67
90章　光学、照相、电影、计量、检验、医疗或外科用仪器及设备、精密仪器及设备；上述物品的零件、附件	1,917,837	732	−50	—
91章　钟表及其零件	22,856	—	−52	—
92章　乐器及其零件、附件	1,852	—	—	—
第十九类　武器、弹药及其零件、附件	110,000	—	−52	—
93章　武器、弹药及其零件、附件	110,000	—	−52	—
第二十类　杂项制品	9,282,013	143,522	50	−1.8
94章　家具；寝具、褥垫、弹簧床垫、软坐垫及类似的填充制品；未列名灯具及照明装置；发光标志、发光名牌及类似品；活动房屋	3,633,858	85,930	80	1,034.84
95章　玩具、游戏品、运动用品及其零件、附件	338,825	—	−31.17	—
96章　杂项制品	5,309,330	57,592	44.83	−58.44
第二十一类艺术品、收藏品及古物	1,190	—	—	—
97章　艺术品、收藏品及古物	1,190	—	—	—
第二十二类特殊交易品及未分类商品	376,583	—	47	—
98章　特殊交易品及未分类商品	376,583	—	47	—

数据来源：海关总署—海关统计资讯网 www.hgtj.cn

中国与印度尼西亚进出口商品构成表（2007）

单位：美元

商品构成	出口	进口	2007年比2006年增减（%）	
			出口	进口
总　值	12,673,656,940	12,395,077,625	33.65	29.04
第一类　活动物；动物产品	18,539,008	45,846,376	−16.77	−5.47
01章　活动物	210	415,559	—	67.62
02章　肉及食用杂碎	31,308	—	−95.37	—
03章　鱼、甲壳动物、软体动物及其他水生无脊椎动物	7,493,452	40,077,330	−50.22	−7.55
04章　乳品；蛋品；天然蜂蜜；其他食用动物产品	3,523,016	1,199,695	674.81	255.94

商品构成	出口	进口	2007年比2006年增减（%）	
			出口	进口
05章　其他动物产品	7,491,022	4,153,792	22.98	−9.05
第二类　植物产品	635,295,173	107,673,851	71.30	30.85
06章　活树及其他活植物；鳞茎、根及类似品；插花及装饰用簇叶	218,307	101,724	−2.75	−44.63
07章　食用蔬菜、根及块茎	238,778,733	24,082,309	16.74	19.89
08章　食用水果及坚果；甜瓜或柑桔属水果的果皮	139,406,550	14,987,236	47.36	62.63
09章　咖啡、茶、马黛茶及调味香料	19,982,741	3,957,559	14.71	90.82
10章　谷物	176,651,059	3,662	773.45	—
11章　制粉工业产品；麦芽；淀粉；菊粉；面筋	47,318,937	1,543,730	109.61	655.05
12章　含油子仁及果实；杂项子仁及果实；工业用或药用植物；稻草、秸秆及饲料	5,922,025	35,333,972	−8.54	55.17
13章　虫胶；树胶、树脂及其他植物液、汁	6,965,428	2,317,898	45.75	28.84
14章　编结用植物材料；其他植物产品	51,393	25,345,761	40.48	−2.35
第三类　动、植物油、脂及其分解产品；精制的食用油脂；动、植物蜡	1,567,495	1,597,073,827	204.05	49.43
15章　动、植物油、脂及其分解产品；精制的食用油脂；动、植物蜡	1,567,495	1,597,073,827	204.05	49.43
第四类　食品；饮料、酒及醋；烟草、烟草及烟草代用品的制品	210,630,818	50,604,480	8.82	32.59
16章　肉、鱼、甲壳动物、软体动物及其他水生无脊椎动物的制品	16,427,259	1,865,464	−61.82	256.04
17章　糖及糖食	22,148,673	944,585	−13.64	−33.99
18章　可可及可可制品	604,032	37,983,860	−58.56	31.97
19章　谷物、粮食粉、淀粉或乳的制品；糕饼点心	7,889,533	2,966,159	17.73	24.83
20章　蔬菜、水果、坚果或植物其他部分的制品	29,607,988	1,599,832	1.61	15.88
21章　杂项食品	21,731,332	1,856,428	−15.60	169.37
22章　饮料、酒及醋	6,675,402	24,398	−14.81	139.43
23章　食品工业的残渣及废料；配制的动物饲料	10,496,497	2,424,869	171.58	10.60
24章　烟草、烟草及烟草代用品的制品	95,050,102	938,885	89.58	20.37
第五类　矿产品	1,202,283,905	4,518,463,493	4.20	99.70
25章　盐；硫磺；泥土及石料；石膏料、石灰及水泥	21,590,695	26,362,859	0.16	−6.04
26章　矿砂、矿渣及矿灰	330,079	2,084,037,459	−46.71	254.83
27章　矿物燃料、矿物油及其蒸馏产品；沥青物质；矿物蜡	1,180,363,131	2,408,063,175	4.30	46.19
第六类　化学工业及其相关工业的产品	1,195,865,576	882,319,964	26.32	−5.84
28章　无机化学品；贵金属、稀土金属、放射性元素及其同位素的有机及无机化合物	261,340,416	30,544,336	12.39	28.10
29章　有机化学品	394,938,668	665,829,527	38.21	−11.17
30章　药品	13,918,719	1,280,081	20.90	66.51
31章　肥料	130,799,265	115,131	5.34	150.09

商品构成	出口	进口	2007年比2006年增减（%）	
			出口	进口
32章　鞣料浸膏及染料浸膏；鞣酸及其衍生物；染料、颜料及其他着色料；油漆及清漆；油灰及其他类似胶粘剂；墨水、油墨	157,683,404	33,707,152	31.13	9.37
33章　精油及香膏；芳香料制品及化妆盥洗品	23,920,770	3,017,109	8.59	39.96
34章　肥皂、有机表面活性剂、洗涤剂、润滑剂、人造蜡、调制蜡、光洁剂、蜡烛及类似品、塑型用膏、“牙科用蜡”及牙科用熟石膏制剂	17,963,919	34,685,263	67.32	15.94
35章　蛋白类物质；改性淀粉；胶；酶	28,356,756	8,038,749	42.64	14.02
36章　炸药；烟火制品；火柴；引火合金；易燃材料制品	7,535,757	—	109.20	—
37章　照相及电影用品	19,040,028	83,415	10.82	—79.11
38章　杂项化学产品	140,367,874	105,019,201	41.77	13.57
第七类　塑料及其制品；橡胶及其制品	316,634,042	932,071,055	26.58	4.20
39章　塑料及其制品	235,719,153	127,198,269	25.77	4.17
40章　橡胶及其制品	80,914,889	804,872,786	28.99	4.20
第八类　生皮、皮革、毛皮及其制品；鞍具及挽具；旅行用品、手提包及类似品；动物肠线（蚕胶丝除外）制品	34,275,736	55,590,013	16.02	36.77
41章　生皮（毛皮除外）及皮革	19,685,556	52,592,406	13.83	39.50
42章　皮革制品；鞍具及挽具；旅行用品、手提包及类似容器；动物肠线（蚕胶丝除外）制品	14,234,942	2,971,721	19.03	1.65
43章　毛皮、人造毛皮及其制品	355,238	25,886	22.78	20.92
第九类　木及木制品；木炭；软木及软木制品；稻草、秸秆、针茅或其他编结材料制品；篮筐及柳条编结品	72,733,056	254,565,809	45.87	—22.14
44章　木及木制品；木炭	67,719,570	254,307,178	37.37	—22.14
45章　软木及软木制品	53,752	—	—72.25	—
46章　稻草、秸秆、针茅或其他编结材料制品；篮筐及柳条编结品	4,959,734	258,631	1236.48	—20.43
第十类　木浆及其他纤维状纤维素浆；纸及纸板的废碎品；纸、纸板及其制品	88,250,144	928,925,202	53.70	1.18
47章　木浆及其他纤维状纤维素浆；纸及纸板的废碎品	1,000,050	716,980,534	343.79	1.73
48章　纸及纸板；纸浆、纸或纸板制品	82,572,114	211,829,431	59.40	—0.33
49章　书籍、报纸、印刷图画及其他印刷品；手稿、打字稿及设计图纸	4,677,980	115,237	—13.19	—85.34
第十一类　纺织原料及纺织制品	1,434,906,411	224,578,025	38.76	0.30
50章　蚕丝	13,747,659	50,157	20.82	287.22
51章　羊毛、动物细毛或粗毛；马毛纱线及其机织物	41,888,068	869,326	62.04	103.14
52章　棉花	392,053,591	80,379,392	20.23	—11.66
53章　其他植物纺织纤维；纸纱线及其机织物	17,839,844	3,882,064	23.31	92.31
54章　化学纤维长丝	151,358,403	50,295,674	5.51	28.97
55章　化学纤维短纤	176,954,565	57,026,720	15.57	—6.77
56章　絮胎、毡呢及无纺织物；特种纱线；线、绳、索、缆及其制品	33,552,425	3,476,592	50.85	52.58

商品构成	出口	进口	2007年比2006年增减（%）	
			出口	进口
57章　地毯及纺织材料的其他铺地制品	4,101,112	16,050	203.78	58.33
58章　特种机织物；簇绒织物；花边；装饰毯；装饰带；刺绣品	80,751,107	688,135	49.11	3.05
59章　浸渍、涂布、包覆或层压的纺织物；工业用纺织制品	118,964,914	6,916,073	45.35	－41.88
60章　针织物及钩编织物	139,931,071	5,961,093	40.24	－14.04
61章　针织或钩编的服装及衣着附件	186,492,508	8,129,914	276.64	85.19
62章　非针织或非钩编的服装及衣着附件	47,895,074	5,604,478	85.14	70.90
63章　其他纺织制成品；成套物品；旧衣着及旧纺织品；碎织物	29,376,070	1,282,357	17.68	53.94
第十二类　鞋、帽、伞、杖、鞭及其零件；已加工的羽毛及其制品；人造花；人发制品	140,487,436	48,353,076	34.03	97.59
64章　鞋靴、护腿和类似品及其零件	78,812,140	44,836,242	31.84	96.75
65章　帽类及其零件	12,793,599	262,778	32.17	－15.59
66章　雨伞、阳伞、手杖、鞭子、马鞭及其零件	38,093,058	44,645	43.27	110.72
67章　已加工羽毛、羽绒及其制品；人造花；人发制品	10,788,639	3,209,411	22.96	137.52
第十三类　石料、石膏、水泥、石棉、云母及类似材料的制品；陶瓷产品；玻璃及其制品	191,370,565	21,997,698	3.00	－20.30
68章　石料、石膏、水泥、石棉、云母及类似材料的制品	39,359,890	4,066,565	3.40	2.77
69章　陶瓷产品	86,744,891	3,045,704	－12.75	15.19
70章　玻璃及其制品	65,265,784	14,885,429	35.10	－29.12
第十四类　天然或养殖珍珠、宝石或半宝石、贵金属、包贵金属及其制品；仿首饰；硬币	1,758,788	632,883	17.91	－79.36
71章　天然或养殖珍珠、宝石或半宝石、贵金属、包贵金属及其制品；仿首饰；硬币	1,758,788	632,883	17.91	－79.36
第十五类　贱金属及其制品	1,816,143,506	402,273,777	37.95	－15.91
72章　钢铁	825,798,007	13,482,782	41.03	－78.88
73章　钢铁制品	434,903,013	24,448,679	25.26	－29.37
74章　铜及其制品	52,025,519	295,161,472	58.41	4.39
75章　镍及其制品	3,343,238	573,250	88.80	421.11
76章　铝及其制品	252,790,662	8,765,409	92.24	－23.10
78章　铅及其制品	20,174,816	218,407	－33.53	4004.62
79章　锌及其制品	11,111,767	—	17.15	—
80章　锡及其制品	249	57,553,350	－52.75	－31.23
81章　其他贱金属、金属陶瓷及其制品	5,094,752	26,440	23.82	－70.60
82章　贱金属工具、器具、利口器、餐匙、餐叉及其零件	71,269,630	320,099	8.19	－42.36
83章　贱金属杂项制品	139,631,853	1,723,889	29.47	38.87
第十六类　机器、机械器具、电气设备及其零件；录音机及放声机、电视图像、声音的录制和重放设备及其零件、附件	4,034,933,825	2,140,854,525	43.75	3.90

商品构成	出口	进口	2007年比2006年增减（%）	
			出口	进口
84章　核反应堆、锅炉、机械器具及零件	1,998,387,152	1,002,811,200	47.12	—17.47
85章　电机、电气设备及其零件；录音机及放声机、电视图像、声音的录制和重放设备及其零件、附件	2,036,546,673	1,138,043,325	40.58	34.62
第十七类　车辆、航空器、船舶及有关运输设备	628,092,905	70,701,784	13.48	0.49
86章　铁道及电车道机车、车辆及其零件；铁道及电车道轨道固定装置及其零件、附件；各种机械（包括电动机械）交通信号设备	23,778,398	843	1559.59	—88.29
87章　车辆及其零件、附件，但铁道及电车道车辆除外	499,092,435	65,006,210	18.80	—7.59
88章　航空器、航天器及其零件	32,266,752	154,469	10479.96	—
89章　船舶及浮动结构体	72,955,320	5,540,262	—44.58	—
第十八类　光学、照相、电影、计量、检验、医疗或外科用仪器及设备、精密仪器及设备；钟表；乐器；上述物品的零件、附件	375,120,612	87,540,991	72.42	3.07
90章　光学、照相、电影、计量、检验、医疗或外科用仪器及设备、精密仪器及设备；上述物品的零件、附件	331,394,926	75,944,289	85.89	0.45
91章　钟表及其零件	18,025,198	37,598	36.10	—75.00
92章　乐器及其零件、附件	25,700,488	11,559,104	—1.31	25.96
第十九类　武器、弹药及其零件、附件	5,350	—		—
93章　武器、弹药及其零件、附件	5,350	—		—
第二十类　杂项制品	262,209,056	24,753,253	42.25	68.42
94章　家具；寝具、褥垫、弹簧床垫、软坐垫及类似的填充制品；未列名灯具及照明装置；发光标志、发光名牌及类似品；活动房屋	107,388,174	6,818,487	80.68	64.89
95章　玩具、游戏品、运动用品及其零件、附件	55,051,219	12,220,205	39.34	62.81
96章　杂项制品	99,769,663	5,714,561	16.84	86.98
第二十一类艺术品、收藏品及古物	116,264	165,575	122.51	153.93
97章　艺术品、收藏品及古物	116,264	165,575	122.51	153.93
第二十二类特殊交易品及未分类商品	12,437,269	91,968	309.56	9196700.00
98章　特殊交易品及未分类商品	12,437,269	91,968	309.56	9196700.00

数据来源：海关总署—海关统计资讯网 www.hgtj.cn

中国与老挝进出口商品构成表（2007）

单位：美元

商品构成	出口	进口	2007年比2006年增减（%）	
			出口	进口
总　值	177,936,831	85,918,978	5.46	73.06
第一类　活动物；动物产品	34,237	1,334,040	18.04	—
01章　活动物	34,237	1,275,000	18.04	—
03章　鱼、甲壳动物、软体动物及其他水生无脊椎动物	—	59,040	—	—

商品构成	出口	进口	2007年比2006年增减（%）	
			出口	进口
第二类　植物产品	520,522	8,398,183	－18.39	55.94
06章　活树及其他活植物；鳞茎、根及类似品；插花及装饰用簇叶	13,078	48,240	－96.02	1541.93
07章　食用蔬菜、根及块茎	279,836	318,101	120.20	—
08章　食用水果及坚果；甜瓜或柑桔属水果的果皮	146,329	628,911	－12.69	—
09章　咖啡、茶、马黛茶及调味香料	—	13,250	—	98.77
10章　谷物	—	3,488,047	—	19.46
11章　制粉工业产品；麦芽；淀粉；菊粉；面筋	24,419	30,188	94.03	294.31
12章　含油子仁及果实；杂项子仁及果实；工业用或药用植物；稻草、秸秆及饲料	55,343	3,498,828	6217.69	51.76
13章　虫胶；树胶、树脂及其他植物液、汁	1,517	329,554	34.49	269.40
14章　编结用植物材料；其他植物产品	—	43,064	—	－19.52
第四类　食品；饮料、酒及醋；烟草、烟草及烟草代用品的制品	553,927	—	－41.10	—
17章　糖及糖食	11,682	—	—	—
23章　食品工业的残渣及废料；配制的动物饲料	44,277	—	11.78	—
24章　烟草、烟草及烟草代用品的制品	497,968	—	4.97	—
第五类　矿产品	1,981,407	8,502,589	－22.56	214.82
25章　盐；硫磺；泥土及石料；石膏料、石灰及水泥	465,287	136,102	－68.39	152.76
26章　矿砂、矿渣及矿灰	—	8,044,181	—	233.00
27章　矿物燃料、矿物油及其蒸馏产品；沥青物质；矿物蜡	1,516,120	322,306	39.50	39.35
第六类　化学工业及其相关工业的产品	5,352,888	2,662,487	23.59	263.41
28章　无机化学品；贵金属、稀土金属、放射性元素及其同位素的有机及无机化合物	206,480	—	－7.24	—
29章　有机化学品	663,310	—	126.13	—
30章　药品	397,031	—	235.66	—
31章　肥料	1,723,830	—	68.12	—
32章　鞣料浸膏及染料浸膏；鞣酸及其衍生物；染料、颜料及其他着色料；油漆及清漆；油灰及其他类似胶粘剂；墨水、油墨	160,783	—	－17.93	—
33章　精油及香膏；芳香料制品及化妆盥洗品	183,234	2,662,487	169.89	263.74
34章　肥皂、有机表面活性剂、洗涤剂、润滑剂、人造蜡、调制蜡、光洁剂、蜡烛及类似品、塑型用膏、"牙科用蜡"及牙科用熟石膏制剂	875,550	—	14.31	—
35章　蛋白类物质；改性淀粉；胶；酶	5,071	—	129.87	—
36章　炸药；烟火制品；火柴；引火合金；易燃材料制品	985,187	—	32.53	—
37章　照相及电影用品	16,095	—	－50.45	—
38章　杂项化学产品	136,317	—	－84.22	—
第七类　塑料及其制品；橡胶及其制品	3,374,558	13,032,094	70.63	7.70
39章　塑料及其制品	443,962	3,135	－46.34	634.19

商品构成	出口	进口	2007年比2006年增减（%）	
			出口	进口
40章 橡胶及其制品	2,930,596	13,028,959	154.75	7.68
第八类 生皮、皮革、毛皮及其制品；鞍具及挽具；旅行用品、手提包及类似品；动物肠线（蚕胶丝除外）制品	399,377	—	274.66	—
41章 生皮（毛皮除外）及皮革	120,264	—	—	—
42章 皮革制品；鞍具及挽具；旅行用品、手提包及类似容器；动物肠线（蚕胶丝除外）制品	279,113	—	161.84	—
第九类 木及木制品；木炭；软木及软木制品；稻草、秸秆、针茅或其他编结材料制品；篮筐及柳条编结品	81,322	32,958,608	115.37	41.44
44章 木及木制品；木炭	81,322	32,958,608	115.37	41.44
第十类 木浆及其他纤维状纤维素浆；纸及纸板的废碎品；纸、纸板及其制品	393,043	87	—70.10	690.91
48章 纸及纸板；纸浆、纸或纸板制品	358,365	87	—53.85	690.91
49章 书籍、报纸、印刷图画及其他印刷品；手稿、打字稿及设计图纸	34,678		—93.56	
第十一类 纺织原料及纺织制品	5,348,647	122,794	—13.80	—57.70
50章 蚕丝	303,658	—	79.27	—
52章 棉花	738,423	—	77.55	—
53章 其他植物纺织纤维；纸纱线及其机织物	1,589	—	—	—
54章 化学纤维长丝	839,930	13,280	—17.93	—47.27
55章 化学纤维短纤	123,862	2,699	56.63	149.91
56章 絮胎、毡呢及无纺织物；特种纱线；线、绳、索、缆及其制品	60,704	172	520.31	168.75
57章 地毯及纺织材料的其他铺地制品	102,324	—	747.12	—
58章 特种机织物；簇绒织物；花边；装饰毯；装饰带；刺绣品	18,874	3,174	—70.78	179.89
60章 浸渍、涂布、包覆或层压的纺织物；工业用纺织制品	26,847	9,185	—74.44	—
60章 针织物及钩编织物	381,300	18,087	103.72	694.33
61章 针织或钩编的服装及衣着附件	676,398	31,311	—71.47	—79.54
62章 非针织或非钩编的服装及衣着附件	1,136,036	44,886	181.81	—58.27
63章 其他纺织制成品；成套物品；旧衣着及旧纺织品；碎织物	938,702	—	—31.19	—
第十二类 鞋、帽、伞、杖、鞭及其零件；已加工的羽毛及其制品；人造花；人发制品	211,657	—	—82.64	—
64章 鞋靴、护腿和类似品及其零件	96,296	—	—90.41	—
65章 帽类及其零件	35,145	—	—10.87	—
66章 雨伞、阳伞、手杖、鞭子、马鞭及其零件	79,727	—	—54.27	—
67章 已加工羽毛、羽绒及其制品；人造花；人发制品	489	—	—67.66	—
第十三类 石料、石膏、水泥、石棉、云母及类似材料的制品；陶瓷产品；玻璃及其制品	1,286,975	181	10.23	—
68章 石料、石膏、水泥、石棉、云母及类似材料的制品	597,153	—	62.02	—

商品构成	出口	进口	2007年比2006年增减（%）	
			出口	进口
69章　陶瓷产品	492,103	80	−27.23	—
70章　玻璃及其制品	197,719	101	61.10	—
第十五类　贱金属及其制品	14,954,225	17,860,286	160.59	324.47
72章　钢铁	6,777,900	—	311.32	—
73章　钢铁制品	4,008,635	—	93.59	—
74章　铜及其制品	—	17,719,955	—	323.06
75章　镍及其制品	—	—	—	—
76章　铝及其制品	3,414,915	70	192.80	—
78章　铅及其制品	3,839	—	53.93	—
79章　锌及其制品	514,380	120,825	36.17	1235.97
82章　贱金属工具、器具、利口器、餐匙、餐叉及其零件	141,807	—	−39.15	—
83章　贱金属杂项制品	92,749	19,436	191.49	97.26
第十六类　机器、机械器具、电气设备及其零件；录音机及放声机、电视图像、声音的录制和重放设备及其零件、附件	65,056,753	10,984	−0.44	−67.08
84章　核反应堆、锅炉、机械器具及零件	40,953,878	1,821	33.56	−22.25
85章　电机、电气设备及其零件；录音机及放声机、电视图像、声音的录制和重放设备及其零件、附件	24,102,875	9,163	−30.51	−70.47
第十七类　车辆、航空器、船舶及有关运输设备	46,883,782	—	−33.24	—
86章　铁道及电车道机车、车辆及其零件；铁道及电车道轨道固定装置及其零件、附件；各种机械（包括电动机械）交通信号设备	34,188	—	687.20	—
87章　车辆及其零件、附件，但铁道及电车道车辆除外	32,309,439	—	−17.69	—
88章　航空器、航天器及其零件	14,540,155	—	−52.81	—
第十八类　光学、照相、电影、计量、检验、医疗或外科用仪器及设备、精密仪器及设备；钟表；乐器；上述物品的零件、附件	15,617,507	—	697.34	—
90章　光学、照相、电影、计量、检验、医疗或外科用仪器及设备、精密仪器及设备；上述物品的零件、附件	15,617,507	—	698.41	—
第二十类　杂项制品	1,822,634	1,030,635	−55.34	15.32
94章　家具；寝具、褥垫、弹簧床垫、软坐垫及类似的填充制品；未列名灯具及照明装置；发光标志、发光名牌及类似品；活动房屋	824,294	1,030,401	70.02	15.31
96章　杂项制品	998,340	234	−63.25	220.55
第二十一类艺术品、收藏品及古物	244,667	6,010	−5.01	—
97章　艺术品、收藏品及古物	244,667	6,010	−5.01	—
第二十二类特殊交易品及未分类商品	13,818,703	—	2289.75	—
98章　特殊交易品及未分类商品	13,818,703	—	2289.75	—

数据来源：海关总署—海关统计资讯网 www.hgtj.cn

中国与马来西亚进出口商品构成表（2007）

单位：美元

商品构成	出口	进口	2007年比2006年增减（%）	
			出口	进口
总　值	17,699,258,947	28,697,050,876	30.75	21.74
第一类　活动物；动物产品	72,425,989	26,725,975	29.39	95.12
01章　活动物	667,645	48,848	1562.17	845.93
02章　肉及食用杂碎	25,446,580	—	406.14	—
03章　鱼、甲壳动物、软体动物及其他水生无脊椎动物	39,730,753	25,673,140	－14.41	95.85
04章　乳品；蛋品；天然蜂蜜；其他食用动物产品	4,059,320	661,578	21.61	51.99
05章　其他动物产品	2,521,691	342,409	119.75	132.25
第二类　植物产品	582,624,622	6,629,441	29.42	－1.88
06章　活树及其他活植物；鳞茎、根及类似品；插花及装饰用簇叶	2,484,950	79,279	79.78	90.21
07章　食用蔬菜、根及块茎	251,244,826	11,916	14.25	－65.44
08章　食用水果及坚果；甜瓜或柑桔属水果的果皮	109,113,878	1,166,093	23.58	－66.02
09章　咖啡、茶、马黛茶及调味香料	59,444,245	3,565,473	－0.70	254.86
10章　谷物	108,603,189	—	114.37	—
11章　制粉工业产品；麦芽；淀粉；菊粉；面筋	17,795,040	565,513	169.49	19.47
12章　含油子仁及果实；杂项子仁及果实；工业用或药用植物；稻草、秸秆及饲料	22,147,737	64,515	19.80	246.71
13章　虫胶；树胶、树脂及其他植物液、汁	11,173,108	13,147	157.65	－26.90
14章　编结用植物材料；其他植物产品	617,649	1,163,505	－5.81	－32.89
第三类　动、植物油、脂及其分解产品；精制的食用油脂；动、植物蜡	15,748,082	2,901,324,057	4.06	77.19
15章　动、植物油、脂及其分解产品；精制的食用油脂；动、植物蜡	15,748,082	2,901,324,057	4.06	77.19
第四类　食品；饮料、酒及醋；烟草、烟草及烟草代用品的制品	364,202,422	68,129,623	16.11	34.37
16章　肉、鱼、甲壳动物、软体动物及其他水生无脊椎动物的制品	159,544,178	212,298	7.90	64.08
17章　糖及糖食	19,582,354	4,588,865	24.37	25.52
18章　可可及可可制品	1,709,077	29,990,494	9.21	13.38
19章　谷物、粮食粉、淀粉或乳的制品；糕饼点心	13,467,064	5,942,613	－17.30	189.34
20章　蔬菜、水果、坚果或植物其他部分的制品	96,085,726	316,076	28.19	229.80
21章　杂项食品	25,133,863	9,832,015	22.62	25.23
22章　饮料、酒及醋	8,465,613	2,557,233	－16.41	90.62
23章　食品工业的残渣及废料；配制的动物饲料	21,880,705	14,689,217	184.42	78.28
24章　烟草、烟草及烟草代用品的制品	18,333,842	812	－3.27	－99.91
第五类　矿产品	127,981,222	1,343,041,960	－19.05	69.21
25章　盐；硫磺；泥土及石料；石膏料、石灰及水泥	26,534,032	5,322,996	1.90	－41.95

商品构成	出口	进口	2007年比2006年增减（%）	
			出口	进口
26章　矿砂、矿渣及矿灰	1,095,270	95,175,681	204.10	187.66
27章　矿物燃料、矿物油及其蒸馏产品；沥青物质；矿物蜡	100,351,920	1,242,543,283	－23.80	65.35
第六类　化学工业及其相关工业的产品	884,029,359	1,087,770,348	42.02	24.98
28章　无机化学品；贵金属、稀土金属、放射性元素及其同位素的有机及无机化合物	198,559,318	51,584,955	28.99	－9.47
29章　有机化学品	298,852,044	651,260,141	55.11	39.76
30章　药品	22,288,211	76,432	17.24	144.25
31章　肥料	97,998,881	20,390	34.77	－53.63
32章　鞣料浸膏及染料浸膏；鞣酸及其衍生物；染料、颜料及其他着色料；油漆及清漆；油灰及其他类似胶粘剂；墨水、油墨	59,351,571	44,752,367	45.59	4.74
33章　精油及香膏；芳香料制品及化妆盥洗品	33,452,090	1,317,904	34.46	32.58
34章　肥皂、有机表面活性剂、洗涤剂、润滑剂、人造蜡、调制蜡、光洁剂、蜡烛及类似品、塑型用膏、“牙科用蜡”及牙科用熟石膏制剂	33,173,781	71,640,220	83.55	18.65
35章　蛋白类物质；改性淀粉；胶；酶	25,743,305	12,495,393	82.77	－23.95
36章　炸药；烟火制品；火柴；引火合金；易燃材料制品	1,477,424	—	－12.81	—
37章　照相及电影用品	11,129,557	1,993,569	34.08	－21.78
38章　杂项化学产品	102,003,177	252,628,977	33.60	12.66
第七类　塑料及其制品；橡胶及其制品	338,595,748	2,506,098,352	15.31	10.09
39章　塑料及其制品	255,202,534	1,078,805,304	12.08	6.07
40章　橡胶及其制品	83,393,214	1,427,293,048	26.49	13.34
第八类　生皮、皮革、毛皮及其制品；鞍具及挽具；旅行用品、手提包及类似品；动物肠线（蚕胶丝除外）制品	58,754,230	1,817,352	9.13	25.28
41章　生皮（毛皮除外）及皮革	10,507,328	1,127,189	－11.62	2.51
42章　皮革制品；鞍具及挽具；旅行用品、手提包及类似容器；动物肠线（蚕胶丝除外）制品	47,235,631	684,394	12.74	96.54
43章　毛皮、人造毛皮及其制品	1,011,271	5,769	1981.96	101.29
第九类　木及木制品；木炭；软木及软木制品；稻草、秸秆、针茅或其他编结材料制品；篮筐及柳条编结品	107,466,125	438,745,260	92.34	－0.15
44章　木及木制品；木炭	57,180,903	438,650,876	11.07	－0.17
45章　软木及软木制品	39,780	—	－54.37	—
46章　稻草、秸秆、针茅或其他编结材料制品；篮筐及柳条编结品	50,245,442	94,384	1067.53	313.77
第十类　木浆及其他纤维状纤维素浆；纸及纸板的废碎品；纸、纸板及其制品	178,288,948	31,642,783	54.89	11.92
47章　木浆及其他纤维状纤维素浆；纸及纸板的废碎品	1,200	1,067,588	－79.10	1998.70
48章　纸及纸板；纸浆、纸或纸板制品	168,347,912	29,665,048	55.52	8.77
49章　书籍、报纸、印刷图画及其他印刷品；手稿、打字稿及设计图纸	9,939,836	910,147	45.17	－3.86

商品构成	出口	进口	2007年比2006年增减（%）	
			出口	进口
第十一类　纺织原料及纺织制品	1,664,506,383	150,779,469	53.03	9.46
50章　蚕丝	11,666,824	—	33.20	—
51章　羊毛、动物细毛或粗毛；马毛纱线及其机织物	7,488,570	5,099,053	190.01	27.03
52章　棉花	62,734,030	21,611,459	21.37	43.59
53章　其他植物纺织纤维；纸纱线及其机织物	1,868,554	1,103,726	52.46	46.07
54章　化学纤维长丝	152,815,808	41,666,304	14.76	—9.87
55章　化学纤维短纤	76,817,845	46,187,607	2.57	8.48
56章　絮胎、毡呢及无纺织物；特种纱线；线、绳、索、缆及其制品	23,488,649	11,359,447	33.65	26.59
57章　地毯及纺织材料的其他铺地制品	21,088,397	387,062	56.02	5.24
58章　特种机织物；簇绒织物；花边；装饰毯；装饰带；刺绣品	81,149,422	846,528	229.81	—17.83
59章　浸渍、涂布、包覆或层压的纺织物；工业用纺织制品	37,058,359	5,579,282	57.74	70.17
60章　针织物及钩编织物	50,606,493	6,462,723	39.12	—26.06
61章　针织或钩编的服装及衣着附件	830,978,663	3,599,199	126.82	—14.98
62章　非针织或非钩编的服装及衣着附件	242,469,671	2,260,591	—9.47	11.03
63章　其他纺织制成品；成套物品；旧衣着及旧纺织品；碎织物	64,275,098	4,616,488	—2.08	905.39
第十二类　鞋、帽、伞、杖、鞭及其零件；已加工的羽毛及其制品；人造花；人发制品	210,284,026	520,451	33.88	—6.06
64章　鞋靴、护腿和类似品及其零件	157,873,650	396,049	18.36	—15.93
65章　帽类及其零件	6,635,298	79,746	28.31	45.37
66章　雨伞、阳伞、手杖、鞭子、马鞭及其零件	22,664,108	36,806	61.55	112.85
67章　已加工羽毛、羽绒及其制品；人造花；人发制品	23,110,970	7,850	415.69	—27.25
第十三类　石料、石膏、水泥、石棉、云母及类似材料的制品；陶瓷产品；玻璃及其制品	217,123,301	68,465,229	27.70	29.43
68章　石料、石膏、水泥、石棉、云母及类似材料的制品	41,197,693	3,140,022	29.85	17.22
69章　陶瓷产品	83,764,705	8,370,466	1.29	32.99
70章　玻璃及其制品	92,160,903	56,954,741	65.77	29.66
第十四类　天然或养殖珍珠、宝石或半宝石、贵金属、包贵金属及其制品；仿首饰；硬币	19,282,779	9,687,951	—12.57	57.30
71章　天然或养殖珍珠、宝石或半宝石、贵金属、包贵金属及其制品；仿首饰；硬币	19,282,779	9,687,951	—12.57	57.30
第十五类　贱金属及其制品	1,625,182,973	868,316,223	59.89	135.77
72章　钢铁	653,893,635	138,084,973	78.85	177.28
73章　钢铁制品	427,152,121	61,709,206	42.23	37.12
74章　铜及其制品	103,786,787	384,062,312	21.05	92.54
75章　镍及其制品	901,038	140,017	93.89	33.70
76章　铝及其制品	226,135,272	230,044,083	111.27	386.12

商品构成	出口	进口	2007年比2006年增减（%）	
			出口	进口
78章　铅及其制品	3,076,749	72,904	－79.94	45465.00
79章　锌及其制品	44,723,783	2,621,615	730.47	257.81
80章　锡及其制品	3,576,132	31,487,128	257.73	232.31
81章　其他贱金属、金属陶瓷及其制品	4,833,908	2,974,384	33.17	78.65
82章　贱金属工具、器具、利口器、餐匙、餐叉及其零件	72,262,257	3,418,396	8.48	24.73
83章　贱金属杂项制品	84,841,291	13,701,205	29.99	14.40
第十六类　机器、机械器具、电气设备及其零件；录音机及放声机、电视图像、声音的录制和重放设备及其零件、附件	8,915,202,202	18,664,351,866	29.35	13.29
84章　核反应堆、锅炉、机械器具及零件	4,158,441,033	1,980,677,550	20.19	1.02
85章　电机、电气设备及其零件；录音机及放声机、电视图像、声音的录制和重放设备及其零件、附件	4,756,761,169	16,683,674,316	38.59	14.95
第十七类　车辆、航空器、船舶及有关运输设备	435,967,074	52,150,155	18.34	60.84
86章　铁道及电车道机车、车辆及其零件；铁道及电车道轨道固定装置及其零件、附件；各种机械（包括电动机械）交通信号设备	10,694,283	322,280	－72.54	628.35
87章　车辆及其零件、附件，但铁道及电车道车辆除外	317,392,414	51,794,488	15.18	60.00
88章　航空器、航天器及其零件	1,122,556	19,057	－67.87	3309.12
89章　船舶及浮动结构体	106,757,821	14,330	111.80	95.47
第十八类　光学、照相、电影、计量、检验、医疗或外科用仪器及设备、精密仪器及设备；钟表；乐器；上述物品的零件、附件	1,531,802,539	401,179,498	6.00	24.47
90章　光学、照相、电影、计量、检验、医疗或外科用仪器及设备、精密仪器及设备；上述物品的零件、附件	1,511,918,145	394,069,246	5.86	23.35
91章　钟表及其零件	12,563,924	3,441,853	12.59	243.38
92章　乐器及其零件、附件	7,320,470	3,668,399	27.34	102.32
第十九类　武器、弹药及其零件、附件	22,339	—	5.38	—
93章　武器、弹药及其零件、附件	22,339	—	5.38	—
第二十类　杂项制品	347,638,110	29,211,092	43.35	7.48
94章　家具；寝具、褥垫、弹簧床垫、软坐垫及类似的填充制品；未列名灯具及照明装置；发光标志、发光名牌及类似品；活动房屋	211,458,393	14,773,381	47.10	4.28
95章　玩具、游戏品、运动用品及其零件、附件	78,061,957	7,011,436	41.68	－6.51
96章　杂项制品	58,117,760	7,426,275	33.13	34.78
第二十一类艺术品、收藏品及古物	220,743	2,106	46.38	－79.28
97章　艺术品、收藏品及古物	220,743	2,106	46.38	－79.28
第二十二类特殊交易品及未分类商品	1,909,731	40,461,685	45.92	24.29
98章　特殊交易品及未分类商品	1,909,731	40,461,685	45.92	24.29

数据来源：海关总署—海关统计资讯网 www.hgtj.cn

中国与缅甸进出口商品构成表（2007）

单位：美元

商品构成	出口	进口	2007年比2006年增减（%）	
			出口	进口
总 值	1,699,699,895	378,140,015	40.77	49.67
第一类 活动物；动物产品	13,272,022	18,435,481	30.20	332.50
01章 活动物	8,201	140	142.63	—
02章 肉及食用杂碎	41,817	—	—	—
03章 鱼、甲壳动物、软体动物及其他水生无脊椎动物	31,200	17,994,779	—	352.84
04章 乳品；蛋品；天然蜂蜜；其他食用动物产品	10,881,050	76,685	30.29	63.56
05章 其他动物产品	2,309,754	363,877	25.64	50.41
第二类 植物产品	14,881,178	50,215,490	25.15	157.85
06章 活树及其他活植物；鳞茎、根及类似品；插花及装饰用簇叶	346,065	139,970	−51.12	923.70
07章 食用蔬菜、根及块茎	3,211,106	12,608,779	−28.61	290.60
08章 食用水果及坚果；甜瓜或柑桔属水果的果皮	512,397	6,151,429	440.78	−5.87
09章 咖啡、茶、马黛茶及调味香料	1,191,618	400,832	34.46	37.34
10章 谷物	1,158,957	2,024,695	−67.89	90.50
11章 制粉工业产品；麦芽；淀粉；菊粉；面筋	7,500,150	5,663	361.14	−94.25
12章 含油子仁及果实；杂项子仁及果实；工业用或药用植物；稻草、秸秆及饲料	912,523	26,672,846	113.34	349.40
13章 虫胶；树胶、树脂及其他植物液、汁	48,362	—	19.04	—
14章 编结用植物材料；其他植物产品	—	2,211,276	—	−3.80
第三类 动、植物油、脂及其分解产品；精制的食用油脂；动、植物蜡	364,481	60,000	378.50	438.26
15章 动、植物油、脂及其分解产品；精制的食用油脂；动、植物蜡	364,481	60,000	378.50	438.26
第四类 食品；饮料、酒及醋；烟草、烟草及烟草代用品的制品	38,687,798	5,165,766	−30.78	74.21
16章 肉、鱼、甲壳动物、软体动物及其他水生无脊椎动物的制品	18,734	46,381	286.03	21881.52
17章 糖及糖食	2,977,718	36,327	21.09	—
18章 可可及可可制品	231	—	−89.50	—
19章 谷物、粮食粉、淀粉或乳的制品；糕饼点心	6,472,778	930	24.89	—
20章 蔬菜、水果、坚果或植物其他部分的制品	1,164,685	—	−31.73	—
21章 杂项食品	3,318,701	—	−87.79	—
22章 饮料、酒及醋	14,647,783	—	43.34	—
23章 食品工业的残渣及废料；配制的动物饲料	663,225	5,082,128	−48.05	71.40
24章 烟草、烟草及烟草代用品的制品	9,423,943	—	19.72	—
第五类 矿产品	110,688,858	44,110,425	−8.93	109.38

商品构成	出口	进口	2007年比2006年增减（%）	
			出口	进口
25章　盐；硫磺；泥土及石料；石膏料、石灰及水泥	10,704,277	4,985,026	44.08	18.86
26章　矿砂、矿渣及矿灰	—	38,885,821	—	134.40
27章　矿物燃料、矿物油及其蒸馏产品；沥青物质；矿物蜡	99,984,581	239,578	−12.25	−15.38
第六类　化学工业及其相关工业的产品	142,174,067	3,362,550	65.32	31.11
28章　无机化学品；贵金属、稀土金属、放射性元素及其同位素的有机及无机化合物	24,061,105	—	56.37	—
29章　有机化学品	49,331,765	685,800	213.56	—
30章　药品	15,496,439		32.25	—
31章　肥料	16,695,731	—	171.52	—
32章　鞣料浸膏及染料浸膏；鞣酸及其衍生物；染料、颜料及其他着色料；油漆及清漆；油灰及其他类似胶粘剂；墨水、油墨	7,220,143	367,734	−5.52	
33章　精油及香膏；芳香料制品及化妆盥洗品	1,990,762	1,716,233	−1.34	−11.86
34章　肥皂、有机表面活性剂、洗涤剂、润滑剂、人造蜡、调制蜡、光洁剂、蜡烛及类似品、塑型用膏、"牙科用蜡"及牙科用熟石膏制剂	7,223,558	—	15.54	—
35章　蛋白类物质；改性淀粉；胶；酶	2,433,949	—	28.34	—
36章　炸药；烟火制品；火柴；引火合金；易燃材料制品	3,584,913	—	−36.17	—
37章　照相及电影用品	1,143,842	—	−0.42	—
38章　杂项化学产品	12,991,860	592,783	4.45	−4.00
第七类　塑料及其制品；橡胶及其制品	73,346,634	26,193,794	31.34	19.84
39章　塑料及其制品	29,273,077	916	33.99	−99.81
40章　橡胶及其制品	44,073,557	26,192,878	29.64	22.52
第八类　生皮、皮革、毛皮及其制品；鞍具及挽具；旅行用品、手提包及类似品；动物肠线（蚕胶丝除外）制品	2,964,951	74,796	75.68	−54.23
41章　生皮（毛皮除外）及皮革	1,007,717	74,796	271.45	−54.23
42章　皮革制品；鞍具及挽具；旅行用品、手提包及类似容器；动物肠线（蚕胶丝除外）制品	733,282	—	33.38	—
43章　毛皮、人造毛皮及其制品	1,223,952	—	41.23	—
第九类　木及木制品；木炭；软木及软木制品；稻草、秸秆、针茅或其他编结材料制品；篮筐及柳条编结品	1,523,284	194,639,300	86.88	27.82
44章　木及木制品；木炭	1,523,284	194,622,375	86.88	27.84
46章　稻草、秸秆、针茅或其他编结材料制品；篮筐及柳条编结品	—	16,925	—	−51.88
第十类　木浆及其他纤维状纤维素浆；纸及纸板的废碎品；纸、纸板及其制品	18,045,293	1,600,118	88.46	−86.57
47章　木浆及其他纤维状纤维素浆；纸及纸板的废碎品	36,528	1,582,939	185.82	−86.71
48章　纸及纸板；纸浆、纸或纸板制品	10,922,752	17,179	31.57	23759.72
49章　书籍、报纸、印刷图画及其他印刷品；手稿、打字稿及设计图纸	7,086,013	—	462.14	—

商品构成	出口	进口	2007年比2006年增减（%）	
			出口	进口
第十一类　纺织原料及纺织制品	242,678,595	592,327	20.01	−31.16
50章　蚕丝	1,338,251	—	−18.16	—
51章　羊毛、动物细毛或粗毛；马毛纱线及其机织物	8,732,172		79.53	—
52章　棉花	64,645,692	753	15.39	−98.06
53章　其他植物纺织纤维；纸纱线及其机织物	1,620,489	151,400	30.99	−37.40
54章　化学纤维长丝	18,832,136	2,473	20.01	1055.61
55章　化学纤维短纤	91,748,345	481	20.24	−80.46
56章　絮胎、毡呢及无纺织物；特种纱线；线、绳、索、缆及其制品	5,042,262	92,106	62.70	6.61
57章　地毯及纺织材料的其他铺地制品	1,027,755		22.88	—
58章　特种机织物；簇绒织物；花边；装饰毯；装饰带；刺绣品	12,219,750	—	14.00	—
59章　浸渍、涂布、包覆或层压的纺织物；工业用纺织制品	8,920,531	—	78.21	—
60章　针织物及钩编织物	12,263,386	424	6.75	−98.78
61章　针织或钩编的服装及衣着附件	1,535,846	3,990	12.55	59.15
62章　非针织或非钩编的服装及衣着附件	1,774,431	277,148	12.73	95.01
63章　其他纺织制成品；成套物品；旧衣着及旧纺织品；碎织物	12,977,549	63,552	4.89	−79.57
第十二类　鞋、帽、伞、杖、鞭及其零件；已加工的羽毛及其制品；人造花；人发制品	13,521,438	73,262	6.35	1551.53
64章　鞋靴、护腿和类似品及其零件	12,877,035	—	8.09	—
65章　帽类及其零件	88,756	—	−47.84	—
66章　雨伞、阳伞、手杖、鞭子、马鞭及其零件	502,060	—	−20.36	—
67章　已加工羽毛、羽绒及其制品；人造花；人发制品	53,587	73,262	—	1629.92
第十三类　石料、石膏、水泥、石棉、云母及类似材料的制品；陶瓷产品；玻璃及其制品	18,912,420	316,717	15.42	154.47
68章　石料、石膏、水泥、石棉、云母及类似材料的制品	2,627,529	316,717	40.86	156.35
69章　陶瓷产品	10,103,851	—	−2.56	—
70章　玻璃及其制品	6,181,040	—	48.94	—
第十四类　天然或养殖珍珠、宝石或半宝石、贵金属、包贵金属及其制品；仿首饰；硬币	41,605	12,427,117	769.12	15.85
71章　天然或养殖珍珠、宝石或半宝石、贵金属、包贵金属及其制品；仿首饰；硬币	41,605	12,427,117	769.12	15.85
第十五类　贱金属及其制品	333,059,208	2,622,824	40.37	164.28
72章　钢铁	155,196,857	—	34.59	—
73章　钢铁制品	124,989,538	700	34.07	1742.11
74章　铜及其制品	842,879	85,069	29.08	−83.89
75章　镍及其制品	49,240	—	935.54	—

商品构成	出口	进口	2007年比2006年增减（%）	
			出口	进口
76章 铝及其制品	33,245,354	—	200.72	—
78章 铅及其制品	909	705,170	—95.55	542.08
79章 锌及其制品	6,468,396	28,490	—15.24	—90.84
80章 锡及其制品	101,132	1,738,600	159.02	—
81章 其他贱金属、金属陶瓷及其制品	4,070	—	—92.11	—
82章 贱金属工具、器具、利口器、餐匙、餐叉及其零件	6,382,874	—	42.51	—
83章 贱金属杂项制品	5,777,959	64,795	20.34	48.93
第十六类 机器、机械器具、电气设备及其零件；录音机及放声机、电视图像、声音的录制和重放设备及其零件、附件	462,196,838	9,839,957	81.89	529.63
84章 核反应堆、锅炉、机械器具及零件	277,929,946	808	77.39	—45.11
85章 电机、电气设备及其零件；录音机及放声机、电视图像、声音的录制和重放设备及其零件、附件	184,266,892	9,839,149	89.14	530.17
第十七类 车辆、航空器、船舶及有关运输设备	169,599,339	—	76.72	—
86章 铁道及电车道机车、车辆及其零件；铁道及电车道轨道固定装置及其零件、附件；各种机械（包括电动机械）交通信号设备	1,456,805	—	—63.46	—
87章 车辆及其零件、附件，但铁道及电车道车辆除外	154,221,958	—	69.06	—
88章 航空器、航天器及其零件	90,432	—	2591.43	—
89章 船舶及浮动结构体	13,830,144	—	1730.95	—
第十八类 光学、照相、电影、计量、检验、医疗或外科用仪器及设备、精密仪器及设备；钟表；乐器；上述物品的零件、附件	18,260,034	8,050,401	136.14	3222.73
90章 光学、照相、电影、计量、检验、医疗或外科用仪器及设备、精密仪器及设备；上述物品的零件、附件	17,969,953	8,050,251	134.16	3222.66
91章 钟表及其零件	213,776	—	9512.23	—
92章 乐器及其零件、附件	76,305	150	35.60	—
第十九类 武器、弹药及其零件、附件	—	44	—	—
93章 武器、弹药及其零件、附件	—	44	—	—
第二十类 杂项制品	20,617,159	337,759	32.32	66.02
94章 家具；寝具、褥垫、弹簧床垫、软坐垫及类似的填充制品；未列名灯具及照明装置；发光标志、发光名牌及类似品；活动房屋	4,549,804	336,766	—10.87	66.71
95章 玩具、游戏品、运动用品及其零件、附件	2,590,271	—	63.97	—
96章 杂项制品	13,477,084	993	51.48	—30.85
第二十一类艺术品、收藏品及古物	—	21,887	—	—98.39
97章 艺术品、收藏品及古物	—	21,887	—	—98.39
第二十二类 特殊交易品及未分类商品	4,864,693	—	—59.13	—
98章 特殊交易品及未分类商品	4,864,693	—	—59.13	—

数据来源：海关总署—海关统计资讯网 www.hgtj.cn

中国与菲律宾进出口商品构成表（2007）

单位：美元

商品构成	出口	进口	2007年比2006年增减（%）	
			出口	进口
总　值	7,497,920,872	23,117,839,305	30.67	30.80
第一类　活动物；动物产品	60,472,378	2,600,007	32.95	17.86
01章　活动物	—	—	—	—
02章　肉及食用杂碎	1,260,055	2,745	—55.46	—
03章　鱼、甲壳动物、软体动物及其他水生无脊椎动物	37,862,764	1,644,524	—5.05	40.08
04章　乳品；蛋品；天然蜂蜜；其他食用动物产品	10,298,229	—	349.60	—
05章　其他动物产品	11,051,330	952,738	2170.20	—6.57
第二类　植物产品	286,342,108	119,097,886	20.25	—0.60
06章　活树及其他活植物；鳞茎、根及类似品；插花及装饰用簇叶	154,068	27,348	46.99	234.94
07章　食用蔬菜、根及块茎	49,777,375	179,427	—13.30	14358.26
08章　食用水果及坚果；甜瓜或柑桔属水果的果皮	75,203,810	110,695,351	30.15	—2.44
09章　咖啡、茶、马黛茶及调味香料	3,024,122	1,627	144.97	—
10章　谷物	85,090,987	173,275	6.37	17.94
11章　制粉工业产品；麦芽；淀粉；菊粉；面筋	48,516,851	100,011	190.68	—50.11
12章　含油子仁及果实；杂项子仁及果实；工业用或药用植物；稻草、秸秆及饲料	19,784,456	5,320,207	—6.00	67.61
13章　虫胶；树胶、树脂及其他植物液、汁	4,767,299	2,454,965	23.96	—9.01
14章　编结用植物材料；其他植物产品	23,140	145,675	52.10	18.20
第三类　动、植物油、脂及其分解产品；精制的食用油脂；动、植物蜡	914,111	14,723,966	40.61	—3.69
15章　动、植物油、脂及其分解产品；精制的食用油脂；动、植物蜡	914,111	14,723,966	40.61	—3.69
第四类　食品；饮料、酒及醋；烟草、烟草及烟草代用品的制品	189,742,701	9,832,612	12.72	—26.08
16章　肉、鱼、甲壳动物、软体动物及其他水生无脊椎动物的制品	22,455,627	2,497,824	—20.56	23.03
17章　糖及糖食	27,121,547	845,465	35.12	—82.52
18章　可可及可可制品	2,648,395	507,383	31.07	—70.17
19章　谷物、粮食粉、淀粉或乳的制品；糕饼点心	11,778,744	986,376	3.76	98.90
20章　蔬菜、水果、坚果或植物其他部分的制品	51,068,363	2,610,693	62.81	43.40
21章　杂项食品	23,367,470	2,029,267	11.31	5.83
22章　饮料、酒及醋	8,852,576	173,576	—18.63	22.98
23章　食品工业的残渣及废料；配制的动物饲料	6,804,638	182,028	79.12	—49.24
24章　烟草、烟草及烟草代用品的制品	35,645,341	—	—9.94	—
第五类　矿产品	222,368,808	1,035,449,028	16.35	172.86
25章　盐；硫磺；泥土及石料；石膏料、石灰及水泥	9,033,060	2,229,098	19.28	3.54

商品构成	出口	进口	2007年比2006年增减（%）	
			出口	进口
26章　矿砂、矿渣及矿灰	791,582	879,755,220	199.61	286.16
27章　矿物燃料、矿物油及其蒸馏产品；沥青物质；矿物蜡	212,544,166	153,464,710	15.97	2.65
第六类　化学工业及其相关工业的产品	507,600,449	76,032,908	41.04	11.74
28章　无机化学品；贵金属、稀土金属、放射性元素及其同位素的有机及无机化合物	118,776,318	5,552,858	24.58	53.36
29章　有机化学品	100,688,479	12,313,090	35.00	125.77
30章　药品	19,868,097	—	57.78	—
31章　肥料	114,939,734	594,358	118.23	－43.93
32章　鞣料浸膏及染料浸膏；鞣酸及其衍生物；染料、颜料及其他着色料；油漆及清漆；油灰及其他类似胶粘剂；墨水、油墨	29,550,438	821,701	20.86	－12.70
33章　精油及香膏；芳香料制品及化妆盥洗品	14,172,027	399,590	31.73	143.26
34章　肥皂、有机表面活性剂、洗涤剂、润滑剂、人造蜡、调制蜡、光洁剂、蜡烛及类似品、塑型用膏、"牙科用蜡"及牙科用熟石膏制剂	18,293,888	6,187,983	32.47	17.79
35章　蛋白类物质；改性淀粉；胶；酶	15,472,719	547,024	25.57	87.06
36章　炸药；烟火制品；火柴；引火合金；易燃材料制品	3,245,980	—	80.33	—
37章　照相及电影用品	7,955,975	6,790	－12.43	—
38章　杂项化学产品	64,636,794	49,609,514	23.13	－3.22
第七类　塑料及其制品；橡胶及其制品	325,939,112	133,875,193	28.53	－38.58
39章　塑料及其制品	242,395,302	113,735,617	28.15	－39.62
40章　橡胶及其制品	83,543,810	20,139,576	29.65	－31.95
第八类　生皮、皮革、毛皮及其制品；鞍具及挽具；旅行用品、手提包及类似品；动物肠线（蚕胶丝除外）制品	43,728,218	2,585,015	63.65	226.04
41章　生皮（毛皮除外）及皮革	2,993,997	2,489,101	－23.41	227.73
42章　皮革制品；鞍具及挽具；旅行用品、手提包及类似容器；动物肠线（蚕胶丝除外）制品	40,610,679	95,904	79.41	187.61
43章　毛皮、人造毛皮及其制品	123,542	10	－29.30	—
第九类　木及木制品；木炭；软木及软木制品；稻草、秸秆、针茅或其他编结材料制品；篮筐及柳条编结品	24,318,678	18,115,552	36.29	39.75
44章　木及木制品；木炭	20,823,700	17,218,629	21.63	38.26
45章　软木及软木制品	203,939	214,251	3.33	20.02
46章　稻草、秸秆、针茅或其他编结材料制品；篮筐及柳条编结品	3,291,039	682,672	526.66	106.34
第十类　木浆及其他纤维状纤维素浆；纸及纸板的废碎品；纸、纸板及其制品	76,242,325	9,233,355	46.46	87.41
47章　木浆及其他纤维状纤维素浆；纸及纸板的废碎品	481,509	5,996,232	－1.61	297.05
48章　纸及纸板；纸浆、纸或纸板制品	68,161,073	3,169,390	48.54	－5.61
49章　书籍、报纸、印刷图画及其他印刷品；手稿、打字稿及设计图纸	7,599,743	67,733	33.80	14.59

商品构成	出口	进口	2007年比2006年增减（%）	
			出口	进口
第十一类　纺织原料及纺织制品	754,267,852	48,974,976	22.66	12.34
50章　蚕丝	1,956,774	—	8.14	—
51章　羊毛、动物细毛或粗毛；马毛纱线及其机织物	20,478,467	383,018	23.12	6153.36
52章　棉花	103,706,810	2,427,960	−2.79	−10.88
53章　其他植物纺织纤维；纸纱线及其机织物	6,049,552	3,345,532	56.52	87.33
54章　化学纤维长丝	69,058,699	24,678,288	10.36	2.51
55章　化学纤维短纤	91,247,620	4,123,504	25.23	−7.56
56章　絮胎、毡呢及无纺织物；特种纱线；线、绳、索、缆及其制品	11,335,664	568,469	12.14	26.08
57章　地毯及纺织材料的其他铺地制品	4,311,111	—	63.74	—
58章　特种机织物；簇绒织物；花边；装饰毯；装饰带；刺绣品	36,843,240	3,188,497	79.96	8.51
59章　浸渍、涂布、包覆或层压的纺织物；工业用纺织制品	48,267,442	282,240	42.96	20.67
60章　针织物及钩编织物	98,498,224	1,416,205	15.48	−9.73
61章　针织或钩编的服装及衣着附件	163,471,664	4,219,536	50.27	192.40
62章　非针织或非钩编的服装及衣着附件	49,849,127	3,237,840	5.25	42.65
63章　其他纺织制成品；成套物品；旧衣着及旧纺织品；碎织物	49,193,458	1,103,887	16.91	−32.69
第十二类　鞋、帽、伞、杖、鞭及其零件；已加工的羽毛及其制品；人造花；人发制品	157,738,248	263,869	24.98	105.80
64章　鞋靴、护腿和类似品及其零件	98,787,480	199,481	21.71	93.97
65章　帽类及其零件	5,849,938	49,664	0.71	100.92
66章　雨伞、阳伞、手杖、鞭子、马鞭及其零件	50,691,806	5,271	36.19	915.61
67章　已加工羽毛、羽绒及其制品；人造花；人发制品	2,409,024	9,453	19.36	6850.74
第十三类　石料、石膏、水泥、石棉、云母及类似材料的制品；陶瓷产品；玻璃及其制品	142,421,907	6,913,124	51.05	−6.76
68章　石料、石膏、水泥、石棉、云母及类似材料的制品	24,373,663	728,202	48.65	13.81
69章　陶瓷产品	64,906,037	123,927	63.25	63.93
70章　玻璃及其制品	53,142,207	6,060,995	39.37	−9.52
第十四类　天然或养殖珍珠、宝石或半宝石、贵金属、包贵金属及其制品；仿首饰；硬币	2,342,974	2,368,769	53.19	231.56
71章　天然或养殖珍珠、宝石或半宝石、贵金属、包贵金属及其制品；仿首饰；硬币	2,342,974	2,368,769	53.19	231.56
第十五类　贱金属及其制品	1,133,709,814	1,028,735,208	51.80	20.63
72章　钢铁	634,023,804	129,239,820	51.17	−18.26
73章　钢铁制品	285,636,858	11,078,239	62.26	37.64
74章　铜及其制品	23,232,741	689,601,225	−19.79	38.80
75章　镍及其制品	222,204	655	−89.00	−98.83
76章　铝及其制品	111,108,031	190,857,966	90.47	4.84

商品构成	出口	进口	2007 年比 2006 年增减（%）	
			出口	进口
78 章　铅及其制品	560,591	2,767,872	14.00	75.17
79 章　锌及其制品	1,402,960	—	13.71	—
80 章　锡及其制品	664,909	743,073	273.15	−77.23
81 章　其他贱金属、金属陶瓷及其制品	5,030,694	6,503	−21.68	−24.73
82 章　贱金属工具、器具、利口器、餐匙、餐叉及其零件	28,641,469	2,675,162	43.60	76.74
83 章　贱金属杂项制品	43,185,553	1,764,693	27.70	107.08
第十六类　机器、机械器具、电气设备及其零件；录音机及放声机、电视图像、声音的录制和重放设备及其零件、附件	2,880,739,038	20,376,570,525	24.52	29.81
84 章　核反应堆、锅炉、机械器具及零件	764,067,243	2,769,427,264	32.89	−0.11
85 章　电机、电气设备及其零件；录音机及放声机、电视图像、声音的录制和重放设备及其零件、附件	2,116,671,795	17,607,143,261	21.76	36.22
第十七类　车辆、航空器、船舶及有关运输设备	250,273,768	9,239,245	42.66	−28.26
86 章　铁道及电车道机车、车辆及其零件；铁道及电车道轨道固定装置及其零件、附件；各种机械（包括电动机械）交通信号设备	3,944,438	—	468.56	—
87 章　车辆及其零件、附件，但铁道及电车道车辆除外	221,328,041	9,236,271	35.25	−25.96
88 章　航空器、航天器及其零件	3,045,542	2,974	−41.34	435.86
89 章　船舶及浮动结构体	21,955,747	—	271.79	—
第十八类　光学、照相、电影、计量、检验、医疗或外科用仪器及设备、精密仪器及设备；钟表；乐器；上述物品的零件、附件	244,443,900	98,234,050	27.26	−36.65
90 章　光学、照相、电影、计量、检验、医疗或外科用仪器及设备、精密仪器及设备；上述物品的零件、附件	232,102,585	96,305,865	28.55	−37.54
91 章　钟表及其零件	5,367,638	1,910,805	2.44	117.81
92 章　乐器及其零件、附件	6,973,677	17,380	10.84	—
第十九类　武器、弹药及其零件、附件	90,987	—	45.66	
93 章　武器、弹药及其零件、附件	90,987	—	45.66	—
第二十类　杂项制品	191,846,700	124,864,127	62.46	80.68
94 章　家具；寝具、褥垫、弹簧床垫、软坐垫及类似的填充制品；未列名灯具及照明装置；发光标志、发光名牌及类似品；活动房屋	80,736,771	5,346,671	75.81	118.46
95 章　玩具、游戏品、运动用品及其零件、附件	60,699,652	119,215,287	68.09	79.64
96 章　杂项制品	50,410,277	302,169	39.81	1.89
第二十一类艺术品、收藏品及古物	37,785	8,664	−48.26	−31.72
97 章　艺术品、收藏品及古物	37,785	8,664	−48.26	−31.72
第二十二类特殊交易品及未分类商品	2,339,011	121,226	74.59	−72.01
98 章　特殊交易品及未分类商品	2,339,011	121,226	74.59	−72.01

数据来源：海关总署—海关统计资讯网 www.hgtj.cn

中国与新加坡进出口商品构成表（2007）

单位：美元

商品构成	出口	进口	2007年比2006年增减（%）	
			出口	进口
总　值	29,794,459,987	17,523,684,113	28.51	−0.84
第一类　活动物；动物产品	31,307,585	5,444,441	−10.51	−38.92
01章　活动物	337,569	100	402.42	−92.90
02章　肉及食用杂碎	5,283,497	—	−55.39	—
03章　鱼、甲壳动物、软体动物及其他水生无脊椎动物	12,701,486	4,290,085	−13.82	−43.78
04章　乳品；蛋品；天然蜂蜜；其他食用动物产品	11,967,223	672,259	45.22	−15.24
05章　其他动物产品	1,017,810	481,997	971.06	−1.30
第二类　植物产品	118,277,751	3,071,148	24.47	36.67
06章　活树及其他活植物；鳞茎、根及类似品；插花及装饰用簇叶	4,280,995	20,252	52.12	−60.12
07章　食用蔬菜、根及块茎	40,270,940	2,245	30.90	−29.42
08章　食用水果及坚果；甜瓜或柑桔属水果的果皮	34,101,570	713	7.98	−94.55
09章　咖啡、茶、马黛茶及调味香料	18,840,330	1,221,985	31.56	58.94
10章　谷物	680,135	—	47.15	—
11章　制粉工业产品；麦芽；淀粉；菊粉；面筋	4,149,186	147,427	159.08	−2.81
12章　含油子仁及果实；杂项子仁及果实；工业用或药用植物；稻草、秸秆及饲料	13,021,059	56,736	7.72	−47.69
13章　虫胶；树胶、树脂及其他植物液、汁	1,849,666	1,448,977	94.85	59.42
14章　编结用植物材料；其他植物产品	1,083,870	172,813	146.29	−28.64
第三类　动、植物油、脂及其分解产品；精制的食用油脂；动、植物蜡	12,133,269	7,341,763	24.05	224.74
15章　动、植物油、脂及其分解产品；精制的食用油脂；动、植物蜡	12,133,269	7,341,763	24.05	224.74
第四类　食品；饮料、酒及醋；烟草、烟草及烟草代用品的制品	175,980,705	185,900,368	1.67	41.60
16章　肉、鱼、甲壳动物、软体动物及其他水生无脊椎动物的制品	30,641,910	46,621	−8.71	1295.42
17章　糖及糖食	12,753,465	631,446	9.84	276.43
18章　可可及可可制品	1,972,126	20,673,234	61.43	15.81
19章　谷物、粮食粉、淀粉或乳的制品；糕饼点心	14,446,391	130,062,833	10.94	35.81
20章　蔬菜、水果、坚果或植物其他部分的制品	30,355,072	439,246	19.71	355.35
21章　杂项食品	35,200,947	3,316,174	29.73	22.09
22章　饮料、酒及醋	24,932,324	27,137	−28.15	−80.10
23章　食品工业的残渣及废料；配制的动物饲料	3,647,972	1,881,636	28.79	36.43
24章　烟草、烟草及烟草代用品的制品	22,030,498	28,822,041	−6.85	118.93
第五类　矿产品	2,157,175,052	1,820,065,190	52.55	−27.54
25章　盐；硫磺；泥土及石料；石膏料、石灰及水泥	24,909,738	3,579,314	511.85	20.50

商品构成	出口	进口	2007年比2006年增减（%）	
			出口	进口
26章　矿砂、矿渣及矿灰	92,506	1,940,124	－96.14	－71.56
27章　矿物燃料、矿物油及其蒸馏产品；沥青物质；矿物蜡	2,132,172,808	1,814,545,752	51.47	－27.48
第六类　化学工业及其相关工业的产品	765,683,892	1,738,788,942	26.40	11.14
28章　无机化学品；贵金属、稀土金属、放射性元素及其同位素的有机及无机化合物	74,758,798	53,467,337	8.27	150.94
29章　有机化学品	329,980,355	1,143,282,012	28.26	9.60
30章　药品	21,866,405	4,158,532	25.69	－52.38
31章　肥料	1,504,494	92,822	294.14	1441.64
32章　鞣料浸膏及染料浸膏；鞣酸及其衍生物；染料、颜料及其他着色料；油漆及清漆；油灰及其他类似胶粘剂；墨水、油墨	59,115,514	71,483,812	27.46	－18.44
33章　精油及香膏；芳香料制品及化妆盥洗品	70,813,984	18,340,382	23.63	43.17
34章　肥皂、有机表面活性剂、洗涤剂、润滑剂、人造蜡、调制蜡、光洁剂、蜡烛及类似品、塑型用膏、“牙科用蜡”及牙科用熟石膏制剂	22,794,844	74,887,489	74.94	47.54
35章　蛋白类物质；改性淀粉；胶；酶	26,213,023	23,173,599	51.86	27.81
36章　炸药；烟火制品；火柴；引火合金；易燃材料制品	893,272	—	－34.28	—
37章　照相及电影用品	38,931,122	2,920,642	－11.25	38.18
38章　杂项化学产品	118,812,081	346,982,315	44.06	8.49
第七类　塑料及其制品；橡胶及其制品	379,032,469	2,151,430,102	28.26	6.77
39章　塑料及其制品	277,980,305	2,097,976,902	34.15	7.69
40章　橡胶及其制品	101,052,164	53,453,200	14.44	－19.88
第八类　生皮、皮革、毛皮及其制品；鞍具及挽具；旅行用品、手提包及类似品；动物肠线（蚕胶丝除外）制品	95,575,908	27,496,430	23.09	－53.02
41章　生皮（毛皮除外）及皮革	10,705,008	27,220,789	56.67	－52.87
42章　皮革制品；鞍具及挽具；旅行用品、手提包及类似容器；动物肠线（蚕胶丝除外）制品	84,779,824	275,641	19.91	－63.42
43章　毛皮、人造毛皮及其制品	91,076	—	－17.76	—
第九类　木及木制品；木炭；软木及软木制品；稻草、秸秆、针茅或其他编结材料制品；篮筐及柳条编结品	146,667,923	1,061,174	95.78	－39.36
44章　木及木制品；木炭	87,921,493	1,045,661	43.84	－39.84
45章　软木及软木制品	64,580	3,312	11.09	－67.81
46章　稻草、秸秆、针茅或其他编结材料制品；篮筐及柳条编结品	58,681,850	12,201	327.29	682.12
第十类　木浆及其他纤维状纤维素浆；纸及纸板的废碎品；纸、纸板及其制品	105,419,732	49,247,682	29.31	－14.71
47章　木浆及其他纤维状纤维素浆；纸及纸板的废碎品	10,763	998,418	－26.08	107.53
48章　纸及纸板；纸浆、纸或纸板制品	94,414,216	30,290,406	33.20	－30.75
49章　书籍、报纸、印刷图画及其他印刷品；手稿、打字稿及设计图纸	10,994,753	17,958,858	3.45	32.84

商品构成	出口	进口	2007年比2006年增减（%）	
			出口	进口
第十一类　纺织原料及纺织制品	3,635,397,484	41,963,556	93.93	7.79
50章　蚕丝	17,896,797	355,092	－58.45	85.43
51章　羊毛、动物细毛或粗毛；马毛纱线及其机织物	4,532,462	556,199	11.50	198.40
52章　棉花	59,148,849	859,606	－26.93	－12.18
53章　其他植物纺织纤维；纸纱线及其机织物	4,086,217	39,738	－28.97	315.63
54章　化学纤维长丝	82,580,954	31,766,814	41.89	11.74
55章　化学纤维短纤	45,636,309	735,356	3.12	－31.58
56章　絮胎、毡呢及无纺织物；特种纱线；线、绳、索、缆及其制品	18,754,312	623,493	39.79	－49.50
57章　地毯及纺织材料的其他铺地制品	17,441,115	38,709	48.29	－16.80
58章　特种机织物；簇绒织物；花边；装饰毯；装饰带；刺绣品	129,913,424	512,657	523.00	38.30
59章　浸渍、涂布、包覆或层压的纺织物；工业用纺织制品	18,210,578	3,063,446	37.90	21.45
60章　针织物及钩编织物	45,790,150	1,819,780	12.92	－22.01
61章　针织或钩编的服装及衣着附件	2,455,710,404	525,464	222.78	92.13
62章　非针织或非钩编的服装及衣着附件	639,294,298	453,419	－5.90	13.55
63章　其他纺织制成品；成套物品；旧衣着及旧纺织品；碎织物	96,401,615	613,783	－1.94	－30.28
第十二类　鞋、帽、伞、杖、鞭及其零件；已加工的羽毛及其制品；人造花；人发制品	144,494,852	730,470	100.16	1.37
64章　鞋靴、护腿和类似品及其零件	104,460,206	159,595	87.86	0.00
65章　帽类及其零件	6,281,997	58,363	9.39	198.43
66章　雨伞、阳伞、手杖、鞭子、马鞭及其零件	9,691,744	2,913	22.11	0.45
67章　已加工羽毛、羽绒及其制品；人造花；人发制品	24,060,905	509,599	728.64	－5.37
第十三类　石料、石膏、水泥、石棉、云母及类似材料的制品；陶瓷产品；玻璃及其制品	275,319,009	28,850,374	－22.15	3.17
68章　石料、石膏、水泥、石棉、云母及类似材料的制品	53,639,572	1,393,169	38.54	－27.16
69章　陶瓷产品	149,038,741	5,411,203	－38.35	182.75
70章　玻璃及其制品	72,640,696	22,046,002	－0.72	－8.67
第十四类　天然或养殖珍珠、宝石或半宝石、贵金属、包贵金属及其制品；仿首饰；硬币	90,552,971	28,642,585	41.69	19.17
71章　天然或养殖珍珠、宝石或半宝石、贵金属、包贵金属及其制品；仿首饰；硬币	90,552,971	28,642,585	41.69	19.17
第十五类　贱金属及其制品	2,660,253,811	463,111,829	22.17	21.16
72章　钢铁	1,036,048,658	29,879,751	68.70	29.61
73章　钢铁制品	852,876,229	118,491,956	40.82	6.50
74章　铜及其制品	88,928,504	104,081,294	－63.29	46.34
75章　镍及其制品	17,285,791	10,116,574	615.45	322.02
76章　铝及其制品	175,621,843	42,693,778	－38.57	－19.40

商品构成	出口	进口	2007年比2006年增减（%）	
			出口	进口
78章　铅及其制品	138,935,216	1,590,013	2.82	63.92
79章　锌及其制品	156,131,915	3,948,864	4.89	71.60
80章　锡及其制品	41,253,746	17,972,473	75.38	－36.57
81章　其他贱金属、金属陶瓷及其制品	16,920,264	1,000,135	20.20	8.05
82章　贱金属工具、器具、利口器、餐匙、餐叉及其零件	65,238,439	122,595,429	20.27	48.93
83章　贱金属杂项制品	71,013,206	10,741,562	38.44	63.29
第十六类　机器、机械器具、电气设备及其零件；录音机及放声机、电视图像、声音的录制和重放设备及其零件、附件	15,097,650,895	10,350,001,795	12.92	1.28
84章　核反应堆、锅炉、机械器具及零件	4,835,066,971	3,573,236,949	30.23	13.12
85章　电机、电气设备及其零件；录音机及放声机、电视图像、声音的录制和重放设备及其零件、附件	10,262,583,924	6,776,764,846	6.27	－4.01
第十七类　车辆、航空器、船舶及有关运输设备	2,984,928,505	50,982,684	96.01	25.05
86章　铁道及电车道机车、车辆及其零件；铁道及电车道轨道固定装置及其零件、附件；各种机械（包括电动机械）交通信号设备	333,399,190	55,214	180.04	－94.58
87章　车辆及其零件、附件，但铁道及电车道车辆除外	176,646,452	44,312,861	75.25	49.41
88章　航空器、航天器及其零件	17,663,008	4,154,439	－77.36	－57.45
89章　船舶及浮动结构体	2,457,219,855	2,460,170	100.60	646.99
第十八类　光学、照相、电影、计量、检验、医疗或外科用仪器及设备、精密仪器及设备；钟表；乐器；上述物品的零件、附件	507,635,133	430,723,857	－4.13	－5.15
90章　光学、照相、电影、计量、检验、医疗或外科用仪器及设备、精密仪器及设备；上述物品的零件、附件	474,613,270	399,723,370	－5.91	－4.09
91章　钟表及其零件	21,900,542	30,829,376	39.61	－17.47
92章　乐器及其零件、附件	11,121,321	171,111	18.73	1247.97
第十九类　武器、弹药及其零件、附件	12,558	—	－24.94	—
93章　武器、弹药及其零件、附件	12,558	—	－24.94	—
第二十类　杂项制品	325,079,018	20,597,400	71.07	－30.84
94章　家具；寝具、褥垫、弹簧床垫、软坐垫及类似的填充制品；未列名灯具及照明装置；发光标志、发光名牌及类似品；活动房屋	214,146,350	5,648,627	94.27	30.70
95章　玩具、游戏品、运动用品及其零件、附件	74,181,676	13,799,580	36.79	－39.98
96章　杂项制品	36,750,992	1,149,193	43.75	－53.46
第二十一类艺术品、收藏品及古物	1,075,681	81,893	70.58	35.17
97章　艺术品、收藏品及古物	1,075,681	81,893	70.58	35.17
第二十二类特殊交易品及未分类商品	84,805,784	118,150,430	－49.54	16.68
98章　特殊交易品及未分类商品	84,805,784	118,150,430	－49.54	16.68

数据来源：海关总署—海关统计资讯网 www.hgtj.cn

中国与泰国进出口商品构成表（2007）

单位：美元

商品构成	出口	进口	2007年比2006年增减（%）	
			出口	进口
总　值	11,973,428,110	22,664,690,699	22.63	26.18
第一类　活动物；动物产品	67,822,315	100,039,947	67.27	42.37
01章　活动物	20,809	515,542	－83.35	－75.84
02章　肉及食用杂碎	120,488	91,466	－82.13	73.76
03章　鱼、甲壳动物、软体动物及其他水生无脊椎动物	26,518,605	95,227,987	17.41	47.14
04章　乳品；蛋品；天然蜂蜜；其他食用动物产品	22,533,808	1,446,570	7036.48	53.61
05章　其他动物产品	18,628,605	2,758,382	10.59	13.98
第二类　植物产品	227,532,898	1,053,852,233	31.57	1.13
06章　活树及其他活植物；鳞茎、根及类似品；插花及装饰用簇叶	2,243,158	13,711,962	37.12	48.09
07章　食用蔬菜、根及块茎	71,780,588	455,812,338	－2.03	－5.26
08章　食用水果及坚果；甜瓜或柑桔属水果的果皮	76,962,190	251,938,789	29.06	45.46
09章　咖啡、茶、马黛茶及调味香料	10,760,750	384,266	50.46	12.73
10章　谷物	1,598,467	209,327,525	66.57	－24.95
11章　制粉工业产品；麦芽；淀粉；菊粉；面筋	38,241,474	115,962,638	245.27	23.16
12章　含油子仁及果实；杂项子仁及果实；工业用或药用植物；稻草、秸秆及饲料	19,294,696	6,019,014	36.28	47.63
13章　虫胶；树胶、树脂及其他植物液、汁	6,493,346	644,426	32.77	－26.76
14章　编结用植物材料；其他植物产品	158,229	51,275	－4.21	－58.94
第三类　动、植物油、脂及其分解产品；精制的食用油脂；动、植物蜡	5,127,216	9,351,254	200.84	－3.34
15章　动、植物油、脂及其分解产品；精制的食用油脂；动、植物蜡	5,127,216	9,351,254	200.84	－3.34
第四类　食品；饮料、酒及醋；烟草、烟草及烟草代用品的制品	196,114,594	134,164,968	44.70	13.44
16章　肉、鱼、甲壳动物、软体动物及其他水生无脊椎动物的制品	21,397,584	4,137,473	26.19	44.49
17章　糖及糖食	6,730,077	57,853,573	47.01	－23.25
18章　可可及可可制品	1,254,480	126,079	4.33	64.50
19章　谷物、粮食粉、淀粉或乳的制品；糕饼点心	13,269,819	7,382,445	17.18	10.25
20章　蔬菜、水果、坚果或植物其他部分的制品	104,782,828	3,765,441	72.54	－6.42
21章　杂项食品	19,795,173	10,002,458	27.05	64.85
22章　饮料、酒及醋	2,256,920	262,840	－35.07	－22.27
23章　食品工业的残渣及废料；配制的动物饲料	23,615,429	50,136,669	33.61	146.82
24章　烟草、烟草及烟草代用品的制品	3,012,284	497,990	－24.85	－80.15

商品构成	出口	进口	2007年比2006年增减（%）	
			出口	进口
第五类　矿产品	135,213,262	1,475,172,371	93.59	38.18
25章　盐；硫磺；泥土及石料；石膏料、石灰及水泥	33,871,859	3,718,791	12.29	79.92
26章　矿砂、矿渣及矿灰	1,069,185	153,045,559	131.26	465.26
27章　矿物燃料、矿物油及其蒸馏产品；沥青物质；矿物蜡	100,272,218	1,318,408,021	155.68	26.96
第六类　化学工业及其相关工业的产品	1,355,279,645	1,605,278,529	42.44	20.45
28章　无机化学品；贵金属、稀土金属、放射性元素及其同位素的有机及无机化合物	322,927,699	14,203,545	27.20	17.93
29章　有机化学品	371,384,319	1,354,627,531	47.42	19.50
30章　药品	17,143,473	5,131,849	32.74	17.70
31章　肥料	177,354,725	777	265.24	－97.86
32章　鞣料浸膏及染料浸膏；鞣酸及其衍生物；染料、颜料及其他着色料；油漆及清漆；油灰及其他类似胶粘剂；墨水、油墨	111,417,237	39,870,953	41.69	42.50
33章　精油及香膏；芳香料制品及化妆盥洗品	23,773,435	19,660,377	34.58	69.76
34章　肥皂、有机表面活性剂、洗涤剂、润滑剂、人造蜡、调制蜡、光洁剂、蜡烛及类似品、塑型用膏、“牙科用蜡”及牙科用熟石膏制剂	28,060,005	22,149,227	84.01	39.13
35章　蛋白类物质；改性淀粉；胶；酶	26,719,903	54,470,012	45.34	10.03
36章　炸药；烟火制品；火柴；引火合金；易燃材料制品	11,320,244	2,183,541	19.80	257.79
37章　照相及电影用品	18,930,547	621,427	14.55	－26.26
38章　杂项化学产品	246,248,058	92,359,290	7.85	21.08
第七类　塑料及其制品；橡胶及其制品	347,864,053	3,596,793,017	36.36	11.48
39章　塑料及其制品	254,446,731	1,621,283,864	31.05	4.58
40章　橡胶及其制品	93,417,322	1,975,509,153	53.30	17.85
第八类　生皮、皮革、毛皮及其制品；鞍具及挽具；旅行用品、手提包及类似品；动物肠线（蚕胶丝除外）制品	37,806,956	153,538,868	4.19	24.69
41章　生皮（毛皮除外）及皮革	13,842,397	151,586,833	－27.73	25.52
42章　皮革制品；鞍具及挽具；旅行用品、手提包及类似容器；动物肠线（蚕胶丝除外）制品	23,921,599	1,952,035	40.59	－16.77
43章　毛皮、人造毛皮及其制品	42,960	—	－63.09	—
第九类　木及木制品；木炭；软木及软木制品；稻草、秸秆、针茅或其他编结材料制品；篮筐及柳条编结品	88,444,704	274,342,174	41.01	3.59
44章　木及木制品；木炭	74,973,607	274,317,296	25.55	3.59
45章　软木及软木制品	8,116	7	－98.88	－41.67
46章　稻草、秸秆、针茅或其他编结材料制品；篮筐及柳条编结品	13,462,981	24,871	489.11	40.28
第十类　木浆及其他纤维状纤维素浆；纸及纸板的废碎品；纸、纸板及其制品	134,267,047	211,037,500	27.45	24.90
47章　木浆及其他纤维状纤维素浆；纸及纸板的废碎品	4,248,624	108,025,818	25.12	53.91
48章　纸及纸板；纸浆、纸或纸板制品	119,945,972	102,399,718	28.11	4.27

商品构成	出口	进口	2007年比2006年增减(%)	
			出口	进口
49章　书籍、报纸、印刷图画及其他印刷品；手稿、打字稿及设计图纸	10,072,451	611,964	21.01	6.94
第十一类　纺织原料及纺织制品	812,663,121	351,574,750	28.13	4.47
50章　蚕丝	8,542,299	523,600	−21.26	−34.18
51章　羊毛、动物细毛或粗毛；马毛纱线及其机织物	14,759,464	2,877,027	2.93	−4.75
52章　棉花	175,358,930	56,454,018	13.62	0.59
53章　其他植物纺织纤维；纸纱线及其机织物	6,585,112	8,321,532	6.50	48.97
54章　化学纤维长丝	87,149,677	90,084,944	17.10	20.35
55章　化学纤维短纤	136,769,397	83,407,940	10.96	−16.78
56章　絮胎、毡呢及无纺织物；特种纱线；线、绳、索、缆及其制品	24,162,017	22,492,274	12.34	−1.50
57章　地毯及纺织材料的其他铺地制品	2,917,960	10,628,307	−3.45	1.10
58章　特种机织物；簇绒织物；花边；装饰毯；装饰带；刺绣品	51,465,443	13,522,837	85.82	45.43
59章　浸渍、涂布、包覆或层压的纺织物；工业用纺织制品	106,742,012	17,164,104	32.86	1.86
60章　针织物及钩编织物	71,534,602	24,980,676	35.70	13.82
61章　针织或钩编的服装及衣着附件	87,060,205	13,767,294	131.95	50.83
62章　非针织或非钩编的服装及衣着附件	18,752,458	3,481,545	62.96	12.17
63章　其他纺织制成品；成套物品；旧衣着及旧纺织品；碎织物	20,863,545	3,868,652	26.03	70.96
第十二类　鞋、帽、伞、杖、鞭及其零件；已加工的羽毛及其制品；人造花；人发制品	92,974,166	21,183,540	62.11	19.20
64章　鞋靴、护腿和类似品及其零件	58,324,445	21,067,908	79.90	19.22
65章　帽类及其零件	1,912,873	69,707	45.45	47.85
66章　雨伞、阳伞、手杖、鞭子、马鞭及其零件	26,842,714	1,001	32.74	−87.91
67章　已加工羽毛、羽绒及其制品；人造花；人发制品	5,894,134	44,924	73.72	0.44
第十三类　石料、石膏、水泥、石棉、云母及类似材料的制品；陶瓷产品；玻璃及其制品	220,273,808	98,849,541	24.83	24.40
68章　石料、石膏、水泥、石棉、云母及类似材料的制品	46,327,643	6,790,776	19.77	44.90
69章　陶瓷产品	81,360,068	10,091,497	12.88	−11.19
70章　玻璃及其制品	92,586,097	81,967,268	40.91	29.27
第十四类　天然或养殖珍珠、宝石或半宝石、贵金属、包贵金属及其制品；仿首饰；硬币	150,861,230	66,798,560	−7.47	17.07
71章　天然或养殖珍珠、宝石或半宝石、贵金属、包贵金属及其制品；仿首饰；硬币	150,861,230	66,798,560	−7.47	17.07
第十五类　贱金属及其制品	2,035,118,504	381,155,985	24.15	61.96
72章　钢铁	1,126,419,193	96,860,579	14.87	11.40
73章　钢铁制品	276,274,200	63,144,269	27.55	108.90
74章　铜及其制品	117,039,254	118,609,771	5.39	51.04
75章　镍及其制品	11,929,480	9,783	2143.56	−34.22

商品构成	出口	进口	2007年比2006年增减（%）	
			出口	进口
76章 铝及其制品	225,137,999	12,914,413	70.62	5.75
78章 铅及其制品	109,952,294	1,444	92.19	−75.33
79章 锌及其制品	13,148,663	14,882,270	−18.48	209.52
80章 锡及其制品	3,915,890	58,096,225	2566.50	781.31
81章 其他贱金属、金属陶瓷及其制品	28,539,688	194,205	70.82	78.69
82章 贱金属工具、器具、利口器、餐匙、餐叉及其零件	51,622,275	9,131,715	11.12	31.65
83章 贱金属杂项制品	71,139,568	7,311,311	15.14	−18.39
第十六类 机器、机械器具、电气设备及其零件；录音机及放声机、电视图像、声音的录制和重放设备及其零件、附件	5,257,152,627	12,667,222,697	15.23	34.48
84章 核反应堆、锅炉、机械器具及零件	2,717,944,222	7,077,694,956	16.92	41.40
85章 电机、电气设备及其零件；录音机及放声机、电视图像、声音的录制和重放设备及其零件、附件	2,539,208,405	5,589,527,741	13.48	26.63
第十七类 车辆、航空器、船舶及有关运输设备	268,239,788	51,433,333	31.46	−7.76
86章 铁道及电车道机车、车辆及其零件；铁道及电车道轨道固定装置及其零件、附件；各种机械（包括电动机械）交通信号设备	27,008,281	—	14.19	—
87章 车辆及其零件、附件，但铁道及电车道车辆除外	232,351,227	51,009,068	30.08	−8.23
88章 航空器、航天器及其零件	3,903,569	166,289	161.71	1213.91
89章 船舶及浮动结构体	4,976,711	257,976	1651.43	89.09
第十八类 光学、照相、电影、计量、检验、医疗或外科用仪器及设备、精密仪器及设备；钟表；乐器；上述物品的零件、附件	338,456,842	384,484,764	7.24	19.45
90章 光学、照相、电影、计量、检验、医疗或外科用仪器及设备、精密仪器及设备；上述物品的零件、附件	317,828,174	347,626,426	10.32	19.67
91章 钟表及其零件	14,188,679	36,202,978	−33.21	17.29
92章 乐器及其零件、附件	6,439,989	655,360	2.70	26.54
第十九类 武器、弹药及其零件、附件	3,220	—	1542.86	—
93章 武器、弹药及其零件、附件	3,220	—	1542.86	—
第二十类 杂项制品	199,709,552	27,744,103	44.96	86.24
94章 家具；寝具、褥垫、弹簧床垫、软坐垫及类似的填充制品；未列名灯具及照明装置；发光标志、发光名牌及类似品；活动房屋	92,515,314	5,140,731	56.62	51.05
95章 玩具、游戏品、运动用品及其零件、附件	54,270,261	18,759,518	45.57	95.17
96章 杂项制品	52,923,977	3,843,854	27.78	104.25
第二十一类艺术品、收藏品及古物	124,259	649,487	41.61	1236.42
97章 艺术品、收藏品及古物	124,259	649,487	41.61	1236.42
第二十二类特殊交易品及未分类商品	2,378,303	23,078	−94.41	—
98章 特殊交易品及未分类商品	2,378,303	23,078	−94.41	—

数据来源：海关总署—海关统计资讯网 www.hgtj.cn

中国与越南进出口商品构成表（2007）

单位：美元

商品构成	出口	进口	2007年比2006年增减（%）	
			出口	进口
总　值	11,891,297,040	3,226,280,825	59.33	29.77
第一类　活动物；动物产品	29,692,722	31,090,469	－32.02	46.92
01章　活动物	850	2,392,055	—	218.25
02章　肉及食用杂碎	18,572,622	—	－49.17	—
03章　鱼、甲壳动物、软体动物及其他水生无脊椎动物	2,445,453	28,446,073	－42.20	42.46
04章　乳品；蛋品；天然蜂蜜；其他食用动物产品	5,291,744	2,277	1016.32	—
05章　其他动物产品	3,382,053	250,064	38.88	－43.43
第二类　植物产品	325,233,808	397,015,034	47.21	20.80
06章　活树及其他活植物；鳞茎、根及类似品；插花及装饰用簇叶	292,756	94,445	224.04	0.01
07章　食用蔬菜、根及块茎	65,398,220	180,133,464	30.56	49.48
08章　食用水果及坚果；甜瓜或柑桔属水果的果皮	61,236,211	112,128,224	－10.68	21.81
09章　咖啡、茶、马黛茶及调味香料	3,138,652	27,379,037	12.16	43.60
10章　谷物	66,279,550	7,211,846	62.53	－16.44
11章　制粉工业产品；麦芽；淀粉；菊粉；面筋	44,785,446	67,388,415	433.70	－21.32
12章　含油子仁及果实；杂项子仁及果实；工业用或药用植物；稻草、秸秆及饲料	83,197,208	1,821,913	67.95	76.93
13章　虫胶；树胶、树脂及其他植物液、汁	540,464	176,516	179.31	－75.62
14章　编结用植物材料；其他植物产品	365,301	681,174	－25.68	－23.87
第三类　动、植物油、脂及其分解产品；精制的食用油脂；动、植物蜡	6,078,251	13,210,530	99.96	1602.12
15章　动、植物油、脂及其分解产品；精制的食用油脂；动、植物蜡	6,078,251	13,210,530	99.96	1602.12
第四类　食品；饮料、酒及醋；烟草、烟草及烟草代用品的制品	90,147,808	12,110,318	29.81	86.31
16章　肉、鱼、甲壳动物、软体动物及其他水生无脊椎动物的制品	8,361,949	7,907,802	－52.41	170.32
17章　糖及糖食	8,989,224	74,039	－3.39	12322.65
18章　可可及可可制品	679,674	80,428	－1.78	85.49
19章　谷物、粮食粉、淀粉或乳的制品；糕饼点心	2,292,361	382,446	－62.91	－27.39
20章　蔬菜、水果、坚果或植物其他部分的制品	10,131,629	589,677	66.64	60.35
21章　杂项食品	9,885,605	719,170	－0.68	55.32
22章　饮料、酒及醋	1,554,489	3,344	2.14	－78.25
23章　食品工业的残渣及废料；配制的动物饲料	39,464,270	2,353,412	217.93	9.06
24章　烟草、烟草及烟草代用品的制品	8,788,607	—	53.38	—
第五类　矿产品	807,574,876	1,439,436,771	－1.44	15.63
25章　盐；硫磺；泥土及石料；石膏料、石灰及水泥	13,580,347	5,657,982	－51.68	48.50

商品构成	出口	进口	2007年比2006年增减（%）	
			出口	进口
26章　矿砂、矿渣及矿灰	528,240	237,495,776	396.42	32.17
27章　矿物燃料、矿物油及其蒸馏产品；沥青物质；矿物蜡	793,466,289	1,196,283,013	0.29	12.71
第六类　化学工业及其相关工业的产品	1,227,546,309	28,773,998	49.22	108.66
28章　无机化学品；贵金属、稀土金属、放射性元素及其同位素的有机及无机化合物	211,977,087	5,901,933	46.75	487.67
29章　有机化学品	221,276,690	462,635	32.59	−63.53
30章　药品	22,051,423	7,309	38.05	—
31章　肥料	383,566,670	38,386	70.69	76672.00
32章　鞣料浸膏及染料浸膏；鞣酸及其衍生物；染料、颜料及其他着色料；油漆及清漆；油灰及其他类似胶粘剂；墨水、油墨	119,641,559	633,086	42.31	147.65
33章　精油及香膏；芳香料制品及化妆盥洗品	9,914,865	4,007,483	78.94	40.63
34章　肥皂、有机表面活性剂、洗涤剂、润滑剂、人造蜡、调制蜡、光洁剂、蜡烛及类似品、塑型用膏、“牙科用蜡”及牙科用熟石膏制剂	17,275,506	1,565,358	63.68	28.93
35章　蛋白类物质；改性淀粉；胶；酶	35,105,061	7,171,389	45.32	290.98
36章　炸药；烟火制品；火柴；引火合金；易燃材料制品	457,508	—	−55.73	—
37章　照相及电影用品	15,003,931	4,699	2.32	—
38章　杂项化学产品	191,276,009	8,981,720	46.44	67.46
第七类　塑料及其制品；橡胶及其制品	283,683,726	294,552,338	37.83	−14.72
39章　塑料及其制品	219,299,889	21,044,522	39.30	53.82
40章　橡胶及其制品	64,383,837	273,507,816	33.04	−17.55
第八类　生皮、皮革、毛皮及其制品；鞍具及挽具；旅行用品、手提包及类似品；动物肠线（蚕胶丝除外）制品	75,958,531	58,629,923	−8.87	349.67
41章　生皮（毛皮除外）及皮革	50,512,122	52,835,588	−23.60	421.17
42章　皮革制品；鞍具及挽具；旅行用品、手提包及类似容器；动物肠线（蚕胶丝除外）制品	12,950,465	5,764,649	104.62	98.75
43章　毛皮、人造毛皮及其制品	12,495,944	29,686	14.62	—
第九类　木及木制品；木炭；软木及软木制品；稻草、秸秆、针茅或其他编结材料制品；篮筐及柳条编结品	101,441,459	243,762,816	61.69	137.87
44章　木及木制品；木炭	100,134,062	242,672,129	63.40	138.47
45章　软木及软木制品	102,348	—	40.29	—
46章　稻草、秸秆、针茅或其他编结材料制品；篮筐及柳条编结品	1,205,049	1,090,687	−12.79	52.72
第十类　木浆及其他纤维状纤维素浆；纸及纸板的废碎品；纸、纸板及其制品	89,036,211	2,910,778	88.49	−50.10
47章　木浆及其他纤维状纤维素浆；纸及纸板的废碎品	219,271	40,989	6.83	—
48章　纸及纸板；纸浆、纸或纸板制品	83,293,840	2,798,978	85.91	−51.80
49章　书籍、报纸、印刷图画及其他印刷品；手稿、打字稿及设计图纸	5,523,100	70,811	148.06	169.86

商品构成	出口	进口	2007年比2006年增减（%）	
			出口	进口
第十一类　纺织原料及纺织制品	1,768,618,077	101,066,010	54.93	30.79
50章　蚕丝	15,661,775	609,481	－24.55	－19.33
51章　羊毛、动物细毛或粗毛；马毛纱线及其机织物	53,644,936	1,962,854	34.64	417.01
52章　棉花	371,447,112	22,267,347	38.23	86.02
53章　其他植物纺织纤维；纸纱线及其机织物	19,255,959	8,585,284	19.68	－18.34
54章　化学纤维长丝	239,361,221	17,097,737	50.67	37.98
55章　化学纤维短纤	303,803,291	11,546,530	52.08	－43.47
56章　絮胎、毡呢及无纺织物；特种纱线；线、绳、索、缆及其制品	44,309,375	1,331,504	71.35	104.32
57章　地毯及纺织材料的其他铺地制品	3,769,494	1,490	164.02	86.48
58章　特种机织物；簇绒织物；花边；装饰毯；装饰带；刺绣品	68,023,168	3,288,470	30.85	56.67
59章　浸渍、涂布、包覆或层压的纺织物；工业用纺织制品	97,959,216	2,436,851	55.64	7.00
60章　针织物及钩编织物	342,726,043	3,838,550	66.53	129.24
61章　针织或钩编的服装及衣着附件	115,083,180	7,422,488	194.93	120.73
62章　非针织或非钩编的服装及衣着附件	68,609,042	16,158,147	78.37	87.93
63章　其他纺织制成品；成套物品；旧衣着及旧纺织品；碎织物	24,964,265	4,519,277	107.85	107.49
第十二类　鞋、帽、伞、杖、鞭及其零件；已加工的羽毛及其制品；人造花；人发制品	54,758,205	94,252,068	29.04	54.11
64章　鞋靴、护腿和类似品及其零件	51,550,217	92,720,170	27.06	52.40
65章　帽类及其零件	1,838,820	1,208,643	344.56	301.83
66章　雨伞、阳伞、手杖、鞭子、马鞭及其零件	710,328	413	20.94	358.89
67章　已加工羽毛、羽绒及其制品；人造花；人发制品	658,840	322,842	－23.40	1574.06
第十三类　石料、石膏、水泥、石棉、云母及类似材料的制品；陶瓷产品；玻璃及其制品	165,589,950	6,335,073	25.81	198.94
68章　石料、石膏、水泥、石棉、云母及类似材料的制品	44,758,797	251,100	14.16	－42.03
69章　陶瓷产品	63,578,313	2,316,280	43.56	61.98
70章　玻璃及其制品	57,252,840	3,767,693	18.98	1371.93
第十四类　天然或养殖珍珠、宝石或半宝石、贵金属、包贵金属及其制品；仿首饰；硬币	448,250	101,776	－22.90	511.41
71章　天然或养殖珍珠、宝石或半宝石、贵金属、包贵金属及其制品；仿首饰；硬币	448,250	101,776	－22.90	511.41
第十五类　贱金属及其制品	2,925,198,577	43,925,581	71.59	113.54
72章　钢铁	2,308,645,074	22,852,313	71.72	190.53
73章　钢铁制品	346,087,893	5,368,275	84.19	27.16
74章　铜及其制品	26,241,457	11,471,280	－2.61	151.94
75章　镍及其制品	7,469,503	—	4851.22	—
76章　铝及其制品	122,679,211	1,914,208	51.33	6.15

商品构成	出口	进口	2007年比2006年增减（%）	
			出口	进口
78章　铅及其制品	11,222,112	71,148	382.34	129.51
79章　锌及其制品	16,411,092	787,529	214.03	—16.24
80章　锡及其制品	6,473,563	33	5978.63	—
81章　其他贱金属、金属陶瓷及其制品	2,393,182	4,440	101.36	572.73
82章　贱金属工具、器具、利口器、餐匙、餐叉及其零件	32,798,011	963,991	32.63	27.39
83章　贱金属杂项制品	44,777,479	492,364	45.85	45.48
第十六类　机器、机械器具、电气设备及其零件；录音机及放声机、电视图像、声音的录制和重放设备及其零件、附件	3,032,052,578	402,540,129	87.49	86.17
84章　核反应堆、锅炉、机械器具及零件	1,687,012,104	176,357,822	76.04	166.53
85章　电机、电气设备及其零件；录音机及放声机、电视图像、声音的录制和重放设备及其零件、附件	1,345,040,474	226,182,307	104.15	50.73
第十七类　车辆、航空器、船舶及有关运输设备	683,212,361	3,280,971	144.25	1057.33
86章　铁道及电车道机车、车辆及其零件；铁道及电车道轨道固定装置及其零件、附件；各种机械（包括电动机械）交通信号设备	18,718,267	—	106.97	—
87章　车辆及其零件、附件，但铁道及电车道车辆除外	637,582,400	3,274,455	164.41	1091.45
88章　航空器、航天器及其零件	56,722	6,516	209.21	982.39
89章　船舶及浮动结构体	26,854,972	—	—9.02	—
第十八类　光学、照相、电影、计量、检验、医疗或外科用仪器及设备、精密仪器及设备；钟表；乐器；上述物品的零件、附件	76,593,635	12,978,674	36.38	78.37
90章　光学、照相、电影、计量、检验、医疗或外科用仪器及设备、精密仪器及设备；上述物品的零件、附件	72,896,012	12,896,744	38.77	77.93
91章　钟表及其零件	693,374	2,502	—9.43	—40.60
92章　乐器及其零件、附件	3,004,249	79,428	4.74	233.28
第十九类　武器、弹药及其零件、附件	202,921	—	—	—
93章　武器、弹药及其零件、附件	202,921	—	—	—
第二十类　杂项制品	145,513,077	40,296,261	41.76	115.65
94章　家具；寝具、褥垫、弹簧床垫、软坐垫及类似的填充制品；未列名灯具及照明装置；发光标志、发光名牌及类似品；活动房屋	78,147,912	30,272,342	34.77	188.69
95章　玩具、游戏品、运动用品及其零件、附件	19,175,670	6,872,358	55.37	5.33
96章　杂项制品	48,189,495	3,151,561	49.12	88.14
第二十一类艺术品、收藏品及古物	10,601	11,307	65.85	38.33
97章　艺术品、收藏品及古物	10,601	11,307	65.85	38.33
第二十二类　特殊交易品及未分类商品	2,705,107	—	—67.97	—
98章　特殊交易品及未分类商品	2,705,107	—	—67.97	—

数据来源：海关总署—海关统计资讯网 www.hgtj.cn

印尼对外贸易年度表

金额单位：百万美元

时间	总额	同比%	出口	同比%	进口	同比%	差额	同比%
2001年	87,283	−8.9	56,321	−9.3	30,962	−8	25,359	−10.9
2002年	88,448	1.3	57,159	1.5	31,289	1.1	25,870	2
2003年	93,609	5.8	61,058	6.8	32,551	4	28,508	10.2
2004年	118,109	26.2	71,585	17.2	46,525	42.9	25,060	−12.1
2005年	143,361	21.4	85,660	19.7	57,701	24	27,959	11.6
2006年	161,864	12.9	100,799	17.7	61,065	5.8	39,733	42.1
2007年	188,574	16.5	114,101	13.2	74,473	22	39,627	−0.3

数据来源：国别数据网. http://countryreport.mofcom.gov.cn/record/qikan.asp? id=534

印尼对主要贸易伙伴出口额（2007）

金额单位：百万美元

国家和地区	金额	同比%	占比%
总　值	114,101	13.2	100
日本	23,633	8.8	20.7
美国	11,614	3.4	10.2
新加坡	10,502	17.6	9.2
中国	9,676	16	8.5
韩国	7,583	−1.4	6.7
马来西亚	5,096	24	4.5
印度	4,944	45.8	4.3
澳大利亚	3,395	22.5	3
泰国	3,054	13.1	2.7
荷兰	2,749	9.2	2.4
台湾省	2,597	−5.1	2.3
德国	2,316	14.3	2
西班牙	1,906	16.2	1.7
菲律宾	1,854	31.9	1.6
香港	1,687	−0.9	1.5

数据来源：国别数据网. http://countryreport.mofcom.gov.cn/record/qikan.asp? id=534

印尼从主要贸易伙伴进口额（2007）

金额单位：百万美元

国家和地区	金额	同比％	占比％
总　值	74,473	22	100
新加坡	9,840	－1.9	13.2
中国	8,558	28.9	11.5
日本	6,527	18.3	8.8
马来西亚	6,412	100.8	8.6
美国	4,787	18	6.4
泰国	4,287	43.7	5.8
沙特阿拉伯	3,373	－0.3	4.5
韩国	3,197	11.2	4.3
澳大利亚	3,004	0.6	4
德国	1,982	36.1	2.7
文莱	1,865	16	2.5
科威特	1,706	13.2	2.3
印度	1,610	14.4	2.2
台湾省	1,495	13.1	2
法国	1,444	52	1.9

数据来源：国别数据网．http://countryreport.mofcom.gov.cn/record/qikan.asp?id＝534

印尼贸易差额主要来源（2007）

金额单位：百万美元

国家和地区	2007年	上年同期	同比％
总　值	39,627	39,733	－0.3
主要逆差来源			
沙特阿拉伯	－2,429	－2,712	－10.5
文莱	－1,821	－1,569	16.1
科威特	－1,576	－1,416	11.4
马来西亚	－1,316	917	
泰国	－1,233	－282	337.3
瑞典	－663	－511	29.9
法国	－641	－226	184.1
利比亚	－609	－388	56.7
加拿大	－505	－116	337.2
尼日利亚	－411	154	
主要顺差来源			
日本	17,106	16,216	5.5
美国	6,827	7,176	－4.9
韩国	4,386	4,818	－9
印度	3,334	1,983	68.1
荷兰	2,245	2,003	12.1

数据来源：国别数据网．http://countryreport.mofcom.gov.cn/record/qikan.asp?id＝534

马来西亚对外贸易年度表

金额单位：百万美元

时间	总额	同比%	出口	同比%	进口	同比%	差额	同比%
2001年	162,068	—10.1	88,202	—10.1	73,866	—10.1	14,336	—10.4
2002年	173,241	6.9	93,370	5.9	79,870	8.1	13,500	—5.8
2003年	180,205	4	100,113	7.2	80,093	0.3	20,020	48.3
2004年	231,154	28.3	125,857	25.7	105,297	31.5	20,560	2.7
2005年	255,606	10.6	140,979	12	114,626	8.9	26,353	28.2
2006年	292,068	14.3	160,845	14.1	131,223	14.5	29,622	12.4
2007年	323,376	10.7	176,311	9.6	147,065	12.1	29,245	—1.3

数据来源：国别数据网．http://countryreport.mofcom.gov.cn/record/qikan.asp? id=602

马来西亚对主要贸易伙伴出口额（2007）

金额单位：百万美元

国家和地区	金额	同比%	占比%
总　值	176,311	9.6	100
美国	27,513	—8.9	15.6
新加坡	25,786	4.2	14.6
日本	16,099	13	9.1
中国	15,461	31.8	8.8
泰国	8,735	2.7	5
香港	8,150	2.5	4.6
荷兰	6,882	17.6	3.9
韩国	6,707	15.5	3.8
澳大利亚	5,942	30.4	3.4
印度	5,888	14.7	3.3
印度尼西亚	5,174	26.9	2.9
台湾省	4,795	9.4	2.7
德国	4,320	23.8	2.5
阿联酋	2,949	29.9	1.7
英国	2,882	—1.5	1.6

数据来源：国别数据网．http://countryreport.mofcom.gov.cn/record/qikan.asp? id=602

马来西亚自主要贸易伙伴进口额（2007）

金额单位：百万美元

国家和地区	金额	同比%	占比%
总　值	147,065	12.1	100
日本	19,096	10.1	13
中国	18,919	19	12.9
新加坡	16,879	10.1	11.5
美国	15,927	−3	10.8
台湾省	8,354	16.7	5.7
泰国	7,867	9.7	5.4
韩国	7,254	2.6	4.9
德国	6,817	18.5	4.6
印度尼西亚	6,237	25.9	4.2
香港	4,275	23.8	2.9
澳大利亚	2,972	22.5	2
菲律宾	2,852	−1.8	1.9
法国	2,244	6.8	1.5
英国	2,116	13.8	1.4
印度	2,062	54	

数据来源：国别数据网．http://countryreport.mofcom.gov.cn/record/qikan.asp? id=602

马来西亚贸易差额主要来源（2007）

金额单位：百万美元

国家和地区	2007 年	上年同期	同比%
总　值	29,245	29,622	−1.3
主要逆差来源			
台湾省	−3,560	−2,780	28.1
中国	−3,458	−4,161	−16.9
日本	−2,996	−3,098	−3.3
德国	−2,497	−2,265	10.2
马来半岛	−1,426	−1,320	8
沙特阿拉伯	−1,261	−1,800	−30
瑞士	−1,254	−850	47.7
印度尼西亚	−1,063	−878	21
阿根廷	−547	−476	14.8
韩国	−547	−1,262	−56.7
主要顺差来源			
美国	11,586	13,765	−15.8
新加坡	8,907	9,419	−5.4
荷兰	5,926	4,931	20.2
香港	3,875	4,497	−13.8
印度	3,826	3,798	0.8

数据来源：国别数据网．http://countryreport.mofcom.gov.cn/record/qikan.asp? id=602

新加坡对外贸易年度表

金额单位：百万美元

时间	总额	同比%	出口	同比%	进口	同比%	差额	同比%
2001 年	237,635	－12.7	121,691	－11.6	115,943	－13.8	5,748	76.4
2002 年	241,578	1.7	125,156	2.8	116,422	0.4	8,734	52
2003 年	296,517	22.7	160,116	27.9	136,401	17.2	23,715	171.5
2004 年	372,510	25.6	198,791	24.2	173,719	27.4	25,072	5.7
2005 年	429,755	15.4	229,681	15.5	200,075	15.2	29,606	18.1
2006 年	510,816	18.9	271,916	18.4	238,900	19.4	33,016	11.5
2007 年	562,651	10.1	299,404	10.1	263,247	10.2	36,157	9.5

数据来源：国别数据网．http://countryreport.mofcom.gov.cn/record/qikan.asp?id=538

新加坡对主要贸易伙伴出口额（2007）

金额单位：百万美元

国家和地区	金额	同比%	占比%
总　值	299,404	10.1	100
马来西亚	38,612	8.7	12.9
香港	31,346	14.7	10.5
印度尼西亚	29,471	18.3	9.8
中国	28,924	9.1	9.7
美国	26,205	－2.8	8.8
日本	14,392	－3.1	4.8
泰国	12,388	9.6	4.1
澳大利亚	11,194	9.9	3.7
韩国	10,610	21.4	3.5
印度	9,994	30.3	3.3
台湾省	9,151	－3.5	3.1
英国	8,124	11.8	2.7
越南	6,515	19.4	2.2
菲律宾	6,131	20.7	2.1
德国	5,944	－9.4	2

数据来源：国别数据网．http://countryreport.mofcom.gov.cn/record/qikan.asp?id=538

新加坡自主要贸易伙伴进口额（2007）

金额单位：百万美元

国家和地区	金额	同比%	占比%
总　值	263,247	10.2	100
马来西亚	34,431	10.4	13.1
美国	32,316	7.8	12.3
中国	31,901	17.1	12.1
日本	21,550	8.1	8.2
台湾省	15,496	1.6	5.9
印度尼西亚	14,662	－0.7	5.6
韩国	12,819	22.3	4.9
沙特阿拉伯	8,816	－5.2	3.4
泰国	8,500	－2.6	3.2
德国	8,136	19.1	3.1
法国	6,183	15.1	2.4
印度	5,871	20.2	2.2
菲律宾	5,813	2.9	2.2
科威特	5,089	12.8	1.9
英国	4,809	12.1	1.8

数据来源：国别数据网．http://countryreport. mofcom. gov. cn/record/qikan. asp? id=538

新加坡贸易差额主要来源（2007）

金额单位：百万美元

国家和地区	2007 年	上年同期	同比%
总　值	36,157	33,016	9.5
主要顺差来源			
香港	27,489	23,221	18.4
印度尼西亚	14,810	10,144	46
澳大利亚	8,027	6,449	24.5
越南	4,374	3,807	14.9
马来西亚	4,181	4,336	－3.6
印度	4,124	2,786	48
泰国	3,888	2,581	50.6
巴拿马	3,843	2,694	42.6
英国	3,315	2,977	11.3
荷兰	2,793	3,373	－17.2
主要逆差来源			
沙特	－7,978	－8,553	－6.7
日本	－7,157	－5,077	41
台湾省	－6,345	－5,772	9.9
美国	－6,111	－2,996	104
科威特	－4,840	－4,389	10.3

数据来源：国别数据网．http://countryreport. mofcom. gov. cn/record/qikan. asp? id=538

泰国对外贸易年度表

金额单位：百万美元

时间	总额	同比%	出口	同比%	进口	同比%	差额	同比%
2001年	126,861	－2.6	64,909	－5.3	61,952	0.3	2,957	－56.4
2002年	133,207	5	68,594	5.7	64,614	4.3	3,980	34.6
2003年	155,949	17.1	80,253	17	75,679	17.1	4,573	14.9
2004年	192,295	23.3	97,098	21	95,197	25.8	1,901	－58.4
2005年	227,961	18.5	109,848	13.1	118,112	24.1	－8,264	－534.7
2006年	259,273	13.7	130,621	18.9	128,652	8.9	1,969	123.8
2007年	315,288	21.6	163,529	25.2	151,759	18	11,771	497.9

数据来源：国别数据网．http://countryreport.mofcom.gov.cn/record/qikanlist.asp? qikanid＝539

泰国对主要贸易伙伴出口额（2007）

金额单位：百万美元

国家和地区	金额	同比%	占比%
总　值	163,529	25.2	100
美国	20,620	5.2	12.6
日本	19,444	17.4	11.9
中国	15,933	35.1	9.7
新加坡	10,228	21.8	6.3
香港	9,306	29.5	5.7
马来西亚	8,356	25.4	5.1
澳大利亚	6,141	40.1	3.8
印度尼西亚	5,118	53.5	3.1
越南	4,087	32.1	2.5
荷兰	4,079	24.9	2.5
英国	3,810	11.2	2.3
台湾省	3,553	5	2.2
韩国	3,181	20.2	2
菲律宾	3,110	19.2	1.9
德国	3,083	32	1.9

数据来源：国别数据网．http://countryreport.mofcom.gov.cn/record/qikanlist.asp? qikanid＝539

泰国自主要贸易伙伴进口额（2007）

金额单位：百万美元

国家和地区	金额	同比％	占比％
总　值	151,759	18	100
日本	30,784	19.1	20.3
中国	17,590	28.9	11.6
美国	10,305	19.4	6.8
马来西亚	9,342	10.3	6.2
阿拉伯联合酋长国	7,409	2.7	4.9
新加坡	6,808	18.8	4.5
台湾省	6,209	20.5	4.1
韩国	5,724	12.9	3.8
沙特阿拉伯	4,970	16.6	3.3
印度尼西亚	4,325	24.9	2.9
德国	4,248	29.4	2.8
澳大利亚	4,122	19.9	2.7
阿曼	2,824	2	1.9
缅甸	2,472	5.2	1.6
菲律宾	2,319	8.7	1.5

数据来源：国别数据网．http://countryreport.mofcom.gov.cn/record/qikanlist.asp？qikanid＝539

泰国贸易差额主要来源（2007）

金额单位：百万美元

国家和地区	2007年		同比％
总　值	11,771	1,969	497.9
主要逆差来源			
日本	－11,340	－9,283	22.2
阿拉伯联合酋长国	－5,063	－5,734	－11.7
沙特阿拉伯	－3,500	－3,008	16.4
台湾省	－2,656	－1,769	50.1
韩国	－2,427	－2,543	4.8
阿曼	－2,522	－2,537	－0.6
卡塔尔	－1,982	－1,357	46.1
中国	－1,657	－1,845	－10.2
缅甸	－1,446	－1,590	－9
也门	－1,325	－1,060	25
主要顺差来源			
美国	10,315	10,981	－6.1
香港	7,745	5,630	37.6
新加坡	3,420	2,668	28.2
荷兰	3,128	2,526	23.8
越南	2,881	2,189	31.6

数据来源：国别数据网．http://countryreport.mofcom.gov.cn/record/qikanlist.asp？qikanid＝539

文 献

重要讲话

2007年1月14日，中国国务院总理温家宝出席第十次中国与东盟领导人会议并发表重要讲话，全文如下：

共同谱写中国—东盟关系的新篇章

——在第十次中国与东盟领导人会议上的讲话

（2007年1月14日　菲律宾·宿务）

尊敬的阿罗约总统阁下，

各位同事：

2006年是中国—东盟关系史上具有特殊意义的一年。10月，我和各位同事齐聚南宁，共同出席中国—东盟纪念峰会，隆重庆祝中国—东盟建立对话关系15周年。我们回顾和总结了15年来中国—东盟友好合作关系的发展历程和成功经验，对双方关系未来发展作出了战略性规划，签署了《中国—东盟纪念峰会联合声明》。这是一次继往开来的会议，揭开了中国—东盟关系史的新篇章。借此机会，我向各位同事为峰会成功举办和中国—东盟关系发展所作出的贡献表示感谢！

各位同事：

今天，我们在美丽的宿务岛再次聚会，就推进中国—东盟友好合作进一步交换意见。我们高兴地看到，在过去的一年里，中国—东盟友好合作又取得了一系列新的进展：

在政治上，双方高层交往密切，各层次对话与磋商富有成效。双方就落实《南海各方行为宣言》后续行动初步达成共识，制订了年度行动计划。中国—东盟安全问题研讨会去年7月在北京成功举行，开启了双方机制化防务与安全对话的进程。

在经济上，中国—东盟自由贸易区《货物贸易协议》于2005年7月实施，双方7000余种商品开始全面降税，贸易额持续增长。2006年，双边贸易额达1608亿美元，同比增长23.4%。

今天，中国—东盟自由贸易区《服务贸易协议》即将签署，这是中国—东盟经贸合作领域的又一重大成果，标志着中国—东盟自贸区建设向前迈出关键的一步，为如期全面建成自贸区奠定了基础。

根据承诺，一年来，中方已向东盟有关国家提供了7.5亿美元的优惠贷款。中方将在未来两年内落实其余款项。

大湄公河信息高速公路建设正在顺利实施，中国—东盟信息高速公路建设工作也已启动。双方今天还将签署这一领域的相关合作文件。

在其他领域，双方合作也在稳步推进。在原有7个部长会议机制的基础上，双方又增加了电信部长和卫生部长会议机制，并举行了首次会议。

中方2005年倡议的中国—东盟新发传染病部长级会议、中国—东盟文化周已成功举行和举办，中国实用科技项目巡回展正在落实。

为庆祝中国—东盟建立对话关系15周年和中国—东盟友好合作年，双方共同举办了中国—东盟青年营、柬埔寨吴哥窟文艺汇演、中国—东盟友好之旅、编制中国—东盟文件集等活动。

在国际和地区事务中，双方保持了良好的协调与配合。中国始终支持东盟在东亚合作中发挥主导作用。

过去一年来，双方各领域合作扎扎实实，成果显著，中方对此感到满意。

各位同事：

当前，中国正在全面建设小康社会，东盟也在加速推进共同体建设，中国与东盟的发展都进入了一个新的历史阶段。在新的一年里，我们要按照纪念峰会上达成的共识，在《中国—东盟纪念峰会联合声明》的指导下，继续加强和充实中国—东盟战略伙伴关系，推动双方合作迈向更高水平。为此，我愿提出以下建议：

一、加强政治互信

继续保持高层互访势头，加强双方领导人在东亚合作、亚太经合组织、亚欧会议、联合国等国际和地区舞台上的战略沟通。

积极落实《南海各方行为宣言》，进一步推动南海务实合作和共同开发，维护南海地区的稳定。

进一步推动防务领域的合作，增进双方军队的互信。中方愿于今年下半年主办中国—东盟维和研讨会。

二、推动经贸关系再上新台阶

要在落实好《货物贸易协议》和此次签署的《服务贸易协议》的基础上，加快双方投资协议谈判，如期建成中国—东盟自贸区。

中方欢迎更多的东盟企业家来华寻找商机，中方也将推动更多有实力、有信誉的企业到东盟国家投资兴业。中方愿积极考虑在互利互惠的基础上，在东盟国家建立一批基础设施完善、产业链完整、关联程度高、带动和辐射能力强的经济贸易合作区，在更高层次上实现与东盟国家的互利共赢和共同发展。

为配合自贸区建设，中方建议加强双方海关和检验检疫部门的合作。中方愿于今年举办首次中国—东盟部长级质检磋商。

中方愿与东盟尽快商讨设立中国—东盟贸易、投资和旅游促进中心，签署有关谅解备忘录。

为统筹区域交通协调发展，完善综合运输网络，优化交通运输结构，推进交通运输便利化，中方倡议拟定中国—东盟未来10～15年交通合作战略规划。

三、开展在非传统安全领域的务实合作

中方愿与东盟加强在打击跨国犯罪、海上安全、减灾救灾、传染病防治和环境保护等领域的合作。

中方愿于今年5月举办灾区恢复重建与管理培训班，邀请东盟10国参加，以增进双方灾害管理机构之间的交流与合作。

中方倡议建立中国—东盟传染病疫情与突发公共卫生事件信息定期通报机制。中方愿于今年举办中国—东盟人感染高致病性禽流感防控进展研讨会，在今后两年为东盟培训20名相关专门技术人员。

中方建议将环境合作纳入中国—东盟合作范畴，适时建立部长级对话机制。

四、积极支持东盟共同体和一体化建设

今年是东盟成立40周年，中方为东盟的发展成就感到由衷的高兴。中方已开始认真落实在中国—东盟纪念峰会上宣布的有关举措。中方向东盟发展基金捐资的100万美元已划拨到位。中方已决定由中国海关总署承办"加快越老柬缅国家海关改革及现代化建设"这一东盟一体化倡议项目。

中方已制订了今后5年为东盟培训8000名各领域人才的计划。

中方决定为昆曼公路跨湄公河大桥建设提供资金支持，为老挝提供建桥费用一半资金，并将加快泛亚铁路中国境内段的建设，推动泛亚铁路早日贯通。

为支持东盟国家缩小数字鸿沟，中国信息产业部将于今年举办"东盟国家农村信息化的技术选择、推进政策与实现模式"项目。

中方还将利用中国政府亚洲区域合作专项资金，于今年为东盟国家举办一系列农业技术培训项目和研讨会。

中方建议在继续拓展东盟—湄公河流域开发合作、大湄公河等次区域合作的同时，积极探讨泛北部湾经济合作的可行性。

五、促进社会、文化交流及人员交往

青少年是中国—东盟友好的未来，加强青少年间的交流与合作是应重点抓好的一项工作。为落实今后5年邀请1000名东盟青少年访华，中方将于今年邀请近300名东盟青少年来华参加青年营、夏令营，还将在广西建立"中国—东盟青少年培养基地"。

为促进双方在传媒领域的交流，中方将于今年举办第三届"中国—东盟媒体合作高层研讨会"。

中方也愿在体育交流、民间友好组织交往、学历和学位互认、派遣教师、留学生以及青年志愿者等方面加强与东盟的合作。

各位同事：

中国与东盟地缘相近、文化相通、经济互补。我们是友好近邻，也是重要的战略伙伴。中国的发展离不开东盟，东盟的发展也需要中国，共同的利益纽带把双方紧密地连结在一起。发展中国与东盟的友好合作关系，有利于双方的根本利益，有利于地区的和平、稳定与繁荣。当前，中国和东盟关系正处于继往开来的新时期。我们应紧紧抓住机遇，乘势而上，推动双方互利共赢合作不断深入发展，共同谱写中国—东盟关系的新篇章。

谢谢大家！

（来源：中华人民共和国外交部网站. http://www.fmprc.gov.cn/chn/wjdt/zyjh/t288982.htm.2007—01—14）

2007年1月14日，中国国务院总理温家宝在第十次东盟与中日韩领导人会议上发表讲话，全文如下：

共建和平、繁荣的和谐东亚

——在第十次东盟与中日韩领导人会议上的讲话

（2007年1月14日　菲律宾·宿务）

尊敬的阿罗约总统阁下，

各位同事：

很高兴来到风光旖旎的海滨城市宿务，与各位同事再次相聚，共同探讨中日韩与东盟合作发展大计。我愿借此机会，对阿罗约总统阁下和菲律宾政府的周到安排表示衷心感谢。

上次领导人会议以来，"10＋3"合作取得了积极进展。东亚自贸区可行性学术研究联合研究报告已经完成，并提交给"10＋3"经济部长会议。"清迈倡议"框架下双边货币互换规模大幅提高，初步建立了货币互换集体决策机制。亚洲债券市场建设进程加快。农村发展与扶贫、妇女事务、减灾救灾、矿产开发确立为"10＋3"新的合作领域。文化艺术交流活动广泛展开。"10＋3"合作更加务实，内容日益丰富，机制渐趋完善。

一年来，中方举办了以展现东盟国家文化艺术为主题的"东盟文化周"、"文化人力资源开发合作培训班"、"'10＋3'区域扶贫高层研讨会"、武装部队军用枪射击比赛。我在上次"10＋3"会议上提出的这四项倡议，现在都已落实。中方还正就亚洲区域巨灾研究中心组建方案进行内部协调，将尽快征求各方意见，争取早日建成。

各位同事：

近10年来，在我们共同努力下，"10＋3"合作保持了良好的发展势头和旺盛的活力，确立了在东亚合作中的主渠道地位。事实证明，"10＋3"的发展，增进了我们之间的相互理解与信任，推动了本地区经济增长和社会进步，促进了东亚的稳定与发展，提高了本地区在国际上的地位和影响。

为构建一个政治上互信共存、经济上互利共赢、安全上互助共济、文化上互鉴共进的和谐东亚，我们应在以下几方面取得共识：

第一，在政治上要互信共存、和睦相处。没有地区和平安宁的环境，就没有社会的稳定，就谈不上发展与进步。

我们应倡导和谐理念，坚持相互尊重、平等相待、求同存异，通过对话解决分歧，通过协商化解矛盾，增进各国的相互理解和信任，实现本地区的安全与稳定。

第二，在经济上要互利共赢、共同发展。我们应立足各自国情和人民的根本需要，大力发展社会生产力，消除贫困，不断提高人民的生活水平。东亚各国处于不同的发展阶段，发展水平相差很大，我们应大力开展平等互惠的合作，推进区域经济一体化进程，缩小地区发展差距，促进共同发展。

第三，在安全领域要互助共济、团结合作。面对各种传统和非传统安全威胁，任何国家都难以独善其身。我们应牢固树立集体安全意识，相互支持，真诚合作，共同应对挑战。

第四，在文化上要互鉴共进、兼收并蓄。东亚各国都有着悠久历史和各具特色的文化，相互学习借鉴可以增进人民的友谊和促进各自的发展与进步。东亚的发展离不开世界，我们应以开放务实的态度，海纳百川的胸怀，吸收人类一切优秀的文明成果，借鉴其他国家和地区的发展经验。

为进一步提升“10＋3”合作的层次和水平，我愿提出以下几点倡议：

一、加强战略规划

今年是“10＋3”合作十周年，年底“10＋3”领导人会议将发表第二份《东亚合作联合声明》，这是关系到东亚合作未来的纲领性文件。中方认为，声明应回顾和总结“10＋3”合作10年来取得的重要成就和主要经验，重申“10＋3”在东亚合作中的主渠道地位，分析以“10＋3”为主要代表的东亚合作面临的机遇和挑战，提出应对措施，确立未来发展目标。中方愿与各国加强协调，集思广益，使声明对“10＋3”未来合作起到长远和战略指导作用。

二、深化经贸与财金合作

建立东亚自由贸易区符合东亚各国经济发展的现实需要，也是各国的共识。为此，我们应加快推进东盟与中日韩之间建立自由贸易区的进程。“10＋3”金融合作已有良好开端，我们应继续推进“清迈倡议”多边化进程，加快亚洲债券市场建设，推动建立区域投资与信用担保机制，优化本地区投融资环境，提高抵御金融风险的能力。为促进本地区金融市场的发展，加强各国在债券市场建设上的经验交流，中方将于今年举办“10＋3”国家企业债券市场发展研讨会。

三、推进安全合作

恐怖主义、跨国犯罪、重大自然灾害是我们共同面临的威胁。“10＋3”在安全领域合作的步子应迈得再大一些。中方建议充分利用现有机制，加强各国在重大地区安全问题上的对话与合作。为促进军队在灾难应对与救助方面的交流，中方愿于今年举办“10＋3”武装部队国际救灾研讨班。

四、拓展社会文化合作

扶贫和妇女事务是“10＋3”合作新增领域。为交流各国扶贫经验、推进地区扶贫合作，探讨发挥妇女在东亚国家经济建设和社会发展中的作用，中方将于今年主办“10＋3”国家扶贫官员培训班和妇女事务培训班。“10＋3”合作的发展离不开社会各界的参与和支持，需要通过加强各国媒体的交流与合作，以扩大东亚影响，为此，中方将于今年举办首届“10＋3”媒体合作研讨会。第一期“10＋3”文化人力资源开发合作培训班取得了积极成效，中方愿于今年举办第二期培训班。

五、加大公共卫生合作力度

在我们的共同努力下，高致病性禽流感的跨国蔓延已经得到有效遏制。但疫情仍在一些地区肆虐，危害人民的生命健康与安全。为进一步加强禽流感和新发传染病的防控合作，中方建议建立地区疾病监测网络，增强本地区各国传染病防控和应对突发公共卫生事件的能力。

各位同事：

中国是东亚地区的一员，与东亚各国命运相依、休戚与共。东亚的稳定与繁荣是中国发展的重要保障，中国的发展也为东亚国家带来了机遇。中国将继续坚定不移地走和平发展道路，与东亚各国友好相处。中国将继续坚定不移地奉行互利共赢的开放战略，进一步扩大对外经济技术合作，与东亚各国共同发展。中国将继续坚定不移地支持和参与东亚合作，与各国一道推进东亚和平与发展的崇高事业，共建和平、繁荣、和谐的东亚。

谢谢大家！

（来源：中华人民共和国外交部网站．http://www.fmprc.gov.cn/chn/wjdt/zyjh/t288992.htm.2007—01—14）

2007年1月15日，第二届东亚峰会在菲律宾宿务举行，温家宝总理发表重要讲话，全文如下：

合作共赢　携手并进

——在第二届东亚峰会上的讲话

（2007年1月15日　菲律宾·宿务）

尊敬的阿罗约总统阁下，

各位同事：

很高兴与各位同事再次会面。过去一年，在各方的共同努力下，东亚峰会取得了积极进展。我们确定了五个重点合作领域，并就峰会的发展方向进行了有益探讨，为未来合作奠定了重要基础。东亚峰会虽然刚刚起步，但已经展现出勃勃生机和广阔的发展前景。

如何利用好东亚峰会这个战略平台，凝聚本地区国家的共识与力量，增进各国间的团结与合作，应对各种矛盾和挑战，促进本地区的和平、稳定与繁荣，值得我们认真思考。我愿意就此谈几点看法，与大家共同探讨。

——东亚合作应是实现地区共同发展与繁荣的合作。我们要从各方最关心、共识最多的领域开始，从交流发展经验、现代信息和先进技术入手，让各国从合作中得益，逐步增强合作的信心和动力。我们应推动东亚合作朝着均衡、普惠的方向发展，通过双边和多边的务实合作，密切彼此经贸联系，形成互利、互补的合作格局。

——东亚合作应是促进国家之间和谐相处的合作。我们要建立一个能够在安宁的时候共同发展、危机的时候共同应对的新型命运共同体。我们合作的目的是为了促进地区的和平、稳定与发展。实现这一目标需要我们通过平等对话弥合分歧，通过友好协商化解争端，营造一个相互信任、持久稳定的地区安全环境。

——东亚合作应是尊重社会制度和文化多样性、多元化发展的合作。我们要从东亚国家的特点和发展不平衡的实际出发，相互尊重，照顾不同国家的需求和能力，循序渐进地推进合作。我们的合作要坚持开放性，欢迎域外国家和组织的参与，不断拓宽合作的范围，加强合作的基础。中国支持东盟在东亚合作中继续发挥主导作用。

各位同事：

本次峰会把能源安全、金融、教育、禽流感、减灾作为主要议题。加强在这些领域的合作，关系到各国的切身利益，关系到人民的福祉。我愿就这些问题阐述一下中方的主张：

一、更新能源观念，保障能源安全。在经济全球化深入发展的今天，能源问题日益突出。解决好这一问题，需要国际社会的共同努力，需要树立和落实互利合作、多元发展、协同保障的新能源安全观。为此，我们要重点做好以下三方面的工作：

一是在能源安全领域，加强能源消费国之间以及消费国与生产国之间的对话和政策协调，共同维护本地区能源市场的稳定。

二是提高能效和节约能源，加强对清洁能源、替代能源和新能源技术的研发和推广，构建清洁、安全、经济、可靠的地区未来能源供应体系。

三是通过双边和多边国际合作，共同维护能源运输安全。

中国高度重视能源安全与能源合作。中国政府制订了“节约优先、立足国内、多元发展、保护环境和加强国际互利合作”的能源政策。中国的能源需求主要是靠自己来解决，特别要靠大力节能。到 2010 年我们要实现单位 GDP 能耗降低 20%左右的目标。我们愿意积极开展国际合作，共同维护能源市场的稳定。

二、加强相互协作，有效防控禽流感。我们要加强防控传染病的能力建设，推广科学规范的防控措施，共享科技成果和防控经验。当前，应重点阻止禽流感向人传播，加强在人/禽流感防控技术交流、人员培训、信息共享、疫苗研制和疫情跨境传播防治等方面的合作。中国政府高度重视禽流感防控工作，采取了公开、透明的信息发布制度，及时有效地控制疫情蔓延。我们愿与本地区国家携手努力，共同解决好禽流感问题。

三、完善合作机制，确保金融安全。金融安全是实现本地区经济稳定发展的重要保障。亚洲国家在地区货币互换、亚洲债券市场建设等方面开展了有效合作，取得了积极进展。我们应继续加强双边和多边财金领域政策对话，开展人力资源开发和机构能力建设合作。推进地区金融市场和预警机制建设，加强对“热钱”的监控，增强危机防范能力。我们还应探讨利用本地区丰富的外汇储备，促进地区金融稳定和经济增长。

四、着眼长远发展，全面深化教育合作。教育是兴国之本，更是百年大计。我们应加强本地区国家教育、学术机构之间的交流与合作，在各大院校之间建立更加广泛的联系，开展形式多样的青年文化体育交流活动。加大对欠发达国家的教育援助，促进教育资源的双向流动，努力提高本地区的教育水平。

五、秉持扶危助难，推进救灾减灾合作。自然灾害的破坏是无国界的，需要通过合作共同应对。近年来各国在应对印度洋地震海啸等突发重大灾难中已初步建立起良好的合作基础。我们应进一步加强在灾害早期预警体系、灾害信息和减灾技术共享、减灾能力建设等方面的合作，努力实现经济社会与自然资源、生态环境的协调发展。

各位同事：

中国改革开放近 30 年来，经济建设取得了举世瞩目的成就。我们选择了一条正确的发展道路，这就是和平发展道路。中国的和平发展道路，就是通过和平合作途径实现发展并在发展过程中维护世界和平，就是致力于在自身发展的同时实现与世界各国共同繁荣进步。

中国通过自身发展和市场开放，为亚洲经济的稳定与繁荣作出了积极贡献。中国将进一步扩大对亚洲国家的贸易、投资和援助，更紧密地把中国与亚洲国家的利益结合起来，实现互惠互利、合作共赢。

中国的发展也面临许多挑战。中国的经济总量虽然已位居世界前列，但是，中国有 13 亿人口，人均国内生产总值还处在世界一百位之后，城乡、区域、经济社会发展很不平衡。在今后相当长的一段时期，发展仍然是我们的中心任务。因此，我们需要和平，需要朋友，更需要合作。

当前，中国与周边国家关系正处于良好的发展时期。事实证明，中国的睦邻友好政策符合各国的共同利益，这一政策不会改变。我们将继续奉行与邻为善、以邻为伴的方针和“睦邻、安邻、富邻”的政策，与各国一道，共建亚洲和谐、繁荣的美好家园。

谢谢大家！

（来源：北京周报．http://www.beijingreview.com.cn/qwfb/txt/2007—02/09/content_55559.htm．2007—02—09）

2007 年 11 月 20 日，国务院总理温家宝在新加坡举行的第十一次中国与东盟领导人会议上发表讲话。全文如下：

扩大合作　互利共赢

——在第十一次中国与东盟领导人会议上的讲话

（2007 年 11 月 20 日　新加坡）

尊敬的李显龙总理阁下，各位同事：

今年是东盟成立 40 周年，是东盟发展历程中具有里程碑意义的一年。在此，我代表中国政府和人民对东盟各国政府和人民致以热烈祝贺！衷心祝愿在刚刚发表的《东盟宪章》指引下，东盟各国在促进经济发展和社会进步方面再创辉煌。我们相信，团结、开放、富有生机和活力的东盟将为促进本地区和平、发展、繁荣做出更大贡献。

去年，中国和东盟关系揭开了新的篇章。我们共同庆祝建立对话关系 15 周年，一致同意加强战略伙伴关系和全面合作，并为此发表了《联合声明》。

一年后的今天，中国和东盟国家领导人在新加坡再度相聚。回顾过去，展望未来，我们为双方合作所取得的新进展感到高兴，对我们面向和平与繁荣的战略伙伴关系的更大发展充满信心。

过去一年，在中国—东盟建立对话关系15周年纪念峰会《联合声明》的指引下，双方睦邻友好与互利合作取得新进展，有了新收获。

保持了高层友好交往，加强了政策对话，增进了相互理解和信任；就落实《南海各方行为宣言》后续行动保持磋商，共同致力于维护南海地区的和平与稳定。

继续加快双边自贸区建设，在实施《货物贸易协议》和《服务贸易协议》基础上，积极推进投资协议谈判。今年，双边贸易额将达1900亿美元，明年有望突破2000亿美元，累计相互投资额454亿美元，双方已互为第四大贸易伙伴。

签署了《中国—东盟海运协定》，通过了《中国—东盟航空合作框架协议》，继续推进泛亚铁路和大湄公河流域信息高速公路建设，为扩大双方交往与合作创造了更多便利。

积极落实今年年初第十次10+1领导人会议的倡议，在农村信息化、青少年交流、新闻媒体交流、人力资源开发、环境保护、质检和食品安全、禽流感防控、灾害管理、维和等领域开展了务实合作，取得了良好的社会效益；在农业、科技、能源、教育、文化等重点领域保持旺盛的合作势头；成功举办了第四届中国—东盟博览会和商务与投资峰会。

在东盟与中日韩（10+3）、东亚峰会、东盟地区论坛、亚太经合组织、联合国、世贸组织等地区和国际组织中密切配合，相互支持，携手促进地区和世界和平、稳定与发展。

主席先生：

中国和东盟正迈入各自发展的新时期、新阶段。我愿重申，巩固和发展同东盟面向和平与繁荣的战略伙伴关系，是中国政府坚定不移的外交政策。在新的一年里，中方将在以下方面与东盟共同努力，加强中国—东盟战略伙伴关系，在更高层次上促进双方的互利共赢和共同发展。

一、加强政治互信和政策协调

保持双方高层交往，加强各领域、各层次的对话和沟通，密切在重大地区和国际事务中的协调与配合，增进政治互信。

积极落实《南海各方行为宣言》，推动有关后续行动取得进展，促进南海务实合作和共同开发，维护南海地区的稳定。

增进双方军事交流与合作，开展机制化的防务合作，加强国防政策对话，扩大双方军队在非传统安全领域的合作。中方将于明年主办中国—东盟防务学者交流活动。

二、提升经贸关系与合作水平

坚持平等互利，注重实效，长期合作，共同发展的原则，落实好《货物贸易协议》和《服务贸易协议》，加快双方投资协议谈判，争取早日达成共识，推动全面建成中国—东盟自贸区。

加强双方公路、铁路、航空、信息通信的互联互通，以满足双方经贸关系更大发展的需求。为此，我们将与东盟国家积极落实双方海运协定和航空合作框架协议，并尽早通过“交通合作战略规划”，商签中国—东盟航空运输协定；努力建设“中国—东盟信息高速公路”；大力推进泛亚铁路建设，中方愿在力所能及的范围内，通过技术、人员、设备等方式参与境外段的前期研究和建设；成立联合专家组，就泛北部湾经济合作开展可行性研究。

为进一步拓展双方在信息通信技术领域的合作，中方将于明年主办第三届“中国—东盟电信周”，并倡议建立中国—东盟网络与信息安全应急处理合作框架。

根据中国与东盟即将签署的《关于加强卫生和植物卫生合作谅解备忘录》，加强双方在进出口食品、农产品及其他相关产品的安全、卫生和健康方面的合作，为本地区货物贸易便利化、保护消费者利益做出新贡献。早日签署《中国—东盟关于技术法规、标准和合格评定合作谅解备忘录》。

争取早日签署并落实“中国—东盟中心《谅解备忘录》”，逐步启动“中心”的活动，充分发挥“中心”在促进双方经贸、文化、民间交流等方面的独特作用，进一步将双方战略伙伴关系“行动计划”和“全面经济合作框架协议”落到实处。

在10+1框架内，就加强中国和东盟的知识产权合作进行进一步探讨，争取早日就有关合作协议达成共识。为此，中方将于明年主办中国—东盟知识产权研讨班。

继续办好中国—东盟博览会和中国—东盟商务与投资峰会，使之成为双方深化交流、扩大合作、互利共赢、共谋发展的重要平台。

三、开展在非传统安全领域的务实合作

继续加强双方在打击贩毒、偷运非法移民、海盗、恐怖主义、武器走私、洗钱、国际经济犯罪和网络犯罪等非传统安全领域的合作，适时续签《中国—东盟非传统安全领域合作谅解备忘录》。

作为马六甲海峡的使用国，中国致力于通过对话合作维护海峡安全，愿积极参与有关合作项目。中方将于明年为马六甲三国举办“海事调查培训班”和“港口国监督培训班”。

重大自然灾害是我们共同面临的威胁。为提高共同预防和应对巨大灾害的能力，中方将于明年主办中国—东盟增强区域应对巨灾能力研讨会。

加强双方在能源、环境保护、气候变化等领域的长期合作。我们支持双方本着互利共赢的原则，加强在可再生能源、清洁能源等领域的合作，共同探讨解决能源供应问题的其他途径。我们愿同东盟探讨制订“中国与东盟环保合作战略”。中方将于明年建立“中国—东盟环保合作中心”，建议适时建立中国—东盟环境部长会议机制，为建设资源节约型和环境友好型的东亚共同努力。

四、积极支持东盟共同体和一体化建设

我们坚定支持东盟建立以经济、安全、社会与文化为三大支柱的“东盟共同体”的努力，愿为东盟一体化进程提供力所能及的帮助。

中方将与东盟积极配合，共同努力，尽快启动中方承办的两个“东盟一体化倡议”项目。在此基础上，中方愿积极研究承办其他“东盟一体化倡议”项目的可行性。

落实“今后5年为东盟培训8000名各领域人才”的倡议，中方明年将继续为东盟举办各类培训项目，计划培训2000人左右。

中方将继续支持东盟缩小内部发展差距的努力，积极参与东盟—湄公河流域开发合作、大湄公河、东盟东部增长区等次区域合作。

五、扩大社会、文化交流及人员交往

中方将继续邀请东盟青少年访华，主办青年营、夏令营、青年企业家论坛等交流对话项目。利用好在广西建立的“中国—东盟青少年培养基地”，增进双方青少年的相互了解和友谊。

中方愿在体育和文化交流方面继续加强与东盟的合作，并将于明年主办中国—东盟文化产业论坛，建议双方着手制订《中国—东盟文化产业互动计划》。我们热烈欢迎东盟国家参加2008年北京奥运会，预祝你们取得优异的成绩。

加强中国—东盟媒体合作对于增进双方人民的相互了解、巩固传统友好、扩大互利合作具有重要意义。我们愿与东盟尽早签署并落实《新闻媒体合作谅解备忘录》，制订有关工作计划。明年，中方将主办中国—东盟广播电视论坛，并继续为东盟新闻工作者提供培训。中国与东盟各国互为重要的旅游目的地和客源国。为促进双方旅游部门之间的交流与合作，中方将于明年专门为东盟国家旅游主管部门开设培训班，重点帮助东盟了解中国的出境旅游市场。

主席先生，各位同事：

中国和东盟建立对话关系的16年历程表明，中国与东盟的发展是相互依存、相互促进的。随着中国经济和社会的发展，13亿中国人民生活水平的提高，将给包括东盟在内的周边邻国和世界其他国家和人民提供更大更多的发展空间和机遇。我们愿做出进一步努力，推动中国与东盟关系不断向前发展。

（来源：中华人民共和国外交部网站. http://www.fmprc.gov.cn/chn/wjdt/zyjh/t382850.htm.2007—11—20）

2007年11月20日，国务院总理温家宝在新加坡举行的第十一次东盟与中日韩领导人会议上发表讲话。全文如下：

凝聚共识　再创辉煌

——在第十一次东盟与中日韩领导人会议上的讲话

（2007年11月20日　新加坡）

尊敬的李显龙总理阁下，各位同事：

我很高兴来到美丽的新加坡出席第11次东盟与中日韩领导人会议。请允许我对东道国新加坡政府和人民的盛情款待表示衷心的感谢。

2007年是东盟与中日韩（10+3）合作十周年，是东亚合作进程中具有标志性意义的一年。

十年前，10+3合作在亚洲金融危机的风雨中诞生，开启了东亚国家携手合作、共同发展的历程。

十年来，在第一份《东亚合作联合声明》指引下，10+3合作生机勃勃，不断壮大。10+3国家间建立了双边睦邻伙伴关系，保持了密切交往，增进了相互理解与信任。10+3框架内成立了50多个对话机制，在20个领域开展了上百个合作项目，密切了相互依存，促进了地区繁荣。10+3继承和弘扬亚洲宝贵的精神遗产和优秀文化传统，倡导相互尊重，包容开放，促进不同文明间的对话交流。10+3培育和树立的平等参与、循序渐进、求同存异、协商一致、共同发展模式，成为新的历史条件下区域合作的成功范例。

在各国共同努力下，东亚克服了亚洲金融危机的影响，成为全球经济发展最快和最具活力的地区。过去十年，东亚经济增长速度居于世界前列，新兴市场国家国内生产总值年均增速超过9%。2005年，东亚经济规模占全球经济40%，贸易占全球份额五分之一。以“清迈倡议”为核心的金融合作迈出实质性步伐，各种双边和多边自贸区安排纷纷建立，湄公河流域开发等次区域合作方兴未艾，社会、文化以及非传统安全领域的合作稳步推进，东亚国家人民生活水平不断提高，贫困人口比十年前减少3亿，贫困状况得到显著改善。

总之，经过十年的共同奋斗，东亚整体竞争能力提高了，凝聚力增强了，地区面貌改变了，国际地位提升了，发展前景更加光明了。

十年后的今天，10+3合作迈进新的阶段。当今世界，经济全球化趋势在发展，科技革命日新月异，国际竞争更加激烈，这既给10+3合作提供新机遇，也带来新挑战。再接再厉，与时俱进，保持10+3合作势头，发挥其在促进东亚繁荣与稳定中的重要作用，是我们的共同责任，共同任务。

我们高兴地看到，本次会议即将通过的第二份《东亚合作联合声明》和《2007～2017年东盟与中日韩合作工作计划》提出了实现东亚和平、稳定、繁荣的目标，重申了《联合国宪章》及《东南亚友好合作条约》的宗旨和精神，明确了政治安全、经济金融、能源和可持续发展、社会和文化等领域开展全面合作的任务，强调了坚持东盟在本地区合作中的主导作用和10+3的主渠道地位。这两份文件为10+3合作指明了前进方向。

主席先生，挖掘东亚合作的潜力，保持东亚增长的活力，增强东亚发展的创造力，是10+3合作的重要任务。在这方面，10+3合作积累了不少有益经验和启示，值得认真总结，提炼升华，发扬光大。在本次会议上，东亚各国领导人就如何加强和深化10+3合作发表了很好的意见，我也愿就此提出几点看法和主张：

一是坚持相互尊重和平等相待，实现各国的和睦相处。东亚国家在长期的历史发展中形成了诚实守信、以和为贵等价值取向和行为规范。在亚洲诞生的和平共处五项原则和《东南亚友好合作条约》闪耀着亚洲文化的光芒。在国际形势深刻演变的今天，10+3国家应坚持相互尊重独立和主权，相互尊重各自选择的社会制度和发展模式，将邻国的发展作为自身发展的机遇而非威胁，加深睦邻互信，建立平等的国家关系。

二是着眼于共同利益，促进共同发展与繁荣。这是东亚合作的主要目的，也是和谐亚洲的重要基础。东亚发展成就斐然，但亚洲尚有数亿贫困人口，最富裕国家同最不发达国家的人均收入相差上百倍。10+3合作应一如既往，促进各国经济持续稳定增长，缓解和缩小发展不平衡状况；推进地区自贸区建设和财政金融领域的务实合作，深入开展10+3东亚自贸区研究，加快“清迈倡议”多边化进程，尽早建立10+3区域外汇储备库；加强科技领域的交流与合作，努力转变发展方式，提高本地区国家的竞争能力。为此，中方建议于明年举办10+3生命科学研讨会，促进东亚国家在生命科学领域的研究，分享合作成果。中方还将于明年举办10+3信息通信培训项目，以促进我们各国信息通信事业的发展。

三是统筹兼顾，实现东亚经济社会的全面协调发展。在扩大和深化经贸等重点领域合作的同时，10＋3有必要密切政治和安全磋商，扩大社会和文化交流，加强能源、环保和应对气候变化的合作，促进东亚可持续发展。为此，中方愿与其他国家共同努力，积极认真地落实《2007～2017年东盟与中日韩合作工作计划》提出的合作项目。为了巩固和深化10＋3务实合作，中国政府决定向"亚洲区域合作专项资金"增资1500万美元；支持建立"10＋3合作基金"；明年继续主办10＋3武装部队国际救灾研讨会，倡议建立10＋3武装部队非传统安全合作论坛，增强10＋3国家应对非传统安全挑战的能力和合作水平。为此，中方将于明年举办10＋3国际执法培训机构研讨会，加强东亚国家的执法能力建设。中方还将于明年举办第二届10＋3媒体合作研讨会，进一步促进本地区媒体交流与合作。

四是立足实际，探索并形成符合东亚多样性的合作模式和途径。东亚国家国情不同，发展水平和阶段不一，因此东亚合作更需要尊重多样性，照顾彼此关切。在亚洲多样性土壤里生长出10＋3、10＋1、东亚峰会、东盟地区论坛等多个区域合作机制，各有发展规律，各有重点方向，但一个共同点就是尊重多样性，循序渐进，求同存异，在多样性中获得生机，实现共同利益的最大化。

五是开放包容，在优势互补中实现东亚共同体的长远目标。10＋3合作框架完备，基础牢固，领域全面，共识广泛，富有成效，应是本地区合作的主渠道。中方一贯主张10＋3合作坚持开放原则，不搞保护主义，不具排他性，与本地区其他合作机制相互尊重、相互包容、相互补充、相互促进。同时，也有必要根据各个区域合作机制的特点，进一步探索和明确它们承担的角色和作用，推动东亚区域合作的健康发展。

主席先生，作为东亚的一员，中国致力于同本地区国家在政治上和谐相处，经济上平等互利，文化上取长补短，安全上互信协作。基于这个目的，十年来，中国坚持与邻为善、以邻为伴，积极参与包括10＋3在内的区域合作，在扩大对外开放中实现自身发展，又以自身的发展促进东亚乃至世界的发展。

在东亚合作迈入新的阶段之际，我们对未来满怀信心。尽管前进的道路充满挑战，但只要我们携手努力，加强合作，就一定能够建设一个和平的亚洲、和谐的亚洲、繁荣的亚洲。

谢谢各位！

（来源：中华人民共和国外交部网站．http://www.fmprc.gov.cn/chn/wjdt/zyjh/t382702.htm.2007—11—20）

2007年11月21日，第三届东亚峰会在新加坡举行，温家宝总理在会上发表讲话，全文如下：

携手合作　共同创造可持续发展的未来

——在第三届东亚峰会上的讲话

（2007年11月21日　新加坡）

尊敬的李显龙总理阁下，各位同事：

很高兴同大家在新加坡再次相聚。我对李显龙总理和新加坡政府为会议所作的周到安排表示衷心的感谢。

随着工业化的快速发展，人类使用化石能源，创造了巨大的物质财富，但同时也产生了大量污染物和温室气体，全球能源、气候变化和环境问题越来越突出，成为我们面临的共同挑战。东亚峰会就这个重大战略性问题交换看法，反映出本地区国家加强合作，应对挑战的愿望和决心。

主席先生，在此，我愿就应对气候变化阐述中方的看法和主张：

第一，气候变化是全球性问题，需要各国携手合作，共同保护我们的家园。发达国家应该正视自己的历史责任和当前人均排放水平仍然居高的现实，严格履行《京都议定书》确定的减排目标，在2012年后继续率先减排。发展中国家应该根据自身能力积极采取有效措施，为应对气候变化做出力所能及的贡献。国际社会应该加大对发展中国家的支持，发达国家应该履行对发展中国家的技术转让和资金支持承诺，切实帮助发展中国家提高减缓和适应气候变化能力。

第二，气候变化从根本上说是发展问题。应该把经济增长、社会发展、环境保护统筹协调起来，建立适应可持续发展要求的生产方式和消费方式。为应对气候变化而停滞发展，或者无视气候变化片面追求经济增长都是不可取、不可行的。据估计，今天全球约有24亿人仍以煤炭、木炭、薪柴、农作物秸秆作为主要燃料，有16亿人没有用上电。让贫困人口得到现代能源的服务，进而享受发展的机会，是一种道义责任和社会责任。因此必须强调，应对气候变化的努力应该促进而不是阻碍各国尤其是发展中国家发展经济、消除贫困。

第三，《联合国气候变化框架公约》及其《京都议定书》奠定了应对气候变化国际合作的法律基础，最具权威性、普遍性、全面性。公约确立的"共同但有区别的责任"和公平原则，凝聚了国际社会共识，反映了各国经济发展水平、历史责任、当前人均排放上的差异。我们应该以公约和议定书作为国际合作的基本框架，也欢迎将其他开展务实合作的倡议和机制作为公约框架的有益补充。

第四，技术进步对减缓和适应气候变化具有决定性作用。国际社会要增加资金投入，扩大信息交流，加强节能、环保、低碳能源等技术的研发和创新合作，特别是加强技术推广和利用，使广大发展中国家买得起、用得上。在这方面，不能只强调市场机制的作用，把应对气候变化的任务全部推向市场。发达国家应减少贸易和技术壁垒，支持尽早落实公约关于技术转让的规定，建立切实有效的技术转让和技术合作机制，提高共同应对气候变化的能力。

第五，适应气候变化是发展中国家最为关心的问题，是应对气候变化挑战的重要组成部分。发达国家应本着共同发展的伙伴精神，积极帮助发展中国家提高适应能力，增强应对气候灾害的能力；尽快启动《京都议定书》的适应基金，并对所有发展中国家开放；完善全球环境基金和清洁发展机制的运作，使发展中国家更加受益；扩大适应资金来源，为发展中国家适应气候变化提供新的和额外的资金支持。中国将于明年举办"东亚峰会气候变化适应能力建设研讨会"，就本地区国家如何提高对气候变化的适应能力进行探讨。

主席先生，中国是世界上人口最多的国家，是一个中低收入的发展中国家，是遭受气候变化不利影响较为严重的国家。中国政府充分认识到应对气候变化的重要性、紧迫性，本着对本国人民负责、对全人类负责、对子孙后代负责的精神，主动采取了一系列减缓温室气体排放的政策措施，取得了重要进展。

国际舆论比较关注中国二氧化碳排放总量，但不要忽视这样一些基本事实：中国人口占世界总人口21%；中国人均二氧化碳排放还比较低，不到发达国家平均水平的三分之一；中国仍有2000多万农村贫困人口和2200多万城市最低生活保障线以下人口，城乡和区域经济社会发展还不平衡。为了改善和提高13亿中国人民的生活水平和生活质量，中国的“发展排放”在一定时期难免会有所增加。作为一个制造业大国，中国生产的商品为世界各国享用，但却承受着“转移排放”带来的越来越大的压力。我们希望，各方在关注中国的排放时要充分注意到这两个因素。

中国政府将环境保护作为一项基本国策，将科学发展观作为执政理念，根据《联合国气候变化框架公约》的规定，结合中国经济社会发展规划和可持续发展战略，制定并公布了《中国应对气候变化国家方案》，成立了国家应对气候变化领导小组，颁布了一系列法律法规。我们明确提出了控制温室气体排放的具体任务，包括到2010年实现单位国内生产总值能源消耗比2005年降低20%左右、可再生能源在一次能源供应结构中的比重提高到10%、将工业氧化亚氮排放稳定在2005年水平，同时努力实现森林覆盖率达到20%、新增改良草地2400万公顷、治理退化和沙化及碱化草地5200万公顷、自然保护区面积占国土总面积比例达到16%左右、治理荒漠化土地面积2200万公顷等。我们知道，这些任务非常艰巨，但我们有决心和信心，经过艰苦努力，一定能够实现。

中国坚持走低消耗、低排放、高效益、高产出的新型工业化道路，是国际社会加强环境保护、应对气候变化、实现可持续发展努力的重要组成部分。我们期待得到包括东亚国家在内的国际社会的大力支持。中国将根据公约和议定书，本着“共同但有区别的责任”原则，承担应有的国际责任和义务。中方赞同本次会议发表的《气候变化、能源和环境新加坡宣言》，愿与各方一道，将宣言的精神和倡议落到实处，共同促进东亚地区应对气候变化的努力，推动建设一个和谐发展、清洁发展、可持续发展的东亚。

谢谢大家！

（来源：新华网. http://news. xinhuanet. com/news center/2007—11/22/content_7123212. htm. 2007—11—22）

2007年7月31日，中国外交部长杨洁篪在东盟与中日韩外长会议上发表讲话。全文如下：

杨洁篪外长在东盟与中日韩外长会议上的讲话

（2007年7月31日　菲律宾·马尼拉）

今年是东盟与中日韩（10＋3）合作十周年，是东亚合作回顾过去、展望明天、总结经验、继往开来的一年。

十年前，面对经济全球化、区域一体化的潮流和亚洲金融危机的严重冲击，东亚国家把握机遇，迎接挑战，在东盟倡议下，启动了10＋3进程，开辟了东亚国家团结协作、互利共赢的新渠道，也为亚洲区域合作提供了有益的借鉴和经验。

十年来，10＋3保持了良好的发展势头：建立和健全了各级对话和合作机制，提出了建立东亚共同体的长远奋斗目标，确定了26个短期和中长期合作领域，实践了以东盟为主导、协商一致、循序渐进、照顾各方舒适度、平等互利、相互尊重、求同存异为特征的合作原则。10＋3合作取得了积极和显著的成就：东亚国家间政治交往频繁，传统友好和相互信任得到加强。双边和多边自贸区建设方兴未艾，区域内的经贸依存度明显提高，东亚已连续数年成为全球经济增长最快的地区。东亚金融合作迈出实质性步伐，“清迈倡议”框架下双边货币互换规模大幅提高，多边化进程取得突破性进展，推动本地区财金合作迈上一个新的台阶，亚洲债券市场建设进程不断加快。农村发展、扶贫、减灾、信息通讯、基础设施建设等领域合作逐步拓展。文化艺术交流和民间交往日益活跃，东亚整体意识和优秀文明文化得到培育和弘扬。总之，10＋3为促进地区和平稳定、经济增长、社会进步、共同繁荣做出了重要贡献，成长为东亚合作的主渠道。我们为拥有这样一个地区合作机制而感到高兴和自豪！

十年后的今天，10＋3既面临发展机遇，也面临诸多挑战。本地区国家间的政治互信仍有待加强，地区和平稳定仍面临威胁和挑战，地区经济发展不平衡，不少国家经济社会发展滞后局面仍未改变，东亚整体竞争能力和水平有待提高，非传统安全问题有待妥善解决，多样性的优势有待转化为和谐共处、共同发展的现实成果。

10＋3是一个不断发展、不断进步的过程。保持10＋3的活力和生命力，发挥它在实现东亚共同体建设中应有的主渠道作用，我们应在以下四个方面加强努力。

一、相互尊重，求同存异。东亚多样性突出，各国发展水平、社会制度、意识形态、文化、宗教都存在差异。10＋3合作之所以能走到今天，之所以能取得骄人成就，关键就是超越不同和差异，理解和尊重彼此国情和选择，寻求共同利益，扩大共同利益，谋求共同发展。这是东亚合作诸多政治文件确定的重要原则，是东亚合作的法宝和财富，也是东亚合作顺应世界潮流的具体体现。我们希望这笔共同财富能够得到充分的珍视和爱护。只有秉承互信、互利、平等、协商、尊重多样文明、谋求共同发展的“东亚合作精神”，10＋3合作才能顺利前进。这一点应在第二份《东亚合作联合声明》中予以强调，在今后10＋3的实践中进一步弘扬。

二、同心同德，团结协作。实现一个政治上和谐相处、经济上平等互利、安全上互信协作、文化上交流互鉴的和谐东亚，是10＋3合作的宗旨，符合东亚各国人民的根本和长远利益。要将理想变为实际，需要凝聚意志、凝聚智慧、凝聚力量。我们相信，10＋3国家将以制定第二份《东亚合作联合声明》为契机，加强团结，精诚合作，携手朝着东亚合作更高更新更优更好的目标前进。

三、务实合作，共同发展。东亚共同体建设以东亚合作为支撑，以各领域项目为基础。为了给东亚和平与繁荣的大厦添砖加瓦，我们要加强各领域的务实合作，大力支持东盟一体化建设，重点推进自贸区建设、金融合作、基础设施、信息、交通、人力资源和湄公河流域开发等合作。我们也赞同东盟关于为合作项目提供力所能及的资金支持的建议，以确保10+3合作倡议落到实处。

四、开放包容，优势互补。10+3、东盟分别与中日韩三国的10+1合作、东盟地区论坛、东亚峰会等，都是实现东亚和平、稳定、发展、繁荣的地区论坛和合作机制。它们各具特色，各有优势，相互依存，互为补充。我们应一如既往，坚持开放、包容的原则，尊重各个合作机制的特点和发展规律，鼓励10+3与地区其他合作机制交流借鉴，优势互补，共同推动东亚地区合作向更宽领域和更高水平发展。

我愿借此机会强调指出，作为10+3合作的一员，中国致力于与邻为善、以邻为伴，加强区域合作。我们愿在庆祝东亚合作十周年之际，与东盟和日本、韩国全面总结10+3发展的成就和经验，展望和规划未来十年的合作，共同维护地区和平与稳定，促进地区繁荣与发展，谱写东亚合作的新篇章。

（来源：中华人民共和国外交部网站．http://www.fmprc.gov.cn/chn/wjdt/zyjh/t346539.htm．2007—07—31）

2007年8月2日，外交部长杨洁篪在第14届东盟地区论坛外长会上发表讲话，全文如下：

杨洁篪外长在第14届东盟地区论坛外长会上的讲话

（2007年8月2日　菲律宾·马尼拉）

主席先生：

我很高兴应邀出席东盟地区论坛外长会，就亚太地区形势和地区安全对话合作同各位同事交换看法。

过去一年，和平、发展、合作继续是亚太形势的主流。地区经济保持增长势头，各国联系日益密切。东盟一体化进程提速，区域和次区域合作不断拓展。各国友好交流广泛而深入，大国关系总体稳定。东盟与中日韩合作迎来第二个十年，东盟地区论坛、东亚峰会、亚洲合作对话、亚太经合组织交流互鉴，在促进地区发展和稳定方面发挥着各自作用。谋求共同利益、和平解决分歧是普遍追求，在各方共同努力下，朝核问题六方会谈取得积极进展，实现半岛无核化目标正逐步由理想向现实演变。

我们也必须看到，亚太地区仍面临诸多挑战：发展不平衡问题依然突出，缩小贫富差距、共享全球化成果任重道远。局部紧张和冲突影响和威胁着一些国家的和平与发展，热点问题的解决还有赖于各国的政治智慧和共同努力。自然灾害、传染性疾病等非传统安全问题层出不穷，能源资源压力增大，生态环境问题突出。令人关切的是，在冷战思维作用下，强化双边军事同盟、谋求绝对军事优势的倾向有所发展，损害了建立政治互信的努力，给地区安全增加了不稳定因素。

作为全球经济最具活力和潜力的一个地区，亚太安全形势如何演变，关乎本地区的长治久安和各国人民的切身利益。如何维护和延续亚太地区来之不易的和平，是我们必须严肃思考和认真回答的重要课题。

常言道，温故知新。冷战结束以来新安全观在亚太地区的实践，东盟地区论坛14年的成长历程，为我们认识和把握亚太地区安全合作的方向，坚持正确的安全观念和安全合作模式，提供了重要而有益的启示：

相互尊重，相互平等。上个世纪，以结盟、实力、威慑、强权为特征的旧有安全理念，给世界带来的不是安全与和平，而是控制、征服甚至冲突和战争。小国、弱国、穷国往往是这种政策和实践的牺牲品。冷战结束以来，亚太地区在多样性中实现了相对安宁与和平。究其原因，关键在于各国积极培育相互尊重、相互平等的安全理念，承认、尊重并超越意识形态、价值观念、社会制度、发展水平的差异，建立和发展平等、健康、稳定的国家关系。正是摈弃了相互猜疑、实力政策、输出价值观念与意识形态等传统观念和安全逻辑，各国才得以聚合在一起，开展对话交流和安全合作。东盟地区论坛、上海合作组织不结盟、不针对第三国、不以意识形态划线，就是新安全观念的具体体现。

互利合作，共同发展。在经济全球化深入发展的形势下，各种安全因素相互关联、相互渗透、相互作用，安全的内涵在扩大、安全风险在增多，安全合作的领域在拓宽。对亚太地区众多国家尤其是发展中国家而言，维护经济、贸易、金融、产业、技术、信息、文化安全、应对非传统安全的压力有增无减。各国安全利益的关联性、安全合作的综合性决定，亚太地区安全对话合作必须着眼共同利益，尊重多样性，强化协作性，淡化差异性，避免对抗性。追求和推进基于某个价值观念的合作，必然会妨碍对话合作，与实现共同安全背道而驰。

求同存异，协商共事。历史经验从正反两个方面说明，对话与合作是加强了解，增进互信，弥合分歧，化解矛盾的重要而有效的途径。双边同盟、军事手段不能从根本上解决争端，营造持久和平。作为本地区最大的政府间安全对话合作论坛，东盟地区论坛自创建之初，就秉承对话合作的宗旨，坚持平等参与，协商一致，求同存异，循序渐进，在平等的交流与对话中，增进了相互了解，提升了舒适度，开展了务实合作，在促进亚太地区和平与稳定的事业中发挥了重要和建设性的作用。

总之，在实践中不断丰富和发展的新安全观，是以互信、互利、平等、协作为核心理念的安全观，是综合安全观、发展安全观、合作安全观、共同安全观。这个建立在亚太地区多样性和共同利益基础上的安全观念和安全模式，顺应人民的意愿和时代潮流，符合亚太和平、发展、进步、繁荣的内在规律和要求，我们应该倍加珍视，坚定不移地坚持下去。

作为联合国安理会常任理事国和东盟地区论坛的一员，中国是亚太地区和平、发展、合作、繁荣的积极参与者和建设者。我们与各国加强友好合作，改善和发展了中日关系。我们在更广领域和更深层面参与地区一体化建设，促进亚洲的和谐和可持续发展。我们认真履行职责，积极推进朝核问题六方会谈，为实现朝鲜半岛的无核化和东北亚的持久和平不懈努力。我们热忱投身于东盟地区论坛的对话合作，与各国共同提升合作水平和效益。我们坚持对话协商，求同存异，和平解决历史遗留问题和现实利益矛盾。面对亚太和世界的深刻变化，我们将一如既往，通过对话增进互信，通过互信促进合作，通过合作实现共赢。

（来源：中华人民共和国外交部网站. http://www.fmprc.gov.cn/ohn/wjdt/zyjh/t347104.htm. 2007—08—02）

中国—东盟重要文献

中国—东盟领导人会议主席新闻公报（译文）

（1999 年 11 月 28 日　菲律宾·马尼拉）

1. 中国与东盟领导人会议于 1999 年 11 月 28 日在菲律宾马尼拉举行。

2. 菲律宾共和国总统约瑟夫·埃斯特拉达阁下主持了会议。文莱达鲁萨兰国苏丹哈吉·哈桑纳尔·博尔基亚阁下、柬埔寨王国政府总理洪森阁下、中华人民共和国政府总理朱镕基阁下、印度尼西亚共和国总统阿卜杜拉赫曼·瓦希德阁下、老挝人民民主共和国政府总理西沙瓦·乔本潘阁下、缅甸联邦国家和平与发展委员会主席、政府总理丹瑞大将阁下、新加坡政府总理吴作栋阁下、泰王国政府总理川立派阁下和越南社会主义共和国政府总理潘文凯阁下出席了这次会议。

中国—东盟领导人会议重要内容

3. 东盟国家领导人注意到中国有关人民币不贬值的决定，并对此表示赞赏，认为这是中国为加快本地区经济恢复而采取的重要举措。此外，东盟国家领导人还认为，现行的东盟与中国、日本和韩国财长及央行行长会议机制有助于在财政和货币领域扩大地区合作。

4. 中国和东盟国家领导人强调加强科技合作的重要性，认为有必要进一步加强中国—东盟联合合作委员会在促进有关合作方面的作用。中方重申，将全力支持《河内行动计划》的实施。

5. 中国和东盟领导人敦促各方采取具体措施促进贸易并提供便利、鼓励投资、推动对销贸易、发展中小企业、加强研发，并充分利用东盟自由贸易区（AFTA）、东盟投资区（AIA）和东盟工业合作计划（AICO）所提供的机遇。

6. 中国和东盟国家领导人忆及 1997 年 12 月在吉隆坡发表的面向 21 世纪的中国—东盟合作联合声明，再次强调在本地区促进和平、稳定与繁荣，培养友谊和睦邻互信精神的必要性。中方确认在《东南亚无核武器区条约》议定书（SEANWFZ）开放签字后签署这一议定书的意向，并表示，将遵守《东南亚友好合作条约》（TAC）的原则。

7. 中国和东盟国家领导人再次重申，通过友好协商及和平方式解决彼此之间存在的分歧，同意继续就达成南海行为准则进行探讨，争取获得通过。

（来源：中华人民共和国外交部亚洲司编.《中国—东盟文件集》. 世界知识出版社 2006 年版）

中国与东盟关于非传统安全领域合作联合宣言

（2002 年 11 月 4 日　柬埔寨·金边）

我们，中华人民共和国、文莱达鲁萨兰国、柬埔寨王国、印度尼西亚共和国、老挝人民民主共和国、马来西亚、缅甸联邦、菲律宾共和国、新加坡共和国、泰王国和越南社会主义共和国的国家元首或政府首脑，齐集柬埔寨金边举行中国与东盟第六次领导人会议：

忆及 1997 年《中华人民共和国与东盟国家领导人会议联合声明》，其中承诺加强在所有领域的对话与合作，以增进了解和扩大互利，巩固和充实睦邻互信伙伴关系；

严重关注贩毒、偷运非法移民包括贩卖妇女儿童、海盗、恐怖主义、武器走私、洗钱、国际经济犯罪和网络犯罪等非传统安全问题日益突出，成为影响国际和地区安全的重要不确定因素，对国际和地区和平与稳定构成新的挑战；

认识到非传统安全问题十分复杂，有着深刻的背景，需要综合运用政治、经济、外交、法律、科技等手段加以应对；

认为非传统安全问题需要加强地区和国际合作，中国与东盟各国互为近邻，在应对非传统安全问题方面存在广泛的共同利益；

满意地注意到中国与东盟在非传统安全领域已经开展的合作和取得的成果，包括 2000 年的《东盟和中国禁毒行动计划》，2001 年中国、老挝、缅甸和泰国四国禁毒合作部长会议及其发表的《北京宣言》，以及中国与东盟国家通过双边渠道开展的各种合作；

欢迎 1997 年东盟打击跨国犯罪部长级会议发表的声明、2001 年东盟领导人发表的反恐联合声明、2002 年东盟反恐特别部长会议联合公报和柬埔寨、印度尼西亚、马来西亚、菲律宾四国的《情报交流与建立联系程序协议》；

确认在遵守《联合国宪章》、《东南亚友好合作条约》体现的和平共处五项原则和其它公认的国际法准则的基础上开展合作，并尊重各国的法律制度；

决心进一步加强和深化双方在非传统安全领域合作，授权主管部长根据下述落实本宣言：

一、目标

根据各方的共同需要，制定非传统安全领域的合作措施和方法，提高各方应对非传统安全问题的能力，促进各方的稳定与发展，维护地区和平与安全；

二、合作重点和形式

（一）现阶段合作重点为打击贩毒、偷运非法移民包括贩卖妇女儿童、海盗、恐怖主义、武器走私、洗钱、国际经济犯罪和网络犯罪等；

（二）在深化其它的多边和双边合作基础上，

1. 加强信息交流

2. 加强人员交流与培训，促进能力建设

3. 加强在非传统安全领域的务实合作

4. 加强对非传统安全问题的共同研究

5. 探讨其它合作领域和方式

三、参与和组织

（一）中国与东盟将尽可能利用现有的机制，包括东盟打击跨国犯罪部长会议和高官会，开展合作，并根据联合宣言的宗旨和原则制定中长期合作规划，指导双方合作；

（二）通过上述机制，在中国和东盟成员国主管部门支持下，就相关领域合作设立专门工作组，实施有关行动计划；

四、其他

为落实本联合宣言，可根据联合宣言的宗旨和原则，制定具体的合作协议。

我们，中华人民共和国与东盟国家领导人，承诺继续关注此事，并呼吁其它地区和国家与我们共同努力，加强在非传统安全领域的合作。

兹于公元二〇〇二年十一月四日在柬埔寨王国金边通过。

（来源：中华人民共和国外交部亚洲司编．《中国—东盟文件集》．世界知识出版社2006年版）

中华人民共和国与东南亚国家联盟全面经济合作框架协议（译文）

（2002年11月4日　柬埔寨·金边）

序言

我们，中华人民共和国（以下简称“中国”）与文莱达鲁萨兰国，柬埔寨王国，印度尼西亚共和国，老挝人民民主共和国，马来西亚，缅甸联邦，菲律宾共和国，新加坡共和国，泰王国和越南社会主义共和国等东南亚国家联盟成员国（以下将其整体简称为“东盟”或“东盟各成员国”，单独一国简称“东盟成员国”）政府首脑或国家元首；

忆及我们2001年11月6日在文莱达鲁萨兰国斯里巴加湾东盟—中国领导人会上关于经济合作框架和在10年内建立中国—东盟自由贸易区（以下简称“中国—东盟自贸区”）的决定，自由贸易区将对柬埔寨、老挝、缅甸和越南等东盟新成员国（以下简称“东盟新成员国”）给予特殊和差别待遇及灵活性，并对早期收获作出规定，其涉及的产品及服务清单将通过相互磋商决定；

期望通过具有前瞻性的《中国与东盟（以下将其整体简称为“各缔约方”，单独提及东盟一成员国或中国时简称为“一缔约方”）全面经济合作框架协议》（以下简称“本协议”），以构筑双方在21世纪更紧密的经济联系；

期望最大限度地降低壁垒，加深各缔约方之间的经济联系；降低成本；增加区域内贸易与投资；提高经济效率；为各缔约方的工商业创造更大规模的市场，该市场将为商业活动提供更多机会和更大规模的经济容量；以及增强各缔约方对资本和人才的吸引力；

确信中国—东盟自贸区的建立将在各缔约方之间创造一种伙伴关系，并为东亚加强合作和维护经济稳定提供一个重要机制；

认识到工商部门在加强各缔约方之间的贸易和投资方面的重要作用和贡献，以及进一步推动和便利它们之间的合作并使它们充分利用中国—东盟自贸区带来的更多商业机会的必要性；

认识到东盟各成员国之间经济发展阶段的差异和对灵活性的要求，特别是为东盟新成员国更多地参与中国—东盟经济合作提供便利并扩大它们出口增长的需要，这要着重通过加强其国内能力、效率和竞争力来实现；

重申各缔约方在世界贸易组织（以下简称为WTO）和其他多边、区域及双边协议与安排中的权利、义务和承诺；

认识到区域贸易安排在加快区域和全球贸易自由化方面能够起到的促进作用，以及在多边贸易体制框架中起到的建设性作用。

现达成如下协议：

第一条　目标

本协议的目标是：

(a) 加强和增进各缔约方之间的经济、贸易和投资合作；

(b) 促进货物和服务贸易，逐步实现货物和服务贸易自由化，并创造透明、自由和便利的投资机制；

(c) 为各缔约方之间更紧密的经济合作开辟新领域，制定适当的措施；以及

(d) 为东盟新成员国更有效地参与经济一体化提供便利，缩小各缔约方发展水平的差距。

第二条　全面经济合作措施

各缔约方同意迅速地进行谈判，以在10年内建立中国—东盟自贸区，并通过下列措施加强和增进合作：

(i) 在实质上所有货物贸易中逐步取消关税与非关税壁垒；

(ii) 逐步实现涵盖众多部门的服务贸易自由化；

(iii) 建立开放和竞争的投资机制，便利和促进中国—东盟自贸区内的投资；

(iv) 对东盟新成员国提供特殊和差别待遇及灵活性；

(v) 在中国—东盟自贸区谈判中，给各缔约方提供灵活性，以解决它们各自在货物、服务和投资方面的敏感领域问题，此种灵活性应基于对等和互利的原则，经谈判和相互同意后提供；

(vi) 建立有效的贸易与投资便利化措施，包括但不限于简化海关程序和制定相互认证安排；

(vii) 在各缔约方相互同意的、对深化各缔约方贸易和投资联系有补充作用的领域扩大经济合作，编制行动计划和项目以实施在商定部门/领域的合作；以及

(viii) 建立适当的机制以有效地执行本协议。

第一部分

第三条　货物贸易

1. 除本协议第六条所列的“早期收获”计划以外，为了加速货物贸易的扩展，各缔约方同意进行谈判，对各缔约方之间实质上所有货物贸易取消关税和其他限制性贸易法规［（如必要，按照WTO关税与贸易总协定（以下简称为GATT）］第24条（8）（b）允许的关税和限制性贸易法规除外）。

2. 就本条而言，应适用如下定义，除非文中另有解释：

(a) “东盟六国”指的是文莱、印度尼西亚、马来西亚、菲律宾、新加坡和泰国；

(b)“实施的最惠国关税税率”应包括配额内税率，并应：

(i) 对于2003年7月1日时为WTO成员的东盟成员国及中国，指其2003年7月1日各自的实施的最惠国关税税率；以及

(ii) 对于2003年7月1日时非WTO成员的东盟成员国，指其2003年7月1日对中国的实施税率；

(c)“非关税措施”应包括非关税壁垒。

3. 各缔约方的关税削减或取消计划应要求各缔约方逐步削减列入清单的产品关税并在适当时依照本条予以取消。

4. 依照本条纳入关税削减或取消计划的产品应包括所有未被本协议第六条所列的“早期收获”计划涵盖的产品，

这些产品应分为如下两类：

(a) 正常类：一缔约方根据自身安排纳入正常类的产品应：

(i) 使其各自的实施的最惠国关税税率依照特定的减让表和税率（经各缔约方相互同意）逐步削减或取消，对于中国和东盟六国，实施期应从2005年1月1日到2010年，对于东盟新成员国，实施期应从2005年1月1日到2015年，并采用更高的起始税率和不同实施阶段；以及

(ii) 按照上文第4款（a）（i）已经削减但未取消的关税，应在经各缔约方相互同意的时间框架内逐步取消。

(b) 敏感类：一缔约方根据自身安排纳入敏感类的产品应：

(i) 使其各自的实施的最惠国关税税率依照相互同意的最终税率和最终时间削减；以及

(ii) 在适当时，使其各自的实施的最惠国关税税率在各缔约方相互同意的时间框架内逐步取消。

5. 敏感类产品的数量应在各缔约方相互同意的基础上设定一个上限。

6. 各缔约方依照本条及第六条所做的承诺应符合WTO对各缔约方之间实质上所有贸易取消关税的要求。

7. 各缔约方之间依照本条相互同意的特定的关税税率应仅列出各缔约方削减后适用关税税率的上限或在特定实施年份的削减幅度，不应阻止任一缔约方自愿加速进行关税削减或取消。

8. 各缔约方之间关于建立涵盖货物贸易的中国—东盟自贸区的谈判还应包括但不限于下列内容：

(a) 管理正常类和敏感类产品的关税削减或取消计划以及本条前述各款未涉及的任何其他有关问题的其他具体规则，包括管理对等承诺的各项原则；

(b) 原产地规则；

(c) 配额外税率的处理；

(d) 基于GATT第28条，对一缔约方在货物贸易协议中的承诺所做的修改；

(e) 对本条或第六条涵盖的任何产品采用的非关税措施，包括但不限于对任何产品的进口或者对任何产品的出口或出口销售采取的数量限制或禁止，缺乏科学依据的动植物卫生检疫措施以及技术性贸易壁垒；

(f) 基于GATT的保障措施，包括但不限于下列内容：透明度，涵盖范围，行动的客观标准——包括严重损害或严重损害威胁的概念，以及临时性；

(g) 基于GATT现行规则的关于补贴、反补贴措施及反倾销措施的各项规则；以及

(h) 基于WTO及世界知识产权组织（简称WIPO）现行规则和其他相关规则，便利和促进对与贸易有关的知识产权进行有效和充分的保护。

第四条　服务贸易

为了加速服务贸易的发展，各缔约方同意进行谈判，逐步实现涵盖众多部门的服务贸易自由化。此种谈判应致力于：

(a) 在各缔约方之间的服务贸易领域，逐步取消彼此或各缔约方间存在的实质所有歧视，和/或禁止采取新的或增加歧视性措施，但WTO《服务贸易总协定》（以下简称为GATS）第五条第1款（b）所允许的措施除外；

(b) 在中国与东盟各成员国根据GATS所做承诺的基础上，继续扩展服务贸易自由化的深度与广度；以及

(c) 增进各缔约方在服务领域的合作以提高效率和竞争力，实现各缔约方各自服务供应商的服务供给与分配的多样化。

第五条　投资

为了促进投资并建立一个自由、便利、透明并具有竞争力的投资体制，各缔约方同意：

(a) 谈判以逐步实现投资机制的自由化；

(b) 加强投资领域的合作，便利投资并提高投资规章和法规的透明度；以及

(c) 提供投资保护。

第六条　早期收获

1. 为了加速实施本协议，各缔约方同意对下文第3款（a）所涵盖的产品实施“早期收获”计划（该计划为中国—东盟自贸区的组成部分），“早期收获”计划将按照本协议中规定的时间框架开始和结束。

2. 就本条而言，应适用如下定义，除非文中另有解释：

(a) “东盟六国”指的是文莱、印度尼西亚、马来西亚、菲律宾、新加坡和泰国；

(b)“实施的最惠国关税税率”应包括配额内税率，并应：

(i) 对于2003年7月1日时为WTO成员的东盟成员国及中国，指其2003年7月1日各自的实施的最惠国关税税率；以及

(ii) 对于2003年7月1日时非WTO成员的东盟成员国，指其2003年7月1日对中国的实施税率；

3. “早期收获”计划中适用的产品范围、关税削减和取消、实施的时间框架、原产地规则、贸易补偿及紧急措施等问题应遵循下列规定：

(a) 产品范围

(i) 下面各章中HS8或9位税号的所有产品都应包括在“早期收获”计划中，除非一缔约方在本协议附件1的例外清单中将其排除，此种情况下该缔约方的这些产品可以得到豁免：

章	描述
01	活动物
02	肉及食用杂碎
03	鱼
04	乳品
05	其他动物产品
06	活树
07	食用蔬菜
08	食用水果及坚果

(ii) 已将某些产品纳入例外清单的任何一缔约方可以在任何时候修改例外清单，将例外清单的一项或多项产品纳入“早期收获”计划。

(iii) 本协议附件2中所列的特定产品应涵盖在“早期收获”计划中，这些产品的关税减让应仅对附件2中列明的缔约方适用。这些缔约方必须就该部分产品相互提供关税减让。

(iv) 对于附件1或附件2所列的未能完成适当的产品清单的缔约方，经相互同意可在不迟于2003年3月1日前完成。

(b) 关税削减和取消

(i) “早期收获”计划中涵盖的所有产品都应按照规定划分为三类进行关税削减和取消，并按照本协议附件3中所列的时间框架执行。本款不应阻止任何缔约方自愿加速其关税削减或取消。

(ii) 所有实施的最惠国关税税率为零的产品，应继续保持零税率。

(iii) 实施税率降低到零的产品，税率应继续保持为零。

(iv) 一缔约方应享受所有其他缔约方就上文第3款(a)(i)所列的某一产品所作的关税减让，只要该缔约方的同一产品保持在第3款(a)(i)所列的“早期收获”计划中。

(c) 临时原产地规则

适用于“早期收获”计划所涵盖产品的临时原产地规则应在2003年7月以前谈判并完成制定。临时原产地规则应由各缔约方根据本协议第三条(8)(b)谈判制定并实施的原产地规则替换和取代。

(d) WTO条款的适用

WTO中有关承诺的修订、保障措施、紧急措施和其他贸易补偿措施——包括反倾销措施、补贴及反补贴措施等方面的条款，应临时性地适用于“早期收获”计划涵盖的产品。一旦各缔约方根据本协议第三条第8款谈判达成的相关规定得以执行，上述WTO的条款应被这些相关规定替换和取代。

4. 除了本条上面各款中规定的货物贸易方面的“早期收获”计划以外，各缔约方应在2003年初探讨在服务贸易方面推行早期收获计划的可行性。

5. 为了推动各缔约方之间的经济合作，本协议附件4中规定的各项活动应予执行或视情况要求加快实施。

第二部分

第七条　其它经济合作领域

1. 各缔约方同意在下列五个优先领域加强合作：

(a) 农业；

(b) 信息及通讯技术；

(c) 人力资源开发；

(d) 投资；以及

(e) 湄公河盆地的开发。

2. 合作应扩展到其他领域，包括但不限于银行、金融、旅游、工业合作、交通、电信、知识产权、中小企业、环境、生物技术、渔业、林业及林业产品、矿业、能源及次区域开发等。

3. 加强合作的措施应包括但不应仅限于：

(a) 推动和便利货物贸易、服务贸易及投资，如

(i) 标准及一致化评定；

(ii) 技术性贸易壁垒和非关税措施；以及

(iii) 海关合作。

(b) 提高中小企业竞争力；

(c) 促进电子商务；

(d) 能力建设；以及

(e) 技术转让。

4. 各缔约方同意实施能力建设计划以及实行技术援助，特别是针对东盟新成员国，以调整它们的经济结构，扩大它们与中国的贸易与投资。

第三部分

第八条　时间框架

1. 在货物贸易方面，关于本协议第三条中所列的关税削减或取消和其他问题的协议的谈判应于2003年初开始，2004年6月30日之前结束，以建立涵盖货物贸易的中国—东盟自贸区，对于文莱、中国、印度尼西亚、马来西亚、菲律宾、新加坡和泰国，建成自贸区的时间是2010年，东盟新成员国建成自贸区的时间是2015年。

2. 本协议第三条所列的关于货物贸易原产地规则的谈判应不迟于2003年12月结束。

3. 服务贸易和投资方面，各项协议的谈判应于2003年开始，并应尽快结束，以依照相互同意的时间框架付诸实施，实施时需要：(a) 考虑各缔约方的敏感领域；(b) 为东盟新成员国提供特殊和差别待遇及灵活性。

4. 对于本协议第二部分中所列的经济合作的其他领域，各缔约方应继续巩固实施本协议第七条中所列的现有的或经同意的各项计划，制定新的经济合作计划，并在经济合作的各个领域达成协议。各缔约方应迅速采取行动，以便以所有相关缔约方都能接受的方式和速度尽早实施。这些协议应包含实施其中各项承诺的时间框架。

第九条　最惠国待遇

中国自本协议签字之日起应给予所有非WTO成员的东盟成员国符合WTO规则和规定的最惠国待遇。

第十条　一般例外

在遵守关于此类措施的实施不在情形相同的各缔约方彼此或各缔约方之间构成任意或不合理歧视的手段或构成对中国—东盟自贸区内贸易的变相限制的要求前提下，本协定的任何规定不得阻止任何缔约方采取或实施保护其国家安全、保护具有艺术、历史或考古价值的文物所采取的措施，或保护公共道德所必需的措施，或保护人类、动物或植物的生命和健康所必需的措施。

第十一条　争端解决机制

1. 各缔约方应在本协议生效1年内，为实施本协议建立适当的正式的争端解决程序与机制。

2. 在上文第1款所称的争端解决程序与机制建立前，任何关于本协议的解释、实施和适用的争端，应通过磋商和/或仲裁以友好的方式加以解决。

第十二条　谈判的机构安排

1. 已建立的中国—东盟贸易谈判委员会（以下简称“中国—东盟TNC”）应继续负责执行本协议中所列的谈判计划。

2. 各缔约方在必要时可以建立其他机构来协调和实施依照本协议开展的任何经济合作活动。

3. 中国—东盟TNC和上述所有机构应通过中国对外贸易经济合作部（以下简称“中国外经贸部”）与东盟经济高官会（简称SEOM），定期向中国外经贸部部长和东盟经济部长会议（简称AEM）汇报其谈判进度及成果。

4. 无论中国—东盟TNC于何时何地进行谈判，东盟秘

书处和外经贸部应联合给以必要的行政支持。

第十三条 杂项条款

1. 本协议应包含所附附件及其内容，以及将来所有依照本协议通过的法律文件。

2. 除非本协议另有规定，本协议或依照本协议采取的任何行动不得影响或废止一缔约方依照其现为缔约方的协议所享受的权利和承担的义务。

3. 各缔约方应当努力避免增加影响实施本协议的约束或限制。

第十四条 修正

本协议的条款可经各缔约方以书面形式相互同意达成的修正案加以修订。

第十五条 交存方

对于东盟成员国，本协议应交存于东盟秘书长，东盟秘书长应及时向每一个东盟成员国提供一份经核证的副本。

第十六条 生效

1. 本协议于2003年7月1日生效。

2. 各缔约方应于2003年7月1日前完成使本协议生效的国内程序。

3. 如一缔约方未能在2003年7月1日之前完成使本协议生效的国内程序，该缔约方依照本协议的权利与义务应自其完成此类国内程序之日开始。

4. 一缔约方一俟完成使本协议生效的国内程序，即应以书面形式通报所有其他缔约方。

鉴此，我们签署《中华人民共和国与东南亚国家联盟全面经济合作框架协议》。

本协议以英文书就，一式两份，2002年11月4日签署于柬埔寨金边。

（来源：中华人民共和国外交部亚洲司编.《中国—东盟文件集》．世界知识出版社2006年版）

南海各方行为宣言

（2002年11月4日，柬埔寨·金边）

中华人民共和国和东盟各成员国政府，重申各方决心巩固和发展各国人民和政府之间业已存在的友谊与合作，以促进面向21世纪睦邻互信伙伴关系；

认识到为增进本地区的和平、稳定、经济发展与繁荣，中国和东盟有必要促进南海地区和平、友好与和谐的环境；

承诺促进1997年中华人民共和国与东盟成员国国家元首或政府首脑会晤《联合声明》所确立的原则和目标；

希望为和平与永久解决有关国家间的分歧和争议创造有利条件；

谨发表如下宣言：

一、各方重申以《联合国宪章》宗旨和原则、1982年《联合国海洋法公约》、《东南亚友好合作条约》、和平共处五项原则以及其它公认的国际法原则作为处理国家间关系的基本准则。

二、各方承诺根据上述原则，在平等和相互尊重的基础上，探讨建立信任的途径。

三、各方重申尊重并承诺，包括1982年《联合国海洋法公约》在内的公认的国际法原则所规定的在南海的航行及飞越自由。

四、有关各方承诺根据公认的国际法原则，包括1982年《联合国海洋法公约》，由直接有关的主权国家通过友好磋商和谈判，以和平方式解决它们的领土和管辖权争议，而不诉诸武力或以武力相威胁。

五、各方承诺保持自我克制，不采取使争议复杂化、扩大化和影响和平与稳定的行动，包括不在现无人居住的岛、礁、滩、沙或其它自然构造上采取居住的行动，并以建设性的方式处理它们的分歧。

在和平解决它们的领土和管辖权争议之前，有关各方承诺本着合作与谅解的精神，努力寻求各种途径建立相互信任，包括：

（一）在各方国防及军队官员之间开展适当的对话和交换意见；

（二）保证对处于危险境地的所有公民予以公正和人道的待遇；

（三）在自愿基础上向其它有关各方通报即将举行的联合军事演习；

（四）在自愿基础上相互通报有关情况。

六、在全面和永久解决争议之前，有关各方可探讨或开展合作，可包括以下领域：

（一）海洋环保；

（二）海洋科学研究；

（三）海上航行和交通安全；

（四）搜寻与救助；

（五）打击跨国犯罪，包括但不限于打击毒品走私、海盗和海上武装抢劫以及军火走私。

在具体实施之前，有关各方应就双边及多边合作的模式、范围和地点取得一致意见。

七、有关各方愿通过各方同意的模式，就有关问题继续进行磋商和对话，包括对遵守本宣言问题举行定期磋商，以增进睦邻友好关系和提高透明度，创造和谐、相互理解与合作，推动以和平方式解决彼此间争议。

八、各方承诺尊重本宣言的条款并采取与宣言相一致的行动。

九、各方鼓励其他国家尊重本宣言所包含的原则。

十、有关各方重申制定南海行为准则将进一步促进本地区和平与稳定，并同意在各方协商一致的基础上，朝最终达成该目标而努力。本宣言于2002年11月4日在柬埔寨王国金边签署。

（来源：中华人民共和国外交部亚洲司编.《中国—东盟文件集》．世界知识出版社2006年版）

中华人民共和国与东盟国家领导人联合宣言

——面向和平与繁荣的战略伙伴关系

（2003年10月10日 印尼·巴厘岛）

一、我们，中华人民共和国与东盟成员国的国家元首/政府首脑回顾了近年来双方关系的发展历程，一致认为，自1997年《中华人民共和国与东盟国家领导人会议联合声明》发表以来，中国与东盟关系取得了迅速、全面、深入的发展，双方已成为重要合作伙伴。

（一）政治上，双方相互尊重领土主权完整和各自选择的发展道路。在1997年《中华人民共和国与东盟国家首脑会晤联合声明》精神指导下，中国已与东盟10国分别签署着眼于双方21世纪关系发展的政治文件。2003年10月，中国加入《东南亚友好合作条约》，说明双方政治互信进一步增强。

（二）经济上，双方取长补短、互利合作，相互联系与交往不断深化。以农业、信息通信、人力资源开发、相互投资与湄公河流域开发为重点，双方各领域合作稳步推进。2002年，双方签署《全面经济合作框架协议》，启动了中国与东盟自由贸易区建设进程，推动双方经济合作向新的广度和深度扩展。

（三）安全上，中国与东盟积极实践通过对话增进互信，通过谈判和平解决争议，通过合作实现地区安全的理念。为确保南海地区的和平与稳定，双方签署了《南海各方行为宣言》，并同意为最终实现上述目标而努力。双方发表《非传统安全领域合作联合宣言》，在跨国问题上积极开展合作，开辟了安全合作的新领域。

（四）在国际和地区事务上，中国与东盟开展了富有成效的合作。双方共同推进东盟与中日韩（10＋3）合作、东盟地区论坛、亚洲合作对话、亚太经济合作组织、亚欧会议、东亚—拉美合作论坛等区域和跨区域合作机制的健康发展。双方在共同关心和关切的问题上进行了良好的沟通与协作，在联合国、世界贸易组织等国际组织中相互理解、支持与配合。

二、我们对双方互利合作的深度和广度深感欣慰，一致认为，中国与东盟关系发生了重要、积极的变化。双方在共同关心的各个领域进行了广泛、实质性的合作。双方强调，中国与东盟关系的发展对本地区的和平、发展与合作具有重要的战略意义，为世界的和平与发展也做出了积极贡献。

三、当今，世界正发生复杂而深刻的变化。中国与东盟这两个亚太地区的重要伙伴加强合作，符合双方当前和长远利益，对本地区的和平与繁荣也是有益的。为此，我们一致同意，中国与东盟建立“面向和平与繁荣的战略伙伴关系”。

四、我们宣布，“面向和平与繁荣的战略伙伴关系”的目的是，通过在21世纪全面深化和拓展中国与东盟的合作关系，培育睦邻友好，加强互利合作，为本地区的长期和平、发展与合作做出更大贡献。它是非结盟性、非军事性和非排他性的，不影响各自全方位地发展对外友好合作。

五、我们重申，中国与东盟合作将继续以《联合国宪章》、《东南亚友好合作条约》、和平共处五项原则以及其它公认的国际关系准则为指导，以1997年《中华人民共和国与东盟国家首脑会晤联合声明》及双方已签署的各领域合作文件为基础。

六、我们同意，中国与东盟“面向和平与繁荣的战略伙伴关系”，是全面和面向未来的关系，重点是加强在政治、经济、社会、安全以及国际和地区方面的合作。为此，我们决定：

（一）政治合作

1. 加强高层往来与接触，巩固和深化双方人民之间的相互了解与友谊，更加有效、充分地发挥各层次对话与磋商机制的作用。

2. 以中国加入《东南亚友好合作条约》为新起点，进一步加强互信，为双方关系奠定坚实的基础。

3. 就中国加入《东南亚无核区条约》议定书保持磋商。

（二）经济合作

1. 充分发挥市场互补性，保持双方经贸关系快速发展的势头，以实现在2005年双方年贸易额达到1000亿美元的目标。

2. 加快推进中国与东盟自由贸易区谈判。中国与东盟自由贸易区是双方经贸合作的重要支柱，应确保在2010年前顺利建成，并帮助东盟新成员国（越南、老挝、缅甸、柬埔寨）有效参与中国与东盟自由贸易区并从中获益。

3. 进一步深化农业、信息通信、人力资源开发、相互投资、湄公河流域开发等重点领域合作，积极制定并落实有关中长期合作规划。

4. 支持各自促进增长与发展的努力。中方承诺坚决支持东盟缩小发展差距的努力，并愿帮助东盟新成员国缩小发展差距。为此，中方将加大对“东盟一体化倡议”的投入，支持各项次区域合作，包括文莱、印尼、马来西亚、菲律宾的东盟东部增长区、东西走廊计划和柬埔寨、老挝、越南三国的“增长三角”在内的次区域合作。东盟也准备参与中国的西部大开发。

（三）社会合作

1. 落实2003年4月中国与东盟领导人关于非典型肺炎问题特别会议精神，加强公共卫生合作，将建立10＋1公共卫生合作基金，启动10＋1卫生部长会议机制。

2. 进一步活跃科学、环境、教育、文化、人员等方面的交流，增进双方在这些领域的合作机制。大力加强旅游合作，深化人民之间的了解与友谊。

3. 重视并加强青年交流与合作，建立10＋1青年部长会议机制，扩大双方世代友好的基础。

（四）安全合作

1. 加快落实《非传统安全领域合作联合宣言》，积极拓展和深化相关合作。

2. 适时举行中国与东盟有关安全的对话，以增进相互了解，促进本地区的和平与安全。

3. 落实《南海各方行为宣言》，讨论并规划后续行动的具体方式、领域和项目。

（五）国际和地区事务合作

1. 就重大地区和国际问题进行合作，以维护地区的和平与稳定，并维护联合国的权威与中心作用。

2. 在东盟地区论坛框架内保持紧密的协调与合作，促进论坛健康发展。中国支持东盟在东盟地区论坛中发挥主要推动作用，支持东盟根据各方舒适程度，循序渐进地推动东盟地区论坛重叠阶段向前发展。

3. 以东盟与中日韩（10＋3）为主渠道，推进东亚、亚洲合作和区域经济合作，促进可持续发展和共同繁荣。

4. 进一步推进亚洲合作对话、亚太经济合作组织、亚欧会议、东亚—拉美合作论坛，及其他区域、跨区域合作规划。

5. 促进自由、公正的全球贸易和经济全球化中的均衡发展。中国坚定地支持老挝、越南尽早成为世界贸易组织成员。

6. 尊重亚太地区的多样性，特别是各国发展道路、安全关切、价值观和文化传统的差异，共筑包容、开放的地区合作与发展环境。

7. 根据本地区乃至全世界的迅速发展，在必要时对本宣言进行阶段性审议。

鉴此，我们签署《中华人民共和国与东盟国家领导人联合宣言》。

（来源：中华人民共和国外交部亚洲司编.《中国—东盟文件集》. 世界知识出版社 2006 年版）

中华人民共和国政府和东南亚国家联盟成员国政府非传统安全领域合作谅解备忘录（译文）

（2004 年 1 月 10 日，泰国·曼谷）

中华人民共和国政府和东南亚国家联盟成员国政府（以下简称“双方”）；

为加强双方的友好合作关系；

落实 2002 年 11 月 4 日发表的《中国与东盟关于非传统安全领域合作联合宣言》；

促进双方在非传统安全领域的合作；

达成如下谅解：

第一条　目标

双方将根据参与国国内法律、法规，制定务实战略，提高参与国单独和共同处理贩毒、偷运非法移民包括贩卖妇女儿童、海盗、恐怖主义、武器走私、洗钱、国际经济犯罪和网络犯罪等非传统安全问题的能力。

第二条　合作领域

双方确定下列共同感兴趣的中长期合作领域：

（一）信息交流

1. 双方将交流第一条所列领域参与国国内法律资料；

2. 双方将交流第一条所列领域参与国加入的国际公约情况，视情交流参与国间签署的双边合作协议情况；

3. 双方将根据国内法律和政策，交流第一条所列非传统安全领域的情报信息；

4. 双方将根据国内法律和政策，交流预防和侦查第一条所列非传统安全问题的专业设备和技术信息。

（二）人员交流与培训

1. 双方将加强参与国执法人员和专家之间的往来与交流；

2. 中方将举办研讨班，促进参与国在反恐、禁毒、打击海盗和国际经济犯罪等领域的执法经验交流；

3. 中方将举办培训班，提高参与国在禁毒、刑事技术、出入境管理、道路交通管理、网络犯罪侦查领域的水平，促进参与国之间的合作。为提高培训班质量，中方可邀请本地区或本地区以外国家的专家为培训班授课；

4. 双方将加强参与国培训机构之间的合作。

（三）执法合作

1. 双方将在相互尊重主权和平等互利的基础上，在本国法律规定许可的范围内，鼓励并相互给予最大限度的执法合作；

2. 双方将推动参与国在本国法律规定许可的范围内，在调查取证、协查犯罪所得去向、追捕及遣返逃往国外的犯罪嫌疑人和返还犯罪所得等领域开展合作，鼓励参与国之间签署双边合作协议；

（四）共同研究

1. 双方支持和鼓励专家、学者就非传统安全领域共同进行专题研究，分享有关研究成果；

2. 双方将组织有关领域专家进行短期考察和交流。

第三条　实施

（一）双方同意下列机构为本谅解备忘录的执行机构：

——中华人民共和国公安部，代表中华人民共和国政府；

——东南亚国家联盟秘书处，会同东南亚国家联盟成员国相关部门。

双方执行机构负责商定本谅解备忘录的具体合作内容、时间和实施办法，协调相关合作的开展。

（二）东盟方欢迎中国以适当方式参与东盟在打击跨国犯罪领域现有的合作，包括东盟打击跨国犯罪行动计划和工作方案。

（三）双方每年举行一次工作层会晤，交流本谅解备忘录的执行情况，相互通报各机制下有关合作的进展情况，并讨论下一步合作计划。

第四条　资金安排

（一）根据本谅解备忘录中方所举办的研讨班、培训班的国际旅费由派遣国负担，其他费用由中方承担，包括东盟成员国参与人员在中国国内的交通费、食宿费和聘请讲师的费用，双方另有商定的除外。

（二）根据本谅解备忘录进行的其他合作所需费用由双方在协商的基础上共同承担。

（三）根据本谅解备忘录所进行的各项活动应根据双方的资金和人员的具体情况安排。

第五条　保密

（一）除非得到提供信息的参与国书面授权，任何一方不得将其根据本谅解备忘录所得到的文件、数据、设备和技术等信息向第三方透露或散发。

（二）双方同意本条规定在本谅解备忘录终止后仍然有效。

第六条　中止

任何一方有权因安全、公共秩序、公共卫生等原因暂时部分或全部中止执行本谅解备忘录。本谅解备忘录在通过外交渠道通知另一方后立即中止。

第七条　修改和补充

双方可通过书面形式提出对本谅解备忘录进行部分或全部修改或补充。该修改或补充须经双方书面同意，并成为本谅解备忘录的一部分。该修改或补充生效日期由双方商定。

第八条　争端的解决

对本谅解备忘录条款的解释、实施或适用若有不同意见，双方应通过磋商或谈判友好解决，而不应提交任何第三方。

第九条　生效、期限与终止

（一）本谅解备忘录自签字之日起生效，有效期为五年。（在资金和人员允许的情况下，）通过双方换文确认，本谅解备忘录可延期。

（二）任何一方可以书面形式通知另一方终止本谅解备

忘录。本谅解备忘录在书面通知30天后终止。本谅解备忘录的终止不影响根据本谅解备忘录已经开展的合作的实施。

经中华人民共和国政府以及东南亚国家联盟各成员国政府授权的下列代表，签署本谅解备忘录，以兹证明。

本谅解备忘录于2004年1月10日在泰国曼谷签署，一式两份，每份都均英文写成。

（来源：中华人民共和国外交部亚洲司编.《中国—东盟文件集》.世界知识出版社2006年版）

中华人民共和国政府与东南亚国家联盟成员国政府全面经济合作框架协议货物贸易协议

（2004年11月29日　老挝·万象）

中华人民共和国政府（以下简称“中国”）与文莱达鲁萨兰国，柬埔寨王国，印度尼西亚共和国，老挝人民民主共和国，马来西亚，缅甸联邦，菲律宾共和国，新加坡共和国，泰王国和越南社会主义共和国等东南亚国家联盟成员国政府（以下将其整体简称为“东盟”或“东盟各成员国”，单独提及一国时简称“东盟成员国”）；

忆及2002年11月4日在柬埔寨金边由中国和东盟领导人签署的《中国与东盟（以下将其整体简称为“各缔约方”，单独提及东盟一成员国或中国时简称为“一缔约方”）全面经济合作框架协议》（以下简称《框架协议》）以及2003年10月6日在印度尼西亚巴厘由各缔约方经济部长签署的《关于修改〈中国—东盟全面经济合作框架协议〉的议定书》；

再次忆及《框架协议》的第二条（1），第三条（1）和第8条（1）款反映出的各缔约方的承诺，即对于中国和东盟六国，将在2010年建成涵盖货物贸易的中国—东盟自贸区，对于东盟新成员国，将在2015年建成自贸区；

重申各缔约方在规定的时间框架内建立中国—东盟自贸区的承诺，同时允许各缔约方按照《框架协议》规定，享有解决敏感领域问题的灵活性。达成协议如下：

第一条　定义

就本协议而言，将适用下列定义，除非文中另有规定：

（一）“WTO”指世界贸易组织；

（二）“the GATT 1994”指《1994年关税与贸易总协定》，包括附件一（注释和补充条款）；

（三）“东盟六国”指文莱、印度尼西亚、马来西亚、菲律宾、新加坡和泰国；

（四）“东盟新成员国”指柬埔寨、老挝人民民主共和国、缅甸和越南；

（五）“实施最惠国税率”应包括配额内税率，且

1. 对东盟成员国（2003年7月1日时为世界贸易组织成员）和中国，指其各自于2003年7月1日的实施税率；以及

2. 对东盟成员国（2003年7月1日时为非世界贸易组织成员），指其在2003年7月1日对中国产品实施的税率；

（六）“非关税措施”应包括非关税壁垒；

（七）“AEM”指东盟经济部长；

（八）“MOFCOM”指中华人民共和国商务部；

（九）“SEOM”指东盟经济高官会。

第二条　国内税和国内法规的国民待遇

一缔约方应根据《1994年关税与贸易总协定》第三条向所有其他缔约方的本协议和《框架协议》涵盖的货物给予国民待遇。为此，《1994年关税与贸易总协定》第三条的规定应在必要修正后纳入本协议，并作为本协议的组成部分。

第三条　关税削减和取消

一、各缔约方的关税削减或取消计划应要求逐步削减被列明税目的实施最惠国税率，并在适当时依照本条予以取消。

二、依照本协议纳入关税削减或取消计划的税目应包括所有未被《框架协议》第六条所列的早期收获计划涵盖的税目，这些税目应按如下规定进行关税削减和取消：

（一）正常类：一缔约方自愿纳入正常类的税目应依照本协议附件1中列明的模式逐步削减和取消各自的实施最惠国税率，并应实现模式中的降税门槛所规定的目标。

（二）敏感类：一缔约方自愿纳入敏感类的税目应依照本协议附件2中的模式削减或取消各自的实施最惠国税率。

三、根据本协议附件1和附件2，各缔约方按照本条履行的承诺应适用于其它所有缔约方。

第四条　透明度

《1994年关税与贸易总协定》第十条应在必要修正后纳入本协议，并作为本协议的组成部分。

第五条　原产地规则

适用于本协议和《框架协议》早期收获计划所涵盖产品的原产地规则及其签证操作程序将在本协议的附件3中列明。

第六条　减让的修改

一、本协议的任一缔约方可同其已按照本协议做出减让的另一缔约方谈判并达成协议，修订或撤销在本协议下达成的上述减让。

二、在上述可包括关于其他产品的补偿性调整条款的谈判和协议中，所涉及的各缔约方应保持对等互利的减让水平总体上不低于在上述谈判和协议达成之前本协议中规定的水平。

第七条　WTO规则

一、根据本协议的条款和各缔约方基于本协议第十七条对本协议进行审议所可能达成的任何未来的协议，各缔约方，由此同意并重申它们遵守WTO规则中有关条款的承诺，其中包括非关税措施，技术贸易壁垒，卫生和植物卫生措施，补贴和反补贴措施，反倾销措施和知识产权。非WTO成员的缔约方应根据它们加入WTO的承诺遵守WTO的条款。

二、在本协议中没有被特别提及或修正的WTO货物贸易多边协定的条款，应在必要修正后适用于本协议，除非文中另有要求。

第八条　数量限制和非关税壁垒

一、除非WTO规则允许，各缔约方不应在任何时候保留任何数量限制措施。非WTO成员的缔约方应自本协议生效之日起3年后［越南：4年］或根据其加入WTO的承诺逐步取消其数量限制，以时间较早者为准。

二、各缔约方应在本协议生效后尽快列明非关税壁垒（数量限制除外）以逐步取消。取消这些非关税壁垒的时间

框架应由各缔约方共同商定。

三、各缔约方在实施本协议时应公布其数量限制的有关信息并使这些信息易于取得。

第九条 保障措施

一、每一位 WTO 成员的缔约方，保留其根据《1994 年关税与贸易总协定》第十九条及《WTO 保障措施协定》所享有的权利及义务。

二、关于中国—东盟自贸区保障措施，一缔约方有权在某一产品的过渡期内针对该产品启动保障措施。上述过渡期始于本协议生效之日，终止于该产品完成关税减让或取消的五年之后。

三、如一缔约方因履行其依据本协议或《框架协议》早期收获计划所承担关税减让的义务，或者，如因不可预见的情况和一缔约方因履行其依据本协议或《框架协议》早期收获计划所承担的义务，导致其从其他缔约方进口的任何特定产品的数量有绝对的或相对于其国内产量的增加，且此种情况已对进口方生产类似或直接竞争产品的国内产业造成严重损害或严重损害威胁，则该缔约方有权采取中国—东盟自贸区保障措施。

四、一缔约方采取中国—东盟自贸区保障措施后，可将所涉产品的适用税率提高至保障措施采取时适用于该产品的 WTO 最惠国税率。

五、中国—东盟自贸区保障措施的最初实施时间不应超过三年，可最多延长一年。不论对某一产品的中国—东盟自贸区保障措施实施期限如何，该保障措施应于该产品过渡期届满之日终止。

六、在实施中国—东盟自贸区保障措施时，各缔约方应适用 WTO 保障措施协定中关于实施保障措施的规则，但《WTO 保障措施协定》第五条所列的数量限制措施及第九、十三、十四条不适用。《WTO 保障措施协定》的所有其它条款应在必要修正后纳入本协议，并作为本协议的组成部分。

七、对于来自一缔约方的产品，只要其在进口成员中所涉产品进口中的份额不超过从各缔约方进口总量的 3%，即不得对该产品实施中国—东盟自贸区保障措施。

八、在依据《WTO 保障措施协定》第八条寻求补偿时，各缔约方应寻求第十二款中提及的机构的斡旋，以在中止任何相等的减让义务前确定实质相等的减让水平。所有与此斡旋有关的程序应在中国—东盟自贸区保障措施实施之日起 90 天内结束。

九、当一缔约方终止针对某一产品实施的中国—东盟自贸区保障措施时，该产品的税率应为根据本协议附件 1 及附件 2 所规定的关税减让表在保障措施终止之年的 1 月 1 日本应开始实行的税率。

十、各缔约方之间及送达第十二款中提及的机构的所有与中国—东盟自贸区保障措施相关的官方信函和文件应采用书面形式，并使用英文。

十一、当一缔约方实施中国—东盟自贸区保障措施时，不得同时依据第一款的规定诉诸 WTO 保障措施。

十二、为实现本条之目的，在根据第十六条第一款设立常设机构之前，所有列入本协议的 WTO 保障措施协定条款中提及的“货物贸易理事会”或“保障措施委员会”均应指中国—东盟经贸部长会议或中国—东盟经济高官会，常设机构在设立后应替代中国—东盟经贸部长会议和中国—东盟经济高官会。

第十条 承诺的加速实施

本协议不能阻止各缔约方进行谈判并达成协议，以加速实施在本协议下做出的承诺，此类协议应经全体缔约方相互同意并共同实施。

第十一条 保障国际收支的措施

如发生严重国际收支和对外财政困难或其威胁，一缔约方可根据《1994 年关税与贸易总协定》和《关于〈1994 年关税与贸易总协定〉国际收支条款的谅解》，采取限制性进口措施。

第十二条 一般例外

在遵守关于此类措施的实施不在情形类似的有关缔约方之间构成任意或不合理歧视的手段或构成对国际贸易的变相限制的要求前提下，本协议的任何规定不得解释为阻止一缔约方采取或实施以下措施：

（一）为保护公共道德所必需的措施；

（二）为保护人类、动物或植物的生命或健康所必需的措施；

（三）与黄金或白银进出口有关的措施；

（四）为保证与本协议的规定不相抵触的法律或法规得到遵守所必需的措施，包括与海关执法、根据《1994 年关税与贸易总协定》第二条第四款和第十七条实行的有关垄断、宝库专利权、商标和版权以及防止欺诈行为有关的措施；

（五）与监狱囚犯产品有关的措施；

（六）为保护具有艺术、历史或考古价值的国宝所采取的措施；

（七）与保护可用尽的自然资源有关的措施，如此类措施与限制国内生产或消费一同实施；

（八）为履行任何政府间商品协定项下义务而实施的措施，该协定符合 WTO 其 WTO 不持异议的标准，或该协定本身提交各缔约方且各缔约方不持异议；

（九）在作为政府稳定计划的一部分将国内原料价格压至低于国际价格水平的时期内，为保证此类原料给予国内加工产业所必需的数量而涉及限制此种原料出口的措施；但是此类限制不得用于增加该国内产业的出口或增加对其提供的保护，也不得偏离本协议有关非歧视的规定；

（十）在普遍或局部供应短缺的情况下，为获取或分配产品所必需的措施；但是任何此类措施应符合以下原则：即本协议的各缔约方在此类产品的国际供应中有权获得公平的份额，且任何此类与本协议其他规定不一致的措施，应在导致其实施的条件不复存在时即行停止。

第十三条 安全例外

本协议的任何规定不得解释为：

（一）要求任何一缔约方提供其认为如披露则会违背其基本安全利益的任何信息；

（二）阻止任何一缔约方采取其认为对保护其基本国家安全利益所必需的任何行动，包括但不仅限于如下行动：

1. 与裂变和聚变物质或衍生这些物质的物质有关的行动；

2. 与武器、弹药和作战物资的贸易有关的行动，及与此类贸易所运输的直接或间接供应军事机关的其他货物或物资有关的行动；

3. 为保护重要通讯基础设施免遭使该基础设施失效或功能削弱的蓄意图谋所采取的措施；或

4. 在战时或国内、国际关系中的其他紧急情况下采取的行动。

（三）阻止任何缔约方为履行其在《联合国宪章》项下的维护国际和平与安全的义务而采取的任何行动。

第十四条　承认中国市场经济地位

东盟十国中的每一个成员国同意承认中国是一个完全市场经济体，自本协议签署之日起，将对中国与东盟十国中任何一个成员之间的贸易，不适用《中华人民共和国加入世界贸易组织议定书》第十五条和第十六条以及《中国加入世界贸易组织工作组报告书》第242段。

第十五条　国家、地区和地方政府

在履行本协议项下的义务和承诺时，每一缔约方应保证其领土内的地区、地方政府和主管机构，以及非政府机构（行使中央、州、地区或地方政府或主管机关的授权）遵守这些义务和承诺。

第十六条　机构安排

一、在建立常设机构前，中国—东盟经济部长会议，在中国—东盟经济高官会议的支持和协助下，应检查、监督、协调和审议本协议的执行。

二、东盟秘书处应监测并向中国—东盟经济高官会报告本协议的执行情况。在东盟秘书处行使其职责的过程中，各缔约方应予以合作。

三、每一缔约方应指定联络点，为各缔约方就本协议涉及的任何问题进行沟通提供便利。应一缔约方的请求，被请求缔约方的联络点应确定负责该问题的机构或官员，并为便利与提出请求的缔约方之间的沟通提供协助。

第十七条　审议

一、中国—东盟经济部长会议或其指定的代表应在本协议生效之日起一年之内召开会议，此后每两年或任何适当的时间召开会议，审议本协议，以考虑进一步采取措施开放货物贸易，并就本协议第7条涉及的问题或各缔约方同意的任何其他问题制定规则和谈判协定。

二、在考虑各自执行本协议情况的基础上，各缔约方应在2008年对敏感产品进行审议，以提高敏感产品的市场准入条件，包括对敏感类产品的数量进行进一步的、可能的削减以及审议被一缔约方列为敏感的产品的对等关税待遇条件。

第十八条　附件和将来的文件

本协议应包括：

（一）附件及其内容应为本协议的组成部分；以及（二）将来依据本协议达成的所有法律文件。

第十九条　修正

各缔约方达成书面协议即可对本协议进行修正，此类修正应在各缔约方达成一致的日期生效。

第二十条　杂项条款

除非本协议另有规定，本协议或依据本协议采取的任何行动不应影响或废止一缔约方依据其现为缔约方的协议所享受的权利和承担的义务。

第二十一条　争端解决

《中国—东盟争端解决机制协议》适用于本协议。

第二十二条　交存

对于东盟成员国，本协议应交存于东盟秘书长，东盟秘书长应及时向每一个东盟成员国提供一份经核证的副本。

第二十三条　生效

一、本协议经各缔约方代表签署后，于2005年1月1日生效。

二、各缔约方应在2005年1月1日之前完成使本协议生效的国内程序。

三、如一缔约方未能在2005年1月1日之前完成使本协议生效的国内程序，该缔约方依照本协议的权利与义务应自其完成此类国内程序之日开始。

四、一缔约方一俟完成使本协议生效的国内程序，应通过外交渠道通知所有其他缔约方。

本协议于2004年11月29日在万象签订，一式两份，以英文书就。

（来源：中华人民共和国外交部亚洲司编.《中国—东盟文件集》.世界知识出版社2006年版）

中国—东盟纪念峰会联合声明

——致力于加强中国—东盟战略伙伴关系

（2006年10月30日　中国·南宁）

一、我们，中华人民共和国和东盟成员国的国家元首/政府首脑于2006年，即“中国—东盟友好合作年”，10月30日，会聚中国南宁，纪念中国—东盟建立对话关系15周年。

共同努力和发展的15年

二、我们回顾了中国—东盟对话关系的进展，对双方全面的、在许多具有共同利益的领域不断深化的合作表示满意。中国—东盟面向和平与繁荣的战略伙伴关系，不仅有力地促进了各自的发展，给双方人民带来了实实在在的利益，也为促进本地区乃至整个世界的和平、稳定与繁荣做出了重要贡献。我们确信，我们已经为加强中国—东盟未来合作打下了坚实的基础。

三、我们对2003年在巴厘岛签署《中国—东盟面向和平与繁荣的战略伙伴关系联合宣言》以及于2004年在万象通过《中国—东盟行动计划》以来，双方得以加强的政治和安全合作表示高度赞赏。我们赞扬中国于2003年在巴厘岛成为第一个正式加入《东南亚友好合作条约》的东盟对话伙伴国。我们对双方于2002年签署《南海各方行为宣言》表示高兴。2002年发表的《中国与东盟非传统安全领域合作联合宣言》促进了双方在打击跨国犯罪方面的合作。

四、我们欢迎2002年在金边签署的《中国—东盟全面经济合作框架协议》取得的积极成效。2005年，双方贸易额达到1303.7亿美元。东盟对华实际投资总额达到31亿美元，中国2005年对东盟成员国投资为1.58亿美元。鉴此，东盟欢迎中国关于增加对东盟投资的承诺。我们对在中国南宁成功举办的第一届和第二届中国—东盟博览会和中国—东盟商务与投资峰会感到高兴。这推动了双方商业界的交往，促进了中国和东盟间的贸易和投资。设想中的中国—东盟自由贸易区正在形成。

五、我们满意地注意到，中国—东盟的重点合作领域已由5个扩大到10个，这些领域包括：农业、信息通讯技术、人力资源开发、双向投资、湄公河流域开发、交通、能源、文化、旅游和公共卫生。此外，双方还签署了若干谅解备忘录。这些活动促进了双方在应对自然灾害和传染性疾病等新挑战以及更多人员交流方面开展更紧密的合作。

共同迈向未来　加强战略伙伴关系

六、我们认为，中国—东盟对话关系在过去15年取得成果是因为双方恪守《东南亚友好合作条约》所体现的原则，和平共处五项原则，万隆亚非会议十项原则，《联合国宪章》的宗旨和原则以及其他相关的国际法、条约和公约。中国—东盟关系将继续以这些原则为指导。

七、迈向未来，我们同意进一步增进相互信任和了解，使我们合作的深度和广度与双方战略伙伴关系的目标相适应，以进一步推动本地区和平、发展与繁荣。

八、我们重申将致力于有效地落实：

（一）1997年《中华人民共和国与东盟国家首脑会晤联合声明》；

（二）2003年《中国—东盟面向和平与繁荣的战略伙伴关系联合宣言》；

（三）2004年《落实中国—东盟面向和平与繁荣的战略伙伴关系联合宣言的行动计划》；以及

（四）中国与东盟签署的其他协议和谅解备忘录。

九、我们致力于深化中国与东盟在10大重点领域里的合作。在加强合作的过程中，我们也将考虑2005年《中国—东盟名人小组报告》的意见。

十、东盟各国领导人，高度赞赏中国继续支持东盟共同体建设的努力，包括落实东盟安全共同体、东盟经济共同体和东盟社会与文化共同体的行动计划、《万象行动计划》、《东盟一体化倡议》和其他东盟倡议。鉴此，东盟欢迎中国向东盟发展基金捐资100万美元，并提供100万美元，资助《东盟一体化倡议》项目。

十一、我们将共同努力推进战略伙伴关系。这一战略伙伴关系将对东盟与其他对话伙伴的对话关系起到促进作用，为地区和平与稳定做出巨大贡献，从而确保我们双方的人民享有持久繁荣与进步。为此，我们表达实现以下目标的决心：

政治和安全合作

十二、我们承诺保持高层往来；加强在非传统安全问题上的合作与信息交流；促进包括反腐败在内的刑事司法和执法合作；鼓励国防及安全官员之间的交流；共同努力维护本地区的海上安全；以东盟为主导，加强灾害管理和应对突发事件的地区合作，包括灾后重建和恢复。

十三、中方支持和欢迎东盟为建立东南亚无核武器区所做的努力。东盟赞赏中方签署《东南亚无核武器区条约》议定书的意向，将继续就此与中方协商。

十四、我们也承诺有效地落实《南海各方行为宣言》，在共识的基础上，为最终达成南海行为准则做出努力。这将促进本地区的和平与稳定。

十五、我们承诺完全支持东盟实现安全共同体。

经济合作

十六、我们决心按时于2010年建成中国—东盟自由贸易区；包括2010年与东盟6个老成员国、2015年与柬埔寨、老挝、缅甸和越南实现货物贸易自由化；如《中国—东盟全面经济合作框架协议》所展望的那样，努力尽快达成协议，逐步实现涵盖众多部门的服务贸易自由化和在中国和东盟建立一个自由、便利、透明并具有竞争力的投资机制以促进投资；建立中国—东盟贸易、投资和旅游促进中心；促进中小企业发展以及它们对地区经济的参与；在确保能源安全、能效和开发替代及再生能源方面进行合作；加强财政金融合作；深化旅游和旅行合作；努力实现中国—东盟之间全面自由化的航空服务机制；支持东盟实现经济共同体。

十七、我们鼓励中国与东盟在支持次区域开发方面进一步加强合作，包括在以下地区开发经济合作区：中国西南地区、东盟东部增长区、三河流域、印尼—马来西亚—泰国增长三角、大湄公河次区域经济合作以及包括建成泛亚铁路（新加坡—昆明）和其他地区在内的东盟湄公河流域开发。

社会文化合作

十八、我们同意加强社会文化合作，鼓励扩大双方中等和高等教育机构之间的合作；加强青年交流，倡议启动中国—东盟青年领袖会议、中国—东盟青年企业家协会、中国—东盟青年公务员交流项目等旗舰项目；设立中国—东盟名誉奖学金；加强学术交流；支持中国—东盟研究中心；增进双方媒体人士、学者和二轨机构、国会议员和民间社会的交流；支持东盟基金会促进更多民间交流的活动；开展公共卫生合作以应对新发传染性疾病的挑战；支持东盟实现社会文化共同体建设，包括实施中国—东盟文化合作谅解备忘录框架下的各种项目和活动。

地区和国际合作

十九、我们同意继续在次区域、地区和国际事务中保持密切磋商，在次区域、地区和国际场合进行密切合作。我们重申建立东亚共同体是一个长远目标。中国支持东盟在东盟地区论坛、东盟与中日韩（10＋3）合作以及东亚峰会等区域进程中发挥主导作用。东盟认为一个稳定、发展和繁荣的中国将有助于本地区的和平、稳定与可持续发展，并重申其一个中国政策。

二十、我们责成我们的部长及高官们实现本联合声明中所提出的目标、倡议和活动。

本声明于2006年10月30日在中国南宁签署，一式两份，每份用英文写成。

（来源：新华网．http://news.xinhuanet.com/world/2006－10/30/content_5268808.htm．2006—10—30）

中华人民共和国政府与东南亚国家联盟成员国政府全面经济合作框架协议服务贸易协议

（2007年1月14日　菲律宾·宿务）

中华人民共和国（以下简称“中国”）政府，文莱达鲁萨兰国，柬埔寨王国，印度尼西亚共和国，老挝人民民主共和国，马来西亚，缅甸联邦，菲律宾共和国，新加坡共和国，泰王国和越南社会主义共和国等东南亚国家联盟成员国（以下将其整体简称为“东盟”或“东盟各成员国”，单独提及一国时简称“东盟成员国”）政府；

忆及2002年11月4日在柬埔寨金边由中国和东盟领导

人签署的《中华人民共和国政府与东南亚国家联盟成员国政府（以下将其整体简称为“各缔约方”，单独提及东盟一成员国或中国时简称为“一缔约方”）全面经济合作框架协议》（以下简称《框架协议》）；

忆及《框架协议》第四条及第八条第三款关于尽快完成服务贸易协议谈判，以逐步实现自由化，并取消各缔约方间存在的实质上所有歧视，和（或）禁止针对服务贸易采取新的或增加歧视性措施，在中国与东盟各成员国根据《WTO服务贸易总协定》所做承诺的基础上，继续扩展服务贸易自由化的深度与广度；

致力于加强各缔约方间的服务合作，以提高效率和竞争力，使各缔约方服务提供者的服务供给和销售多元化；按照《框架协议》各缔约方相互达成的时间表进行实施，并照顾到各成员的敏感部门；和对柬埔寨、老挝、缅甸和越南实行特殊和差别待遇及展现灵活性；

认识到各缔约方为实现国家政策目标，有权对其领土内的服务提供进行管理和采用新的法规，同时认识到由于各缔约方服务法规发展程度方面存在的不平衡，发展中国家特别需要行使此权利；

达成协议如下：

第一部分　定义和范围

第一条　定义

就本协议而言，

（一）“行使政府职权时提供的服务”指既不依据商业组织提供，也不与一个或多个服务提供者竞争的任何服务；

（二）“商业存在”指任何类型的商业或专业机构，包括为提供服务而在一缔约方领土内：

1. 组建、收购或维持一法人，或

2. 创建或维持一分支机构或代表处；

（三）“直接税”指对总收入、总资本或对收入或资本的构成项目征收的所有税款，包括对财产转让收益、不动产、遗产和赠与、企业支付的工资或薪金总额以及资本增值所征收的税款；

（四）GATS指《服务贸易总协定》；

（五）“法人”指根据适用法律适当组建或组织的任何法人实体，无论是否以盈利为目的，无论属私营所有还是政府所有，包括任何公司、基金、合伙企业、合资企业、独资企业或协会；

（六）“另一缔约方的法人”指：

1. 根据该另一缔约方的法律组建或组织的、并在该另一缔约方或任何其他缔约方领土内从事实质性业务活动的法人；或

2. 对于通过商业存在提供服务的情况：

(1) 由该方的自然人拥有或控制的法人；或

(2) 由 (1) 项确认的该另一缔约方的法人拥有或控制的法人；

（七）“法人”：

1. 由一缔约方的个人所“拥有”，如该方的人实际拥有的股本超过50%，

2. 由一缔约方的个人所“控制”，如此类人拥有任命其大多数董事或以其他方式合法指导其活动的权力；

3. 与另一缔约方具有“附属”关系，如该法人控制该另一人，或为该另一人所控制；或该法人和该另一人为同一人所控制；

（八）“措施”指一缔约方的任何措施，无论是以法律、法规、规则、程序、决定、行政行为的形式还是以任何其他形式；

（九）“各缔约方的措施”指：

1. 中央、地区或地方政府和主管机关所采取的措施；及

2. 由中央、地区或地方政府或主管机关授权行使权力的非政府机构所采取的措施；

（十）“各缔约方影响服务贸易的措施”包括关于下列内容的措施：

1. 服务的购买、支付或使用；

2. 与服务的提供有关的、各缔约方要求向公众普遍提供的服务的获得和使用；

3. 一缔约方的个人为在另一缔约方领土内提供服务的存在，包括商业存在；

（十一）“服务的垄断提供者”指一缔约方领土内有关市场中被该方在形式上或事实上授权或确定为该服务的独家提供者的任何公私性质的人；

（十二）“另一缔约方的自然人”指居住在该另一缔约方或任何其他方领土内的自然人，且根据该另一缔约方的法律：

1. 属该另一缔约方的国民；或

2. 在该另一缔约方中有永久居留权[①]，如该另一缔约方：

按本协议生效后所做通知，在影响服务贸易的措施方面，给予其永久居民的待遇与给予其国民的待遇实质相同，只要各缔约方无义务使其给予此类永久居民的待遇优于该另一缔约方给予此类永久居民的待遇。此类通知应包括该另一缔约方依照其法律和法规对永久居民承担与其他缔约方对其国民承担相同责任的保证；

（十三）“人”指自然人或法人；

（十四）服务“部门”，

1. 对于一具体承诺，指一缔约方减让表中列明的该项服务的一个、多个或所有分部门；

2. 在其他情况下，则指该服务部门的全部，包括其所有的分部门；

（十五）“服务”包括除在政府机关为行使职权提供的服务以外的任何服务；

（十六）“服务消费者”指得到或使用服务的任何人；

（十七）“另一缔约方的服务”，

1. 指自或在该另一缔约方领土内提供的服务，对于海运服务，则指由一艘根据该另一缔约方的法律进行注册的船只提供的服务，或由经营和/或使用全部或部分船只提供

① 对于印度尼西亚、老挝、泰国、越南和中国，另一缔约方的自然人限于居住在该另一缔约方领土内或其他地方以及根据该另一缔约方法律是该另一缔约方国民的自然人。因此，根据互惠的原则，本协议不适用于印度尼西亚、老挝、泰国、越南和中国的永久居民。一旦上述缔约方中的任何一方颁布了关于另一缔约方或非协议方永久居民的优惠待遇的国内法，应该就在本协议下该缔约方是否将永久居民纳入自然人涵盖范围问题进行谈判。

服务的该另一缔约方的人提供的服务；或

2. 对于通过商业存在或自然人存在所提供的服务，指由该另一缔约方服务提供者所提供的服务；

（十八）“服务提供者”指提供一服务的任何人；①

（十九）“服务的提供”包括服务的生产、分销、营销、销售和交付；

（二十）“服务贸易”定义为：

1. 自一缔约方领土向任何其他方领土提供服务；

2. 在一缔约方领土内向任何其他方的服务消费者提供服务；

3. 一缔约方的服务提供者通过在任何其他方领土内的商业存在提供服务；

4. 一缔约方的服务提供者通过在任何其他方领土内的自然人存在提供服务；

（二十一）“资格程序”指与资格要求管理相关的行政程序；

（二十二）“资格要求”指服务提供者为了获得认证或许可而需达到的实质要求。

第二条 范围

一、本协议适用于各缔约方影响服务贸易的措施②。

二、本协议不适用于：

（一）在每一个缔约方领土范围内行使政府职权时提供的服务；

（二）管理政府机构为政府目的而购买服务的法规或要求，此种购买不得用于进行商业转售或用于为商业销售而提供的服务。

第二部分 义务和纪律

第三条 透明度

《服务贸易总协定》第三条，经做必要调整，纳入本协议并成为本协议的组成部分。

第四条 机密信息的披露

GATS第三条之二款，经做必要调整，纳入本协议并成为本协议的组成部分。

第五条 国内规制

一、在第三部分下，在已作出具体承诺的部门中，每一缔约方应保证所有影响服务贸易的普遍适用的措施以合理、客观和公正的方式实施。

二、（一）每一缔约方应维持或尽快设立司法、仲裁或行政庭或程序，在受影响的服务提供者请求下，对影响服务贸易的行政决定迅速进行审议，并在请求被证明合理的情况下提供适当的补救。如此类程序并不独立于作出有关行政决定的机构，则该方应保证此类程序在实际中提供客观和公正的审查。

（二）（一）项的规定不得解释为要求一缔约方设立与其宪法结构或其法律制度的性质不一致的法庭或程序。

三、对在本协议下已作出具体承诺的服务，如提供此种服务需要得到批准，则各缔约方的主管机关：

（一）在申请不完整的情况下，应申请方请求，指明所有为完成该项申请所需补充的信息，并在合理的时间内为其修正不足提供机会；

（二）应申请方请求，提供有关申请情况的信息，不得有不当延误；

（三）如在申请被终止或否决，尽最大可能以书面形式毫不延误地通知申请方采取该项行动的原因。申请方应有自行决定重新提交的新的申请的可能。

四、为保证有关资格要求和程序、技术标准和许可要求的各项措施不致构成不必要的服务贸易壁垒，各缔约方应按照GATS第六条第四款的规定，共同审议有关这些纪律措施的谈判结果，以将这些措施纳入本协议。各缔约方注意到此类纪律应旨在特别保证以下要求：

（一）依据客观的和透明的标准，例如提供服务的能力和资格；

（二）不得超越为保证服务质量所必需限度的负担；

（三）如为许可程序，则这些程序本身不成为对服务提供的限制。

五、（一）在一缔约方已在第三部分下作出具体承诺的部门中，在本条第四款规定的纪律被纳入之前，该缔约方不得以以下方式实施使本协议下的义务失效或减损的许可要求、资格要求和技术标准：

1. 不符合本条第四款第一项、第二项或第三项中所概述的标准的；且

2. 在该缔约方就这些部门作出具体承诺，不能合理预见的。

（二）在确定一缔约方是否符合第五款第一项下的义务时，应考虑该缔约方所实施的有关国际组织③的国际标准。

六、在已就专业服务作出具体承诺的部门，每一缔约方应规定适当程序，以核验任何其他方专业人员的能力。

第六条 承认

一、为使服务提供者获得授权、许可或证明的标准或准则得以实施，一缔约方可承认在另一缔约方已获得的教育或经历、已满足的要求、或已给予的许可或证明。此类承认可通过协调或其他方式实现，或可依据与各缔约方之间或相关主管机构之间的协议或安排，或可自动给予。

二、两个或更多缔约方，为使服务提供者获得授权、许可或证明的标准或准则得以实施，可以开展或者鼓励与它们相关主管机构开展关于承认资格要求、资格程序、许可和（或）注册程序的谈判。

三、属第一款所指类型的协定或安排参加方，无论此类协定或安排是现有的还是在将来订立，均应向其他利害关系方提供充分的机会，以谈判加入此类协定或安排，或与其谈判类似的协定或安排。如一缔约方自动给予承认，则应向任何其他方提供充分的机会，以证明在该其他方获得的教育、经历、许可或证明以及满足的要求应得到承认。

四、一缔约方给予承认的方式不得构成在适用服务提供者获得授权、许可或证明的标准或准则时在各国之间进

---

① 如该服务不是由法人直接提供，而是通过如分支机构或代表处等其他形式的商业存在提供，则该服务提供者（即该法人）仍应通过该商业存在被给予在本协定项下规定给予服务提供者的待遇。此类待遇应扩大至提供该服务的存在方式，但不需扩大至该服务提供者位于提供服务的领土以外的任何其他部分。

② 各缔约方应在本协议生效前进一步讨论将菲律宾税收措施从本协议中排除的问题。

③ “有关国际组织”指其成员资格至少对本协议全体缔约方相关机构都开放。

行歧视的手段，或构成对服务贸易的变相限制。

第七条 垄断和专营服务提供者

一、每一缔约方应保证在其领土内的任何垄断服务提供者在有关市场提供垄断服务时，不以与其在减让表下的义务不一致的方式行事。

二、如一缔约方的垄断提供者直接或通过附属公司参与其垄断权范围之外且受该方具体承诺约束的服务提供的竞争，则该方应保证该提供者不滥用其垄断地位在其领土内以与此类承诺不一致的方式行事。

三、如一缔约方有理由认为任何其他缔约方的垄断服务提供者以与第一款和第二款不一致的方式行事，则在该缔约方请求下，可要求设立、维持或授权该服务提供者的缔约方提供有关经营的具体信息。

四、如一缔约方在形式上或事实上（1）授权或设立少数几个服务提供者，且（2）实质性阻止这些服务提供者在其领土内相互竞争，则本条的规定应适用于此类专营服务提供者。

第八条 商业惯例

一、各缔约方认识到，除属第七条（垄断和专营服务提供者）范围内的商业惯例外，服务提供者的某些商业惯例会抑制竞争，从而限制服务贸易。

二、在任何其他缔约方（“请求方”）请求下，每一缔约方应进行磋商，以期取消第一款所指的商业惯例。被请求方对此类请求应给予充分和积极的考虑，并应通过提供与所涉事项有关的、可公开获得的非机密信息进行合作。在遵守其国内法律并在就请求方保障其机密性达成令人满意的协议的前提下，被请求方还应向请求方提供其他可获得的信息。

第九条 保障措施

一、各缔约方注意到，根据GATS第十条，就紧急保障措施问题而进行的多边谈判是基于非歧视原则开展的。一旦完成这些多边谈判，各缔约方应进行审议，讨论适当地修改本协议，以将此类多边谈判的成果纳入本协议。

二、在第一款中提及的多边谈判完成之前，若实施本协议对一缔约方的某一服务部门

成了实质性的负面影响，受影响的缔约方可要求与另一缔约方磋商，以讨论与受影响的服务部门相关的任何措施。按照本款规定采取的任何措施应获得相关各缔约方的相互同意。相关各缔约方应视具体事件的情况，对寻求采取措施的缔约方给予同情的考虑。

第十条 支付和转移

一、除在第十一条（保障国际收支的限制）中设想的情况下，一缔约方不得对与其具体承诺有关的经常项目交易的国际转移和支付实施限制。

二、本协议的任何规定不得影响国际货币基金组织成员在《基金组织协定》项下的权利和义务，包括采取符合《基金组织协定》的汇兑行动，但是一缔约方不得对任何资本交易设置与其有关此类交易的具体承诺不一致的限制，根据第十一条或在基金请求下除外。

第十一条 保障国际收支的限制

如发生严重国际收支和对外财政困难或其威胁，一缔约方可按照GATS第十二条的规定对服务贸易采取或维持限制。

第十二条 一般例外

在此类措施的实施不对情形类似的国家构成任意或不合理的歧视手段或构成对服务贸易的变相限制的前提下，本协议的任何规定不得解释为阻止任何方采取或实施以下措施：

（一）为保护公共道德或维护公共秩序①所必需的措施；

（二）为保护人类、动物或植物的生命或健康所必需的措施；

（三）为使与本协议的规定不相抵触的法律或法规得到遵守所必需的措施，包括与下列内容有关的法律或法规：

1. 防止欺骗和欺诈行为或处理服务合同违约而产生的影响；

2. 保护与个人信息处理和传播有关的个人隐私及保护个人记录和账户的机密性；

3. 安全；

（四）与第十九条（国民待遇）不一致的措施，只要差别待遇是为了保证对其他方的服务或服务提供者公平或有效地②课征或收取直接税；

（五）只要差别待遇是基于避免双重征税的协定或任何其他国际协定或安排中关于避免双重征税的规定的结果的措施。

第十三条 安全例外

本协议的任何规定不得解释为：

（一）要求任何缔约方提供其认为如披露则会违背其根本安全利益的任何信息；或

（二）阻止任何缔约方采取其认为对保护其根本安全利益所必需的任何行动：

1. 与裂变和聚变物质或衍生此类物质的物质有关的行动；

2. 与武器、军火和战争工具相关的交易以及与直接或间接为军事机关提供其他货物和原料的交易有关的行动；

---

① 只有在社会的某一根本利益受到真正的和足够严重的威胁时，方可援引公共秩序例外。

② 旨在保证公平或有效地课征和收取直接税的措施包括一缔约方根据其税收制度所采取的以下措施：

（1）认识到非居民的纳税义务由源自或位于该方领土内的应征税项目确定的事实，而对非居民服务提供者实施的措施；或

（2）为保证在该方领土内课税或征税而对非居民实施的措施；或

（3）为防止避税或逃税而对非居民或居民实施的措施，包括监察措施；或

（4）为保证对服务消费者课征或收取的税款来自该方领土内的来源而对在另一缔约方领土内或自另一缔约方领土提供的服务的消费者实施的措施；或

（5）认识到按世界范围应征税项目纳税的服务提供者与其他服务提供者之间在课税基础性质方面的差异而区分这两类服务提供者的措施；或

（6）为保障该方的课税基础而确定、分配或分摊居民或分支机构，或有关联的人员之间，或同一人的分支机构之间收入、利润、收益、亏损、扣除或信用的措施。

第十四条第四款和本脚注中的税收用语或概念，根据采取该措施的方国内法律中的税收定义和概念，或相当的或类似的定义和概念确定。

3. 为保护关键的交通基础设施免受故意破坏，防止这些设施丧失或降低功能；

4. 在战时或国际关系中的其他紧急情况下采取的行动；或

（三）阻止任何缔约方为履行其在《联合国宪章》项下的维护国际和平与安全的义务而采取的任何行动。

第十四条　补贴

一、除非本条另有规定，本协议不应适用于一缔约方提供的补贴，或者附加于接受或持续接受这类补贴的任何条件，不论这类补贴仅给予国内服务、服务消费者或服务提供者。如果这类补贴显著影响了在本协议下承诺的服务贸易，任何缔约方均可请求磋商，以友好地解决该问题。

二、按照本协议的规定，各缔约方应：

（一）应请求，向任何请求方提供本协议下承诺的服务贸易的补贴信息；且

（二）在 WTO 制订出相关纪律时，审议补贴待遇。

第十五条　WTO 规则

各缔约方在此同意并重申它们承诺遵守有关并适用于服务贸易的 WTO 协议的规定，除非各缔约方根据第二十七条（审议条款）通过对本协议进行审议而在将来达成任何协议。

第十六条　合作

各缔约方应努力加强包括未包含在现有合作安排内的部门的合作。各缔约方应讨论并相互同意拟开展合作的部门，并制定这些部门的合作计划，以促进它们的能力、效率及竞争力。

第十七条　加强柬埔寨、老挝、缅甸和越南的参与

加强柬埔寨、老挝、缅甸和越南对本协议的参与应通过经谈判达成的具体承诺推动，这些承诺与以下措施相关：

（一）通过商业基础上的技术引进，加强它们国内服务的能力、效率和竞争力；

（二）促进它们进入销售渠道及信息网络；

（三）对它们有出口利益的服务部门的市场准入和服务提供方便，实现自由化；且

（四）对柬埔寨、老挝、缅甸和越南展现适当的灵活性，允许它们开放较少的部门和较少的交易种类，并按照它们各自的发展情况逐步扩大市场准入。

第三部分　具体承诺

第十八条　市场准入

一、对于通过第一条第二十项第一至第四目确认的服务提供方式实现的市场准入，每一缔约方对任何其他方的服务和服务提供者给予的待遇，在条款、限制和条件方面，不得低于其在具体承诺减让表中所同意和列明的内容。①

二、在作出市场准入承诺的部门，除非在其减让表中另有列明，否则一缔约方不得在其一地区或在其全部领土内维持或采取按如下定义的措施：

（一）无论以数量配额、垄断、专营服务提供者的形式，还是以经济需求测试要求的形式，限制服务提供者的数量；

（二）以数量配额或经济需求测试要求的形式限制服务交易或资产总值；

（三）以配额或经济需求测试要求的形式，限制服务业务总数或以指定数量单位表示的服务产出总量；②

（四）以数量配额或经济需求测试要求的形式，限制特定服务部门或服务提供者可雇用的、提供具体服务所必需且直接有关的自然人总数；

（五）限制或要求服务提供者通过特定类型法律实体或合营企业提供服务的措施；以及

（六）以限制外国股权最高百分比或限制单个或总体外国投资总额的方式限制外国资本的参与。

第十九条　国民待遇

一、对于列入减让表的部门，在遵守其中所列任何条件和资格的前提下，每一缔约方在影响服务提供的所有措施方面给予任何其他方的服务和服务提供者的待遇，不得低于其给予本国同类服务和服务提供者的待遇。③

二、一缔约方可通过对任何其他方的服务或服务提供者给予与其本国同类服务或服务提供者的待遇形式上相同或不同的待遇，满足第一款的要求。

三、如形式上相同或不同的待遇改变竞争条件，与任何其他缔约方的同类服务或服务提供者相比，有利于该缔约方的服务或服务提供者，则此类待遇应被视为较为不利的待遇。

第二十条　附加承诺

各缔约方可就影响服务贸易、但根据第十八条（市场准入）或第十九条（国民待遇）不需列入减让表的措施，包括有关资格、标准或许可事项的措施，谈判承诺。此类承诺应列入一缔约方减让表。

第二十一条　具体承诺减让表

一、各缔约方应进行谈判以达成本协议下的一揽子具体承诺。各缔约方应努力做出超越 GATS 业已作出的承诺。

二、每一缔约方应在减让表中列出其根据本协议第十八条（市场准入）和第十九条（国民待遇）作出的具体承诺。对于作出此类承诺的部门，每一减让表应列明：

（一）作出此类承诺的部门；

（二）市场准入的条款、限制和条件；

（三）国民待遇的条件和资格；

（四）与附加承诺有关的承诺；以及

（五）在适当时，实施此类承诺的时限。

三、与第十八条（市场准入）和第十九条（国民待遇）不一致的措施应列入与第十八条和第十九条有关的栏目。

四、一缔约方具体承诺减让表只适用于那些通过谈判已经完成各自具体承诺减让表的缔约方。

五、结束谈判后，具体承诺减让表应成为本协议组成部分，并附在本协议之后。

---

① 如一缔约方就通过第一条第二十项第一目所指的方式提供服务作出市场准入承诺，且如果资本的跨境流动是该服务本身必需的部分，则该方由此已承诺允许此种资本跨境流动。如一缔约方就通过第一条第二十项第四目所指的方式提供服务作出市场准入承诺，则该方由此已承诺允许有关的资本转移进入其领土内。

② 第二款第三项不涵盖一缔约方限制服务提供投入的措施。

③ 根据本条承担的具体承诺不得解释为要求任何成员对由于有关服务或服务提供者的外国特性而产生的任何因有的竞争劣势作出补偿。

第二十二条　承诺的适用与扩大

一、中国应在本协议第二十一条（具体承诺减让表）下做出一份具体承诺减让表，并应将该减让表适用于所有的东盟成员国。

二、每一个东盟成员国应在本协议的具体承诺减让表条款项下做出各自的具体承诺减让表，并应将该减让表适用于中国和东盟其他成员国。

第二十三条　逐步自由化

一、涵盖每一缔约方具体承诺减让表的第一批具体承诺附在本协议之后。

二、各缔约方应在本协议生效之日起一年内完成第二批具体承诺的谈判，以实质性改善第一批具体承诺。

三、各缔约方应按照第二十七条（审议），在随后的审议中，通过连续的谈判回合，就该部分项下的进一步具体承诺展开谈判，以实现各缔约方间的服务贸易逐步自由化。

第二十四条　具体承诺减让表的修改

一、一缔约方可以在减让表中任何承诺自生效之日起3年后的任何时间修改或撤销该承诺，只要

（一）该缔约方将其修改或撤销某一承诺的意向，在不迟于实施修改或撤销的预定日期前3个月通知各缔约方及东盟秘书处；且

（二）该缔约方与任何受影响的缔约方进行谈判，以商定必要的补偿性调整。

二、为实现补偿性调整，各缔约方应确保互利承诺的总体水平不低于在此类谈判之前具体承诺减让表中规定的对贸易的有利水平。

三、依照本条规定制订的任何补偿性调整应在非歧视的基础上适用于所有缔约方。

四、如果有关缔约方无法就补偿性调整达成协议，应按照《框架协议》下的《争端解决机制协议》通过仲裁解决。修改方应在根据仲裁结果进行补偿性调整后，修改或撤销其承诺。

五、如果修改方实施了拟议的修改或撤销，并且没有执行仲裁结果，参与仲裁的任何缔约方可按照仲裁结果修改或撤销实质性对等的利益。尽管有第二十二条（承诺的适用与扩大）的规定，此类修改或撤销应仅适用于修改方。

第四部分　其他条款

第二十五条　国家、地区与地方政府

在履行本协议项下的义务和承诺时，每一缔约方应保证其领土内的地区、地方政府和主管机构，以及非政府机构（行使中央、省、地区或其他地方政府或主管机关的授权）遵守这些义务和承诺。

第二十六条　联络点

一、各缔约方应指定一个联络点，以便利缔约方之间就本协议下的任何事务进行沟通，包括对本协议的执行和实施交换信息。

二、应任何一缔约方请求，被请求方的联络点应指定负责该事务的部门或官员，并为便利与请求方的沟通提供帮助。

第二十七条　审议

东盟经济部长和中国商务部部长或其指定的代表应在本协议生效之日起一年之内召开会议，此后每两年或任何适当的时间召开会议，审议本协议，以考虑进一步采取措施实现服务贸易自由化，并就本协议关于WTO纪律的第十五条或各缔约方同意的任何其他问题制定纪律和谈判协定。

第二十八条　杂项条款

一、GATS附件，即《关于提供服务的自然人流动的附件》、《关于空运服务的附件》、《关于金融服务的附件》和《关于电信服务的附件》，经必要调整后，适用于本协议。

二、本协议包括（1）附件和其涵盖的内容，它们应成为本协议的组成部分，以及（2）按照本协议达成的所有未来的法律文件。

三、除非本协议另有规定，本协议或依据本协议采取的任何行动不应影响或废止一缔约方依据其现为缔约方的协议所享受的权利和承担的义务。

第二十九条　修正

各缔约方达成书面协议即可对本协议进行修正，此类修正应在各缔约方达成一致的日期生效。

第三十条　争端解决

《全面经济合作框架协议争端解决机制协议》适用于本协议。

第三十一条　利益的拒绝给予

一缔约方可对下列情况拒绝给予本协定项下的利益：

（一）对于一项服务的提供，如确定该服务是从或在一非缔约方的领土内提供的；

（二）在提供海运服务的情况下，如确定该服务是：

1. 由一艘根据一非缔约方的法律进行注册的船只提供的，及

2. 由一经营和/或使用全部或部分船只的非缔约方的人提供的；

（三）对于一个具有法人资格的服务提供者，如确定其不是另一缔约方的服务提供者。

第三十二条　生效

一、本协议经各缔约方代表签署后，应于2007年7月1日生效。

二、各缔约方应在2007年7月1日之前完成使本协议生效的国内程序。

三、如一缔约方未能在2007年7月1日之前完成使本协议生效的国内程序，该缔约方依照本协议的权利与义务应自其完成此类国内程序之日开始。

四、一缔约方一俟完成使本协议生效的国内程序，应书面通知所有其他缔约方。

第三十三条　交存

对于东盟成员国，本协议应交存于东盟秘书长，东盟秘书长应及时向每一个东盟成员国提供一份经核证的副本。

具名于下的经各自政府正式授权的代表，特签署《中华人民共和国政府与东南亚国家联盟成员国政府全面经济合作框架协议服务贸易协议》，以昭信守。

本协议于2007年1月14日在菲律宾宿务签署，一式两份，以英文书就。

（来源：中国服务贸易指南网. http://tradeinservices.mofcom.gov.cn/loeal/2008—03—05/25707.shtml. 2008—03—05）

附　　录

中国驻东盟各国大使馆

（名称/大使/地址/电话/电子邮箱/网址）

驻文莱达鲁萨兰国大使馆/佟晓玲（女）（Tong Xiaoling）/NO. 1，3，5 SIMPANG 462，KAMPUNG SUNGAI HANCHING BARU，JALAN MUARA，BC 2115，BANDAR SERI BEGAWAN，BRUNEI DARUSSALAM/00673－2－334163，00673－2－335710（传真）/EMBPROC@BRUNET. BN，BN@MOFCOM. GOV. CN/http：//bn. china－embassy. org

驻柬埔寨王国大使馆/张金凤（Zhang Jinfeng）/No. 156，Blvd Mao Tsetung，Phnom Penh，Cambodia/00855－12810928，00855－12901923，00855－23－364738（传真）/chinaemb _ kh@mfa. gov. cn/http：//kh. china－embassy. org

驻印度尼西亚共和国大使馆/兰立俊（Lan Lijun）/JL. MEGA KUNINGAN NO. 2 JAKARTA SELATAN 12950 INDONESIA/0062－21－5761037，5761038（传真）/administrative@chnemb. or. id/http：//id. china－embassy. org

驻老挝人民民主共和国大使馆/潘广学（Pan Guangxue）/WAT NAK ROAD，SISATTANAK，VIENTIANE，LAO P. D. R. /00856－21－315100，00856－21－315104（传真）/CHINAEMB _ LA@MFA. GOV. CON

驻马来西亚大使馆/程永华（Cheng Yonghua）/229，JALAN AMPANG，50450 KUALA LUMPUR，MALAYSIA，50450（邮编）/00603－21428495，21416732　00603－21414552，21453924（传真）/CHINAEMBMY@MFA. GOV. CN　/http：//my. china－embassy. org/chn/

驻缅甸联邦大使馆/管木（Guan Mu）/NO. 1 PYIDAUNGSU YEIKTHA ROAD，YANGON，UNION OF MYANMAR/0095－1－221280，221281；0095－1－227019（传真）/chinaemb _ mm@mfa. gov. cn/http：//mm. china－embassy. org

驻菲律宾共和国大使馆/宋涛（Song Tao）/4896 Pasay Road，Dasmarinas Village，Makati，Metro Manila，the Philippines/（00632）8443148，8437715，8452465（传真）/chinaemb _ ph@mfa. gov. cn/http：//ph. china－embassy. org

驻新加坡共和国大使馆/张小康（Zhang Xiaokang）/东陵路 150 号新加坡 247969 邮区，247969（邮编）/（0065）64180252，67344737；64793250（传真）/chinaemb _ sg@mfa. gov. cn/http：//www. chinaembassy. org. sg

驻泰王国大使馆/张九桓（Zhang Jiuhuan）/57 RACHADAPISAKE ROAD HUAY KWANG，BANGKOK 10310，THAILAND/0066－2－2457044，0066－2－2468247（传真）/chinaemb _ th@mfa. gov. cn/http：//www. chinaembassy. or. th

驻越南社会主义共和国大使馆/胡乾文（Hu Qianwen）/46 HOANG DIEU ROAD，HANOI，VIETNAM，P. O. BOX 13（信箱）/00844－8453736，00844－8232826（传真）/chinaemb _ vn@mfa. gov. cn/http：//vn. china－embassy. org

（来源：中华人民共和国外交部网站）

东盟各国驻中国外交机构

（名称/大使/地址/电话/电子邮箱）

文莱达鲁萨兰国驻华大使馆/张慈祥（H. E. Mrs. Magdalene Teo）/北京市朝阳区亮马桥北街 1 号 North Street 1，Liang Ma Qiao，Chaoyang District/（010）65329773，65329776 65324093；65324097（传真）

柬埔寨王国大使馆/凯・西索达（H. E. Mrs. Khek M. Caimealy）/北京市东直门外大街 9 号　No. 9，Dongzhimenwai Dajie/（010）65321889；65323507（传真）/cambassy@public2. bta. net. cn

印度尼西亚共和国驻华大使馆/苏德加（H. E. Mr. Sudrajat）/北京市朝阳区东直门外大街 4 号　No. 4，Dong Zhi Men Wai Da Jie，Chaoyang District/（010）65325486－88，65325489；65325368，65325782（传真 Fax）/set. indonesia. kbri@deplu. go. id

老挝人民民主共和国大使馆/维吉・欣达翁（H. E. Mr. Vichit Xindavong）/北京市三里屯东 4 街 11 号　No. 11，Dong Si Jie，San Li Tun/（010）65321224；65326748（传真）/laoemcn@public. east. cn. net

马来西亚大使馆/赛义德·诺尔扎曼（H. E. Dato'Syed Norulzaman）/北京市朝阳区亮马桥北街2号，100600（邮编）No. 2，Liang Ma Qiao Bei Jie，Chaoyang District，100600/（010）65322531；65325032（传真）/mwbjing@kln. gov. my

缅甸联邦大使馆/吴登伦（U Thein Lwin）/北京市东直门外大街6号 No. 6，Dong Zhi Men Wai Da Jie，Chaoyang District/（010）65320359，65320360； （010）65320408（传真）/info@myanmarembassy. com

菲律宾共和国驻华大使馆/索尼娅·布蕾迪（H. E. Ms. Sonia Cataumber Brady）/北京市建国门外秀水北街23号，100600，23 Xiu Shui Bei Jie，Jian Guo Men Wai，100600/（010）65321872；65323761（传真）/Philemb _ beijing@yahoo. com

新加坡共和国大使馆/陈燮荣（H. E. Mr. Chin Siat Yoon）/北京市朝阳区建国门外秀水北街1号，100600（邮编）No. 1 Xiu Shui Bei Jie，Jian Guo Men Wai，Chao Yang District，100600/（010）65321115，；65329405（传真）

泰王国大使馆/马纳塔（H. E. Mr. Rathakit Manathat）/北京市光华路40号 NO. 40，Guang Hua Lu/（010）65321749；65321748（传真）/thaibej@public. bta. net. cn

越南社会主义共和国大使馆/阮文诗（H. E. Mr. Tran Van Luat）北京市建国门外光华路32号 NO. 32，Guang Hua Lu，Jian Guo Men Wai/（010）65321155；65325720（传真）

（来源：中华人民共和国外交部网站）

中国驻东盟各国总领馆

（名称/总领事/地址/电话/电子邮箱）

驻古晋总领馆（马来西亚）/谢福根（Xie Fugen）/马来西亚沙捞越州古晋市道刚花园 lot3716－3719/006082－240344，006082－238344（传真）/ZHICUN@TM. NET. MY

驻曼德勒总领馆（缅甸）/唐英（Tang Ying）/YADANAR LANE，YANGYI AUNG ROAD/00952－34457，00952－35944（传真）/chinaconsul _ man _ mm@mfa. gov. cn/http：//mandalay. china－consulate. org

驻宿务总领馆（菲律宾）/何时敬（He Shijing）/Cebu Fil－Chinese Volunteers Fire Brigade Building，Don Julio Llorente Street，Barangay Capitol Site，Cebu City 6000，Philippines/0063 － 32 － 2563422，2563455；2563499（真）/chinaconsul _ cb _ ph@mail. mfa. gov. cn/http：//cebu. china－consulate. org

驻宋卡总领馆（泰国）/吴仰禹（Wu Yangyu）/NO. 9，SADAO ROAD，AMPUR MUANG，SONGKHLA，90000（邮编）/0066－74－322034；323772（传真）/chinaconsul _ skh _ th@mfa. gov. cn

驻清迈总领馆（泰国）/吴慧卿（Wu Huiqing）/泰国清迈昌罗路111号（No. 111，CHANGLO ROAD，CHIANGMAI 50000，THAILAND）/（6653）282419， （6653）274614（传真）

驻胡志明市总领事馆（越南）/许明亮（Xu Mingliang）/39 NGUYEN THI MINH KHAI STREET，DISTRICT 1，HO CHI MINH CITY，VIETNAM/00848－8292457，00848－8295009（传真）/chinaconsul _ hcm _ vn@mfa. gov. cn

（来源：中华人民共和国外交部网站）

东盟国家贸促机构与商协会通讯录

国家	机构名称	地址	电话、传真	电邮、网址
文莱	文莱国家工商会	No. 1，Block D，Beribi Industrial Complex 1，Kg. Beribi BE 1119 Negara Brunei Darussalam	Tel：00673－2421839 Fax：00673－2421839，2237843	
	文莱斯市中华总商会	72，Jalan Robert，P. O. Box 281，BSB BS8670，Brunei Darussalam	Tel：00673－2235495 Fax：00673－2235492	E－mail：ccc@brunet. bn
柬埔寨	商业部	20A，borlevard Norodom	Tel：0085523－210365 Fax：0085523－217353	
	中国商会	金边市106街19号（捷运旅游集团大厦2楼）	Tel：023－986937	sinocam@hotmail. com
	柬埔寨金边总商会	no. 7B the corner ofroad no. 81－109，sangkat boeung raing，khan daun penh，phnom phenh	Tel：00855－23－212265 Fax：00855－23－212270	

国家	机构名称	地址	电话、传真	电邮、网址
印尼	印尼中华总商会	23rd Fl.，Tower A Landmark Building Tower，Jl. Jend. Sudirman Kav. 1，Jakarta 12190，Indonesia	Tel：0062—21—5209393 Fax：0062—21—5202680	
	印尼工商会	Menara Kadin Indonesia 29th Floor-Jl. H. R. Rasuna Said X—5Kav. 2—3，Jakarta 12950	Tel：0062—21—5274485，9165535 Fax：0062—21—5274486	E—mail：inquiry@kadinnet. com http：//www. kadinnet. com
	印中商务理事会	Gedung Pusat Niaga Lt. 4，Arena PRJ Kemayoran，Gedung Pusat Niaga Lt. 4，Arena PRJ Kemayoran，	Tel：62 21 3910947 Fax：62 21 6678353，6612338	
	印尼工贸部出口促进局	ITC Building，Jl. Abdul Muis No. 8，Jakarta 10180，Indonesia	Tel：0062—21—3800654 Fax：0062—21—38558850	E—mail：kabpen@dprin. go. id； E—mail：kabpen@nafed. go. id http：//www. nafed. go. id
老挝	老挝国内外投资促进管理局	LuangPrabang Road，Vientiane，Laos	Tel：00856—21—217005 Fax：00856—21—215491	E—mail：fimc@laotel. com http：//www. invest. laopdr. org
	老挝工商会	Rue Ponexay Post Box 4596 Vieentiane	Tel：00856—21—414383 Fax：00856—21—414383	
马来西亚	国际贸易及工业部	Block 10，Kompleks Pejabat—Pejabat Kerajaan，Jalan Duta，50622 Kuala Lumpur	Tel：00603 62033022 Fax：00603—62012337	http：//www. miti. gov. my
	马来西亚中华工商联合会	Lot 6. 05 & 6. 06，6th Floor，Menara Promet，Jalan Sultan Ismail，50250 Kuala Lumpur	Tel：00603—21452503，21452653， Fax：00603—21452562，21457819	E—mail：acccim@acccim. org. my http：//www. acccim. com. my
	马来西亚中国经济贸易总商会	No. 10—11，13th Floor，Sun Complex，Jln Bukit Bintang，55100 Kuala Lumpur	Tel：00603—21411278 Fax：00603—21411406	E—mail：sino@tm. net. my http：//www. malaysia—china. com. my
	马来西亚国家工商会	37，Jln Kia Peng，50450 Kuala Lumpur	Tel：00603—21419600 Fax：00603—21413775	E—mail：enquiry@nccim. org. my http：//www. nccim. org. my
缅甸	缅甸中国企业商会商务中心	Room 0305，Business Suite，Sedona Hotel，Yangon，Myanmar	Tel：0095—1—666900—7904 Fax：0095—1—666900—7904	E—mail：dongbobo@myanmar. com. mm
	缅甸工商联合会	No. 29，Min Ye Kyawswa Road，Lanmadaw Township，Yangon，Myanmar	Tel：0095—1—214344，214345，214346， Fax：0095—1—214484	E—mail：umcci@mptmail. net. mm http：//www. umfcci. com. mm
	缅甸华商商会	No. 1—5，Shwe Dagon Pagoda Road，Latha Tsp.，Yangon	Tel：0095—1—246076	
菲律宾	菲律宾工商联合会	G/F，Philippine International Convention Center，East Wing，Secretariat Building，CCP Complex，Roxas Blvd.，Pasay City，Metro Manila，Philippines.	Tel：0063—2—8338591，8338595 Fax：0063—2—8338895	

国家	机构名称	地址	电话、传真	电邮、网址
菲律宾	菲律宾中华总商会	1122 Soler St., Manila, Philippines.	Tel：00632—7114141, 2327231 Fax：00632—7436366	
	菲华工商总会	6th Floor Birch Tree Plaza Bldg., 825 Muelle de la Industria, Binondo, Manila, Philippines	Tel：00632—2444991, 2444996 Fax：0063—2—2444997, 2416475	http：//www. cfbc. com. ph
	菲华商联总会	6th Floor, Federation Center, Muelle De Binondo St. Manila, Philippines	Tel：0063—2—2419201 Fax：0063—2—2422361, 2422347	E — mail：secretariat @ ffcccii, com. ph http：//www. ffcccii. com. ph
新加坡	新加坡中华总商会	47 Hill Street ＃09—00, Singapore 179365	Tel：0065—63378381 Fax：0065—63390605	http：//www. sccci. org. sg
	新加坡中小企业协会	ASME Secretariat 167 Jalan Bukit Merah Tower 4, ＃03—13 Singapore 150167	Tel：0065—6513 0388 Fax：0065 6513 0399	E—mail：sme@asme. org. sg
	新加坡贸易与工业部	100 High Street ＃09—01 The Treasury, Singapore179434	Tel：0065— 62259911 Fax：0065 63327260	http：//www. mti. gov. sg/
	新加坡中国商会	6001 Beach Road＃11—01 Golden Mile Tower, Singapore 199589	Tel：0065—62213900 Fax：0065—62251558	http：//www. scbworld. com
	新加坡工商联合总会	19 Tanglin Shopping Centre, Singapore 247909	Tel：0065—68276828 Fax：0065—68276807	http：//www. sbf. org. sg
	新加坡国际商会	6 Raffles Quay ＃10—01 Singapore 048580	Tel：0065—6224 1255 Fax：0065—6224 2785	E—mail：general@sicc. com. sg http：//www. sicc. com. sg/
	新加坡制造商联合会	The Enterprise＃02—02, No. 1 Science Centre Road, Singapore 609077	Tel：(65) 68263000 Fax：(65) 68228323	http：// www. smafederation. org. sg
泰国	泰国中华总商会	No. 889 Thai C. C. Tower, 9th Floor, Sathorn Road. Bangkok 10120, Thailand	02—6758574—84 02—2123917 02—2123916	
	泰国贸易院	150 Rajbopit Rd., Bangkok 10200	Tel：02—2211827 02—2332069 02—2253995	Bot@bkk. a—net. net. th
	泰国工商总会	464/11 Nakornchaisri Rd., Dusit, Bangkok 10300	02—2792914 02—2430484	
	泰华进出口商会	No. 1249/143 Gems Tower 16Fl., Charoenkrung Rd., Bangrak, Bangkok 10500	02—2677662 02—2677670	
	泰中促进投资贸易商会	16th Asok Tower BLDG., 219/53 Sukhumvit 21 Rd., Bangkok 10110	02—2600181 02—2611155 02—3921888 02—2611156	
	泰国商会	150 Rajbopit Rd., Bangkok 10200, P. O. Box 2—146	02—6221860—77 02—2253372	
	泰国华人青年商会	138/6 10th Fl., Jewellery Center BLDG., Nares Rd., Bangrak, Bangkok	02—2673456 02—2672034	

国家	机构名称	地址	电话、传真	电邮、网址
越南	越南工商会	9 Dao Duy Anh Str., Hanoi, Vietnam	Tel：0084－4－5742017 Fax：0084－4－5742020	http：//www.vcci.com.vn
	越南科技联合总会	53 Nguyen Du Str., Hanoi	Tel：0084－4－9438108 Fax：0084－4－8227593	Email：vanphonglhh@yahoo.com http：//www.vusta.org.vn
	越南工业财产协会	100B Ngoc Ha Street，Ba Dinh，Hanoi	Tel：0084－4－7332266 Fax：0084－4－7340645	Email：Vipa@fpt.vn
	越南标准及消费者协会	14 ngo 22 pho Ton Tat Tung，Hanoi	Tel：0084－4－8527769 Fax：0084－4－8527769	Email：Vanatas@fpt.vn
	青年企业协会	64 Ba Trieu，Hanoi	Tel：0084－4－9437527	Email：Dnt@hn.vnn.vn
	越南银行协会	193 Ba Trieu Str., Hanoi	Tel：0084－4－8218679 Fax：0084－4－8218732	

（来源：中华人民共和国驻各国大使馆经济商务参赞处）

中国—东盟自由贸易区部分关税削减时间表

起始时间	关税税率	覆盖关税条目	参与的国家
2000 年	对所有东盟成员国 0～5％	85％的 CEPT 条目	原东盟 6 国
2002 年 1 月 1 日	对所有东盟成员国 0～5％	全部 CEPT 条目	原东盟 6 国
2003 年 7 月 1 日	WTO 最惠国关税税率	全部	中国与东盟 10 国
2003 年 10 月 1 日	中国与泰国果蔬关税降至 0	中泰水果蔬菜	中国、泰国
2004 年 1 月 1 日	农产品关税开始下调	农产品	中国与东盟 10 国
2005 年 1 月	对所有成员开始削减关税	全部	中国与东盟 10 国
2006 年	农产品关税降至 0	农产品	中国与东盟 10 国
2010 年	对所有东盟成员国 0	全部减税产品	原东盟 6 国
2010 年	关税降至 0	全部产品（部分敏感产品除外）	中国与原东盟 6 国
2015 年	对所有东盟成员国 0	全部产品（部分敏感产品除外）	东盟新成员国
2015 年	对中国—东盟自由贸易区成员国关税降至 0	全部产品（部分敏感产品除外）	东盟新成员国
2018 年	对东盟自由贸易区和中国—东盟自由贸易区所有成员国 0	剩余的部分敏感产品	东盟新成员国

（来源：2002 年 11 月签署的《中国与东盟全面经济合作框架协议》）

中国和东盟各国的主要港口及国际航空港

国家	主要港口	国际航空港（机场）
中国	海港：大连、营口、秦皇岛、天津、烟台、青岛、日照、连云港、上海、宁波、厦门、汕头、广州、湛江、北海、钦州、防城、海口、香港、澳门、基隆、高雄 河港：重庆、万州、武汉、武汉、芜湖、南京、扬州、常州、张家港、南通、广州、梧州、贵港	北京首都、广州白云、上海浦东、上海虹桥、深圳宝安、昆明巫家坝、成都双流、西安咸阳、厦门高崎、重庆江北、天津滨海、大连周水子、杭州萧山、福州长乐、南京禄口、沈阳桃仙、桂林两江、南宁吴圩、哈尔滨阎家岗
文莱	海港：穆阿拉、斯里巴加湾、马来亦、卢穆	斯里巴加湾
柬埔寨	海港：西哈努克	金边、暹粒
印度尼西亚	海港：丹戎不碌、泗水（丹戎佩拉）、三宝垄、勿拉湾	巴厘岛登帕萨、雅加达苏加诺—哈达

国家	主要港口	国际航空港（机场）
老挝	河港：沙湾拿吉	琅勃拉邦、万象瓦岱、巴色
马来西亚	海港：巴生港、槟城、关丹、新山、纳闽（拉布安）、哥打基纳巴卢。 河港：古晋	吉隆坡、槟城、兰卡威、哥打基纳巴卢、古晋
缅甸	海港：仰光 河港：勃生	仰光敏加拉洞、曼德勒
菲律宾	海港：宿务、马尼拉、怡朗、三宝颜	马尼拉阿基诺、宿务马克丹、达沃、苏比克、克拉克、拉瓦格
新加坡	海港：新加坡	新加坡樟宜
泰国	海港：宋卡、普吉 河港：曼谷	曼谷素旺那普、清迈、普吉、合艾
越南	海港：海防、岘港、金兰湾、广宁、炉门、归仁、义安、芽庄、西贡	河内内排、岘港、胡志明市新山一

（来源：《中国—东盟自由贸易区与广西》）

东盟国家的主要报纸

国家	本国文报纸	华文报纸	英文（其他语文）报纸
文莱	《婆罗洲公报》、《文莱灯塔》	《文莱美里日报》、《文莱诗华日报》	《婆罗洲公报》
柬埔寨	《柬埔寨之光报》、《人民报》、《和平岛报》、《柬埔寨日报》、《柬埔寨时报》	《华商日报》、《柬华日报》、《星洲日报》、《大众日报》、《新时代日报》	《柬埔寨日报》、《金边邮报》、《柬埔寨时报》
印度尼西亚	《罗盘报》、《专业之声报》、《印尼媒体报》、《共和国日报》、《革新之声报》、《印尼商报》、《华文邮报》	《印度尼西亚日报》、《华文邮报》、《国际日报》、《商报》、《新生日报》、《和平日报》、《龙阳日报》、《广告日报》、《世界日报》、《千岛日报》	《雅加达邮报》、《印尼观察家报》
老挝	《人民报》、《新万象报》、《人民军报》、《青年报》		《VINTIANETIMES》（英文报）、《LERENOVATEUR》（法文报）
马来西亚	《马来西亚使者报》、《每日新闻》、《祖国报》	《南洋商报》、《星洲日报》、《中国报》等	《新海峡时报》、《星报》、《马来邮报》
缅甸	《缅甸之光》、《镜报》、《首都报》、《曼德勒报》、《雅德那崩报》	《缅甸华报》	《缅甸新光》
菲律宾	《消息报》、《菲律宾快报》	《世界日报》、《商报》、《菲华时报》、《联合日报》、《环球日报》	《马尼拉公报》、《菲律宾星报》、《菲律宾询问日报》、《自由报》、《马尼拉时报》、《马尼拉纪事报》
新加坡	《每日新闻》、《泰米尔日报》	《联合早报》、《联合晚报》、《新明日报》	《海峡时报》、《商业时报》、《新报》
泰国	《泰叻报》、《民意报》、《每日新闻》、《国家报》、《沙炎叻报》、《经理报》等	《新中原报》、《中华日报》、《星暹日报》、《亚洲日报》、《京华中原日报》、《世界日报》等	《曼谷邮报》、《民族报》等
越南	《人民报》、《人民军队报》、《大团结报》、《西贡解放日报》	《西贡解放日报》	《西贡时报》

（来源：《2007年中国—东盟年鉴》）

东盟各国主要通讯社、电台、电视台

国家	通讯社	电台	电视台
中国	新华通讯社（简称新华社 1931 年 11 月 7 日创建）、中国新闻社（简称中新社，1952 年 9 月 14 日成立）	中央人民广播电台、中国国际广播电台（中国唯一使用外语以及汉语普通话和方言向全世界广播的国家广播电台，创建于 1941 年 12 月 3 日）	中央电视台（1958 年 9 月 2 日正式播出，英文简称 CCTV）
文莱	文莱新闻社（唯一官方新闻机构，创建于 1959 年）	文莱广播电台（拥有两个广播网，一个用马来语和方言，一个用英语、华语和廓尔喀语广播）	文莱广播电视台（创建于 1957 年 5 月，从 1975 年起开设彩色电视频道，播放马来文和英文节目）
柬埔寨	柬新社（AKP）（成立于 1980 年，为柬唯一的官方通讯社）	FM103 国家台	国家电视台（建台于 1984 年，以柬语广播为主）；仙女台第 11 频道（私营）；第 9 频道（私营）；第 5 频道（军队开办）；首都第 3 频道（官方开办）；巴戎台（私营，每日有中文新闻报道）。此外，有 3 家有线电视台：柬埔寨有线电视台、金边有线电视台、微波无线电视台。
印度尼西亚	安塔拉通讯社（国营，1937 年成立）印尼民族通讯社（私营，1967 年成立）	印度尼西亚共和国广播电台（国营，1945 年 9 月 11 日成立）	印度尼西亚共和国电视台（1962 年 8 月 17 日正式运营），鹰记电视台，太阳电视台，教育电视台，美都电视台
老挝	巴特寮通讯社（1968 年 1 月成立，国营）	老挝国家广播电台	老挝国家电视台（建于 1983 年 12 月）
马来西亚	马来西亚国家新闻社（简称马新社，半官方，建于 1946 年）	马来西亚之声电台（建于 1963 年）	马来西亚电视台（官方，建于 1963 年），第三电视台（TV3）、城市电视台（METRO VISION）、国民电视台（NTV）、ASTRO 卫星有线电视频道、2004 年 1 月新开播了 8TV 电视台
缅甸	缅甸通讯社	缅甸之声（建于 1937 年）	缅甸电视台（建于 1980 年），妙瓦底电视台（创办于 1995 年 3 月 27 日）
菲律宾	菲律宾通讯社（官方通讯社，成立于 1973 年 3 月 1 日）	菲律宾广播电台	人民电视台 4
新加坡		新加坡广播电台（1936 年开播，12 个国内电台和 3 个国际电台）	新加坡电视台，1995 年开通卫星电视。
泰国	泰国通讯社	泰国国家广播电台	泰国国家电视台
越南	越南通讯社（国家通讯社，1945 年创立）	越南之声广播电台（成立于 1954 年）	越南中央电视台

（来源：中国网、新华网有关资料）

索 引

说 明

一、本索引是《中国—东盟商务年鉴·2008》的内容分析索引。

二、本索引按照汉语拼音字母（同音字按声调）顺序排列。类目、分目作索引款目用黑体字排印，其余款目用宋体字排印。图表、图片在其款目后分别注明“表”、“图”。

三、索引款目后的数字表示内容所在的页码，数字后的拉丁字母（a、b）表示栏别（即版面的1、2栏）。

四、空两字起排的款目为上一主题的“附见”。同一主题的“参见”，只标页码。内容有交叉的款目，为便于读者检索，在本索引中重复出现。

A

B

C

D

E

F

G

H

J

K

L

M

N

O

P

Q

R

S

T

W

X

Z